中国社会科学院创新工程学术出版资助项目
中国社会科学权威报告系列
总主编：金 碚

U0682700

2015~2016
全球互联网企业发展报告
——资本市场、资本运营与互联网企业价值创造

THE GLOBAL INTERNET
ENTERPRISES REPORT 2015~2016
—Capital Market, Capital Operation and Value Creation of Internet Enterprises

杨世伟 刘戒骄 何 瑛／主编

经济管理出版社
ECONOMY & MANAGEMENT PUBLISHING HOUSE

图书在版编目(CIP)数据

全球互联网企业发展报告2015～2016——资本市场、资本运营与互联网企业价值创造/杨世伟,刘戒骄,何瑛主编.—北京:经济管理出版社,2017.5

ISBN 978 - 7 - 5096 - 5043 - 1

Ⅰ.①全…　Ⅱ.①杨…②刘…③何…　Ⅲ.①网络公司—企业发展—研究报告—世界—2015～2016　Ⅳ.①F270.7

中国版本图书馆 CIP 数据核字(2017)第 073347 号

组稿编辑：张　艳
责任编辑：张　艳　张莉琼
责任印制：黄章平
责任校对：雨　千　赵天宇

出版发行：经济管理出版社
　　　　　（北京市海淀区北蜂窝 8 号中雅大厦 A 座 11 层　100038）
网　　　址：www. E - mp. com. cn
电　　　话：(010) 51915602
印　　　刷：北京晨旭印刷厂
经　　　销：新华书店
开　　　本：880mm×1230mm/16
印　　　张：37
字　　　数：870 千字
版　　　次：2017 年 7 月第 1 版　　2017 年 7 月第 1 次印刷
书　　　号：ISBN 978 - 7 - 5096 - 5043 - 1
定　　　价：298.00 元

全球互联网企业发展报告 2015~2016

专家委员会

编写委员会

序 言

互联网在中国落地生根已逾20年,其在政治、经济、文化、科技、社会等各个领域的应用不断融合深入,影响日益深远。在2015年全国两会上,李克强总理在政府工作报告中多次提及"互联网"及其相关内容,包括"制定互联网＋行动计划"、"推动移动互联网、云计算、大数据、物联网等与现代制造业结合"、"促进电子商务、工业互联网和互联网金融健康发展"、"引导互联网企业拓展国际市场"等。由此可见,互联网已不仅仅是融入百姓日常生活的必需品,而是以战略性新兴产业的定位上升成为国家级战略的重要组成部分。

当前,我国经济、产业结构正处于转型升级的关键时刻,"互联网＋"的适时提出旨在借助互联网的创新成果及经验积累,助推传统行业有序、高效地完成技术更迭、组织架构优化以及运作效率的提升。"互联网＋"带来的产业融合具有巨大的发展前景与广阔空间,作为传统产业升级变革、跨界融合的"助推器"与"催化剂",加快"互联网＋"的推进发展,将颠覆以往经济增长点与老旧的服务模式,形成新一轮创新动力源,在当前活力逐步丧失、结构比例亟待调整的经济格局下,有效驱动供给侧结构性改革,引领"大众创业、万众创新"新风向,在孕育新兴业态的同时激发经济发展新动能,这对于实现中国经济体系的重塑、经济发展的提质增效以及经济社会的可持续发展都有着举足轻重的意义。

互联网的快速发展,不仅推动了企业的发展,而且也影响着资本市场的效率,发挥着资本市场信息传播、监督、政策解读、舆论引导等功能。资本市场的发展伴随着金融创新的不断深入,金融创新在提高资本市场资源配置效率的同时,也拓宽了互联网企业的投融资渠道,使其能够把握机遇迅速发展,创造更大的价值。以互联网作为媒介与工具,全面拓展互联网金融服务创新的深度与广度,加快完善国内多层次资本市场的建立,解决长期以来困扰中小企业融资难、融资贵的问题,借由互联网金融创新服务能力及普惠水平的不断提高,为我国实体经济转型、资本市场日臻完善提供有力支撑与可靠保障。

在信息经济时代,我国互联网行业发展迅猛,涌现出以百度、阿里巴巴和腾讯为代表的一大批高科技企业。这类企业是互联网时代的排头兵,其顺应互联网的发展趋势,以敢于创新、勇于突破的远见卓识,充分利用互联网的规模效用与发展机遇,最终在各自领域成长为行业巨头。如何增强传统企业运用互联网资源的意识与能力、如何加深互联网企业对传统产业的认识与理解,是后互联网时代企业发展面临的巨大挑战与关键所在。随着互联网的进一步发展与"互联网＋"的不断深入,互联网元素将成为所有企业的标配。若要立于不败之地,谋求更快更好的发展,互联网企业应坚持科技创新、运营创新、产品创新、管理创新,坚持开放共享与跨界融合,主动适应和引领经济发展新常态,不断为中国的经济增长打造新引擎!

金 碚

前　言

随着互联网产业的不断升级以及其与经济社会融合的不断加深,这一方面推动着资本市场的电子化、网络化和信息化的创新变革;另一方面也与深层次、宽领域、多渠道的资本市场建设相互促进、相辅相成。如何让互联网产业更好地为经济社会的发展创造更大价值是互联网企业管理者所肩负的一项重要责任,在互联网企业的成长历程中,资金是其得以顺利进行的保障,资本市场可以促进资金融通、优化资源配置,因而对受资本驱动的互联网企业成长起到至关重要的作用。近几年互联网企业在资本市场的并购重组、战略联盟和股权经营等资本运营活动层出不穷,可以看出国内资本市场体制的完善使资本更加活跃。在资本密集型的互联网行业中,资本运营是实现互联网企业持续发展及价值创造的有效经营策略。随着我国资本市场不断的完善创新,企业上市从审批制、核准制再到注册制,从市场选择角度来看,企业上市的板块从创业板的实施再到新三板运行的变迁,这些无不表现管理当局对发展深化资本市场的努力和决心,这一系列的改革创新措施不仅提振了互联网企业创业者信心,而且极大促进了中国互联网经济的发展。并且随着"互联网＋"上升到国家战略层面,更是给互联网企业的发展增添了新的活力与动力,推动着互联网企业持续不断的变革创新,同时,基于价值导向通过对企业资源管理的持续优化,提高财务竞争力,最终实现可持续的价值创造。

资本市场逐步完善的投融资机制使资本流动更加活跃、资源配置更加有效,在此背景下以资本增值为目的、价值创造为导向的资本运营成为企业经营发展的必然趋势和最高阶段。对于欣欣向荣的互联网产业而言,技术创新和政策扶植共同推进产业整体呈现横向延伸、纵向深入、跨界融合的发展态势;对于高速成长的互联网企业而言,与生俱来的市场化竞争机制和高风险高收益的内在经济特质共同营造了相对公平的财富积累平台。由此,资本在该领域竞相追逐,VC/PE 规模涌入,资本运营展现出狂热局面并呈现出一定的阶段性态势。

"互联网＋"时代,瞬息万变的资本市场和不断加剧的行业竞争使大多数互联网企业面临着价值链重构和产业链整合的新局面。跨界寡头在建立大的跨界垄断平台的同时,一种新的开放共生的生态圈也会随之建立。面对互联网技术的快速发展及资本领域的全面竞争,互联网企业一方面通过合并重组和股权投资的资本运作方式调整产业结构,并改变着市场竞争格局;另一方面通过提高融资效率、改善投资效果和进行有效的价值管控成为企业实现可持续价值创造的重要影响和决定因素。互联网企业要想在瞬息万变的市场竞争中保持持续的竞争力和创新,并且持续不断地为企业及社会创造价值,需要通过产品经营与资本运营的联动,实现经营战略和财务战略的协同;通过产业资本和金融资本的结合,促进融资能力和投资效果的提升;通过资本结构和资产结构的优化,完成价值创造到价值实现的跨越;通过商业模式和筹资渠道的创新,迎接产业互联网时代的普惠共赢。

在上述背景下,《全球互联网企业发展报告2015～2016:资本市场、资本运营与互联网企业价值创造》的公开出版恰逢其时,为全球互联网企业管理创新的研究奉献了一部优秀的著述。

《全球互联网企业发展报告2015～2016:资本市场、资本运营与互联网企业价值创造》的主要内容包括:

第一部分:专题篇。包括一份总报告和六份分报告。

总报告对资本市场、资本运营与互联网企业价值创造进行研究。分报告则从互联网企业境外上市 VIE 模式、互联网企业价值链成本管理、互联网企业价值评估、互联网企业供应链融资、互联网企业盈利模式以及互联网企业股权激励等不同视角致力于互联网企业价值创造与可持续发展的专题研究。

第二部分:报告篇。包括12家互联网公司的可持续发展报告。

本报告选择了全球具有代表性的12家互联网公司,其中中国7家、美国5家,分别从公司简介、公司战略、资本运营、商业模式、市场概况、经营和财务绩效、内控与风险管理以及前景展望八个方面,对其可持续发展状况进行概述研究。

第三部分:评估篇。

主要包括:2016年中国互联网企业100强报告及2013～2015年中国互联网企业关键绩效指标等。

《全球互联网企业发展报告 2015～2016:资本市场、资本运营与互联网企业价值创造》的创新之处包括:

第一,报告不仅对资本市场、资本运营与互联网企业价值创造进行全面、深入的研究,还从互联网企业境外上市 VIE 模式、互联网企业价值链成本管理、互联网企业价值评估、互联网企业供应链融资、互联网企业盈利模式以及互联网企业股权激励等不同视角致力于互联网企业价值创造与可持续发展的研究。

第二,目前国内外对企业财务竞争力的研究多处于概念界定和理论阐述阶段,尚未建立起规范可行的财务竞争力评价体系。报告基于价值导向从综合绩效和现金流视角构建了互联网企业财务竞争力评价体系,并运用因子分析模糊矩阵评价法对2015～2016年全球居于领先地位的26家互联网企业进行实证分析和财务竞争力排名,并进行综合分析。

第三,报告从2015～2016年全球居于领先地位的26家互联网企业中,挑选出具有代表性的12家,分别从八个方面对其可持续发展状况进行概述研究,为全球互联网企业的国际化拓展提供了有价值的信息。报告呈现的互联网企业的关键绩效指标(横向比较、纵向趋势)以及轻资产运营特征指标,为互联网企业的标杆管理、精细化管理以及价值管理提供了可以参照的依据和有价值的基础数据信息。

作为一部反映全球互联网企业的报告,该书难免有偏颇或疏漏之处。报告团队将与互联网各界携手前进,共同努力,为互联网企业的价值创造与提升做出更大的贡献。

目　录

第三部分　评估篇

Contents

Section 3　Evaluation Part

Postscript / 579

第一部分　专题篇
——资本市场、资本运营与互联网企业价值创造

总报告
资本市场、资本运营与
互联网企业价值创造

随着互联网产业的不断升级以及其与经济社会的融合的不断加深，这一方面推动着资本市场的电子化、网络化和信息化的创新变革，另一方面也与深层次、宽领域、多渠道的资本市场建设相互促进、相辅相成。如何让互联网产业更好地为经济社会的发展创造更大价值是互联网企业管理者和学者所肩负的一项重要责任，在互联网企业的成长历程中，资金是其得以顺利进行的保障，资本市场可以促进资金融通、资源优化配置，因而对受资本驱动的互联网企业的成长起到至关重要的作用。近几年互联网企业在资本市场的并购重组、战略联盟和股权经营等资本运营活动层出不穷，可以看出国内资本市场体制的完善使资本更加活跃。在资本密集型的互联网行业中，资本运营是实现互联网企业持续发展及价值创造的有效经营策略。资本运营的内涵是以资本价值的最大化为目标，以价值管理为手段，通过对企业资本以及生产要素的优化配置，实现企业全部资源有效运营的一种方式。随着我国资本市场不断地完善创新，企业上市从审批制、核准制再到注册制，以及从市场选择角度企业上市的板块从创业板的实施再到新三板运行的变迁，无不表现管理当局对发展深化资本市场的努力和决心，这一系列的改革创新措施不仅提振了互联网企业创业者的信心，而且极大促进了中国互联网经济的发展。并且随着"互联网＋"上升到国家战略层面，更是给互联网企业的发展增添了新的活力与动力，推动着互联网行业持续不断地变革创新与价值创造。

一 资本市场变革创新与互联网企业成长历程

1994 年，互联网接入业务正式向社会公众开放，带动起中国互联网行业历史上的第一次创业热潮。这一时期出现了很多优秀的互联网企业，但由于国内资本市场的不完善以及对新鲜虚拟事物的认可度低，使得中国互联网企业举步维艰。融资难一直是制约中国互联网企业发展的一个重要因素，这一时期的中国互联网企业虽然也有一部分资金来自国内的投资机构，但绝大部分依赖国外的风险投资。在中国互联网企业发展史上，国外资本市场对推动中国互联网企业的发展起到了至关重要的作用，随着国内资本市场的创新和变革以及市场化的程度不断加深，国内资本逐渐在互联网行业站稳了脚跟。笔者根据中国资本市场的变化发展以及互联网企业发展的四个阶段，来论述资本市场对互联网企业的推动以及两者的相互作用。

第一阶段：海外融资初试锋芒，门户网站欣欣向荣。

20世纪末21世纪初国内资本市场VC/PE机构极少，互联网企业的轻资产特征使其很难从传统的金融机构借得款项，且国内上市体制严格，2001年之前中国证券市场对拟上市公司实行的审批制，即用计划的办法分配股票发行的指标和额度，由地方或行业主管部门根据指标推荐企业发行股票的一种发行制度，这种融资方式进一步限制了互联网企业的融资，而美国资本市场实行注册制，效率高，监管部门只负责审查信息披露的真实性而且不以企业的盈利情况作为强制性指标，海外资本市场相对宽松的上市标准为中国互联网企业打开了大门。1999年，第一只中国概念股中华网登陆纳斯达克，发行价为20美元，看盘即突破60美元，全日涨幅超过200%，示范效应开始在中国互联网企业中显现。2000年，以搜狐、网易、新浪为代表的中国互联网企业门户网站相继登陆纳斯达克，成功在美国资本市场上市。但不幸的是这一时期是全球互联网行业的寒冬，在这期间，新浪、网易、搜狐的公司股价一度跌破发行价，这三家企业海外上市的结果给国内意图海外上市的互联网企业敲响了警钟，在此期间全球

互联网企业蒸发了5万亿美元的市值。

由中国互联网络信息中心在2000年发布的《中国互联网络发展状况统计报告》显示，中国上网计算机数已达650万台，网民数量超过1690万人，对网民的上网行为调查统计结果显示，其中学历为大专以上的网民占全部网民总数的84.67%，而且调查显示56.11%的用户上网的主要目的是为了获取各方面的信息，网络用户最常使用的网络服务分别是电子邮箱、搜索引擎以及各类信息的查询，据调查结果显示在网络上以获取新闻信息为主的用户占到了84.38%，网民的行为直接性地推动了中国门户网站崛起。中华网、网易、搜狐以及新浪通过提供内容丰富的资讯信息，实现了快速发展，这批门户网站在海外资本市场也开启"中国概念股"时代。中国互联网行业开始进入爆发期，中国互联网行业的发展进入快速增长阶段，并推动着中国互联网行业第一次创新创业热潮，同时也推动互联网服务需求的多样性以及竞争的加剧。这一时期的互联网收入基本为零，所以当时中国互联网在资本市场只有概念而没有明确的盈利模式，大批的门户网站是这一时期的标志性服务形态。

第二阶段：资本市场开放程度加深，商业模式百家争鸣。

互联网泡沫后，国外众多风险投资机构遭受重创，但在中国风险投资正作为一个朝阳产业冉冉升起，美元基金呈现出两种发展态势：一方面国外知名的投资公司、机构开始组建中国区的团队，如IDG、霸菱投资、英特尔投资等都在中国资本市场崭露头角；另一方面是中国香港、中国台湾等投资机构也开始抢占内地市场，具有代表性的有宏碁投资，这一时期进行海外上市的互联网企业大多有他们的影子。泡沫过后经过三年的沉寂，以携程网为代表的中国互联网企业开启了第二次的海外上市潮，中国互联网企业的创业者

意识到互联网蕴含着巨大的机遇，并开始积极思考如何让互联网成为实现商业回报的产业。这一时期携程网的成功上市促进其业务的迅速拓展，得以快速发展，盛大、空中网、前程无忧等互联网企业紧随其后，分别获得1.52亿美元、1亿美元和0.73亿美元的融资。紧接着2005年分众传媒和百度在纳斯达克证券交易所上市，分别融得1.72亿美元和1.09亿美元，分众传媒的1.72亿美元的IPO融资刷新了中国互联网企业的纪录，腾讯和阿里巴巴分别于2006年和2007年在香港交易所上市。一方面原因是国外资本市场对中国互联网企业估值的回暖，另一方面受到早期上市门户网站股价大涨的刺激，其中网易股价在2003年一度升至70美元，是其2001年历史低点的108倍。在这一时期，中国互联网产业市场容量的逐步扩大以及网络的辐射力逐步增强，而且上市公司的商业模式呈现出多元化的趋势，不仅是单一地提供信息浏览的门户企业，有网络游戏（盛大、巨人网络、空中网）、即时通信（腾讯）、电子商务（阿里巴巴）以及广告传媒（分众传媒）等。在此阶段上市的中国互联网企业大多盈利模式清晰，前景广阔。众多中国互联网企业在美国的成功上市可以体现出资本市场对中国互联网企业的信心，给国内准备海外上市的互联网企业积累了成功的经验，而且上市地点也在悄然地发生着变化，纽约证券交易所、香港证券交易所以及伦敦创业板市场也逐渐成为中国互联网企业的选择。此外，市场对中国互联网企业的评估也趋于理性，像盛大、百度这样的高成长企业得到了资本市场的认可，这一阶段的上市热潮终止在2008年金融危机的前夕。

第三阶段：市场融资渠道拓宽，互联网行业平台化优势显现。

2008年金融海啸，全球经济遭受了较大的冲击，金融投资机构的资产大幅缩水，我国资本市场也难以幸免，单从证券市场来看，上证指数从2007年10月的6124点后一路下跌，短短一年时间下探到1664点，使得企业融资更加困难。为了提振经济，各国都采取了相应的措施和改革，例如美国政府实行量化宽松的货币政策，国内不仅出台了对经济进行刺激的财政政策，同时对资本市场进行了相应的改革，2009年中国证券市场的创业板正式运行，创业板为暂时无法在主板上市的创业型企业、中小企业和高科技产业企业等需要进行融资发展的企业开辟了新的道路。创业板是对主板市场的重要补充，在中国资本市场有着重要的位置，同时为国内的互联网企业开辟了一条新的融资道路，在创业板市值排名前10位的企业中，有4家互联网企业，但国外资本市场在中国互联网企业发展中依然发挥着举足轻重的作用。2009年中国互联网企业畅游和盛大游戏先后在纳斯达克证券交易市场成功实现IPO，分别募集到1.2亿美元和10.43亿美元，两家企业优异的市场表现让中国互联网企业看到金融危机并没有影响到美国投资者对中国互联网经济的信心。2009~2011年这一期间超过40家中国企业在美国资本市场IPO，其中互联网企业超过15家，如表1-0-1所示，当当网和优酷网同一天登陆纽约证券交易所，并且优酷以161.25%的涨幅创新美国IPO市场5年来的最高历史纪录，中国互联网企业光辉的形象闪耀华尔街。这一时期的中国互联网概念股能够闪耀在美国资本市场的一个主要原因源于中国概念，一方面金融危机过后中国经济表现出来的强势被美国投资者所看好，中国经济保持高速增长，中国网民数量超过美国人口总数达到4.2亿，跃居世界第一。另一方面，经济危机后，美国实行量化宽松的货币政策，资本市场资金充足，具备了支撑起中国概念股的基础。经过近十年的发展，中国互联网行业的格局也在发生深刻的变化，几个具有垄断性核心业务的巨头已经出现，腾讯的即时通信、阿里巴巴的电子商务和百度的搜索，都具备了强大的市场控制力，平台优势是这三家巨头标志性特征。在关键产品或技术的创新突破之后，平台型互联网企业能够率先利用其客户规模优势来快速扩大市场，并且凭借互联网产品的零边际成本特征，使竞争变得简单直接，这些优势及特征间接推动了平台优势企业对互联网市场的主导。

表 1-0-1 2009~2010 年中国互联网企业海外上市情况

股票简称	上市地点	上市年份	上市方式
畅游	纳斯达克证券交易所	2009	境外直接上市
盛大游戏	纳斯达克证券交易所	2009	境外直接上市
数百亿	纳斯达克证券交易所	2010	转板上市
搜房网	纽约证券交易所	2010	美国存托股份
易车网	纽约证券交易所	2010	美国存托股份
优酷土豆	纽约证券交易所	2010	境外直接上市
艺龙旅行网	纳斯达克证券交易所	2010	境外直接上市
首都信息	香港联合交易所	2011	配售
奇虎360	纽约证券交易所	2011	美国存托股份
世纪互联	纳斯达克证券交易所	2011	境外直接上市
人人网	纽约证券交易所	2011	美国存托股份
世纪佳缘	纳斯达克证券交易所	2011	境外直接上市
凤凰新媒体	纽约证券交易所	2011	美国存托股份
淘米	纽约证券交易所	2011	境外直接上市
土豆网	纳斯达克证券交易所	2011	境外直接上市
当当网	纽约证券交易所	2010	境外直接上市

在第四阶段：资本市场层次化加深，产业互联网时代来临。

在中国经济进入新常态的背景下，互联网经济是替代传统要素推动中国经济发展的重要力量，即经济新增长的动力将逐渐转向以互联网信息技术革命为主的产业升级创新。为了促进互联网行业发展，国家出台了相关政策来进行支持引导。首先，2014 年国务院发布的《关于进一步促进资本市场健康发展的若干意见》对 VC/PE 机构的发展起了很大的推动作用，据 CVSource 统计，2014 年共有 14 只中概股在美国上市，其中 11 家背后有 VC/PE 机构的身影，比例接近八成；其次，国务院发文明确险资可以涉足夹层基金、并购基金、不动产基金等私募基金；再次，新三板的实施丰富了国内的资本市场体系，为因财务指标和市场规模限制无法在中小板及创业板上市的企业打开了一扇门，有利于促进产业转型，这一系列举措进一步提升了资本市场的活力，资本市场的改善进一步点燃了互联网企业创新创业的热情。互联网的出现使传统的媒体出版、广告营销以及实体零售等行业受到冲击，但"互联网＋"的提出给传统行业提供了一个新思路，促进了各行业与互联网的深度融合，分享互联网经济发展带来的红利。交通、餐饮、旅游、教育行业、金融等行业都在积极地转变，像互联网金融的实践者蚂蚁金服、陆金所，交通出行服务的滴滴，餐饮服务的百度糯米、饿了么等，它们为互联网行业的创新创业者树立了良好的榜样。产业互联网时代的到来，极大地提高了传统农业、制造业和服务业的效率，显示出巨大的社会、经济价值。

二　中国互联网企业资本运营现状及分析

资本市场逐步完善的投融资机制使资本流动更加活跃、资源配置更加有效，在此背景下以资本增值为目的、价值创造为导向的资本运营成为企业经营发展的必然趋势和最高阶段。对于欣欣向荣的互联网产业而言，技术创新和政策扶植共同推进产业整体呈现横向延伸、纵向深入、跨界融合的发展态势；对于高速成长的互联网企业而言，与生俱来的市场化竞争机制和高风险高收益的内在经济特质共同营造了相对公平的财富积累平台。由此，资本在该领域竞相追逐，VC/PE规模涌入，资本运营展现出狂热局面并呈现出一定的阶段性态势。

（一）中国互联网企业资本运营现状及趋势分析

"互联网＋"浪潮下层出不穷的互联网企业在市场格局下充分竞争、优胜劣汰，独特的免费模式和网络效应产生极大的资金损耗。因而，产品经营和资本运营合理联动、产业资本与金融资本适度融合成为互联网企业实现价值创造和增值目标的有效手段。目前，互联网企业资本运营模式如表1-0-2所示，主要分为扩张型和收缩型两大类。其中，扩张型资本运营模式使用最为频繁：一方面，由于我国正处于从互联网向移动互联网转型的过程中，产业格局尚不稳定，企业自身通过扩大规模效应加快跨界资源整合，提高资源配置能力成为大势所趋；另一方面，在国家政策的积极推动下，以BAT为首的互联网企业在信息产业内跑马圈地，构建自身的生态系统，通过兼并、收购、上市、战略联盟等多种扩张型资本运作手段带动自身产业结构的调整。这种调整有的表现为减少同业竞争数量，拓展业务形态，解决市场有限性与行业整体供应能力不断扩大之间的矛盾，属于横向资本扩张；有的表现为提高对供应商、用户及市场的控制力，获取自身在行业价值链中的优势地位，属于纵向资本扩张；有的表现为跨技术、跨领域的多元化交易，产生一定程度的协同效应，属于混合资本扩张。在扩张型资本运营模式下，我国互联网企业不论从整体经济规模，还是从技术水平上均在世界格局中占据重要地位。而收缩型资本运营通常出现在规模庞大的互联网巨头中，以支持核心业务的发展为战略目标而放弃与之协同效应不明显的业务。

表1-0-2　互联网企业资本运营现有模式

一级分类	二级分类	主要方式	具体形式
扩张型资本运营	并购重组	兼并	
		收购	
	股权经营	股权投资	·VC/PE ·参股、控股
		公开上市	·整体上市 ·海外上市 ·交叉上市
	战略联盟	股权式战略联盟	·合资 ·资本合作与授权 ·相互持股
		非股权战略联盟	·市场或销售协定 ·技术服务协定 ·研发协定 ·特许经营

续表

一级分类	二级分类	主要方式	具体形式
扩张型资本运营	重组	资产置换	
		股权置换	
收缩型资本运营	企业收缩	资产剥离	
		分拆上市	
	股份收缩	股份回购	
		股权出售	

2015 年起互联网企业资本运营展现井喷之势，资本驱动背后也使中国互联网企业资本运营呈现出一定的趋势和特点：

1. 融资规模大幅增长，并购交易再起高潮

2015 年"互联网＋"行动计划的提出极大地促进了互联网行业发展，引起新一轮网络投资热潮，使互联网融资规模达到前所未有的高度。该年互联网行业融资案例共 1105 例，披露金额 286.14 亿美元，同比增长 316.28%；完成并购案例数（按被并购方）836 起，披露金额约 518.69 亿美元，同比增长 197.38%。其中，股权融资方式依旧以 VC/PE、IPO 为主，并各自表现出不同的发展态势；并购交易成为 VC/PE 退出的重要渠道，行业内的强强合并及巨头的行业布局使得金融资本参与的并购案例数量大幅增加。具体表现在以下三个方面：

（1）VC/PE 规模持续攀升，O2O 和电商领跑融资细分领域。从整个 VC/PE 市场规模来看，2015 年 VC/PE 披露的总规模为 853.05 亿美元，而互联网行业以 33.54% 的比例占据了整个市场的核心地位。一方面是由于该行业目前仍处于发展状态，上市企业数量不多，因此定向增发等 PIPE 类融资方式比重甚微；另一方面近年来机构投资者在互联网领域的退出回报甚高（如 2014 年雅虎并购阿里巴巴交易中，软银获得 271 倍退出回报；2014 年互联网行业 IPO 退出平均回报率为 47.57 倍），资本的逐利性带动 VC/PE 在互联

网行业大量聚集。从 VC/PE 融资轮次分布来看，融资阶段前移趋势加深，机构投资者更倾向于发展初期的互联网初创企业，C 轮以前的融资案例数较以前年度增长明显，后续轮次基本与 2013 年持平或略有增幅。从 VC/PE 融资的细分领域来看（见图 1-0-1），2015 年互联网其他以 71.59 亿美元 VC/PE 融资额位列互联网细分领域第一，互联网其他涉及业务非常广泛，是综合网络游戏、网络视频、网络社区、网络广告、行业网站、电子支付和电子商务之外的其他细分，每年都保持着强劲的发展势头。在互联网其他细分中 O2O 外卖平台饿了么成为细分中热点案例，在 2015 年初和年中分别获得 3.5 亿美元和 6.3 亿美元的融资，一年连续两次融资之和近 10 亿美元。占据次席的是电子商务，获得 VC/PE 融资额高达 66.75 亿美元。行业网站、电子支付、网络社区位列融资额顺次递减。

（2）IPO 规模降至低点，资本 IPO 退出收紧。国内互联网行业在过去五年内 IPO 规模总体波动较大，2012 年和 2014 年形成两个明显的波峰，而 2014 年阿里巴巴集团上市成为近几年乃至整个 IPO 史上的最高峰。其余几年 IPO 规模均在 10 亿美元左右低位徘徊，2015 年甚至降到近年来最低水平，仅有 6 家互联网企业实现 IPO，募集资金总规模仅 4.98 亿美元（见图 1-0-2）。这主要是由于 2015 年国内 IPO 暂停长达 4 个月；其次该年二级市场波动较大，IPO 存在不确定性较大，存在部分待 IPO 企业保持观望态度。从互联网行业整体发展来看，随着 IPO 相关政策的出台和资本市场的逐步完善，未来 IPO 规模会呈现上升趋势，但是由于互联网行业的自然垄断效应，行业巨头如阿里巴巴、京东、新浪微博等均在 2014 年上市，剩下的企业少有类似体量，所以 2014 年的规模高峰难以超越。从互联网企业单个 IPO 案例来看，2015 年 IPO 的 6 家企业融资

图 1 - 0 - 1　2015 年国内互联网细分领域 VC/PE 融资分布

资料来源：CVSource，2015.12。

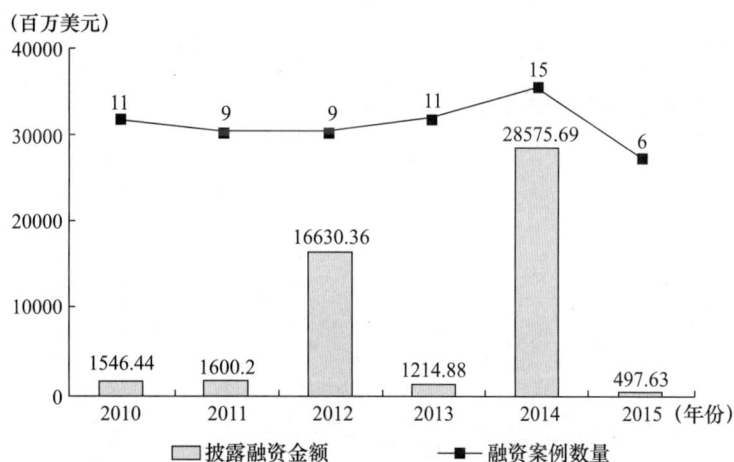

图 1 - 0 - 2　2010 ~ 2015 年国内互联网企业 IPO 规模趋势

资料来源：CVSource，2015.12。

规模均较小，仅昆仑万维和快乐购实现上亿美元融资金额；第三、第四季度受 IPO 暂停影响只有宜人贷一家实现 IPO，且融资规模不足 1 亿美元；剩下的三家互联网企业凡网络、窝窝团和暴风科技融资总额之和不足 1 亿美元。同时，IPO 作为 VC/PE 机构退出的主要途径之一，受政策限制和市场波动的影响明显，退出账面回报倍数降至新低。2015 年互联网行业退出 41 例，披露账面退出金额共 6.29 亿美元，环比下降近 132 倍；其中通过 IPO 退出 19 笔，账面退出金额仅 3.39 亿美元，平均账面回报仅 1.04 倍，退出金

额环比大降近 248 倍。

（3）并购市场表现火爆，全资收购比率加大。2015 年 2 月银监会发布《商业银行并购贷款风险管理指引》，将并购贷款期限提升至 7 年，并购贷款在并购交易总金额的占比上限提升至 60%。在内在需求和外在政策的双重利好背景下，互联网企业并购交易事件大幅上升，交易金额平稳发展。从并购案例数方面来看，2015 年互联网行业以 836 起交易，占比 11.3% 的成绩夺魁，行业内部整合继续加速，阿里巴巴、腾讯等巨头加快行业布局，同时娱乐传媒、旅游等行

业企业也通过并购互联网企业进行全产业链布局。从并购规模方面来看，2015 年互联网企业涉及交易金额 518.69 亿美元（见图 1 - 0 - 3），阿里巴巴及旗下企业 2016 上半年先后完成对优酷土豆、神州专车等大额收购，在进行中交易方面百度对爱奇艺私有化目前接近完成，腾讯拟收购游戏开发公司 Supercell 的交易金额达 86 亿美元，该笔交易如果完成，将创造全球游戏史上最大规模收购纪录。从细分领域来看，近年的并购交易中电商领域并购再成热点，2015 年宣布并购案例 497 起，宣布金额 171.63 亿美元，占全年互联网并购宣布金额的 33.09%。其中，阿里巴巴集团以 45 亿美元收购优酷土豆成为本年度

互联网并购宣布案例中金额最大的一起。电商领域近年来异军突起、势头强劲、规模经济效益显著，在市场经济不景气的情形下为上市公司通过并购电商企业改善经营状况提供了机会。同时，在诸多互联网并购案例中，全资收购比例占到 27.4%，从技术角度看，互联网对核心技术和市场占有率有着更高的需求，通过并购能够弥补企业自身创新的不足，获取核心技术；从市场角度来看，互联网产品存在严重的同质化现象，企业竞争很多时候是市场份额的竞争，通过并购可以获取足够的市场份额。因此，全资收购在诸多角度展现出其提升企业价值的优势。

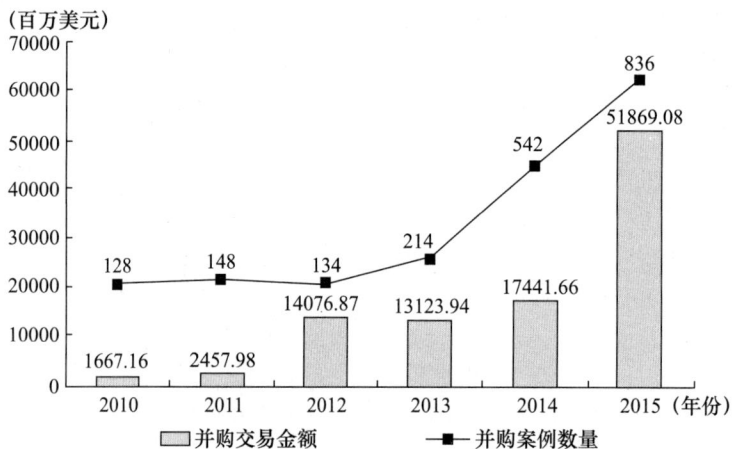

图 1 - 0 - 3　2010～2015 年互联网企业并购宣布情况

资料来源：CVSource, 2015. 12。

（4）海外并购愈加活跃，并购成为资本退出重要手段。国际化是近年来互联网企业并购一大特征，资本先行是互联网企业走向国际化的主要手段。海外并购市场呈现火爆局面主要基于以下三点原因：一是人民币的持续贬值，2016 年上半年人民币对美元汇率中间价下行，同时国内经济下行，使得部分企业加强对海外优质资产的配置，抵御风险；二是国内经济结构从低附加值

产业向高附加值产业转移，国际竞争日益激烈，中国互联网企业需要通过跨国并购实现核心技术和品牌的积累；三是全球经济尚处于复苏期，海外存在着大量优质低估值的企业。除了以上出于宏观经济和自身战略考量的因素以外，互联网企业并购的另一大推手就是 VC/PE 等基金。互联网行业的很多基金投资完成于 2008～2010 年，周期在 3～5 年，在 IPO 退出阶段性受阻、互联

网企业盈利模式不清晰、基金到期等多重因素推动下，越来越多的资本通过并购渠道实现退出。鑫悦投资在新合文化并购退出过程中获得近422倍退出回报，同时利通基金、容银投资、世纪凯华等在并购退出方面均获得了10~30倍的退出回报。从以上个案可以看出资本退出过程中并购虽然涉及金额规模较小，但依然存在着相当可观的回报率。

2. 海外上市热情消退，回归 A 股众望所归

从1999年中华网在海外上市开始，互联网企业在境外上市的道路上已经走过17年，共掀起五次海外上市热潮。但是继2014年阿里巴巴、京东第五次上市热潮之后，这一趋势并没有得到延续。2015年中概股开启退市潮，完美世界、盛大网络等相继私有化，暴风科技连续30个涨停开启了互联网企业回归 A 股的阀门。这种现象来源于产业和资本的良性互动，一方面产业重构倒逼资本重构。过去国内互联网企业大多复制国外运作模式，以国外机构投资者为主导，在营运和估值上很容易找到国外对标。而当下"互联网＋"正在重塑各行各业的关系，许多创新的商业模式在国内能够被充分理解和认同从而获得较高的估值，但国外则无法寻找到与之相似的对标，投资者的质疑使互联网企业的估值受压。如表1-0-3所示，从市盈率上看，截至2016年11月24日在国内上市的互联网企业市盈率中值为91.55。而美国上市的中国互联网企业中，仅有微博（125.90）超过这一数值。

表1-0-3 互联网企业国内外上市估值对比

国内上市互联网企业			国外上市互联网企业		
股票简称	股票代码	PE 值	股票简称	股票代码	PE 值
海虹控股	000503.SZ	1512.77	微博	WB.O	125.90
生意宝	002095.SZ	966.08	陌陌	MOMO.O	62.30
中昌数据	600242.SH	343.38	阿里巴巴	BABA.N	46.52
中国软件	600536.SH	270.83	聚美优品	JMEI.N	38.81
迅游科技	300467.SZ	173.18	迅雷	XNET.O	37.89
四维图新	002405.SZ	158.69	唯品会	VIPS.N	27.48
天夏智慧	000662.SZ	158.00	新浪	SINA.O	24.29
高升控股	000971.SZ	156.37	凤凰新媒体	FENG.N	22.17
焦点科技	002315.SZ	125.24	乐居	LEJU.N	21.65
中青宝	300052.SZ	121.16	网易	NTES.O	20.16
新开普	300248.SZ	115.02	网易	NTES.O	20.16
盛天网络	300494.SZ	108.15	欢聚时代	YY.O	13.31
乐视网	300104.SZ	108.00	宜人贷	YRD.N	13.28
人民网	603000.SH	103.35	百度	BIDU.O	11.77
立思辰	300010.SZ	98.56	携程网	CTRP.O	6.07
暴风集团	300431.SZ	95.49			

资料来源：Wind 数据库。

资本重构促进产业升级。当前，中国的资本市场正经历着前所未有的变革，传统行业面临转型之困，资本价值进入再造低谷。而以工业4.0、物联网和互联网技术为核心的新兴互联网行业无畏前行，资本价值屡创新高。过去泾渭分明、界定清晰的沪深市场开始"跨界"，注册制的推行和创业板"未盈利板块"的设计为互联网企业敞开大门；新三板和科创板更是来势迅猛、抢食市场，挂牌公司屡创新高；"创新投贷联动、股权众筹等融资方式，推动特殊股权结构类创业企业在境内上市"的政策呱呱坠地，多层次的资本市场开始变得界限模糊，一个价值重构的时代正在到来。资本更有效率地流动促使互联网企业以价值创造为导向，积极推动产业链重构，创造新的价值流动链条，推动国内互联网产业的蒸蒸日上。相比之下中概股的表现则差强人意，美股中概股指数承压下行，互联网企业海外上市的热情遭受打击。于是，大批中概股互联网企业正走在拆除 VIE 架构、回归 A 股的路上，它们的回归大体分为以下三种路径：第一，私有化退市 + 独立上市；第二，私有化退市 + 借壳上市；第三，A 股公司收购境外公司部分股权。当然回归之路并不平坦，私有化退市须有雄厚的资金保驾护航，美国监管层要求私有化的企业在收购流通股时必须全部以现金进行，且收购方必须向中小股东提供基于当期股价的溢价。此外，巨额的咨询费、审计费等相关费用和漫长的耗时也对中概股的回归提出考验。综合考虑下，互联网企业大多采用第二种回归路径。

3. 股权投资深耕细作，产融结合大势所趋

2016 年互联网企业参与股权投资的进程有了长足发展，更多的互联网企业从投资参与者变成投资决策者，股权投资的目的也从资产增值向战略投资方向转变。以阿里巴巴、腾讯为代表的互联网企业对行业内的布局有了更深刻的认识，通过股权直投的形式拓展业务的深度和广度，建立竞争壁垒或形成产业闭环，降低成本成为企业共识。同时伴随着"互联网 +"的国家战略推进，实体产业、金融业、互联网的多层次融合成为新的资本运营方向，新时代的产融结合也表现出以下特点。

首先，新兴互联网企业可以充分运用自身的数据和渠道优势，介入金融服务的功能创新中，使得互联网供应链金融、电商金融、大数据金融等扎根于实体部门的模式不断出现，传统的"由产到融"发生变化；银行、证券、保险等金融企业，更加重视对互联网信息技术的应用，积极介入新兴互联网企业或建设互联网金融平台，传统的"由融到产"也发生相应转变。

其次，互联网企业从过去偏重产业与金融之间的股权、债权融合，逐渐变为双向的智力与战略融合。因为现阶段数据信息成为最重要的生产要素之一，金融服务呈现突出的跨界融合特征，产业与金融之间的谈判能力更加平衡，而非金融部门占据绝对优势，使得合作共赢逐渐成为主流；同时，传统的产融结合更加强调对资金配置方式的融合，而互联网产融结合则出现进一步的功能融合，在支付清算、风险管理等金融基础功能层面，不仅逐渐呈现金融产品与服务自身的混业，而且呈现金融与非金融边界的融合，深入生产场景、消费场景的多元化金融服务成为趋势。

再次，互联网产业链金融成为新型产融结合的重要模式。产业链金融重在以核心企业为依托，针对产业链的各环节，设计个性化、标准化的金融服务产品，为整个产业链上的所有企业提供综合解决方案。在互联网环境下，产业链金融的边界进一步拓展，不仅着眼核心企业与上下游的信用传递，而且关注产业链不同企业之间的金融资源共享。

最后，原有产融结合的范畴，还包括大企业集团内部的金融资源整合，现在伴随互联网带来社会协作分工机制的变化，原有的生产、分配、交换、消费流程都在发生变革，企业达到最佳经济效率的边界也更加模糊，这使得在新技术支撑下，集团内部金融需求更容易通过外包的形式来完成，从而有效降低交易成本和提升产融效率。

（二）中国互联网企业资本运营问题分析

站在互联网向移动互联网转型的分水岭上，中国互联网企业资本运营热潮的出现也并非偶然，不论是业务模式创新，还是业务规模的扩大，提升的焦点都无疑集中在资本市场，其不仅能为各类互联网企业迈向移动互联网时代，为其实现转型和跨越发展提供巨大的资本支持，同时对于大型互联网企业而言，并购等资本运作方式成为弥补自身业务短板，争取更大的移动互联网流量入口的有效抓手；对于中小型互联网企业而言，注册制和创业板新政的开启为其发挥自身创新优势，进军移动互联网迎来了曙光。因此，资本运营势必成为中国互联网企业转型发展难题的最优解。但是，尽管资本运营推动了互联网企业资本流通和优势互补，开拓了优势共赢的局面，也对企业的可持续发展提出了挑战。如今，无论是并购盛宴还是即将到来的国内IPO热潮，互联网企业持续的资本运营表面上反映的是转型发展对资本的渴求，但也在更深层次上折射出该行业高速发展背后的创新之困。创新环境不成熟、创新能力不足、商业模式单一、流量变现壁垒重重等困扰互联网企业发展的根本问题还未解决，因此，推动中国互联网企业成为世界级企业，促进资本营运持续稳步发展还有以下问题亟待解决。

1. 盲目扩张，多元化的同时忽视了资源整合和业务协同

在新一轮的发展中，很多互联网企业把目光聚焦于"并购重组"这样的扩张型资本运营模式上，希望构建多元化的生态体系，让生态协同取代专业分工，带领企业实现跨越式发展。但多元化不是急功近利的盲目发展，而是有阶段性有计划性地开展和进行。国内目前大多数互联网企业从成立之初便追求用户规模和收入规模的同步增长，大规模并购的同时忽视投资效率的提高。一方面，现有的企业资源不足以支撑企业的飞速增长，最终将企业拖向破产边缘；另一方面，在过分重视规模扩张的同时企业内部管理和资源整合能力的缺失，使得企业最终陷入"大企业"困境。纵观国外互联网企业的发展路径，大多数企业都是以打造核心竞争力为发端，专心在自己的细分领域快速圈地，扩大市场规模，建立竞争壁垒，当企业做大到一定规模后才开始布局生态，战略意图清晰地同上下游保持合作关系。每一个战略意图会决定相应的战略孵化、参股、控股或收购的股权关系。而国内的不少互联网企业缺乏战略意识，疯狂多元化带动企业规模和经营范围的快速扩大，而在规模扩展过程中又忽视了资源的整合和业务的协同，成为价值的毁灭者。众多互联网企业并购失败案例看到，失败的并购决策一方面是由于来自管理层的自身狂妄和盲目乐观，另一方面也是对目标公司和协同效应错误估计的结果。成功的并购决策能够改进技术组合，降低边际成本，提升市场竞争能力和抗风险能力，但最终动因依然是实现股东价值最大化。因此，如何使相关决策服务于企业发展战略，如何在扩张中实现战略、财务、人力、技术和品牌等方面的有效整合，实现各业务领域的协同成为狂热资本运营过程中亟待解决的问题。

2. 缺乏核心竞争力，并购成为解决创新不足的主要手段

移动互联网的市场规模超越互联网已经成为不可逆转的趋势，市场竞争异常惨烈。以阿里巴巴、百度、腾讯为代表的传统互联网行业巨头无一不对移动互联网领域虎视眈眈，但与此同时，无论是传统软件开发商还是手机制造商抑或是电信运营商，也纷纷加入抢夺移动互联网入口资源的行列，而这些颇具实力的竞争对手的任何一项创新产品都有可能随时将行业格局彻底颠覆，大型互联网企业通过资本运营手段降低小企业的创新威胁不失为一种好的企业运营手段。因此，互联网巨头的并购热情一方面是资本运营下的多元化布局，另一方面也是对其创新能力不足的弥补，创新能力的退化成为当前大型互联网企业布局移动互联网的最大瓶颈。我国互联网企业的创新存在多重短板。

首先，技术创新投入不足。随着国内与海外的资本交往越来越密切，越来越多的企业开始布局海外业务。但由于技术创新比应用创新更困难、需要更多的投入，我国多数互联网企业目前都在应用上下功夫，在技术方面的研发投入和创新不足。在海外市场，企业如果没有核心知识产权和专利，将很难参与市场竞争。

其次，风险承受力降低。创新与风险相关联，互联网企业在高速发展的同时，对风险和不确定性的承受程度却在降低。一方面，对财务目标和股东期望过度关注，使得企业对创新的态度趋于保守；另一方面，当前管理层对创新的态度是复杂的。管理层十分清楚创新的价值，但也担心创新的不确定性以及带来的组织变革，会影响其权力和利益，这一情况在企业发展到一定阶段后尤为普遍。

再次，人才管理成难题。在相当长的时间内，人才管理挑战依旧会成为互联网企业难以解决的问题，这一般表现为人才短缺和高流动率，特别是掌握核心技术专业技能人才。人才短缺是由两方面原因造成的。从需求层面来说，互联网企业高速成长需要扩张和更细致的分工，大幅增加了对具备专业技能的技术和管理人才的需求；从供给层面来说，人才的培养需要相当长的时间和资源投入，在行业高速发展的背景下，人才供给相对不足，由此产生了巨大的人才缺口。高流动率是互联网企业人才管理面临的另一个问题。人才对互联网企业具有举足轻重的作用，拥有优秀的人力资源可以成为企业的一种竞争优势。互联网人才高流动一方面是企业文化和领导力建设的滞后与企业的高速发展未能匹配，缺乏留住人才的企业环境；另一方面互联网行业的高压力也是导致高流动率的原因之一。

3. 缺乏与资本合作的精神，内部治理及风险管控问题频现

互联网企业可以借助资本的力量来获得高速增长，也有可能因此而引入新的风险。近年来，互联网企业的快速发展，背后离不开资本的推手，与互联网行业相关的投资也增长迅速。对互联网企业来说，与资本对接应该处理好两个问题：如何获得融资维持企业的生存和发展；如何与资本合作确保公司的战略得以实现。融资问题对初创期和发展期的企业来说十分普遍。多数互联网企业在发展到一定规模前会面临融资难、融资慢问题。为了解决这个问题，企业应学会与资本沟通并获得资本的青睐，更应把握融资节奏和尺度。而现阶段大多数互联网企业在资金严重短缺时才寻求投资，这样不仅会降低企业在谈判中的地位，融资失败更会直接影响企业的发展乃至倒闭。此外，不合理的融资还会导致失去公司的风险，如在天使轮融资和后续融资阶段出让了比

较高比例的股份，导致后期难以获得公司管控权和股权。企业引入资本后，要充分重视与资本的合作方式，确保公司战略得以实现。纵观过往失败的互联网企业，有相当多的公司成功融资并成长到一定阶段的时候往往频频爆出创始人失去企业控制权的新闻。深究原因，都归结于在公司发展战略等重大问题上产生了严重分歧。这一方面可能有资本本身就希望创业者出局的情况，更多数的情况是公司创始人自身尚未学会与资本沟通和合作，使得自身成为公司发展的壁垒。

三　融资效率、投资效果与互联网企业价值创造

2015 年李克强总理提出了"互联网＋"行动计划，为互联网行业的发展提供了政策上的支持，极大地促进了互联网与传统产业的结合，同时掀起了互联网行业新一轮的投融资热潮。如何提升互联网企业的财务竞争力以及融资效率和投资效果，实现价值的创造和资本的有效配置，是我们应该深入研究探讨的问题。因此，下文从财务竞争力的视角，对影响企业财务竞争力的各因素进行分析。通过对这些问题的深入研究，希望能为中国互联网企业找到一条提升整体财务竞争的途径，同时能够为投资者以及社会公众创造更大的价值。

财务竞争力根植于企业的财务资源和财务管理活动中，是基于价值导向的成长管理、盈利管理和风险管理动态平衡的综合实力体现（Fama & French，1991）。财务竞争力的强弱可以基于现金流量、综合绩效、经济增加值等视角加以衡量和评价。笔者以 Fama 和 French、吴荷青、张友棠、朱晓等关于如何评价财务竞争力的研究作为基础，结合互联网企业轻资产运营的特点，以及追求管理成长、提高盈利和控制风险的动态均衡实现价值增值为导向，构建了现金流视角的电信运营企业财务竞争力评价体系，同时为了验证评价结果的客观性，又建立了一套综合绩效视角的互联网企业财务竞争力评价体系进行相关性研究，如表 1 - 0 - 4 和表 1 - 0 - 5 所示。

表 1 - 0 - 4　互联网企业基于综合绩效的财务竞争力评价体系

总目标	子目标	一级指标	二级指标
财务竞争力	风险管理	融资效率	资产负债率　流动比率
	盈利管理	投资效果	总资产报酬率　净资产报酬率
		资产管理	总资产周转率　流动资产周转率　固定资产周转率
		现金管理	销售现金比率　资产现金回收率　自由现金流占收比
	成长管理	成长能力	总资产增长率　主营业务收入增长率　净利润增长率

表 1 - 0 - 5　互联网企业基于现金流的财务竞争力评价体系

总目标	子目标	一级指标	二级指标	三级指标
财务竞争力	风险管理	安全性	流动性	现金比率　现金流量比率
			结构性	现金流入流出比

续表

总目标	子目标	一级指标	二级指标	三级指标
财务竞争力	盈利管理	盈利性	效率性	销售现金比率
			效益性	自由现金流占收比　资产现金回收率
	成长管理	可持续性	充足性	现金流量经营充足率
			稳定性	可持续增长率
			增长性	资本支出占收比　经营活动现金流量增长率

　　本书选取的样本研究对象为进入世界 20 强市值最高的 11 家中美互联网企业和 1 家虽未进入世界 20 强但经营绩效良好且具有重要影响力的中国苏宁云商以及在各国排名靠前的 14 家互联网企业，其中各项指标的计算取值均来自各公司公布的 2015 财年年报，其中由于英国公司的财年计算是从本年的 9 月 1 日到次年的 8 月 31 日、加拿大的财年计算是从本年的 7 月 1 日到次年的 6 月 30 日、开普敦的财年计算是从本年的 4 月 1 日到次年的 3 月 31 日，因此对英国、加拿大和开普敦公司选取的是 2016 财年年报。在计算出各评价指标数值后使用 SPSS 21.0 软件对数据进行处理。本文采用了因子分析模糊综合评价法，能够将对样本公司各项指标的客观评价以及决策者对各评价层面的主观判断相结合，弥补了层次分析法易受人为操纵以及主成分分析法不能

体现决策者经营重心的缺憾。基于两种不同视角（综合绩效和现金流）的评价结果不仅可以对企业的整体财务竞争力进行相关性评价，而且能够从多角度进行分析并提出提升互联网企业财务竞争力的路径。

1. 因子分析

（1）提取公共因子。对各指标进行因子分析前，我们先对样本数据进行了 KMO 检验和 Banlett 球度检验，检验结果表明，所有的 KMO 检验值均大于 0.5，说明样本数据适用于因子分析。所有的 Banlett 球度检验值均小于 0.05，即当显著水平为 95% 时，样本数据适用于因子分析。对样本数据进行因子分析时，按照累积方差贡献率大于 80% 的原则，各一级指标选入的公共因子列表如表 1 - 0 - 6 和表 1 - 0 - 7 所示。

表 1 - 0 - 6　各一级指标公共因子及方差贡献率（基于综合绩效）

目标	指标	公共因子	特征根	方差贡献率（%）	累积方差贡献率（%）
风险管理	融资效率	F11	1.767	88.367	88.367
	投资效果	F21	1.976	98.823	98.823
盈利管理	资产管理	F31	2.342	78.060	78.060
		F32	0.544	18.144	96.204
	现金管理	F41	2.133	71.112	71.112
		F42	0.675	22.499	93.611
成长管理	成长能力	F51	1.848	61.610	61.610
		F52	0.828	27.612	89.222

表 1－0－7　各一级指标公共因子及方差贡献率（基于现金流）

目标与指标	公共因子	特征根	方差贡献率（%）	累积方差贡献率（%）
风险管理——安全性	F11	1.581	52.717	52.717
	F12	1.080	36.003	88.719
盈利管理——盈利性	F21	2.133	71.103	71.103
	F22	0.675	22.487	93.589
成长管理——可持续性	F31	1.260	31.499	31.499
	F32	1.028	25.703	57.202
	F33	0.978	24.458	81.660

（2）计算各一级指标的综合得分。以旋转后因子的方差贡献率为权重，由各因子的线性组合得到某个一级指标的综合得分。计算公式如下：

$$F = \omega_1 F_1 + \omega_2 F_2 + \cdots + \omega_n F_n \qquad (1)$$

在各一级指标内按照式（1）计算因子得分总计如表 1－0－8 和表 1－0－9 所示。

表 1－0－8　26 家互联网企业基于因子分析的各一级指标因子得分及排名（基于综合绩效）

营收排名	公司名称	融资效率		投资效果		资产管理		现金管理		成长能力	
		得分	排名	得分	排名	得分	排名	得分	排名	得分	排名
1	美国亚马逊	-0.53	21	-0.24	21	0.04	7	-0.05	17	-0.02	10
2	美国谷歌	1.06	2	-0.11	11	-0.09	24	0.02	10	-0.05	17
3	中国京东	-0.44	19	-0.42	25	0.19	2	-0.14	25	0.11	3
4	中国苏宁云商	-0.43	18	-0.24	22	0.04	6	-0.12	23	-0.02	11
5	美国 Facebook	3.18	1	-0.16	14	-0.10	25	0.07	6	0.06	6
6	中国腾讯	-0.40	17	-0.12	12	-0.06	17	0.06	7	0.08	5
7	中国阿里巴巴	0.18	7	0.00	4	-0.08	23	0.10	3	0.05	7
8	中国百度	0.06	8	0.04	3	-0.07	21	0.00	12	0.04	8
9	美国 eBay	-0.01	11	-0.11	10	-0.07	19	0.09	4	-0.35	26
10	开普敦 Naspers	-0.10	12	-0.18	17	-0.07	18	-0.12	24	-0.10	23
11	日本乐天	-0.54	22	-0.23	19	-0.06	15	-0.10	19	-0.03	12
12	美国雅虎	0.70	3	-0.38	24	-0.11	26	-0.34	26	-0.11	24
13	中国网易	0.31	6	-0.04	6	-0.05	12	0.05	8	0.19	2
14	英国 Asos	-0.49	20	-0.17	15	0.09	4	-0.06	18	0.02	9
15	中国搜狐	-0.18	13	-0.21	18	-0.07	20	-0.01	16	-0.06	20
16	以色列 Check Point	0.03	10	-0.08	7	0.06	5	0.13	2	-0.07	21
17	爱尔兰 Paddy Power	-0.60	25	0.35	2	0.11	3	0.07	5	-0.04	15
18	意大利 Yoox	0.03	9	-0.25	23	-0.06	16	-0.11	21	0.75	1
19	俄罗斯 Yandex	0.43	4	-0.14	13	-0.08	22	0.00	13	-0.03	13
20	澳大利亚 REA	-0.40	16	-0.01	5	-0.06	14	-0.12	22	0.11	4

续表

营收排名	公司名称	融资效率		投资效果		资产管理		现金管理		成长能力	
		得分	排名	得分	排名	得分	排名	得分	排名	得分	排名
21	阿根廷 Mercadolibre	-0.35	15	-0.09	8	-0.05	11	0.02	9	-0.05	16
22	俄罗斯 Mail. Ru	0.38	5	-0.23	20	-0.03	10	0.02	11	-0.05	18
23	荷兰 AVG	-0.60	26	-0.10	9	0.02	8	-0.01	15	-0.05	19
24	英国 Rightmove	-0.58	24	4.60	1	0.61	1	0.66	1	-0.04	14
25	泰国 Asiasoft	-0.55	23	-1.31	26	0.01	9	-0.11	20	-0.25	25
26	加拿大 OPEN TEXT	-0.19	14	-0.17	16	-0.06	13	0.00	14	-0.09	22

表 1-0-9　26 家互联网企业基于因子分析的各一级指标因子得分及排名（基于现金流）

营收排名	公司名称	风险管理		盈利管理		成长管理	
		得分	排名	得分	排名	得分	排名
1	美国亚马逊	-0.13	18	-0.05	17	0.02	9
2	美国谷歌	0.01	9	0.02	10	0.00	11
3	中国京东	-0.17	24	-0.14	25	-0.24	25
4	中国苏宁云商	-0.16	22	-0.12	23	0.11	4
5	美国 Facebook	0.45	2	0.07	6	0.04	6
6	中国腾讯	-0.12	17	0.06	7	0.00	12
7	中国阿里巴巴	0.35	4	0.10	3	0.02	8
8	中国百度	-0.07	12	0.00	12	-0.02	15
9	美国 eBay	0.16	5	0.09	4	-0.06	23
10	开普敦 Naspers	-0.11	16	-0.12	24	-0.08	24
11	日本乐天	-0.13	21	-0.10	19	-0.04	20
12	美国雅虎	-0.34	26	-0.34	26	-0.27	26
13	中国网易	-0.05	10	0.05	8	-0.02	14
14	英国 Asos	-0.13	20	-0.06	18	-0.01	13
15	中国搜狐	0.01	8	-0.01	16	0.15	3
16	以色列 Check Point	-0.07	13	0.13	2	-0.04	19
17	爱尔兰 Paddy Power	-0.13	19	0.07	5	-0.04	18
18	意大利 Yoox	-0.16	23	-0.11	21	0.25	2
19	俄罗斯 Yandex	0.10	6	0.00	13	0.05	5
20	澳大利亚 REA	-0.05	11	-0.12	22	0.28	1
21	阿根廷 Mercadolibre	-0.10	15	0.02	9	0.01	10
22	俄罗斯 Mail. Ru	0.05	7	0.02	11	-0.02	17
23	荷兰 AVG	-0.08	14	-0.01	15	-0.02	16
24	英国 Rightmove	0.70	1	0.66	1	-0.05	22
25	泰国 Asiasoft	-0.18	25	-0.11	20	0.02	7
26	加拿大 OPEN TEXT	0.36	3	0.00	14	-0.04	21

2. 模糊综合评价

本文的财务竞争力评价指标体系共有五个或三个一级指标，设 d_k（$k = 1, 2, 3, 4, 5$）或者 d_k（$k = 1, 2, 3$）为第 k 个一级指标的权重，用模糊评价法确定如下：

（1）确定一级指标对于评价财务竞争力的重要性排序及对于财务竞争力重要性的隶属度值。本文对一级指标之间的相对重要性进行了专家调查，然后结合电信运营企业现阶段的发展特点，将融资效率、投资效果、资产管理、现金管理和成长能力按 1，2，3，4，5 的顺序排列成一个矩阵 A，或将安全性、盈利性、可持续性按 1，2，3 的顺序排列成一个矩阵 B，就会分别得到两个各一级指标之间优越性二元对比矩阵 A 和矩阵 B。

矩阵 A 和矩阵 B 满足条件：若 d_k 比 d_l 优越，取 $e_{kl} = 1$，$e_{lk} = 0$；若 d_l 比 d_k 优越，取 $e_{kl} = 0$，$e_{lk} = 1$；若 d_k 与 d_l 同样优越，取 $e_{kl} = e_{lk} = 0.5$。其中 $k, l = 1, 2, 3, 4, 5$ 或 $k, l = 1, 2, 3$。

矩阵 A 和矩阵 B 通过了一致性检验，可以得出各一级指标对财务竞争力的重要程度的排序为：①基于综合绩效：分为三个层级——第一层级为投资效果，第二层级为融资效率和成长能力，第三层级为资产管理和现金管理水平，重要度依次减弱。以投资效果为标准，将其他方面逐一和投资效果进行对比发现：投资效果与成长能力和融资效率相比，其重要程度介于"同样重要"与"稍稍重要"之间；投资效果与资产管理和现金管理水平相比，其重要程度介于"稍稍重要"与"略微重要"之间。②基于现金流：

分为三个层级——第一层级为盈利性，第二层级为安全性，第三层级为可持续性，重要度依次减弱。以盈利性为标准，将其他方面逐一和盈利性进行对比发现：盈利性与安全性相比，其重要程度介于"同样重要"与"稍稍重要"之间；盈利性与可持续性相比，其重要程度介于"稍稍重要"与"略微重要"之间。这样，我们就用语气算子定义了前一步中所提及的优越性的程度。

（2）对隶属度值进行归一化处理，即得到各一级指标的评价权重。根据上述判断结果，查表即可得到各一级指标对财务竞争力重要性的相对隶属度向量：

$$d_k = (1.0, 0.905, 0.739, 0.905, 0.739)^T \quad (2)$$

或者 $d_k = (0.905, 1.0, 0.739)^T \quad (3)$

对式（2）和式（3）进行归一化处理后，即得到各一级指标的权向量：

$$d_k' = (0.2332, 0.2111, 0.1723, 0.2111, 0.1723)^T \quad (4)$$

或者 $d_k = (0.3423, 0.3782, 0.2795)^T \quad (5)$

3. 财务竞争力与价值创造排名

样本的综合评价得分计算公式为：

$$Z = \sum_{k=1}^{q} d_k F_k \quad (q = 5 \ 或 \ 3) \quad (6)$$

其中：F_k 即根据式（1）计算得出的各一级指标的综合得分；Z 即财务竞争力得分。将上述计算结果代入式（6）即可计算出 26 家互联网企业的财务竞争力综合得分及排名，现将基于综合绩效和现金流的财务竞争力评价结果汇总如表 1 - 0 - 10 所示。

表 1 - 0 - 10　26 家互联网企业财务竞争力综合得分及排名

营收排名	公司名称	绩效得分	绩效排名	营收排名	公司名称	现金流得分	现金流排名
24	英国 Rightmove	1.07	1	24	英国 Rightmove	0.47	1

营收排名	公司名称	绩效得分	绩效排名	营收排名	公司名称	现金流得分	现金流排名
5	美国 Facebook	0.72	2	5	美国 Facebook	0.19	2
2	美国谷歌	0.20	3	2	中国阿里巴巴	0.16	3
13	中国网易	0.10	4	13	加拿大 OPEN TEXT CORP	0.11	4
7	中国阿里巴巴	0.06	5	7	美国 eBay	0.07	5
19	俄罗斯 Yandex	0.05	6	19	俄罗斯 Yandex	0.05	6
18	意大利 Yoox	0.05	7	18	中国搜狐	0.04	7
22	俄罗斯 Mail. Ru	0.03	8	22	澳大利亚 REA	0.02	8
8	中国百度	0.02	9	8	俄罗斯 Mail. Ru	0.02	9
16	以色列 Check Point	0.02	10	16	以色列 Check Point	0.01	10
12	美国雅虎	-0.03	11	12	美国谷歌	0.01	11
17	爱尔兰 Paddy Power	-0.04	12	17	中国网易	0.00	12
9	美国 eBay	-0.08	13	9	中国腾讯	-0.02	13
6	中国腾讯	-0.10	14	6	阿根廷 Mercadolibre	-0.02	14
26	加拿大 OPEN TEXT	-0.10	15	26	意大利 Yoox	-0.02	15
15	中国搜狐	-0.11	16	15	爱尔兰 Paddy Power	-0.03	16
20	澳大利亚 REA	-0.11	17	20	中国百度	-0.03	17
21	阿根廷 Mercadolibre	-0.11	18	21	荷兰 AVG	-0.04	18
10	开普敦 Naspers	-0.12	19	10	美国亚马逊	-0.06	19
14	英国 Asos	-0.14	20	14	英国 Asos	-0.07	20
23	荷兰 AVG	-0.17	21	23	中国苏宁云商	-0.07	21
3	中国京东	-0.17	22	3	泰国 Asiasoft Corp	-0.09	22
4	中国苏宁云商	-0.17	23	4	日本乐天	-0.09	23
1	美国亚马逊	-0.18	24	1	开普敦 Naspers	-0.11	24
11	日本乐天	-0.21	25	11	中国京东	-0.18	25
25	泰国 Asiasoft	-0.47	26	25	美国雅虎	-0.32	26

综观 26 家互联网企业基于综合绩效和基于现金流的得分及排名情况，可以发现两者具有较强的相关性，这一方面是由于企业财务管理的各个方面在一定程度上表现出协同性特点，另一方面由于现金流是互联网企业生存和发展的核心资源，综合绩效评价时现金管理是一个重要评价指标，因此两者具有一定的内生性。我们将从以下六个方面具体地对上述得分和排名情况进行综合分析：

（1）总体情况：整体财务竞争力上升，美国领跑全球互联网。2015 年全球互联网企业继续保持强劲的发展势头，不但在规模和数量上实现较快增长，而且在财务竞争力和综合实力上也表现出较强的上升趋势。从宏观层面看，2015年以互联网企业为主导的互联网经济在 GDP 中占比不断扩大，发展中国家这一比重的平均水平为4.9%，而在发达国家该数值达到5.5%以上。这意味着互联网企业逐步成为促进全球经济发展的新动力，在追求持续经营和规模扩张的基础上，努力提高价值创造力和内在竞争力成为时代新要求。从微观层面看，作为典型的资本驱动型成长企业，互联网企业的整体财务竞争力集中体现在企业的投融资能力上。2015年全球互联网企业前十强的总市值相比于2014年提高11%，且融资、并购持续活跃，仅中国2015年度披露的融资案例就高达1105起，环比增长29.7%，融资金额286.14亿美元，环比激增316.18%；并购案例836起，环比增长54.24%，披露金额518.69亿美元，环比增长197.38%。在我们统计的全球26家具有代表性的互联网企业中，营收过百亿美元的互联网企业占三成以上，全部来自中国和美国。经营规模上的庞大使得互联网企业资源整合和资本管理更加复杂，因此综合的财务竞争力得分和价值创造排名与营收得分排名并没有表现出很强的正相关关系。以亚马逊为代表的高营收低财务竞争力（相对）的企业和以Rightmove为代表的低营收高财务竞争力（相对）的企业呈现少量的极端分化，而美国作为互联网企业的发源地，其开放的资本市场、严格的监管体系和创新的互联网精神使得以Facebook为代表的一批美国互联网企业无论在综合绩效表现还是现金流表现上均名列前茅，发挥了无可替代的标杆作用。中国的互联网企业从对国外模仿中逐步找到了自身的核心技术和特点，以阿里巴巴为代表的互联网企业异军突起，跻身竞争队伍的前列。

（2）区域比较：美洲风险管理能力突出，欧洲盈利能力表现抢眼。我们统计的26家互联网企业主要来自亚洲、美洲、欧洲、非洲和大洋洲，涵盖了14个国家或地区。这些企业大部分在纳斯达克、纽约和伦敦交易所上市，服务的提供范围主要以英语国家为主。在对基于综合绩效的财务竞争力各一级指标分析中，美洲互联网企业的风险管理能力平均得分为0.55分，远远超出亚洲（-0.19分）、欧洲（-0.20分）等其他区域，此结果同样出现在基于现金流的一级指标分析中。风险管理能力的区域差异来源于不同市场中互联网行业的成熟度和资本市场的监管力度。一方面，美洲的资本市场相对发达，严格的信息披露机制和较高的投资者保护水平都对互联网企业风险管控提出较高的要求；另一方面，美洲作为互联网的发源地，在长期的经验摸索中成长起来一批在商业模式和经营管理上都较为成熟的大型互联网巨头。它们拥有一套行之有效的内部风险管理体系，始终保持着较低的财务杠杆和充足的现金流。尤其是在2000年初股票市场互联网泡沫破裂以后，资金链的断裂迫使大量互联网企业破产清算，由此人们意识到对于高风险高不确定的互联网企业来说现金流是一切价值的基础，基于现金流的风险管理成为企业风控的重要组成部分。

欧洲的互联网企业拥有极强的盈利能力，直观表现在基于综合绩效的盈利能力各评价指标（投资效果、资产管理、现金管理）的平均值均远高于其他区域，尤其是在投资效果方面0.58分的均分相较于其他区域的负值来说表现异常抢眼。该评分结果与欧洲较差的互联网发展环境形成了较大的反差。欧洲是一个工业高度发达的区域，互联网产业的发展远不如美洲开放自由，原因有四：其一，小国寡民的先天劣势导致以用户为基础的互联网网络效应难以有效施展；其二，欧洲的文化和语言体系相对分散，碎片化的市场以及区域保护制度阻碍了市场的扩张；其三，欧洲文化保守，在既定的环境中缺乏创新创业精神，没有硅谷式的氛围培养互联网企业，也导致外国大型企业可以很轻易地并购欧洲竞争者；其四，欧洲在 TMT 领域的 VC/PE 数量较少，投资者总体趋向保守，资金注入一般在创业公司实现盈利之后，而对于必须依靠资本驱动的互联网企业来说融资上的困难严重阻碍其成长。尽管如此，欧洲部分互联网企业还是在艰难的环境中寻找到了互联网产业与传统产业的结合点，如爱尔兰主营在线博彩业务的 Paddy Power 和英国主营在线房产业务的 Rightmove，它们利用互联网的优势进行传统业务转型，实现了出色的盈利能力。

（3）业务比较：互联网业态百花齐放，成熟领域竞争加剧。随着互联网产业的深入发展，互联网的触角伸向了更多的细分领域，业务形态进一步呈现多元化的发展趋势。我们调查的 26 家互联网企业涉及电子商务、搜索引擎、在线服务、社交传媒、应用软件、互联网＋房产、互联网＋博彩等多个领域，每一个领域都有不同的商业模式，因而在财务竞争力上会有不同的表现。其中，搜索引擎领域的融资效率极高，在我们的样本中，四家搜索引擎企业（百度、谷歌、雅虎、Yandex）的平均融资效率得分为 0.52，其综合绩效排名除了雅虎以外全部位居前十，这很可能得益于该领域较为成熟的商业模式和普遍盈利的业务现状，基本无差异的服务提供使得行业竞争异常激烈；而电子商务领域则表现出极强的成长能力，尤其在中国等一些新兴经济体中该领域的商业模式不断发展和调整，人们的网络消费需求随着国家经济的快速增长而持续上升，其可持续发展能力普遍较高；除此之外，一些新出现的"互联网＋"形态也表现出极强的综合财务竞争力，如英国的 Rightmove 公司在综合绩效和现金流绩效上均保持绝对领先的优势。

（4）中美比较：中国互联网异军突起，美国企业稳中有升。中美一直是世界顶级互联网强国，无论是在其市值、技术革新还是在商业模式创新方面一直走在世界的最前端。两国的发展呈现出你追我赶的局面，而且在全球互联网市值排名中，中国和美国的互联网企业数量一直占有绝对优势。2015 年全球互联网企业市值前 20 强中，其中美国一直保持强势地位，在前 20 强中占据 11 家，亚洲国家一共占据 9 家席位，其中有 6 家是中国企业，而欧洲没有一家企业上榜。中国互联网企业的竞争力不断增强，2015 年在全球营收前十强中，中国企业营收平均增速是美国企业的 2.5 倍。中国互联网企业前 100 强的规模实力进一步发展壮大，保持较快的增长速度，2015 年中国互联网百强企业的业务收入总额达到 7561 亿元，较同期相比增长 42.70%。其中业务收入增长率超过 100% 的企业有 26 家，其中 160% 以上的企业有 19 家。而且中国互联网企业的业务呈现出多元化发展趋势，业务覆盖范围甚广，其中包括：综合门户、垂直门户、电子商务、网络游戏、互联网金融、网络视频、网络营销、大数据服务、IDC、CDN 以及互联网接入等主要互联网业务领域。

从得出的财务竞争力结果分析，基于综合绩效的财务竞争力得分，中美互联网企业总体上都呈现出上升的趋势，而基于现金流的关于中美互联网企业财务竞争力得分来看，中美互联网企业涨跌互现，整体上变化不大。根据 26 家互联网企业基于因子分析的各一级指标因子得分及排名分析看来：美国互联网企业的融资效率提高，中国互联网企业的融资效率无显著变化；中国企业的投资效果整体呈上升趋势，美国互联网企业涨跌互现，其中主要原因是中美经济发展模式不同所造成的，美国没有中国的人口聚集优势，而且 2015 年整体经济略显疲弱，整体消费水平低迷。中国互联网企业之间竞争惨烈，互联网企业的危机与变革意识强，线上线下结合日渐紧密，消费需求旺盛，进一步促进了互联网企业投资的增长及投资效率的提高；中美互联网企业的整体资产管理水平稳中有升，但腾讯的资产管理水平相较上年下降 12 位，其中一个原因是腾讯的总资产周转率和流动资产周转率呈下降的趋势；中美互联网企业的现金管理水平整体上呈现出上升的趋势；中美互联网企业的成长能力涨跌互现，其中网易名次提升幅度较大，上升了 10 位，其中主要原因是网易的主营业务增长率、总资产增长率和净利润增长率都有较大幅度的提升。美国雅虎的成长能力下降 20 位，主要原因是雅虎的净利润增长率和总资产增长率较 2014 年有较大幅度的下滑，其中净利润增长率 -157.77%；对基于现金流的财务竞争力子目标进行分析，在风险管理上，中美互联网企业涨跌互现，其中变化显著的有：美国的 eBay 和中国的阿里巴巴分别上升 23 位和 15 位，主要原因是两者都有较好的流动性，现金比率分别为 2.71 和 2.22，且结构性也安全合理，两者的现金流入流出比分别为 1.24 和 1.85。中国的京东和美国的雅虎分别下降 14 位和 11 位，京东的现金比率为 0.46，现金的流入流出比为 1.01，即流进的现金流刚满足流出的，雅虎的流入流出比仅为 0.94；在盈利管理方面，2014 年和 2015 年变化不明显；在成长管理上，中美个别互联网企业名次的波动幅度较大，京东和雅虎分别下降了 22 位和 16 位，主要原因为两者的销售现金比率分别为 -1.00% 和 -47.97%，自由现金流占收比分别为 -3.92% 和 -58.43%。中美互联网企业能保持绝对优势地位，其中最重要的一个原因是人口优势，美国有 3.2 亿人，文化素质相对较高且英语为世界通用语言，中国有 13.7 亿人，语言方面的壁垒致使国外互联网企业很难进来，1995 年全球互联网用户为 3500 万人，其中用户以美国和欧洲为主，分别占互联网用户总数的 61% 和 22%，发展到 2014 年全球互联网用户已达 28 亿人，并且亚洲用户占据了半壁江山，其中中国用户占互联网用

户总数的 23%，亚洲其他地区占 28% 左右。

（5）具体企业：财务竞争力与营收不匹配，个别企业陷入发展困境。2015 年互联网企业营业收入与上年相比，整体排名变化不大，除美国的 eBay 营收排名下降 5 位外，其余的互联网企业在营业收入的名次上变动不超过两个位次。而基于综合绩效的财务竞争里排名有个别企业的位次变动较大，其中京东和澳大利亚的 REA 分别下降 15 位和 13 位，意大利的 Yoox 和中国的搜狐分别上升 16 位和 8 位。下面将对出现异常的企业进行详细分析：

英国 Rightmove 营收排名是 24 名，但其两项指标排名都为第一名，接下来笔者将从以下几个方面进行分析：在盈利性和现金管理方面，Rightmove 一直在互联网企业中排名靠前，其中盈利性和现金管理水平在 2014 年和 2015 年一直稳居第一的位置，而且企业创造现金的能力非常强，其总资产报酬率和净资产报酬率分别高达 217.40% 和 1649.36%。较强的投资效果为企业带来大量现金，充足的现金流保证了其偿债能力。并且其总资产周转率（次数）、流动资产周转率（次数）和固定资产周转率（次数）分别达到 3.82、4.81 和 85.81。较强的创造现金的能力以及优秀的资产管理水平，促进了企业较快的成长和发展，为投资者带来了良好的收益。

中国京东 2015 年营收在互联网企业中排名第三，但其基于综合绩效和现金流的财务绩效排名分别为 22 位和 25 位。基于综合绩效排名的各一级指标中投资效果、资产管理、现金管理和成长管理与上年相比无明显变化，但融资效率降低，融资效率降低的原因一方面由于其资产负债率的提高，另一方面由于其流动比率的降低；基于现金流的财务竞争力排名中，京东的成长管理和风险管理因素排名下降显著，两者分别下降 22 位和 14 位，成长管理下降的原因有如下几

点：第一，现金流量的经营充足率不足，仅为16%；第二，可持续增长性不强，2015年的可持续增长率为－18.19%；第三，其经营活动现金流量增长率为－278.52%。京东风险管理水平下降的原因前文已做叙述，此处不再赘述。京东的盈利管理水平较上年相比无显著变化。对其财务报表进行综合分析可以看出，2015全年交易总额达到4627亿元，同比增长78%。2015全年核心交易总额同比增长84%，达到4465亿元。虽然京东2015年营收增长幅度为57.64%，但京东2015年仍没摆脱亏损的状态，亏损净额达76亿元。京东亏损的原因主要包括战略布局京东金融、京东到家O2O等业务，拍拍网停止运营带来的相关商誉和无形资产减值，坚持正品策略而关闭的拍拍网，造成了28亿元的一次性减值。上述原因是造成其基于综合绩效与现金流的财务竞争力排名与营收排名之间的不匹配。

美国亚马逊的营收水平在所有互联网企业中排名第一位，但其财务竞争力综合排名却处在下游，分别为第24名和第19名，与上年相比无显著变化，财务竞争力排名靠后是因为近几年亚马逊实行扩张低利润的战略，在扩张计划方面持续性投资巨大，而且其中包括新建仓库和服务器农场长期资产投资。基于因子分析的各一级指标因子的得分及排名无显著变化，说明其发展比较平稳。亚马逊的主营业务收入增长率一直很稳定，近三年一直保持在20%左右，2015年的营业收入为1070亿美元，使其一直保持行业领先地位，净利润为5.96亿美元，净利润率为0.56%，2015年实现扭亏为盈。净资产报酬率（ROE）为4.45%，创近三年新高。

（6）中国企业：行业形态固化，京东网易成后起之秀。总体看来，百度、腾讯、阿里巴巴三巨头因其业务方面的壁垒及优势，因此其行业地位一直很稳固，属于老牌强势互联网企业，其

他企业只能望其项背，虽然京东、苏宁近几年随着其成功的资本运作异军突起，但与前三者还有一定的差距。在市值上，阿里巴巴和腾讯一直居于领先地位，两者的市值都为2400亿美元左右。三家企业不但净利润规模和权益报酬率一直处于行业的领先地位，而且无论是基于综合绩效还是现金流的财务竞争力排名也是处于行业前列。虽然三者并称三头，但在市值方面百度与其他两家差异巨大，百度市值为550亿美元左右，一方面，从盈利能力来看，百度远落后于腾讯和阿里巴巴，腾讯2015年营收为1028亿元，净利润为291.08亿元，阿里巴巴2015年营收为1011亿元，净利润为714.60亿元，百度的营收为102亿元，仅为前两家的10%左右，净利润为50.07亿元。而且百度的盈利模式单一，主要依靠垂直搜索做竞价排名和流量带来的广告业务变现，百度前期想复制腾讯、阿里巴巴的商业模式，推出社交和电商产品，但最终都以失败告终。另一方面，在移动互联网时代，移动端的搜索流量被瓜分，百度花费重金打造的O2O业务，至今还未给百度带来理想的效果。上述原因最终导致了百度在三巨头中的弱势地位。2015年是京东发展历史上较为关键的一年，一方面与腾讯强强联手已步入正轨，腾讯战略投资京东，双方优势互补，腾讯的用户基数优势促进了京东的进一步发展，并且效果显著；另一方面京东成功登陆纳斯达克上市，进一步提高了京东的国际知名度，在2015年属于开疆拓土的关键时期。近三年京东营收稳步大幅增长，2015年京东的营业收入位列中国七家互联网企业的第一位。网易是最早一批登陆纳斯达克上市的中国互联网企业，近两年，网易股价稳步上升，市值超300亿美元，紧逼京东，而同为门户的搜狐市值不到14亿美元。为什么同为门户网站的网易能够持续走强？这和其自身强大的产品能力分不开，网易的游戏一直

为其营收的主要来源，而且近三年的净利润一直超过百度。为了提升产品的多样化和收入的多元化，近几年网易推出的几款市场认可度很高的产品，如网易云音乐、有道云笔记以及网易云课堂等，以网易云音乐为例，三年的时间其用户数量超过 2 亿，强势跻身在线音乐行业前三名，并且获得用户一致好评。

四　中国互联网企业价值创造及提升路径

"互联网＋"时代，瞬息万变的资本市场和不断加剧的行业竞争使大多数互联网企业面临着价值链重构和产业链整合的新局面。跨界寡头在建立大的跨界垄断平台的同时，一种新的开放共生的生态圈也会随之建立。面对互联网技术的快速发展及资本领域的全面竞争，互联网企业一方面通过合并重组和股权投资的资本运作方式调整产业结构，并改变着市场竞争格局；另一方面通过提高融资效率、改善投资效果和进行有效的价值管控成为企业实现可持续价值创造的重要影响和决定因素。如何在瞬息万变的市场竞争中保持持续的竞争力和创新，并且持续不断地为企业及社会创造价值，是众多学者以及互联网企业管理者不断思考的问题，下文将从四个方面来展开论述。

1. 通过产品经营与资本运营的联动，实现经营战略和财务战略的协同

一个完整的市场是产品和资本的有机融合，市场中不同的交易主体有着不同的需求以及偏好，根据市场的规则组织经济活动，满足市场中不同主体的需求。产品结构完善的资本市场，可以通过市场参与者之间的投融资活动实现资源在参与者之间的有效配置。市场中企业的发展壮大可以通过规模的扩张以及资本结构的优化两个途径来实现。规模的扩张主要通过产品的市场份额提升以及产品种类的多样性来实现，资本结构的优化是企业通过内在的调整实现最优的财务战略。互联网产品种类日益丰富，市场需求不断提高，为确保企业在成长过程中保持稳定的增长，理性地选择实施经营战略和财务战略是管理者不可避免的问题。财务战略的核心是为了实现企业价值最大化而对企业资源进行配置，财务战略是构建企业核心竞争力的基础。经营战略是在财务战略的基础上，有效整合企业内部的资源，对企业的经营方针、实施策略以及长期目标进行系统的谋划和布局。互联网企业不同于传统制造业，其信息和知识等新兴资产高于人财物传统资产，且技术是互联网企业的基础性资产，知识是互联网企业核心资产，上述特征决定了互联网企业的轻资产的财务特征，因此互联网企业的产品经营管理应遵循互联网企业财务活动的新特点及其规律性。无论是在信息技术研发、产品的推广还是经营战略和财务战略制定的过程中都应融入价值创造的思想，推行以价值为基础的战略思维导向。同时，应通过积极创新商业模式、完善公司治理、拓宽市场渠道、深度开发核心技术、辅以科学的激励考核，提升企业价值创造能力。

2. 通过产业资本和金融资本的结合，促进融资能力和投资效果的提升

互联网产业资本向金融资本转型发展是市场

经济发展的客观规律，一条由低到高、由浅到深、由外到内的产融结合生态链条正在逐渐形成。中国的互联网产业巨头阿里巴巴、腾讯、百度以及京东都在积极向这一方向靠拢，以蚂蚁金服为例，通过 A/B 两轮融资，引入了包括社保基金、中投海外、中国人寿、国开金融等在内的多个传统金融机构，蚂蚁金服致力于打造开放的生态系统，通过"互联网推进器计划"，助力金融机构和合作企业加速迈向"互联网＋"，为小微企业和个人消费者提供普惠金融服务。两者的结合有利于资源优势互补，互联网企业拥有移动互联网、云计算、大数据、人工智能等新技术，运用这些新的技术和大数据等可以帮助企业更有效和稳妥地创新、提升效率和更好地管理风险，体现了用科技来促进金融行业的创新发展和风险管理能力，而传统金融机构有资金实力的优势以及金融行业的丰富管理经验可以借鉴。对互联网企业来说可以从三个方面推动产融结合实践向纵深发展：其一，从机构融合的角度推进产融结合。互联网企业对该行业的投资并购机会有着更为精准的把握和准确的出击，此时将部分资本转移至金融业可以使得金融与实体形成相互支持、相互依存的有利局面，一定程度上降低融资约束水平、提高投资效果。其二，从产品融合的角度推进产融结合。仅仅机构融合至多算是财务投资，并没达到真正意义上的产融结合。产品融合是产融结合的核心，"由融到产"要求金融业务的各项产品从实体产业的经营活动出发，解决实际经营中出现的问题，满足实体产业的需要，从而实现双方共同发展。互联网企业在日常经营中有盘活存量资产、优化财务结构、供应链金融、并购融资等各方面的需求，通过与金融机构搭建产融结合平台、设计出产融结合产品，可以实现产融供需的快速有效撮合。其三，从功能融合的角度推进产融结合，随着互联网企业规模的扩

大，财务杠杆不断提高，对资金支持的多样性也提出了更高的要求，借助租赁、信托等金融工具，有助于解决资产负债率不断攀升的问题，起到优化企业资产负债表的作用，而使用不同风险偏好的融资手段可以实现企业融资途径的多样性、识别和管理风险、优化财务结构等。

3. 通过资本结构和资产结构的优化，完成价值创造到价值实现的跨越

资产结构是企业资产总额在不同形态资产上分布状态及比例，会因不同的行业以及企业的不同发展阶段而有所差异，资本结构反映了企业筹集资金过程中所采用方式的不同。资本结构和资产结构是相互关联相辅相成的，仅从其中一个方面研究很难判断资产结构和资本结构的合理性，应将两者关联起来，找出能为企业创造更大价值的合理结构。互联网企业的价值创造应体现在资本结构以及资产结构的不断优化上，融资方式的多元化以及投资效率的提高是提升企业价值的直接途径。与美国等发达国家相比，我国互联网企业的内源融资相对不足，内源融资比（内源融资额/总资产）只有 13.67%（美国互联网企业平均为 28.79%）。而外源融资中负债比例过高，因此资本结构存在优化空间。同时，随着战略性投资时代的到来，互联网企业需要加强技术产品与资本运营的联动，运用灵活的并购手段持续优化整合企业资源配置。此外，互联网企业需要利用成本信息优化价值链，构建价值联盟实现价值共创。价值创造过程通常是内部管理的范畴，价值实现过程则是通过对外沟通来完成的。在现实互联网企业经济活动实践中，由于种种原因使企业资产经济价值与资产价格不同，即资产价值实现并不等于资产价值创造。因此，企业资产管理不仅要重视资产价值创造，而且要重视资产价值实现。资产价格（包括企业全部资产价格和单

项资产价格）是企业资产价值实现程度的体现，加强资产价格管理是企业资产经营管理的重要内容。追求企业价值最大化要重视资产价值创造和资产价值实现两个方面，实现价值创造到价值实现的跨越。

4. 通过商业模式和筹资渠道的创新，迎接产业互联网时代的普惠共赢

iiMedia Research 数据显示，2015 年中国互联网共享经济行业规模已突破 2 万亿元。从 2014 年共享交通在中国市场大规模应用后，P2P、众筹、PPP 为代表的金融新范式、家政服务、物流服务以及知识技能服务领域大有愈演愈烈的趋势。通过整合社会闲散资源及资本，让用户以较低的价格获得产品与服务，对于供给方来说，在特定时间内让渡物品的使用权或提供服务，来获得回报。市场资源是有限的，闲置和浪费普遍存在，通过网络平台将闲置资源的共享，满足日益增长的多样化需求。在网络技术的作用下，共享经济降低了交易成本，并且快速、及时和公开透明的反馈，推动平台商业模式的创新。经济模式决定金融市场，随着共享经济的发展，依托互联网平台的共享金融服务诞生了 P2P、众筹等融资新模式，在互联网平台上通过信息搜集和项目开发，进而加速资本市场的资金融通、减少信息不对称、促进普惠性的共享金融的发展。众筹是共享经济的另一大延伸，在"大众创业、万众创新"的时代，众筹成为新的金融服务模式。共享经济的核心思想，是把规模化的东西转化为碎片化的东西，把重资产转化为轻资产，来降低边际成本，加速资本运作的效率。所有剩余的、闲置的资源都可以被利用起来，未来人们可以共享停车位、共享空间、共享办公楼、共享饮食，共享医疗和健康，甚至共享知识和教育。使企业和社会大众参与到共享金融商业生态系统

中，使企业和机构享受到共享经济带来的价值提升。

参考文献

［1］何瑛，孟鑫，李思庭. 互联网企业价值创造及其提升路径思考［J］. 财务与会计，2016（17）.

［2］《企业资本运营策略》课题组. 国有企业资本运营策略研究［J］. 会计研究，1999，（1）.

［3］王硕. P2P、众筹与众包：共享经济新范式［J］. 农村金融研究，2016（1）.

［4］杨亦民，刘星，李明贤. 浅析我国资本市场的资源配置效率［J］. 中国工业经济，2014（10）：135 – 146.

［5］张中华. 资本市场的创新与风险防范［J］. 经济管理，2009（7）：1 – 5.

［6］冯丽霞，肖一婷. 内部资本市场超额价值创造研究［J］. 会计研究，2008（4）.

［7］隋敏，王竹泉. 社会资本对企业价值创造影响研究：理论、机理与应用［J］. 当代财经，2013.

［8］姚文超. 互联网企业资本运作途径［J］. 财经界（学术版），2016（6）：122 + 155.

［9］周小川. 资本市场的多层次性［J］. 金融市场研究，2013，15（8）：4 – 23.

［10］戴德群. 金融创新对中小企业财务管理的影响分析［J］. 财会通信，2014（12）：58 – 59.

［11］袁奋强. 内部资本市场、资本配置与企业价值创造［J］. 会计论坛，2015（1）.

［12］陈建功，李晓东. 中国互联网发展的历史阶段划分［J］. 互联网天地，2014（3）.

［13］李昇. 美国多层次资本市场的结构及

其借鉴作用 ［J］. 经济视角（下），2013 （2）.

［14］何瑛，孔静敏. 和记电讯扩张型和收缩型资本运营战略的价值创造 ［J］. 财务与会计（理财版），2014（5）：34 – 36 + 50.

［15］何瑛，东娇. 电信运营商财务竞争力的全角化透视 ［J］. 北京邮电大学学报（社会科学版），2011（6）：76 – 83.

［16］中国互联网协会、工业和信息化部信息中心. 2015 年中国互联网企业 100 强.

［17］中国信息通信研究院. 移动互联网白皮书（2015）.

分报告一
互联网企业境外上市 VIE 模式研究

　　20 世纪初期中国互联网企业蓬勃发展，部分企业崭露头角，但融资困难是当时中国互联网企业普遍面临的一个问题，这一问题制约互联网企业的进一步发展。一方面由于互联网企业未来的发展具有较大的不确定性且资金需求量大，另一方面由于国内的风险投资机构少且规模较小，因此国内资本市场不能满足互联网企业发展的资金需求，海外上市成为当时互联网企业的不二选择。但是由于我国相关政策规定外商不能参与电信运营和电信增值服务业务领域的投资活动，所以互联网企业在寻求境外资本的过程中受到了此类政策和规定的很大限制。为了避开相关禁止性或限制性规定寻求境外上市，诸如互联网业务等行业的境内企业在境外设立相应的特殊目的公司并不直接控股经营，所以广泛应用 VIE 模式成了解救国内互联网企业的一剂良方。

　　2000 年 4 月 13 日，新浪网络技术股份有限公司首次采用 VIE 模式登陆纳斯达克交易所上市，这一模式为国内被限制或禁止外资进入的行业提供一个新的融资渠道，成为中国互联网企业开启国外上市的新起点，同时这一举动让中国互联网企业看到了黎明的曙光，其后纷纷采取 VIE 模式登陆国外资本市场，VIE 模式帮中国互联网企业打开了通往国外资本市场的大门，在新浪模式的引领下，中国互联网企业迎来一波又一波的资本盛宴。2011 年阿里巴巴以 VIE 结构不符合央行发放的第三方支付牌照政策为由，单方面终止了阿里巴巴旗下支付宝与境外控股公司之间的协议控制关系，把 VIE 模式推到了舆论的风口浪尖，VIE 模式的存废和风险应对等问题激起了相关学者及监管部门的重视和讨论。笔者认为我们既要肯定 VIE 模式对中国互联网企业发展所做出的贡献，也应正视对其监管不足所带来的风险，因此本书着眼于当前 VIE 模式在中国互联网企业的广泛应用，试对 VIE 模式整体的概念、内涵和相关协议进行概括和总结，并系统地分析 VIE 模式的发展现状以及采用 VIE 模式的互联网企业存在的各种风险和相应的防范措施，最后，对协议控制模式在中国未来的存亡和发展问题进行了展望。

一 互联网企业 VIE 模式解析

VIE 模式也称协议控制模式，是指离岸公司（境外上市主体）通过在境内成立的外商独资企业与内资公司（境内运营实体）签订一系列的相关协议来规避境内政策对相关限制类和禁止类行业的外资准入规定，以达到成为内资公司的实际收益人和资产控制人的目的。境外上市主体将融到的资金通过外商独资企业以借款的形式转移至境内运营实体中，同时外商独资企业通过向境内运营实体提供垄断性技术咨询及管理等服务，使境内运营实体的大部分甚至全部利润以服务费的形式转移至外商独资企业，境内运营实体成为离岸公司实际及主要的经济来源，VIE 模式是实现融资和投资的途径和应用工具。VIE 的全称是 Variable Interest Entity，中文翻译为可变利益实体，是美国标准会计准则 FIN46 中关于被投资实体的一个术语。按照美国会计准则 FIN46 的定义，VIE 是指投资企业持有具有控制性的利益，但该利益并非来自于基于股权的多数表决权，而是通过签署相关协议以达到控制境内运营实体的目的，实现会计账目上将境内运营实体的报表并入境外上市主体的一种协议模式。VIE 模式有如下特征：①运营实体的权益资本不足以满足实体运营的需要，且有股东以外的第三方对其进行了财务支持；②境内运营实体的股东享有的投票权和收益分成不成比例；③境内运营实体的权益持有者不能完全作为一个整体对企业的运营做出直接或间接的决策，即实体股东并不能完全控制该企业。

一个完整的 VIE 结构一般包括三部分：①境外上市主体（注册地一般选在以开曼群岛为主的避税天堂，目的是在发达的资本市场上市，即 SPV）；②境外上市主体在境内设立的外商独资企业（Wholly Foreign Owned Enterprise, WFOE）；③境内营运实体公司。其中，境内营运实体为内资企业，一般为对外资有准入限制行业的企业。VIE 模式的运作一般需要以下几个步骤：首先境内拟通过 VIE 模式上市的公司创始人与境外股东在开曼群岛、维尔京群岛、百慕大等避税地设立一个公司作为境外上市主体；其次再由这家公司在境内投资设立一家外资全资子公司（WFOE）；最后由境外上市主体与境内营运实体、境内外资全资子公司与境内营运实体间签订一系列合同协议，以实现境外上市主体对境内营运实体的有效控制以及权益的转移。中国互联网企业的运用 VIE 模式的目的就是希望能够将境内运营实体的财务报表纳入境外上市公司的财务报表中，同时达到以一种非控股的方式即协议控制的方式实现对境内运营实体的掌控。

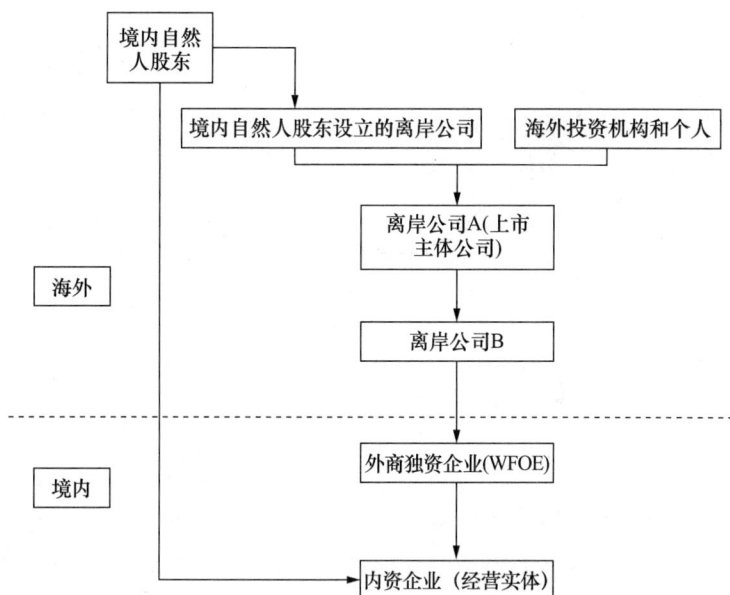

图 1 - 1 - 1　VIE 模式股权架构

注：离岸公司 A 一般设立在开曼群岛（Cayman Islands）或维尔京群岛（BVI）；离岸公司 B 一般设立在中国香港（非必要部分，主要谋求税收优惠政策）。

资料来源：张开根. 中国概念股私有化研究［D］. 上海交通大学，2013.

（一）企业海外上市的方式：直接上市和间接上市

中国企业境外上市的方式分为两种：直接上市和间接上市。海外直接上市是指直接向境外主管部门申请发行股票或其他衍生金融工具，并向申请地的证券交易所申请挂牌上市交易。根据中国证监会发布的企业直接海外上市的申请通知，不但要求企业本身资产雄厚而且还必须具备较强的盈利能力，同时直接申请海外上市需要经过国内外监管机构的双重审批，花费时间长而且财务费用较高。所以海外直接上市不适用于初创期的急需资金的互联网企业。海外间接上市也被称为红筹模式，包括两种方式：买壳上市和造壳上市。买壳上市又称反向收购，是指境内的拟上市公司以其所持有的境内公司的股份或者货币对价收购一家已经在境外证券市场挂牌上市公司的部

分或全部股权，然后将自身的业务及优质资产注入这家壳公司中。买壳上市有如下条件：市值适中，市值太高增加筹资成本，得不偿失；较低的资产负债率；持股集中，持股分散增加收购难度。买壳上市一方面可以合理地规避中国证监会对企业赴海外上市的复杂繁琐的审批程序而且缩短上市时间；另一方面对企业财务信息的披露相对宽松。但买壳上市成本高昂，而且拟上市公司并不能完全了解国外壳资源的状况，失败风险较大，因此并不适合发展中的互联网企业。造壳上市是指境内企业的创始人或实际控制人在境外（一般为境外避税岛，如维尔京群岛、开曼群岛和百慕大群岛等）注册一家壳公司，即特殊目的公司（SPV），将境内企业资产注入该公司中，待重组完成以后，以境外壳公司的名义上市。根据与境外公司关联方式的不同，可分为四种形式：控股上市、附属上市、合资上市和分拆上

市。造壳上市有如下优点：壳公司上市时只需按照壳公司的注册地的法律要求进行审核，程序与海外直接上市相比较简单；以造壳的形式进行上市融资的风险低和成本低；海外上市融到的资本不需强制调回境内，可在境外灵活地进行海外投资和资本运作。造壳上市是 VIE 模式的雏形，为 VIE 模式的发展提供了模板。

（二）VIE 模式中的可变利益实体（VIE）和协议控制

可变利益实体是会计准则中的概念，本质上是一种对商业行为进行监管的工具，防止类似安然事件的再度发生。协议控制是 VIE 模式的核心，在协议控制方式下，境外上市主体和境内运营实体之间是合同控制关系，而非股权控制关系，能够起到对境内运营实体的控制效果及法律保障。VIE 模式是中国互联网企业进行海外上市的高效率低成本的渠道。

2003 年之前，美国会计准则要求公司在编制财务报表时，需将其持股 50% 以上以及控制 50% 以上表决权的子公司的财务状况纳入母公司的财务报表中。某些业绩不佳的上市公司借此将债务及损失等转移至特殊目的实体（Special Purpose Vehicle，SPV）来掩盖自身的财务危机，但并不持有后者的多数股权和表决权。世界最大的能源公司之一安然公司，利用会计准则中合并报表的漏洞，进行了一系列的表外融资、虚增利润和隐瞒债务等行为，最终引起了公司的破产。安然公司最后进行破产清算的时候，发现其通过协议控制以及资产证券化多种方式控制多家海外特殊目的实体，用于隐藏其负债问题。安然事件的爆发，引起了美国财务会计准则委员会的重视。2003 年 1 月 16 日美国财务会计准则委员会（Financial Accounting System Board，FASB）颁布第 46 号解释函"可变利益实体的合并"（Consoli-

dation of Variable Entities），对会计程序委员会的第 51 号会计研究公报中的"合并财务报表"重新做出了解释，首次较为系统地解决了 VIE 的合并问题。于是出现了 VIE 这一概念，即可变利益实体（Variable Interests Entity，VIE），VIE 是对原有的合并财务报表的标准的补充。其初衷是为了防止转移债务或损失而创设的一种新的合并报表标准。其目的是将公司隐藏在财务报表之外的各种风险重新纳入报表当中，向公众投资人披露企业真实的财务状况。美国财务会计准则中对可变利益实体的定义为：随着特定实体中净资产的价值变化而变化的所有权、合同收益以及其他经济利益，可变利益实体既可以变现为权益性投资，也能够以贷款、债券、衍生金融工具、租赁、担保以及管理合约的形式向另一实体提供财务支持且享有其提供的利益，同时这些利益随着实体净资产的变化而变化。提供财务支持的一方还需承担特定实体的财务分风险。可变利益实体在美国会计准则中是加强对企业进行监管的工具，但在我国却成为规避监管的工具。

协议控制是与股权控制相对应的一个概念，两者都可以用来描述两个或两个以上具有独立法人地位的企业之间存在的紧密联系，或者说是控制与被控制的关系。通常来说，若不同企业间的控制关系直接用股权比例来彰显，则称为股权控制（刘燕，2012）。协议控制是通过签订合同的形式来确定企业之间的控制和被控制关系，双方通过签订一系列的相关合同，明确双方企业经营相关的重大事项，对双方企业的管理权、投票权、决策权、利润分配以及债务亏损等重大事项作出详细的解释说明。协议控制主要包括以下协议：借款协议、股权质押协议、独家认股权协议、资产运营控制协议、股东委托投票代理协议以及独家技术咨询、服务和许可协议等。通常来说，在股权控制下的两个具有独立法人地位企业之间的权利义务关系，是由公司法或者其他商业组织法中的母子公司关系规则或控股股东规则直接调整的，除非相关事项被赋予"公司章程另行议定"。相反，协议控制则完全通过合同文本来配置两个企业之间复杂的控制关系。在这种合同安排中，一个必不可少的内容就是被控制企业的股东放弃或让渡自己作为股东的各项法定权利。因此，协议控制下的合同主体不仅包括控制企业、被控制企业，而且还包括被控制企业的股东，乃至控制企业的股东；合同的核心内容则为被控制企业向控制企业转移决策权及经营活动的盈利。

（三）VIE 模式架构下的控制协议

（1）贷款协议。贷款协议一般由外商独资企业（即 WFOE）和境内运营实体的股东签订，以境内运营实体股东的股权作为质押标的物，并且提供的贷款一般是无利率的。贷款协议是境外上市主体为境内运营主体筹资的关键协议，筹资成功后境内运营实体将该笔款项以增资的方式注入企业中开展运营活动。其基本步骤是：首先境外上市主体筹集到所需资金后，利用股权关系转移至境外上市主体在境内设立的外商独资企业，然后外商独资企业以贷款协议的方式实现向境内运营实体的自然人股东提供贷款。

（2）股权质押协议。股权质押协议是指协议双方约定在中国法律政策所允许的行业领域范围内，以一定的价格收购运营公司的股权，达到成为其合法股东的目的。为了保证其他协议的切实执行，外商独资企业会和境内运营主体的股东签订股权质押协议。当境内运营实体发生违约行为时，外商独资企业以质押权人的身份具有优先偿还请求权，即外商独资企业可以对境内运营实体的股权进行折价拍卖，以弥补境内运营实体因违约所造成的外商独资企业的损失。但在实践中，即使境内运营实体发生单方面违约行为，境外上市主体的股东一般也不会轻易采取法律工具，因为我国法律还没有对 VIE 结构的合法性做出明确说明。一旦双方诉诸法庭，境内运营实体可能会以"以合法形式掩盖非法目的"为由请求法院判定 VIE 协议无效，已达到免除自身违约责任的目的。

（3）独家认股权协议。独家认股权协议是由境外投资者与境内运营实体的股东签订，约定境外投资者或指定第三方对境内运营实体的股东的部分或全部股权具有独家认购权。这份协议的目的是在国家对相关行业的外资准入限制放宽时，境外投资者可在法律股权持有限制允许的范围内购入境内运营实体股东手中的股票，将自身与境内运营实体的协议控制关系变更为股权控制关系，成为正式持股股东。此类协议一般包括行权条件、行权价格以及境内运营实体股东的转股限制，独家认股权协议一般和股权质押协议共同签订。在法律允许的条件下，此协议为境外投资者提供了一个成为境内实体股东的快速通道。

（4）资产运营控制协议。资产运营控制协议是境外投资者为了对境内运营实体的经营进行一定程度管控所签署的协议，此协议是境外投资者对境内运营实体进行控制的关键。具体内容包括以下几个方面：外商独资企业可以随时向境内运营实体提供相关人员的聘任及解雇制度的建议和意见；或向境内运营实体的管理层提供企业财务管理、日常管理及战略规划方面的建议，且境内运营实体的管理层要严格按照外商独资企业的建议或意见执行；境内运营实体的核心人员应与境内运营实体解除劳动合同，之后再与外商独资企业签订劳动合同，上述核心人员应由外商独资企业委派至境内运营实体；同时境内运营实体需委任外商独资企业推荐的董事、监事及相关高管，一些不可抗因素发生除外。

（5）股东委托投票代理协议。表决权委托协议是指境内运营实体的部分股东其实是境外投资者的代理人，境外投资者通过这部分股东按照自身的意愿行使表决权力，此协议的主要目的是境外投资者希望通过这种安排能够对境内运营实体的重大的事项进行干预，从而间接实现控制境内运营实体，此协议由外商独资企业和境内运营实体的股东签订。境外投资者通过这项协议不但能够对公司的重要事项进行投票和决策，而且还委任了企业的高层管理者，强化了对境内运营实体的控制。

（6）独家技术咨询、服务和许可协议。此协议的目的是保证境内运营实体所使用的关键技术及知识产权等服务均来自外商独资企业或境外上市主体，进而可以通过此项协议将境内运营实体的利益传输到外商独资企业和境外上市主体，然后境外上市主体将境内运营实体的运营情况体现在财务报表中，呈现给境外投资者。这项协议有以下特点：第一，协议中外商独资企业提供给境内运营实体的服务会做到全面充分，比如境内运营实体的所有技术问题都会在协议中有所体现；第二，协议对境内运营实体的经营管理和相关决策进行了限制，尤其是资产支配权；第三，制定相关的效力声明和修正条约，当此协议中的相关条款违背了现有法律时，协议双方可以对相关条款做出完善修改，直到达到相关法律的要求，但不可违反双方签订协议时的预期利益；第四，协议中规定的服务对价一般以境内运营实体年度营收的部分或全部比例作为服务费。

二 互联网企业境外上市采用 VIE 模式动因分析

国内资本市场发展不完善是导致中国互联网企业选择海外上市的主要原因，如果境内融资便利，中国境内的互联网企业就没有必要设计复杂的 VIE 结构避开监管前往海外融资。另一个重要原因是当时国内风险投资基金数量少而且规模小，因此融资较为困难。而国外的风险投资机构注重投资回报周期和变现速度，因此它们倾向于上市时间较快的国外资本市场，在这两个因素的推动下，中国互联网企业选择海外上市成为了必然。

（一）双重股权结构的推动

中国资本市场对双重股权结构是明令禁止的，《中华人民共和国公司法》明确规定企业需遵守"同股同权"原则，且禁止以协议、公司章程等方式排除上述原则的适用，而在美国证券市场上对双重股权结构则采取一种包容的态度，这也是美国市场吸引中国互联网企业的一个原因。据相关机构统计，在美国上市的公司中有超过7%的企业采用双重股权结构，而2010年之后在美国上市的中国互联网企业中，有将近1/3的企业选择双重股权结构，而这1/3的企业中有超过70%是互联网企业，其中具有代表性的有百度、奇虎360、新浪微博以及京东等（如表1-1-1所示）。双重股权结构保证了企业的创始人团队对公司的控制权，创始人可以按照企业创始之初的目标及使命来运营，从而使创始人及管理层勇于承担风险和责任，用战略的视角规划企业的发展，避免了单纯追求市值的短期逐利行为。双重股权结构中 A 类流通股所占表决权的比重低，对于恶意收购者来说即使在二级市场上购入大量该类股票，也无法控制企业或做出对企业不利的决策，因为 B 类普通股无法直接交易，致使恶意收购者无法买入此类股票，有效地防止了资本市场的恶意收购行为。

表 1-1-1　在美国上市中采用双重股权结构的代表性中国互联网企业

公司名称	上市时间	业务类型	股权结构	股权内容
百度	2005 年 8 月	搜索引擎	A 类股：一股一权 B 类股：一股十权	创始人 15.9% 股权附带 53.5% 投票权
奇虎360	2011 年 3 月	社交平台	A 类股：一股一权 B 类股：一股五权	创始人及管理层共持有 40.4% 股权附带 64.9% 的投票权
新浪微博	2014 年 5 月	电子商务	A 类股：一股一权 B 类股：一股三权	母公司 59.8% 股权附带 81.7% 投票权
京东	2014 年 5 月	网络安全	A 类股：一股一权 B 类股：一股二十权	创始人 20.7% 股权附带 83.7% 投票权

（二）国外资本市场上市标准的多样性

中国 A 股市场对拟上市的公司盈利水准做出了严格的要求，这样一方面能够提高上市公司的质量，另一方面能够更好地保护投资者的利益。同时也将一部分高成长潜力但短期内无法达到这么高的盈利要求的科技型互联网企业拒之门外。国内融资渠道被堵塞，海外募资成为资金短缺的互联网企业的必然选择。与境外资本市场相比较而言，境外资本市场对企业的盈利标准要求相对淡化，而且上市标准较多，只要满足其中一项即可。以纽交所为例，上市标准包括两个部分——发行标准和财务标准，而非美国公司财务标准：税前收入标准、现金流量标准、评估值标准和关联公司标准，寻求在美国证券市场上市的公司只要满足四项财务标准的任意一项即可。中国互联网企业在纳斯达克交易所上市的比较多，纳斯达克交易所分为三个股票交易市场：纳斯达克全球精选市场、纳斯达克全球市场和纳斯达克资本市场。其中纳斯达克全球精选市场的上市标准最为严格，该市场也有四套标准，但仅有一套

标准对企业的盈利能力做出了要求，因此境外资本市场对盈利要求的淡化使得对国内互联网企业具有较强的吸引力。此外，这些企业本身有国外风险投资机构的投资参与，而这些风险投资机构往往注重投资回报周期，它们倾向于选择上市后锁定期较短的国外资本市场上市。在两者合力的推动下，这些企业往往选择在国外进行上市融资。2014 年 5 月 22 日，京东在美国纳斯达克证券交易所挂牌上市，从京东的招股说明书公布的财务数据看出，截至 2014 年 3 月 31 日，京东第一季度净亏损为 37.95 亿元，为亏损最大的一个季度，但季度净营收为 226.57 亿元，同比增长 65.08%。而且 2011~2015 年京东的年度净利润一直处于亏损状态，但值得一提的是，2011~2015 年京东的总营收一直保持较高的增长速度，年增长率高达 71.14%，按照 A 股市场对上市公司净利润这一项要求来说，京东已经被拒之门外了，因此京东选择了具有多重上市标准的纳斯达克证券交易市场。京东并不是唯一一家在美上市时处于亏损状态的中国互联网企业，新浪旗下的子公司微博公司与京东同年在美国上市，从其公

布的招股书中看出在 2011~2014 年，其净利润也一直处于亏损状态。中国互联网市场竞争激烈，发展速度日新月异，为了满足快速发展的需要，使得许多处于亏损状态的中国互联网企业放弃了国内市场，选择国外上市。

（三）国外投资机构的推动

创业投资机构入股初创期互联网企业的目的是希望能够在企业快速成长的情况下获得资本增值，投资回报期越短的项目越能够得到投资机构的青睐，因此原始股东的持股锁定期是投资机构考虑企业上市地点的重要因素之一，锁定期的长短影响投资机构将股票变现的速度，进而影响他们下一轮的投资周期。并且我国外汇管制严格，即使在 A 股上市并成功退出，在进行盈利输出的时候还会面临一系列的难题。而中国互联网企业海外上市地点一般选在美国（如表 1-1-2 所示），一方面是因为早期入股中国互联网企业风险投资机构以美国公司居多，另一方面美元为国际通用货币，避免了中国监管机构的外汇管制。风险投资基金的退出方式有四种：协议转让、管理层收购、上市和破产清算，上市退出是这几种方式中收益最为可观的一种方式，而破产清算时风险投资基金最不愿得到的一种结果，寻求海外上市是实现资本退出的最好的方式。在国内的 A 股市场，由于大股东、控股股东及实际控制人直接或间接持有上市公司公开发行前已发行的股份，为了维持公司的股权、股价及经营管理的稳定性，对控股股东、实际控制人关联方持股的股东进行持股锁定期的规定，并规定锁定期为 36 个月。而在纽约证券交易所和纳斯达克证券交易所并没有强行规定锁定期，只是由承销商和发行人签订一份锁定合同，一般规定锁定期为 180 天，并且在招股说明书中将锁定合同的细节完整披露。

表 1-1-2 境外上市的典型中国互联网企业国外投资机构及股权占比概况

企业名称	上市时间	上市地点	主要外资机构	上市时持股比例（%）
阿里巴巴	2014 年 9 月	纽约证券交易所	软银	32.40
腾讯	2004 年 6 月	香港联交所	MIH 集团	35.78
京东	2014 年 5 月	纳斯达克证券交易所	老虎基金、DST 基金	23.81
奇虎360	2011 年 3 月	纽约证券交易所	高原资本、红杉资本	24.41
聚美优品	2014 年 5 月	纽约证券交易所	红杉资本	18.70
人人网	2011 年 5 月	纽约证券交易所	软银	34.40
当当网	2010 年 12 月	纽约证券交易所	老虎基金、IDG、DCM	39.40
麦考林	2010 年 10 月	纳斯达克证券交易所	红杉资本	63.00
优酷网	2010 年 12 月	纽约证券交易所	贝恩资本	14.33

（四）规避监管机构的审查

为了经济发展新形势，扩大开放、转变外资管理方式和优化经济发展结构，2015 年国家发改委对《外商投资产业指导目录》重新进行修订，与 2011 年的目录相比，限制类由 79 条减少到 38 条，禁止类由 38 条减少到 36 条。可以看出开放力度很大，但对一些敏感的行业依旧保持谨慎的态度，如增值电信业务外资比例不超过 50%，基础电信业务外资比例不超过 49%，而且新闻网站、网络出版服务、网络视听节目服务、互联网上网服务营业场所、互联网文化经营被列入禁止外商投资产业目录中。国内互联网企业大费周章地通过建立 SPV，签订协议控制进行海外上市的主要目的是为了规避监管，之所以 VIE 模式能够规避上文所述的监管是因为我国的相关法律法规只对公司的股权做了规定说明，不允许外资控股，但并没有对"协议控制"进行解释和界定。同时我国相关法规对境内企业境外上市募集到的资金的使用上有限制性规定，如若对境外项目进行相关投资，其取得的外汇资金来源需经过外汇审批机关的批准，而审批程序限制了资本的流动性，同时也妨碍了境内企业实现资本收益。对投资者来说注册海外离岸公司绕过国内相关部门的监管比复杂繁琐的审批程序简单了许多。

三　互联网企业境外上市采用 VIE 模式发展现状分析

虽然国外资本市场仍是中国互联网企业的首选，但情况却正悄悄地发生变化。一方面表现为海外新上市的中概股数量大幅下降（如图 1－1－2 所示），2011 年在美国新上市公司数量出现了断崖式下降，另一方面 2011 年也开始了中概股在海外资本市场的首次退市潮（如图 1－1－3 所示）。但在地球的另一端却迎来了一场盛宴，2015 年暴风科技作为首家拆除 VIE 模式的互联网企业登陆中国 A 股市场，引起了中概股的一波私有化浪潮。中概股到目前为止发生了两次私有化浪潮，第一次是 2010～2012 年，上文提到的国外机构做空中概股，使中概股股价大跌，遭受严重的诚信危机和市值被低估，中概股纷纷发出私有化要约。第二次是受到 2015 年上半年 A 股牛市刺激和网络科技股暴风科技的高估值刺激，到 2015 年下半年有 33 家在美国上市的中概股公司受到了私有化要约，而且在这次回归潮中，互联网企业占了很大比例。下文对中概股中的互联网企业回归的原因、拆分的方式方法以及回归后面临的问题进行深入探讨研究。

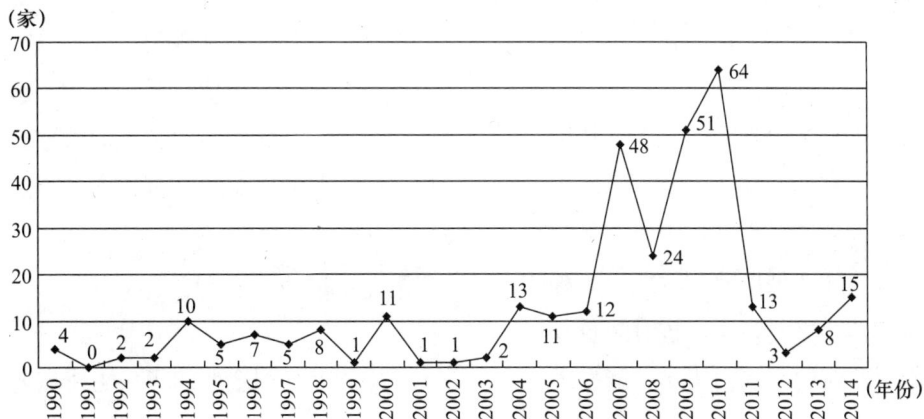

图 1－1－2　1990～2014 年美国股市每年新上市中概股数量

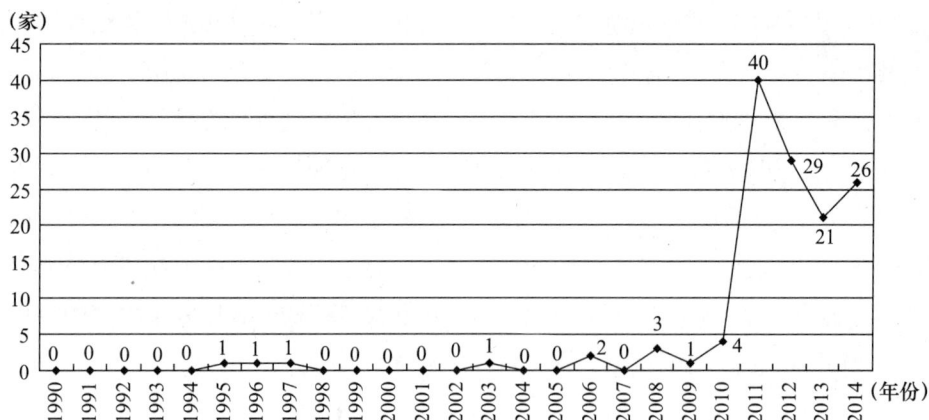

图 1 - 1 - 3　1990~2014 年美国股市每年新退市的中概股数量

（一）中国互联网企业回归中国 A 股市场原因分析

1. 政策性利好：注册制的实施以及"互联网+"概念的提出

2013 年 11 月，中共十八届三中全会通过了《中共中央关于全面深化改革若干重大问题的决定》，提出要"紧紧围绕使市场在资源配置中起决定性作用深化经济体制改革"的市场化改革指导思想，健全多层次资本市场体系，推进股票发行注册制改革，多渠道推动股权融资，发展并规范债券市场，提高直接融资比重。目前，我国新股发行实行的是核准制，证券监管机构不仅控制着上市规模上市资源的分配，而且行使证券公开发行与上市的审核权限，导致证券发行审核与上市审核一体化，其核心是通过监管部门来为投资者甄别企业，筛除质量不高的企业，但容易造成权力寻租、审核效率低以及制约股市资源的合理分配，而且审核程序复杂，审核时间较长，一般为两年左右，两年的时间内市场可能发生剧烈的变动，不利于急需资金的企业快速扩张发展。而注册制以持续的信息披露为核心，由投资者来对股票的价值做出判断，最终股票的价值由市场来做出判断，注册制能降低信息不对称行为、遏制不合理定价以及降低股市泡沫的作用。简单地说，核准制以政府为导向，而注册制以市场为导向。注册制的逐步实行，能充分发挥市场在资源配置中的作用，能够有效地遏制优质企业的外流，提升投资者和企业对中国资本市场的信心，为中概股的回归做了铺垫。2015 年"互联网+"的概念受到热捧，政府给予一些相关互联网企业的扶持政策，其中包括一系列的措施：清理阻碍互联网企业发展的不合理制度政策，放宽融合性产品和服务市场准入，促进创业创新，让产业融合发展拥有广阔空间；完善市场监管和社会管理，保障网络和信息安全，保护公平竞争；开放共享平台，加强公共服务，鼓励国家创新平台向企业特别是中小企业在线开放。明朗的政策给了国外上市的互联网企业很大的鼓励，更加坚定了中概股中互联网企业私有化的信心。

2. 海外上市互联网企业估值偏低，融资能力下降

中国互联网企业的用户主体在境内，海外用户数量占比较少，再加上西方投资者与中国互联网企业的文化差异，导致海外投资者对中国互联网企业的商业模式、业务状况以及产品市场等并不了解，做空机构夸大的负面消息以及支付宝、双威教育事件更是加大了海外投资者对 VIE 模式以及中概股企业的质疑。而且在美国上市的中国概念股中以中小市值企业居多，大公司相对较少，分化明显（如表1-1-3所示）。截至 2014 年 5 月 30 日，中概股中市值大于 20 亿美元的公司数占比为 12.64%，且大部分是互联网和科技类公司；排名靠前的公司中只有新东方、迈瑞和新濠博亚娱乐属于其他板块（如表1-1-4所示），排名第一的阿里巴巴市值高达 2505 亿美元，而最小的公司市值仅为 200 万美元。中国概念股被海外投资者抛售，造成股价被严重低估，不能客观地反映出互联网企业的真正价值，这使得中概股无法在海外资本市场进行持续性的融资。反观 A 股市场，以互联网科技类公司为例，截至 2015 年 5 月，中国 A 股市场互联网行业的平均市盈率为 150 左右，远高于海外上市同行业的 20~40 倍的市盈率，而且交易不活跃，直接影响了公司的市值和大股东的套现能力。据相关统计结果表明，中概股的平均融资规模小于 A 股，并且有逐渐拉大的趋势。因此寻求更高的估值，是互联网企业回归国内市场的核心动力。

表1-1-3　美国中概股市值分布情况

市值分布（亿美元）	公司类型	数量（家）	占比（%）
大于 2000	特大型	1	0.51
100~2000	大型	3	1.52
20~100	中型	21	10.61
3~20	小型	55	27.78
0.5~3	微小型	38	19.19
小于 0.5	袖珍型	60	40.40
合计		198	100.00

资料来源：私募通 2014 年 12 月。

表1-1-4　在美国上市的市值排名
前 15 的中国概念股

公司名称	市值（亿美元）	所属行业
阿里巴巴	2505.13	互联网
百度	800.9	互联网
京东商城	338.76	互联网
新濠博亚娱乐	140.69	娱乐休闲
唯品会	123.68	互联网
网易	120.39	互联网
奇虎360	86.43	互联网
携程	76.53	互联网
搜房网	38.37	互联网
新东方	33.82	教育培训
聚美优品	33.01	互联网
微博	36.87	互联网
迈瑞	34.44	医疗保健
飞塔	42.3	互联网
汽车之家	52.77	互联网

资料来源：私募通 2014 年 12 月。

3. 降低上市维护费用

互联网企业境外上市之后，每年仍需缴纳高昂的上市维护费用，比如：上市年费、法律顾问费、审计费、信息披露费以及投资者关系维护费。为了吸引投资者和维护投资者对上市公司的注意力和兴趣，投资者关系维护和管理尤为重要，因此费用相对来说较高（如表1-1-5所示）。美国颁布了《萨班斯法案》，对在美国上市的公司提出了更为严格的要求，一方面法案提出上市公司必须建立审计委员会，并且审计委员会不能由公司高管任职，以确保审计委员会的独立性；另一方面要求加强内部控制，增加了上市企业的财务披露义务，尤其是报告期内的重大信息（邓红军，2014）。法案的实施和完善进一步增加了上市的维护费用。

表 1 – 1 – 5　中外资本市场上市维护费用及后期维护费用比较　　　　单位：万元

可预测费用	国内 A 股	香港主板	香港创业板	纽交所	纳斯达克
上市费用占融资额比例	4%~5%	15%~20%	10%~15%	15%~25%	9%~16%
每年投资者关系维护费用	5~10	25	25	630	630
每年上市费用	0.6~3	8~90	6~18	24~315	17~63
每年法律顾问费用	10	60~100	40~100	160	160
每年审计费用	30~40	100	60~100	160	160
每年信息披露费用	12	30~50	30~50	50~100	50~100

资料来源：周煊，申星. 中国企业海外退市思考：进退之间的徘徊［J］. 国际经济评论，2012.

（二）中国互联网企业拆 VIE 过程

VIE 模式的拆除主要分为：准备拆除 VIE 阶段、签署重组协议、VIE 协议全终止、转让股份、内资接盘、VIE 模式中相关公司的注销。以上几个步骤为拆 VIE 的主要阶段，VIE 拆除的流程看似简单，但实际上却是一个漫长而又复杂的过程，其中牵扯到多种利益协调及众多不确定性因素及风险，需要组建一个拥有各方面专家的专业化团队来运作，每个步骤都需要具有针对性的处理策略。

1. 境外上市主体私有化

境外上市主体的私有化是 VIE 模式的第一步，首先要约方（通常为企业控股股东、高管或者外部投资机构）向董事会提出私有化要约并公开宣布；董事会成立特别委员会，委任财务顾问、法律顾问以及寻找私募基金和战略投资人，然后由聘任的法律和财务顾问评估要约价格并履行相关程序，为特别委员会出具专业意见；委员会以及主要股东就并购价格、具体条款与要约方进行协商谈判，若双方意见达成一致，特别委员会就会批准私有化要约方案，并提交相关材料至交易所和美国证券交易委员会；最后企业召开股东大会进行投票，通过的标准会因上市公司注册地的不同而有所差异，比如在开曼群岛注册的公司会要求参与投票股东人数达到 50% 以上，并且超过 75% 的参与投票表决权赞同才能通过私有化方案，注销在美国证券交易委员会的注册并退市。上市公司私有化是成熟资本市场一种普遍的现象，估值水平低，自由现金流多的企业更有可能选择私有化。在美国证券市场私有化常见的方式有：企业合并、股权收购、资产出售以及股票合并，而管理层股权收购是中国互联网企业境外上市主体更为常见的一种方式。表 1 – 1 – 6 列示了截至 2016 年 5 月近一年的国外中概股中的私有化情况。

表 1 – 1 – 6　2015~2016 年海外上市互联网企业私有化情况梳理

公司名称	要约价/每 ADS	52 周最高股价	比最高股价溢价（%）	要约方	现阶段完成情况
优酷土豆	27.60	31.50	-12.38	阿里巴巴	完成私有化
久邦数码	4.90	5.31	-7.72	管理层/IDG	完成私有化
中国手游	21.50	22.61	-4.91	外部资本	完成私有化
完美世界	20.00	—		董事长	完成私有化
艺龙	18.00	27.25	-33.94	腾讯	达成最终协议

公司名称	要约价/每ADS	52周最高股价	比最高股价溢价（%）	要约方	现阶段完成情况
航美传媒	6.00	7.70	-22.08	CEO	达成最终协议
淘米网	3.58	4.00	-10.50	管理层	达成最终协议
世纪佳缘	5.37	9.48	-43.35	宏利基金	股东大会通过
奇虎360	77.00	73.33	5.00	管理层/红杉资本	股东大会通过
聚美优品	7.00	28.17	-75.15	管理层/红杉基金	尚未达成协议
酷六网	1.08	1.60	-32.50	控股方：盛大	尚未达成协议
当当网	7.81	11.50	-32.09	董事长/CEO	尚未达成协议
人人网	4.20	4.45	-5.62	管理层	尚未达成协议
陌陌	18.90	19.89	-4.98	董事长/红杉资本	尚未达成协议
智联招聘	17.50	17.66	-0.91	鼎晖投资	尚未达成协议
空中网	8.56	8.58	-0.23	董事长/IDG	尚未达成协议
世纪互联	23.00	22.86	0.61	董事长/金山	尚未达成协议

2. 境外资本退出 WFOE，终止相关协议

采用 VIE 模式的互联网企业通常都进行了美元基金的私募融资，若想回国上市，由于存在行业限制，境内运营实体需要通过合法途径回购境外投资人的股权，主流的方式是境内运营实体收购外商独资企业（WFOE）的全部股权，股权转让价格即为各方与境外投资人协商确定的境外投资人退出的对价，股权转让价款支付完成后，境外投资人退出。由于赎回需要大量的资金，企业需寻找新的投资人或接盘的人民币基金，因此企业一般会选择规模大且熟悉海外资本市场规则的机构。境外上市主体做出董事会及股东大会决议，终止 VIE 模式中的控制协议。各方签署终止协议书，对终止控制协议事项作出具体约定，若涉及境内运营主体股权质押方面的，应当办理工商部门解除质押的变更登记。

3. 境外上市主体和外商独资企业的注销以及股权激励计划的终止

VIE 模式中境外上市主体以及境内外商独资企业（WFOE）的注销标志着 VIE 模式的拆除已经接近尾声。对境外投资者的股票回购完毕之后，境外主体基本为空壳公司，无实际运行业务，为了解决遗留问题，各方股东会做出决议注销境外主体。如果境外上市主体制定或实施了股票期权激励计划，拆除 VIE 模式之后，境外主体不会再谋求境外上市，因此股权激励计划无法执行。因此，在拆除 VIE 模式的同时，需与员工签署股票期权激励终止协议，合理安排后续事宜，可以通过支付补偿金或者通过相关协议在境内拟上市主体中安排员工持股计划。

（三）互联网企业拆 VIE 回归后面临的问题解析

1. 股权激励问题

境外上市的互联网企业基本上都制定了员工股票期权激励计划，VIE 模式拆除后，原激励计划将被迫终止，需妥善处理员工持股及补偿问题。虽然股票期权激励计划发生在境外上市主体的层面，但激励的对象通常在境内运营实体中任职。根据《企业会计准则解释第 4 号》第七条规定，"接受服务企业没有结算义务或授予本企业职工的是其本身权益工具的，应当将该股份支付交易作为权益结算的股份支付处理"，即境内

运营实体属于被服务企业，无结算义务，所以应当在境内运营实体的报表中体现权益结算的股份支付交易事项，相当于将境外上市公司确认的股权激励方面费用转移到境内运营实体中，同样对于 VIE 架构中的境外公司为境内经营实体承担其他费用的情况，也应参照上述原则，依据"下推会计"的原理，将这些经营费用体现在境内经营实体的报表中，同时确认资本公积（张连根，2016）。境外互联网企业拆 VIE 模式后，倾向于回归 A 股上市，随着上市主体的改变，需要对境内上市主体的财务报表等财务信息进行梳理，并依据国内资本市场对上市主体审核的要求，力求做到财务信息的合规、公允及透明。

2. 上市方式选择面临的问题

在目前的政策条件下，如果不拆 VIE，只有新三板这一种选择，而拆 VIE 则可以考虑借壳登陆 A 股、IPO 排队或登陆新三板三种选择。若直接申请上市，需面临较大的时间成本和机会成本，据统计，私有化平均完成时间为 268 天（张静，2016），如果协商过程中分歧较大，会加大时间成本，而且面临着国内 A 股市场暂停审批以及审批名额缩减的风险。而且 A 股市场 IPO 审批时间长，审批程序复杂（如图 1 - 1 - 4 所示），又会耗费较长时间，增加了不确定性。另一种方式是借壳上市，借壳上市是一种间接上市的途径，上市时间较短，可以通过资产以及权益互换等方式取得上市公司的控制权，来达到上市目的。证监会在 2011 年和 2013 年对《上市公司重大资产重组管理办法》修订中，分别将"借壳上市"的标准调整为与 IPO "趋同"和"等同"，随着并购市场的发展，市场上"炒壳"风气浓厚，对我国资本市场的发展带来了不利影响。为了规避套利行为以及引导市场估值体系的修复，2016 年证监会对《上市公司重大资产重组管理办法》进行修订，使得中概股回归跨境套利，在新规面前成为首要打击的目标。新三板虽不是一个成熟的市场，但由于没有利润限制门槛、申报流程短、融资方式灵活，所以成为很多回国上市的中小型互联网企业的首选，随着分层制的逐步实施，新三板会是中小型具有发展潜力的互联网企业的一个不错的选择。

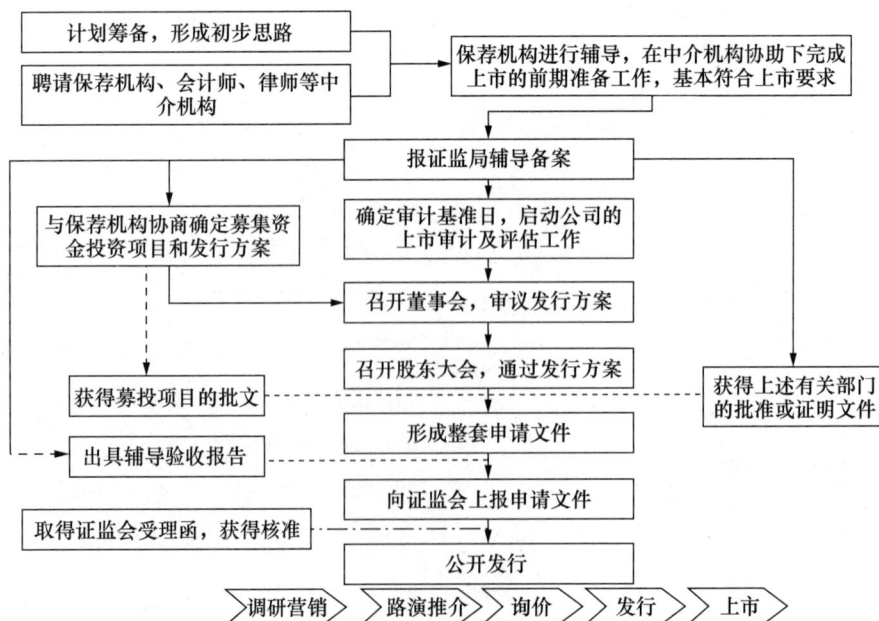

图 1 - 1 - 4　A 股发行操作流程

3. 私有化成本费用风险考量

上市企业的私有化成本高，往往需要面临较高的财务风险，企业私有化回购股份需要大量资金，因此企业一般会采用财务杠杆，而且通常以较高的溢价对其他股东进行现金回购。仅凭企业自有现金流无法满足，往往需要借助私募股权公司和机构的力量，一般采用向金融机构进行资产质押借款、出售部分股权以及让渡部分收益给这些投资者。如果企业不能与私募股权公司或机构达成一致，则无法募集到足够的资金，会导致私有化的失败。除此之外，还需考虑财务和法律顾问的费用、融资的费用以及潜在的诉讼费用等。要约收购是私有化的常用方式，在收购价格的协商方面，如价格过高，则增加私有化成本，即使私有化成功也会使企业背负沉重的债务负担，处置不当的话，引起财务危机影响公司发展；若收购价格明显低于估值则会损害中小股东的利益，中小股东不会同意私有化，甚至会面临中小股东诉讼的风险。

四　互联网企业境外上市采用 VIE 模式面临的风险分析

在经济全球化的背景下，资本流速加快，国内企业的发展也不仅拘泥于国内市场，开始放眼全球，寻求最佳的市场和合作伙伴关系。虽然构建 VIE 模式使中国互联网企业能够在国外成熟的资本市场上市实现更快的融资和发展，但同时也面临一些不确定的发展因素。一方面在协议控制模式下，公司治理存在安全隐患，因境外上市主体的股东和境内运营实体的股东并非同一主体；另一方面人们对协议的效力存在一定的质疑，我国的监管部门并没有对 VIE 模式的合法性表态，因此 VIE 模式未来在中国的发展存在一定的不确定性。不可否认 VIE 模式对中国互联网企业的发展做出了卓越的贡献，但从另一方面讲，我们也必须正视协议控制方式下不可忽视的风险因素。

（一）双重股权结构下的股东间的利益冲突

在美国上市的中国互联网企业大多采用了双重股权结构这种资本模式，比如百度在 2005 年在纳斯达克上市时，发行了 A 类股和 B 类股，后者投票权是前者的 10 倍，2014 年京东上市时，也发行了 A 类股和 B 类股，而后者的投票权是前者的 20 倍。通常情况下，A 类股票代表一股一权，B 类股票为一股十权，且不公开进行交易，美国证券市场允许在美国上市公司发行不同种类投票权的股票。双重股权结构一定程度上解决了控制权的维持和股权融资之间的矛盾，同时也造成不同利益主体间的冲突。首先表现在高表决权的股东和低表决权的股东之间的冲突，高表决权股东一般为企业创始人团队，他们一般为价值驱动型股东，追求企业的长远发展，积极参加企业的经营管理决策，同时为企业的发展做出了较大贡献；而低表决权股东为二级市场的投资者，他们以追求财务投资的短期回报为主，这类股东更为关注二级市场上股票价格的走势以及利润的分配，更期望的是企业的经营决策行为能够在短期内推高企业股价和更高的股利支付率，这类股东对公司的忠诚度低。因此这两类股东对企业的治理理念、发展战略和策略以及关于企业的利润分配会产生冲突。此外，高表决权股东之间也会产生冲突，因为高表决权股东一般为一个群体而非单一个体，基于对公司未来发展判断以及价值理念的不同，比如怎么发展以及如何发展的问题，可能会导致高表决权股东之间对于企业控制权之间的争夺。

（二）VIE 模式架构下企业存在的代理风险

公司创始人在 VIE 结构中有很大的控制权，一方面担任境外上市公司的授权代表，另一方面还任职境内运营实体的董事长兼法定代表人，这无疑增加了创始人独断专权的可能。而且当企业发生重大事项时需要召开股东大会或董事会时，境外投资人股东会要求境内运营实体的股东执行或接受境外上市主体股东对相关事项的决议及审议结果，但由于境外上市主体的股东并非境内运营实体的直接股东，所以决议是否执行及执行效果如何存在不确定性。虽然 VIE 模式是境外上市主体和境内运营主体的联系纽带，但由于境外投资人不是直接控制境内的运营实体，所以一些不确定的因素可能会导致境外投资人和境内运营实体的股东产生利益冲突。一般情况下，境外投资人和境内运营实体的股东利益是相一致的，但当两者发生冲突时，境内运营实体的股东可能会做出不符合境外投资人利益的行为。采用 VIE 模式的互联网企业，理论上存在创始人单方面终止 VIE 协议，然后对境内运营实体的资产进行转移，即发生大股东掏空行为。另外，在国外上市的互联网企业多采用双重股权结构，这种结构使创始人团队在持股比例不高的情况下对公司拥有较大的控制权，导致控制权与现金流权分离，同时弱化了 A 类股票的股东对企业的监督职能。在创始人团队承担较大经营和财务风险的基础上，却分享了较少的剩余收益。在这种情况下创

始人可能会谋求更多的控制权收益，做出不利于公司价值最大化的行为，这时机会主义风险加大，增加了企业的代理成本。2012 年在纳斯达克上市的双威教育的境内运营实体的管理层与海外投资者发生控制权的争夺，境外上市主体的股东通过股东大会取得了境内运营实体的控制权，而境内运营实体管理层在境外股东不知情的情况下将境内企业的主要资产进行转移，最后海外投资者只剩下一个空壳公司，可以看出协议控制相比较于股权控制的弱控制性，如果境外股东对境内运营实体监管不到位且双方利益不一致，容易造成公司严重的治理危机，更有甚者可能面临退市的风险。

（三）协议违约风险

从支付宝事件来看，协议控制并不能起到真正的控制效果，一方面是因为境内运营实体一般在创始人及其创业团队的控制下，而协议控制是由境内运营实体和特殊目的实体（SPV）签订，即境外投资者对境内运营实体无法进行股权控制，在这种机制下，创始人及其团队很容易为自身牟利，其违约成本低。有相关专家认为，某一方若想单独把一个已有的协议控制结构安排做出改动是不易的。此外，在这一结构下有关各方在利益方面是相同的，出现违约的概率非常低，但这些代表了此控制模式是十分可靠的。尽管 WFOE 能够根据之前的代理合同可以看作境内企业中的股东，但创始人仍有权随时取消与其事先订立的代理合同，如此一来，该合同就没有了作用。若有一方出现了违约，则整个合同都将会被撤销，这也是该种控制模式与股权控制模式相比的一大缺陷。另外对于创始人及团队来说这种模式是很好的牟利方式。可以借关联交易或提供担保等途径转移公司的资产，还可能随意将其借款给外界或者将资产占为己有。由于境外投资者对

于境内经营实体公司没有实质的控制权，所以对于创始人的行为很难察觉，当发现的时候就已经完全丧失控制权或者得到的只是一个空壳公司。若境内运营实体发生违约行为，境外投资者很难采取有效措施来维护自身的合法权益。正是监管上的不确定性导致控制协议的效力存在很大的疑问。控制协议的作用是将境内运营实体的各类资产以所给出的协议取代，通过协议进行控制，但这种方式的缺陷在于削弱了境内运营实体和境外上市主体的联系。并且这种控制协议建立在各方商业信誉的基础上，缺乏强有力的法律保障。若出现违约行为导致协议终止或中断，会对境外上市主体的利益传输产生很大影响，不仅会使国外投资者遭受损失，而且会对我国的投资环境造成不利影响。这种风险的存在会降低国外投资者对中国互联网企业的认可度，即降低投资对象的价值。这种违约风险的存在对境内运营实体来说可能导致其融资失败。

（四）政策性风险

创建 VIE 模式的目的是为了规避法律规定的行业准入准则的限制和相关部门的监督审查，因此相关协议控制的合法性备受争议。因大批采用 VIE 模式的互联网企业成功在境外募得资金，得以快速发展，所以目前的监管机构长期对 VIE 模式采取默许的态度。VIE 模式的合法性在法律法规中仍没有明确的定论，对 VIE 模式合法性的质疑大都停留在理论层面。如果法律法规或政府一旦不认可 VIE 结构或做出对 VIE 模式不利的解释说明，会严重影响已在境外上市的互联网企业的安全性和稳定性。在 VIE 的结构和协议的设计方面，涉及中国与互联网企业上市所在地法律制度的衔接问题，容易出现法律漏洞。目前对于 VIE 模式，既不能直接完全肯定，也不能完全否定，更好的方法应该是循序渐进地加强监管。如果完全放开外商在限制性行业的投资限制，投资人可能会要求把对境内企业的协议控制模式改为股权控制，但这无疑增加了外资对涉及国家安全行业的控制；如果完全否定，一方面不利于互联网行业的良性发展，另一方面会造成外资的恐慌。

（五）外汇管制风险

虽然我国对外汇管制趋势是逐渐放开的，但并不意味着会完全放弃监管，为了维护人民币的汇率稳定和国家安全，汇率监管将会长期存在。近几年中国经济下行压力较大，我国出现跨境资本流出及外汇储备规模减小的情况，中央银行和外汇管理局加强了对企业和个人购付汇、外汇业务的监管，并对外汇的违规流出加大打击力度。而 VIE 模式中存在多个跨境关联企业，同时这些关联公司中既有股权控制关系又有协议控制关系，这就造成这些公司之间利益链传输之间的错综复杂，正因为如此，VIE 模式成为国际资本市场上热钱进入中国限制性行业以及躲避监管的一条通道，这也为非法资金的转移提供了方便。境外资金可以通过境外上市主体的再融资或发放债券的形式流入境内，获得利益之后，可以通过境内运营实体以支付服务费用及关联交易的方式汇出境外，实现资本的撤离，这样一方面加大国际投机行为，另一方面不利于国内资本市场的稳定，如果国家加强对资本出入境的监管，势必会对境外上市的企业和投资者对中国企业的信心造成一定的冲击影响。

（六）机构做空的风险

美国是中国互联网企业在境外上市的主要资本市场，以新浪为开端，中国企业开启了一波又一波的海外上市热潮，因为审查制度的原因，使得在海外上市的中国企业质量良莠不齐。但从

2010 年开始，浑水机构和香橼研究开始有预谋地做空中国概念股，做空机构指出中国概念股有财务造假、信息披露不完整、公司治理水平低下以及诚信缺失等一系列问题。其中不乏新浪、奇虎 360 等在国内行业中具有标杆性的互联网企业。机构一系列的做空动作使很多中国企业遭受重创（如表 1－1－7 所示），危机使得中国概念股遭到质疑和抛售，整体价值被低估、一批被美国证监会强制停牌退市，一时间中国概念股人人自危。截至 2014 年，先后有几十家中国概念股从美国市场退市或私有化，准备赴美上市的中国企业纷纷止步观望。机构的做空行为使得中国概念股在较长一段时间里受其影响，中国概念股股价整体下跌，中概股指数从最高的 1200 多点跌至 2012 年底的 600 多点，海外投资者对中概股的信心严重受挫。做空机构确实能够使得盈利能力被夸大、股价不合理飙高的股票重新找回价格，并且肃清证券市场中的不合格企业。然而，浑水等做空机构的做空远不止于此。其在与对冲基金合作，通过做空上市企业攫取巨额利润的目的驱使下，对一些自身经营状况良好的中国概念股进行恶意攻击，企图借中国概念股被做空的热潮迫使其他中国概念股股价下滑而从中牟利。这种行为不仅给上市企业造成损失，也造成市场资源的浪费和市场秩序的混乱。

表 1－1－7　部分采用 VIE 模式赴美上市中国企业被机构做空记录

企业名称	做空机构	报告时间	股价跌幅（%）	备注
奇虎 360	香橼	2011 年 11 月	－11	股价恢复
展讯通信	浑水	2011 年 6 月	－34	私有化退市
分众传媒	浑水	2011 年 11 月	－60	私有化退市
新东方	香橼	2009 年 4 月	－71.91	被 SEC 调查
新东方	浑水	2012 年 7 月	－70	股价恢复
网秦	浑水	2013 年 10 月	－47	股价长期不振

资料来源：程鹏. 中国企业 VIE 模式赴美上市状况及其影响因素实证研究 ［D］. 江西农业大学，2014.

五　互联网企业境外上市采用 VIE 模式发展的对策及建议

　　VIE 模式在过去十几年间对中国互联网企业做出了积极卓越的贡献，使得中国互联网市场的潜力得到逐步释放。为了进一步促进国内互联网企业的发展，增强我国互联网企业的国际竞争力，同时规范 VIE 模式的运行，扩大互联网企业的生存运作空间，政府监管部门以及企业的管理者都需深入思考，需求监管政策和公司治理方面的革新。下文从投资环境的优化、控制协议的完善、监管部门对 VIE 模式定义的明确化以及加强国际监管机构的交流与合作四个方面提出了个人的建议与看法。

（一）优化投融资环境，促进互联网企业发展

　　VIE 模式为国内互联网企业开辟了一条独特的融资渠道，但监管部门还应适时科学地加强相

关领域的监管，一方面严厉打击披着 VIE 模式的外衣掩盖非法目的的活动的企业行为，另一方面随着我国资本市场的发展及改革开放程度加深，国内高科技企业，尤其是资本壁垒高、商业模式好、发展前景广阔的优质互联网企业有强烈的融资需求，相关部门应鼓励具有成长性的企业走出去，同时把国际上具有先进管理经验的优质资本机构引进来，使国内投融资环境得到优化，融资渠道得以拓宽。监管政策的初衷是保护我国某些敏感性行业不被国外资本所控制，随着 VIE 模式中代表性企业百度、腾讯、阿里巴巴的成长发展，使一些国外资本机构赚得盆满钵满，而这些资本机构并不是为了控制某些行业，而是为了实现资本的增值。此类优质企业的流失对中国资本市场来说是一种损失，而早期国内环境下互联网企业融资难是造成这一现象的主要原因。笔者认为监管机构应对相关被限制和禁止外商投资的行业进行重新评估，取消不必要的相关政策对中国资本市场发展的阻滞，促进资本的流通。投融资环境的优化以及融资渠道的拓宽，并不意味着监管的取消，即使目前国内资本上市环境大为改善，也不排除国内运营实体通过 VIE 架构在国外实现会计准则上的并表和利益输送，因此，对 VIE 模式的监管仍具有必要性。

（二）完善控制协议，增强公司治理能力

在法律对 VIE 模式没有明确定义以及政府对 VIE 模式态度不明朗的现实状况下，市场的主体应加强对 VIE 模式中的协议控制进行完善，尽力避免政策和法律风险，减少协议控制中的利益主体之间不必要的冲突，平衡境外投资者与创始人之间的利益关系。一方面可以通过分散境内运营实体股东的股权，设立独立董事制度，引进一定数量的具有扎实的相关专业知识、丰富的管理工作经验且与境内运营实体的董事会、管理层无裙带管理及利益纽带，能够独立客观地进行判断决策（黄婧娴，2015），通过独立董事的力量监督管理层的行为。国内相关法规对独立董事的定义过于宽泛，使得独立董事成为一个虚职，为了进一步加强独立董事在企业监管及重大事项中的作用，境外投资者应与境内运营实体的管理层就独立董事的任职资格、遴选制度、权责分配、薪酬激励等相关内容的意见达成一致，同时可以学习国际上知名公司的独立董事制度，充分发挥其作用，有效规避违约风险及冲突。另一方面加强采用协议控制制度的企业信息披露制度，减少投资者和管理层之间的信息不对称，能够有效避免摩擦。为了取得境外投资者对国内运营实体的信任，国内运营实体要如实地对可能影响企业经营业绩及经营状况的重大信息进行披露，同时境外上市主体也要遵循上市地的相关会计准则及监管规定，做到对信息的披露准确无误。

（三）VIE 模式适用范围明确化，监管精细化

如前文所述，VIE 模式中的协议控制是一种逃避监管的方式，可变利益实体则是加强公司监管的工具，两者的结合对中国互联网企业发挥了妙用。规避法律行为本身并不违法，但蕴含法律风险，监管部门要想有效消除 VIE 模式给中国互联网经济带来的风险和对中国互联网企业在国际上竞争造成的损失，首先，要明确 VIE 模式的适用范围，避免以后发生类似创始人和境内运营主体的管理层违约事件时，境外上市主体的投资者就不会忌惮管理层提出"以合法形式掩盖非法目的的合同自始无效"这一主张，而是会选择向法院或仲裁机构提起诉讼，寻求司法救济。这在一定程度上优化了国内的投资环境，增加了国外投资者对中国资本市场的信心。其次，要对采

用 VIE 模式的互联网企业的经济活动进行事前监管，比如对经济活动中利益的输送过程中的外汇监管问题以及税收流失问题等。

（四）加强国际监管合作，规范 VIE 模式下互联网企业行为

VIE 模式的搭建往往涉及多个国家和地区，要想取得良好的监管效果，其他国家或地区的协助必不可少，因此国际间或地区的合作监管显得尤为重要。随着资本市场尤其是证券市场的国际化，特别是对海外上市这种跨境的企业经济活动增多，建立广泛的国际合作迫在眉睫。加强与国际证监会组织的交流合作，国际证监会组织是国际间各证券暨期货管理机构所组成的国际合作组织。其目的是通过交流合作，促进全球证券市场健康发展，各成员国之间协同制定共同的准则纲要，通过成员国之间的合作来保障市场公正有效，同时遏制跨国非法交易；通过司法互助协定进行双边监管合作与协调，司法互助有利于协定的一方在处理、调查跨境证券违法犯罪时，可以获得国外地区有关当局送达的司法文书、取得的证据以及扣押的证据材料和物品，监管双方的司法互助协定在一定程度上突破了各国证券监管合作与协调的两大障碍——银行保密法和信息封锁法，从而有效地打击了跨境经济违法犯罪活动，有效地保护了投资者的利益。

参考文献

[1] 周晓健. 境内企业境外造壳上市法律监管探析［D］. 西北大学，2009.

[2] 刘燕. 企业境外间接上市的监管困境及其突破路径——以协议控制模式为分析对象［J］. 商法研究，2012（5）.

[3] 王婧玮. 浑水公司做空中国概念股的财务方法研究［D］. 首都经济贸易大学，2013.

[4] 王宇. 中国概念股做空危机研究——美国做空机制对中国市场的启示［D］. 华东政法大学，2014.

[5] 张开根. 中国概念股私有化研究［D］. 上海交通大学，2013.

[6] 邓红军. 中国概念股私有化退市问题研究［D］. 暨南大学，2014.

[7] 张连起. VIE 结构拆除的中概股回归之路［J］中国注册会计师，2016（4）.

[8] 黄婧娴. VIE 结构的风险与应对初探［D］. 华东政法大学，2015.

[9] 王威. 境外上市中的协议控制模式研究［D］. 复旦大学，2012.

[10] 刘宗锦. 互联网科技企业海外上市双重股权结构分析——以京东为例［J］. 财会通信，2015（34）.

[11] 张耘，贾媛媛. 互联网企业境外上市的动机分析［J］. 财务与会计，2012（6）.

[12] 叶建方，俞悦. VIE 结构对我国互联网海外融资的利与弊［J］. 财会学习，2012（6）.

[13] 闻学，肖海林，史楷绩. 境外资本进入中国网络媒体市场：方式、机制、规模和分布［J］. 中央财经大学学报，2019（9）.

[14] 谭婧. 双层股权结构下的利益冲突与平衡［D］. 华东政法大学，2015.

[15] 马立行. 美国双层股权结构的经验及其对我国的启示［J］. 世界经济研究，2013（4）.

[16] 叶小舟. 论双层股权结构在我国的适用——以"京东"和"阿里巴巴"公司为研究对象［D］. 华东政法大学，2015.

[17] 吴玉辉，吴世农. 股权集中、大股东掏空与管理层自利行为［J］. 管理科学学报，

2011（8）.

［18］程鹏．中国企业VIE模式赴美上市状况及其影响因素实证研究［D］．江西农业大学，2014.

［19］姜军，唐琳．解绑VIE［J］．新理财，2015（8）.

［20］周煊，申星．中国企业海外退市思考：进退之间的徘徊［J］．国际经济评论，2012（4）.

［21］凯夫．VIE回归的几道坎［J］．英才，2016（5）.

分报告二
互联网企业价值链成本管理研究

过去企业的竞争力更多地体现在内部产品制造上，谁能够提供物廉价美的产品，谁就能在市场竞争中获得胜利。但是进入网络经济时代，商业模式的创新和信息技术的进步使得产品的地位相对弱化，新兴互联网企业的竞争优势已经从专注于内部产品的生产制造，开始向外转移至对用户的分析与服务，以及对整个产业价值链的构建及优化上。价值的内涵依旧是企业的产品或服务，但牵动价值的引擎不再集中于企业的生产制造部门，而是分散在价值链的各个关键环节，这使得价值管理变得日益复杂。成本管理作为价值管理体系中的重要组成部分，在企业的经营和发展中具有不容忽视的重要意义。它不仅体现一个企业整体管理水平的高低，而且影响企业在市场上的核心竞争力。在互联网让世界扁平化的过程中，产品或服务的同质化现象日趋严重，消费者能够跨越地域和时间的隔离实现频繁互动，由此"价格战"越来越成为互联网企业迅速打开市场、打垮对手的一种手段。价格的比拼实际上是成本的比拼，成本领先依靠的是先进有效的成本管理模式。

传统的企业成本管理模式着眼于对生产过程中的产品成本进行计划、核算和分析，没有拓展到技术领域和流通领域。互联网时代的到来使企业内部信息得以共享，打破了传统企业各职能部门之间的界限，企业组织渐趋扁平化、网络化；企业与供应商、顾客之间的关系也因互联网以及基于互联网的大数据和云计算技术而日益紧密；企业与企业之间也利用网络技术建立起了动态联盟，形成了虚拟企业、增强了竞争力。在这样的背景下，传统成本管理模式已不能满足企业尤其是新兴互联网企业的管理要求，为增强企业竞争优势，价值链成本管理思想被逐渐引入企业管理中，且愈发得到重视。

价值链成本管理将成本管理的范畴由单个企业延伸到了供应商、分销商、顾客和竞争对手，以资金流、信息流和实物流为中介，构成企业价值网。对于新兴的互联网企业而言，企业本身需要大量的网络软硬件设备投入、系统开发运营、物流投资、供应商和客户的培养等，这不仅要求企业建立以自身为中心的价值链，而且还要担当价值链的组织者和协调者，准确把握并传递价值链上各节点的需求并通过互联网实现资源的全线贯通，进而对其业务流程进行整合与重组，以最小的交易成本取得自身的成本优势。作为世界知名的互联网电子商务公司，亚马逊经过8年的时间成功实现从"烧钱"到"盈利"的蜕变，其先进的价值链成本管理模式是其取得飞跃发展的重要因素之一，其供应商的议价能力、内部流程控制和营销模式等活动，均为现代互联网企业提供了成本管理的新思路和新范式。

一 价值链与价值链成本管理

价值链的概念是由"竞争战略之父"迈克尔·波特（1985）在其著作《竞争优势》中提出，波特表示"企业用于设计、生产、销售、交付以及起辅助作用的各种活动都能用价值链来表达"。并将上述价值活动分类为"基本生产活动"和"辅助生产活动"，基本生产活动有生产作业、后勤、销售、服务等；辅助生产活动包含采购、技术开发、人力资源管理。企业通过控制成本驱动因素和重构价值链来获取成本优势。由于波特价值链侧重企业内部价值链，存在局限，因此被称为传统价值链。

约翰·桑克和戈文德拉贾（1993）拓展了波特的价值链理论，将价值链的内部价值延伸至企业外部，将上下游行业及竞争对手引入其中，指出价值链分析包含内部价值链分析、纵向价值链分析和横向价值链分析。其中内部价值链主要包括基本职能活动、人力资源活动和生产经营活动等，是纵向价值链和横向价值链的交叉点，而内部价值链分析是价值链分析的基点；纵向价值链又称为行业价值链，链条从核心企业出发，向上延伸至供应商，向下拓展至分销商及顾客；横向价值链又称为竞争对手价值链，指企业对竞争对手及自身的竞争优势进行分析，从而确定自身竞争战略，横向价值链分析与战略管理相关密切。这一理论不仅明确企业内部价值链上的价值创造的关键环节，更注重企业行业的价值定位，及企业与竞争对手在整个行业所处地位，确立自身优势，明确自身定位。

价值链理论推动传统、内部、静态的企业成本管理理念向全面的动态的企业成本管理理念转变，价值链成本管理应运而生。John K. Shank 提出的价值链分析方法也应用并融合至战略成本管理理论中，成为经典的价值链成本管理方法之一。价值链成本管理，将价值链理论与战略成本管理相结合，以价值链分析为主体进行战略成本管理，使企业从过去局限于内部的静态管理理念转向一种开放、系统、动态的管理理念，其以战略为导向，扩大成本管理的对象，使成本管理从企业内部向外部拓展，并且增加了成本管理环节，将时间延伸到产品的整个生命周期；价值链成本管理旨在提供动态的战略和战术水平的成本信息，为核心企业及联盟企业所用，通过分析作业之间的节点，改善价值增值，同时从多角度对整个过程进行成本控制，完善价值链并提升竞争力。总体来说，价值链成本管理包括以下内涵：其一，核心企业不是只关注自己的成本，而是以价值链的视角，为价值链提供优化服务，达成价值链成本管理整体最优；其二，核心企业进行成本管理需要与其他企业进行密切合作，尤其是共享信息方面，并达到利害共担。

二 互联网企业价值链成本管理

在互联网信息化和经济全球化的背景下，企业经营所面临的宏微观环境发生着巨大的转变，不断推动企业竞争方式从较单一的价格竞争转变为全方位的价值竞争。在价值创造、价值实现和价值经营过程中，主体企业与上下游的供应商、渠道商、顾客以及行业内竞争者、跨行业互补者之间形成密切的竞争、合作和依赖关系，价值链思想应运而生。与此同时，互联网技术的飞跃式发展催生出一大批新兴的互联网企业，在信息化背景下，企业的运作流程和价值增值过程均与传统企业有很大的不同，单单关注企业内部成本的管理已经不能满足发展的需要，互联网企业间的竞争逐渐演化为价值链之间的竞争，基于价值链的成本管理模式在识别和分解价值活动的基础上，收集与价值链各环节相关的成本信息并进行加工、分析、处理和报告，向企业管理者提供价值链管理决策和控制所需要的成本信息。价值链成本管理是一种以企业价值最大化为导向的基于价值链的管理模式，是一种旨在对物流、商流、资金流和信息流实施有效控制，从而优化业务流程，增强竞争力的成本管理方法。它站在战略的高度上对企业成本进行全面的动态管理，正在逐步成为当代互联网企业选择的新型成本管理模式。

（一）互联网企业价值链

迈克尔·波特的价值链理论阐释了价值链是由企业中一系列互不相同又相互关联的经营活动所构成，并且在这条始于供应商终于消费者的价值链上，物流、资金流、信息流贯穿其中，共同推动价值流转。生根于制造业的价值链模式随着产业革命的不断升级其局限性会日益凸显，信息流动受时空限制使得企业对客户需求及市场变化反应迟钝，企业管理成本上升。互联网技术的高速发展推动了企业价值链重构，传统的制造业价值链理论已不再适用于新型的互联网企业管理，信息的创造和利用逐渐成为价值链的一个重要环节，电子商务的兴起削减了店面租金和库存成本，并且由于没有零售门店的存在，物流、资金流、信息流变得更加独立，商品的成交将由信息的传达、资金的融通、商品的空间转移最终实现所有权的移交。

对于互联网企业而言，一方面与传统企业一样其价值链的构成包括三个方面：第一，企业内部价值链，即企业经营过程中各项价值作业联结在一起构成的增值链。其中，价值作业包括基础设施建设、人力资源管理、产品开发、供应、生产、销售、后勤等。受信息化影响，互联网企业内部生产和利润价值链很短，价值链消耗主要由后续的售后服务费用构成。第二，行业价值链也称纵向价值链，包括从最初的原材料投入到最终消费者产品形成之间的所有价值形成和转移环节所构成的全部价值活动。随着技术不断进步，市场范围逐渐扩大，社会分工更加细化，价值链的增值环节也越来越多，一种产品从开发、生产到营销所形成的价值链过程已很少由单一企业来完成，因而处于核心地位的企业会利用上下游资源尽可能将自身业务调整到最有利的产业链位置，从而降低成本，提升收益。第三，竞争者价值链也称横向价值链。互联网行业的激烈竞争中每个企业都有自己的经营范围，各企业互不重合但又略有覆盖，独特的经营模式或生产销售方式会对企业竞争能力的高低起到决定性作用。横向价值链勾勒出企业自身与竞争对手在价值链上各环节的成本状况，那些价值增值环节的成本优势会凸显出积极的战略意义。此外，信息化背景下互联网企业价值链也呈现出一些新的特征。

1. 价值链格局呈现"四流"一体化

传统的商业价值链就是物流、资金流和信息流的运动。由于信息技术的落后，过去的交易没有明显的信息流动，而物流与资金流是一体的。

然而随着社会的进步、交易范围和复杂程度的提高，信息流动逐渐分离出来，进而交易双方公认的商业信用的中介机构如银行等承担了交易的部分风险，促成了物流与资金流彻底分离。随着互联网的发展，商品或服务的购销及商品所有权的转移过程逐渐分离出来，"商流"应运而生成为物流、资金流和信息流的起点。电子商务贸易方式突破了传统贸易以单向物流为主的运作格局，实现了"四流"一体，即以物流为依托、资金流为形式、信息流为核心、商流为主体的全新格局（如图1-2-1所示）。

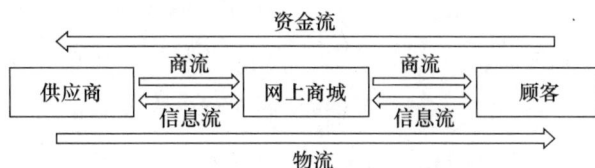

图1-2-1 "四流"一体化格局

2. 价值链环节缩短并虚拟化

信息社会生产方式的本质特征是缩短生产和消费之间的中间环节，通过直接快速贴近目标来获取价值，互联网为削减不必要的中间环节提供了现实可靠的基础。尤其是在电子商务环境下，快捷、方便、低成本的信息搜寻和发布对原来商务交易活动各环节的价值分布产生了结构性影响，强大的电子支付能力使得交易清算可以跨地区、跨行业瞬间完成，跨越时空的特性实现了非现场的面对面交易；由第三方物流代替企业基本活动中的进货、发货、仓储等实体活动，改变了核心价值链系统中企业与其供应商、客户的联结关系，降低了企业的运营成本，提高了运转效率。因此电子商务的发展使得互联网企业的价值越来越建立在数据、信息和知识的基础上，从而由传统的实体价值链中分化出虚拟价值链。

虚拟价值链是实体价值链的信息化反映，信息不再只是起辅助性的支撑作用，信息将通过聚合、组织、选择、合成和分配后产生新的价值，信息的创造和利用被看成价值链的组成部分之一。该链条上的各个环节不再受土地、劳动、资本等传统生产要素的束缚，信息资源的丰富性与易获得性使企业对信息加工和利用花费很低的成本；通过对信息进行灵活多样的加工，企业在虚拟价值链每个环节上都可以向顾客提供多个价值的增值点。

3. 价值链内部组织结构扁平化

互联网技术使得信息交流不再受制于时空限制，企业内部的销售、设计和采购部门之间将沟通顺畅，界限模糊，管理跨度得以延伸。因此，

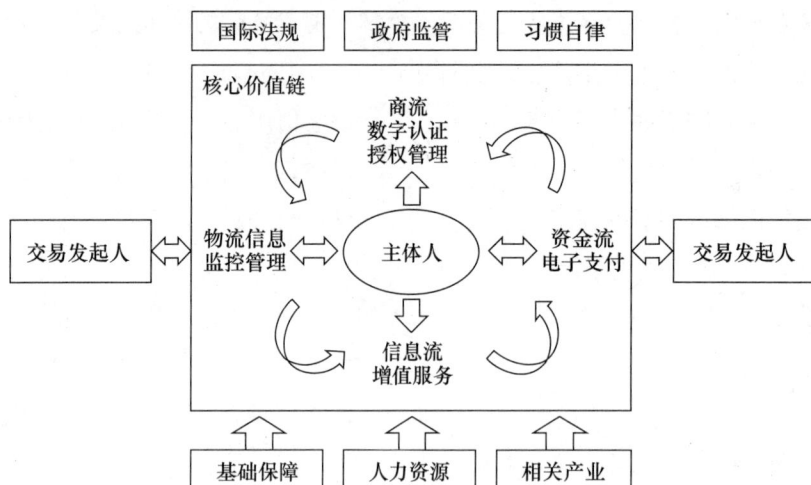

图 1-2-2 互联网企业价值链简化模型

企业集团领导体制从过去的多层金字塔式变成基于信息的扁平网络式，这种基于信息的扁平网络式结构能够带来企业管理成本的下降，对客户需求及市场变化反应更为迅速。同时随着销售方式的改变，也带来组织内部组织结构的改变，减少了管理的层级，使其向扁平化的组织发展，这种跨越式开放性的组织结构使得企业在整体的产业链条中得以和其他的组织联结、共享知识和信息。

（二）互联网企业价值链成本管理

企业成本产生于各个价值活动，在采购和销售活动中会形成以产品流动为基础的实物流，同时还会涉及货款结算形成的资金流和采购、销售数量等信息形成的信息流，通过对价值链的研究，能够识别降低耗费和创造价值的关键环节从而有效实现对成本的控制。价值链成本管理有两层含义：一是核心企业的成本管理要为价值链构建和优化服务，关注企业与价值链联盟企业之间的链接关系，不仅要考虑核心企业自身的利益，也要考虑价值链联盟企业的利益；二是核心企业实施成本管理本身需要和价值链联盟企业进行合

作和沟通，建立信息共享、利益双赢、风险共担的合作机制。因此，核心企业是通过搜集、利用价值链联盟企业的价值信息影响价值链联盟企业的价值活动，但不可能完全控制它们的价值活动。虽然相比于传统的企业成本控制模式，价值链成本管理突破了单一企业的界限，但扩展成本管理的空间范畴至企业外部价值链并不一定意味着要将成本管理的主体扩展为整个价值链联盟，而是通过规范成本管理的目标、内容、原则等来体现价值链成本管理模式。

互联网企业成本有着典型的网络经济的性质，高固定成本低边际成本，技术成本、安全成本、配送成本在总成本中占有一定的比重。在互联网企业价值链中，多个分散的企业在一个整体的信息系统管理下协作运行，实现资源和信息的共享，极大地增强了整体在市场中的竞争力，也使得价值链上单个企业以最小的交易成本和个别成本获取自身的成本优势。比如上下游企业加强合作可以减少合同的履约成本和监督成本，消除不适应成本。另外，价值链上企业还可以根据市场需要建立业务相关的临时企业，这个临时的企业通过信息技术链接内部各个部分，来完成单个

企业不能完成的特殊任务，既保存了每个企业的个体优势的相对独立性，又可以加强价值链各环节连接的紧密性。但是，目前我国的互联网企业才处于发展的新兴阶段，成本管理模式尚不成熟，尤其是电子商务企业成本管控效率极低，使得我国的互联网企业的平均 ROE 水平远低于西方国家。从价值链的角度来看，我国互联网企业成本管理主要存在以下问题：

1. 行业价值链：上下游关系处理不当，物流仓储环节控制较弱

处理好与上下游企业的关系，建立稳定的供销渠道，对互联网企业是至关重要的。上游供应渠道的不稳定，会阻碍企业及时、保质保量地获取商品源，加大了残次品、废品的可能。下游销售商的不信任，也会使企业受到价格、服务品质的限制，无法拓展自己的销售范围。国内部分较大的平台企业对于价格以及付款等环节过于严苛，导致失去许多优质的供货商。互联网企业尤其是电子商务企业的物流环节不同于传统企业，具有小批量、多品种、短周期、多批次的特点，造成了企业很难单独考虑物流的经济规模。我国物流体系发展相对缓慢，电商主要依靠第三方物流，直接成本较大。同时互联网络的无边界性既扩大了企业的客户群体，也导致了客户的分散和不确定性，由此造成产品无法集中分配，分散配送网络成本高。除了以上这些显性的物流成本，电子商务企业常常需要面对的退货问题，许多企业在销售服务环节没有充足的投入，而一系列随着退货产生的物流费用、退货商品损坏而产生的经济费用以及处理退货商品造成的各类隐性费用也就接踵而来。仓储环节互联网企业也面临着两难的选择，一方面过多的仓储会增加企业的取得成本和储存成本，另一方面不足的仓储可能会出现交货延迟或缺货的状况。国内许多企业仍然采用定期订货，经济批量模型等传统的库存管理方法和模式，没有引进新的库存管理思想和模型，也较少采用现代化的库存管理信息系统，使得仓储环节依旧有很大的成本下降空间。

2. 竞争对手价值链：价格战此起彼伏，缺少战略联盟

在互联网企业林立的市场上，差异化服务和运营能够很好地避开同行竞争。但如今我国的互联网企业提供的产品或服务日趋同质化，企业缺少竞争对手间的价值链分析，不能明确自身的优势与不足，一味地启用价格战术，导致营销成本剧增的同时盈利能力被大幅削弱。从成本管控的角度来看，一方面同质互联网企业之间应加强横向战略合作，相互的合作既能够产生更多的利润，又能够促进行业更合理地发展；另一方面处在价值流动链条上的每一个节点都要建立纵向联盟，根据各自的优势进行专业化的分工与合作，从而获取低成本优势。

3. 内部价值链：组织机构成本居高不下，信息化投入与收益不匹配

管理理论认为管理层的最佳管理范围是 7 ~ 13 人，随着互联网的发展，在有效的信息管理系统支持下，企业管理层处理 100 ~ 150 人形成的信息效益与常规条件下 7 ~ 13 人的效率大致相当，这就使管理成本大大降低。但是目前我国互联网企业的信息化仍然流于形式，尽管在信息化系统的构建中投入较大，但企业的组织机构、决策方式、信息传递等仍然一成不变，没达到降低成本提高效率的目的。互联网企业自身拥有的独特资源在交易成本控制中有显著优势，国际上互联网模式的商品交易比传统交易模式节省约 77% 的交易成本，而国内互联网企业只节省了近 12%。显然在内部价值链管控上国内互联网企业有很大的提升空间。

价值链成本管理旨在为核心企业及其合作伙伴提供动态的战略和战术层次的成本信息，通过分析价值链作业及各作业之间的联系，提高价值链作业的增值程度，从而建立成本持续降低的内外部环境；同时通过全方位、全过程的多维立体成本控制，协调和优化价值链，最终实现价值链联盟和核心企业效益最大化，提高企业核心竞争力。

三　互联网企业价值链成本管理模式分析——以亚马逊公司为例

（一）公司简介

亚马逊公司（Amazon，简称亚马逊；NASDAQ：AMZN）是美国最大的一家互联网电子商务公司，位于华盛顿州的西雅图。作为最早开始经营电子商务的公司之一，亚马逊成立于1995年，一开始只经营网络书籍销售业务，随着产品范围的不断扩大，现已成为全球商品品种最多的网上零售商和全球第二大互联网企业，公司名下包括了 AlexaInternet、a9、Lab126 和互联网电影数据库（Internet Movie Database，IMDB）等知名子公司。1997年5月15日亚马逊在纳斯达克上市，代码为 AMZN，发行价为 18 美元。对于中国市场，2004年8月亚马逊全资收购卓越网，使其全球领先的网上零售专长与卓越网深厚的中国市场经验相结合，进一步提升客户体验，并促进中国电子商务的成长。如今，亚马逊公司已在美国、加拿大、英国、法国、德国、意大利、西班牙、巴西、日本、中国、印度、墨西哥、澳大利亚和荷兰等国家开设了零售网站，而其旗下的部分商品也会通过国际航运的物流方式销售往其他国家。市场不断扩大的同时其业务也在不断呈现多元化趋势，亚马逊凭借其"云服务"的出色表现，"API、库和框架"分类排名第二，"云方面"分类排名第一，"极大影响力"分类排名第一。Amazon 这个名字与世界上最长的亚马逊河相联系，反映其在互联网领域的强大野心，本部分将从亚马逊的发展历程、业务现状、总体规模及市场业绩等三个方面展示亚马逊公司的基本概况，探寻其与众不同的发展路径。

1. 发展历程

亚马逊从建立至今，其定位经历了三次转变，最后把成为"最以客户为中心的企业"确立为努力的目标，在此指导下，亚马逊把提供优质服务摆在了更加重要的位置，其服务营收在整体营收中的占比逐年提高，对亚马逊进一步发展的重要性也日益凸显，如图 1－2－3 所示。

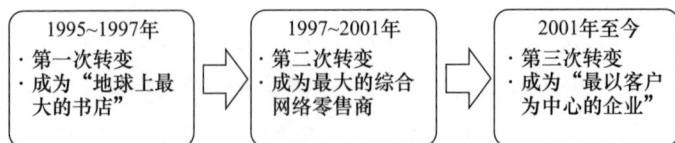

图 1－2－3　亚马逊三次定位转变

第一次转变：成为"地球上最大的书店"（1994～1997 年）。1994 年夏天，从金融服务公司 D. E. Shaw 辞职出来的贝佐斯决定创立一家网上书店，贝佐斯认为书籍是最常见的商品，标准化程度高；而且美国书籍市场规模大，十分适合创业。经过大约一年的准备，亚马逊网站于 1995 年 7 月正式上线。为了和线下图书巨头 Barnes & Noble、Borders 竞争，贝佐斯把亚马逊定位成"地球上最大的书店"（Earth's Biggest Bookstore）。为实现此目标，亚马逊采取了大规模扩张策略，以巨额亏损换取营业规模。经过快跑，亚马逊从网站上线到公司上市仅用了不到两年时间。1997 年 5 月，Barnes & Noble 开展线上购物业务时，亚马逊已经在图书网络零售上建立了巨大优势。此后亚马逊和 Barnes & Noble 经过几次交锋，最终完全确立了最大书店的地位。

第二次转变：成为最大的综合网络零售商（1997～2001 年）。贝佐斯认为和实体店相比，网络零售很重要的一个优势在于能给消费者提供更为丰富的商品选择。因此，扩充网站品类，打造综合电商以形成规模效益成为了亚马逊的战略考虑。1997 年 5 月亚马逊上市，尚未完全在图书网络零售市场中树立绝对优势地位的亚马逊就开始布局商品品类扩张。经过前期的供应和市场宣传，1998 年 6 月亚马逊的音乐商店正式上线。仅一个季度亚马逊音乐商店的销售额就已经超过了 CDnow，成为最大的网上音乐产品零售商。此后，亚马逊通过品类扩张和国际扩张，到 2000 年时，亚马逊的宣传口号已经改为"最大的综合网络零售商"。

第三次转变：成为"最以客户为中心的企业"（2001 年至今）。2001 年开始，除了宣传自己是最大的综合网络零售商外，亚马逊同时把"以客户为中心的公司"确立为努力的目标。此后，打造以客户为中心的服务型企业成为了亚马

逊的发展方向。为此，亚马逊从 2001 年开始大规模推广第三方开放平台（Marketplace），2002 年推出网络服务（AWS），2005 年推出 Prime 服务，2007 年开始向第三方卖家提供外包物流服务 Fulfillment by Amazon（FBA），2010 年推出 KDP 的前身自助数字出版平台 Digital Text Platform（DTP）。亚马逊逐步推出这些服务，使其超越网络零售商的范畴，成为了一家综合服务提供商。

2. 业务现状

亚马逊致力于成为全球"最以客户为中心"的公司。目前已成为全球商品种类最多的网上零售商。亚马逊和其他卖家提供数百万种独特的全新、翻新及二手商品，类别包括图书、影视、音乐和游戏、数码下载、电子和电脑、家居和园艺用品、玩具、婴幼儿用品、杂货、服饰、鞋类、珠宝、健康和美容用品、体育、户外用品、工具以及汽车和工业产品等。除了这些网上零售品之外亚马逊还打造了自己的产品和业务：

（1）Kindle。亚马逊公司在苹果公司凭借 iPod 在数字音乐方面的成功之后，贝佐斯于 2004 年开始准备制造自己的电子阅读器，期望能在这方面取得成功。它聘请 palmOne 的前硬体工程部门副总裁——葛雷格·塞尔（Gregg Zehr），在硅谷设立 Lab126，进行电子阅读器的秘密研制。2007 年 11 月亚马逊于推出第一代 Kindle，采用电子墨水并改善了以往电子阅读器的不足之处。2011 年 9 月 28 日，亚马逊宣布推出触屏版的 Kindle Touch，同日，亚马逊推出 Kindle Fire，正式进军平板电脑市场。2012 年 9 月 7 日，亚马逊发布新一代电子书 Kindle Paperwhite，同日还发布了 Kindle Fire HD。值得一提的是尽管苹果在 2012 年推出了 iPad Mini，在 2013 年 2 月 Brand Keys 针对 54 个品类的 375 个商业品牌

的消费者情感投入程度调研中发现，平板电脑分类中亚马逊的平板已经击败了苹果。

（2）网络服务。亚马逊网络服务（Amazon Web Services）为亚马逊的开发客户提供基于其自有的后端技术平台，通过互联网提供的基础架构服务。利用该技术平台，开发人员可以实现几乎所有类型的业务。亚马逊网络服务所提供服务的案例包括：亚马逊弹性计算网云（Amazon EC2）、亚马逊简单储存服务（Amazon S3）、亚马逊简单数据库（Amazon Simple DB）、亚马逊简单队列服务（Amazon Simple Queue Service）、亚马逊灵活支付服务（Amazon FPS）、亚马逊土耳其机器人（Amazon Mechanical Turk）以及 Amazon CloudFront。

3. 总体规模及市场业绩

截至 2014 年 12 月 31 日，亚马逊总资产为 545.05 亿美元，股东权益为 107.41 亿美元，股数约为 4.6 亿股，员工人数为 154100 人。全年实现主营业务收入 700.80 亿美元，净利润为 2.41 亿美元，每股盈余为 0.52 美元。2014 年 12 月 31 日收盘价为 310.35 美元，市盈率为 596.83。

2014 年，亚马逊平台上来自 100 多个国家的卖家共售出了 20 多亿件商品，创历史新高。使用"由亚马逊发货"（以下简称"FBA"）服务的全球活跃卖家数量同比增长 65%。整个 2014 年，来自全球 100 多个国家的亚马逊卖家通过 FBA 服务为 185 个国家的用户提供了服务。其中，中国内地和香港地区卖家的国际销量同比增长了 80%。在使用亚马逊"登录与支付"服务的用户中，25% 以上使用该移动设备。

其营收按地域划分，亚马逊北美部门（美国、加拿大）净营收为 187.47 亿美元，比上年同期的 153.31 亿美元增长 22%；亚马逊国际部门（英国、德国、法国、日本和中国）的净营收为 105.81 亿美元，比上年同期的 102.56 亿美元增长 3%。按产品划分，2014 财年第四季度亚马逊来自电子产品和其他日用商品的营收为 206.38 亿美元，比上年同期的 171.26 亿美元增长 21%，在总营收中所占比例从 67% 增长至 70%；亚马逊第四季度来自媒体产品的营收为 69.50 亿美元，比上年同期的 72.27 亿美元下滑 4%，在总营收中所占比例从 28% 下滑至 24%。

（二）亚马逊行业价值链成本管控

1. 亚马逊业务流程及关键成本解析

对于 B2C 企业而言，价值创造通常不仅限于企业内部各项作业，更多的时候来源于外部行业价值链上与供应商、渠道商或者顾客有关的各环节。行业价值链实际上是物流、信息流、资金流和商流的集合，从虚拟店面替代实体店面的那一刻起，在实现跨地域交易的同时，物流成本和信息系统成本就替代店面租金、客户获取及维护成本成为主要的外部交易成本。由此，我们抽象出亚马逊基于物流和信息流的行业价值链上的业务流程模式图（如图 1-2-4 所示），通过不断地对价值链进行优化，目前亚马逊的业务流程简单而快捷，中间商的剔除减少了利润的流失，所有顾客下单之后，亚马逊直接从出版商或批发商处进货，并通过自己特有的物流体系将商品运达顾客。在这一过程中，物流执行成本和信息系统成本是主要成本推动因素，对企业的成本水平起到至关重要的作用。

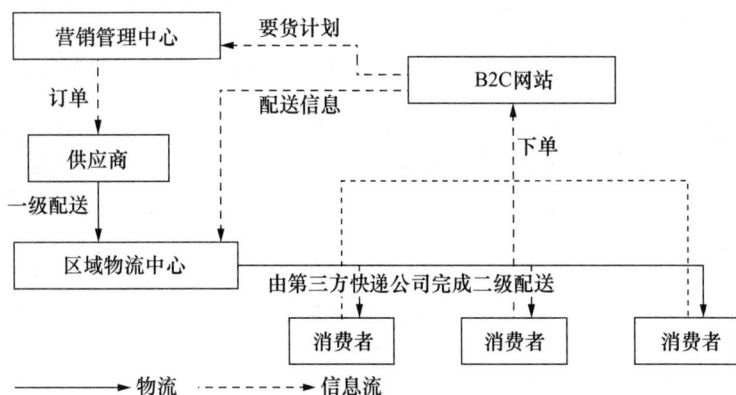

图1-2-4　基于物流和信息流的亚马逊行业价值链业务流程

在物流执行成本方面，B2C 的商业模式使得消费者购买行为的发生和产品的取得存在一定的时间差，而消费者等待期的长短，被认为是 B2C 企业是否具有核心竞争力的评价指标之一，具有重要的战略地位。物流执行成本包括仓储成本、运输成本等。其中，仓储成本是固定仓储投资建设费用、维护费用、包装费用和返工费用的集合，由于消费者的地域分散性，亚马逊需要建立相当数量的仓库，以满足不同地域消费者的快速物流需求。同时，亚马逊在由图书专营逐步向全品类商品销售发展的过程中，库存管理单个最小存货单位（Stock Keeping Unit，SKU）数量减少，所需拣选面积增加，推高物流作业成本。轻资产运营模式被认为是 B2C 企业的成本竞争优势所在，但是随着经营规模和经营范围的不断扩大，大量物流中心被建立起来，轻资产企业逐渐转换为重资产企业，需承担大量的物业管理费用、租赁费用和折旧费用。运输成本来源于亚马逊小批量、多批次、个性化的配送模式，虽然整体运输需求大，但难以形成运输的规模效应。同时，网络销售的虚拟性加大了商品的退货率，使得逆向运输成本在运输总成本中占有较高的比重。

在信息系统成本方面，菲利普·托马斯（1990）指出价值链的周期时间是客户需要到客户满足的时间，是从接受订单到产品交到客户手中并收到销售款项所用的时间。网络的虚拟性使得价值链周期时间明显增加，为了尽可能减少这一周期时间，信息系统发挥着不可替代的作用。信息系统成本包括硬件设备成本、技术购置或开发成本、技术人员成本、通信成本等。亚马逊遍布全球的经营业务更是对信息系统提出了很高的要求，信息系统要兼顾下游顾客管理，上游供应链、物流运输等管理功能，由此软硬件的采购或开发成本变得举足轻重。

2. 亚马逊行业价值链成本管理

供应商关系的优化和顾客资源的保持是亚马逊在行业价值链成本管控方面脱颖而出的重要原因。针对供应链上产生的采购成本和库存成本，亚马逊建立起战略联盟，利用信息管理系统进行信息共享，实现与供应商整体成本最低的双赢状态；对于顾客价值链管理而言，要确保客户资源的长效保持及有效利用就要提升顾客满意度。顾客满意产生于整个消费过程中，物流配送和售后服务是其中的关键环节，直接影响企业品牌建设和竞争优势建立，也因此成为亚马逊成本管控的重点之一。

（1）"无序"的仓储，"有序"的配送——通过规模效应降低物流成本。亚马逊物流模式的核心是用物流中心聚合订单需求，以对接大型物流企业，发挥规模效应。物流执行成本的关键在于仓储和运输，20 世纪 90 年代，亚马逊的物流执行成本一度占到总成本的 20%，庞大的物流费用使得亚马逊陷入持久的亏损状态，物流体系的重新整合势在必行。改进后的物流体系庞大而超前，大规模的"物流中心"成为亚马逊全新物流模式的核心。"物流中心"以租赁形式构建，目前在全球已拥有 89 个物流中心，总面积共计 616.73 万平方米，其中北美地区拥有租赁物流中心 330.60 万平方米。以此为基础，一方面在物流中心运营过程中通过先进的基于 Bin 系统的"无序"仓储模式实现仓储管理的低廉高效，另一方面在物流配送过程中自营和外包相结合的"有序"运输模式实现配送流程的精简便捷。

庞大的"物流中心"建设投入需要与高效的物流中心运营效率相配合才能实现其降低物流成本的初衷。在亚马逊物流中心的仓储区，货架上的商品并不是分门别类地摆放，大部分情况下货架上只要有空隙，理货员就会将新到的货物直接塞进去。这样"无序"的仓储模式是否能够达到最优的配送效率？库存货位绑定的货位系统即 Bin 系统帮助亚马逊实现了全球领先的混沌存储，它将货品、货位及数量的绑定关系做到了极致，所有的货品信息都存储在货位系统中。在这种"乱"的逻辑下，亚马逊公司每张订单平均比原先节约 3 分钟，整个运营效率提高了 3~4 倍。借助强大的 IT 系统以及规范化的商品管理与流程，使得物流中心的存储空间得到更有效的利用，缩短商品出入库时间，优化了配货员的拣货路线，避免配货员重复作业，提高了配货员的工作效率和提货准确性，降低人工成本。

配送是行业价值链上重要的一环，核心企业总是面临着配送业务自营或外包的艰难选择。企业初创期，亚马逊在配送体系上投入了巨额资金。到 1999 年，亚马逊在美国、欧洲和亚洲共建立了 15 个配送中心，总面积超过 32.5 万平方米，其中在美国乔治亚州的配送中心占地面积达 7.4 万平方米，机械化程度很高。然而，庞大的配送中心投入却仅使用了 30% 的配送能力，这无形增加了配送费用，使亚马逊面临着亏损的巨大压力。为此，亚马逊对配送模式进行了改革，将订单处理业务外包，这样使得在销售高峰时的配送人员数量比以前有了大幅度的减少。由于对销量增加计划周密，对于达到了经济运输规模的商品，亚马逊直接用卡车将商品从配送中心运到各个城市的邮政部门，从而绕过了邮政系统多层次的处理环节，直接由当地的邮政部门将商品投递给顾客，提高了配送效率。此外，自建的物流中心除了为亚马逊自己的货物提供收发货、仓储周转服务外，也为亚马逊网站上代销的第三方卖家提供物流服务。无论是个人卖家还是中小企业，都可以把货物送到较近的亚马逊物流中心，亚马逊按每立方英尺每月 0.45 美元收取仓储费（相当于每立方米每月人民币 106 元）。通过改进作业流程，采用"有序"的商品配送方式，亚马逊订货处理及送货速度加快，缺货的比率也大幅度减小。在发货量增加 35% 的情况下，订单处理人员的数量却没有增加。

表 1-2-1 亚马逊和当当物流指标比较 单位:%

指标 / 年份		2009	2010	2011	2012	2013	2014
亚马逊	物流费用率	8.37	8.47	9.52	10.51	11.53	12.10
	物流费用占营业费用的比重	46.42	46.46	46.10	44.43	43.97	41.32
当当	物流费用率	13.81	12.55	13.11	14.17	11.50	9.75
	物流费用占营业费用的比重	63.54	57.79	59.42	60.20	61.65	60.32

亚马逊摒弃了全盘自建物流体系的模式,采用规模化的物流中心,聚合海量货物,进而培植规模化的物流企业,最终通过规模效应的发挥降低物流成本。从利润数据来看,亚马逊从1995年成立到2002年实现盈利,这期间,"产品目录的成熟和规模效应"及"运输成本的下降"分别贡献了3.5个百分点的毛利润率,推动毛利润率上升了7个百分点;同时,"订单执行成本"的下降,也贡献了近5个百分点的利润率;商誉等无形资产摊销和重组成本等非经营性成本的大幅降低,使亚马逊的营业利润率从-30%上升到0%。

(2)预测式响应订单,实现最佳库存配比——通过战略联盟降低库存成本。传统的行业价值链管理多是被动地反映消费者需求,以消费者下单为起点,由订单带动整个行业价值链的价值流转,满足消费者需求。然而良性的行业价值链管理的精髓是通过预测消费者需求,主动反映订单。互联网在这方面极具优势,而亚马逊更是通过其强大的后台系统将这个优势最大化。经过多年的积累,亚马逊公司已经拥有强大的数据库,系统根据这个数据库中的历史销货数据,可以大概预测出某个产品的特定型号在某一个地区一天可能会有的订单数量,采购部门据此将这些数量的订单提前发送给供应商。也就是说,在消费者还没有下订单的时候,其未来将要购买的商品已经备在库房里了。

预测式响应订单并不意味着亚马逊的库存是盲目而无效的。相反,为了节约成本,亚马逊公司实施了近乎零库存的最佳库存配比模式。以图书为例,亚马逊公司一般是在顾客下达订单之后,才从出版商那里进货,而其仓库中只有约200种最受欢迎的畅销书维持库存。2014年第三季度,亚马逊存货的平均周转次数为19.4次,具有强大供应链系统的大型连锁超市沃尔玛的同期库存周转次数只有7次左右。理论上来说,存货周转率越大,表明存货在库时间越短,库存成本越低,存货转化为货币性资金的速度越快,由此,企业的短期偿债能力及获利能力会得到加强。由图1-2-5显示的数据折线图可以看出,亚马逊2014年的存货周转率为11.33,与2009年基本持平。和同行业的当当相比,其存货周转率是当当的2.8倍,反映了亚马逊具有超强供货能力和极高的物流配送能力。中国境内的竞争对手当当的存货周转次数远不及亚马逊,其存货管理模式还有很大的提升空间。除了先进的存货管理之外,亚马逊的资金管理也是世界一流。消费者在购物后即向亚马逊支付货款,而亚马逊却在货物售出46天后才向供应商付款,这期间公司相当于获得了大量的无息借款,使得它的资金周转比传统企业甚至是同行业的其他电商要顺畅许多。

表1-2-2 当当与亚马逊的存货周转率比较

周转率 \ 年份	2009	2010	2011	2012	2013	2014
亚马逊存货周转率	11.29	10.68	9.63	10.13	11.08	11.33
当当存货周转率	2.70	2.55	2.29	3.50	3.90	4.02

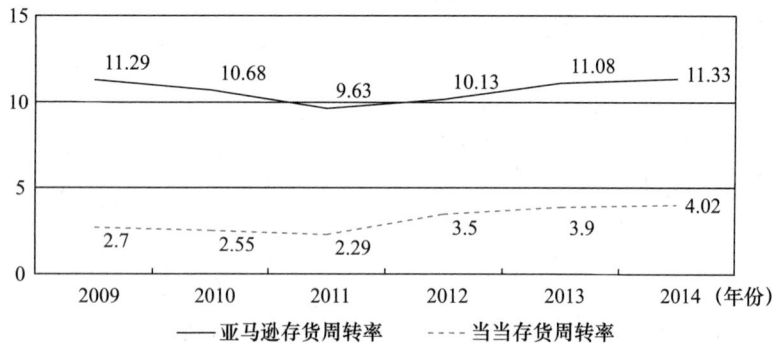

图1-2-5 当当与亚马逊存货周转率的比较折线图

价值链的思想在于价值创造不是靠单一企业或者单一环节实现的，处在价值流动链条上的每一个节点都需要实现密切的配合。因而，对于亚马逊公司来说，无论是预测式响应订单还是零库存管理模式的实施都必须建立在密切的战略伙伴关系的基础之上。亚马逊的成功要素之一就是培养合作商，它一直致力于改善与供应商的合作关系，以此为自己赢得重要的战略位置。在美国，供应商的后台系统与亚马逊系统直接对接，以保证产品从供货、仓储到配送的每一个环节都达到效率最优。传统的商品销售渠道往往会产生近20%的退货率，并且供应商很难预测到商品的实时销售情况，而亚马逊与供应商的系统对接实现了供应商对商品销量的准确、实时的把握，不仅降低了断货的概率，更消除了长尾图书在亚马逊仓库中大量堆积的现象。在中国，亚马逊更加注重对供货渠道的考虑。2004年8月以7500万美元收购国内著名的B2C网站——卓越网之后，

亚马逊公司将其目光投向新华书店，并频频与各地新华书店建立战略合作关系，希望将新华书店建成卓越网重要的采购平台。被收购之前，卓越网每年的销售额达到1.5亿元，被收购后，卓越网的业务量大大增加，通过与新华书店的战略合作有效地控制了供货渠道，大大降低了采购成本和库存费用。亚马逊成功的战略联盟策略带领着整个企业低成本高效率地运转。

（3）个性的推荐系统，完善的反馈机制——通过精准营销降低销售成本。在消费时尚的年代，人们越来越追求具有个性化和情感化的商品，而不再满足于大众化商品。顾客的消费观念从理性走向感性、从趋同走向差异，普适性的广告和促销活动已经越来越难以改变消费者的主观意念，营销成本直线上升。在这样的背景环境下，基于互联网技术的精准营销模式被提出，企业把对人的关注、个性的释放及需求的满足推到空前中心的位置，通过与下游消费者之间的协调

合作来提高竞争力，以多品种、中小批量混合生产取代过去的大批量生产来降低生产成本。同时，电子商务降低了交易中对买方的信息调查成本，即卖方的客户获取成本。B2C 企业通过网络营销，降低营销资料的设计、印刷和发布成本，数据库优势帮助其实现"一对一"精准营销，缩短营销环节，更直接、更及时地将销售信息传递给消费者。亚马逊公司是针对性营销的典范，它与市场建立起了一种新型互动关系，通过建立消费者个人数据库和信息档案，与单个消费者形成个性化联系，进而提供针对性的推广和销售。此种针对性营销模式一方面切实满足了顾客的潜在需求，另一方面节约了大量的营销费用，使亚马逊在销售额大幅度提高的同时，销售成本并没有很大改变。这在一定程度上得益于其基于个人交易和反馈数据的推荐系统。

亚马逊的推荐行为贯穿于消费者浏览、挑选、结算的整个过程，用户消费行为越多，亚马逊推送的针对性选择越精准，反过来刺激用户重复消费欲望。有用信息的跟踪，使得亚马逊能为不同兴趣爱好的用户自动推荐符合其兴趣需要的书籍；能使用推荐软件对读者曾经购买过的商品以及该用户的信息反馈进行分析后，向消费者推荐其可能喜欢的新产品；能对顾客购买过的商品进行自动分析，然后因人而异地提出合适的建议。"一次点击"和"虚拟导购"技术在亚马逊的个性化推荐系统中有着至关重要的作用。电子商务与传统商业最大的不同在于消费者的每一次购买都会在系统后台留下记录，这些数据经过加工、处理、分析变成了对企业有用的信息。亚马逊的优势就在于对数据的有效利用，任何人只要在亚马逊购买过一次商品，系统就会记住消费者的相关资料，再次购买时只需点击一下此商品，系统会自动完成后续程序，这便是所谓的"一次点击"技术。亚马逊公司还利用用户之间的互动推出了一种名为"虚拟导购"的服务，它征集对某类商品十分精通的客户来对商品进行整理和推荐，这些被选中的客户如果把他们负责的商品卖给了其他客户，就可以从亚马逊那里分得销售额的 3%～7%，目前这样的"虚拟导购"已经有近 2 万名。这样的推荐机制使得亚马逊的广告投放极其精准有效，每年用于营销推广的费用仅占运营总成本的 10% 左右，而从销售费用占总营收的比重可以看出，亚马逊的营销费用投入效率比同行业的当当高出 2～3 个百分点（如表 1-2-3 所示）。

表 1-2-3 亚马逊与当当销售费用占总营收的比重

比重 \ 年份	2009	2010	2011	2012	2013	2014
亚马逊销售费用与营收比(%)	2.93	3.01	3.39	3.94	4.21	4.87
当当销售费用与营收比(%)	5.94	6.32	6.53	6.86	6.00	5.51

完善的售后服务和反馈机制虽然处在行业价值链的末端，但越来越叛逆的消费者心态和行为使得这一环显得尤为重要。对于电商企业而言，控制这一节点的成本需从节点的两端入手，一方面通过节点上游的优质服务降低退货率，减少退货成本；另一方面通过节点下游的完善售后增强用户黏性。不论哪种手段其终极目的都是降低销售费用，提升用户的重复购买率。虽然亚马逊经营的商品种类很多，但由于对商品的推荐适当，价格合理，商品质量和配送服务等能满足顾客需

要，所以保持了很低的退货比率。据统计，传统零售店的退货率一般为 25%，高的可达 40%，而亚马逊的退货率只有 0.25%，远低于传统零售。极低的退货比率不仅减少了亚马逊的退货成本，也保持了较高的顾客服务水平及良好的商业信誉。此外，完善的售后服务也是亚马逊的优

势，顾客可以在收货后 30 天内将完好无损的商品原价退回。用户反馈对亚马逊来说既是售后服务，也是经营销售中的市场分析和预测的依据。它不仅在网上商城中提供了电子邮件、反馈表等商务反馈站点，还会不定期以发送免费软件、礼品或是某项服务的方式邀请顾客填写调查表。

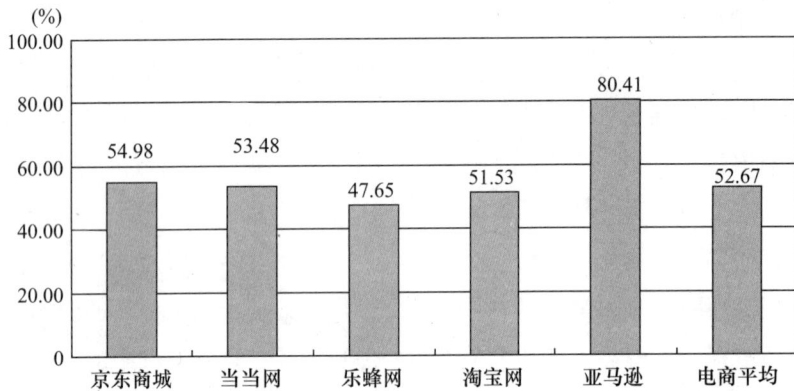

图 1-2-6　互联网企业重复购买率

靠着这些优质的服务，亚马逊吸引新顾客的成本越来越低，客户忠诚度越来越高。目前，整个电子商务领域的平均订单转化率是 3%，绝大多数 B2C 企业的转化率都在 1% 以下，国内的当当能达到 3%，而亚马逊可以达到 4.5%。亚马逊的访客最终下单的比率要高出行业平均比例 50%，这个跟访客进入页面看到的是自己的感兴趣的个性化页面而不是密密麻麻的分类列表不无关系。重复购买率代表消费者对该品牌产品或者服务的重复购买次数，重复购买率越多，则反映出消费者对品牌的忠诚度就越高。如图 1-2-6 所示当当网的重复购买率达到 53.48%，电商平均重复购买率是 52.67%，而亚马逊的重复购买率则高达 80.41%，反映了亚马逊的针对性购买模式十分贴近用户，吸引着用户的重复购买。

（三）亚马逊内部价值链成本管控

1. 亚马逊内部价值传递流程及关键成本解析

商品通过在企业内部价值链上的传递完成了价值的逐步积累与转移，并最终传递给客户。企业凝聚在产品上的价值转化为顾客对于商品的认知价值，亦即顾客为了获得商品所愿意付出的代价，从而形成了企业的收入。亚马逊公司的内部价值链主要包括人力资源管理、技术开发、采购、后勤和营销服务，在价值流动环节上与企业外部价值链存在交错（如图 1-2-7 所示）。其中，人力资源管理和技术研发是电商企业内部价值链上的关键性节点。

企业基础设施			
人力资源管理			
信息技术研发			
业务管理活动（财务管理、采购管理、风险管理等）			
战略规划	资本运作	市场营销	客户服务

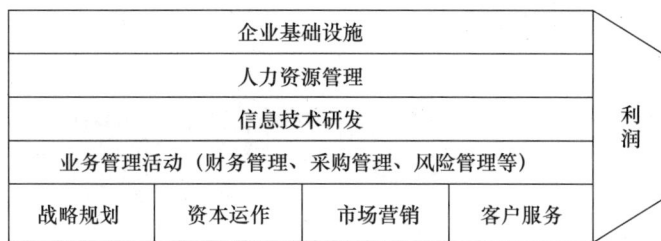

图1-2-7　互联网企业内部价值传递过程

相较于传统零售业，B2C企业最大的结构性成本优势在于网络销售使得交易组织成本的降低。首先，依托计算机虚拟平台，网络销售使得传统意义上的交易组织消失，省去了门店租金、销售人员工资等传统交易组织建设成本。没有庞大的门店连锁体系使得B2C企业的内部组织结构变得更加扁平且管理变得简单，组织内部沟通的维系成本降低。相较于传统零售业面对的日益增加的租金、人工成本，信息平台构建的硬件成本却逐年降低，更加显现出电商企业的交易组织成本优势。其次，电子商务是一个由内向外、内外整合的价值链系统，进入网上交易市场的企业必须先有一套合格的电子化生产管理系统，并且这套系统能与外部信息流实现无缝对接，从而实现生产、采购、销售全过程的集成信息化。信息时代下，价值越来越多地建立在信息上，价值增值不仅能通过产品的装配跟制造技术得以实现，也能通过提供服务得以实现，而服务环节在很大程度上则是依赖于现代信息技术的快速发展，当服务经济转变为信息经济的时候，电子商务的优点就越来越凸显。

2. 亚马逊内部价值链成本管理

（1）构建一体化信息系统，实现信息管理和业务管理的协同——规模经营摊销研发投入。信息系统是零售业精细化管理的基础，不管对互联网企业还是传统零售业都至关重要。传统零售业的信息系统仅承担后台管理的职能，而互联网企业信息系统承担着前台销售和后台管理两个职能。信息管理要求采用中央数据库管理企业信息，数据可以通过任何与其相关的应用更新或被提取。从应用层面来看，所有的信息都进行了全面的整合，信息与信息之间无阻碍链接，消费者可以从信息归结的友好界面入口，进行大范围和深层次的信息提取，而完全无须在不同的数据库和应用平台之间切换。从管理层面上看，它基于企业资源网状管理体系的思想，从任何一个信息点都可以非常方便地提取出所有与其相关的信息，所有的信息和应用都是多维化的、立体化的、强相关联的。业务管理将ERP的概念延展到对企业外部资源（客户和合作伙伴）的管理，并将其纳入系统的统一平台中，与企业内部资源进行信息的高度共享和工作的协同。企业可以利用系统快速建立自身的价值链管理体系，使信息流、资金流、物流无阻碍地运行在整条价值链中，通过"以点带面"和"协同运作"，任何一个因素的变化都会在系统中的相关点反映出来，并通过协同的商务平台提供给企业各部门及企业外部资源，从而使业务过程达到高效、协作的目的。

对于亚马逊而言，技术无疑是其核心竞争力。当公司规模越来越大时，强大的技术支持为其爆发式的增长提供了后台。贝索斯在成立亚马逊的时候就洞察到了信息技术在企业管理中的神经中枢作用，建立了庞大的软件工程师队伍，在信息技术上投入了巨额的资金。亚马逊的技术开发还非常重视顾客导向，尽一切努力提高顾客购物的便利性，加快顾客购物的速度。信息技术成本包括建设成本和运营成本，运营成本包括职工薪酬、水电费、通信费等，而建设成本中最重要的一部分就是研发费用。从信息成本理论出发，短期的信息技术投入有助于企业长期成本的降低。在价值链成本管理中研发费用并不能单纯地从成本费用降低的角度考虑，而应顾及信息流转过程中该部分支出对于其他环节的价值形成的短期和长期影响。未来企业之间的竞争将是基于大数据和云计算的信息技术的竞争，新技术能为企业提供新的运营模式的井喷式发展，因而源源不

断的技术创新和研发将为未来的价值创造带来事半功倍的效果。亚马逊的研发费用一直处在稳步增长状态，它较早地预见到单纯的零售业务对价值创造难以有很大改观，因而将自身定位为一家科技型公司。亚马逊的技术研发是其他同行业竞争者难以望其项背的，其高昂的技术成本被规模经营有效地摊销。如表1-2-4所示，2014年，亚马逊的技术研发费用占到运营总费用的35.59%，大量的技术研发投入带来可观的营业收入，亚马逊的网络服务（AWS）收入在2012年就已经超过10亿美元。而国内的当当在技术上的投入还不及亚马逊的一半，较弱的技术实力很难在未来的激烈竞争中争得有利地位。

表1-2-4 亚马逊与当当的技术研发费用相关指标 单位:%

指标 \ 年份		2009	2010	2011	2012	2013	2014
亚马逊	技术研发占运营费用比重	28.17	27.8	29.30	31.59	33.62	35.59
	技术研发占营业收入的比重	5.06	5.07	6.05	7.47	8.82	10.42
当当	技术研发占运营费用比重	12.31	13.05	11.22	12.53	13.67	13.67
	技术研发占营业收入的比重	2.67	2.83	2.48	2.95	2.85	2.62

信息技术永远是商业革命的原动力。随着新思想的层出不穷，技术优势的周期越来越短，企业只有创造需求，才能持续的实现信息增值，电商之间的优劣很大程度上也取决于数据的处理能力，数据有效、及时的处理，不仅能提高工作效率，对未来的销售也能做一个分析预测。综观同行的电子商务企业在技术研发方面的发展规划，京东采用自建信息队伍，利用供应商和用户数据支持管理和决策；苏宁和IBM合作完善信息系统，启动苏宁云商模式，云商的概念是基于互联网的虚拟化资源完成商务活动，苏宁此举在于向行业宣告其去电器化进程；国美电器和ORACLE

甲骨文有着密切合作。信息技术的应用不仅连接着企业内外部信息管理，更有助于实现信息管理和业务管理的协同；不仅可以构筑供应链合作伙伴之间、企业内部有效的信息沟通渠道，更有助于外部价值链的仓储、物流等环节的管理，提升供应链效率，服务于终端消费者。

（2）构建扁平化组织结构，满足网络销售和多变环境的需求——柔性组织降低管理成本。业务结构的发展决定了组织结构的演变方向。纵观亚马逊20年的发展历程，其在前两次业务结构时期，企业注重于内部发展，其组织结构属于直线型。第三次转变与亚马逊快速、灵活的网络

销售模式相对应，是一种机动灵活的"柔性化"形态。这种与外部环境变化相适应且区别于传统科层制的组织形态，具有较强的弹性和低成本性，先进的互联网共享技术替代了原先承担信息传达任务的中层管理人员，降低了相应的人工成本和管理费用。虽然亚马逊近期员工人数扩张，已超过微软员工人数，相应管理费用占收比也逐年有所上升，但总体均低于2%，该数据明显优于当当。这种柔性化的组织形式，为其前期发展奠定了基础，具有如下特点：首先，组织边界虚拟化。虚拟化使组织的边界变得模糊，出现了所谓的"空壳组织"，即由于组织内部的高度网络化，使企业组织把尽可能多的实体转变成数字信息，减少实体空间，而更多地依赖电子空间，最终使企业组织本身成为"空壳型组织"。虚拟化的另一种表现是在组织之间虚拟的联盟关系。1996年9月，亚马逊书店首创了网络"合伙人"（Associates）计划，主要通过收购和策略联盟两种方式来实现"变革管理"。

其次，组织结构扁平化。扁平化的过程是管理层次不断减少和管理幅度不断扩大的过程，这种基于信息的扁平式结构能够带来企业管理成本的下降，对客户需求及市场变化反应更为迅速。亚马逊的组织结构实行"小组制"，组内成员实现自我管理，直接的信息交流可以降低沟通和协调成本；同时各小组之间也有分工合作，经过交叉培训后的成员可以获得综合技能，加快项目推进，提高工作效率。这种扁平化的管理，让亚马逊的每个员工都能够参与到创新中来，企业形成自上而下的新型组织氛围。

（3）构建现代化客户关系，达成客户价值和企业价值的共赢——新型关系节省运营成本。信息技术的飞速发展，提供了运用现代信息技术、网络技术进行客户关系管理的现实可能性。客户资源不仅成为企业的一种战略资源，而且改变了传统商业运作中接触客户、销售产品和服务客户的方式。这种新型的管理方式，打破了传统营销的固有格局，开辟了网络营销中客户之间的平等、互补，以及共赢关系的崭新格局。作为一个与传统企业不一样的新经营模式，亚马逊确实是一个异类，其"异"主要在于亚马逊的经营是通过网络来实现的，并在网络技术的支持下进行客户关系的管理。通过网络客户关系管理，提高市场营销、销售、服务与技术支持领域的工作效率。并且网络客户关系管理全天候的服务，客户随时随地可以与企业联系。同时企业的客户关系维护成本低，只需要对网络系统进行维护以及更新即可，大量减少了企业的人员雇用和其他的投资，节省了企业的投资和运营成本。

现代化的客户关系管理给企业带来的价值增值主要体现在两个方面。一方面，通过对客户信息的分析，识别企业值得投资的高价值客户群，并根据这个信息，制定相应的策略。企业资源是有限的，管理中有二八原则，即20%的客户为企业带来80%的利润，忠诚、持久而稳定的顾客群成为企业最宝贵的资源。另一方面，通过对用户资源的整合，在企业内部达到资源共享，从而为客户提供更快速、更周到的优质服务，吸引和保持更多的高质量客户。如何使客户满意并成为忠诚客户，这是企业盈利的核心问题。由于客户的一切信息都能够掌握，就可以有的放矢地提供及时、周到、优秀的客户服务，使企业通过客户价值的最大化、客户服务的最优化来实现企业利润的最大化。

（四）亚马逊竞争对手价值链成本管控

1. 亚马逊竞争对手及其价值链比较

"角斗士文化"在亚马逊内部长久地流传。处心积虑地了解竞争对手，在识别和分析竞争对手价值链和价值作业的基础上，评价本企业的优劣势进而有的放矢地制定扬长避短的策略是亚马逊长久以来塑造自身独特竞争优势的关键手段。作为全球最大的在线零售商之一，从行业来看，亚马逊受到来自电商和线下零售商的挑战；从地域来看，亚马逊面临本土企业和国外企业的竞争。而在中国内地市场上，同样以"卖书"起家的当当网基本代表了中国网上书店的最高发展水平，成为亚马逊公司最强有力的竞争对手。当

当网比亚马逊起家晚四年，它最大限度地借鉴了亚马逊的商业模式和支撑业务发展的图书数目等后台要素，同时又结合中国特有的消费、支付、政策法律、信息化、物流配送等实际情况进行创新（如图1-2-8所示）。当当目前还是个纯粹意义上的网上书店，经营销售的商品全部属于出版物。坚定地做以图书、音像为主要商品的零售业是其坚持的主要盈利模式。

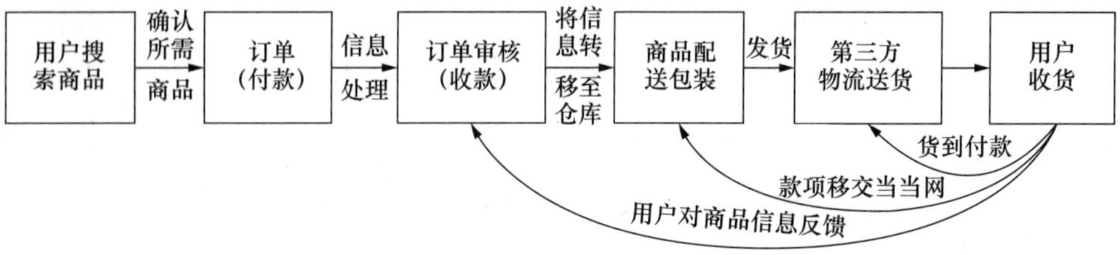

图 1-2-8 当当价值链图

从其价值链的结构来看，无论是物流、信息流、资金流或商流，当当与亚马逊依旧存在许多差异。物流方面，当当采取第三方物流模式，其物流成本不可控并且难以到达规模递减的效应，但与亚马逊庞大的固定成本支出相比，当当网的固定成本相对较小；信息流方面亚马逊网上书店凭借着强大的数据库系统和先进的搜索技术，能为顾客提供难度极高的搜索服务，可以通过书名、作者、主题及与内容相关的字符串、封面颜色和图案等多种途径检索。这种方式非常适合在网上书店闲逛的人，只要输入任意感兴趣的关键词就能找到大量的相关商品信息，十分方便。而当当网的技术力量虽然不如亚马逊，信息的共享和利用程度不高，但其搜索引擎除了提供快速搜索之外，还有组合查找，按照商品的种类、名称、出版发行机构、出版日期、折扣范围和售价范围来划分。这样的搜索更有利于已有购买目标的顾客迅速找到商品，节约时间和精力。资金流

方面，两家企业均采用了"类金融模式"，类金融模式就是企业利用自身的规模优势和渠道优势，延期数月支付上游供应商货款，通过占用供应商的资金，以滚动的方式利用资金及其时间价值供自己长期使用，从而得到快速扩张的经营模式。这样的模式使两家都达到了较高的资金周转效率。

2. 亚马逊竞争对手价值链成本管理

（1）成本领先战略下的多样化定价策略。奉行低价的竞争者都依赖于其低成本的经营模式。亚马逊无论是在内部价值链还是行业价值链上其规模经济带动下的低成本性都是其他竞争者无法企及的。因此，借助于低成本的优势，亚马逊的产品定价拥有很大的降价空间，这种价格优势带来销量的上升，进一步促进规模经济性，带来成本的摊薄，从而达到一种良性的循环。

亚马逊的定价部分主要集中在产品定价和运

费两个环节上。首先，关于产品定价，由于亚马逊采用的是网络销售的模式，因此采取具有吸引力的折扣策略是必不可少的，这也是亚马逊网站能吸引大量用户光顾的重要原因。所谓价格折扣策略，是指企业为了刺激消费者增加购买，在商品原价格上给予一定的折扣。它通过扩大销量来弥补折扣费用和增加利润。亚马逊出售的商品由于没有中间商的利润截留，其价格略低于传统商店的商品价格。基于这种认识，亚马逊被认为是世界上最大的折扣商，号称有多达 30 万种以上的书籍可提供购买折扣优惠。事实上，亚马逊提供折扣优惠的商品还多于这个数字，折扣的商品包括书籍、音乐唱片及视盘等，折扣率最高的达40%。长久的低价营销策略不但吸引了大量顾客，而且已经给人们留下了这样的心理暗示：亚马逊是个只会更便宜、不会更贵的书店。

其次，在运费定价方面，亚马逊采取的是按用户需求定价、促销定价及联卖定价等综合定价的方法。所谓按用户需求的定价，即根据消费者的不同需求特征，通过向一些消费者收取超过其他消费者的费用来增加利润。对不同重量、不同种类的商品，根据不同消费者要求到货时间不同，收取不同的费用。同时，亚马逊针对假期采用的促销性"免运费"活动，联卖或者把产品打包，也能在某些情况下增加利润。此外，亚马逊公司还与 TOYSRUS 签订了商店取货合约，顾客可以在他们方便的时候收取图书，使用这种方式不需要交纳运费。正是优惠的商品定价策略和多种多样的运费定价策略，使亚马逊能最大程度吸引客户购买其产品。

（2）多元化战略下的多品类经营策略。如今的亚马逊公司早已不是简单地依靠在网上贩卖廉价的图书和消费电子产品赚钱的传统 B2C 公司了，作为长尾理论的最佳实践者，亚马逊网站上提供的产品种类毋庸置疑是零售业中最为庞大

的。尤其那些处于长尾末端的商品，全世界的零售商中也只有亚马逊能够保证持续供给了。现在的亚马逊 MP3 已经跃居第二位，仅次于苹果iTunes；亚马逊 VOD 已经在视频流媒体取得了一定的成绩；Kindle 开创的网络书店对市场产生了巨大的影响；网络广告联盟 Amazon Associates，可能成为 Google AdSense 产品最强劲的竞争对手。多品类的经营策略凸显出范围经济效益，它意味着通过增加产品种类或提供服务的种类分摊固定成本。一方面这些新产品种类如服装、电子产品等与原先的商品运用了相同的技术平台和运送设施；另一方面，亚马逊在实施全球扩张战略中，知识与经验的分享、品牌资源共享以及多种要素的重复利用，无疑都为亚马逊节省了大量的收购和并入成本。

范围经济除了可以平摊成本之外，还可以扩大客户群或提高新产品带来的总收益。亚马逊公司通过在网站上介绍其他种类产品的信息来达到范围经济，这样可以潜在地增加每个给定客户的支出。例如在亚马逊购物完毕后，在页面上会出现"购买此商品的顾客也购买过的其他商品"的提示，这一做法是通过协同过滤系统，当顾客主动"暴露"了自己的需求后，进行关联推荐，即通过研究顾客的浏览行为和购买行为来对其他顾客进行指导。因此，通过扩大客户群增加规模或者通过提供新产品扩大范围，都有助于减少企业的成本。

（3）差异化战略下的多渠道推广策略。当企业面临新出现的低成本竞争对手的时候，由于运营方式的差异，很难在价格战中击败"后起之秀"。因此，差异化战略似乎成为了备受青睐的防御方式。贝佐斯认为地段是传统书店成功的重要条件，而对虚拟的网络书店，品牌则是最为重要的。亚马逊非常注重广告宣传的作用。亚马逊乐意花巨资投资广告的目的是抢夺市场占有

率，而国内网上书店的广告投放力度显然要逊色不少，不但宣传媒介局限于网络，而且缺乏力度。当当网上书店推出连锁加盟，用经济回馈鼓励网站与当当创建链接。这在一定程度上能提高网站的访问量，但树立品牌仅靠这一点还远远不够，应适当加大在网络以外媒体的广告投放，充分利用各种媒体的互动宣传造势。亚马逊在广告与推销方面投入较多，为了打出亚马逊公司的自有品牌，从 1995 年 7 月公司首次开通网站起，每做成一桩买卖，就对顾客施行一次补贴，仅1999 年和 2000 年，美国人从亚马逊收到超过 30亿美元的补贴。一般地说，公司每出售一件物品，就要倒贴 6.2%。亚马逊公司坚持这种做法的结果是：培养了亚马逊这个闻名于世的品牌，同时全球性的经营活动有利于分摊这一品牌成本。

（五）亚马逊价值链成本管控的成功经验借鉴

亚马逊以创造顾客价值为终极目标，通过技术网络和契约网络的构建，推动建立价值链体系内有效的企业间市场，从而削减不创造价值的成本节点，使得全面成本合理化。作为兼具互联网科技公司和网络零售商双重身份的企业，它借助其开发的一系列 IT 平台和信息管理系统，有效实现信息的整合和共享，从而使信息这一隐形资产在企业成本管控、价值创造中发挥出巨大的作用。从亚马逊开始，企业成本管理的关键着眼点不再局限于单个企业内部的成本节约，而更注重价值链上企业间的战略合作。集物流、资金流、信息流、商流为一体，集客户、员工、供应商为一体，充分发挥自身的优势，使得各方获得利益的共赢，从而也使自身的竞争力得到了更大的增强。随着市场的愈加成熟，基于传统的交易成本理论的市场与企业的边界划分会逐渐模糊，企业

间的竞争向价值体系间的竞争演化，因而企业的成本管理活动必然与价值运动紧密相关。以人为鉴，可明得失，亚马逊的价值链成本管理模式为现代互联网企业尤其是国内互联网企业提供了诸多宝贵的借鉴与启示：

第一，拓宽企业价值链成本管理的范畴，将成本管控从核心企业内部延伸到企业外部。互联网技术的出现使得企业成本管理范畴的延伸成为可能，过去价值链成本管理注重向内渗透到产品设计和制造作业设计，但是新的互联网商业模式的出现使得制造层面的业务实现外包，内部的价值链缩短并向外延伸到客户的客户和供应商的供应商，外部的价值链被提升到同等重要的位置。价值链系统有一定的风险性和复杂性，价值链各环节如果只是单独地完善自己，而不是将其目标活动与其他环节整合在一起，内外兼修，整个价值链体系就会出现不尽如人意的地方。亚马逊的智慧在于关注企业与上游供应商、下游客户之间的可能联结，分析供应商、客户价值链对企业成本结构和成本行为产生的影响；分析企业与竞争对手、企业价值链联盟与竞争对手价值链联盟之间的差异，确定企业及其价值链联盟将要采取的成本战略，进而达到成本控制的目的。

第二，挖掘企业价值链成本管理的内涵，将成本管控从作业层次提升到战略层次。价值链成本管理模式的实施应注重战略和战术的结合，在向下深入作业层次的同时将企业成本管理决策和控制向上提升到战略层次。这就意味着成本管理的目标要服从企业战略管理的目标，成本管理系统要为战略性决策提供有用的信息。亚马逊的任何以成本控制为目的的举措背后都以企业整体战略为导向，不单纯为了降低短期成本而刻意削减价值链环节，更加注重成本管控的联动性、全面性、长期性。鉴于此，现代互联网企业的成本管理系统不仅要收集企业内部生产经营的成本资

料，还要努力收集和分析来自于价值链上的供应商、顾客相关的信息，以及竞争对手、政府机构、金融市场等方面对企业成本行为的约束；不仅要反映历史的实际成本信息资料，还要实时地反映现在的信息，更要全面地预测或模拟未来的成本信息。成本降低不是局部的成本降低，也不是成本在作业和作业之间、供应商和客户之间的"转嫁"，而是在整体上降低企业和整个价值链的总成本。

第三，建立现代化信息系统，实现业务追踪和成本信息的有效共享。信息时代下，信息技术手段是价值链成本管理模式的支撑平台，价值越来越多地建立在信息和知识的基础之上。价值增值不仅能通过产品装配、制造技术得以实现，也能通过提供服务得以实现，而服务环节在很大程度上则是依赖于现代信息技术的快速发展，服务经济转变为信息经济的过程中，电子商务的优点就越来越凸显。亚马逊就是个高度信息化的电子商务企业，网络技术基于价值链的成本管理系统需要建立在集成的企业管理信息环境之中，其信息技术平台需要从分散的各企业内部网络系统逐步提升到互联网技术支持的各联盟企业内部网和企业间的外部网协同工作的信息网络平台。以亚马逊为中心，内外部都存在着大量的历史和现实的业务信息和成本数据，比如仓储物流的业务进展和商品采购的成本信息，利用数据挖掘和在线分析技术可对这些信息进行综合查询、加工和使用，得到面向各种管理主题的、集成的、随时间不断变化的成本信息和其他决策支持信息。

第四，利用成本信息优化价值链，构建价值联盟实现价值共创。企业本身的资源、能力是有限的，通过资源外向配置，与外部的合作伙伴彼此相互支撑、取长补短、分担风险，企业可以变得更有柔性，更能适应变化的竞争环境。企业将内部资源集中在那些有核心竞争优势的活动上，

然后将剩余的其他活动外包给专业公司，可以达到整个价值链联盟的最低成本。这是价值链上各企业进行战略合作的精髓，核心企业及整个价值链联盟要通过密切合作优化价值链，达到价值链整体成本持续降低的目的。

随着网络经济时代的深入发展，越来越多的互联网企业像亚马逊公司一样，越发注重为顾客创造价值；同时企业合作更为密切，信息共享更为普遍，资源消耗也更加多元，对物流管理成本、客户管理成本、人力管理成本方面的管理日益重要，对于交易成本、隐性成本的管理任务也更加艰巨。在行业边界不断开放及互联网生态逐步完善的进程中，价值链的功能越来越趋于资源的整合和价值的共创，价值链成本管理越发显现其优势——顺应网络经济时代互联网企业价值创造一体化、成本驱动因素复杂化、成本管控范围不断拓展的特点。因而在价值链分析的基础上实现战略层面的成本管控已成为共识。互联网企业价值链是虚实结合、内外融合的动态开放结构，进行价值链成本管理能够提高价值增值的全局可视性，全面把控价值增值的环节，充分利用大数据、云计算、人工智能等高新技术的优势，整合利用信息数据，实现价值链整体成本的优化，提高为顾客创造价值的效率。未来互联网企业的价值链将更加复杂，甚至普遍实现以互联网企业为核心的价值网、以多个核心企业为重点的价值体系；同时，价值链成本管理将向虚拟化、网络化、一体化深入发展，侧重对虚拟价值链和相关隐性成本的管控，并为企业和战略联盟提供精准的、实时的、全面的战术及战略决策支持信息。

参考文献

[1] 迈克尔·波特. 竞争优势 [M]. 北京：华夏出版社，1997.

［2］郑秀芳．价值链会计［M］．成都：西南财经大学出版社，2009.

［3］赵红英．基于价值链分析的管理会计研究［J］．财会研究，2015（4）．

［4］徐玲，孟祥霞．价值星系视角下的企业成本管理新探［J］．财会月刊，2012（3）．

［5］蔡鸿捷．基于价值链管理的成本领先战略的实现——以春秋航空为例［J］．会计之友，2012（9）．

［6］黄义．顾客价值会计研究——基于战略管理会计与价值链的分析［J］．财会通信，2014（9）．

［7］张粟，马良渝，文静林．构建以价值链为基础的企业成本管理框架［J］．会计之友，2004（3）．

［8］戴德明．基于价值链战略联盟的成本管理［J］．财务与会计，2005（1）．

［9］许辉，毕媛园．价值链分析在战略成本管理中的地位及其应用［J］．财会通信，2006（8）．

［10］李慧，王春华．基于价值链分析的成本控制策略［J］．财经界，2006（9）．

［11］管亚梅．基于价值链管理理念的企业财务管理创新思路——兼论国美电器财务价值链的成功运作［J］．华东经济管理，2008（11）．

［12］马影，王越．价值星系视角下的战略成本管理——以亚马逊为例［J］．财务与会计，2015（4）．

［13］尹美群，何广涛，张妍．从价值链管理到价值链会计［J］．会计研究，2004（12）．

［14］何建华．电子商务环境下价值链模型［J］．安徽师范大学学报，2007（4）．

［15］周松．成本管理新概念：价值链成本管理［J］．会计之友，2010（3）．

［16］穆林娟，贾琭．价值链成本管理为基础的跨组织资源整合［J］．会计研究，2012（5）．

［17］赵婷．基于价值链分析的电子商务企业成本管理分析［J］．时代金融，2012（1）．

［18］苑春荟，左震林，梁雄健．电子商务重整企业价值链［J］．北京师范大学学报，2002（4）．

［19］马林芳，乔新欢．京东集团基于价值链的全方位成本管理［J］．财务与会计，2015（7）．

［20］陈占夺，齐丽云，牟莉莉．价值网络视角的复杂产品系统企业竞争优势研究［J］．管理世界，2013（10）．

［21］王满，姜慧琳．亚马逊中国的成本管理［J］．财务与会计，2012（2）．

分报告三
互联网企业价值评估研究

作为新经济的代言人，互联网企业在市场的每一次现身都像浓墨重彩的盛事，牵动着全球资本的视线。利益驱动下，上市、并购、重组、剥离的戏码频繁上演，企业或资本家对价值的追寻从未停止。价值评估作为寻找互联网企业内在价值的关键手段，一直是理论界和实务界关注的重点。由于技术、财务、资金、运营方面的差异以及高风险、高回报、高不确定性等诸多特征，互联网企业相比传统企业在估值方法的选择上更具技术性和艺术性。一方面，互联网企业存在很多非收益性价值，如用户资源、产品资源和品牌资源等，它们难以进行货币化衡量却又对企业的发展有着不可忽视的影响，在此基础上对传统估值方法的改进和创新具有极大的技术性。另一方面，互联网企业大多处于行业竞争格局不明朗，

企业烧钱不止的阶段，成长性难以估计、未来现金流难以预期。到目前为止大多数价值评估都是建立在个人的主观判断之上，没有成形的估值体系和标准作为参考依据。所以"妖股画饼"、"空手套白狼"等现象的背后是互联网思维模式下价值评估的艺术性体现。时下，以云计算、物联网、大数据为代表的新一代互联网企业估值已经脱离了传统的估值经验，用户数的增长、流量的增加以及后续可能衍生的增值服务收入等要素已经取代财务报表上的生硬数据成为价值评估的重要依据。本书将总结互联网企业估值的特点和难点，分析现有估值方法对互联网企业的适用性和局限性，并根据其自身的估值逻辑构建起基于生命周期的互联网企业价值评估体系。

一　互联网企业价值创造及价值评估

价值创造是价值评估的依据和基础，价值评估是价值创造的标尺和动力。互联网的诞生带来了企业生产经营环节的全方位变革，在颠覆传统

价值创造规律的同时催生出新的价值创造方式，从而引发价值评估模式的更新换代。在此逻辑下，互联网企业即便在当下没有太多的固定资

产、没有稳定的利润支撑、甚至没有成形的产品服务，却能享受资本市场的高估值。本书所评估的企业价值主要指企业的内在价值，即内外环境、市场空间、运营现状等多种因素共同作用下的预期未来收益现值，它为评估投资者和企业的相对吸引力提供了唯一的逻辑手段。由此，回归到价值评估的本质——对主客体之间价值关系的认知，了解主体（互联网企业）的内在特性及其价值创造来源对互联网企业的价值评估就显得尤为重要。

（一）从主体内在特性看互联网企业价值创造来源

随着中国经济日趋"新常态"，互联网、云计算、大数据与传统行业实现深度融合，"互联网＋"催生出新的发展生态，促使中国经济转型升级。在此背景下，互联网企业数量呈现爆发式增长，经营状况参差不齐，价值驱动不尽相同。诚然，价值创造来源永远是个性与共性的并存，作为高新技术的代表，不同规模、不同状态、不同类型的互联网企业一定存在不同的价值创造模式，但是这些企业之间也必然遵循着共同的商业运行规律，这种共同的规律便是互联网企业区别于传统企业的内在特性体现。经济特性和运营特性是互联网企业最重要的两大内在特性，两者共同作用驱动企业创造出巨大价值。

1. 经济特性：规模效应带来自然垄断，信息经济力争速度、创新

当市场主体都在为打破垄断、重塑竞争格局不懈奋斗时，互联网企业凭借特殊的规模效应宣告其加大市场垄断的可能性。从网络服务的供求双方来看，互联网企业的规模效应可以分为两类：其一是需求方规模效应，即用户会偏向选择使用率较高的产品或服务，因而用户数量越多的企业越能吸引更多新的用户。这既是网络正的外部性体现，也是马太效应在用户选择方面的体现。互联网是开放的，但并不是平等的，如果互联网企业不能实现充分的差异化，必然会带来"大者恒大，赢者通吃"的垄断局面。其二是供给方规模效应，即成本往往随着销量的上升而下降。知识和信息作为互联网企业的主要资本和产品，它们在产出后可以规模化地复制传播，并且每一单位信息所包含的价值并不会因此降低。站在成本的角度，阶段性的固定成本和几乎为零的边际成本使得互联网企业平均成本随着产量的无限增加而迅速下降，形成强烈的收益递增性。此时，一家企业即可有效地服务于整个市场，自然垄断随之形成。因此，规模是互联网企业增值的潜在动力。

摩尔定律阐明 IT 产品的性能每 18 个月就会翻一番，这就意味着每五年它的速度就会快 10 倍。在摩尔定律的牵引下，网络技术的创新日新月异，市场的更迭风起云涌。互联网是信息经济时代的标志，作为时代的产物，互联网企业以知识和信息为载体，以虚拟形式逐步发展。由于其生产方式不同于传统，需要不断对信息进行再加工，从而表现为不断创新和快速发展。互联网企业的速度主要表现为思维、技术、产品和商业模式的变革升级所需时间远远短于它们在不同地域空间、不同细分行业和不同群体中传播普及所需要的时间，它们以捉摸不透的发展趋势给占有领先优势的企业带来无限创造价值的可能，而先前的领先者很可能受到"先行者的诅咒"成为行业的落伍者。同样，在发展极度快速的竞争环境下，只有不断地创新才能保持长久的生命力。现实中，领先的互联网企业都是创新的龙头，创新能力不足的企业会很快被淘汰，在此意义上，创新和速度就是互联网企业价值创造的内在驱动力。

2. 运营特性：用户数量控制财富转移，成长模式要求技术、资本

随着互联网对企业组织形式和管理机制的渗透，企业边界逐步打开，企业的价值流程可以扩展为一个以用户为中心，由自身、供应商、合作伙伴、同盟者等利益相关者甚至竞争对手等组成的价值网络。在这个价值网络中，互联网企业可以针对用户的特定需求对自身的价值流程进行再造和重组，将有限的资源集中于企业的战略价值流，将自己并不具备核心能力的价值流程交给其他更擅长的企业或个人，对来自不同合作者的核心能力进行动态组合，将外部资源以嵌入方式融进企业价值流程之中。通过共享核心能力，使得企业超越自身内在制约，在整个价值流程上都具有竞争优势。而在互联网企业所有的价值网络节点中，用户无疑是至关重要一环。当用户数量达到一定程度并参与到企业的价值创造活动中，则意味着实现了供需的一体化。梅特卡夫定律认为网络的价值与用户数量的平方成正比，而成本至多以线性增长。这一定律被奉为互联网企业的圣经，尽管它有其自身的不足，但其揭示的用户对互联网企业的重要性历来被实践证实。在此基础上衍生出旨在吸引用户、保持用户黏性的互联网企业注意力经济，用户注意力成为获取资源要素的前提。以创新能力为基础，互联网企业通过不断更新网上服务内容，提供更精确的数据、更快的连接速度、更强的安全保密措施，以期获得用户注意力并加强对注意力的控制，达到价值创造、财富转移的目的。

传统企业的收益规模通常与企业规模呈线性关系，但互联网企业的成长则不尽相同，它们往往采取"积累式＋厚积薄发式"成长路径，需要经历很长一段时间的资本投入、用户积累才可能实现最后的涅槃。首先，在商业模式的选择上，由于用户需求的不确定性和市场的变幻莫测，优秀互联网企业商业模式的成型不可能一蹴而就，它会伴随企业成长的各个阶段，每一阶段都会有新的尝试和考量。再次，在收益的阶段分配上，标准意义上的互联网企业大约会经历三个阶段（如图 1 - 3 - 1 所示），第一阶段是初创阶段，也是所谓的"融资阶段"。企业刚刚起步需要大量的资金和技术投入，微薄的收入几乎可以忽略不计。第二阶段是成长阶段，即所谓的"烧钱"阶段。表现为用户数量的快速增长和商业模式的不断成熟。为了加速自身的马太效应，最终实现规模收益，此阶段互联网企业会将获得的收入大部分用于补贴市场和最终用户，因此基本没有盈利。第三阶段是成熟阶段，即所谓的"上市"阶段。企业的用户增速放缓但收入增长较快，超越盈亏平衡点实现盈利。因而，对于互联网企业来说价值不仅依靠利润来支撑，"积累式＋厚积薄发式"成长路径要求团队、模式、资本、技术的全方位配合，在自然垄断特性的牵引下，技术和资本的投入量均是获得市场垄断权和定价权的决定要素。

（二）价值创造视角下互联网企业价值评估特点与难点

正是由于互联网企业的诸多内在特性，使得与传统企业相比，互联网企业的价值评估显得尤其与众不同。从价值创造的视角来看，互联网企业价值评估特点与难点主要表现在：

1. 价值流动不确定性高，评估参数难以确定

作为互联网价值链中的核心成员，互联网企业拥有的高新技术及创新能力关乎企业的生死存亡。信息的高速传递，使新技术的普及率上升、科技进步的速度加快。能从各种渠道获得先进技术的互联网企业才能在产品研发和市场推广中取

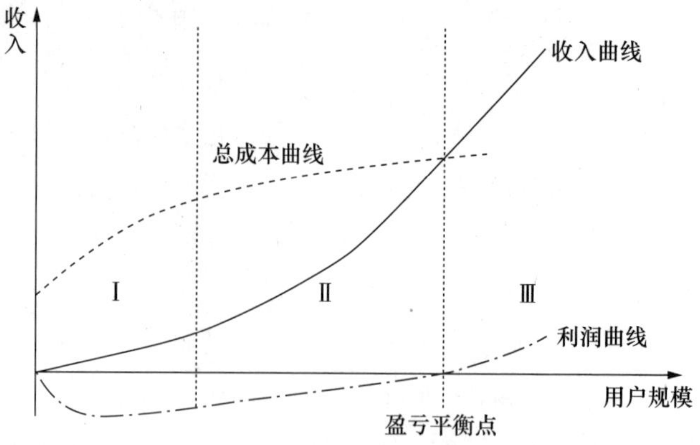

图 1 - 3 - 1　互联网企业盈利阶段曲线

资料来源：国信证券经济研究所。

得优势，其企业价值就会得到大大的提升。当技术成熟度低或遇到困难时，企业是否还能通过网络技术提供产品或服务，最终被市场和消费者接受，势必表现出一种不确定性。经营上的不确定性带来收益上现金流动的不确定性，从而评估参数难以确定。

2. 非收益性价值比重大，评估要考虑的因素多

互联网企业在生产经营过程中需要投入较大比重资金和较多科技型人才用于研究与开发新型产品，人力资源、品牌技术、企业管理等无形资产的优劣程度直接关系着互联网企业的生存和发展，其价值与企业整体价值有着紧密相关性。在实际的评估过程中，无形资产对企业价值影响并不能准确地反映在会计账面上，如何对这些指标进行正确的评估是一个亟待解决的难题。

3. 商业模式千差万别，评估数据难以获取

技术的变革创新、消费者的需求多样化及与传统产业的融入程度，使整个互联网行业的商业模式在某种程度来说是独特的，所以传统企业的价值评估体系并不能完全套用于互联网企业，必须分析该类企业价值产生的本质和源泉，找到符合其发展规律的评估方法。同时，各行业由于市场结构、竞争程度、产品特征、融资方式等方面的不同，公司结构都会有较大的差异。尤其是互联网行业，作为新生事物，企业规模、商业模式、市场环境等因素对企业价值的影响千差万别，不易找出可比企业。另外，大多数互联网企业运营时间较短，评估人员在利用前期数据预测未来数据时，因缺乏历史数据很难得到相应的输入变量。

4. 市场竞争异常激烈，成长性难以估计

目前互联网行业仍处于较快成长期，互联网企业的成长性是价值评估中的一个重要因素。对于未来行业的发展情况和互联网企业的成长速度，目前尚没有一种方法能相对准确地预估。因此，传统的基于现金流折现的价值评估法，无法准确预测未来现金流，所以也就无法完全反映企业的真实价值。相对于传统企业的价值评估来说，互联网企业的价值评估更容易出现偏差。

二 互联网企业价值评估方法的对比分析

尽管高速演进的互联网企业估值存在诸多困难，但时代潮流之下，互联网企业融资、投资、并购、重组等资本运作活动并没有因此止步不前，对价值评估的需求日益增加。通过市场价格与内在价值的对比判断股票价格的合理程度，进而做出理性的投资决策。到目前为止，互联网企业估值尚未形成全球统一的标准框架或体系，理论家和实践者也曾用多种不同的方法进行估值尝试，各自都有其优势和局限，结果不尽完美。这些尝试按照价值派的观点大体分为绝对估值法（现金流贴现定价、B-S期权定价、经济增加值法）和相对估值法（P/E、P/B、P/S、PEG）两类，后来又涌现出一些不同于传统估值逻辑的基于用户价值的估值法（DEVA估值法），它们一起为未来互联网企业估值体系的形成提供方向和思路上的指引。

1."精确的错误"——绝对估值法的修正演进

绝对估值法是以费雪（Fisher）提出的"资本能带来一系列未来收入，所以资本的价值实际上就是未来收入的贴现值"（Fisher，1906）为理论基础的价值评估方法。对互联网企业而言，自由现金流折现模型（DCF）和B-S期权定价模型是绝对估值体系中使用较多的两种方法。两者均倾向于假设历史趋势会持续，简化地用历史重演的逻辑估计未来。因此，虽然相对精确的估值模型在理论界获得广泛认可，但在实务界此类方法缺乏实用性，估算出的互联网企业价值可能造成"精确的错误"从而逐渐趋于边缘化。

DCF模型以分子端的未来现金流及分母端的贴现率为两大核心参数，通过计算未来每年企业自由现金流的折现值之和求得企业现有价值。然而，互联网是人类社会所共同面对的一场革命，很多互联网企业自身都无法预测到现实市场的各种风险和冲击，所以外界对模型中核心参数的取值显得更加力不从心。首先，持续经营假设是DCF模型的前提，企业战略持续稳定是现金流估算相对正确的保证。互联网企业不同于传统企业，它的战略周期较短，由于经营的灵活性使得战略可以随市场动向及时调整，从而造成现金流变化不定，预测难度加大。其次，非收益性价值并没有纳入该估值模型中。互联网企业的信息资源（如流量用户）和专利技术具有快速开发下一代市场和技术的机会价值，这一部分非收益性价值无法以现金流量的形式表现。对于这些缺陷和不足，历史上也有多种不同的修正。一种思路是将互联网公司未来现金流的不确定性引入传统的DCF模型中，用基于概率的蒙特卡洛模拟实现互联网企业估值。另一种思路是将用户价值转换为现金流量，同现实收益一起进行折现处理。无论进行怎样的修正，该模型本身的局限都会导致数据处理的复杂性和最终结果的不可靠。

B-S期权定价模型将企业本身看作一种实物期权，以描绘和预测出标的物价格的运动规律为核心，是期权思想在企业估值上的体现。通常情况下，互联网企业存在较大的风险和不确定性，管理者会利用其拥有的实务期权增加企业价值，而不是被动地接受既定方案。该模型中影响期权价格的参数有股票价格波动率、无风险利率、执行价格、到期日、股票价格，除股票价格波动率需要根据股票价格数据简单估算外，其余数据均可在公司资产负债表中直接得到，方法简便的同时通过适当的参数估计调整可以使结果可靠性更强。该模型具体如下：

$$C = SN(d_1) - Xe^{-\gamma t}N(d_2) \tag{1}$$

$$d_1 = [\ln(S/X) + (r + \sigma^2/2)T]/(\sigma\sqrt{T}) \tag{2}$$

$$d_2 = d_1 - \sigma\sqrt{T} \tag{3}$$

其中，C 是最终评估的企业价值（期权价值），S 是 B–S 模型要求的标的资产的现值，T 是期权的执行期间，r 为市场的无风险利率，X 是期权的执行价格，σ 是相关资产的波动性。该模型克服了 DCF 模型本身的局限性，可以体现企业潜在的战略价值和投资机会，较好地评价风险中蕴含的期权价值，对高成长性、高风险性的互联网初创企业来说具有一定的适用性。然而，从整体角度来看互联网企业毕竟不同于简单的投资项目，它是结构复杂、秩序井然的组织，将其看作实物期权估值缺乏内在逻辑的严谨性。从模型的设定情形来说，该方法有较多严格的假设条件，实际企业难以充分满足。

除了以上两种绝对评估方法，EVA 作为新型的企业业绩衡量指标，也能在一定程度上反映互联网企业在一定时期内为股东创造的价值。经济增加值是资本收益与资本成本的差额，其最大的优势在于从股东财富增长的视角定义企业价值，关注企业的成长性和盈利性。在该模型中，互联网企业的内在价值由两部分组成：一部分是目前的运营价值（COV），是对企业正在运营的市场价值的度量；另一部分是企业未来增长价值（FGV），是对企业期望增长价值的度量。但是，我国的资本市场尚不成熟，EVA 估值的有效性尚未得到验证。同时其计算结果受通货膨胀、规模差异、资本成本波动等多种因素影响，也未将非财务指标纳入价值评估模型，所以其对互联网企业估值的适用性较低。

2. "模糊的正确"——相对估值法的逻辑局限

由于绝对估值法的苛刻要求和模型本身的局限性，在互联网企业估值的实际操作中，基于可比性的相对估值法往往受到更广泛的关注，如 P/E、P/B、P/S 等。它们遵循"彼此类似，不相上下"的估值逻辑，将复杂的问题简单化处理，寻求过程模糊但结果正确的估值艺术。对于传统企业，由于行业的稳定性和盈利的持续性，相对估值法总体来说屡试不爽。但是对互联网企业，这种"模糊的正确"时常较难把握。具体体现在：第一，互联网本身是新型行业，创新商业模式频出。它们创立迅速，淘汰也仅在朝夕之间，能够长期存活的企业为数不多。在互联网逐渐向传统产业渗透的过程中，很多新的商业模式无法找到可比标的物，可比法的应用基础时常面临崩塌。第二，互联网企业大多以轻资产模式运营，如果拓宽"资产"的概念，对于互联网企业来说，真正重要的"资产"可能是团队和用户。然而这两样"资产"实际上很难被量化，根据现有的会计准则，它们也在资产层面被完全忽略。第三，相对估值法多运用静态指标，与互联网企业的动态性、快速性特征相悖。当然，具体估值方法有其本身的适用范围，它们会在不同时期、不同类型的估值中分别发挥作用。

P/E 估值法是最为常见的相对估值法，它的理论优势在于 EPS 可以直观地反映企业业绩，并且市价隐含了市场对公司经营风险和成长性的预期。而它面临的最大挑战在于绝大多数处于盈亏平衡点前期的互联网企业 EPS 很可能呈现负值，使得该方法失去意义。P/S 估值法很好地弥补了以上缺陷，并且相比 EPS 销售收入对经济环境的敏感度较低，受扰动性因素影响相对不大，可收入并不能完全覆盖互联网企业的经营成果，虽然网络化使得互联网企业的成本结构发生了巨大变化，成本控制依旧是互联网企业财务管理的核心之一，也是企业价值创造过程中需要重点控制的一环。与之类似，P/B 是一个更加稳定和直观的指标，对于轻资产运营的互联网企业来说，如果以市净率估值，多数企业的市净率往往会高得离谱。随着问题的不断涌现，相对估值法也在不断改进，PEG 估值法是在继承原有估值方法优良性的基础上演进而来，用以衡量互联网企业成长性的估值指标，式（4）模型中引入了未来 3~5 年每股收益的混合增长率 g，从而形成对 P/E 估值法的补充和完善。

$$PEG = PE \div (g \times 100) \tag{4}$$

一般来说，如果 PEG > 1，则认为企业价值存在被高估的可能，如果 PEG < 1，说明此企业价值可能被低估。由于 PEG 法需要对未来至少 3 年的业绩增长作出判断，而不是只用未来一年的盈利预测，因此大大提高了估值的准确度。与其他财务指标一样，该方法一般与其他指标配合使用，它的使用难点在于准确把握股票现价的安全性和预测公司未来的盈利性。

3. "不止的探索"——基于用户价值的估值尝试

互联网企业的特性决定了建立在财务数据基础之上估值方法远远不能满足实际需要，有时候当我们认为离企业内在价值越来越近的时候，反倒离市场预期越来越远。因此，对互联网企业专用估值方法的探索从未止步。现代西方涌现出一种基于用户价值的新型价值评估方法，对整个世界的互联网估值逻辑产生了巨大影响，其中具有代表性的就是 DEVA 估值法。

DEVA 估值方法最早由摩根士丹利的分析师 Mary Meeker 提出，该模型的诞生催生了市场上的大规模并购。当然，在论述该方法之前，不得不提及方法背后的支撑定律——梅特卡夫定律。定律通过 $V = K \times n^2$ 这一公式展示了其核心的互联网企业价值评估理念——用户为王。式中的 n 代表网络中的节点数量即用户数，网络的价值 V 与用户数的平方成正比。同时，梅特卡夫还认为互联网成本至多以线性水平增长，因此必然有一个互联网价值等于成本临界点的存在：当互联网用户数目很小时，互联网的价值还不能超过其成本。一旦用户数增加超过临界点，互联网价值将会取得爆发性增长（如图 1-3-2 所示），这是互联网企业追求高用户增长率的重要原因之一。在此基础上，Mary Meeker 采用 $E = MC^2$（其中 E 为企业价值，M 为初始资本，C 为用户价值增长率）这一模型估算互联网企业价值。于是，两家互联网企业合并后的估值将远高于它们单独经营的价值之和，并购带来规模效应的同时也可以快速创造溢价。

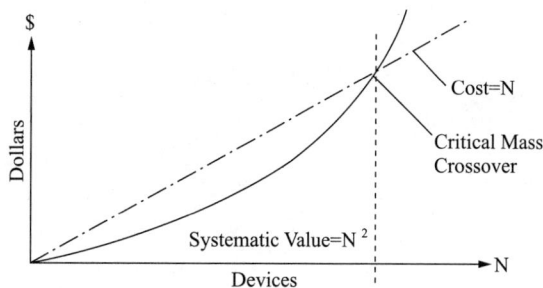

图 1-3-2　梅特卡夫定律与互联网企业价值临界点

资料来源：IEEE Computer。

即便如此，DEVA 估值方法在现今的资本市场中运用是有失客观性的。因为用户和用户使用时间都有增长极限，伴随用户增长，其带来的经济价值在衰减。衰减可能的原因是用户之间联结的活跃度下降或者互联网企业让利于用户等。随后，在齐普夫分布定律的启示下，价值评估者纷纷认为用公式 V = K × n × Ln（n）来表达带有用户 n 和增长极限 e 共同存在的互联网价值模型要比原始的 DEVA 估值模型更接近真实情况。结合中国资本市场具体情况，借鉴 DEVA 估值法的思想，国泰君安证券公司提出了包含变现因子 K、溢价率系数 P（取决于企业在行业中的地位）、用户数 N、网络节点间的距离 R 等多种要素的估值框架，如式（5）所示。

$$V = K \times P \times \frac{N^2}{R^2} \tag{5}$$

这一框架表明，除了变现因子以外，互联网企业还可能因为其他三个因素变得极富价值：第一，从 N 的角度看，互联网企业可能拥有大量用户或潜在用户；第二，从 R 的角度看，企业网络质量可能较高或具有较多高质量节点（名人、大型企业等）导致网络节点距离很短；第三，从 P 的角度看，企业处于细分领域的行业前端（或宣称将要、愿意进行并购以成为行业领先者）。这些因素为大多数处于成长初期尚未盈利的互联网企业提供了有力的估值依据。

以上三类主流的互联网企业估值方法都有其各自的适应性和局限性（如表 1 - 3 - 1 所示），单一方法的使用可能无法得到合理的内在价值，从不同维度综合思考为解决估值问题提供合理思路。

表 1 - 3 - 1　互联网企业价值评估方法对比

估值方法		适用性	局限性	适用时期
绝对估值法	DCF 法	模型精确反映内在价值	现金流难以预估、未考虑非收益性价值	成熟期
	B - S 期权定价	计算简单、考虑了投资风险中蕴含的潜在价值	假设过于理想化、参数估计易出现误差	成长期
	EVA	从股东角度定义企业价值、关注盈利性和成长性	受通货膨胀、规模差异、资本成本波动等因素影响较大	各时期
相对估值法	P/E	计算简便、直观反映企业业绩	可比公司难找、企业未盈利时指标失去意义、忽略成长性	成长后期成熟期
	P/B	计算简便、稳定直观	可比公司难找、轻资产运营使该指标异常高、忽略盈利性和成长性	成熟期
	P/S	计算简便、稳定直观	可比公司难找、收入不能完全覆盖经营成果	成长期成熟期
	PEG	计算简便、考虑企业成长性	可比公司难找、易受市场数据偏差影响	成长期成熟期
用户价值评估法	DEVA	计算简便、考虑非收益性价值（用户价值）	用户存在增长极限、仅以用户数作为价值评估依据	初创期成长期

三　基于生命周期的互联网企业价值评估方法选择

互联网企业的价值创造模式是随企业生存环境变迁而适时调整和优化的。处于生命周期不同阶段的企业，在市场占有率、增长速度、管理方式等方面也都会表现出不同的状态。相应地，互联网企业的价值评估过程实际上是动态的，不同的生命周期阶段有与其相适应的价值评估方式。从不同阶段互联网企业的特点出发，结合主流估值技术的优劣势进行评估方法选择或许对互联网企业估值来说更加可行。

1. 互联网企业生命周期划分依据和特点

互联网企业的发展可能存在阶段性的重复和跳跃，但是从长期来看，其生命周期曲线都有着相似的形状。在简单的四阶段模型中（初创期、成长期、成熟期、衰退期），每一阶段都有鲜明的特性。初创期的互联网企业面临三个方面的困境：①高投入。由于成立时间短，企业规模较小，经营模式单一，为了持续发展，必须投入大量资金进行技术研发和渠道拓展，此阶段的互联网企业现金净流量一般为负，具有较高的不确定性。②低收益。企业缺少市场知名度，产品或服务尚未完全进入市场，市场占有率低，盈利能力低。③高风险。一方面，投入资金主要来源于创业者和风险资本家，由于资产抵押能力有限，偿债能力较差，很难获得融资信用担保，若现金周转不顺，容易出现财务风险；另一方面，产品的推广和市场潜在竞争者，使企业具有很高的经营风险。步入成长期的互联网企业面临商业模式被大量复制，竞争愈加激烈的市场环境。为保持原

有的发展速度，互联网企业一方面可能会涉足不同的业务领域，加大研发力度，积极拓展融资渠道，寻求新的利润增长点；另一方面继续改进原有的产品或服务性能，使月活跃用户量（MAU）稳步提高，市场竞争能力逐渐增强，业绩增长速度加快。经过快速发展后，互联网企业就逐步进入成熟期，此时，企业的MAU、收入总额保持在较高水平，整体实力在行业中已具备明显的竞争优势。经营现金流量充足，经营活动比较稳定，企业价值不断增加，企业规模在成熟期达到最高峰。但此时，互联网企业会面临创新瓶颈，开发能力接近极限，导致增长速度放缓并可能停止增长进入衰退期。

如果将互联网企业的产品或服务组合看作一个整体，通过上述的阶段特征分析和相对市场占有率、业绩符合增长率等指标可以大体判定企业当前所处的阶段（如表1-3-2所示）。在互联网领域，永远都是业务的发展创新快于用户的需求。与传统企业相比，互联网企业生命周期较短，各阶段之间并不存在特别明晰的划分标准，但是依据各阶段总体上的特征，尤其是借鉴波士顿咨询公司的波士顿矩阵思想，采用互联网企业收入或MAU复合增长率、相对市场占有率相组合的条件，可以初步判断企业所处生命阶段。其中，收入或MAU复合增长率一般采用近三年的收入或MAU复合增长率，相对市场占有率采用待评估互联网企业主营业务市场占有率与业务最大竞争对手市场占有率的比值。

表 1-3-2　互联网企业生命周期各阶段基本特征

初创期		成长期	
①经营活动净现金流	负	①经营活动净现金流	负或正
②投资活动净现金流	负	②投资活动净现金流	负
③筹资活动净现金流	正	③筹资活动净现金流	正
④收入（MAU）复合增长率	>20%	④收入（MAU）复合增长率	>20%
⑤相对市场占有率	<1	⑤相对市场占有率	>1
成熟期		衰退期	
①经营活动净现金流	正	①经营活动净现金流	负或正
②投资活动净现金流	负或正	②投资活动净现金流	正
③筹资活动净现金流	负	③筹资活动净现金流	负
④收入（MAU）复合增长率	<20%	④收入（MAU）复合增长率	<20%
⑤相对市场占有率	>1	⑤相对市场占有率	<1

2. 基于生命周期的互联网企业价值评估方法选择

忽略企业经营方向、性质的前提下讨论互联网企业估值是没有意义的，因此无论处于生命周期的哪一阶段，定性的分析是价值评估的基础，定性分析和定量分析相结合才是互联网企业应有的完整估值框架。首先，企业创立的基础是人，与人相关的各种制度、理念与文化是互联网企业价值创造的基因。其次，应该对互联网企业所经营业务的市场空间、创新层级、企业的成长阶段有个宏观层面的格局认识。再次，在企业既定的战略目标上采用怎样的商业模式、提供怎样的产品或服务体验是企业微观层面的执行力体现。最后，才能够结合各定量指标，选择合适的定量分析方法进行深入的价值量分析。"基因+格局+执行"的定量分析框架（如图 1-3-3 所示），三个维度包含了六个重要的分析元素：团队是价值的源泉，市场空间、成长阶段、创新层级决定了价值的天花板，商业模式与产品体验共同决定了价值的可实现度。

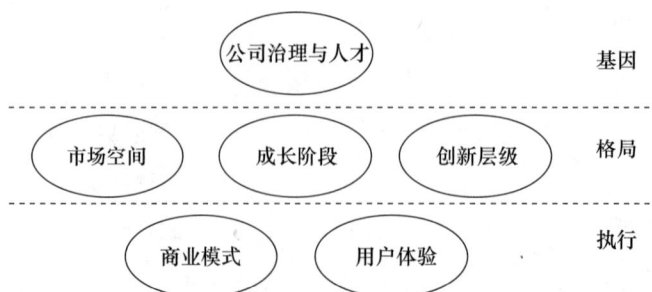

图 1-3-3　互联网企业价值评估定性分析框架

资料来源：国信证券研究所。

关于基因维度，人、人才、制度是互联网企业的灵魂。从公司治理角度，要符合现代化产业机制，与现代资本市场紧密结合，公开透明，权责利制衡。从崇尚知识、尊重人才角度，企业的人力资本应该占主导地位的，金融资本和实业资本辅助而非主导。从文化角度，自由、平等、创新、激情的企业文化比较符合互联网企业的特征。

关于格局维度，从市场空间角度看，一般意义上万亿级市场，千亿级收入，百亿级利润，千亿级市值；千亿级市场，百亿级收入，十亿级利润，百亿级市值；百亿级市场，十亿级收入，亿级利润，十亿级市值。在传统行业中的"三四定律"揭示了一条普遍规律：一个稳定的竞争性市场中，有影响力的竞争者数量不超过三个，第一是第二的两倍，第二是第三的两倍。互联网会让这样的局面发生改变，数字化产品（如网络广告、搜索、游戏）、病毒式营销模式（如社交）等经常出现一家独大，二、三、四都很小的局面。结合互联网企业的盈利能力，可能支撑相似量级市值对市场空间的要求较传统行业少一个数量级。因此，互联网企业与传统企业的差距在于获得垄断地位用时很短，龙头高份额，净利润率和 ROE 很高。从创新层级角度看，KK（凯文·凯利）曾将企业定位分为功能、产品、企业、平台四种。功能级创新更多的是具体的技术进步，影响范围有限；产品级创新比功能级创新更加完整、综合能力更强，但只是一个垂直领域的进步，不影响企业整体格局；企业级创新依赖于创业者天赋和市场时机；平台级创新能够有影响行业全局的力度和改变价值链的深度，能够创造新的市场空间和长久的企业生命力。以上层级对应的估值空间依次放大一个数量级。

关于执行维度，是互联网企业将前两个维度的资源和能力落实的重要手段。从商业模式的角度看，其包含两层含义，即服务模式和盈利模式。服务模式的实质是分析互联网企业的议价能力，在估值时如果待估企业处于发展初期，其单一客户过大或者过少，很容易导致在发展中后期，尤其是行业不景气时迅速失去提价能力，表现为盈利能力增速放缓，股票缺乏向上弹性。互联网的盈利模式有很多，以产品销售＋服务费用为基本模式，衍生出产品免费、服务收费模式；基础服务免费、增值服务收费模式。"基础"与"增值"是时代的产物，互联网曾是电信的增值业务，如今大多数变成了互联网的基础业务；"基础"与"增值"的划分取决于公司的格局或者创新层级，往往不成功的互联网公司都是先规划增值业务但因噎废食，基础业务后继乏力。从用户体验角度看，好的用户体验可以让产品或服务低成本、高效率地传播，快速获取用户。关注互联网商业模式和用户体验的主要目的是在企业估值时判断盈利能力的持续性与稳定性。

在定性分析的基础上，通过互联网企业阶段特点和各估值适应性的匹配，得到其价值评估可能的方法。由图 1-3-4 可以直观地看到，互联网企业大部分领域目前处于初创阶段，它们因诞生不久很多还处于概念期而显得稚嫩，在价值上呈现"脉冲式"震荡，单纯的财务指标不能准确反映企业价值，因此采用用户价值评估法更能体现其内在价值。当企业处于成长期但还未达到盈亏平衡点时，市场对收入的敏感性明显强于对利润的敏感性，并且互联网企业的毛利率普遍偏高，那么在决定其未来盈利和现金流增长的各驱动因素中，收入的增长引擎作用将远远超过其他因素，因此 P/S 估值法是这一阶段的主流。越过盈亏平衡点后，持续的高增长性是价值来源的根本前提，PEG 迎合了这一成长规律而被广泛使用。成熟期的互联网企业经营和财务均趋于稳定，此时传统的 P/E 和 P/B 法即可得出较好的估值结果。

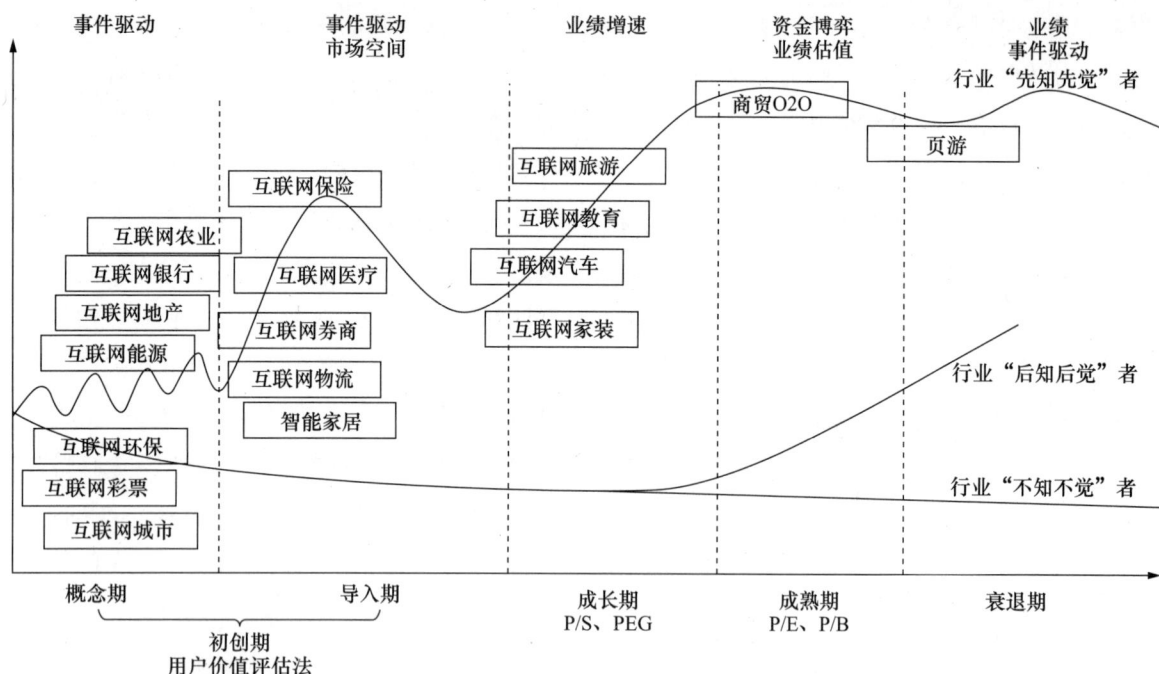

图 1 - 3 - 4　基于生命周期的互联网企业估值方法

四　互联网企业价值评估——以百度公司（BIDU. NASDAQ）为例

百度是全球最大的中文搜索引擎，它以提供简单、可依赖的信息获取方式为目标，从"众里寻他千百度"中截名取义展现对检索技术的执着追求。以百度公司为例进行互联网企业内在价值评估主要基于以下两方面的考量：其一，百度公司是中国互联网三大"巨头"之一，在国内互联网企业中有一定的示范性和代表性；其二，百度公司于美国上市已长达十年之久，在资本市场发展相对成熟的国度，完善的披露机制能够为价值评估提供更好的信息支撑。通过确定百度股票内在价值的合理区间并将其与股票市场价值比较，进而确定股价的合理程度，为投资者理性地投资判断提供依据。纵观百度 16 年的发展历程，它几乎成为中国互联网发展史上的一个里

程碑，也难免陷入不断的质疑和永久的竞争。

网络搜索的历史可以追溯到 20 世纪末，伴随着第一个万维网浏览器和第一台网页服务器的诞生，有效查找、识别和编辑网上存储数据的需求日益膨胀。拉里·佩奇和谢尔盖·布卢姆借机开发了精确度较高的搜索引擎并孵化出日后改变世界的 Google 公司。与此同时，已获美国纽约州立大学布法罗分校计算机科学硕士的李彦宏先后辞去华尔街、硅谷的工作，带着其所持有的"超链分析"技术专利归国，同另外 6 名合作伙伴一起于 2000 年 1 月在开曼群岛注册成立百度公司。成立之初，百度主要以搜索技术提供商的角色为各大国内外门户网站提供搜索技术服务，并迅速占领中国搜索引擎市场。2001 年底，百

度发布 Baidu 搜索引擎，正式从后台技术服务提供商转变为面向公众的、独立的搜索服务公司，同时展开竞价排名计划。2005 年 8 月 5 日，百度在美国纳斯达克上市，进行第一轮股权融资活动，为企业未来发展奠定了重要基础。随着互联网行业的不断发展，互联网企业之间竞争日渐白热化，向用户提供单一产品或服务已经无法长期维持用户群和吸引新用户。于是，2009 年百度提出了"转型媒体平台"战略，以期打造一个满足用户需求的超级平台，在垂直搜索和社交媒体争夺流量的时代，依然保持搜索巨头的地位。百度公司从 2011 年起先后收购去哪儿网、爱奇艺、PPS 视频网以及 91 无线网络软件公司，成功转型为以搜索引擎为核心的全媒体平台。任何的伟大都有着它鲜为人知的另一面，百度无疑是这个矛盾体中的一员，恶意竞价、虚假消息等成为其挥之不去的阴霾，技术上的挑战、产品上的竞争、一浪高过一浪的声讨令资本市场不断下调对其价值的预期。在此背景下，以 2016 年 7 月 25 日为评估基准日，理性地看待百度所面临的机会和风险，深层次地定性和定量评估百度内在价值成为本部分研究的重点。

（一）百度估值的定性分析

1. 基因层——管理架构及股权模式分析

2010 年以来百度架构调整频繁，最新的管理团队以创始人李彦宏为首，下辖张亚勤、向海龙和朱光分别负责"新兴业务群组"、"百度搜索公司"和"金融服务事业群组"，在"简单可依赖"的核心价值观领导下，形成扁平化的组织管理架构。CEO 李彦宏作为国内互联网行业的先行者和领导者，对该行业的发展有着相当敏锐的洞察力，其所持有的"超链分析"技术专利是奠定整个现代搜索引擎发展趋势和方向的基

础发明之一。除此之外，大部分高管均拥有在国内外著名 IT 互联网公司的资深就职经历（如李彦宏曾任 Infoseek 公司资深工程师、张亚勤曾任微软公司全球资深副总裁兼微软亚太研发集团主席、向海龙是上海企浪网络科技有限公司创始人兼总经理、朱光曾任联想集团大中华区公关及整合推广高级总监），在技术、管理或公共关系方面各持所长。人事调动和架构调整起因于百度一批元老级核心人才的流失，当初创业的"百度七剑客"在搭建百度技术和产品的雏形中起到了决定性作用，现已纷纷离职只剩下李彦宏一人，这也意味着目前百度管理层处于第二轮频繁更换期，空降高管的生态一方面为百度注入新的活力，另一方面也可能影响公司战略执行的持续性。

作为一家境内经营、境外上市的互联网公司，百度的治理结构深刻影响其长久生存和运行效率。效仿 Google、Facebook 等大型国外互联网公司，百度双层股权结构的股份安排几乎实现了所有权和控制权的完全分离。从股权结构角度看（见图 1 - 3 - 5），为了很好地实现对下属子公司的控制及部分商业需要，百度注册于避税天堂开曼群岛，并在英属维尔京群岛成立壳公司 Baidu Holdings Limited（百度控股有限公司）。壳公司旗下拥有众多外资性质的全资子公司于国内外经营实体业务，同时为避免中国法律对外资公司经营互联网业务的种种限制，另由李彦宏等在国内成立多个中资运营实体，与百度控股有限公司构成协议控制。从控制权角度看，由于百度资本绝大部分来自国外，为防止公司被外资控制，管理层为所有收购通道均设立严格关卡。其一，"牛卡计划"即所谓的双层股权结构安排。百度股份被分为 A、B 两类：A 类为普通流通股份，持有者一股一票表决权；B 类则由上市前私募投资者的优先股和普通股转化而来，持有者一股十票

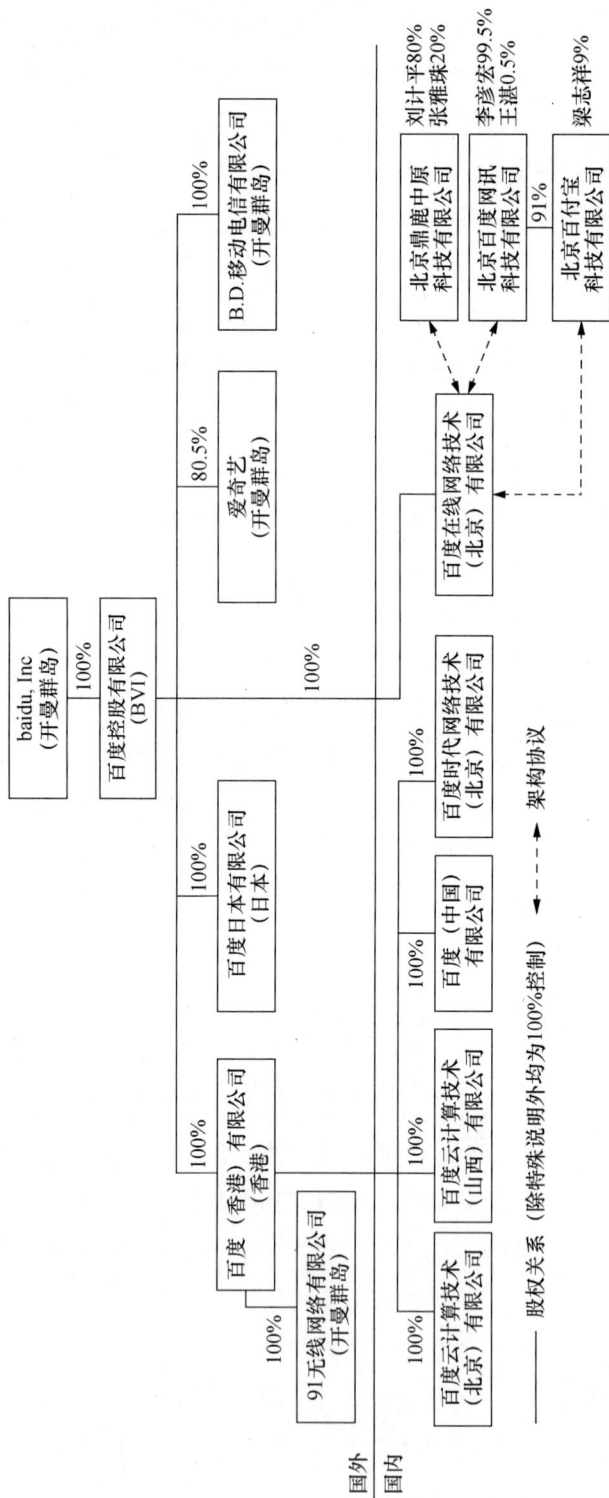

图 1 - 3 - 5　百度股权架构

资料来源：百度公司 2015 年年报。

表决权。一旦有 B 类股发生外部转让，该股份将立即转为同等数量的 A 类股。又规定，一旦李彦宏及其团队合计持有的 B 类股所占已发行 B 类股比例不足 5%，所有 B 类股将立即转为同等数量的 A 类股，并且公司从此不再发行 B 类股。这意味着即使潜在收购者买进绝大部分原始股，也无法在董事会拥有足够的表决权。其二，"五人董事会计划"即百度董事会将以李彦宏为首与其他四名投资者派出的董事组成。董事会和优先股东有权首先否决任何非转让方之间的股权交易。同时，未经优先股绝大多数股东的书面同意，公司创始人不得转让所持股份。其三，"摊薄计划"即百度董事会有权越过股东大会，一次性或分批发行最多 1000 万股优先股。董事会可以决定每批股份的数量、归属、优惠条件、权限等。这些优

先股的实质是阻止可能的收购行动，拖延或阻止控制权变动的实施。通过以上所有权和控制权的结构性制度安排，李彦宏及其妻子马东敏共同以 20.83% 的持股比例掌控了百度 69.39% 的投票权（见表 1-3-3）。这种两权分离的模式可以防止资本市场上的恶意收购，保证公司治理的有效和稳定。但从保护中小投资者利益的立场出发，该结构也可能导致"内部人控制"问题，进而对企业价值存在一定的消极影响。理论界对双层股权制度安排与企业价值的关系进行了多方探索，但观点不甚一致。部分认为两权分离程度在成长期和成熟期会降低公司价值，而在衰退期则提升公司价值（曹裕，2010）；观点的另一方则坚持两权分离对企业价值具有激励作用（谢德明，2010）。

表 1-3-3　百度控制权数量及比例　　　　　单位：万股

	数量	投票权	投票权占比		
百度 A 类股	2711.35	2711.35	26.57%		
百度 B 类股	749.29	7492.9	73.43%		
合计	3460.64	10204.25	100%		
	总股数	持股比例	A 类股数	B 类股数	总投票权占比
李彦宏	559.03	16.15%	10.03	549	53.90%
妻子马东敏	161.87	4.68%	4.20	157.67	15.49%
合计	720.90	20.83%	14.23	706.67	69.39%

注：表中所指股票均为未加权普通股，时间截至 2015 年 12 月 31 日。

资料来源：百度公司 2015 年年报。

2. 格局层——市场空间及业务态势分析

2010 年 Google 全面退出中国后，百度几乎成为中国大陆唯一的搜索引擎提供者，长期占据了搜索市场超过 80% 的份额，即使后来受到奇虎、搜狗等竞争对手的干扰，其在中国搜索市场的垄断性地位一直未曾被撼动。但随着人口红利的消失以及移动化浪潮的到来，百度营收增长遭遇瓶颈，PC 端的业务流量无法支撑公司长远发

展。在此背景下，百度从"链接人与信息"的搜索引擎提供商转型为"链接一切"的互联网服务提供商，其三大主营业务涵盖搜索、交易（O2O）和视频（爱奇艺），流量入口也逐渐从 PC 端向移动端扩展。如图 1-3-6 所示，从营收角度看，2015 年搜索业务收入占到主营业务收入的 82%，其主要产品百度搜索引擎、百度贴吧、百度百科等拥有大量的用户群体，依旧是百度收入的主要来源。但在时间趋势线上，搜索

业务的营收增长显著放缓,交易服务和爱奇艺的高速增长是推动营收增长的主动力。从营业利润角度看,搜索业务的稳定盈利在为交易服务和爱奇艺的逐年亏损输血。尽管如此,交易服务中的金融和O2O业务依旧是百度战略蓝图里的下一个支点。在所有互联网巨头几乎都有涉足的领域,百度的价值体现和发展前景除了依靠其长期的技术积淀,还有赖于外部市场空间和竞争者的业务态势。

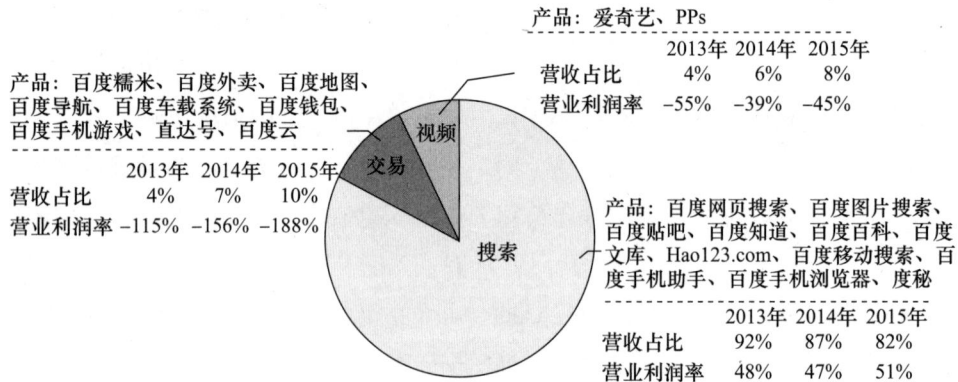

产品:爱奇艺、PPs

	2013年	2014年	2015年
营收占比	4%	6%	8%
营业利润率	−55%	−39%	−45%

产品:百度糯米、百度外卖、百度地图、百度导航、百度车载系统、百度钱包、百度手机游戏、直达号、百度云

	2013年	2014年	2015年
营收占比	4%	7%	10%
营业利润率	−115%	−156%	−188%

产品:百度网页搜索、百度图片搜索、百度贴吧、百度知道、百度百科、百度文库、Hao123.com、百度移动搜索、百度手机助手、百度手机浏览器、度秘

	2013年	2014年	2015年
营收占比	92%	87%	82%
营业利润率	48%	47%	51%

图1-3-6 百度主要产品及相关财务指标

(1)搜索服务现状分析。现阶段市场上的搜索业务主要包括综合搜索和垂直搜索两类,综合搜索覆盖的信息面广,而垂直搜索则专注于专门领域。百度以综合搜索引擎起家,搜索业务收入一度占到主营业务收入的80%以上,而这部分收入绝大多数来自于线上广告。因此,百度本质上是一家线上广告公司,流量和单价是公司营收增长的关键,在技术和商业模式成熟的情形下,行业发展和市场空间成为影响这两个关键变量的主要外部因素。过去五年中国线上广告发展迅猛,基本保持了5%以上的年复合增长率(见图1-3-7),一方面我国庞大的网民基数带来流量的红利,线上广告对传统广告业的渗透率加大(目前约达35%),广告主的投放资源向互联网方向倾斜,且搜索广告以其受众广泛等优势而深受青睐。2015年国内互联网广告总规模接近2100亿元,其中搜索广告占据38%,总规模接近800亿元。另一方面历史原因造成百度的自然

垄断,互联网企业的竞争和资本投入的增加导致输入型通货膨胀,更带来广告服务价格的水涨船高。前者决定了百度的流量,后者决定了百度的单价。

从历史发展趋势上看,2013年末移动互联网的崛起带来广告市场空间新一轮的再增长,百度借机收购All-In移动端开启新一轮发力点。在国内的智能手机终端中,百度的搜索窗口是目前装机率最高的APP之一,其覆盖用户和搜索份额超过了80%的智能手机用户,日均搜索请求量超过7亿,复制了PC时代在搜索端的垄断地位。从同业竞争的态势上看,Google、搜狗和奇虎的搜索产品都对百度的股价带来不同程度的挑战(图1-3-8),但本土优势、技术垄断和规模积累均使得百度抵御住了竞争者对其市场份额的蚕食。截至2015年末,百度搜索业务在国内的市场份额已经占到77%左右,Google和新搜狗(包括搜狗和搜搜)均占到9%左右,其他

非主流搜索分食剩下的 5%（数据来源于东兴证券研究所）。在发展的道路上，百度还逐步提供多种垂直搜索服务，如最大的音乐搜索引擎百度音乐、最大的社区百度贴吧、最大的中文问答平台百度知道以及百度地图、百度图片搜索、新闻搜索等非文字信息类服务。这些服务丰富了百度的流量来源，并在百度系统内互相导流，并提升了其用户的忠诚度，对百度未来的内在价值提升是利好因素。长远来看，依靠搜索的长尾效应和 PC 端转移到移动端的用户基数福利带来的较高增速维持时间不长，百度搜索的市场份额接近饱和，今后新的价值增长点需要看其在交易和视频业务上的发展以及战略调整下对新业务的探索。

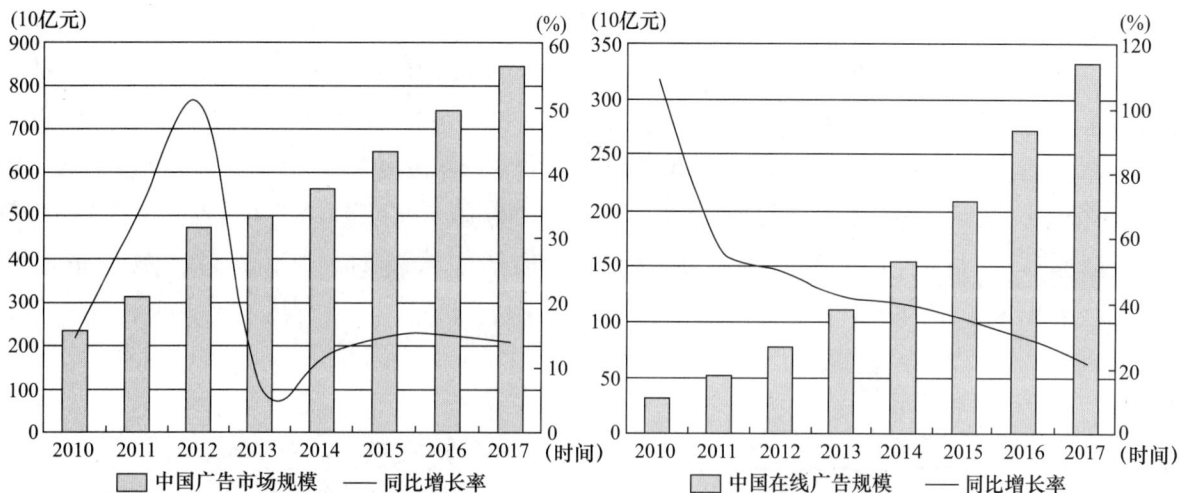

图 1-3-7　中国传统广告和在线广告市场空间和增速

资料来源：东兴证券研究所整理。

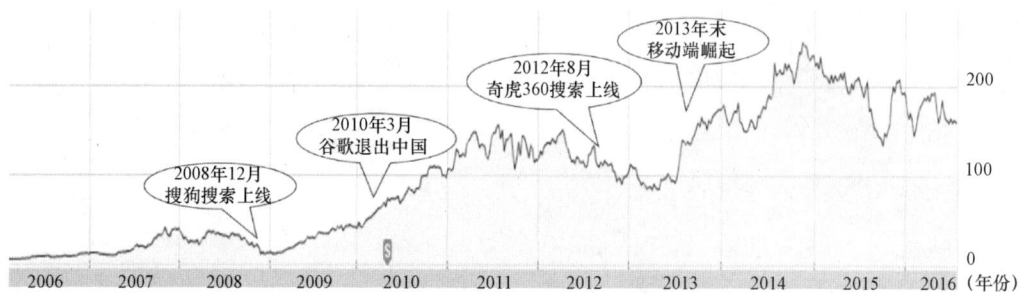

图 1-3-8　百度股价变化趋势与历史重大事件节点

资料来源：谷歌财经网站，www.google.com.hk/finance.

（2）交易服务现状分析。2015 年百度开始推进 O2O 交易服务平台转型，预期在百度钱包、百度地图、百度糯米三者间构建一体化的交易服务生态。以实体店为依托，以互联网为平台，以在线支付评价为核心构建起本地交易闭环是 O2O 服务的本质要求。在技术依托和全渠道融合的趋势下，百度发展此项服务成为必然选择，也是其业务的自然延伸。现阶段，互联网企业展开全渠道经营主要有四种方式：其一，通过建立营销平台（如微信公众号）或提供第三方电商平台服务于传统零售业，进而开拓线上线下市场；其二，利用互联网进行用户数据的获取与分析，实现精准营销；其三，搭建无线网络，推出基于位置的精准推送和服务；其四，打通线上线下会员体系，提供客户关系管理、体验管理及金融理财等全方位服务。而百度的 O2O 发展即借助第三种方式，通过移动端的 LBS（基于地理位置的服务）实现精准定位和流量导入，它包括 LBS 领域的百度地图、生活领域的百度外卖和团购领域的百度糯米三个子业务。百度地图目前尚处于引流状态，其 MAU（月活跃用户数）已超过 3 亿，

市场占有率达 70%，是行业内涵盖最多兴趣点的地图应用。百度外卖的市场份额主要集中在一线城市，它面临着来自口碑、美团、饿了么等外卖平台的多重竞争，目前各大团购平台均单纯依靠烧钱培养用户。2015 年国内外卖的市场空间约为 1600 亿元，占整体餐饮消费的 5.8%，百度外卖占到其中约 10% 的份额。团购市场中，美团和大众点评处于绝对领先地位，在年均2000 亿元的总市场规模下，美团、大众点评和百度糯米分食其中的 55%、25% 和 10%。从长远价值创造角度看，团购市场空间巨大，以百度搜索的现金流量为背书，百度糯米在风起云涌的团购市场中存活下来的可能性较大，作为团购价值链中重要的一环，其蕴藏的价值潜能巨大。

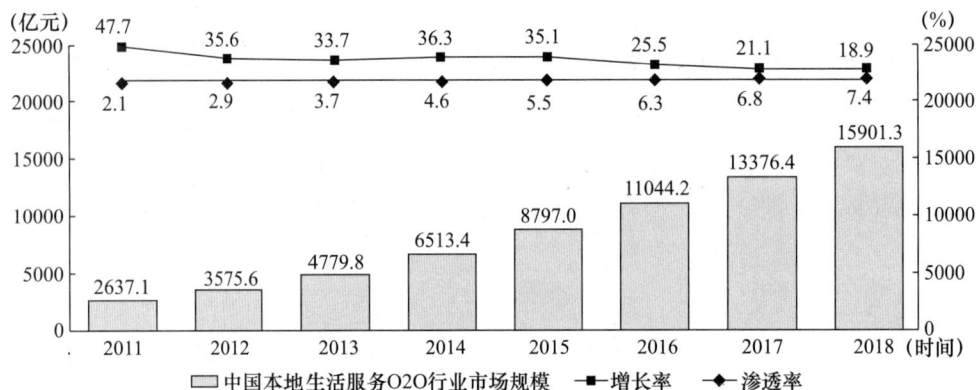

图 1 - 3 - 9　中国 O2O 服务市场规模

资料来源：根据公开资料整理及艾瑞统计模型核算。

总体来说，O2O 在整个电子商务细分行业市场上的地位逐步凸显，2015 年 O2O 本地生活服务的市场规模为 8797.0 亿元，预计到 2018 年市场规模将达到 15901.3 亿元，年复合增长率为 21.8%，线上渗透率超过 7%（见图 1 - 3 - 9）。如此庞大的市场背景下，百度的 O2O 交易服务面临一片光明的前景。虽然在战略层面上百度步伐略显滞后，三位一体的交易服务生态初现原形，新业务的利润转化率还处于低水平，但其依靠搜索业务的流量导入依旧可以在未来交易服务三甲中占据一席之地。根据整个百度生态圈的规划，以沉淀用户数为现阶段目标，一旦目标实现三大服务将产生业务协同，带动百度整体价值的大规模提升。

（3）视频服务现状分析。2015 年中国网络视频市场规模达 243.1 亿元，相比 2014 年环比增长 43%。随着移动端流量贡献率和市场认可度的提升，2015 年移动视频市场规模达 114.7 亿元，占整个网络视频市场总规模的 47.2%。当下，网络视频行业遵循互联网企业普遍的寡头垄断发展规律，从多强争霸到频繁收购，日趋呈现三足鼎立的态势。百度 2010 年投资组建独立视频公司爱奇艺，并于 2013 年收购 PPS 视频业务与爱奇艺进行合并；阿里将优酷土豆私有化成其全资子公司；腾讯 2011 年推出在线视频媒体平台腾讯视频。除此之外，来自第二阵营的乐视、搜狐等互联网公司也试图在网络视频市场上分得一杯羹。从业务定位角度看，爱奇艺定位于高品质的视频内容提供者，采买版权大剧和优质综艺，并在年轻群体自制内容上发力。以 UGC 起家的优酷土豆有着良好的内容分享基因，自频道是其一大特色。起步相对较晚的"追随者"腾讯视频依靠强大的资金实力，大手笔投入购买内容吸引用户，志在娱乐帝国的打造，围绕 IP 市场做整体布局。由此，网络视频的格局尚处于不确定中，百度的爱奇艺私有化进程也终因爱奇艺在美股市场被低估而落空，抓住优质内容带来的机遇依旧是百度视频服务的关键着眼点。

3. 执行层——商业模式及用户体验分析

互联网企业的价值体现从一定意义上来说不仅依靠技术上的创新，更有赖于商业模式的创新。作为世界上最大的中文搜索引擎企业，百度的商业模式面临来自世界上最大的搜索引擎企业 Google 的挑战。两者在发展过程中均由搜索技术提供模式转向搜索服务提供模式（见图 1 - 3 - 10），并将搜索引擎广告营销作为最主要的价值获取机制。在这一机制中，搜索引擎运营商占据绝对关键位置：一方面，搜索运营商本身直接为用户提供搜索服务，同时也为合作网站和联盟网站提供搜索技术支持，以此间接为用户提供服务；另一方面，通过搜索引擎平台将广告传递到用户，搭建起了广告主与用户之间的桥梁。但是在价值获取过程中，百度和 Google 分别采取了不同的服务提供模式。竞价排名是百度最为主要的搜索业务盈利模式，它按照出价高者排名靠前的原则，对购买了同一关键词的网站进行排名，当搜索用户提交相应关键词进行检索时，竞价较高的网站就会出现在检索结果页面较前位置并按照点击量进行效果付费。而 Google 采取 Adwords 广告模式，即综合考虑广告商的付费额度和被点击频率从而决定广告的排名。

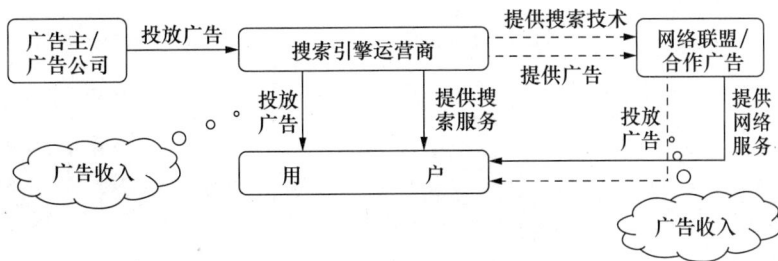

图 1 - 3 - 10 搜索服务提供模式

从经济收益角度看，在"眼球经济"时代，搜索引擎广告可以将检索功能、结果返回链接和

竞价服务三者相结合，恰好满足了推广商品和服务的需要，不点击不收费的规则也大大降低了商

户的广告费用从而备受青睐。当然对于搜索引擎而言，没有用户量即使再出众也无法体现商业价值，无论是百度还是 Google，搜索引擎广告收费的高低主要依据相关应用的网络用户流量。用户进入互联网的途径各不相同，浏览器、即时通信、输入法、网站导航、门户网站等均是流量导入渠道。在国内百度几乎掌控了所有进入互联网的门户，而在国际上谷歌则是主流。从用户体验角度看，竞价排名模式将出价较高的企业网站排在结果页面的最前面，而这些网页内容与用户所提交的检索关键词的内容相关度不高，容易给检索用户造成搜索结果不相关、不准确的印象，最终影响企业公众形象。而 Adwords 广告模式很好地平衡了用户体验和自身商业利益，谷歌也会在页面右上角提供为什么会在搜索结果中出现相关广告的情况说明，从而深得搜索用户信赖。在发展过程中，百度多次因虚假广告、商户推广黑幕等被推上舆论的风口浪尖，使用户对百度的信任受到动摇，也使其搜索端的未来现金流面临挑战，对其内在价值有一定的负面影响。

除了搜索业务以外，O2O 交易服务和视频服务从目前行业整体来看均未形成成熟的商业模式。单个业务来看，佣金是 O2O 交易的主要获利来源，即根据用户消费金额收取一定百分比的佣金。中短期此业务的营收转化率与行业竞争相关，长期则可能受其业务结合、协同的程度影响，营收转化率在 20% 左右。爱奇艺由单纯的视频播放转变为内容制作发行播放全平台，角色和商业模式都经历了变化，对原先"烧钱"的业务模式也有了全新的认识并逐渐发生改观。

（二）百度估值的定量分析

有着"中国 Google"美誉的百度于 2005 年 8 月 5 日在美国纳斯达克上市，当日股价从发行价 27 美元一度涨到收盘价 122 美元。之后的十年里经历了几番跌宕起伏，截至 2015 年末股价达到 189.04 美元，总市值约 664 亿美元。财务状况可以从一定程度上反映企业的内在价值，从整个互联网行业的横向对比来看（见表 1-3-4），百度的营收和净利润等财务数据增速均显著高于行业平均水平，甚至是搜索领域的巨头 Google 增速指标的 2 倍及以上，但其股价在 2015 年跌幅达 15%，市销率指标（由于部分企业处于亏损阶段所以用 PS 指标替代 PE 指标进行比较）也未达到行业平均水平。此种情况出现可能有以下两种原因：其一，资本市场对百度的内在价值判断出现偏差，股价存在被低估的可能性；其二，百度的非财务因素如战略、运营等层面不符合未来市场发展趋势，导致其内在价值出现大幅度缩水。

表 1-3-4　互联网行业主要公司财务数据　　　　　除股价以外单位：百万美元

公司	年份	总资产	Y/Y（%）	主营收入	Y/Y（%）	净利润	Y/Y（%）	ROE	Y/Y（%）	P	Y/Y（%）	PS
Bidu	2014	99118		49052		13144		29		223.08		11.05
	2015	147853	49	66382	35	33335	154	51	74	189.04	-15	6.73
Google	2014	129187		66001		14136		15		529.55		5.30
	2015	147461	14	74989	14	16348	16	15	-3	778.01	47	7.46
Yahoo	2014	61707		4618		7522		29		50.17		10.33
	2015	45204	-27	4968	8	-4359	-158	-13	-144	33.26	-34	6.35
QiHu	2014	3332		1391		223		25		59.71		6.11
	2015	3655	10	1805	30	307	38	28	10	72.81	22	5.76

续表

公司	年份	总资产	Y/Y(%)	主营收入	Y/Y(%)	净利润	Y/Y(%)	ROE	Y/Y(%)	P	Y/Y(%)	PS
Sina	2014	3703		768		177		11		37.81		3.28
	2015	4362	18	881	15	26	−85	1	−90	49.40	31	3.55
Sohu	2014	2867		1673		−167		−13		52.42		1.29
	2015	3042	6	1937	16	−50	−70	−4	−69	57.19	9	1.13
Alibaba	2014	39912		11907		3791		84		103.60		—
	2015	56945	43	15804	33	11166	195	26	−69	81.27	−22	17.89
Tencent	2014	11120		12333		3720		35		112.90		11.17
	2015	47940	331	16072	30	4501	21	29	−17	143.00	27	12.60
行业	2014	43868		18468		5318		27		—		6.93
平均	2015	57058	30	22855	24	7659	44	17	−38	—	—	7.68

注：Y/Y%表示同比增长率。

资料来源：谷歌财经网站，www.google.com.hk/finance。

为了进一步判断现行股票市价是否合理，需要采用生命周期价值评估法进行百度内在价值的定量研究。一方面，资本市场对百度股价存在低估的可能；另一方面，近年来百度经历了较大的战略调整，为了占领更大的移动互联网市场和O2O市场的份额，正不断加大该领域的营销和研发支出，大笔投资挤压了利润，从而抑制股价的上涨。在此初步判断的基础上，下面将采用生命周期价值评估法进行股票内在价值的定量研究。

根据百度近三年的现金流量状况及相关财务和市场指标，结合在定性分析过程中对百度各业务发展状况的分析，我们判断以搜索技术起家的百度目前正处于成长阶段，从单一业务转向互联网生态体系构建的过程才刚刚开始，年收入27.61%的复合增长率体现了其较高的成长速度。因此，我们将采用成长期企业适用的相对估值中的PEG估值法对百度内在价值进行测算，并判断其目前的股价是否存在低估现象。

表1-3-5　百度所处周期测算　　　　单位：千元

	2013年	2014年	2015年	指标特性
经营活动净现金流	13792971	17937175	19422438	正
投资活动净现金流	−23062940	−22467774	−31272444	负
筹资活动净现金流	7281682	8611960	7778032	正
收入（复合增长率）	31943924	49052318	66381729	g=27.61%
市场相对占有率	3.33	3.39	3.41	>1

资料来源：根据百度公司2013~2015年年报信息整理核算。

（1）复合增长率预测。根据百度过去三年的利润信息、战略信息及行业发展情况，预测出未来三年百度的利润表，并根据预计净利润复合增长速度得出g=12%。

表1-3-6 净利润复合增长率预测　　　　　　　　　　　　单位：千元

时间	2013年	2014年	2015年	2016e	2017e	2018e
营业收入	31943924	49052318	66381729	89833348	116783352	148314857
营业成本	-11471839	-18885450	-27458030	-39526673	-52552508	-68224834
销售费用	-5173533	-10382142	-17076383	-27848338	-37370673	-48943903
研发费用	-4106832	-6980962	-10175762	-14373336	-19853170	-26696674
经营利润	11191720	12803764	11671554	8085001	7007001	4449446
利息收入	1308542	1992818	2362632	3197313	4156506	5278763
利息费用	-447084	-628571	-1041394	-1409302	-1832093	-2326758
汇兑净损益	-48379	75780	181802	246030	319839	406195
股权投资净收益	22578	-19943	3867	5233	6803	8640
其他净收益	189330	260558	24728162	33464232	43503502	55249447
税前利润	12216707	14484406	37906623	43588507	53161558	63065733
所得税	-1828930	-2231172	-5474377	-7408388	-9630905	-12231249
净利润	10387777	12253234	32432246	36180119	43530654	50834484
净利润复合增长率	12%					

资料来源：百度公司 2013~2015 年年报。

（2）内在价值测算。PEG 估值方法认为，如果股价能够反映公司的内在价值，则其市盈率应该与其未来增长率成正比，并且该比值约为1。以此为依据，P/EPS（EPADS）= g × 100，因为外国股票在美国证券交易市场上均以存托凭证（ADR）的形式交易，ADS 是 ADR 所代表的实际基础股票，EPADS 即指在美国通过 ADR 形式上市交易的外国股票每股盈余。对于百度来说，1 股 =10ADS，所以用 EPADS 值取代原先的 EPS，得出 P 的预测值为1178.51元，由于2016年1月1日至8月9日的人民币对美元汇率在6.45~6.70波动，所以折合百度2016年一年期目标股价在 175~183 美元，给予"买入"评级。

表1-3-7 PEG 法的百度股价预测

时间	2013年	2014年	2015年	2016e
EPADS（RMB）	30.02	37.34	95.15	103.27
g	12%			
P	1239.55（折合185~192美元）			

同时，国内外投资分析师也运用不同方法对百度的内在价值进行评估。其中，国外基金或券商普遍采用 STOP 估值法，这是一种给多元化控股公司估值的方法，将公司同时经营的不同业务分别选择合适的估值方法评估，再根据持股比例加权汇总得出该多元化控股公司的总价值。Frontier Asia Capital 公司用此方法计算得出百度的市值约为 678 亿美元，对应的股价约为每股191 美元。国内东兴证券采用 PE 估值法，以 Google 作为可比公司认为其在收入增速下滑到20% 区间以后，市盈率（PE）一直维持在 15 左右，在此基础上调整未来百度整体 PE 估值的合理区间应该是 10~15，对应2016年的目标区间价为 168~200 美元。以上这些分析估计结果与本文采用的 PEG 估值法所得结果相差不大，由此认为此估值方法较为合理。

（3）百度估值的差异分析及风险提示。上述估值结果完成于 2016 年 8 月，当时百度股价在 140~194 美元波动，其中 1~2、5~6 两个区间段股价呈现较大幅度的下跌，原因在于"百度卖吧"、"魏则西事件"等涉及虚假广告和不良商业竞价事件的发生。如图 1 - 3 - 11 所示，百度 2016 年 7 月的股价较为平稳地维持在每股 160 美元左右，低于之前测算的百度内在价值。由此，我们认为资本市场对百度的内在价值判断出现偏差，百度股价被低估。股价被低估的现状一方面可能是负面信息带来的股价打压，另一方面可能是投资者对百度在外卖、金融等细分业务上的战略投入存在一定的错误认识，从而导致股票出现错误定价。对投资者来说，更需要关注 O2O 业务支柱百度糯米和百度外卖对百度的未来是价值创造还是价值毁灭。就糯米而言，作为中小型商业广告团购价值链上的一环，糯米具有

一定的战略价值。与美团和大众点评（虽然少数股权被阿里巴巴和腾讯持有，但仍为独立业务）相比，糯米依托百度的用户目标市场选择、技术平台、商家关系和资源而具有很大优势。即使在目前所处的补贴大战中，百度的投入依旧是美团等团购平台可承受投资的 3 倍，这就意味着市场虽然存在担忧和恐慌，但糯米在市场竞争中仍处于优势地位。就外卖而言，百度外卖平台的创收能力实际上高于糯米。国外同领域的公司 Just Eat 等已经有相当好的盈利模式，如果可以将其进行本土化，并依托百度的平台、数据和资源，百度外卖成为该领域的领头羊也有一定的可能性。

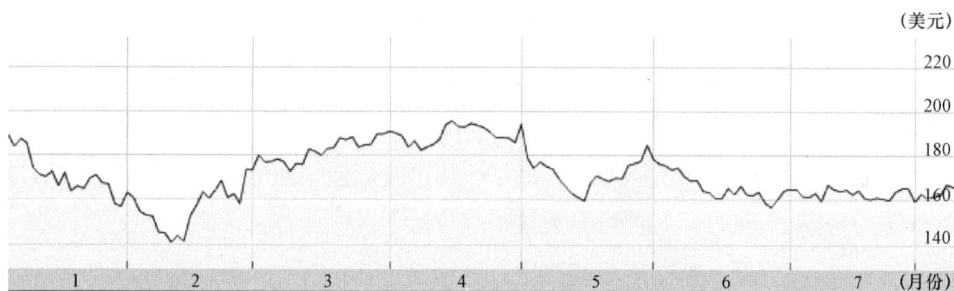

图 1 - 3 - 11　2016 年百度股价变动信息

资料来源：谷歌财经网站，www. google. com. hk/finance.

我们认同百度在中国互联网搜索领域的龙头地位，相信百度的搜索业务长期垄断地位在可预见的未来不会被打破，搜索引擎产生的现金流会继续保持稳定，交易和视频业务会在不断探索中找到较好的盈利模式并与搜索业务紧密结合，进而带来百度整体价值的提升。但不确定性和挑战始终存在，宏观和行业的多重影响使得我们对以下几个方面的风险要格外关注：

第一，市场竞争加剧的风险。百度的主要竞争对手是谷歌、奇虎 360 等互联网搜索企业，在

境内，这些企业的经营规模、市场占有率与百度存在一定差距，但在境外百度的市场尚未打开。这些主要竞争者已经具备或者将来会具备丰富的互联网运营经验以及雄厚的资金实力，并将在市场份额、产品研发创新、客户资源、分销商渠道等各领域与百度展开激烈的竞争。目前市场上第三代搜索引擎及相关技术创新正在酝酿，该技术可以显著提升用户的搜索体验，对百度的竞价排名技术产生较大的威胁。未来，如果其他搜索引擎公司率先将这种搜索技术研发成功，百度将在

搜索领域面临前所未有的挑战。

第二，宏观经济环境波动的风险。2016 年全球宏观经济形势依然严峻，全球经济衰退的风险在加大。外币汇率波动、通货膨胀、利率波动及其他与中国金融政策有关的措施都会对百度的经营、财务或投资活动造成重大影响。同时，受宏观经济波动的影响，百度客户的经营情况会产生一定的波动，进而对其在互联网搜索市场营销的投入规模产生影响。当宏观经济处于活跃时期，客户对搜索市场营销的投入较高；当经济环境低迷时，市场需求萎缩造成客户对搜索市场营销的总体投入降低，进而对公司的收入水平造成潜在不利影响。

第三，管理层执行及激进投资的风险。尽管目前来看百度的战略制定符合整个市场的发展趋势，但是管理层能否在深刻理解公司整体战略的基础上正确执行相关业务层战略，对公司未来的发展有着至关重要的影响。现阶段，百度正经历着较大的战略调整，为了占领更大的移动互联网市场和 O2O 市场的份额，百度不断加大该领域的营销和研发支出，该部分投入可能短期会挤压公司利润，其转化是否有效也可能会影响未来企业盈利。

第四，服务纠纷及诉讼风险。随着国内传统经济向互联网经济的转型，已有越来越多的市场主体或个人参与到互联网经济中来。互联网经济具有不同于传统经济的创新特点，盈利模式与传统经济显著不同，且与传统行业相比，互联网行业提供的产品和服务具有内容差异大、更新换代速度快等特点。在这一过程中，互联网经济的参与方对互联网经济风险因素的认识是渐进提升的。同时，由于互联网经济的快速创新性，互联网经济涉及的相关服务的行业统一标准往往没有形成，行业监管也往往滞后于互联网经济的发展。基于以上因素，百度在提供服务的过程中，尤其是在客户主要以中小企业和个人客户为主的情况下，企业与客户之间往往因为认识的不同而容易产生服务纠纷或诉讼。百度的服务是否能够与客户的服务效果预期相一致，是否能够为客户的消费创造相应的价值，成了影响百度成功的重要因素。

五　互联网企业价值评估的建议与展望

在经典意义上，绝对估值方法是一切价值判断的基础。伴随着计算机、手机等硬件的飞速发展以及互联网、移动互联网的产生，更多的现实情况是：新兴行业在高度确定性上颠覆传统行业，但是技术和商业模式又在高度的不确定性上不停地演进与变化，导致绝对估值法在分析这类变化快、不确定性较大的新兴企业时，对价值的判断大幅度滞后，抑或对价值的预判误差较大。因此，产生了基于前文所描述的诸多估值方法。

基于生命周期的价值评估模式将诸多估值方法的优劣势与互联网企业的阶段特点紧密结合，摆脱了单一估值方法的缺陷，同时其估值结果能够更贴切地反映该阶段企业的内在价值。通过理论与案例的结合研究，我们认为对于互联网企业估值传统的估值方法已经不再适用；在互联网市场风云变幻的大背景下，观察行业比关注公司更重要；定性分析的重要性大于定量分析，正确的定性分析需要多维度全面展开。展望未来，基于资本博弈的估值、基于数据的估值、基于智慧的估值正在不断尝试与摸索中，很可能会开启又一次从模糊到清晰的企业价值认知轮回。

参考文献

［1］Briginshaw. Internet Valuation［J］. Palgrave，2002（3）.

［2］Manfred，Rudolf，Sipotz. Valuation of customers in growth companies a scenario based model［J］. Schmalenbach Business Review，2005（57）.

［3］Kenneth，Marco，Janis. Portfolio Strategies using EVA earnings ratio or book – to – market［J］. Review of Accounting and Finance，2009（1）.

［4］Customer – based corporate valuation［J］. Management Decision，2005（3）.

［5］Irving Fisher. The nature of capital and income［M］. The Macmillan Company，1906.

［6］刘淑莲. 企业价值评估与价值创造战略研究——两种价值模式与六大驱动因素［J］. 会计研究，2004（9）：67 – 71.

［7］谈多娇，董育军. 互联网企业的价值评估——基于客户价值理论的模型研究［J］. 北京邮电大学学报（社会科学版），2010（3）：34 – 39.

［8］张智芳. 互联网企业的价值评估［J］. 经济研究导刊，2009（21）：14 – 15.

［9］莫菲，宋政. 互联网企业价值评估方法——以 X 企业为例［J］. 经营与管理，2014（8）：14 – 16.

［10］廖俭. 剩余收益评估模型与自由现金流量评估模型比较研究［J］. 财会通信，2013（6）：8 – 10.

［11］李晟. 基于企业生命周期的互联网企业的估值研究［J］. 管理纵横，2014（8）：120 – 121.

［12］曹裕，陈晓红，万光羽. 控制权、现金流权与公司价值——基于企业生命周期的视角［J］. 中国管理科学，2010（18）：185 – 192.

［13］谢德明，李朝晖，丁焕强. 金字塔结构下两权分离损害企业绩效吗？——基于民营化后上市公司经济效果的实证研究［J］. 现代管理科学，2010（12）：53 – 55.

［14］程富. 基于行业生命周期的高新技术企业价值评估［D］. 哈尔滨工业大学，2005.

［15］百度 2015 年 20 – F 年度报告［R］. BIDU Inc.，2015.

［16］互联网公司估值体系专题研究［R］. 国泰君安行业研究报告，2015.

［17］百度深度投资报告［R］. 东兴证券行业研究报告，2015.

分报告四
互联网企业供应链融资研究

伴随互联网在我国的快速发展，基于电商的供应链融资服务逐渐成为供应链管理中的热点领域。传统的供应链融资服务是指从整个产业供应链出发，寻找出其中的核心企业，以核心企业为出发点，通过综合授信将资金有效注入相对弱势的上下游中小企业，解决中小企业融资难问题。在我国，中小企业由于规模小、资产少，往往无法通过传统的资产抵押方式获得商业银行融资，造成中小企业融资困难、流动资金不足，大大制

约了我国中小企业的发展，而供应链融资模式的出现，在一定程度上大大缓解了中小企业融资困难的局面。虽然供应链融资不失为一个有效的融资途径，但在当下的信息经济时代电子商务发展势头异常迅猛，拥有数量庞大的中小微企业的电商供应链系统相较于传统供应链系统有着更强的融资需求，而传统供应链融资模式已无法完全满足。在此背景之下，基于电商供应链系统的融资模式应运而生并得到极大发展。

一 互联网企业融资特点与效率

随着"互联网＋"上升到国家战略层面，作为高科技的主力军，互联网企业在拉动实体经济、调整产业结构升级、推动创新发展和促进社会管理方面发挥着越来越重要的作用，成为经济新常态背景下的重要经济引擎。作为战略性新兴产业的重要组成部分，互联网行业战略性的重要地位和新兴的产业特征决定了其庞大的资金需求。同时，与传统行业相比，互联网行业具有高投入、高风险、高收益和技术创新快等特点，在技术研发、产品创新、市场开拓等方面需要投入

大量资金。我国互联网企业的融资特点主要包括：

（一）融资方式

以 VC（风险投资）、PE（私募基金）融资为主，传统渠道融资难。我国互联网企业有三大特点：第一，大多数互联网企业处在初创期或成长期，商业模式尚不成熟；第二，互联网企业具有资本密集型的特点，初期资金需求量大且风险高；第三，大多数互联网企业成立之初都通过免

费提供服务来扩张用户规模、增加流量等，这种"烧钱"模式致使互联网企业在很长一段时间会呈现出亏损状态。而传统的融资渠道如银行贷款、企业债券等都对企业发展的稳定性和盈利性有较高要求，因此，互联网企业通过传统渠道筹集资金困难重重。VC 和 PE 的高风险性和高回报性要求符合互联网企业发展的特点，正因如此，我国互联网企业的资金来源多依靠风险投资机构的支持。

（二）融资市场

以国外资本市场为主，本土市场机制有待完善。在融资市场的选择上，我国互联网企业只有小部分资金来自国内资本市场（包括 VC、PE、IPO 上市），大部分融资还是依赖于国外资本。在上市融资方面，国内大多数互联网公司注册地在维尔京群岛、英属泽西群岛、瑙鲁、巴拿马等避税区，而我国资本市场尚未推出国际板，这些外资身份的公司境内上市难。即使是一些注册地在内地的互联网公司，如果上市也一般在创业板，而监管部门对创业板设定了一套详尽的盈利、增长等硬指标，入市门槛很高。相比之下，国外（尤其是美国）资本市场制度更加完善，拥有灵活多样的融资工具和条件，是互联网企业发展的前沿阵地，入市门槛相对较低。同时，国外市场对互联网企业估值普遍较高，这对于希望上市的互联网企业有很强的吸引力。

（三）融资规模

天价融资成为新常态，商业模式亟须改进。

互联网产业的资本密集程度逐渐提高，过去少量资金就能快速发展的"轻资本"时代已经过去，在互联网商业模式尚未成熟的背景下，企业背后的资本支持显得尤为重要。从国外的互联网企业发展经验来看，一家企业能否占据市场领先地位，很大程度上取决于融资速度。我国互联网企业目前估值较高，资金面宽松，IPO 回报高且企业收入和市场规模的高预期，共同催化出天价融资结果，但天价融资的背后是否有互联网泡沫的出现需要引起投资者密切关注。我国互联网企业应加强商业模式尤其是盈利模式创新，改变原有的"烧钱"模式，为投资者创造更大的价值。

（四）融资创新

互联网金融成为新趋势，金融格局正在重构。互联网金融是指传统金融机构与互联网企业利用互联网技术和信息通信技术实现资金融通、支付、投资和信息中介服务的新型金融业务模式。普惠性和便捷性的特点使得互联网金融成为国内互联网企业融资的新途径。这些融资模式改变了传统信贷模式中投资方与贷款方之间存在的种种壁垒，消解了双方之间的障碍，促使双方通过借贷服务平台直接交易，实现了资金的高效对接。但目前互联网金融依旧处于发展初期，借助互联网金融途径融资的互联网企业一般都属于中小型或初创型互联网企业。这种现状随着互联网金融模式的日臻成熟和完善将会逐步发生变化。

二 互联网企业供应链融资

（一）供应链融资

供应链融资最早起源于国外，其理论与实践经验在国外发展到一定程度之后才被国内引进。供应链是围绕核心企业，通过对信息流、物流、资金流的控制，从采购原材料开始，制成中间产品以及最终产品，最后由销售网络把产品送到消费者手中的供应商、制造商、分销商和零售商，直到最终用户连成一个整体的功能网链结构。它不仅是一条连接供应商到用户的物流链、信息链、资金链，而且是一条增值链，物料在供应链上因加工、包装、运输等过程而增加其价值，给相关企业带来收益。因此，供应链融资就是在供应链中找出一个大的核心企业，以核心企业为出发点，为供应链上的节点企业提供金融支持。一方面，将资金有效注入处于相对弱势的上、下游配套中小企业，解决配套企业融资难和供应链失衡的问题；另一方面，将银行或金融机构信用融入上、下游配套企业的购销行为，增强其商业信用，促进配套企业与核心企业建立起长期战略协同关系，从而提升整个供应链的竞争能力。

（二）供应链融资风险

供应链融资虽然具有较好的科学性和可行性，但由于整个融资体系中参与者众多，信用等级参差不齐，操作环节也较为烦琐，因此其运作也存在一定风险，主要分为信用风险、道德风险和市场风险三类。

1. 信用风险

以银行参与的供应链融资为例，银行主要是依赖供应链中核心企业的信用向整个供应链提供融资的金融解决方案，核心企业一般是较大型的企业，其上下游企业大部分是中小企业，实际上是将核心企业的融资能力转化为上下游中小企业的融资能力，提升上下游中小企业的信用级别。在融资工具向上下游延伸的过程中，一旦核心企业出现信用风险，这种风险也就必然会随着交易链条扩散到系统中的上下游中小企业，进而影响供应链融资的整体安全性。

2. 道德风险

参与供应链融资的主体有金融机构、核心企业、中小企业和第三方物流企业等，这些主体在供应链融资业务中既有共同的利益取向，也有不同的利益诉求，当利益产生冲突的时候，一些主体便可能做出损人利己的行动而出现道德风险。核心企业在实力不足或累计或有债务超出其承担极限，无法有效履行向下游发货和担保责任时，可能会利用强势地位串谋下游经销商利用虚假交易套取银行资金引发道德风险。

3. 市场风险

市场风险主要是指由于市场发生变动，企业无法按原定计划销售产品或销售产品所得不足以支持还款的风险。其产生的原因主要是由于产品的品质不够稳定、产品市场价格波动性较强或者出现了新的替代品等。

（三）供应链融资模式

实现供应链融资，最关键的便是选好行业背

景下用于质押的资产种类。因此，在这个大前提下，供应链融资大体上可以分为存货质押融资模式、应收账款融资模式以及预付账款融资模式三种基本模式。

1. 存货质押融资模式

在供应链环境下的存货质押融资模式是借款人将自身的存货出质交给银行，向银行申请授信，银行借助物流监管企业对货物进行监管之外，还必须要引进第三方回购企业并对出质的存货款进行担保，在这个基础上向借款企业发放融资的业务模式。随着市场竞争和客户需求的发展，存货质押业务也出现了一种新的模式——动态存货质押模式。相比传统的存货质押模式，该新模式可允许借款企业在不低于核定的最低价值控制线时，随意提取或更换其已质押给银行的货物。借此既可加速动产的流动，也缓解了借款企业现金流短缺的压力。

2. 应收账款融资模式

应收账款融资模式是指供应链中的上下游企业以其对核心企业的应收账款单据凭证作为质押担保物，向银行申请期限不超过应收账款账龄的短期贷款的业务模式。在这一模式中，上游的中小企业、下游的核心企业和银行需要进行相互配合，在融资的结构设计中核心企业需要发挥出重要的作用，确保质押的应收账款严格按照事先约定的汇款方式汇入银行。银行在办理这项业务的时候，需要对借款企业进行风险评估，重点评估企业贸易背景的实际情况。

3. 预付账款融资模式

预付账款融资模式是基于上下游和商品提货

权的一种供应链金融业务。该业务主要是通过生产商、经销商、仓库和银行四方签署合作协议而开展的特定业务模式，即银行以出于控制中小企业的目的而向其上游核心企业购买的有关商品的提货权为手段，为经销商提供融资授信，并对应其销售回款的金额逐笔释放货物的货权。银行承兑汇票是该模式下的主要银行产品和金融工具。此模式下，银行在授信前期要求企业提供一定比例的保证金，授信后期对销售回款进行封闭管理；上游核心企业为了进一步扩大销售和稳定下游，多会以自身的资信或实力为下游提供担保和回购；而第三方物流企业则负有对货物的监管和承兑担保等义务。

另外，以上三种模式中举例的均是与银行合作并由银行提供授信的供应链融资，除此之外也存在由银行以外的金融机构甚至核心企业本身出资的供应链融资模式，但在质押物方面与以上三种模式仍是基本一致的。

（四）互联网企业供应链融资

随着以互联网为代表的现代信息技术逐渐将多个传统行业重新洗牌，越来越多的互联网企业开始借助其广阔的交易平台和庞大的交易数据进入供应链融资领域，其供应链融资模式亦随之趋于线上化。在供应链融资体系中，各参与主体间信息的实时交换是保证整个融资过程正常运转的关键之一，而供应链融资的线上化对于信息交换无疑具有重大意义。在开展供应链融资的企业当中，数据技术领先的互联网企业将从供应链融资线上化中获取显著的竞争优势。由于其对供应链体系中相关企业和数据情况更加了解，因此能在节约成本的同时又能保证风控与安全审查。

（一）公司简介

京东公司由刘强东先生于 1998 年创立，目前是中国最大的自营式电商企业。2015 年第一季度在中国自营式 B2C 电商市场的占有率为56.3%。2014 年，京东市场交易额达到 2602 亿元，净收入达到 1150 亿元。2015 年第二季度，京东市场交易额达到 1145 亿元，同比增长82%；净收入达到 459 亿元，同比增长 61%。2014 年 5 月，京东在美国纳斯达克证券交易所正式挂牌上市，是中国第一个成功赴美上市的大型综合性电商平台，并跻身全球前十大互联网公司排行榜。2015 年 7 月，京东因其高成长性入选纳斯达克 100 指数和纳斯达克 100 平均加权指数，成为纳斯达克 100 指数中仅有的 2 家中国互联网公司之一。

目前，京东集团旗下设有京东、京东金融、拍拍、京东智能、京东到家及海外事业部。致力于为消费者提供愉悦的在线购物体验，京东通过内容丰富、人性化的网站和移动客户端，以富有竞争力的价格，提供具有丰富品类及卓越品质的商品和服务，以快速可靠的方式送达消费者，并且提供灵活多样的支付方式。另外，京东还为第三方卖家提供在线销售平台和物流等一系列增值服务。京东拥有中国电商行业最大的仓储设施，截至 2015 年 6 月 30 日，京东在全国拥有 7 大物流中心，在全国 44 座城市运营 166 个大型仓库，拥有 4142 个配送站和自提点，覆盖全国 2043 个区县。京东专业的配送队伍能够为消费者提供一系列专业服务，例如：211 限时达、次日达、夜

间配和三小时极速达、GIS 包裹实时追踪、售后100 分、快速退换货以及家电上门安装等服务，保障用户享受到卓越、全面的物流配送和完整的"端对端"购物体验。京东自创立伊始，一直专注于发展其互联网直销业务以及自有基础设施建设，其中包括最后一公里的交付能力等。由于京东互联网直销业务规模增长迅速，京东推出在线市场以补充扩大其产品品类，利用其打造的基础设施和技术平台，确保卓越完美的用户体验。京东凭借其互联网直销业务、B2C 平台业务以及全国范围的基础设施与技术平台的结合，成为中国互联网零售市场领域中用户体验最好的电子商务企业。京东凭借其业务规模的迅速发展，开始涉足诸如互联网金融等其他领域来提供服务，以此来补充其核心业务，创造显著价值。另外，京东致力于与供应商以及第三方零售商建立合作伙伴关系，通过精诚合作打造更优质的业务及更好的用户体验。

京东作为目前国内最大的自营式电商企业，其供应链金融服务平台于 2012 年 11 月 27 日上线，京东与中国银行北京分行签署战略合作协议，双方将向京东的合作供应商提供金融服务。京东当时供应商超过 1 万家，此举的目的是通过提供融资支持，帮助供应商加快资金流转。2012年底京东已累计融资 15 亿美元，从中国银行、建设银行、工商银行、交通银行等金融机构，获得超过 50 亿元的授信业务。京东通过供应链提供包括订单融资、入库单融资、应收账款融资、委托贷款融资等融资服务，在这些业务中京东扮演供应商与银行之间的授信角色，资金的发放由

银行来完成。自 2013 年至今，京东不断升级其金融服务平台，陆续推出"京保贝"以及"京小贷"等融资产品，放贷资金来源也由银行转为其自有资金。京东的供应链融资服务有效满足了其供应链生态系统中大量中小企业的融资需求，有利于上下游企业与京东建立长期战略协同关系，极大提升了供应链整体的竞争能力。

（二）京东供应链融资模式

伴随供应链生态圈规模的持续增长以及供应链条中诸多中小微企业在融资数量、频率、效率等方面需求的不断提升，国内供应链融资业务的发展前后经历了 3 个阶段：阶段 1 为传统供应链融资，以线下融资模式为主，其融资生态系统是由核心企业与其上下游中小微供销商组成，银行根据核心企业"1"的信用支撑完成对其相应中小微企业"N"的融资授信，但在这种模式下，由于银行无法及时获取供应链条内企业之间真实的交易信息，容易造成一定的经营风险；阶段 2 为线上供应链融资，其最大特点是对传统融资模式中存在的信息不对称问题进行了针对性升级改造，通过将银行与核心企业信息系统对接实现获取整个供应链上各企业仓储、交易等真实经营信息。在这种模式下，凭借信息、网络技术使得风控手段得到极大提升，并实现整个交易流程的集中封闭式管理，较高效率的完成多方的在线协同；阶段 3 为电商供应链融资，基于电商的服务平台引入物流、第三方信息平台等企业，实现供应链数据化、交易标准化以及物流金融化，放贷方通过全程监控企业的交易过程，实现对交易信息的全方位管控。京东目前拥有超过 1.2 亿遍及全国各地的注册用户以及近 10 万的供销商，作为如此大规模商业链条的核心企业，京东在账期方面拥有绝对的话语权，据统计京东账期为 38～60 天，某些品类最高可达 120 天，众多供销商

只有被迫承受由于账期过长带来的资金压力与风险。由于中小微企业很难通过传统的渠道获得融资，而资金短缺的状况日益加重，在这样的背景下京东供应链金融平台应运而生（如表 1－4－1 所示），从 2012 年至今，京东供应链融资业务快速拓展，产品不断升级，从最初的供应链金融平台到"京保贝"再到"京小贷"（如表 1－4－2 所示），京东不断根据市场的实际需求调整、优化自身的供应链融资业务，借助自身平台海量交易数据，基于互联网的大数据、实时数据分析挖掘技术，从贷款依据、放款效率、风险控制、放贷范围、盈利模式等多个维度取得颠覆式突破。

表 1－4－1　京东供应链金融平台进展情况一览表

时间	平台进展
2012 年 6 月	布局线上供应链金融系统，与多家银行洽谈对接
2012 年 10～12 月	举办 8 场面向全体供应商的"京东供应链金融服务推介会"，已累计融资 15 亿美元，从中国银行、建设银行、工商银行、交通银行等金融机构获得超过 50 亿元的授信业务
2013 年 1 月	在上海设立商业保理公司和小额贷款公司
2013 年 12 月	"京保贝"上线，供应链金融平台升级
2014 年 10 月	"京小贷"上线，目标客户群得到拓展

表 1－4－2　京东供应链融资产品的特点对比

	京东供应链金融平台（升级前）	京东供应链金融平台（升级后）	
		京保贝	京小贷
贷款依据	结算单	入库单	商家经营行为
放款方	合作银行	京东	京东
贷款范围	部分供应商	全部供应商	平台商家
放款效率	2～5 天	3 分钟	3 分钟
风险控制	人工审核	系统自动审核	系统自动审核

续表

	京东供应链金融平台（升级前）	京东供应链金融平台（升级后）	
		京保贝	京小贷
盈利模式	服务费	利息、服务费	利息、服务费
突出特点	银行根据自身偏好选择贷款对象，贷款期限以及灵活度不够，效率较低，放款后监管难	京东第一款互联网金融产品，利用大数据自动授信和准入。融资门槛低无需抵押和担保，放款效率高	采用基于交易数据的风控技术，极大地改善小微商家长期面临的融资难、融资成本高的处境

1. 供应链金融平台上线，京东担当授信开展"平台＋贷款＋银行"融资业务

作为整条供应链上的核心企业，京东通过管理与上下游合作伙伴完整的供应链流程，可以掌握其资金流、物流以及商流等多维度信息，这就解决了传统金融行业对中小企业贷款存在的信息不对称和流程复杂的问题，这是京东作为自营式电商平台的核心竞争优势，而银行则拥有资金优势，基于这样的背景双方合作涉足供应链融资业务顺理成章。2012 年京东与中国银行北京分行签订战略合作协议，上线京东供应链金融服务平台向其供应商提供金融服务，这其中供应链融资

业务占据了非常大的比重，平台业务流程分为供应商获得授信、供应商向京东送货、京东给银行指令以及京东到期付款四个部分（如图 1－4－1 所示）。京东供应链金融服务平台全面借助京东的供应商评价系统、结算系统、票据处理系统以及银企互联等电子渠道，与中国银行北京分行合作，针对采购、入库、结算前、扩大融资这四个主环节向供应商提供相关融资产品（如表 1－4－3 所示），从而盘活库存加速资金周转，解决供应商资金短缺的问题。第一，采购环节，供应商与京东签订采购订单的同时提出融资需求，京东将该需求传达给银行，银行依据订单信息向供应商放款，当账期结束后，京东将款项付给与供应商约定的指定账户，用以偿还银行贷款。第二，入库环节，银行以入库单、仓单等货权凭证为质押物向供应商提供贷款，京东与银行进行结算。第三，结算前环节，供应商取得采购合同后，以应收账款债权转让或质押给银行，银行向供应商提供贷款。这个环节还包括票据业务、资产包转移计划和信托计划。第四，扩大融资环节，京东提供资金，由银行代为发放、监管使用并协助收回。在此过程中，京东根据历史数据对供应商进行评级担保，这个环节包括担保业务和保单业务（刘淑娥，2014）。

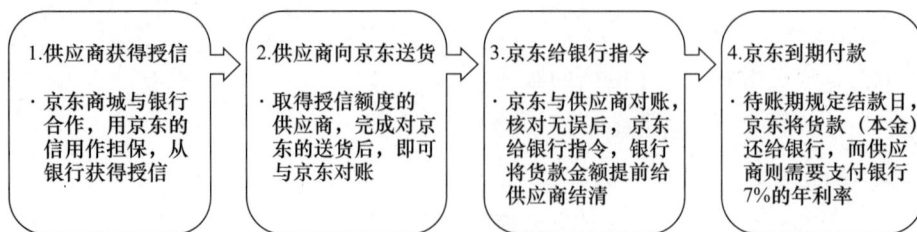

1.供应商获得授信
· 京东商城与银行合作，用京东的信用作担保，从银行获得授信

2.供应商向京东送货
· 取得授信额度的供应商，完成对京东的送货后，即可与京东对账

3.京东给银行指令
· 京东与供应商对账，核对无误后，京东给银行指令，银行将贷款金额提前给供应商结清

4.京东到期付款
· 待账期规定结款日，京东将贷款（本金）还给银行，而供应商则需要支付银行 7% 的年利率

图 1－4－1　京东供应链金融服务平台业务流程

京东供应链金融服务平台具体融资服务包括应收账款融资、订单融资、入库单融资、扩大融

资等。在整个融资过程中，供应商可根据与京东签署的销售合同、货物单据、保单及京东的确认

文件，在第三方保险机构投保后获得中国银行的融资。在贷款周期方面，最短 15 天、最长 90 天，贷款到期后也可以申请展期 30 天，并且贷款之后可随时灵活还款。贷款期间，京东给供应商结算的资金，也可以随时用于还款。在利息收取方面，同样采用按日计息的方式，年化利率约为 10%（娄飞鹏，2014）。在这些融资服务中，京东扮演供应商与银行之间的授信角色，而资金的发放由银行来完成。在平台提供的所有融资服务中，订单融资与应收账款融资是融资服务的主体模式。

表 1 - 4 - 3 京东供应链融资产品

采购	入库	结算前	扩大融资
订单融资	入库单融资	应收账款融资	担保业务
			保单业务

（1）订单融资。订单融资主要是指供货商备货出运，可以向银行提出融资申请，商业银行根据供货商提供的订单向其提供资金，但是资金的使用仅限用于订单项下的采购、生产和装运活动。申请订单融资的条件较为简单，为中小供应商提供了融资机会：第一，交易必须基于真实的贸易背景，订单符合相关规定；第二，供应商有较强的履约能力，与买方具有稳定的业务往来，而且买方能够达到银行信贷的准入标准；第三，货物运出之后，企业需要在银行办理相关的结算手续；第四，融资期限与订单项下的采购、生产、装运期限能够匹配。订单融资的基本操作流程为：申请融资的供应商首先要与京东签署过购销合同，并且已经得到京东的购货订单，然后供应商需要向保险机构进行投保，银行依据供应商所提供的购货单据和京东给出的确认文件等相关资料进行审核并向企业提供资金支持，当融资期限到期时由京东来向银行偿还相应资金。

从中小企业角度来讲，订单融资可以帮助京东的上游企业通过信贷资金来支撑其购货或者进行生产活动，减少了对于额外自有资金的占用，解决了供应商潜在的资金匮乏问题，在一定程度上保证了京东供货渠道的畅通。从商业银行角度来讲，订单融资是一种封闭贷款，需要融资的企业在银行开立结算账户，其后销售款项作为还款的直接资金来源会流入结算账户，保证了贷款资金的封闭操作，大大降低了信贷风险。另外，商业银行与京东在订单融资中的合作关系不仅限于供应链金融业务中银行与核心企业之间的关系，京东还充当着物流公司的角色，配合商业银行对物流和资金流信息进行监督控制。兼具核心企业与物流企业的京东对于中小企业供应商的经营状况、交易情况以及履约能力都有更准确的把握，所提供的物流与资金流监控也更具针对性，有效降低商业银行订单融资业务的风险，也节约了与其他第三方物流机构合作所产生的成本（潘霓，2013）。

（2）应收账款融资。在电商行业供应链管理中，在将现金变成货，再通过电商平台将货变成应收款进而变成现金的整个过程，资金短缺一直是供应商共同的"软肋"。而通常正常贷款需要资产抵押，无抵押贷款则需要支付高额利息，因此中小企业从银行获得短贷并不容易。应收账款融资主要是指在以赊销为主要付款方式的交易中，卖方依据销货形成的应收账款获得商业银行融资的行为。京东的应收账款融资属于目前商业银行供应链金融服务中国内明保理一类，即供应商在需要向银行转让应收账款获得融资时，银行及供应商均需要通知京东，商业银行会在京东签署书面文件以确认交易以及应付账款无争议的条件下，全额占用京东的授信额度（不需要占用供应商的授信额度）为供应商提供融资。通常情况下，应收账款融资对于供应链中的上游企业来说是一项常用而且十分重要的短期融资工具。供应商在获得商业银行提供的应收账款融资前，首先要申请获得京东一定的授信额度，在供应商将货物运送至京东后，可以与京东进行账务核对工作，账务核对无误之后，京东会给银行发出授信指令，接到指令后的商业银行会将相应的货款提前支付给供应商，这笔应收账款融资中商业银行全额占用其对京东的授信。在银行方面，相关材料的审核以及转账等过程至多占用两天的时间，大大缩短了供应商的回款时间。在约定的借款日期到达时，京东会将货款还给银行，利息部分则由使用这部分资金的供应商自己来支付，一般情况下应收账款融资的利率是按照银行同期贷款利率计算。应收账款融资服务利用的是核心企业获得的商业银行的空闲授信额度来为中小企业融资，并没有占用供应商的授信额度。同时，商业银行可以通过保理的方式来优化供应商的财务报表，在京东确认基础交易及其应付义务之后，商业银行可以买断应收账款，使供应商财务报表中的应收账款转变为现金资产，提高资产流动性，实现银行客户财务报表的优化。此外，应收账款融资缩短了供应商获得回款的时间，满足其融资需求，对于核心企业与供应商之间扩大业务往来起到了正面效果（潘霓，2013）。

自从京东的供应链融资服务上线以后，京东、银行与供应商初步达成三方共赢的局面。第一，对于京东，既保证了账期又可以借此建立起一套针对供应商的信用评估体系。在信用体系的基础上打通整个互联网金融服务的线上系统，理顺审批放贷流程，为京东未来发展利润更多的金融业务打下基础。第二，对于银行，借助京东电商扩大了供应链金融产品业务，间接获得了京东供应商群的可观客户数量，简化了审批程序、控制了风险、提高了效率。由供应商在中国银行的开户操作，也沉淀了资金，带动了其他存贷款业务以及推广了其他的金融产品。第三，对于供应商，大大提高了其资金运营效率以及资金回报率，企业的采购成本、产品成本、销售成本随之降低。供应商在自有资金投入不变的情况下，可以扩大数倍的销售额和利润，这对于中小微企业来讲是重大利好。例如，北京宝瑞恒信商贸有限公司是京东的一家供应商，此供应商每月向京东提供总价值 100 万元的货物，分为每月四次供货，利润率为 10%，账期为 30 天。考虑到回款中的各项程序，实际需要经过 45 天才能收到货款，公司还需要为了应对各种突发情况准备两周的安全库存，所以该公司资金最大占用量应为：45 天的货款占用资金加上两周安全库存占用资金，即 150 万元加上 50 万元等于 200 万元。而公司一年的利润约为 120 万元，所以可以实现的资金回报率约为 60%。然而，得益于基于供应链的融资服务，供应商一周就能够获得回款，公司也能够将安全库存减少至一周，这样该公司资金最大占用量应为：一周的货款占用资金加上一周安全库存占用资金，即 25 万元加上 25 万元等于 50 万元。公司因参与了供应链金融业务而支付 7 万元的利息费用，净利润为 113 万元，所以可以实现的资金回报率约为 226%。由此可以看出，该公司自采用供应链融资业务后收益显著，公司运营效率大大提高，资金占用量缩小 3/4，资金流通速度加快 4 倍，而平均利息率仅为 0.58%。总之，京东的供应链金融平台在很大程度上帮助中小企业缓解了融资困难的局面，通过助其提升资金周转率及资金回报率极大促进了企业的发展。

2. 脱离银行资金支撑，京东升级供应链金融平台力推"京保贝"与"京小贷"

自京东供应链金融平台上线至 2013 年 11 月，累计向其供应商提供融资近 80 亿元，平均单笔贷款金额 80 万 ~ 110 万元，但在与银行合作的模式下也渐渐暴露出一些问题，如京东把供应商的应收账款按单笔的融资推给银行，因为银行方面的很多流程难以简化，后续的业务处理则相对低效，通常商户在银行贷款就要在该行开户，从而导致需要 2 ~ 5 天才能放款，而且放款后也比较难监管，整个业务操作过程的局限性很多。经过一段时间的积累与沉淀，京东金融团队发现通过整理和分析整个京东平台数据，可以借助数据整合的方式把一些金融风控点放到数据层面，这样就可以利用数据系统自动化地去判断风险。因此，京东就把这些数据集成了一个庞大的数据池，同时也把应收账款的各种进项和负项放进去，从而形成了京东供应链金融最初的授信和风控管理系统。供应商通过这个系统就会自动生成一个授信额度，只要在这个额度内申请任何一笔融资都可以"秒级"速度放款，而且整个过程实现动态调整，这就是京东在 2013 年底推出的第一款具有互联网特点的供应链融资产品——"京保贝"。自从"京保贝"推出后，京东的供应商融资效率得到了很大的提高，从而大大提高了对供应商的吸引力。随后，在 2014 年 10 月 28 日，京东第二条产品线"京小贷"上线。"京小贷"以商户需求为出发点，利用京东拥有海量高价值且数据真实的商户信息，结合大数据实现自动授信和准入。"京小贷"通过多个数据模型控制贷款流程及贷后监控，在对商家放贷过程中具有操作简便、循环额度、自主利率、还款灵活等特点。

（1）"京保贝"。2013 年 12 月初"京保贝"正式上线，其将互联网、大数据技术以及京东自有资源有机结合在一起，实现了供应链融资产品质的跨越（如表 1 - 4 - 4 所示）。此次上线的"京保贝"和京东以往的供应链金融服务有三点不同：一是整个业务流程都在线进行；二是在此款产品中京东不再与银行合作，引入的资金为京东自有资金；三是融资对象范围更加广泛。首先，"京保贝"通过对京东平台上的采购、销售、财务等数据进行高度集成和处理，从而完成自动化的审批和风险控制，由于整个流程都在线进行，因此实现放款的时间可由以前的按天计算缩短到 3 分钟以内。其次，与之前通过银行合作提供贷款不同的是，"京保贝"的放贷资金来源是京东的自有资金且全部由京东负责运营。京东从银行拿到授信的利率是基准利率，提供给供应商的年化利率一般是 10% 左右，这比阿里小贷的年化利率（18% 左右）更低，在吸引客户方面具备更大的优势。最后，相对之前的供应链金融平台，"京保贝"的门槛很低，只要与京东有 3 个月以上的贸易关系就可以申请融资，京东会根据供应商的产品入库情况、销售情况、合作长短等指标做出评级。目前供应商分成 5 个级别，京东可以向其中 3 个级别提供融资，无需额外抵押和担保。另外，"京保贝"提供给用户更多的自主权，供应商可以根据自己的意愿与需求，自行控制融资金额、选择还款方式。相比而言，传统供应链融资存在诸多问题，如融资额度固定、审核周期长、开户和提交材料烦琐等，由于效率低用户体验自然也不尽如人意。"京保贝"基于此前供应链融资服务的积累给用户体验带来了一次巨大提升，在"京保贝"推出后，2014 年第一个月京东供应链金融贷款规模超过 10 亿元，再创历史新高。而在整个 2014 年"京保贝"保持月度复合增长率 30% ~ 50%，其被市场高度认可的原因说明其深深把握住了客户的真实需求。"京保贝"业务门槛低、效率高，帮助供应商凭采购、销售等数据快速获得融资，3 分钟内即可完成从申请到放款的全过程。

表1-4-4 京保贝产品特征与业务亮点

京东供应链融资之"京保贝"		
产品特征	大数据基因	互联网基因	京东基因
	• 实时提供融资信息 • 通过"京东云"向客户推送个性化融资建议	• 在线申请、审批、放款 • 实时、自动地监控风险	• 让京东的全供应链优势转化为金融优势

↓

业务亮点	• 期限长：随借随贷 • 到期快：3分钟到账 • 门槛低：无需抵押担保 • 效率高：自动式流程

（2）"京小贷"。2014年10月28日"京小贷"的正式上线，意味着京东金融在融资服务方面实现了对京东体系内供应商和商家的全覆盖。"京小贷"强调以信用为基础，具有无需抵押、贷款自主性高、融资成本低、1分钟融资到位、全线上审批、随借随还等优势，是针对京东开放平台的商家，以信用为基础的小额贷款服务。"京小贷"的贷款利率和贷款额度将根据商家经营行为包括销售额、消费评价、商品丰富度等多项指标动态确定，在其上线初期暂定单笔商家贷款上限为200万元，后续会根据业务的开展、依据实际数据适时调整。"京小贷"依据商家交易数据及信用状况等京东自有大数据确定是否放贷，而无需商家抵押或提供担保，年化贷款利率为14%~24%，低于同业水平，具有较强的竞争力。在风控方面，"京小贷"依然延续了"京保贝"的相关理念，采用的是业内领先的基于交易数据的风控技术，并积极尝试"天平模型"与"浮标模式"等作为商家评价和风控的辅助手段，"天平模型"实现了对不同行业的商家更为统一、公平的准入标准，并可定期测量跟踪商家经营状况的变化。而"浮标模型"则是通过预测店铺的季节性销售对资金的需求用以提

前发现商家需求，及时修正贷款额度，并能预测店铺的生命周期来提高贷后预警的可靠性。融资需求方只需轻点鼠标申请此项业务，自动化风控系统就高效运转并在两秒钟后得出此贷款申请是否可以放款的结论，客户体验相当好。"京小贷"的推出，极大地改善小微商家长期面临的融资难、融资成本高的处境，上线一年来累计为超过3万个店铺开通了贷款资格，累计贷款发放金额近百亿元。目前，"京小贷"还在探索将线上交易与线下交易打通的风控技术，扩展业务的服务范围，预计在未来将为一大批交易型平台提供风控技术和贷款服务。

由此看出，"京保贝"、"京小贷"这两项京东金融产品，都是在京东实时、海量的数据基础上通过京东金融团队强大的数据分析能力探索出来的。京东在多年电商业务中积累了大数据方面独一无二的优势（如表1-4-5所示），这也是"京保贝"、"京小贷"得以在推出的短短时间内取得巨大成功的根本保证。在互联网时代，传统的供应链融资模式已经远远不能满足各方参与方的需求，京东将互联网与大数据技术统筹应用，结合自身在供应链中的核心地位，针对市场的实际需求不断调整、升级供应链融资产品，在改善供应链合作伙伴的融资困境的同时获得了巨大的经济收益，并大大增强了整个供应链系统的竞争力。

表1-4-5 京东的大数据优势及能力

数据源基础	订单数据	京东握有海量高价值的订单交易数据
	消费数据	京东拥有源源不断大量真实的消费数据
数据分析与挖掘能力	通过数据研究与分析，京东能够准确把握用户的真实需求，创建完备的信用评价体系，并高效满足用户的融资需求	京东拥有数亿消费者以及消费者行为分析
		京东拥有近十万家供销商的销售数据与信用分析
		京东自有发达的物流网络，有海量的第一手物流数据

3. 京东供应链融资服务与阿里信贷发展思路对比

两者虽然都是从商家身上获利，同样是"钱生钱"的战略，但由于平台模式以及商家本身的差异，京东与阿里巴巴的金融信贷业务也存在较大的差别。两年前，阿里小贷公司在杭州成立，打造的是"平台＋小额贷款"的融资模式，通过支付宝作为运转资金的渠道，由合作银行提供贷款服务。但由于主要依托淘宝平台上的中小卖家，规模偏小而淘宝没有统一的物流服务对接，因此中小卖家由于信用担保凭证出具困难从而很难获得融资。此外，阿里小贷单笔金额一般在5万~100万元，由于卖家规模小、风险较高，年化利率在18%左右，高出基准利率30%以上。京东则依靠统一的物流服务与规模较大商户的入驻，信用凭证较容易体现，可通过物流单据获得融资。但在支付环节，虽然京东已经收购了网银在线，但与支付宝相比仍处于劣势。据了解，目前京东供应链金融服务的年利率是7%~8%，而目前业内普遍的年利率是20%，京东供应链金融服务与阿里信贷服务的发展思路对比如表1-4-6所示。

表1-4-6　京东供应链金融服务与阿里信贷服务的发展思路对比

	京东供应链融资服务	阿里信贷服务
融资模式	平台＋贷款＋银行	平台＋小额贷款
资金来源	网银在线作为运转资金渠道，贷款资金主要来自银行	支付宝作为运转资金渠道，贷款资金主要用自有资金放贷
目标用户	针对规模较大商户入住	针对中小卖家，规模偏小，面也小（仅浙、渝地区）

续表

	京东供应链融资服务	阿里信贷服务
融资难易度	有统一的物流服务对接，可通过物流单据获得融资	没有统一的物流服务对接，中小卖家由于信用担保凭证出具困难，很难获得融资
年利率	目前京东供应链金融服务的年利率是7%~8%，而目前业内普遍的年利率是20%	阿里小贷单笔金额一般在5万~100万元，由于卖家规模小，风险较高，年利率在18%左右

（三）京东供应链融资影响因素

京东供应链融资是基于供应链系统的创新型融资渠道，而作为众多企业共同组成的供应链生态容易受到多方面因素的影响，如链条中企业自身经营状况、供应链企业间合作关系、金融政策、经济大环境等，只有这些因素整体稳定、相互协调，供应链融资业务才能顺利推进并不断发展壮大。

1. 宏观环境影响因素

影响京东供应链融资的宏观环境因素主要涉及经济环境、法律法规以及政策扶持三个方面。首先是经济环境，京东供应链融资是由市场经济催生的一项金融业务，因而宏观经济状况与整个供应链条上所有企业都有着十分紧密的联系。良好的经济环境，一方面有利于国民收入的稳步上升与购买力的不断增强，大众的消费欲望得到显著提升，进而有效促进消费市场持续扩大；另一方面极大促进了互联网的快速普及与发展，加速了全行业互联网化的进程。伴随互联网与日常生活的日益融合，大众的消费理念以及对消费渠道的需求都有了较大改变，传统商业的市场份额逐渐被电子商务侵蚀。截至2015年底，国内互联网普及率超过50%，全年电商的市场规模达到

16.2 万亿元，电商业务近几年的发展可谓一日千里，消费者的网购热情亦持续高涨，这就给电商企业及其合作伙伴带来庞大的业务量，供应链条上众多中小微企业融资需求更加迫切。其次是法律法规，建立完善的法律法规体系可以营建良好的信贷环境与氛围，有法可依、有章可循是供应链融资业务顺利开展的重要保障。经过数次产品升级，京东供应链融资在信贷业务的各个环节都有不同程度的创新与突破，如企业资质评定、信用评级、还款方式与期限等。传统的供应链融资方式及其相关法律法规已然成为历史，互联网模式的发展速度与业务创新若要实现可持续性，则必须要结合及时跟进、不断更新完善的相关法律法规，只有在制度的规范与约束下才能规避各种潜在风险与纠纷。最后是政策扶持，京东供应链融资作为互联网金融的核心组成部分是一种新兴业态，其健康、快速、持久发展的很多条件当前还不完全具备，在资源整合、业务推进、行业氛围搭建等诸多方面亟须政策大力度的扶持与协助，在与传统行业相关力量进行博弈的过程中也需要政府出台相应的政策给予支持与引导，以便获得相对公平的竞争机会与生存空间以及发展必需的重要资源。

2. 融资参与企业因素

供应链融资参与企业分为两类，一类是京东这样的供应链核心企业，另一类是核心企业上下游有融资需求的合作企业。第一，对于核心企业而言，首先其综合实力是开展融资业务的基本保障，京东作为国内最大的自营式电商，其销售业绩、品牌知名度、用户忠诚度、市场占有率是供应链上其他企业所无法比拟的，强大的综合实力给京东带来了丰厚的利润，这也是京东供应链融资的关键所在。随着供应链融资业务的升级换代，京东逐渐摒弃先前与银行合作、用银行资金进行放贷的模式，而改用自有资金作为供应链融资业务的放贷资金源，这就保证了业务的高效与灵活性，并能获取更高的话语权与经济收益。面对当前急速增长的融资需求，为了保证放贷资金不断流，京东作为核心企业的综合实力与巨大的盈利能力至关重要。此外，从核心企业的风险把控能力来看，京东主导的供应链融资业务已趋向于由京东自身完成，包括从企业申请、资质评定、业务审核、授信、资金放贷、后续监管等全业务流程，这就要求京东对全程业务的监管具备系统性的把握，其对风险的防控能力尤为重要，直接关系到供应链融资业务的运行状况。另外，核心企业对供应链融资业务的重视程度，刘强东曾公开宣称，未来京东超过70%的收益将来自金融业务，这显示出京东立足供应链、开展融资等金融相关业务的决心与战略定位。第二，对于融资企业而言，首先是自身经营状况，供应链上绝大多数企业为中小微企业，限于规模、管理、资金、技术等诸多因素的制约，这些企业抵抗各种经营风险的能力较弱，而通过核心企业，这些企业之间会建立起各种间接的关联，一个企业出现问题就存在被供应链逐级放大的可能，从而引起连锁反应，对整个供应链融资业务产生较大的影响。另外，虽然京东有着海量包括交易、物流、订单等一系列后台数据以及先进的大数据技术作支撑，但由于存在企业间相互串联进行刷单，借助虚假交易伪造相关数据骗取授信额度的情况，京东仍然会面临由于不准确评估引发的信贷风险。道德风险很难完全避免，尤其在众多小微企业中非常容易发生，这也是融资参与企业影响整个供应链融资系统健康度的一个重要因素。

3. 供应链自身因素

供应链融资业务的顺利开展有赖于链条中各环节的相互依托与协调，供应链自身因素主要涉及包括物流、业务流以及资金流等若干方面。通过物流，京东可以获取很多高价值的信息，物流相关信息是京东制定授信标准的重要量化指标，物流周转能力越强代表整个供应链的运作效率就越高，这对基于供应链的融资业务是有效的促进与保障；业务流则预示着整个供应链业务的融合程度与顺畅程度，是衡量链条上企业间的协作关系的重要指标。良好的业务流程可以极大提高各种资源的利用率，在将各方利益最大化的同时，也非常有利于及时发现市场中存在的问题并作出与时俱进的修正与改进。业务流是资金流的一个前置条件，只有业务流通畅与高效，才有可能为企业带来更高的资金收益，并为企业后续扩充融资需求、增强还贷能力打下良好铺垫；资金流自然是企业生存的重中之重，没有良好的资金流，企业的生存都无从谈起，并且在供应链融资业务中，借贷双方最关注的两个点即资金的融入与放贷资金的偿还本质上其实都是资金流问题，资金流是贯穿整个供应链融资系统的"血液"，充沛、高效流动的资金流会极大促进供应链融资业务的发展。

4. 电商平台因素

京东供应链融资是基于电商平台开展的一项金融业务，在信息经济时代，基于信息技术实现的 IT 平台系统是业务开展的基础。京东作为电商巨头，除了物流，其他业务均是在其线上业务平台完成。京东金融平台是承载京东所有金融业务的电子平台，而供应链融资是这其中最核心的部分，其受电商平台的影响更为直接、深远。第一，电商平台自身业务构建状况，整个系统涵盖的业务类型是否全面、提供的功能是否友好、作为业务核心的信用评级系统是否完善、风险控制体系是否健全等都与融资业务的开展息息相关，只有成熟的业务系统才能有效支撑互联网经济时代体量庞大的业务规模，并在提供高效业务、提升用户感知的同时兼具可靠的风险管控，若电商平台自身成熟度不够高，则很难在不完善的"地基"下建立起融资业务的"高楼大厦"。第二，技术的实现状况与先进程度，京东供应链融资是在互联网时代背景下、伴随电子商务的快速发展而推出的互联网金融业务，电子商务具备业务量大、时效性要求高、业务发生频次高等若干突出特点，如何简化业务流程、方便用户使用、及时完成放款、提前预警风险等都需要通过技术来实现。京东供应链融资利用先进的大数据手段完成用户信用评级，实现融资全业务流程 3 分钟内完成，坏账率也远低于行业平均水平。与其说"秒级"融资颠覆了传统供应链融资的业务效率，不如说是平台技术的进步与胜利。

（四）京东供应链融资风险管控

电商供应链融资是信息时代下的产物，属于一种新兴业态，因此在业务开展过程中很多支撑、保障条件并不完善。加之供应链融资业务又属于金融领域，无形之中加大了面临各种潜在风险的概率，供应链融资若要实现快速、持续的发展，必须加大风险方面的投入力度并施以严格管控。

1. 法律风险

京东供应链融资是伴随互联网发展而诞生的创新型互联网金融业务，由于起步较晚，且业务类型、应用场景复杂多样，与之对应的法律法规建设相对滞后。传统的金融监管依据与手段已不足以很好地应用于互联网环境下的金融业务，跨部门的监管协调机制亦尚未形成，存在的种种问题导致互联网金融行业的法律监管依然有很多不规范、不完善的地方。近年来，我国相继出台了《电子签名法》、《网上银行业务管理办法》、《网上证券委托管理暂行办法》等法律法规，但这些法律法规也只是基于传统金融业务的网上服务制定的，法律定位不够明晰，有可能造成互联网金融企业在发展过程中的"越界"行为从而触碰法律"底线"（孙安妮、王晶，2014）。另外，在监管主体、职责和标准等方面的鉴定与划分亦不够明确。互联网是一个虚拟的平台，具有开放性和虚拟性的特点，其本身缺乏针对性，这就使得金融服务产品类型广泛化和多样化，而随着经济的不断发展以及互联网技术的普及和提高，互联网业务逐步向综合化转变，但是受我国目前管理体制的制约，在服务产品的管理上缺乏有效、统一、针对性的全面监管（赵平，2014）。

2. 信用风险

首先是上游供应商信贷偿还能力有限，京东传统的供应链平台中的供应商大多为中小企业，大多还保持着过去传统的惯性经营模式，内部管理混乱、生产结构不合理、生产效率低下，经常遇到资金周转困难，货物积压导致的产能、库存浪费加上较长的交易周期，使得供应商常处于资金流短缺的状态，很难产生规模经济，而因自身的资产负债率较高、经营规模和偿还能力有限，经常受到银行的高标准限制，往往造成处于京东上游供应链的中小企业融资难问题，难以预防的财务风险也随之产生。即便有了京东这样有良好信用率的"担保人"，由于内部的不稳定也容易受到一些大的经济市场环境的影响而违约。其次是不良企业的道德风险，由于各个企业之间的经营方式、财务状况和风险承受能力各不相同使得京东在对各个上游供应商的信贷能力进行风险评估时增加一定难度，此外还有许多本身喜欢冒险或者资信状况不良的企业的逆向选择风险、故意毁约等引发的道德风险。然而，在供应商金融里的委托贷款中，这一贷款带来的信用风险的主要承担者恰恰是京东本身，这无疑加大了京东的担保压力。最后是京东与上游供应商间的数据共享不充分，京东要想建立一个稳定的信用评价体系必然要得到全面可靠的数据加以支持，然而一些供应商由于规模较小管理不规范，许多数据的获取会有一定困难甚至少部分不良经营的供应商可能提供非真实数据以获取更高的信贷额度（李慧敏，2015）。加之技术和监督体系的不健全，很多企业即便在供应过程与京东紧密联系也不乏信息缺漏，还要考虑到一些内部数据的商业机密性，使得这些数据无法准确反映企业的真实偿还能力，都为合理地评估企业信贷带来了很大的障碍。

3. 市场风险

市场风险主要包括产业风险与企业经营风险两类。第一，产业风险。产业风险一般指宏观的政策、经济因素影响，导致整个产业的经营状况发生变化，造成企业无法还款的风险。第二，企业经营风险。由于市场利率、汇率等的变动，造成企业资金流紧张或由于市场竞争的变化（如替代品的出现）导致借款企业经营困难，无法偿还贷款的风险。

4. 技术风险

金融业务与互联网技术对接虽然大大提升了业务的便利性，但同时也带来了较为突出的信息和资金安全问题，即使已经发展成为较成熟的正规金融网络化平台，也面临因技术不成熟带来的风险。互联网金融整个过程都是在网上完成的，因此网络环境的安全及针对网络环境不稳定的应对措施对保证客户信息和资金的安全至关重要。此外，在虚拟化的网络中，针对客户身份的识别对金融业务的开展也至关重要（孙安妮、王晶，2014）。

5. 操作风险

（1）授信调查阶段的操作风险。第一，线上融资具有"需求急、频次多、金额少"的鲜明特性，融资企业有着"快速融资，快速交易"的诉求。银行在对贷款企业信用审查过程中，可能存在因时间紧迫带来的审查缺失。这些特点也进一步加大了银行对借款企业经营和资金状况的动态监控的难度，错失对借款企业违约控制的关键时刻点。第二，线上供应链融资的授信必定向着融资主体批量准入的方向发展，由传统的"单体授信"发展为"批量准入"，这个过程对银行的授信效率、授信精准度都提出了很高的要求。

（2）流程设计阶段的操作风险。第一，主要指因采用开放式或半封闭式流程设计带来的风险，即在流程设计中，银行或协作监管方无法对物流、资金流等形成封闭控制从而可能带来的损失。比如，在"电子订单模式"上游融资——"贷款生产模式"中，银行就难以通过对物流、资金流的控制防范风险，这也是在实践中很少有银行涉足该模式的原因。第二，在"电子仓单模式"中，"先货后款"还是"先款后货"的流程设计也会给银行带来不同的操作风险。

（3）融资审批阶段的操作风险。第一，由于审批流程不规范、审批人员越权行事等带来的操作风险。由于线上供应链融资尚属于新业务范畴，银行在融资审批中，可能存在审批人员权力界定不清楚、业务不熟练或流程不规范等问题，由此带来风险。第二，过度放贷带来的风险。在某一业务上放贷过多引起银行贷款结构的不合理，给银行带来潜在风险。第三，贷款定价的风险。过高的定价会导致款项回收

难度的增加，过低的定价则会导致银行既得利益的损失。

（4）贷后管理阶段的操作风险。第一，电子商务平台上的企业具有地域分散性的特点，交易双方往往处于异地，银行对质押物出入库、质押物审查等操作的监管难度较大，很大程度上只能完全认可并依赖于物流企业。此外，此业务中银行需要和不同地区的诸多物流仓储企业合作，给银行的走访、监管带来很大挑战。第二，风险预警作为风险管理的重要步骤，意义重大。在实际操作中，可能由于监控故障、人员失误等因素导致风险预警的滞后和缺失，给银行带来损失。

（5）贷款利用和回收阶段的操作风险。第一，借款企业将款项挪作他用或无法按期还款给银行带来损失的可能性。第二，当第一还款途径无法实现时，因质押货物的处置渠道缺乏，无法将质押物及时变现给银行带来的风险。

（6）其他操作风险。第一，线上供应链融资服务的整个流程基于电子化操作，交易信息、客户身份信息、账户信息等都要通过互联网进行传输，不能忽视黑客攻击、信息被非法窃取、篡改的风险。此外，线上供应链系统涉及金融系统、电子商务系统、物流仓储系统甚至企业 ERP 系统，是一个系统性的网络，一旦出现网络安全问题，导致的风险损失将是十分惨重的。第二，人员素质、能力风险。线上供应链融资服务的电子化操作流程，对各参与方提出了更高的要求，尤其是对业务人员的能力、素质提出了新的考验。业务人员素质、能力与工作内容的不匹配很可能产生操作风险。第三，商品编码不统一。目前，尚缺乏可作为质押品的商品分类编码，给各参与主体间信息流的传递和识别带来不兼容的问题（李志华、史金召，2015）。

四　互联网企业供应链融资的改善路径

在电商行业，金融可以算得上是食物链的最顶端，以供应链融资为核心的金融业务能够打造一个服务的闭环，将供应商紧紧地捆绑在自己的平台上，实践证明，这是一个争夺供应商的最有效办法。在具备优质上游供应商以及精准大数据能力的前提下，京东推出供应链融资业务是水到渠成的事情。近年来，伴随小微企业融资难的问题日益突出，京东频频加码互联网金融，尤其在供应链融资业务方面不断推陈出新，根据市场的实际需求不断升级、创新业务类型与模式，通过差异化定位及自建物流体系等战略，加之多年的经验积累和沉淀，目前京东已形成一套以大数据驱动的供应链体系，高效、便捷地为其上游供应商提供贷款服务。京东 CEO 刘强东表示，未来的商业竞争是供应链的竞争，而供应链融资业务提高了供应链整体运营能力，通过资金流带动整个链条不断向前滚动，从而实现供应链的有机整合。一路走来，京东在开展供应链融资过程中积累了众多宝贵经验，为我国电商开展融资服务、有效解决小微企业融资难问题、盘活产业链运作以及传统金融机构开展放贷业务等方面提供了诸多借鉴与启示。

1. 改善行业环境，完善相关法律法规，加强信用体系建设

以供应链融资为代表的供应链金融主体复杂，现有法律虽对债权人的权利主张有较为完备的规定，但由于供应链金融的业务模式多样，相对于传统业务其标准化程度较低，在信用捆绑、货物监管、资产处置、交易文本的确定等诸多方面涉及一系列新问题，现有法律还很难完全覆盖，这给供应链金融业务带来了一定的法律风险，而法律环境的变化还可能诱发供应链经营风险，危及放款方的合法权益。在传统的中小企业信用评价体系中，各金融机构对大中小企业的信用评级都采用统一的标准。当前，完善的中小企业信用评价体系仍然还未建立，在一个供应链生态中，上下游企业以及放款方之间缺乏可靠的信用基础。国家有关部门应当进一步提高发展供应链金融的意识，充分认识它对行业发展的带动作用，并积极完善相关政策法规，推动供应链融资体系和平台的建立。随着供应链融资的发展，对相关法律法规也有了新的要求，但是目前国内相关的法律还未能跟上供应链融资发展的步伐，阻碍了供应链融资业务的发展。因此，首先，国家有责任在不断进行市场建设的同时，加强对于供应链相关法律、法规的制定工作，以规范供应链融资中的行为，促进供应链融资业务的发展。其次，在法律、法规的逐步完备的同时，还要建立社会的信用体系。采取激励机制鼓励和引导各金融机构、第三方物流等企业都积极参与到供应链融资业务中去，推动供应链融资业务的发展。此外，政府要做好风险管理的执法工作，制定责任追究办法，创造一个公正的法治环境。

2. 加快信息化进程，优化业务运行效率，降低交易成本

现代市场经济中的信息技术扮演的角色已经越来越重要，它不仅可以提高经济运行效率，降低交易成本，为企业、市场创造更高的价值增

值，而且信息化水平已经成为一个企业的核心竞争力之一。我国大部分企业在自身信息化建设方面都存在投入不足的问题，难以满足供应链融资业务开展的需要，而且各个贷款企业、物流企业以及银行等金融机构在信息技术运用方面存在严重的不平衡现象，这直接导致供应链条上的企业以及贷款银行之间很难真正做到信息共享以及物流与资金流的有效监控和对接，严重制约了供应链融资业务的发展。我国目前开展的供应链金融业务基本上是在低效率运行，普遍存在信息闭塞、交易成本偏高等问题。供应链效率的提高主要取决于信息管理技术水平，通过信息沟通与共享使供应链条上的企业及时调整生产经营策略，实现供应链条上企业现有资源的高效整合、优化配置，实现其价值最大化。目前国内供应链融资业务开展过程中企业之间交流协作不足，在供应链流通过程中各个企业采用的标准也都是"各自为政"，没有达到标准化的程度，这样无形中增加了供应链融资的交易成本。而要突破目前供应链融资的技术环境瓶颈，构建供应链条上企业与银行之间各种物流、资金流、信息流有效共享的公共平台，需要各个参与方的相互配合与共同努力。

3. 充分利用大数据，增强核心企业全局把控力，有效降低风险

由于供应链融资是以整个供应链为背景、需要上下游企业共同参与，所以这种金融工具不再只由单个企业和银行操作，而是会影响到供应链条上下游所有的企业。一方面它可以分散单个企业力量不足的劣势、限制单个企业的信用风险，另一方面也可能会导致风险向整个供应链扩散。从供应链条上核心企业的角度来看，引入供应链融资虽然对其长远发展很有利，可以使其获得很多实实在在的利益，但不能否认的是风险也主要集中在了核心企业身上。核心企业应充分利用信息技术对数据进行分析，通过不断积累和挖掘小微企业的交易数据增强对客户的了解，努力解决信息不对称问题，对于既有客户，逐步提高客户开发的深度以全面了解客户。在服务小微企业的过程中，重视并逐步加强数据的积累，扩大客户分析的维度，将对客户的分析从财务数据逐步扩大至交易数据，提高小微企业数据造假的难度，从而进一步有效管理信用风险。

4. 加强供应链融资体系创新，因地制宜，实现供应链融资产品个性化定制

供应链融资链条各参与主体在不断提高自身意识和综合素质、合理利用供应链融资服务的同时，应加强创新战略，密切关注广大企业的融资需求，研发适应市场的供应链金融产品。①技术创新，通过互联网的技术创新，建立我国产、供、销的完整供应链信息系统；将互联网运用到基础产业和服务产业，建立起不同行业产品的基础供应链信息管理平台，为供应链金融实现技术的整体管理创造条件。②制度创新，实现对原有的银行分业管理向混业管理的转变，允许银行把非核心的业务合理有序地外包给专业的供应链第三方综合物流金融中介公司，允许诸如第三方综合物流金融服务公司中介服务的存在，并依法从事有关融资业务。③业务创新战略，在客户结构方面，改变过去以供应链核心企业等大客户为主的格局，开始关注规模较小或资质较弱的中小企业，可以分散客户集中度的风险，对占中国企业绝大多数比例的中小企业的经营发展有较好的促进作用。中小企业由于定位、业务、市场等的不同使得融资需求更是不尽相同，具有更加多样化金融服务需求特征，服务个性化成为供应链金融发展的又一趋势，各主体需要根据不同企业的具体信息来为其量身定做金融服务，提供更加灵活

和个性化的供应链融资产品。在提供个性化服务的过程中，供应链金融的产品和服务模式创新成为可能。

5. 重视人才培养，建立供应链融资专业人才队伍，提升行业全员整体素质

供应链融资业务是一项知识面广、操作复杂的业务，对从业人员要求较高，应尽快培养一批熟悉国际金融、国际贸易、法律、信息技术等知识的复合型人才。一方面，可以引进高水平高素质的复合型专业人才；另一方面，抓好全员经营理念的培训、信贷政策制度的培训，通过针对性学习，尽快提高银行业全员整体素质，尤其要尽快提高信贷人员的政策法律水平和业务操作技能，以适应供应链金融业务发展的要求。此外，要重视技术人才，构建或升级专门的信息技术支持平台，推进对供应链金融物流、信息流、资金流的实时处理。建立一支覆盖前、中、后台的专业化队伍，特别是加强对客户经理、操作人员的培训，提升其对供应链金融产品政策、流程等的全面掌握，并可通过建立相应的从业人员资质认证制度，要求从业人员持证上岗。

参考文献

［1］娄飞鹏. 互联网金融支持小微企业融资的模式及启示［J］. 武汉金融，2014（4）：6－8.

［2］刘淑娥. 化解零售业资金瓶颈：京东供应链金融［J］. 北京财贸职业学院学报，2014（4）：42－46.

［3］李慧敏. 京东供应链金融风险及对策分析［J］. 电子商务，2015（10）：60－61.

［4］潘霓. 供应链金融研究及案例分析［D］. 对外经济贸易大学，2013.

［5］王庆雯. 基于电子商务平台视角的供应链融资收益分析［J］. 商业经济研究，2015（19）：67－68.

［6］孙安妮，王晶. 互联网金融研究——以电商平台为核心［J］. 现代商业，2014（18）：64－65.

［7］赵平. 我国互联网金融风险分析及防范对策［J］. 经济管理，2014（4）.

［8］李志华，史金召. 供应链金融的风险识别与控制——基于线上、线下模式的比较［J］. 商业经济研究，2015（8）：99－101.

［9］马棒. 电商三巨头金融服务模式比较分析［J］. 商情，2013（42）：39－40.

［10］第一财经日报. 电商"搅局"小贷行业大数据助力风控［J］. 商，2014(44)：295.

［11］胡月. 线上供应链金融应用和服务分析——以京东为例［J］. 经营者，2015(9)：230－231.

分报告五
互联网企业盈利模式研究

互联网作为一个新兴行业在中国发展才 20 多年，但其发展态势之迅猛、影响范围之广、程度之深却是其他传统行业所无法比拟的。尤其是以阿里巴巴、腾讯、百度为代表的互联网巨头的崛起，更是令世界为之侧目。据最新数据统计显示，目前全球市值最高的 20 家互联网企业中，中国企业就占据 6 席，仅次于互联网的发源地——美国。是什么原因导致中国互联网公司可以在极短的时间内实现弯道超车，甩开欧洲、日韩且大有赶超美国之势？又是怎样的魔力使得淘宝在 2015 年 11 月 11 日的一天之内就完成 912.17 亿元的巨量交易额？在众人为之惊叹的同时，对其背后的盈利模式及商业逻辑也一定产生了极大的好奇。另外，近些年伴随智能终端市场的快速发展以及电信技术的不断升级换代，互联网的发展已从 PC 互联网快速向移动互联网过渡，尤其是 2015 年 7 月，国务院印发《关于积极推进"互联网＋"行动的指导意见》，这意味着互联网已由消费领域向生产领域拓展，越来越多的传统企业将借助信息通信技术与互联网进行深度融合，并创造新的经济生态。而在融合的初始阶段，互联网企业本身的盈利模式对经济社会的演化方向、传统企业的价值形态以及人们的生活、行为方式都会产生巨大的影响。因此，不论是从经济角度还是社会角度，对中国互联网企业盈利模式的研究具有十分重要的意义与价值。

一 我国互联网企业盈利模式特点

近些年伴随互联网的超高速发展，截至 2015 年，我国互联网用户数已达 6.68 亿，同比增长 6%，互联网渗透率为 49%，是世界上互联网用户最多的国家（如图 1－5－1 所示）。2014 年李克强总理提出"互联网＋"计划作为重要国家战略之一，显而易见，作为高科技的主力军，互联网企业在拉动实体经济、调整产业结构升级、推动创新发展和促进社会管理方面发挥着越来越重要的作用，成为经济新常态背景下的重要经济引擎。互联网发源于美国，作为全球头号科技强国，美国的互联网企业不论是在产品、服务、技术还是盈利模式方面都引领着行业潮流，但由于文化、语言及人口等多方面因素的影响，互联网在全球的发展并不均衡。在全球市值最高的互联网企业排行榜中（如图1-5-2所示），前20强中美国互联网企业占据11席，超过半壁江山，我国互联网企业紧跟其后，上榜6席，而欧洲则没有一家企业上榜。因此，从某种程度上来说，中美两国的互联网企业代表着全球互联网行业的最高水平，也决定着互联网未来的发展方向。从互联网商业化这几十年的发展来看，其发展分为若干个典型阶段，由于受到信息技术、硬件设备的普及度、广大消费者对互联网的认识及接受度等诸多方面的影响，在不同的阶段各互联网公司有着不同的业务重心以及发展策略，因此，其盈利模式也是处于一个动态调整与优化的状态。

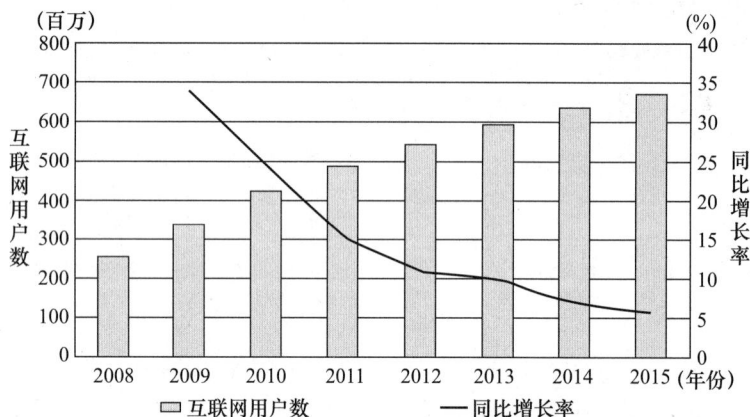

图1-5-1　2008～2015年中国互联网用户数

资料来源：KPCB《2016互联网趋势》。

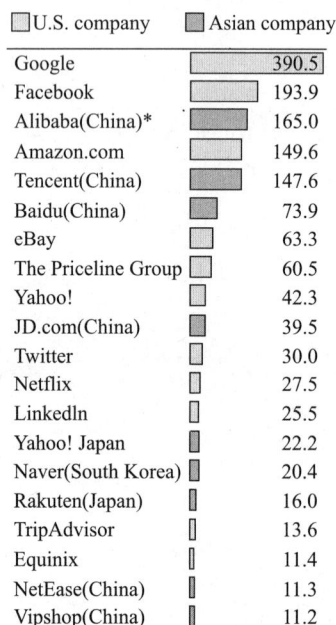

图1-5-2　2015年全球互联网公司市值前20强排名

注：单位为10亿美元。

资料来源：S&P Capital IQ；staff reports（Alibaba）；The Wall Street Journal。

就企业的盈利模式而言并没有统一的定义，有观点认为盈利模式是对企业经营要素进行价值识别和管理，在经营要素中找到盈利机会，即探求企业利润来源、生产过程以及产出方式的系统方法。还有观点认为，它是企业通过自身以及相关利益者资源的整合并形成的一种实现价值创造、价值获取、利益分配的组织机制及商业架构。依据企业在不同的发展阶段其管理者在主观能动性的发挥以及对盈利模式的认知程度等多方面因素，盈利模式分为自发的盈利模式和自觉的盈利模式两种。前者是自发形成的，起初企业对怎样盈利，未来能否盈利没有清醒的认识，企业虽然盈利，但盈利模式不明确、不清晰，因此盈利模式具有隐蔽性、模糊性、缺乏灵活性的特点；后者，也就是自觉的盈利模式，是企业通过在实践中对盈利模式进行总结，对盈利模式加以自觉调整和设计而成的，清晰性、针对性、相对稳定性、环境适应性和灵活性是它的显著特征。传统的企业在市场竞争的初期和企业成长的不成熟阶段，盈利模式大多是自发的；随着市场竞争的加剧和企业的不断成熟，企业开始重视对市场竞争和自身盈利模式的研究（江东臻，2010）。本报告首先将对互联网发展的阶段进行梳理，而后基于其不同的阶段，就对应盈利模式进行分析与研究。

（一）互联网发展阶段及其特征

互联网自从诞生、发展至今主要经历了三大阶段，阶段的划分标准主要是以访问互联网的流量来源以及用户对互联网的需求类型为主要依据。第一阶段是".com"概念阶段，其典型特征是一般的传统网站以及大型门户网站，在此阶段互联网作为一个新兴事物崭露头角，逐渐为大众所认知，此过程持续了十几年；第二阶段是各种网站、网络游戏、即时通信以及内容型社交网络并存，此阶段持续亦有七八年，目前我国互联网就处于此阶段的尾声；第三阶段是网站弱化、移动 App 与消息流型社交网络大行其道的阶段，这个阶段是近两三年正在发生的。

1. 第一阶段：WEB1.0 时代

互联网的存在形态主要是单向为用户提供静态内容的传统互联网网站。此时整个互联网的运作机制是：用户通过搜索引擎搜寻所需内容，并链接到相关目标网站。这种通过搜索引擎实现内容聚合的模式具有明显的短板：缺乏账号体系，用户群体分散，互联网公司与用户很难联系到彼此，关系维系、沟通成本高，导致互联网公司无法提供持续服务。

2. 第二阶段：WEB2.0 时代

各种互联网网站与内容流型社交网络（微博等）并存。这个阶段的典型特征是互联网企业可以通过社交网络的统一账号直接面对用户，而搜索引擎不再是唯一信息获取的渠道。有了账号体系，内容提供方与用户之间的互动就变得非常容易，沟通成本大大降低。另外，在内容提供方面，互联网企业不再简单地使用静态网站进行内容呈现，取而代之的是使用信息流（主要是内容流）提供相应服务与部分动态内容，而动态内容的主动推送，既可以提升互联网企业自身主动性又降低了用户搜寻的时间成本。在这个阶段，依托于社交网络的初步发展，用户成为了互联网的中心。另外，此阶段的应用与服务就便捷性而言还是无法跟后续的 App 相比，很多业务也受制于时间与空间的限制无法发挥出应有的效应。

3. 第三阶段

转型阶段当前互联网正处于向第三阶段的转型之中，即移动 App 与消息流型社交网络（微信等）并存。在此阶段，传统互联网网站固有的角色地位大为减弱，借助各种 App 互联网公司可以直接为用户服务，而无需通过搜索引擎或内容流型社交网络这两类中介。此阶段一个突出的特点是，用户可以突破时空的限制，通过各种移动智能终端随时随地享受互联网公司提供的服务。而在未来，可以想象移动 App 将发挥更多作用，从而完成互联网信息的全面整合。

从上述互联网发展阶段描述可以知道，第一与第二阶段属于 PC 互联网时代，这个阶段持续的时间相对较长，而第三阶段属于移动互联网时代，其发展时间则相对短暂，只是近些年伴随智能终端以及移动通信技术的快速发展才逐步活跃起来。由于 PC 互联网时代的深刻影响，时至今日，移动互联网依然受到其各个方面的影响。

（二）PC互联网企业盈利模式特点

在PC互联网时代，国内的互联网企业在企业形态、产品功能以及盈利模式等诸多方面基本以美国互联网企业作为效仿对象，在此期间，互联网企业形态以社区门户网站、电子商务平台、网络游戏公司等为主。中、美互联网企业的盈利模式亦是大同小异，其总体的盈利模式主要包括交叉补贴模式、平台模式两种，而这两类盈利模式又都各自包含了若干种不同的细分盈利模式（如表1-5-1所示）。本报告就不同的盈利模式并结合影响力等因素选取了中、美共计十余家典型互联网企业（如表1-5-2所示），从表中可以看出，就具体的互联网企业来说，一般不会是单一的盈利模式，而往往是采用以某种盈利模式为主、若干种盈利模式为辅的相互交叉、融合的复合型盈利模式，如电子商务公司除了通过电子交易赚取价格差之外同时还会有一定的广告收入，而社交平台也同样在广告及增值服务方面均获得相当大的收益。

表1-5-1　PC互联网企业盈利模式细分

总体盈利模式类型	细分盈利模式	
交叉补贴模式	广告	
	免费增值模式	
	游戏	
	劳务交换	
平台模式	电商平台	产品销售
		广告
		会员费
		商铺租金
	社交平台	广告
		会员费
		虚拟货币

表1-5-2　PC互联网时代中美互联网企业盈利模式对比

国家	盈利模式	典型企业	盈利模式内容
美国	交叉补贴模式	Google	广告+互联网增值服务
		Yahoo	广告+互联网增值服务
		Facebook	广告+互联网增值服务+开放API分成
	平台模式	Amazon	产品销售+广告
		eBay	商铺会员费+交易佣金+广告
中国	交叉补贴模式	腾讯	广告+增值服务（网络游戏、互联网、电信运营商）
		百度	竞价排名+网站联盟
		盛大	植入式广告+网游增值服务+付费文字
		三大门户	广告+在线游戏+无线增值业务+其他
	平台模式	阿里巴巴	会员费+广告
		京东	产品销售+商铺租金+广告

1. 交叉补贴模式

交叉补贴模式是一种以某一基础性产品实行免费或低价带动相关产品的销售量的增长，而相关产品则实行收费的一种模式。吉列的"剃刀和刀片"的模式就是传统行业的交叉补贴模式的典型案例。"终端+应用"、"免费+收费"的盈利模式是移动互联网交叉补贴模式中最常见的模式，在运营企业得到广泛应用（王美艳，2012）。交叉补贴模式贯穿PC互联网与移动互联网时代，是最常见、使用频率最高的盈利模式，其主要由广告、增值服务以及劳务交换等几种模式组成。

（1）广告。互联网广告是电视广告的延续，只是广告的承载媒体更换为互联网。这种凭借互联网建立的新型传播方式，通过人们的点击浏览实现互联网的经济价值，是企业宣传的有效途径。本质上，互联网广告其实是"免费+广告"

模式，即在用户免费享受互联网内容服务的同时，通过合理植入一些商业广告获取收益，属于前向免费、后向收费的模式。互联网最早出现的广告形态是条幅，英文叫 banner，早期的门户网站和个人网站主要靠这个创收，后来出现了文字链的形式，直到谷歌、百度搜索引擎推出了竞价模式，这种以关键词搜索点击付费的广告模式成为互联网的主流广告模式，也是广告模式中最具盈利能力的模式，后来的电商平台淘宝的淘宝直通车也采用了这种竞价模式。同时，出现了以百度网盟为代表的广告联盟，聚合网络广告资源采取和网站主分成来形成盈利模式。再到后来的视频、音频媒体形态的出现，以及近期自媒体形态的出现，出现了视频、音频以及自媒体广告模式（蓝马，2016）。广告是互联网发展的重要"地标"，伴随互联网广告模式的不断演变与发展，从 Yahoo 的门户模式到 Google 的搜索模式再到 Facebook 的社会化模式，预示着一个新互联网时代的到来。

（2）免费增值模式。互联网企业的增值服务盈利模式其实是在基础服务免费的基础上加载收费增值服务，即通过提供免费基础服务吸引用户的注意力，利用眼球经济快速达到积累用户规模的目标进而开拓市场。当用户规模达到一定程度，再向用户推出更优体验的应用、更强功能的升级以及其他附加功能等有偿增值服务，通过这部分业务收取费用来推进企业的发展，同时培养高忠诚度且愿意付费的用户群。这其中，从免费基础服务到收费增值服务，收费的标准以及产品或服务的可替代性对于用户是关键敏感因素，决定着此种盈利模式的成败。增值模式的主要代表有腾讯会员、QQ 空间、网络游戏道具以及 360 杀毒在线技术服务等。

（3）游戏。网游对于互联网来说堪称完美的商业模式，其天生就伴随着暴利的影子，属于最早进入暴利盈利通道的互联网行业。早期盛大拿出 50 万元靠代理一款韩国网游——传奇，开创了网游盈利神话，凭此一举，陈天桥一跃成为当时的中国首富，自此后，国内网游行业进入爆发期，盈利模式从先期的售卖点卡，到史玉柱开启免费玩游戏而靠售卖道具盈利的模式后，网游行业步入了道具盈利模式，同时也伴随了广告植入盈利模式。从 PC 互联网到移动互联网，网游一直是最持续的盈利模式。

（4）劳务交换。劳务交换模式是网络经济学思想在互联网市场盈利模式方面的突出体现，试图借助劳务交换的方式实现盈利的应用一般具备鲜明的 Web 2.0 特征。在该模式中，用户所付出的"劳务"在一定条件下，将有可能使厂商获得在竞争中居于不败之地的难以被复制的资源和能力，用户并不需要为享有的服务支付任何费用，但他们的参与（如普通使用、点评、内容收集、信息整理等）却有可能产生积极的外部性，从而通过其他多种创造性途径为服务提供者做出贡献，如服务数据的丰富与精练、帮助产品改善服务质量等，上述贡献的结果通常可进一步提升产品价值，从而实现产品提供者与其使用者之间的互惠双赢。进而，产品提供者可利用上述劳务交换过程中用户所产生的价值，转而采用诸如广告、交易市场、交叉补贴等其他盈利方法，实现最终的盈利（屈雪莲、李安英、陆音，2010）。

2. 平台模式

在平台经济中，平台型企业本身可以不生产商品，它们通过提供交易空间、场所或系统促进双方或多方客户的交易，并从中受益（吴淑娥、黄振雷等，2015）。近年来互联网平台崛起，已成为新经济的引领者，互联网行业巨头也基本都是平台型公司。随着用户数量的增长，网络的价值呈指数级增长，这种正的外部性令互联网平台成长很快，价值急速攀升，远超原有经济中依赖规模成长的企业。在达到一定用户基数后，平台的加速成长态势明显（孟晔，2016）。平台型企业主要包括电商平台以及社交平台两类。

（1）电商平台。电商主要有 B2B 和 B2C 两种模式，B2B 的典型代表是阿里巴巴，B2C 的典型代表是亚马逊、京东，电商包括信息流、资金流和物流三个要素，信息流在门户时代就有了，资金流和物流随着支付宝的出现以及"四通一达"为代表的快递公司的出现，为电商的发展提供了支撑条件。电商，用朴素的说法，其实叫网上贸易更能反映其本质，其本质就是把线下的商务活动搬到了线上。电商的业态有平台型电商和自营型电商，淘宝是典型的平台型电商，其盈利模式是通过广告费、技术服务费和交易佣金来创收，京东是典型自营性电商，主要通过自买自卖电器和 3C 产品创收。随着电商基础环境的完备，电商已成为互联网产业变现的主要途径（蓝马，2016）。

（2）社交平台。互联网步入社交时代，开放平台逐渐成网站发展的趋势。阿里巴巴数十亿元入股新浪微博，投入推广"来往"手机通信软件，传统的互联网巨头百度、腾讯也都相继在互联网社交平台领域发力，抢占互联网社交平台格局形成前最后的席位。百度先后投资或收购了91 手机助手、爱奇艺视频网站、去哪儿旅游等互联网入口企业。腾讯在原有 QQ 聊天软件的优势下推出"微信"手机聊天软件，坐上了手机聊天软件的第一把交椅（陈冬琳，2014）。社交平台的盈利手段还是以广告为主，另外，会员费用以及部分增值服务也是收入来源之一。互联网正在迎来社交平台化的时代，所有的互联网企业都在加紧抢建自己的互联网社交平台。互联网社交平台不断改变人们的行为生活习惯，在未来用户绝大多数的行为关系将通过网络来完成。

（三）移动互联网企业盈利模式特点

近年来，在移动通信技术不断升级和智能终端尤其是智能手机产业（如图 1 - 5 - 3 所示）飞速发展的双重推动下，移动互联网已成为当下发展最快、市场潜力最大、前景最诱人的行业，它是指用户使用智能终端，通过接入移动或者无线网络访问互联网并获取互联网服务的一种新兴产业。作为移动通信与互联网从终端、软件到业务全面融合的产物，移动互联网不但延承了传统桌面互联网免费、开放、长尾、去中心化的特征，更衍生出了移动性、实时性、可定位性、便携性等独特优势，业务类型涵盖了信息服务、社交分享、位置服务、广告服务、搜索服务、电子商务、游戏娱乐等多方面（占亿民、李鑫等，2014）。移动互联网市场与本土运营商环境和生活形态等有较大关联，这使得我国的移动互联网行业，很难如同桌面互联时代一样，通过借鉴他国经验来探索商业模式。我国的移动互联网行业发展几乎是与世界同步，甚至一定程度上还领先于其他国家。移动互联网领域在移动通信终端上实现了多种信息处理，已不是单靠哪一家企业、哪一行业的企业所能实现的，需要操作平台商、应用开发商、移动运营商、手机制造商、芯片厂商以及内容提供商在平台、应用、运营、硬件、芯片、内容资源等方面全面合作。终端的功能越多元化，资源整合的工程越复杂。因此，产业竞争的成功是产业链所有环节成功的结果，缺少哪一个环节，都可能带来竞争的失败。在这样的要求下，产业链上某一环节的骨干企业都在以某种形式努力整合产业链的所有资源，以打造有竞争力的产业链。而整合形式大多是号召成立组织严密、程度不一的产业联盟，这使得产业联盟成为移动互联网盈利模式的核心（唐建，2014）。步入移动互联网时代后，互联网企业的盈利模式部分是继承并发展了 PC 互联网时代的盈利模式，如广告、增值服务等，部分是根据移动互联网时代独有的特征新开创的新盈利模式（如表 1 - 5 - 3 所示）。

（百万）

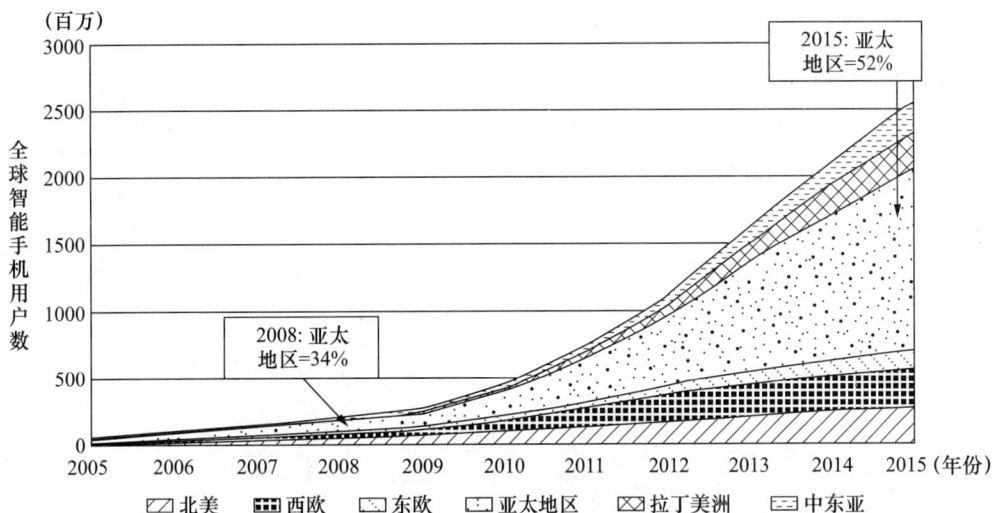

图 1 - 5 - 3　2005～2015 年全球智能手机用户数

资料来源：KPCB《2016 互联网趋势》。

表 1 - 5 - 3　移动互联网企业盈利模式

	总体盈利模式类型		备注
继承 PC 互联网盈利模式	交叉补贴模式		根据移动终端特性进行功能及模式的调整与强化
	平台模式	电商平台	
		社交平台	
		金融平台	互联网巨头纷纷涉足金融领域，形成平台重要延伸
移动互联网创新盈利模式	"终端 + 平台 + 服务"模式		代表企业：Apple
	"软件服务化"模式		代表企业：Google、Amazon

1. 交叉补贴模式

（1）广告。在移动互联网时代，无论是广告的内容、形式以及接收终端，都有了明显变化。一方面，由于互联网智能终端具有随身性、私人性和可定位性的特点，运营商和 SP 可以精确地获取用户的兴趣偏好和状态信息（如地理位置信息），可以实现信息传递的精准性、高效性和多样性，将对用户的影响降到最小化的同时，获取更佳的广告效果和更高的广告价值（吴雷，2015）。从美国最新数据统计来看，移动互联网广告是互联网广告保持高速增长的核心动力（如图 1 - 5 - 4 所示）。另一方面，由于手机屏幕尺寸的限制，移动网络广告极易导致用户反感。因此，相对于 PC 互联网，在移动互联网上做广告要面临更多的问题和挑战。目前移动广告分发形式主要有两种：一是基于运营商定向和客户端应用的互动营销和推送营销的 PUSH 类广告；二是通过在移动终端上展示以吸引用户主动浏览的 PULL 类广告。百度近年大力押宝移动互联网，2013 年，百度将 25% 的研发经费，都投向了移动端。截至 2013 年第四季度，百度已经拥有 14 个用户数过亿的 App，包括百度移动客户端、百度手机助手、移动地图、爱奇艺、91助手等。在"移动搜索＋应用商店"的移动战略下，现在百度手机端互联网用户数量已经超过了 PC 端用户数量。截至 2014 年第二季度，该公司的移动营收占比已经达到公司总收入的 30%，且这部分收入主要来自移动搜索广告。可见，移动搜索推广已经成为百度在移动互联网时代最有效的商业模式之一。移动广告的形式经过了短信营销广告、彩信报刊广告等形式，一直到如今基于各类操作系统的移动应用成为了移动广告的主要载体（吴雷，2015）。2015 年，中国互联网广告支出超过电视广告成为广告整体支出占比最高的部分，其占比达到 42%，该占比甚至高于同期美国 39% 的占比水平，可见国内移动互联网的广告市场正处于急速增长期。

图 1-5-4 2009~2015 年美国互联网广告

资料来源：KPCB《2016 互联网趋势》。

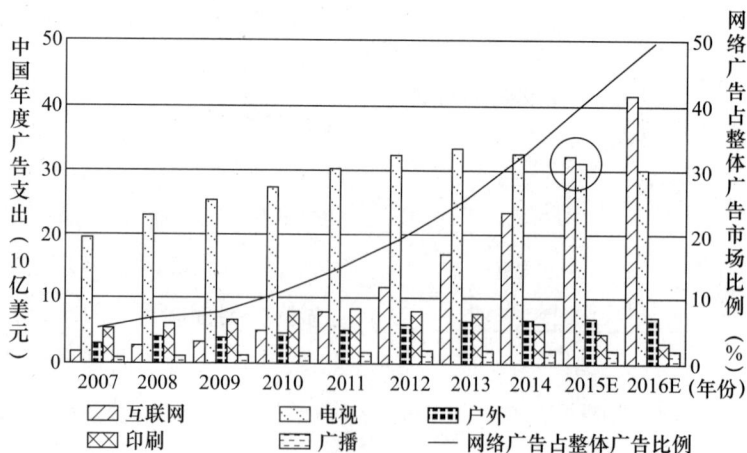

图 1-5-5 2007~2016 年中国不同广告支出及占比

资料来源：KPCB《2016 互联网趋势》。

（2）免费增值模式。"免费增值模式"（The Freemium Business Model，Free + Premium = Freemium），延承自传统桌面互联网，以终端用户为付费对象，通过移动互联网服务所衍生的增值服务进行收费。在移动互联网时代，增值业务的发展在于如何挖掘用户的潜在需求，如何在不同的场景下给用户提供更多可能性的服务。国内互联网企业中增值业务做得最好的无疑是腾讯，其增值业务一直是互联网行业的标杆，也是国内会员模式创立的鼻祖。以成立 14 年的 QQ 会员为例，依附于 QQ 平台的用户群和功能支持，已经在很多时候成为了用户身份的象征。然而，随着移动互联网的快速发展，以 QQ 会员为首的腾讯增值业务也开始面临挑战。虽然 QQ 会员在 PC 端拥有完善、成熟的体系，但在向移动端转移时，面临的最大问题是界面的减小——手机端所能呈现的内容有限，以及用户社交行为的转变——移动社交延伸出了更多类似于购物、吃喝玩乐等行为，这些可以让社交延伸到线下。在此基础上，手机 QQ 对原本 PC 端的增值服务体系进行了选择性的移植和整合，并针对移动互联网下的用户习惯进行了探索。一方面，手机 QQ 把在 PC 端的等级体系、荣誉体系等成熟做法进行了移植。同时，针对移动屏幕的限制，QQ 会员、超级 QQ、红钻以及超级会员几大业务品牌，将逐步向超级会员整合，为用户提供个性表情、气泡等一些更符合用户在移动互联网下使用习惯的功能，制造新的用户价值。另一方面，随着腾讯投资京东、大众点评、滴滴打车等一些公司，QQ 会员在移动生活特权上进行了拓展，即将推出一系列可以让用户享受到更多生活优惠的特权服务。以会员与京东的合作案例来看，两者的会员体系将打通，会员用户的等级可以与京东商城的会员等级对等，这样会员用户便可享受到京东会员才享有的各种折扣或优惠特权。而对于京东来说，则共享到了会员优质海量的用户群。正是通过会员增值服务在移动端进行的积极探索，使得 QQ 在移动互联网下的增值服务获得了持续的增长。根据腾讯财报显示，腾讯 2014 年第三季度营收 198.08 亿元，同比增长 28%。其中，增值服务业务营收达到 160.47 亿元，较上年同期增长 38%，占收入总额的 82%，整体占比较上年同期增加 7 个百分点（CCTIME 飞象网，2014）。

（3）游戏。与传统的桌面互联网游戏相比，移动互联网游戏具有时间碎片化、终端型号不易标准化、视觉听觉效果不佳，以及易推广实名制等特点，移动游戏的主要类型以手机游戏（简称"手游"）为主。2009 年我国手游用户数量只有 7400 万，到 2015 年时已经达到 3.148 亿，其增长速度可谓喷发之势。手游终端的便携和移动的特点能够满足随时随地游戏的需求，因而比需要长时间坐在 PC 前的传统游戏更易普及。豌豆荚、App Store 等第三方平台也帮助游戏进行了运营推广，为用户提供了更多的选择，进一步促进了手游行业的发展。在我国，游戏已被证明是最成熟的互联网商业模式，随着 3G 网络的普及和 4G 网络的展开，以及游戏质量的提高和体验效果的加强，可以预见，游戏模式的发展潜力巨大（唐建，2014）。移动互联网公司从游戏产品中取得了可观的收益。例如游戏《愤怒的小鸟》每月为公司带来 120 万美元的营业收入，而免费版的安卓版《愤怒的小鸟》游戏内置广告每月的营业收入已经达到 100 万美元。据国内专业人士分析，《愤怒的小鸟》日广告展示超过 3 亿次，月广告展示超过 100 亿次，按每次点击 0.2 元计算，月收入就超过 3000 万元。此外，《愤怒的小鸟》在 2012 年开始从线上转向线下，销售 2000 多种《愤怒的小鸟》周边产品，中国的一些中小型移动互联公司在此成功案例的推动下也更多地尝试开发游戏产品，并取得了一定的收益。

与 PC 设备相比，手机、平板等智能移动终端上的游戏的移动性、便携性和随处可玩的特点更能满足用户碎片化时间的利用，移动互联游戏已经成为一种极为普遍的娱乐方式。加上游戏的收费方式极为灵活，可大部分免费玩，小部分收费，按道具收费、购买充值卡、按月付费、付费激活游戏中的关卡，内置广告营收、周边产品营收等，是极为适合中国用户的盈利模式。移动互联游戏有可能是未来几年移动互联网收入增长最快的部分（梁晓音，2013）。

2. 平台模式

（1）电商平台。移动电子商务类商业模式是由传统互联网的电子商务演变而来的一种灵活、高效的电子商务，已经成为各大电商力捧的新盈利点。它是指通过移动终端设备接入移动通信网络，随时随地获取各种商业信息，开展交易活动。目前，我国的移动电商已具有一定规模而且还将继续扩大，已经逐步挑战传统购物和传统电商。根据中国电子商务研究中心发布，2014年，中国电子商务市场交易规模达到 13.4 万亿元，同 2010 年的 4.5 万亿元相比，翻了三倍多，发展态势十分强劲。随着 4G 网络的普及，网络消费群将不断扩大，生产者和消费者的话语权得到扭转，消费者的话语权将更加牢固。消费者需求更加个性化、具体化，而传统工业的标准化、规模化生产逐渐受到挑战，因而，未来商业发展的盈利点将落在如何让用户定制产品和服务，以提供个性化服务（王喜荣、吴玉红，2015）。为应对移动电商的迅猛发展，第三方移动支付呈现了快速发展的态势，支付宝、银行等均推出了各自的移动支付产品，包括移动等三大运营商也成立了"手机钱包"等支付公司，以满足快速增长的移动支付需求。2013 年夏天上线的微信支付，更是将移动支付的便捷性推上了一个新的台阶。随着国内的信用体制和移动支付体制的完善，相信不久就能够实现手机直接结算小额费用，手机信用卡结算大额费用，这将大大提升移动电商的进程。在移动电商的众多服务模式中，线上至线下（Online to Offline, O2O）作为具有巨大潜力的蓝海，特别是被视为最有机会打破淘宝系高度集中现状的一种模式，受到了众多从业者的青睐。O2O 是线上付费、线下消费的一种交易形式，其实质是电子商务的一种形式。在桌面互联网时代，从早期的线上预订旅游、预订票务，到后来的团购服务，都验证了这种模式在我国的可行性，但受限于物流、支付条件等，发展缓慢。目前我国移动互联行业的 O2O 服务只能满足单项需求的应用，比如"快的"提供打车、"大众点评"提供找餐馆服务等，缺乏提供"一站式服务"的平台来满足用户多种多样的本地化需求。从这一点来看 O2O 还处于发展初期。随着移动互联网本地化的深入，特别是移动支付的发展，以及与基于位置服务（Location Based Service, LBS）签到的结合，越来越多的 O2O 应用逐渐出现。未来将有可能出现规模类似于"淘宝"的提供"一站式服务"的 O2O 平台，届时将大为推动 O2O 和移动互联网的发展。艾媒咨询研究数据显示，2011 年中国 O2O 市场规模为 562.3 亿元，预计五年内将超过 2200 亿元，其未来前景广阔。目前包括腾讯、网易、百度等在内的互联网大佬纷纷在 O2O 市场布局，特别是从 2013 年末开始，阿里与腾讯为争夺打车市场，"快的"和"滴滴"共"烧钱"9 亿元，这验证了 O2O 蕴藏的大量商业机会（唐建，2014）。阿里巴巴是致力于移动电子商务业务发展的典型代表，在移动互联网的布局则是两条腿走路，一是自有产品自然延伸到移动端，例如手机淘宝（微淘）、手机支付宝；二是跨界投资入股，包括微博、高德、UC、虾米、友盟、陌陌、丁丁等。目前，阿里巴巴的移动互联网的商业模式依然是围绕电商，从 B2B、C2C、B2C、B2B2C 等模式延伸到线上线下相结合的 O2O 模式。这种 O2O 模式算是移动电子商务模式的典型代表，它把线下商务机会与移动互联网有机结合在一起，客户可以通过移动终端筛选服务，在线支付、结算，也可以先体验、再结算。随着模式越来越成熟，O2O 将会为用户提供更好的体验和服务，将会促进移动电子商务的发展（吴雷，2015）。目前，在移动互联网的助力下，不论是零售业的排名（如图 1 - 5 - 6 所示）还是电商市场份额增速（如图 1 - 5 - 7 所示），相对于美国电商，国内电商企业的发展势头更为迅猛，后期发展空间也更为巨大，相信在不远的将来，中国互联网企业将一跃而起成为全球电子商务领域绝对的领导者。

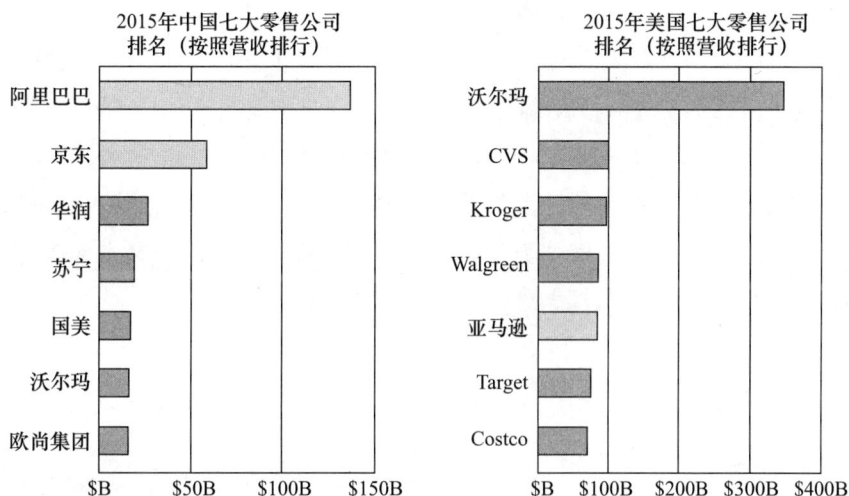

图 1 - 5 - 6　2015 年中美零售公司排名

注：▢表示纯电商

资料来源：KPCB《2016 互联网趋势》。

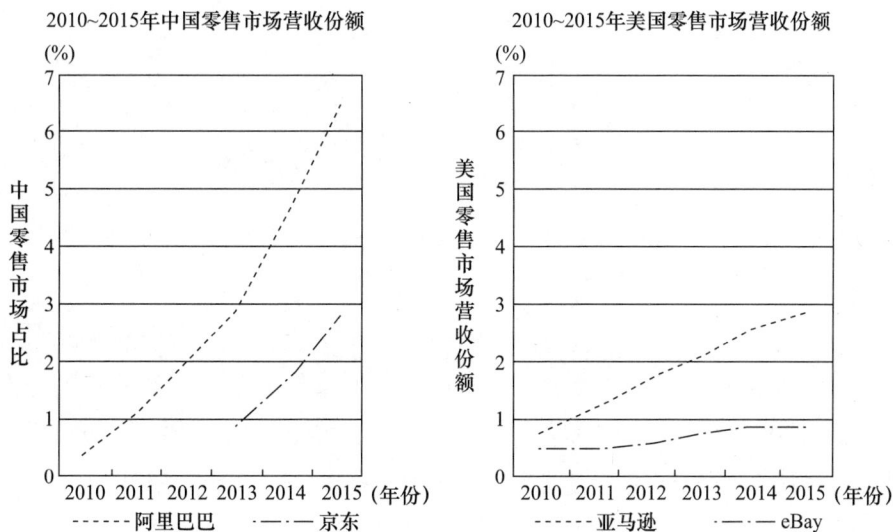

图 1 - 5 - 7　2010 ~ 2015 年中美电商市场份额

资料来源：KPCB《2016 互联网趋势》。

（2）社交平台。在移动互联网快速发展的同时，越来越多年轻态用户衍生出了丰富多样的社交需求，对应互联网公司的盈利模式在原有模式基础上也随之进行了拓展。首先，原有广告模式仍是最基本的盈利模式，社交平台依靠巨大的人气，广告收入延续了 PC 互联网时代的辉煌。例如，2014 年 Facebook 仅第三季度广告收入就达 29.6 亿美元，同比增长 64%，Twitter 在 2014 年第二季度的广告收入达 2.77 亿美元，同比增长 129%。在国内，微信将可以搜索附近的商户，而今后可能到来的朋友圈广告则会大幅增加微信的广告收入，据腾讯内部对朋友圈广告的评估结果是每年 100 亿元的收入，若如此，微信则可能改变腾讯长期以来以游戏和会员服务为主的盈利模式。其次，原有会员费以及包括表情、贴图、游戏等增值服务依旧得到保留，在盈利理念上并没有太大的变化。最后，社交平台盈利模式引入的新鲜"血液"是开启电商业务，根本动机就是将庞大的平台流量转化为电商流量进而最终实现变现。陌陌在 2015 年 1 月推出了礼物商城，开启了自己的社交化电商探索之旅，而微信在 2014 年便加大了对自身移动电商生态的建设，不但力推服务号，还上线了微店，通过微信进行电商购买的比例同比增长势头迅猛（如图 1 - 5 - 8 所示）。总体而言，社交驱动型消费是社交平台探索盈利模式的重要拓展方向。随着移动互联网、物联网的建设与普及，互联网社交平台必将越来越深入人们的生活，构建可持续社交消费场景，利用社交压力制造高溢价将是诸互联网社交平台盈利模式的突破口。

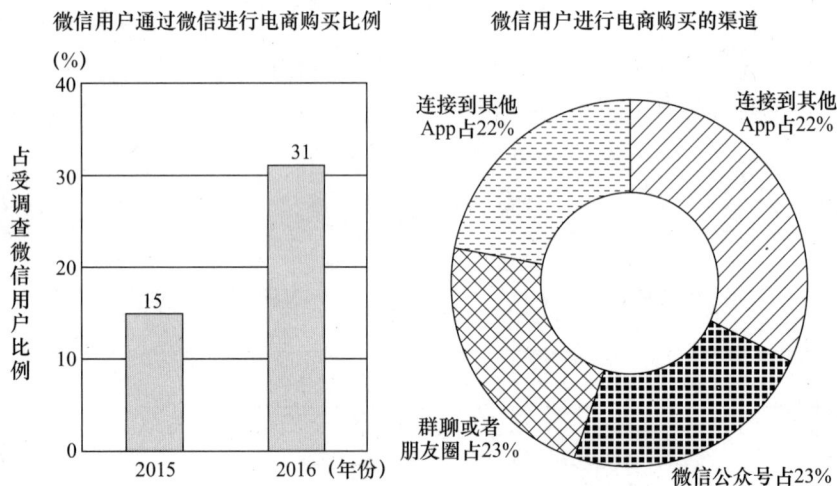

图 1 - 5 - 8　社交平台加速电商化融合进程

资料来源：KPCB《2016 互联网趋势》。

（3）金融平台。作为市场的一大热点，互联网金融近些年的发展可谓风生水起，而移动互联网的快速崛起为两者的融合带来更大的发展空间。近几年，国内各互联网巨头依靠自有核心资源及培育多年的生态圈纷纷以重金打造金融平台，并期望借此开创新的盈利结构，如京东 CEO 刘强东就曾对外宣称未来京东 70% 的盈利将来自互联网金融。移动互联网金融快速发展主要体现在：第一，业务量巨大。中国第三方移动支付市场由于巨头的补贴和 App 的活跃，使得人们的习惯逐步适应移动端，给人们带来了巨大的方便，移动支付在 2013～2014 年得到高速发展；在线上增长相对缓慢后，各大第三方支付机构开始扩展线下，如餐馆、超市、商场等，使其线下消费场景的业务得到增长。在 2015 年中国第三方移动支付市场交易总规模 9.31 万亿元，同比增长 57.3%。移动支付交易规模市场份额前三名分别是支付宝 72.9%、财付通（微信＋手机 QQ）17.4%、拉卡拉 3%（如图 1 - 5 - 9 所示），支付宝由于其电商业务和金融业务的支撑，以及线下场景的开拓，使其遥遥领先。而财付通则是以连接器的方式，连接各行各业，如打车、餐饮、理财等，使其得到增长。拉卡拉依托其线下社区电商和金融业务。百度钱包则是手机百度、百度糯米、百度地图、91 助手等 14 款用户过亿 App 入口流量的打通，使其在电影票、餐饮等 O2O 领域得到发展（比达咨询，2016）。第二，移动互联网金融产品不断创新。随着 3G、4G 网络的不断完善、智能终端不断普及以及移动互联网与金融业融合步伐的加快，在产业链的共同努力下，移动互联网金融不断创新，各种移动互联网金融产品和服务层出不穷，移动支付、手机银行、微信理财、微信支付、二维码支付、虚拟信用卡、微信银行、手机 App 等不断推出，表现出旺盛的生命力。尤其是传统金融机构、以

BAT 为代表的互联网公司以及电信运营商积极布局移动互联网金融，加大移动互联网金融创新力度，新产品、新应用不断涌现，很好地满足了广大用户的金融服务需求。如今，通过移动互联网，通过手机，支付、缴费、网购、微信支付、送红包、理财都可以在手机上完成了，移动互联网金融呈现繁荣发展的局面。第三，互联网巨头积极推进。腾讯自 2013 年 11 月推出微信支付后，2014 年 1 月 22 日，腾讯微信移动理财平台理财通正式上线，首日收益率达 7.394%，为吸引用户，腾讯派发总额达 1000 万元的红包，与阿里巴巴的余额宝展开钱袋争夺战。同时，百度理财也推出百发和百赚两款产品。阿里巴巴于 2013 年 7 月终结 PC 端支付宝用户转账免费的策略，率先布局移动支付，上线手机端支付宝钱包。支付宝钱包内置了余额宝，并大打"开放"牌，将 8 亿注册账户全面开放给第三方应用，并新增应用中心，允许接入的第三方应用出现在首屏上，如今从 PC 端转战手机端的支付宝用户超过四成（中国信息产业网，2014）。另外，阿里巴巴旗下金融公司蚂蚁金服借助支付宝的优势资源搭建中国金融服务的一站式平台（如图 1 - 5 - 10 所示）。

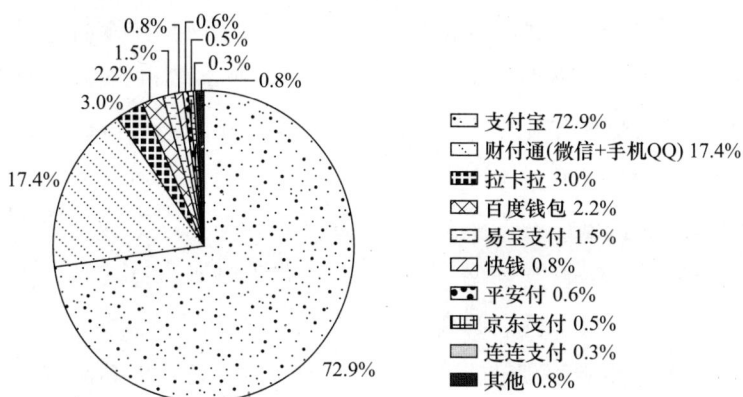

图 1 - 5 - 9　2015 年中国第三方移动支付交易规模市场份额

资料来源：KPCB《2016 互联网趋势》。

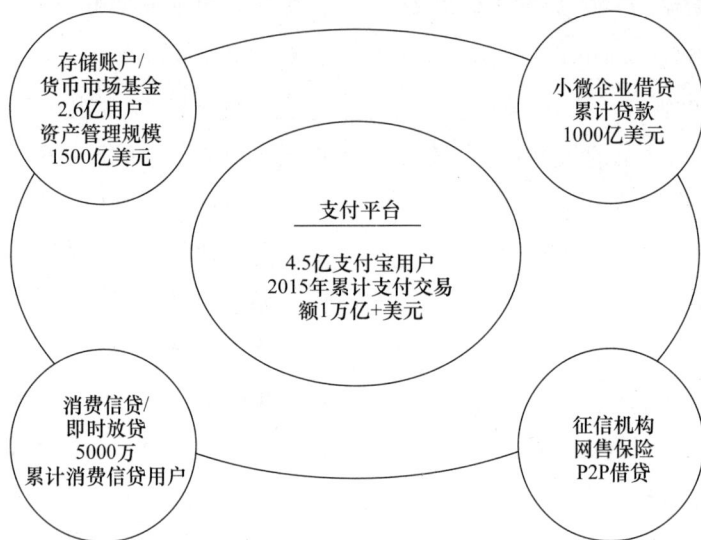

图1-5-10 蚂蚁金服打造金融服务一站式平台

资料来源：KPCB《2016互联网趋势》。

3. "终端+平台+服务"模式

在移动互联网时代，智能手机、平板电脑等智能终端的发展已经呈现出"全能化、智能化、网络化"的功能特点，可以满足人们日常生活的绝大多数需求，从某种意义上讲，已经真正地成为了"人体的延伸"。对于移动互联网产业而言，整合产业链上下游资源，提供良好的用户体验，建立从软件到硬件，从平台到应用的"终端+平台+服务"软硬一体化模式，是产业发展的重要驱动力。苹果公司就是这种模式的杰出代表，它正是通过制造 iPhone 终端、搭建 iOS 系统平台、创立 App Store 服务应用，以软硬一体化的模式，牢牢占据了产业链的主导地位，凭借强大的话语权与各路运营商展开合作获取收入分成，获得了巨大的商业成功（吴雷，2015）。随着智能手机的普及，手机终端的网络化逐渐显现，从只能承载话音业务变成既能承载话音，又能传送数据、图片、视频等多媒体业务，还能连接互联网，具有收发邮件、移动办公、网上交易等互联网终端的业务特性，成为多媒体信息收发的智能化信息终端。未来移动终端与应用的结合将非常紧密，"终端+业务"一体化模式将成为未来移动互联网领域的重要盈利模式之一。以 iPhone 为例，其打造了一种"终端+服务"的理念，改变了传统游戏规则中终端制造企业只能通过制造终端来获取利润的固定模式，通过前后向的整合，将互联网体验完美移植至移动终端，在应用开发方面与 Google 结盟，在网络运营方面与 AT&T 结盟，并提供了端到端的解决方案，不仅卖手机，还卖方案，集成了内容、互联网应用（王欣，2009）。国内小米与乐视是软硬一体化模式的典型代表，小米以手机硬件为基础，造就品牌生态，除小米手机相关配件之外还提供定制的 MIUI 操作系统以及应用商店，而且借助品牌延伸的力量，不断拓展产品领域，陆续涉足智能穿戴、智能家居等数十个细分领域，逐步打造起小米生态链。乐视则在行业内首推"0+399元"的价格策略，即顶级配置的电视盒子 C1 定价 0 元免费赠送，可终生观看全网免费视频，同时仅收一年的乐视网 TV 版独家内容服务费 399 元（第二年起用户可自主选择是否付费），乐视网 TV 版与 CNTV 集成平台对接，所有的内容均在 CNTV 的集成播控平台上，实现可管可控。从 2004 年建立至今，乐视网就一直坚持构建由"终端＋平台＋内容＋应用＋服务"组成的完整生态系统，这使乐视网拥有了更具颠覆性的"硬件收入＋内容收入＋应用分成＋终端广告"盈利模式。

4. "软件服务化"模式

在移动互联网时代，各种业务的提供都是以应用（如目前用户手机上各种 App）的方式提供给用户，而应用与软件平台是密不可分的。随着移动互联网领域各路新进入者在多方面展开较量，软件平台与应用服务的结合将成为竞争的新焦点。移动互联网业务在用户中的广泛使用，很多都取决于软件以及其提供的服务，软件平台与应用服务的竞争与合作是该产业新的趋势。Google 的 Desktop 和 Amazon 的 AWS 就是"软件＋服务"盈利模式的典型代表，以手机软件平台为核心的应用服务在产业中将起到越来越重要的作用（张纪元，2013）。目前，在国内还没有企业可以与 Google、Apple 这种体量与影响力的互联网公司抗衡，在移动互联网时代，用户终端的软件平台基本被 iOS 与 Android 把持，这是最底层也是最重要的入口，是制定游戏规则话语权的根本所在，要想在未来获得更高级别的盈利渠道，国内企业还有很长的路要走。

二　中国互联网企业盈利模式潜在风险分析

（一）盈利模式相对单一，创新性不足

当前，国内互联网的发展一日千里，虽然很多业务形态伴随智能终端的大范围普及已大踏步迈入移动互联网时代，但互联网企业采用的盈利模式大多仍延续了 PC 互联网时代的既有模式，并没有太多考虑到移动互联网时代消费者的新需求以及业务、消费形态的变化。经过之前针对不同互联网时代盈利模式的分析可以看出，导致盈利模式相对单一的原因如下：第一，习惯性跟随。在 PC 互联网时代，国内互联网基本上各个方面都是模仿、跟随美国企业，简单地将其产品、服务复制到中国市场，再凭借中国巨大的市场容量获得成功（如表 1－5－4 所示）。而到了移动互联网时代，中美基本处于同一个起跑线，失去了领跑者，习惯性跟随使得国内企业一时失去了方向。第二，对移动互联网的理解不够深刻。很多企业只是将 PC 端的业务简单地移植到移动端，并没有深入考虑移动互联网下消费者的变化、业务的变化、需求的变化等众多因素，所以对盈利模式的沿用也认为理所当然（如表 1－5－5 所示）。第三，跨界合作意识薄弱。在移动互联网时代，讲究打破边界、整合产业链，不再是 PC 时代的单打独斗。而在跨界时如何协调各方关系以及如何进行高效合作需要很多企业不断摸索。

表 1-5-4　早期国内互联网企业模仿国外企业

中国互联网企业	被模仿国外企业	盈利模式
百度	Google	广告＋互联网增值服务
阿里巴巴	eBay、Amazon	广告＋会员费
腾讯	ICQ、Cyworld	广告＋增值服务（网络游戏、互联网、电信运营商）
美团、糯米等	Groupon	广告＋会员年费
新浪微博、腾讯微博等	Twitter	广告＋增值服务

表 1-5-5　移动互联网时代沿用的盈利模式

沿用 PC 互联网时代盈利模式	弊端
广告	移动终端屏幕小，广告投放对用户干扰多，放大了用户的不良体验
直接收费	主要还是局限于游戏领域，但对手机游戏及用户的独特性没有进行深入的挖掘与拓展
电子商务	仍沿用 PC 互联网时代的电子商务盈利思路
O2O	入口思维，仍旧是在做流量引流

（二）产品或服务核心竞争力不足，盈利模式易模仿

进入移动互联网时代后，借助一些平台或相关资源的有力支撑，互联网行业的门槛近些年越来越低，由此每个细分行业几乎都有大量竞争者涌入（如表 1-5-6 所示）。当下很多互联网企业，只是简简单单的模仿，而不是去探索符合企业自身的盈利模式，由于缺乏盈利模式创新点，直接威胁企业自身的盈利状况。例如，以酒店预订为主要利润源的携程，其上游企业如七天连锁酒店等纷纷建设自己的网络平台和手机 App 直接参与酒店预订竞争蚕食携程市场（李伟民、易建刚，2016）。除了对自身特有资源与特点缺

乏考虑之外，还有一个重要的原因就是我国知识产权相关法律法规体系建设的落后，行业市场中各种创新得不到有效保护，导致抄袭现象盛行，创新不足、创新成本高最终导致同质竞争严重，业务发展进入到一种恶性循环状态。

表 1-5-6　互联网企业盈利模式同质化

所属领域	企业名称	主要盈利模式
网络视频	优酷	平台运营模式，以用户内容及免费内容为主，主要收入来源于广告
	土豆	
	酷6	
	56 网等	
P2P	陆金所	全国超过 2000 家 P2P 公司，主要通过向交易一方或者交易双方收取中介服务费盈利
	宜信	
	人人贷	
	众贷网等	
交通	滴滴	通过对交易费用抽成获得盈利
	快滴	
	摇摇招车	
	大黄蜂打车等	
团购	美团	通过广告及会员费盈利
	糯米	
	窝窝	
	拉手网等	

（三）业务拓展存在较大盲目性，盈利模式缺乏理性探索

移动互联网时代的一大特点是跨界融合。很多企业意识到坚持依赖单一产品或服务将很难满足市场的新需求，于是部分企业通过横向联合产品或业务互补的企业打造产业生态链，部分企业通过纵向拓展自身产品或业务范畴（如表 1-5-7 所示），更有企业双管齐下，横向、纵向业务拓展同时进行，这种策略的直接后果就是大大增加了业务量，伴随业务量剧增的同时通常会衍生出诸如业务归类不明确、收费复杂混乱以

及没有统一业务标准等问题，致使企业改革转型、业务结构创新、盈利模式拓展的脚步大大放缓。

表1-5-7　互联网企业盲目拓张案例

拓张企业	拓展方向	结局
腾讯	电子商务	收购易迅后欲在电子商务方向与淘宝、京东竞争，最终失败

续表

拓张企业	拓展方向	结局
盛大	网络视频	主营领域是游戏，欲拓展网络视频领域市场，最终失败
网易、阿里巴巴	即时通信	分别推出易信、来往，与微信竞争，失败
雅虎	网络实名服务	作为门户网站通过收购3721开展网络实名服务，失败

三　中国互联网企业盈利模式的影响因素分析

互联网企业的盈利模式受到多方面因素的影响，根据影响因素的来源及范畴将其分为两大类：外部影响因素与内部影响因素。外部影响因素主要包括法律监管、政策扶持、产业链协同发展等，内部影响因素主要包括用户黏性、创新与资本联动等。

（一）外部影响因素

1. 法律监管

相对宽松的发展环境是一把双刃剑，在支撑我国互联网行业迅速发展的同时，也逐渐暴露出一些问题。例如，在互联网金融领域，在极短的时间内涌现出大量P2P公司，这些公司良莠不齐，其中一些公司参与不法交易，时不时出现"跑路"现象。因此，需要着眼于平衡激励创新和防范风险，以底线思维防范爆发大规模区域性、系统性风险，坚持"在发展中逐步完善监管、逐步走向规范"的原则进行监管（郝身永，2015）。在现有法律文件中，专门规范互联网法律关系的法律只有两部，即《全国人民代表大会常务委员会关于维护互联网安全的决定》和《电子签名法》，现有的法律难以满足互联网发展及其监管实践的需要。整体来看，法律、行政法规数量相对有限，部门规章和部门规范性文件占绝大多数比例，不利于降低互联网监管的合法性风险，也限制了可利用的互联网监管手段的选择（张平，2012）。明确的法律规范将在互联网监管、网络用户隐私保护、虚拟资产等诸多方面产生重要作用，并最终深刻影响企业的盈利模式。

2. 政策扶持

互联网的快速发展促进了大众创业、万众创新，推动了企业转型升级。国家出台的许多优惠政策（如税收减免等），以及提出的减轻企业负担、促进互联网稳定运行的若干措施，对企业的持续盈利及创新盈利模式都有着极其重要的影响。积极推动、争取政府创新政策的支持与引领，并以现有各类产业发展与政策扶持平台为着力点，重点创新业务结构与盈利模式，可以有效发挥互联网对生活及生产领域的提升、带动作用。行业政策的支持对于培育跨界融合、具备持续盈利能力及商业模式创新的互联网企业是不可或缺的基本因素。

3. 生态圈构建

传统企业包括 PC 互联网时代众多的互联网企业，其大多是各自为政，在各自产业链中作为独立的个体而存在，在以往的商业模式中，这些企业很难去有效整合其上下游资源，因而，其盈利点也相对比较单一，很难有机会通过跨界融合开拓新的盈利模式。进入移动互联网时代，伴随大量企业进行横向业务拓展，通过跨界合作创新业务模式并快速积累起海量用户群，产业链中各企业的定位及相互之间的关系在移动互联网时代都发生了新的变化，在变化中孕育了新的运营管理以及盈利模式。很多互联网企业凭借战略开放性的眼界与胸怀将其价值与产业伙伴进行深度捆绑与融合，形成一个价值共同体，由点及面，逐渐打造出产业"生态系统"。从产业链的整合到生态圈的构建，互联网企业通过为用户提供全新的业务及服务体验挖掘出更具生命力的盈利模式，而盈利模式的创新与多元化将为企业带来更广阔的市场空间与利润来源。

（二）内部影响因素

1. 用户黏性培育

企业盈利的前提是拥有大量的用户，而想实现持续盈利，用户的黏性就至关重要。我国是世界上人口最多的国家，人口数量超过 13 亿。经过 20 多年的发展与积累，截至 2015 年全国的网民数量达到惊人的 6.68 亿，这种数量级别的网络用户资源在世界上也是绝无仅有。基于这样的国情，任何移动互联网的产品或者服务只要能够满足市场的真正需求就很容易积累到大量的用户。对于移动互联网企业来说，盈利的

基本思路就是先培育一定规模的用户、形成一定的流量，然后再通过某些方式将流量变现从而最终实现盈利。但用户量与流量并不是盈利的充分条件，即有了用户量与流量互联网企业也并不一定就能够赚到钱。对企业而言，盈利最重要的就是可持续性，很多国内的互联网企业却是昙花一现，在盈利方面并没有持久的生命力，其根本原因就是用户的黏性不强，企业提供的产品或者服务不能很好地留住用户。当前国内的互联网处于从 PC 互联网到移动互联网的转型期，培育高黏性的用户群体对于企业的持续盈利以及盈利模式创新都有着举足轻重的作用。

2. 技术创新和资本联动

互联网企业在创立之初，由于拥有某些技术专利或者独有的资源以及创新的业务模式，从而引发风险投资注入资金，企业凭借自身技术能力与风险资本产生初期的联动效应，促进企业发展。在我国，互联网企业在初期很少考虑盈利问题，关注的重心主要集中于如何生存下来以及市场占有率等。在企业的后续发展阶段，其关注重心会从创新与资本联动转移到资本市场，通过资本市场不断进行多轮融资来加强其所实施的战略，比如低成本战略，而通过超低价占领、巩固市场，取得规模经济效应，并且产生了行业进入壁垒，增强了自身的竞争能力，这会进一步增强其对风险投资的吸引力，进而和整个资本市场产生良好的互动，从而产生了互联网企业多渠道开展业务，线上线下业务共同开展，通过点击率来附加增值服务等方式的盈利模式。因此，互联网企业的盈利模式的演进是在创新与资本联动的影响下循环上升（侯广辉、吴顿，2014）。

四　对我国互联网企业盈利模式的建议与展望

互联网企业的盈利模式与很多因素息息相关，通过大量实践发现，PC 互联网时代很多已趋于成熟的盈利模式在移动互联网时代并不十分适用。随着现代生活中时间碎片化特征的日益明显，移动互联网本身的便携属性可以很好地解决这种以碎片化以及冲动型消费为特征的应用场景。另外，伴随便携智能终端的普及以及移动支付的不断完善与成熟，在 PC 互联网时代难以实现的工作，如对用户个人信息的多维度采集，在移动互联网时代互联网企业可以轻松实现对个体用户兴趣、位置、购买力及消费轨迹的采集和分析，进而在产品、服务等方面都将出现极大的创新与突破，盈利模式的变革亦成为必然。总之，在未来，不论是碎片化消费还是企业级应用，对互联网企业的盈利模式都提出了更高的要求，为此，未来互联网企业应有针对性地在以下几个方面进行加强与改进：

（一）通过平台聚合不断加强移动互联网用户培育，为企业盈利奠定坚实基础

自由、平等、开放、共享是互联网的固有基因，由此必然导致互联网企业间异常激烈的竞争，尤其是在移动互联网时代，用户的黏性较 PC 互联网时代更加难以维系、用户规模的经济价值也更加凸显。一般而言，达到一定规模的用户群是进行业务推广、企业得以生存的根本前提，如若没有用户企业一定失败。国内互联网行业之所以能够在短时间内得以迅猛的发展，就是得益于国内庞大的互联网用户规模为互联网与各行各业的融合奠定了良好的基础。一方面，就电商平台来看，如阿里巴巴、京东等，几大电商平台凭借丰富而高性价比的产品、便捷的购物体验吸引了海量的注册用户及每日活跃用户，当网络购物成为一种习惯和一种生活方式后，用户便会对平台保持很强的黏性。另一方面，社交是人们日常生活中的一种真实刚需，而基于互联网的社交活动也逐渐得到认可并成为人们生活中不可或缺的一部分。社交平台在移动互联网的支持下如虎添翼，多种社交平台如微信和 QQ 之间的相互联通以及社交的网络特性决定了用户对平台具有非常高的依赖性。无论是电商平台还是社交平台，作为流量入口，都吸引了巨量用户，而这些用户是"互联网＋"的潜在客户（郝身永，2015）。不断拓展用户规模是企业盈利的基本前提，而企业的持续盈利是促进盈利模式不断创新的根本动力。反过来，盈利模式的突破也提高了人们对互联网理念、产品与服务的认知度和接受度，这为互联网业态的良性发展打下良好的基础。

（二）加大互联网企业盈利模式创新，为企业注入鲜活动力

从消费互联网向产业互联网转变将是今后一段时期我国互联网的发展趋势，互联网对工业、服务业等领域的影响将日益深远，而加大盈利模式的创新也将成为必然。

1. 经济新常态下的行业划分倒逼盈利模式创新

随着我国经济发展进入新常态，各行业的需

求层次、结构以及市场条件都发生了很大的变化。在互联网浪潮的冲击下，原有产业日益暴露出众多问题，如雷同的经营模式、盈利模式以及同质化的产品与服务等，另外，国内产业大多居于产业链的前端与价值链的下游，不论是较高的产品次品率还是较低的产品附加值，都无法适应经济新常态下的市场要求，在不远的将来难逃被淘汰的厄运。只有那些善于利用新技术、新平台创新盈利模式的互联网企业，通过创造自己独一无二的价值，才能开辟出具备竞争力的生存新空间。因此，盈利模式的创新对于经济新常态下的互联网企业势在必行。

2. 新一代信息技术快速渗透倒逼盈利模式创新

近些年，以云计算、大数据、物联网等为代表的新一代信息技术日渐成熟，加上移动互联网的迅速普及，互联网技术对各行各业产生了深远影响。ICT（信息通信技术）持续推动各产业跨界融合，使原本相对孤立的个体、资源得以整合与共享，并挖掘出新的商业机会与市场机遇，从而不断塑造出全新的产业形态与盈利模式。作为最重要的生产要素，云计算、大数据及其处理能力将成为每个企业、行业新的"核心单元"。各类企业应及时抓住转型机遇，加快盈利模式创新，否则会在信息时代被淘汰。

3. 新一轮产业革命蓬勃兴起倒逼盈利模式创新

第三次工业革命、德国工业 4.0、工业互联网等新产业理念正在落地转化为现实，核心均是依托新技术、整合产业价值链，形成新的制造技术、制造模式和制造组织。不论是基于产业互联网下的制造型企业还是基于传统互联网的

服务型企业，伴随新产业、新业态、新模式的兴起，一个后大规模（Post-mass）生产的产业世界正在来临，这场革命将重塑全球产业竞争格局，任何企业如果不抓住本轮机遇就可能拉大差距（河南省社会科学院课题组、完世伟、赵然等，2014）。传统的盈利模式很快将不能适应新一轮产业变革的需求，产业革命对互联网企业的盈利模式创新提出了严峻的挑战。

（三）大力发展跨界融合业务，产业链的合作共赢是企业发展大势所趋

开放是互联网经济的重要特征，移动互联网要发展，就必须坚持开放，广泛开展跨界合作，实现合作模式的创新。开放的最终目的就是有效整合外部资源，广聚各界合作伙伴，打造良好的生态环境，提高平台的竞争力。移动互联网要想赢得消费者的欢心，主要是看它能否给消费者的生活带来便利，如今，移动互联网与家电、交通、医疗、金融等传统行业的业务模式正在不断融合，市场前景十分广阔。因此，有的放矢地开发这类移动互联网应用，会成为移动互联网应用的下一个蓝海（吴雷，2015）。继"互联网+"成为国家战略后，移动互联网作为独一无二的中介与高效的工具将众多传统领域有机融合在一起，各种跨界应用推陈出新预示着产业链的持续拓展与重构，新的盈利模式在催生商业巨头的同时也迅速地改变了广大消费者的生活方式。

（四）融合多种盈利模式于一体，相互作用、自由演进

在移动互联网时代，企业能够采用的盈利模式更加多样化，既可以通过流量和内容向用户收取费用，而且可以实现后向收费。从前面归纳的

中美互联网企业盈利模式可以清晰地看到，众多互联网企业基本没有只按照或依赖某种单一的盈利模式，而是采用各种盈利组合模式来适应市场的需求和自身的资源约束。例如，Facebook 通过广告、互联网增值服务以及开放 API 分成实现复合盈利；腾讯则是广告、网络游戏、互联网及电信运营商增值服务、互联网金融等多种盈利模式相结合；京东除了销售商品获利外，还采用广告、店铺租金以及互联网金融等盈利模式。在可预见的未来，移动互联网多种盈利模式一体化的趋势会进一步加强，在完善业务覆盖的同时亦会产生交集并相互作用影响，对于企业适应市场的变化以及挖掘盈利模式的创新都具有深远的意义。

参考文献

［1］王美艳．浅析移动互联网的盈利模式创新［J］．中国外资，2012（22）.

［2］屈雪莲，李安英，陆音．移动互联网创新盈利模式研究［J］．移动通信，2010（19）.

［3］孟晔．浮现中的新经济形态——平台经济、共享经济、微经济三位一体［J］．互联网经济，2016（3）.

［4］吴淑娥，黄振雷，邹洁，卫剑波．平台型经济：理论视角与移动互联网产业实践中的探索［J］．管理现代化，2015（5）.

［5］陈冬琳．社交驱动型消费互联网社交平台盈利模式探索［J］．中国集体经济，2014（15）.

［6］蓝马．起底互联网的四种盈利模式［EB/OL］．http：//www.jiemian.com/article/526538.html.

［7］唐建．创新我国移动互联网商业模式的探析［J］．江苏商论，2014（9）.

［8］占亿民，李鑫，冒海波，张文超．移动互联网商业模式研究与应用思考［J］．广播与电视技术，2014（5）.

［9］吴雷．移动互联网领域的商业模式创新趋势［J］．中国传媒科技，2015（1）.

［10］CCTIME 飞象网．腾讯增值业务在移动互联网模式下进化［EB/OL］．http：//www.cctime.com/html/2014 - 12 - 17/20141217101225163.htm.

［11］梁晓音．移动互联网商业盈利模式分析［J］．电子制作，2013（14）.

［12］王喜荣，吴玉红．互联网思维：创新商业模式提升传统企业竞争力［J］．现代商贸工业，2015（19）.

［13］王欣．我国移动互联网盈利六模式［J］．通信企业管理，2009（2）.

［14］张纪元．移动互联网业务的产业链及盈利模式研究［J］．移动通信，2013（11）.

［15］比达咨询．2015 年度中国第三方移动支付市场研究报告［R］．北京，2016.

［16］中国信息产业网．移动互联网金融市场潜力巨大［EB/OL］．http：//www.cnii.com.cn/mobileinternet/2014 - 09/15/content_1443778.htm.

［17］李伟民，易建刚．互联网企业的盈利模式研究［J］．现代经济信息，2016（5）.

［18］郝身永．"互联网＋"商业模式的多重竞争优势研究［J］．经济问题探索，2015（9）.

［19］张平．互联网法律规制的若干问题探讨［J］．知识产权，2012（8）.

［20］侯广辉，吴顿．互联网企业商业模式的演进研究——基于创新与资本互动视角［J］．山西财政税务专科学校学报，2014（2）.

［21］河南省社会科学院课题组，完世伟，赵然等．产业互联网驱动下的商业模式创新研究——以河南为分析例证［J］．中州学刊，2014（11）．

［22］江东臻．解码中小企业创新成长的九大因素［M］．广州：中山大学出版社，2010.

［23］陈圣举．移动互联网商业模式浅析［J］．移动通信，2010（6）.

分报告六
互联网企业股权激励研究

近年来，我国互联网行业发展繁荣，互联网产品与服务不断推陈出新、升级换代。在过去的十年中，以"BAT"为代表的互联网企业不仅创造了巨大的财富，更重塑了人们的生活方式。互联网行业是一个高科技行业，企业的战略规划、产品构想、资源配置都要通过技术实现落地。技术水平是互联网企业的核心竞争力，而企业技术水平取决于员工的能力和积极性。互联网企业对于人才一向十分重视，其员工的薪酬水平和福利待遇一直处于较高水平。随着互联网行业的发展，互联网企业出现两种趋势——多元化和专一化。具体来说，互联网行业内的大企业凭借雄厚的资金向社交、电子商务、游戏、视频等多个领域拓展，形成商业集团；小企业则专攻细分领域中的用户痛点，为用户提供差异化的服务。这两种趋势优化了互联网行业的结构，是我国互联网行业走向成熟的重要标志。然而，虽然我国互联网的产品与服务已经走在了世界的前列，但在公司治理方面还不够成熟，特别是在薪酬结构上，仍然以现金为主要给付方式。这种现状使得我国互联网企业在人力资源的配置方面出现了逆向选择和道德风险。在集团公司中，一方面，随着企业规模的扩大，管理层次增加，高层必须采用分权的方式赋予下层较大的权力，而中下层管理者对于企业战略目标的认同度不高，在管理中不能有效地贯彻高层管理者的决策，降低了企业的运行效率。另一方面，大企业的薪酬治理常常落后于其市场拓展速度，企业为了留住真正的人才，不得不统一采取高薪策略，这其中难免有"搭便车"的问题。而小企业由于仍处于初创期，资金薄弱，难以为技术人才提供较好的薪酬水平，容易造成人才短缺、发展受限的问题。对于这些问题，欧美等发达国家往往采用股权激励的方式，将对员工的短期激励和长期激励相结合，使员工的利益与公司长期目标挂钩。国外股权激励已经是一种成熟的人才激励工具，国内在股权激励的实践中有得有失：既有百度、阿里巴巴所掀起的股权激励"造富运动"，以及华为员工持股所演绎的"土狼传奇"；也有2008年高管集体辞职套现所引发的骚动和伊利股权激励预亏所引发的社会大讨论。股权激励实质上是一种产权激励，通过赋予企业关键人力资本一定的剩余索取权，将人力资本的外部激励与约束转换成人力资本的自我激励与自我约束，并将其未来的发展和收益与企业长期利益有机地结合在一起，促使其更多地关注企业的长远发展，努力工作，使企业价值不断增大。目前，各个行业对于股权激励都进行了一定的探索与实践。不同行业股权激励的情况有所不同。相对来说，由于互联网企业的高成长性和对人力资本的依赖，其股权激励的普及度和力度要超过垄断型、劳动密集型和资本密集型等其他行业。股权激励对于互联网企业的发展具有至关重要的意义。

一 互联网企业股权激励及现状分析

（一）股权激励的理论基础

作为公司治理中举足轻重的一种长期激励机制，股权激励的产生与完善有着深厚的理论基础，并在公司治理和企业管理的实践中不断得以完善。

第一，委托代理理论。委托代理理论是制度经济学契约理论的主要内容之一，主要研究的委托代理关系是指一个或多个行为主体根据一种明示或隐含的契约，指定、雇用另一些行为主体为其服务，同时授予后者一定的决策权利，并根据后者提供的服务数量和质量对其支付相应的报酬。授权者就是委托人，被授权者就是代理人。委托代理关系是随着生产力大发展和规模化大生产的出现而产生的。其原因一方面是生产力发展使得分工进一步细化，权利的所有者由于知识、能力和精力的原因不能行使所有的权利；另一方面专业化分工催生了一大批具有专业知识的代理人，他们有精力、有能力代理行使好被委托的权利。但在委托代理的关系当中，由于委托人与代理人的效用函数不一样，委托人追求的是自己的财富更大，而代理人追求的是自己的工资津贴收入、奢侈消费和闲暇时间最大化，这必然导致两者的利益冲突。在没有有效的制度安排下代理人的行为很可能最终损害委托人的利益。

第二，人力资本理论。人力资本理论起源于18世纪。18世纪中叶欧洲产业革命后，人类进入了大工业时代，生产力发生了三大根本性变革：一是机械生产代替手工生产；二是科学技术代替经验工艺套路，科技与生产互动作用日益加强；三是专业技术培训代替作坊师徒传教，人的知识、技术因素在生产中的作用越来越大。人力资本认为人的经验、知识能力是一种资本，通过对人力这一资本的投入可以产生相应的财富。同时，该理论还认为人力资源是一切资源中最主要的资源，人力资本在经济增长中的作用大于物质资本的作用。

第三，激励相容理论。在市场经济中，每个理性经济人都会有自利的一面，其个人行为会按自利的规则行为行动；如果能有一种制度安排，使行为人追求个人利益的行为，正好与企业实现集体价值最大化的目标相吻合，这一制度安排，就是"激励相容"。现代经济学理论与实践表明，贯彻"激励相容"原则，能够有效地解决个人利益与集体利益之间的矛盾冲突，使行为人的行为方式、结果符合集体价值最大化的目标，让每个员工在为企业多做贡献中成就自己的事业，即个人价值与集体价值的两个目标函数实现一致化。

（二）股权激励的历史沿革

现代企业出现所有权和经营权分离的趋势，企业的所有者不再直接参与到企业的经营管理当中，而是委托专业人才对企业进行经营管理。这种分工提高了企业的专业化程度，但也带来了很多风险。比如，经营者可能会为了自己短期的利益，牺牲企业所有者的利益，做出不利于公司长期发展的决策。而股权激励正是基于解决委托代理问题产生的。股权激励起源于20世纪30年代。1952年，美国菲泽尔公司设计并推出了世界上第一个股票期权计划。在随后的30多年中，股权激励在美国得到广泛推广——到20世纪90年代末，美国有近半数的上市公司实施了股权激励。之后，股权激励逐渐从美国本土走向世界，先后在美洲、欧洲、亚洲传播开来，历经了60多年的风雨历程。在此期间，股权激励机制不断改进创新，分化出多种不同的股权激励模式，对不同类型的企业的长期发展起到了重要的作用。我国股权激励的雏形可以追溯到古代晋商的"身股"，而现代股权激励形式的发展，则在计划经济向市场经济转型过程中，经历了一个特殊的过程（如图1-6-1所示）。

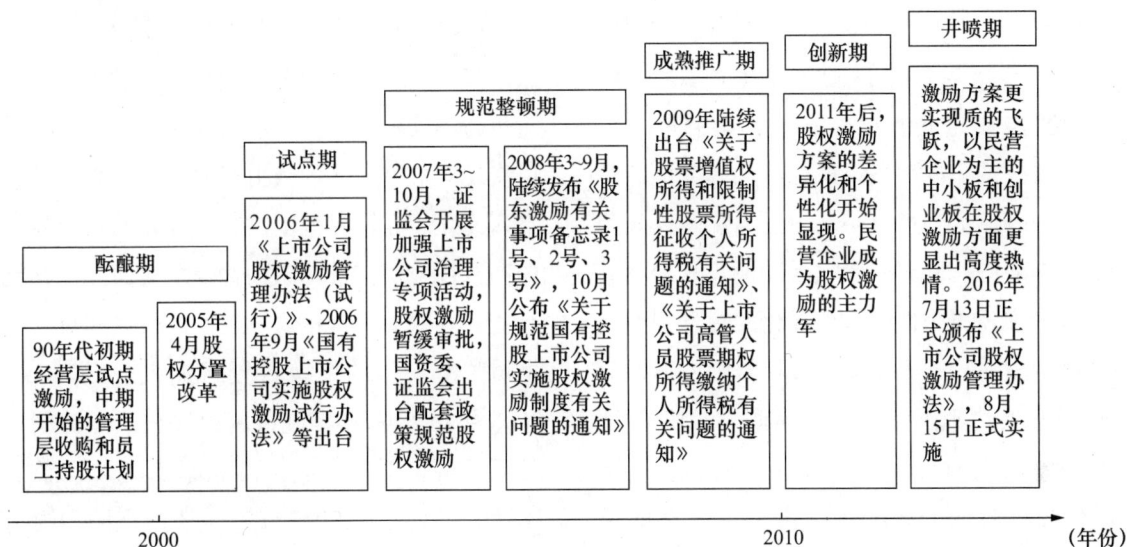

图1-6-1 股权激励的历史沿革

我国股权激励的萌芽是伴随着国有企业的市场化改造出现的。20世纪90年代初期，随着国有企业股份制改造的不断深入，国有企业中出现了"内部员工股"的股权形式，这是我国现代股权激励制度的雏形。这种"内部员工股"与国外成熟的股权激励机制有很大差距：虽然它采用了将企业股份转让给员工这一手段，但它更多的是一种变相的福利制度，并不能真正起到激励的作用。1993年，万科开始实行股权激励计划，这是我国第一家实行股权激励的上市公司。随后，股权激励制度也相继在武汉、北京、天津的多家企业开始施行。这一阶段对股权激励的探索主要集中在企业内部，随着股权激励的传播，股权激励开始在政策层面受到重视。2000年，财政部、科技部出台了《关于国有高新技术企业开展股权激励试点工作的指导意见》，首次对股权激励进行规范指导，股权激励自此开始广泛试点。在经历了股权分置改革后，我国的股权激励制度进入了一个全新的发展时期，这个阶段国家出台了几部法律法规，为股权激励的股票来源和行权机制提供了法律依据和计划实施的具体流程，上市公司股权激励受到了极大的鼓舞。从

2007 年开始，股权激励制度在我国上市公司中广泛推广开来，各种股权激励方案层出不穷。在快速发展中，股权激励也产生了许多问题。由于股权激励法律法规的不完善和实施经验不足，一些股权激励方案在制定和执行过程中出现了偏差，违背了股权激励的初衷。为了遏制股权激励的冒进势头，证监会暂停了股权激励的审批，着手进行上市公司的专项治理活动。2008 年，证监会、国资委、财政部就上市公司股权激励的相关事项进行严格规范。2009 年之后，随着国家对股权激励的配套政策不断细化和完善，股权激励制度开始步入规范化的道路。2011 年后，股权激励越来越成为上市公司完善公司治理结构、调动核心人才的重要手段。股权激励制度虽然是从国有企业开始的，但真正获得活力和发挥效用是在民营企业中。同时，股权激励模式开始不断创新，逐渐表现出个性化和差异化的特点，各企业都开始探索适用于本企业的股权激励方案，股权激励的发展达到了一个新的高潮。2015 年证监会发布的《上市公司股权激励管理办法（试行）》对股权激励的各要素提出了系统性的要求，这标志着我国股权激励制度已进入了一个较为成熟的阶段。在这一阶段，实行股权激励的上市公司逐年增加，到 2015 年末，共有 800 多家上市公司推出了股权激励计划，其中有接近三成公司已经推出了不止一个股权激励计划。股权激励在激励员工、降低代理成本方面发挥了显著的作用，特别是在高科技企业中，更是极大地提高了企业的经营水平。2016 年 7 月 13 日，《上市公司股权激励管理办法》正式发布，该办法进一步明确了上市公司股权激励的实施条件和激励对象。上市公司实施股权激励数量已经呈现了井喷式的增长，其激励方案更实现了质的飞跃，其中以民营企业为主的中小板和创业板在股权激励方面更显出高度热情。股权激励已经成为企业吸引和凝聚优秀人才、塑造企业文化、实现企业跨越式发展的重要工具。

（三）互联网企业股权激励的现状

从行业发展模式和驱动力来看，以互联网企业为主要载体的高科技行业是最依赖人才的行业。员工的创造力、工作态度以及忠诚度决定了企业未来能够达到的高度。近年来，互联网企业人才流失率保持在较高水平且逐年上升。在当前并不明朗的经济形势下，关键人才吸引和保留成为互联网企业人力资源管理的核心主题之一。越来越多的互联网企业正在或计划通过提供有市场竞争力的薪酬、各类创新的津贴福利及长期激励以实现对关键人才的吸引与保留，且激励模式日益多元化。在世界范围内，以互联网企业为代表的高科技公司在长期激励普及度方面一直领跑全行业。谷歌为所有正式员工发放股票期权，并根据员工上一年的绩效再授予期权。Facebook 在 2005 年和 2012 年实施过两次股权激励计划，累计授予员工 1.5 亿股，占股本 5.77%，激励成本达 23 亿美元。2012 年，美股上市的中国高科技公司采纳长期激励计划的普及度高达 100%（全行业 90%）；73% 的港股高科技上市公司采纳了长期激励计划（全行业 67%）；A 股高科技企业采纳长期激励计划普及度达到 35%，超过全行业普及率的 2 倍。此外，美股中国高科技企业上市前采纳长期激励也较为普遍。同时，A 股上市的高科技公司中股权激励热潮也一直持续。根据对 A 股市场信息技术业股权激励的月度动态追踪，2012 年至 2013 年 8 月，A 股市场披露的所有股权激励方案中，高科技行业上市公司占 16.6%，成为推出计划比例仅次于制造业的第二大行业。

随着互联网企业对长期激励的重视，越来越多的中国企业开始实行股权激励计划。就目前我国互联网上市企业来说，股权激励制度呈现出较为明显的特征。第一，股权激励力度各有不同。以中国 8 家互联网上市公司为例，公司的体量与财务状况不同，相应的股权激励的力度不同。相对来说，公司的活跃程度越高，股权激励的力度也越大。如图 1 - 6 - 2 所示，2013 年，奇虎、京东的股权激励成本占毛利比相对较高，这些企业的企业活力也相对较高。而当当的股权激励成本占毛利比居于末位，这与其目前的经营状况较为低迷有关。

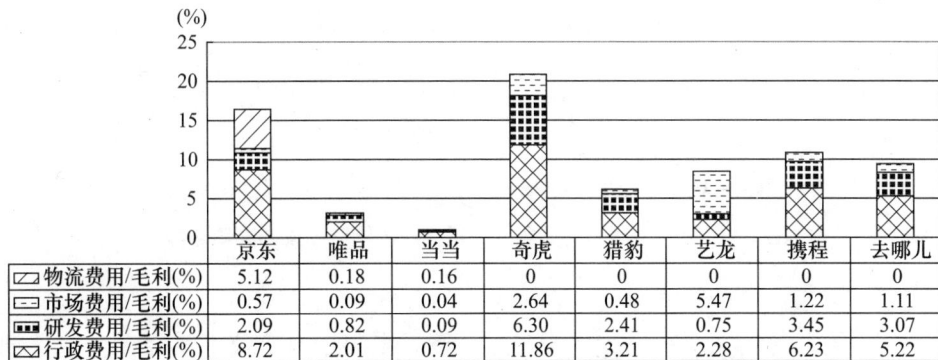

(%)	京东	唯品	当当	奇虎	猎豹	艺龙	携程	去哪儿
物流费用/毛利(%)	5.12	0.18	0.16	0	0	0	0	0
市场费用/毛利(%)	0.57	0.09	0.04	2.64	0.48	5.47	1.22	1.11
研发费用/毛利(%)	2.09	0.82	0.09	6.30	2.41	0.75	3.45	3.07
行政费用/毛利(%)	8.72	2.01	0.72	11.86	3.21	2.28	6.23	5.22

图 1 - 6 - 2 2013 年各互联网公司激励成本占毛利比

资料来源：韬睿惠悦。

第二，对高管和技术人员激励力度大。互联网公司主要将股权激励投入到市场、研发、行政等部分，对于电子商务企业来说，物流也是股权激励的一个重要领域。总体来说，互联网公司激励成本中行政费用和研发费用较高，这说明互联网企业对高管和技术员工的激励力度较大（如图 1 - 6 - 3 所示）。

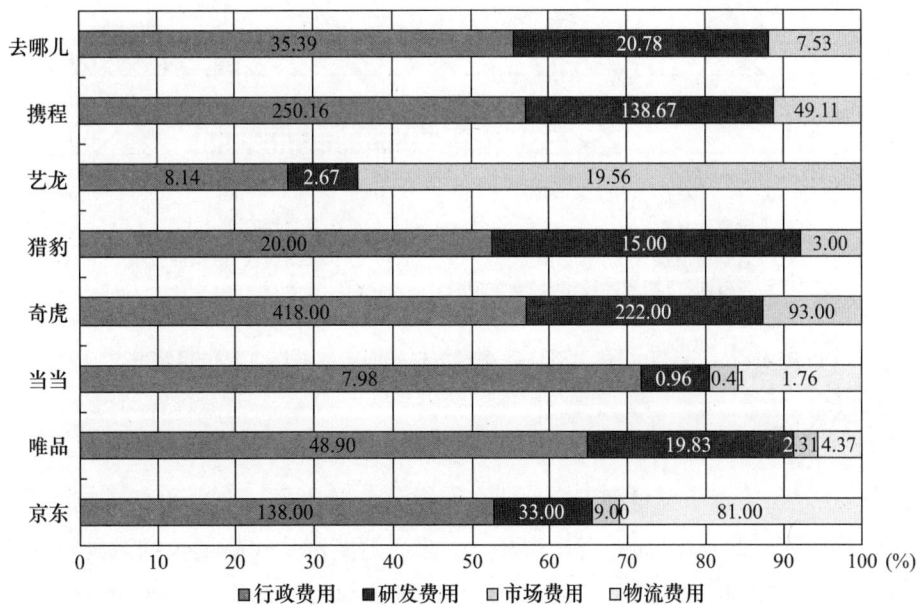

图 1 - 6 - 3 2013 年各互联网公司激励成本分配（百万元）

资料来源：韬睿惠悦。

第三，股权激励力度不断增强。目前，互联网企业股权激励的力度在不断增强。从图1-6-4看出，除唯品会在2011年进行大额股权激励后激励水平下降到较低程度外，其他互联网企业的股权激励力度在原有基础上稳步上升，奇虎360在2013年还进行了大规模的股权激励。

图1-6-4 2011~2013年互联网企业股权激励成本变动趋势

资料来源：韬睿惠悦。

（四）互联网企业股权激励的趋势

互联网企业股权激励主要呈现以下几个趋势：

第一，长期激励的工具呈现多元化的趋势。在A股和港股上市公司中，股票期权仍然是最普遍的激励工具；A股单一期权使用率继续下降，限制性股票及工具组合（股票期权＋限制性股票）使用率增加；在美股市场，股票期权＋限制性股票的组合工具逐渐期权成为最流行的激励模式（如图1-6-5所示）。以互联网企业为代表的高科技企业的长期激励工具使用趋势与全行业基本一致。

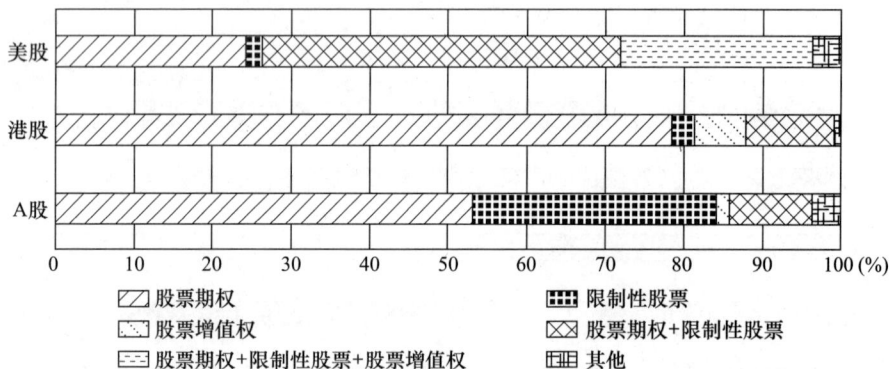

图1-6-5 2012年主要证券交易市场长期股权激励工具使用情况

资料来源：韬睿惠悦。

第二，互联网企业年度授予总量高于全行业平均水平（如图1-6-6所示）。在各资本市场中，A股和港股中，以互联网为代表的高科技行业长期激励年度授予总量中位值整体高于全行业水平，美股高科技企业年度授予总量中位值与全行业水平持平，这也和高科技企业授予人数较多、薪酬水平较高及长期激励行业普及度相关，A股高科技上市公司长期激励授予总量高于港股和美股。

图 1 - 6 - 6　2012 年主要证券交易市场年度授予股数占总股本比例中位数

资料来源：韬睿惠悦。

第三，高管持股实践愈加普遍。各资本市场互联网企业的高管持股都较为普遍（如图 1 - 6 - 7 所示）。其中，A 股高科技行业上市公司 CEO 持股比例中位值为 10.3%，远高于全行业中位水平 2.8%。一部分原因是高科技企业创始人任 CEO 情况普遍，另一部分原因是高管股权激励在业内较为普遍。

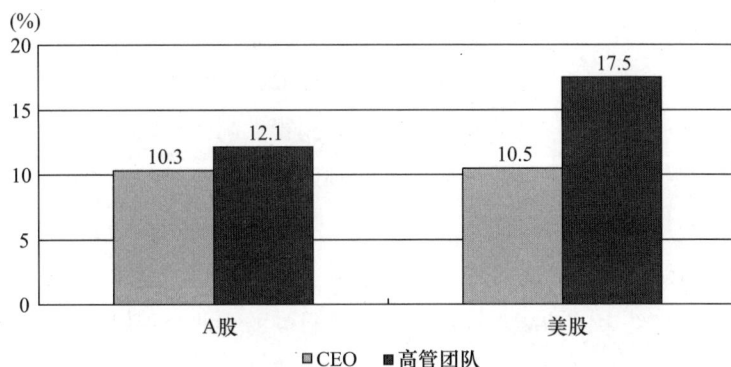

图 1 - 6 - 7　2012 年主要证券交易市场高管持股比例中位值

资料来源：韬睿惠悦。

二　互联网企业股权激励的动因及用途

股权激励基于解决委托代理问题而诞生。从国内外的数据来看，互联网企业的股权激励无论是在激励力度还是在激励广度上，都要比传统行业更加活跃，且有更高的发展空间。互联网企业的股权激励动因与互联网企业自身的特点有着密切的关系。广义的互联网企业是指以计算机网络技术为基础，利用网络平台提供服务并因此获得收入的企业。按照网络企业间的协作关系，可以将广义的互联网企业分成三类（如图1－6－8所示）。目前层出不穷的互联网企业一般是狭义的互联网企业。

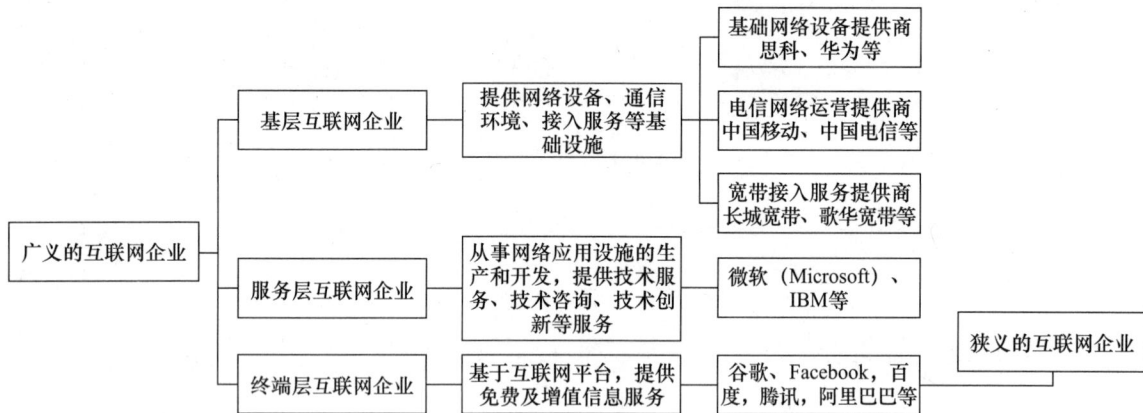

图1－6－8　互联网企业的分类

（一）互联网企业股权激励的动因

互联网企业实行股权激励的普及度要高于其他行业，造成这种现象的原因有以下几个方面：

第一，互联网企业的股权结构较为分散。随着现代企业所有权和经营权的分离，企业的所有者为了使经营者达到某种期望，会通过激励约束机制规范企业经营者的行为，使其朝着企业所有者期望的目标前进。激励和约束的功能不同，两者相辅相成，缺一不可。激励将企业经营者的报酬与企业经营状况挂钩，使企业经营者更关注企业长期绩效。约束则对经营者的经营管理过程进行监督。只有把两者结合起来才能调动经营者的积极性，实现激励相容。激励和约束在某种程度上可以起到相互替代的作用。在股权较为集中的公司，企业的股东能有效地对管理者和员工进行监督，而有效的监督可以降低委托代理问题，降低逆向选择和道德风险，此时，企业进行股权激励的动因并不强烈。相反，在股权较为分散的公司，由于股东众多且股权分散，股东对企业的监督作用会大大削弱，此时企业管理者和员工违约的可能性就会升高。为了避免这种现象，股权分散的公司常常会选择股权激励的方式对企业管理者和员工进行激励。很多互联网企业经过多轮融资后股权结构比较分散，股东对企业的监督作用受到很大削弱，因此有通过股权激励的方式来弥补股东监督不足的动机。

第二，互联网企业的成长性较高。企业的特质会影响股权激励制度的选择。一般而言，成长性较高的企业会更倾向于选择股权激励。这是由于成长性较高的企业由于发展较为迅速，其内部信息变化迅速，由于信息传递具有一定的延迟，企业的最新情况难以及时传递到股东层面，这使得管理层掌握更多的企业信息，股东对管理层的依赖较大而监督困难。互联网企业作为高成长性企业的代表，受到大量资本的追捧，但是其技术壁垒和快速的形势变化使股东难以直接介入企业的经营管理中，因此股权激励成为企业公司治理的一项重要手段。

第三，互联网企业的人力资本的流动性高。高质量人力资本和较强的人员流动性。在以科技为核心的互联网企业中，无形资产是体现企业核心竞争力的关键性资产，也是企业未来发展前景的重要支柱。这些无形资产都是由高智力、高素质、高学历的技术性员工创造而成。与传统企业不同的是，无论是何种类型的互联网企业，其产品都是基于互联网技术和计算机语言构造，这使得互联网企业的技术员工的"普适性"很强。同时，由于互联网竞争激烈，互联网企业对于战略方针的制定和企业经营管理上有着较高的要求，这也聚集了大量高质量的管理人才。因此，无论是技术研发还是经营管理方面，互联网企业拥有比一般企业更高比例的知识型人才。人才的流失会严重影响公司的科技创新和长远发展。这些高质量的人力资本的工作积极性和创造性对企业的发展起到至关重要的作用。由于高质量人力资本和互联网行业本身的特点，互联网企业员工的就业市场广阔、就业选择余地较大、流动性强，而一些处于初创期或成长期的企业由于资金限制，难以支付较高的劳动报酬，这使得互联网企业员工的流动性较大。股权激励对于公司吸引和留住人才来说是一个很好的选择。因为通常情况下，高额的工资奖金对于核心员工在受聘前期具有一定的吸引力，但是在后期，激励作用会略显乏力，而股权激励通过人力资本一定的股权，将核心技术人员的长期利益与公司的长期业绩和股东价值紧密相连，能够有效地调动和激发核心技术人员的积极性和创造性，促进人力资本价值的持续创造。

（二）互联网企业股权激励的用途

互联网股权激励的用途主要有以下三个方面：

第一，增强企业凝聚力，提高企业业绩。股权激励制度将管理者和核心技术员工的薪酬与公司的长期业绩联系起来，使员工与企业的长期利益保持一致，有利于提高公司的凝聚力，实现企

业的进一步发展。Jensen 和 Meckling（1976）首次从股权激励角度探索如何解决委托代理问题的途径，认为股权激励具有协同效用，有助于促使高管与外部股东的利益趋同，并能有效地解决委托代理问题。之后，国外大量研究也表明，股权激励可以通过协同效应提高公司业绩（Mehran，1995；Hall 和 Liebman，1998；Kato 等，2005）。Morgan 和 Poulssen（2001）发现，公司在提出股权计划后的资产收益率要高于提出之前，也高于未提出股权激励计划的其他公司。Core 和 Larcker（2002）发现，公司经营业绩和股票收益率在股权激励计划被采纳后均出现明显的上升。Kato 等（2005）发现，公司业绩在股东大会通过股权激励计划后显著提高。股权激励机制将激励对象收益的一部分以股权的形式体现，使其收入的实现与增加和公司经营绩效与市场价值挂钩，从而将公司、股东与激励对象的利益与风险最大程度的结合在一起，是一种"着眼未来、利益共享、风险共担"的新型激励机制。这种薪酬制度下，由于激励对象自身收益与公司利益息息相关，激励对象作为理性经济人，在制定决策和做出行动时为实现自身利益最大化也会更多地考虑公司利益，关注公司的长远发展。另外，实施股权激励的同时也意味着短期薪酬支出的减少，从而为企业节省了大量的现金流。

第二，留住和吸引优秀的人才。人力资本理论认为，人力是一种资本，通过对人力这一资本的投资可以获得收益。和其他资本一样，人力资本也具有逐利性。因此，给予人力资本充分的利益回馈是发挥人力资本效用的必要条件。根据赫茨伯格的双因素理论，薪酬水平作为一种保健因素，如果不能被满足，会带来不满、懈怠等消极情绪和低效率的工作模式。在互联网企业中，企业产品和服务的研发都依赖员工的创造性劳动。这些智力劳动很大程度上依赖员工的自主性，企

业很难从外部进行推动和约束。同时，由于互联网企业员工的高素质，互联网技术人才供小于求，有能力的劳动力在人才市场上十分紧俏。大多数公司都会给员工提供较高的薪酬水平以留住人才，但在整个互联网行业普遍高薪的背景下却并没有很大优势。特别是对于企业的资深员工，随着工作年限的增长，现金激励会逐渐失去其原有的吸引力。为了能够使员工得到与其劳动相匹配的薪资预期，企业会倾向于选择长期激励来提高人力资本的稳定性。

第三，完善企业的治理结构。股权结构是公司治理的基础。改变企业的股权结构会影响企业的权利安排和资源配置，也会引起企业管理模式和价值观念的改变。随着企业规模的扩大和多元化的经营，企业的产品、服务逐渐分化成熟，原有的创始团队由于个人能力和精力的限制，难以对整个企业的各个细分业务做出有效的决策，原有的治理结构也不再适应现有的公司运营体系。通过股权激励，可以优化企业的治理结构。股权激励中，企业在授予员工一定利益的同时，也赋予了员工一定的权力，这从一定程度上对企业的股权结构进行了调整，使其更加适应企业目前的发展现状。同时，合理的股权再分配还可以理顺股东大会、董事会及监事会之间的关系，从法规制定与公司制度建设上进一步约束管理层的决策行为，降低委托代理问题。另外，实行股权激励还可以将部分权力下放到产品、人事、财务、投资等职能部门，使企业高层管理者将工作重心从具体的业务指导和事务决策转移到宏观领域，既可以发挥下属的工作积极性，又可以集中精力思考战略问题，实现企业的跨越式发展。

三 互联网企业股权激励存在的问题

目前，股权激励制度在国内受到热捧，各互联网企业纷纷制定各自的股权激励计划。尽管股权激励在减少代理成本、激励员工追求企业价值最大化、推动所有者与经营者利益一致性方面发挥了巨大的作用，但在实施过程中也出现了不少问题，使得现行股权激励无论在激励效果还是激励约束上均大打折扣。概括起来，主要存在以下几方面问题：

第一，企业的经营状况不稳定。股权激励机制原理是通过使企业内关键人力资本持有企业股权而实现对其长期激励和约束的目的。一个股权计划的持续时间一般3~5年，这对企业的经营发展提出了较为长远的要求。只有当企业可以持续稳定地保持一定的成长性时，股权激励才能发挥较好的作用。但就目前我国互联网行业来看，其高成长性背后蕴含着较大的风险。互联网热潮下的"造富神话"吸引了很多人开始互联网创业。由于互联网行业的进入门槛较低，市场中的互联网企业素质良莠不齐，很多企业没有明确的创业思路和产品构想。一些热点概念早已经成为创业的红海，竞争十分激烈，而小众的产品又没有足够的用户需求来支撑其运营。这些都使得互联网企业的存活率很低，明星企业的背后是无数失败的互联网创业企业。同时，由于互联网行业发展迅速、市场的需求也不断变化，企业为了适应复杂多变的市场环境，不得不对其组织结构和经营目标进行经常性调整。这些问题都使得企业的经营稳定性不高，长远预期不明朗，不利于股权激励制度的实施。

第二，企业的发展阶段与激励力度不匹配。股权激励的效果与企业的成长性有重要的关系。目前我国股权激励制度的研究和实践更多的是针对上市公司。而根据目前的上市要求，企业必须持续稳定经营并具有一定的盈利能力才具有上市资格，符合这些资格的大多是业务比较稳定、较为成熟的企业，对股权激励的需求较为有限。而增长潜力更强的非上市小企业虽然可以更大程度地发挥股权激励的效果，其面对的选择却非常有限。虽然目前我国互联网公司的股权激励规模与力度开始向发达国家看齐，但仍然存在着发展阶段与激励力度不匹配的结构性短缺的问题。

第三，绩效评价体系不健全。股权激励的本质是企业通过将公司绩效与员工努力程度挂钩，以促使员工个人发展与公司的长远发展目标趋于一致，最终达到股东财富最大化和企业价值最大化。目前，我国企业主要采用财务会计指标结合公司股价的市场表现来确定员工的业绩水平，这种现有的业绩评价体系相对来说较为单一，不能够全面体现短期和长期的业绩以及风险水平。一方面，财务报表数据容易被人为操纵。例如，CEO 可能会通过盈余管理和粉饰财务报表的方式调整对自己有利的业绩指标。Cheng 和 Warfield（2005）发现，如果公司利润超出市场预期，而且股权激励力度加大，CEO 平滑盈余的概率就会上升；Bergstress 和 Philippon（2006）发现，CEO 股权和期权占总薪酬比率与可操纵应计利润之间呈显著的正相关。另一方面，对公司股价的过度关注可能会促使企业经营者更多地追求短期盈利项目以规避股价波动风险，从而使企业的股价被盲目推高。这种情况下企业的实际价值并没有真正提升。总之，单一的指标不能有效地向股东传递员工努力程度的有效信息，降低了公司绩效程度与员工的薪酬之前的相关性。

第四，激励效果受市场因素影响较大。股权激励机制有效实施的一个重要的前提就是资本市场的有效性，即股票价格能够有效反映企业内在价值变化。根据法玛的理论，市场有效性根据其强弱可分为强式有效市场、半强式有效市场、弱式有效市场三种形式。强式有效市场的价格包括市场子集独享的信息和所有可共享的信息；半强式有效市场中的价格包括以往价格的信息和其余共享信息；弱式有效市场的价格信息只包括历史价格的信息。在一个强式有效市场内，企业员工通过自身努力使得企业的业绩提高，企业业绩提高反映在资本市场上的表现就是股价提升。在一个有效的资本市场上，股价可以传递企业经营状况的真实信号，股东可以根据这一信号对员工的工作情况做出真实的判断，从而对员工进行奖励。发达国家企业广泛运用股权激励制度的一个重要原因就是其资本市场比较成熟和发达，市场的有效性相对来说较强，股票价格比较能反映企业真实的情况。而我国的资本市场起步较晚，市场的有效性较弱，对企业的信息反应能力较差，股票市场受到非市场因素的影响较大，股价受到国家和行业的各种法律法规影响较大，同时市场上投机因素较强，这使得股价容易产生大幅波动，并长期处于价值偏离的状态，不能客观反映一家企业的真实经营状况，也不能客观反映企业员工的努力程度。这种股价的不真实导致的企业价值低估或长期偏离会打击员工的积极性。当资本市场低迷时，即便企业经营良好，也难以在股价上得到反映。员工难以获得与自身努力匹配的回报，就会产生消极情绪，造成人才的流失；而当资本市场高涨时，企业不需要光鲜的数据就可以获得高于企业价值的市场表现，这会使员工产生懈怠的情绪，引起道德风险。总之，我国资本市场的弱有效性一定程度上使证券市场丧失了对企业员工的评价能力。股权激励的作用被大大削弱，在执行中容易出现扭曲的现象。

四　互联网企业股权激励模式比较

股权激励模式主要有业绩股票、股票期权、虚拟股票、股票增值权、限制性股票、延期支付、经营者/员工持股、管理层/员工收购、账面价值增值权九种。其中，股票期权、股票增值权、限制性股票和业绩股票是我国互联网企业常用的股权激励模式。在这四种股权激励模式中，股票增值权的标的是虚拟股票，不会对现有股权结构造成影响，其余三种的标的都是股票，这四种股权激励模式各有特点（如表1-6-1所示）。

表1-6-1　股权激励模式比较

激励方式	标的	是否影响现有股权结构	企业支出	行权方式	行权价格	股票来源
股票期权	股票	是	不需要	现金行权和非现金行权	按公平市价	向激励对象发行股票
股票增值权	虚拟股票	否	支付差价收益	基本无需激励对象支出或很少现金支出以行权	不涉及	不涉及
限制性股票	股票	是	不需要	基本无需激励对象支出或很少现金支出以行权	以远低于市价的价格购买	企业库存股或者从二级市场回购股票
业绩股票	股票	是	企业支付回购股票的资金	现金行权和非现金行权	按公平市价	企业留存股或者从二级市场回购股票

资料来源：根据《上市公司股权激励管理办法》、《国有控股上市公司（境内）实施股权激励试行办法》及《国有控股上市公司（境外）实施股权激励试行办法》整理。

股票期权模式是国际上一种最为经典、使用最为广泛的股权激励模式。在股票期权模式中，公司给予激励对象在未来某一时期以约定价格购买公司一定数量股票的权利，股票期权实质上是一种选择权，授权人可以选择在行权期内选择行权或者不行权。当公司的股价高于行权价格时，授权人可以选择行权来获得股价与行权价格之间的差额收益；当公司的股价低于行权价格时，授权人可以选择放弃行权，这样也并没有任何损失。在股票期权模式中，激励对象的收益取决于企业股价与行权价格之间的差额，差额越大，激励对象获得的收益就越高。股票增值权是一种虚拟股权，持有者并不拥有实际意义上的企业所有权。拥有股票增值权的经营者可以在一定时间内获得一定数量股票的股价与行权价之间的差价收益，而并没有获得实际的股票。股票增值权并不是真正的股票，激励对象的收益来自公司内部而不是股票市场，不需要考虑股票的来源。限制性股票是一种附加了限制条件的公司股票。为了激励经营者，公司以低于市场价格的价格卖给或授予激励对象一定数量的股票，但激励对象获授的股票不能随意抛售，只有当激励对象达到规定的期限和目标后才可卖出获益。如果激励对象没有达到公司的要求，公司可以随时收回或回购所授予的股票。业绩股票是给定激励对象一个合理的业绩目标，当激励对象通过努力工作达到这一目标时，公司将会授予员工一定数量的股票作为奖励或者奖励一定数量的奖金用于购买股票。目前，我国的上市公司实行股权激励时一般会采用一种或几种模式（如表1-6-2所示）。

表1-6-2　股权激励模式的优缺点

	主要含义	模式特点	优点	缺点
股票期权	指企业赋予激励对象的一种权力，使其可在规定的时间内以实现设定的价格购买一定数量的公司股票	享受增值收益权、无表决权、无需即期资金投入、无持有风险，可享受贴息	使经营者与所有者利益的一致、风险较小、激励成本较低、激励力度较大	受股票市场波动影响，易导致片面追求股价提升的短期行为
股票增值权	激励对象可以在规定时间内以一定比例和数量获得股价上升带来的收益，但不具有股票所有权	有增值权、无表决权、无持有风险、无需资金即期投入，有多重兑现方式	模式易于操作，审批程序简单、无需股票来源	不能获得股票、激励效果较差、对公司的现金支付压力较大
限制性股票	激励对象可以在规定时间内以一定比例和数量获得股价上升所带来的收益，但不具有股票所有权	有增值收益权、无表决权、无需自己即期投入，可享受贴息	有利于激励持有者关注企业长期目标、激励成本较低	受股票市场波动影响大、激励力度不稳定、可能会导致业绩造假
业绩股票	激励对象完成既定的年度业绩目标后，公司授予其一定数量的股票或提取一定的奖励基金购买股票	有增值收益权、无表决权、设计规范、操作性较强，应用广泛	激励与否仅决定与工作绩效，约束性较强、退出成本大	业绩目标的科学性较难把握、激励成本较高、对公司的现金支付压力较大

五　乐视网股权激励案例分析

（一）公司简介

乐视网成立于2004年11月，2010年8月12日在中国创业板上市。乐视网是唯一一家在境内上市的视频网站，也是全球第一家IPO上市的视频网站。目前，乐视网的市值已经由上市之初的30亿元增长为400多亿元，是创业板市值最高的公司。长期以来，乐视网致力于打造垂直整合的"平台+内容+终端+应用"的生态模式，涵盖了互联网视频、影视制作与发行、智能终端、大屏应用市场、电子商务、生态农业等，日均用户超过5000万，月均超过3.5亿。近十

年来，乐视网创造了多项全球或中国第一：中国用户规模第一的专业长视频网站；全球首家推出自有品牌电视的互联网公司；中国首家拥有大型影视公司的互联网公司；中国第一家提出内容自制战略的公司。乐视网正成为中国最具活力和影响力的科技与文化融合的创新型企业。近年来，我国股权激励制度逐渐开始规范化。2005年12月31日，中国证监会颁布的《上市公司股权激励管理办法（试行）》拉开了国内上市公司规范化实施股权激励方案的帷幕。截至2015年底，已有833家沪深A股上市公司推出股权激励方案。同时，正在日益蓬勃发展的互联网企业也在

逐步准备实行这一方案，截至 2016 年 7 月，国内上市的互联网企业中已有超过 21 家的互联网公司实施股权激励制度，且数量预计持续增加。2016 年 7 月 13 日，《上市公司股权激励管理办法》正式发布，并将自 8 月 13 日起施行。至此，股权激励制度的推行已成为企业公司治理和薪酬制度的重要维度。

乐视网从 2007 年开始实行股权激励制度，分别在 2011 年、2013 年、2015 年实行股票期权激励计划，2016 年 7 月，又推出了员工持股计划。本书以乐视的首期股票期权激励计划为研究对象进行案例分析。

（二）乐视网股权激励方案

乐视网的股权激励方案采用股票期权的方式。股权激励计划中的期权是企业赋予高层人员及员工，在达到企业设定目标或计划的前提下，在未来某一特定时间，有权按事先约定价格购买一定公司股票数量的权利。股权激励计划的实施对象主要是公司高级管理人员以及普通员工。此次激励计划实施对象共 260 人。其中，高层管理人员 2 人，其他核心骨干员工 258 人共获授股票期权 660 万份，占公司总股本的 3%。乐视网此次股权激励计划拟向上述对象授予 660 万份股票期权，分四个会计年度进行，分年度进行考核并行权，行权价格取下列两个价格中的较高者：①股票期权激励计划草案摘要公布前 1 交易日的公司标的股票收盘价（64.32 元）；②股票期权激励计划草案摘要公布前 30 个交易日内的公司标的股票平均收盘价（55.93 元）。具体考核目标如表 1-6-4 所示。激励对象可在行权条件达成后按照计划规定比例行权。若公司业绩考核达不到业绩考核目标，则激励对象相对应行权期所获授的可行权数量由公司注销。

表 1-6-3　乐视网首期股票期权激励计划实施对象

姓名	职务	本次获授的股票期权份数（万份）	占本次授予期权总数的比例（%）	占目前总股本的比例（%）
邓伟	董事会秘书	52	7.879	0.236
杨丽杰	财务总监	44	6.667	0.200
其他核心技术（业务）人员共 258 人		564	85.454	2.564
合计 260 人		660	100	100

资料来源：根据《乐视网信息技术（北京）股份有限公司股票期权激励计划（草案修订稿）》整理所得。

表 1-6-4　乐视网首期股权激励计划业绩考核目标

行权期	业绩考核目标
第一个行权期	相比 2010 年，2011 年净利润增长不低于 35%，净资产收益率不低于 9%
第二个行权期	相比 2010 年，2012 年净利润增长不低于 82%，净资产收益率不低于 10%
第三个行权期	相比 2010 年，2013 年净利润增长不低于 146%，净资产收益率不低于 11%
第四个行权期	相比 2010 年，2014 年净利润增长不低于 232%，净资产收益率不低于 12%

资料来源：《乐视网信息技术（北京）股份有限公司股票期权激励计划（草案修订稿）》。

如表 1-6-5 所示，对于个人来说，将根据个人业务考核办法进行考核，激励对象上一年度考核达标后才具备股票期权本年度的行权资格。考核结果为不合格的员工，公司将激励计划的有关规定，其相对应行权期所获授的可行权数量作废，由公司注销。

表 1-6-5　乐视网首期股权激励计划激励对象考核办法

考核体系	具体内容	
考核内容	职业素质、道德、心态、影响力（满分 20 分）	
	团队精神和领导力（满分 20 分）	
	工作业绩（满分 60 分）	
考核期间和次数	股票激励期间激励对象获授或行使股票期权前一会计年度	
考核办法	直接上级 60%，直接下级或相关人员按 40% 的权重进行计算	
	考核创新及超额工作加分	
	重大失误和违纪减分	
考核标准	90 分以上	优秀
	80~90 分	良好
	60~80 分	合格
	60 分以下	不合格

资料来源：根据《乐视网信息技术（北京）股份有限公司股票期权激励计划实施考核办法》整理所得。

（三）乐视网股权激励实施状况

如表 1-6-6 所示，截至 2016 年 8 月，乐视网首期股权激励计划的前三个行权期已行权完毕，共行权占股票期权计划的 70%，其中第三个行权期由于公司重大资产重组停牌等事项的影响略有延期。

表 1-6-6　乐视网首期股票期权激励计划行权情况

行权期	年份	获授股票期权数量（万股）	本次行权数量（万股）	本次行权占股票期权激励计划首次授予权益总量的比例（%）
第一个行权期	2013	2133.149	426.6298	20
第二个行权期	2014	2012.2140	402.4428	20
第三个行权期	2016	4374.45	1312.34	30

资料来源：根据《乐视网信息技术（北京）股份有限公司首期股权激励计划第三个行权期行权情况公告》整理所得。

（四）乐视网股权激励方案实施效果分析

1. 财务业绩

如表 1-6-7 及图 1-6-9 所示，将乐视网 2010~2014 年的净资产收益率与行业平均比，在 2011 年实行首次股票期权激励计划实施后，乐视网的盈利能力逐渐实现震荡上升，2012 年开始超过行业平均值。在 2013 年第一个行权期，乐视网的盈利能力显著提升至 18.40%，高出行业平均水平 6.67%。虽然在 2014 年出现回落，但仍然高于行业平均水平，从业内平均水平的下降趋势可以看出，这种回落主要是受宏观经济不景气的影响。总的来看，乐视网自 2012 年以来，净资产收益率始终高于行业平均水平，股权激励计划的实施产生了积极的效果。

表 1-6-7　乐视网 2010~2014 年财务指标

财务指标		2010	2011	2012	2013	2014
盈利能力	净资产收益率（%）	15.60	13.06	16.90	18.19	13.83
	毛利率（%）	66.33	54.04	41.38	29.33	14.53
	每股收益（元）	0.84	0.60	0.46	0.32	0.44
成长能力	总资产增长率（%）	63.49	151.22	95.02	102.28	188.79
	净资产增长率（%）	401.94	12.53	17.83	28.52	97.98
	净利润增长率（%）	57.63	87.05	48.10	31.32	42.75
营运能力	总资产周转率（次）	0.38	0.43	0.50	0.60	0.98
	应收账款周转率（次）	5.28	4.84	4.26	3.57	4.80
偿债能力	资产负债率（%）	9.01	40.42	56.11	58.58	62.23
	利息保障倍数	21.16	119.16	6.40	3.12	1.43
	流动比率	7.25	1.02	0.80	0.83	0.81

资料来源：Wind 资讯。

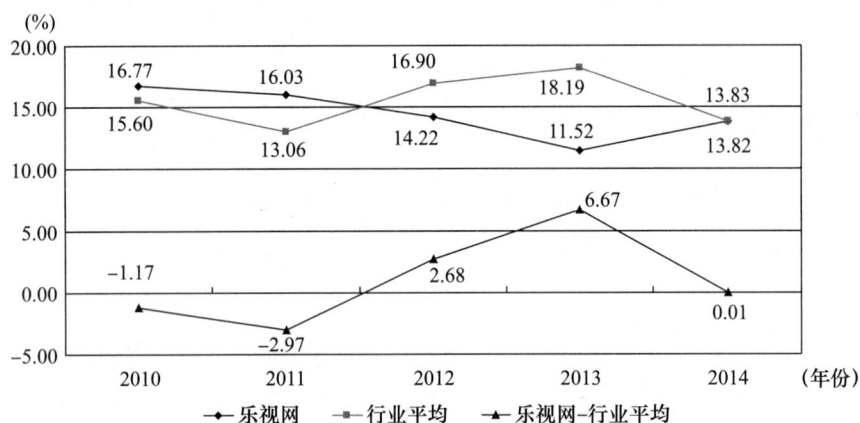

图 1-6-9　2010~2014 年乐视网与行业平均净资产收益率

资料来源：Wind 资讯。

2. 研发投入

据乐视网年报显示，2010~2015 年，乐视网研发支出持续增长。2011 年的研发支出达到 10476.07 万元，与 2010 年相比提升一个量级，这对应了乐视网上市之后的一个快速扩张期。2011 年后，乐视网的研发支出在这一基础上稳步上升，2015 年研发支出再创新高，达到 122412.04 万元。

从员工构成上来看，2010~2015 年，乐视网的技术员工一直占到员工总数的重要部分。2010 年乐视网上市后，前两年技术员工占比有所下滑，这由于乐视网 2010 年上市后公司迅速扩张员工大量扩充导致的。随着公司进入稳定成长期，技术人员的比例在总员工中逐渐提高。2015 年乐视网的员工有 51.53% 是技术人员，已超过总员工人数的一半。

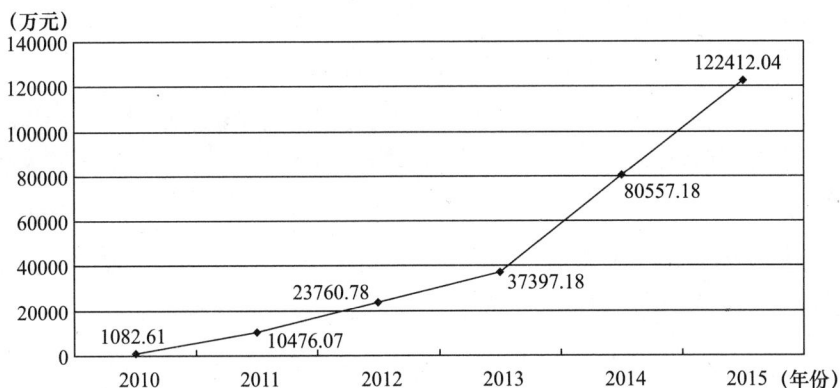

图1-6-10 2010~2015年乐视网研发支出

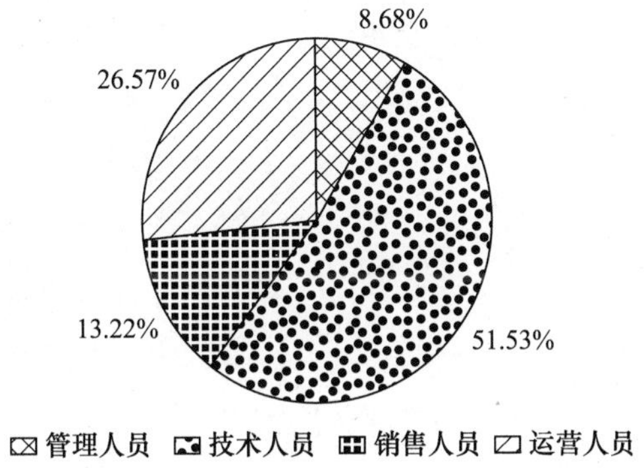

管理人员 技术人员 销售人员 运营人员

图1-6-11 2015年乐视网员工构成

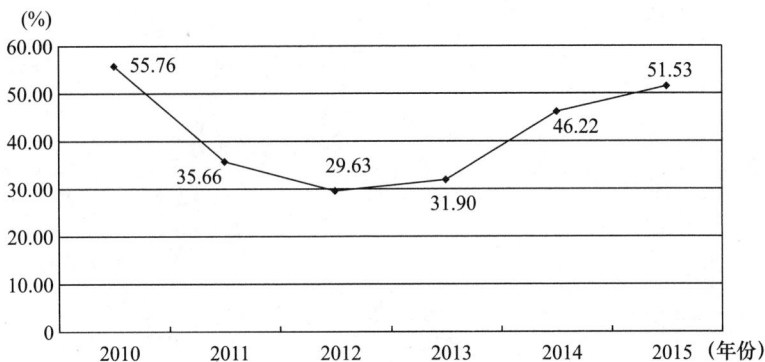

图1-6-12 2010~2015年乐视网技术员工占比

3. 市场表现

自2010年以来，乐视网的视频业务发展迅速，推出了很多精品内容，带动乐视网流量和覆盖率大幅提升。2015年，乐视网推出了《芈月传》、《太子妃升职记》等大热剧集，市场表现强劲。乐视网日均UV超7600万次（峰值近24500万），VV日均3亿次（峰值5.7亿次），2015年12月日均UV、月播放量、总播放时长等多项指标在comScore排名均位居第一；同时，终端、广告和会员/发行收入也相应得到大幅上涨，分别同增122.22%、67.53%和56.17%；

其中自制影视剧和独家体育版权带动付费业务表现突出，收入达 2.71 亿元，同比增长 77.6%。同时，乐视网积极构建自己的影视生态圈，使平台—内容—终端—应用各环节协同占优。平台方面，乐视网积极开展元计算布局，取得了巨大的成果。目前，全球已有 650 个 CDN 节点、15Tps 储备带宽，覆盖 10 万余企业客户和 10 亿量级 C 端用户；内容方面，《芈月传》收视率突破 3%，网播量破 125 亿次，《太子妃升职记》日播量超 2 亿次，带动乐次元会员数新增 220 万。终端方面，超级电视累计销售达 450 万台，超级手机超 300 万台（关联公司乐视移动），2016 年超级电视目标销售 600 万台，保有量突破 1000 万台；应用方面，在精品内容带动下，乐视网流量、覆盖人数等仍具较大提升空间，付费兴起、商业模式革新以及生态化驱动网站盈利状况持续趋好。各环节协同放大生态整体价值。另外，乐视网还积极拓展全球业务，在美国布局电子商务为公司

硬件设备铺设渠道。目前，超级电视的海外销售成绩优异。此外，乐视网还投资了《长城》、《爵迹》、《盗墓笔记》等 40 部大电影，以及《睡在我上铺的兄弟》、《凡人修仙传》、《仙逆》等 30 多部网剧，"全龄层 + 强 IP + 影剧互动"具高盈利预期，对于乐视网无论是生态完善还是业绩都是重要增量。

4. 股市表现

从 2011 年 3 月 17 日乐视网召开第一届董事会第二十三次会议审议通过了《关于〈股票期权激励计划（草案）〉及其摘要的议案》及《关于〈股票期权激励计划实施考核办法〉的议案》开始，到 2016 年 6 月 28 日首期股票期权激励计划第三个行权期行权登记日。从股票的整体趋势来看，乐视网股价呈上升趋势，这与互联网行业的繁荣有一定关系，也与乐视网自身经营密不可分，乐视网的股权激励起到了较好的效果。

图 1 - 6 - 13　乐视网股价走势图

（五）乐视网股权激励方案评价

从长期来看，乐视网在实施股权激励计划后公司业绩有所提高，在股权激励的制定与执行中，既有可取之处又有不足。

1. 股权激励方案的优点

第一，激励对象范围较为合理。确定合理的股权激励对象范围有利于核心人才的保留，而不合理的激励对象范围则可能造成分配不公，影响

企业核心人才的工作积极性。截至 2011 年末，乐视网共有员工 1004 人。而根据首期股票期权激励计划的草案修订稿，激励对象共有 260 人，占员工总数的 25.9%。其中，两名高管获授 96 万份期权，占授予期权总数的 14.55%，其他核心技术人员 258 人获授剩余 85.45% 共 564 万份股票期权。总体来说，乐视的激励对象范围较广，激励对象结构较为合理，以核心技术人员的激励为主，同时兼顾到高层管理人员，使得公司在管理和执行层面均有较好的激励覆盖。这种激励结构主要由于乐视网作为一家互联网的高科技企业，对技术型人力资本较为倚重。对技术人员的大力激励有利于留住核心人才，同时增加对外部优秀人才的吸引力，提高公司活力，有利于激励他们直接参与到公司的日常管理和工作中，不断开拓创新，提高公司业绩。

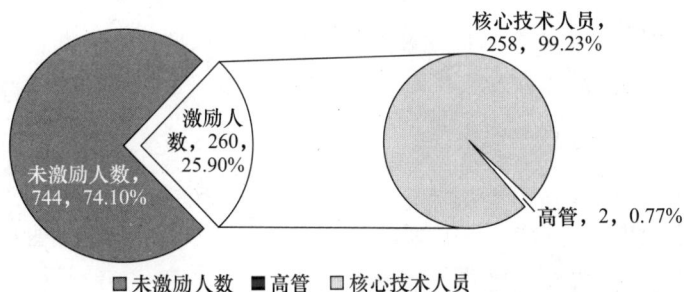

图 1-6-14　乐视网首期股权激励计划激励对象

第二，激励力度合理。乐视网首期股票期权激励计划向激励对象授予 660 万份股票期权，约占本激励计划签署时公司股本总额 22000 万股的 3%，低于法律规定上限 10%。一方面合理的激励成本不会给企业未来现金流带来较大的压力；另一方面，为未来的激励计划预留了足够的空间。两次股权激励计划的激励比例均不到法律规定上限 10% 的一半，比例偏低，可能会造成激励效应不足，但是这也为公司未来发展预留了足够的空间。

表 1-6-8　乐视网股权激励成本

行权期/年	2011	2012	2013	2014	2015	2016
激励成本/万元	146.62	703.77	522.02	338.14	176.40	37.42
净利润目标/万元	9224	12436.06	16809.18	22685.56	—	—
比值	—	—	3.11%	1.49%	—	—

注：根据公司 2010 年年报，2010 年公司扣除非经常性损益后的净利润约为 6833 万元。

资料来源：根据《乐视网信息技术（北京）股份有限公司股票期权激励计划（草案修订稿）》整理所得。

第三，员工考核标准较为完善。通过对个人业绩的考核，将期权的行使与激励对象考核结果密切挂钩。乐视网将个人绩效评价分为优秀、良好、合格、不合格四档，分年度由薪酬与考核委员会对激励对象进行综合考核。这种分档的业绩考核方法有利于详尽客观地评价员工业绩、调动员工的积极性。

第四，行权时间安排较为合理。在行权时间的安排上，设置合理的等待期有利于企业渐进式成长。在乐视网的首期激励计划当中，股票期权在授权期满 18 个月的未来 48 个月内分四期行权。一方面，通过 18 个月的等待期和 48 个月的行权期，可以保证企业在 5.5 年内的激励效果。同时，在股权激励方案中，乐视网采用每一年度制定业绩考核标准（净利润增长率、净资产收益率）的方式，有利于最大程度地调动员工的积极性，并且为公司长期稳定经营提供了保障。

2. 股权激励方案存在的问题

第一，激励模式单一。乐视网采用了股票期权的激励模式。股票期权作为一种广泛使用的激励模式，可以以较低的激励成本获得较大的激励效益。高科技企业及其所生产的高新技术产品一般要经历一个比较完整的发展过程，即存在一个明显的生命周期。乐视网此次发行的股权激励方案采用股票期权的方式。作为一家处于成长期的公司，给予员工股票期权能使得股权激励的效果最大化。由于互联网企业的发展以及产业特征有其特殊性，要想加快企业的发展，延长企业生命周期，就需要特别针对互联网企业的核心资源和

关键资本设计一套卓有成效的长期激励和约束机制，同时更重要的是根据互联网企业的不同阶段，采用各种适宜的计划方案，才能真正起到助推企业发展，保障企业有序经营的效果。互联网企业从初创到不断发展成熟直到步入衰退，可将其生命周期分为四个阶段——初创期、成长期、成熟期和衰退期。如图 1-6-15 所示，创业初期，企业往往还没有利润，无法分红，这时员工更看重远期收益，采取实际股权激励能取得更好的效果。在企业成长期，要根据企业的不同特点灵活选择虚拟股票、实际股权和股票期权等工具，比如对于核心高管给实际股权，对于中层则可以考虑虚拟股权及期权。当企业处于成熟期时，公司收益可观，也可以考虑实际股权激励。到了高成长之后的衰退期，股权已经没有吸引力了，应该以现金激励为主。然而，目前我国证券市场还不是很完善，单一的股票期权模式具有较大的风险，公司应该考虑结合其他模式推出混合型激励模式。

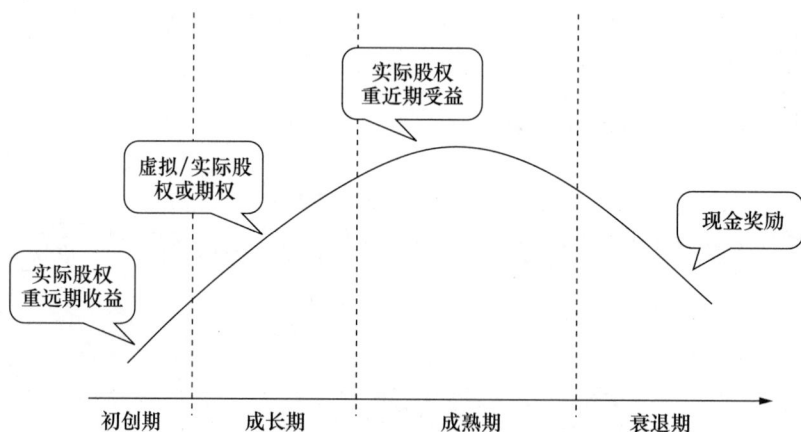

图 1-6-15　互联网企业生命周期与激励工具选择

资料来源：速途网。

第二，行权指标设定不合理。根据乐视网的股权激励方案，第一、第二、第三、第四行权期的指标为净利润增长率分别不低于 35%、82%、146%、232%，净资产收益率分别不低于 9%、

10%、11%、12%。而从乐视网实际的经营业绩来看，行权目标相对于实际值来说偏低（如图 1-6-16 所示）。这一方面说明激励起到了效果，另一方面说明较低的行权目标不利于激励效

用的最大化。作为处于成长期的企业，乐视网应该合理预估企业的盈利能力，使得行权条件既能最大程度地起到激励的效果，同时又不会因为目标过高而难以完成，挫伤员工积极性。

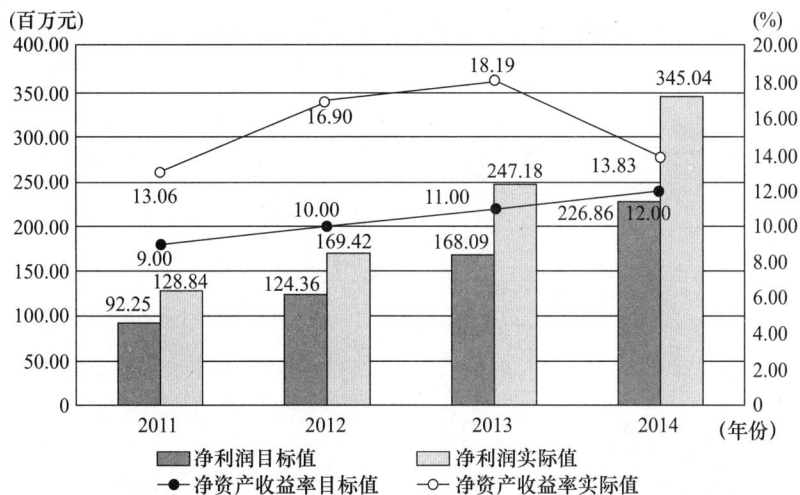

图 1-6-16　乐视网首期股权激励计划行权条件目标值和实际值

第三，行权指标单一。科学的绩效考核方法和指标是准确评价激励对象工作努力程度和效果的必要条件。乐视网此次股权激励方案采用净利润增长率和净资产收益率作为考核目标，这几个指标受宏观经济、行业环境、利率、汇率等因素的影响较大，仅仅以这些指标作为业绩考核指标有失偏颇。同时，较为单一的业绩指标虽然可以给予被激励对象一个明确的努力方向，但同时也可能造成员工盲目追求销售业绩而忽视企业其他隐患风险，此外，净利润的易被操纵性也加大了管理人员粉饰数据、编造虚假利润的风险。

第四，行权等待期较短。股价是公司长期盈利能力的反映，激励对象付出努力使公司价值提升进而股价上升至少一年才能实现，通常来说，等待期越长，激励对象越努力工作，公司价值的上升幅度就越大，激励对象获益的程度也越大。根据乐视网首次股权激励计划，激励的有效期为5.5年，等待期为1.5年。考虑到市场反应的滞后性，在股权激励较为成熟的国家，上市公司股权激励的等待期往往要2~3年，这样才能更好地达到长期激励的目的。乐视网的激励计划的等待期没达到2年，偏短，长期激励效果较差。

六　互联网企业股权激励优化路径

目前，我国互联网企业的股权激励方兴未艾，在快速发展的过程中也存在着一些问题。要使股权激励达到最大的效果，必须对其进行多方面的优化。

（一）深思熟虑，构建科学的考核体系

股权激励设计的难点之一就是制定有效的业绩评价体系。完善的绩效考核指标体系是公司保

持健康、持续发展的重要先决条件，也是公司股权激励得以有效实施的保证。目前，我国互联网企业往往多采用财务指标来作为股权激励考核的目标。然而，在进行财务指标的评定时，单一的财务指标评价较为片面，容易忽视公司的整体利益。因此，在用财务指标进行考核时，应结合其他相关指标，既要反映激励对象过去业绩的指标，又要能预示企业未来发展潜力。另外还可以对一些重要的能反映其业绩的定性指标进行评估，以弥补定量指标评价的不足。互联网公司企业应该将重心放在与核心竞争力相关的指标上，如创新能力与无形资产的衡量等。为了使业绩评价目标真正发挥作用，还应加强对上市公司公开披露的财务数据进行有效审计，尤其在授予股票时或者在股票行权前，更应进行专门的独立审计，以防止经营者通过操纵数据来获取不当的收益，同时还要结合非财务指标，实现业绩考核指标的多样化和组合化，减轻人为操纵的可能。比如，根据自身战略发展目标、市场竞争格局和行业发展特点，加上一些能反映企业未来价值创造能力的为非财务指标，如行业增长率、市场占有率等。此外，激励条件的设计除考虑公司自身业绩的纵向比较外，还应结合行业龙头企业及行业平均值进行横向比较。公司发展需要自身业绩的绝对增长，但更重要的是在同行业中竞争力的提升，与同行业的其他企业进行横向的相对比较也是股权激励设计条件需要考虑的因素之一。

（二）审时度势，设置合理的行权条件和时间

合理的行权条件对于能否达到股权激励的效果，能否最大程度地提高员工的积极性有重要的影响。过高的业绩考核条件容易挫伤员工的积极性，而过低的业绩考核条件容易使股权激励沦为激励对象的"福利工具"。因此在设定业绩考核

目标时，除考虑公司自身业绩的纵向比较外，还要结合公司近几年的经营发展状况和行业发展趋势——公司发展需要自身业绩的绝对增长，但更重要的是在同行业中竞争力的提升。设定科学的考核目标，使激励对象既有压力又有动力，为改善公司经营状况而不断努力。在规定的禁售期限内与可行权股份数量限制下，激励对象无法随意对所得到的股权进行买卖交易，设置合理的股份锁定期限及可行权数量的同时自然而然就将激励者的利益与公司的利益更好地捆绑在一起，使激励对象的行为与公司长远发展利益保持一致，充分发挥股权激励的作用。

（三）权衡利弊，审慎选择股权激励模式

股权激励模式的选择会直接影响到股权激励方案设计和实施效果，因此在选择股权激励模式时，应该根据企业的情况选择合适的股权激励模式，尤其是要注意企业的发展阶段与股权激励选择的关系。当企业处于初创期和成长期时，企业为了快速发展需要大量的资金注入和技术支撑。这时候，采用股票期权、限制性股票和员工持股计划等股权激励模式既可以缓解企业现金流的压力，又可以调动员工的积极性，使其努力工作。治理结构，选择股票期权、限制性股票、股票增值权、业绩股票、虚拟股票、延期支付计划等多种激励模式。除了要根据不同阶段选择不同的股权激励模式外，还要注意股权激励与其他激励方式的结合以规避市场风险。我国股票市场是弱式有效市场，股票的价格不能有效反映企业的内在价值。因此企业在衡量员工绩效时要结合企业的财务状况，对员工做出较为客观的评价与奖励。

参考文献

[1] 吕长江，严明珠，郑慧莲等．为什么

上市公司选择股权激励计划？［J］．会计研究，2011（1）：68-75.

［2］林大庞，苏冬蔚．股权激励与公司业绩——基于盈余管理视角的新研究［J］．金融研究，2011（9）：162-177.

［3］江西省农村信用社联合社风险合规部课题组，刘伟，喻春芳．民营为主的混合所有制农村合作金融机构股权激励的路径选择［J］．金融与经济，2014（5）：48-52.

［4］汪来喜．知识型民营企业实施股权激励的探析——以慧聪集团为例［J］．企业经济，2010（8）：17-20.

［5］韩伊璇，张悦，张曾莲．互联网行业上市公司实施股权激励问题研究——"昆仑万维"案例研究［J］．商业会计，2015（15）：25-27.

［6］李锡元，陈思．我国中小型高科技企业股权激励的实施现状分析——以创业板上市公司为例［J］．科技管理研究，2013，33（2）：179-182.

［7］汪健．上市公司股权激励模式探析［J］．绿色财会，2009（8）：33-34.

［8］叶映红．我国企业人力资本股权激励方式及其现实选择［J］．广西师范学院学报，2006，27（4）：137-140.

［9］周璐．股权激励模式的比较分析［J］．全国商情·经济理论研究，2009（15）：63-63.

［10］罗颂．我国股权激励制度的发展进程及问题探析［J］．时代经贸，2013（24）：156.

［11］李海浩，徐志平．金融危机下中国上市公司高管层股权激励的思考与变革［J］．南方论刊，2009（8）：12-14.

［12］周雪平，周金美．股权激励在我国的发展现状［J］．中小企业管理与科技旬刊，2011（11）：61-62.

［13］张曾莲，乔齐．股权激励模式、影响因素与实施效应的实证研究［C］．中国财务年会，2011.

［14］王雪荣，王倩．基于B-S模型的影视传媒业上市公司股票期权价值评估研究［C］．资产评估新发展国际论坛，2013.

［15］徐红．通信中小企业关键员工股权激励研究——以SK公司为例［D］．复旦大学，2009.

［16］何健．制造业企业核心研发人员的激励研究［D］．南开大学，2008.

［17］吴彩静．论股权激励对于公司财务和公司治理的影响及建议［D］．上海交通大学，2010.

［18］俞星宇．中国创业板上市公司股权激励现状及效果研究［D］．电子科技大学，2015.

［19］陆文．高科技企业不同生命周期阶段的股权激励研究［D］．中国海洋大学，2010.

［20］宋迎春．我国高新技术企业股权激励问题研究［D］．苏州大学，2012.

［21］邱天耿．中国上市公司股权激励模式比较研究［D］．合肥工业大学，2010.

第二部分　报告篇
——互联网企业可持续发展报告

亚马逊
amazon.cn

　　亚马逊的 LOGO 有两个明显的含义：聪慧和创新。从色彩应用角度来说，橙色含有平衡、活力、友好、诱人的意思。亚马逊标志的下方有个橙色的箭头，像一张非常具有亲和力的笑脸，表示亚马逊面带微笑迎接顾客，同时橙色的箭头代表亚马逊河，像一条广阔的河流滋润着万物。箭头从 a 指向 z，刚巧是 26 个字母从头到尾，蕴含着亚马逊的商品应有尽有之意；表达了亚马逊愿意向全球各地的消费者递送自己商品和服务的寓意。据悉，贝佐斯当初选择 Amazon 这个名字其实有两个原因：第一，它能让人联想起亚马逊热带雨林，暗示着亚马逊的巨大经营规模；第二，当时的网站排序主要是按照字母顺序进行的，因此选择以"A"开头的亚马逊能让网站排序更加靠前。

杰夫·贝佐斯（Jeffrey P. Bezos）
亚马逊董事长及首席执行官

　　杰夫·贝佐斯：53 岁，美国国籍，创办了全球最大的网上书店 Amazon（亚马逊），并成为经营最成功的电子商务网站之一，引领了时代潮流。1964 年，贝佐斯出生于美国新墨西哥州阿尔布奎克。1986 年，毕业于美国普林斯顿大学，进入纽约的一家高新技术开发公司 FITEL，主要从事计算机系统开发。1988 年，进入华尔街的 Bankers Trust Co，担任副总裁。1990～1994 年，与他人一起组建套头基金交易管理公司 D. E. Shaw & Co，于 1992 年成为副总裁。1995 年 7 月 16 日成立 Cadabra 网络书店，后将 Cadabra 更名为亚马逊，于 1995 年 7 月重新开张。1997 年 5 月股票上市，亚马逊成为了世界上最成功的电子商务网站之一。更可贵的是，随着互联网泡沫破灭，面对"破产"的批评，贝佐斯不畏艰辛，再保持持续增长的情况，步步走向盈利，重新树立起电子商务的信心。亚马逊依然是全球电子商务的第一象征。1999 年，贝佐斯当选《时代》周刊年度人物，是美国《商业周刊》评选的"互联网时代最具影响力的 25 人"之一。2013 年 8 月，贝佐斯以个人名义花费 2.5 亿美元收购《华盛顿邮报》。2014 年 2 月，年仅 50 岁的杰夫·贝佐斯以 2250 亿元高居 2014 年世界富豪榜第 7 位。2015 年 9 月 29 日，《福布斯》发布美国富豪 400 强榜单显示，杰夫·贝佐斯以 470 亿美元净资产排名第 4。2016 年 9 月 22 日，彭博全球 50 大最具影响力人物排行榜，杰夫·贝佐斯排第 5 名。2016 年 10 月，《福布斯》发布"美国 400 富豪榜"，杰夫·贝佐斯以 670 亿美元排名第 2。

一　亚马逊公司可持续发展报告（Amazon）

（一）公司简介

亚马逊公司（Amazon，简称亚马逊；NAS-DAQ：AMZN），是美国最大的一家网络电子商务公司，位于华盛顿州的西雅图，是网络上最早开始经营电子商务的公司之一。亚马逊成立于1995年，一开始只经营网络的书籍销售业务，现在则扩及了范围相当广的其他产品，目前是全球最大的互联网线上零售商之一，是美国《财富》杂志2015年评选的全球最大500家公司的排行榜中的第88名。在公司名下，包括了AlexaInternet、a9、Lab126和互联网电影数据库（Internet Movie Database，IMDB）等子公司。亚马逊于1997年5月15日在纳斯达克上市，代码是AMZN，一股为18美元。2004年8月亚马逊全资收购卓越网，使亚马逊全球领先的网上零售专长与卓越网深厚的中国市场经验相结合，进一步提升客户体验，并促进中国电子商务的成长。由于亚马逊提供的亚马逊云服务在2013年以来的出色表现，著名IT开发杂志SD Times将其评选为2013 SD Times 100，位于"API、库和框架"分类排名的第二名，"云方面"分类排名第一，"极大影响力"分类排名第一。2014年5月5日，推特与亚马逊联手，开放用户从旗下微网志服务的推文直接购物，以增加电子商务的方式保持会员黏着度。2014年8月13日，亚马逊推出了自己的信用卡刷卡器Amazon Local Register，进一步向线下市场扩张。2015年3月6日下午，亚马逊中国（Z. cn）宣布开始在天猫试运营"amazon官方旗舰店"，计划于2015年4月正式上线。该旗舰店首期将主推备受消费者欢迎的亚马逊中国极具特色的"进口直采"商品，包括鞋靴、食品、酒水、厨具、玩具等多种品类。2016年10月，亚马逊获2016年全球100大最有价值品牌第8名。

亚马逊从建立至今，其定位经历了三次转变，如图2-1-1所示。

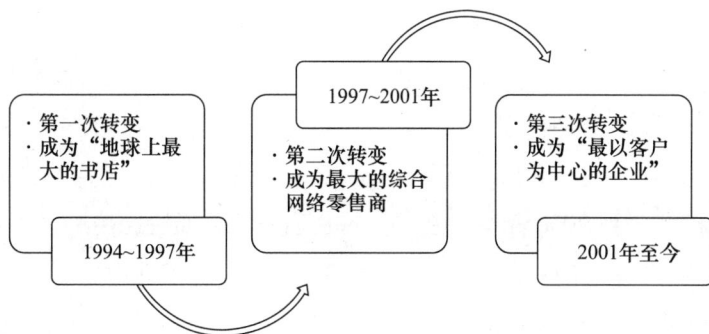

图2-1-1　亚马逊公司三次定位转变

资料来源：艾瑞咨询公司。

第一次转变：成为"地球上最大的书店"（1994~1997年）

1994年夏天，从金融服务公司 D. E. Shaw 辞职出来的贝佐斯决定创立一家网上书店，贝佐斯认为书籍是最常见的商品，标准化程度高；而且美国书籍市场规模大，十分适合创业。经过大约一年的准备，亚马逊网站于1995年7月正式上线。为了和线下图书巨头 Barnes & Noble、Borders 竞争，贝佐斯把亚马逊定位成"地球上最大的书店"（Earth's Biggest Bookstore）。为实现此目标，亚马逊采取了大规模扩张策略，以巨额亏损换取营业规模。经过快跑，亚马逊从网站上线到公司上市仅用了不到两年时间。1997年5月 Barnes & Noble 开展线上购物业务时，亚马逊已经在图书网络零售上建立了巨大优势。此后亚马逊和 Barnes & Noble 经过几次交锋，亚马逊最终完全确立了自己是最大书店的地位。

第二次转变：成为最大的综合网络零售商（1997~2001年）

贝佐斯认为和实体店相比，网络零售很重要的一个优势在于能给消费者提供更为丰富的商品选择。因此，扩充网站品类，打造综合电商以形成规模效益成为了亚马逊的战略考虑。1997年5月亚马逊上市，尚未完全在图书网络零售市场中树立绝对优势地位的亚马逊就开始布局商品品类扩张。经过前期的供应和市场宣传，1998年6月亚马逊的音乐商店正式上线。仅一个季度，亚马逊音乐商店的销售额就已经超过了 CDNow，成为最大的网上音乐产品零售商。此后，亚马逊通过品类扩张和国际扩张，到2000年时，亚马逊的宣传口号已经改为"最大的网络零售商"（the Internet's No. 1 Retailer）。

第三次转变：成为"最以客户为中心的企业"（2001年至今）

2001年开始，除了宣传自己是最大的网络零售商外，亚马逊同时把"最以客户为中心的企业"（the World's Most Customer – centric Company）确立为努力的目标。此后，打造以客户为中心的服务型企业成为了亚马逊的发展方向。为此，亚马逊从2001年开始大规模推广第三方开放平台（Marketplace）、2002年推出网络服务（AWS）、2005年推出 Prime 服务、2007年开始向第三方卖家提供外包物流服务 Fulfillment by Amazon（FBA）、2010年推出 KDP 的前身自助数字出版平台 Digital Text Platform（DTP）。亚马逊逐步推出这些服务，使其超越网络零售商的范畴，成为了一家综合服务提供商。

亚马逊及其他销售商为客户提供数百万种独特的全新、翻新及二手商品，如图书、影视、音乐和游戏、数码下载、电子和电脑、家居园艺用品、玩具、婴幼儿用品、食品、服饰、鞋类和珠宝、健康和个人护理用品、体育及户外用品、玩具、汽车及工业产品等。

截至2015年12月31日，亚马逊总资产为654.44亿美元，股东权益为133.84亿美元，股数为470842035股，员工人数为230800人。2015年全年实现主营业务收入1070.06亿美元，净利润为5.96亿美元，每股盈余为1.28美元。2015年12月31日收盘价为675.89美元，市盈率为528.04。

截至2015年12月31日，亚马逊公司大股东（持股5%以上股东）仅为亚马逊 CEO 杰夫·贝佐斯一人，直接持股数量为82914455股，占已发行普通股比例17.61%。截至2015年9月30日，前三名机构股东持股均超过了4%，同时前20名机构股东持股总量为38.29%。其中亚马逊前10名机构股东信息如表2-1-1所示。

表 2 - 1 - 1　亚马逊前 10 名机构股东

序号	股东名称	直接持股数量	占已发行普通股比例（%）
1	CAPITAL WORLD INVESTORS	23146363.00	4.94
2	VANGUARD GROUP INC	21398205.00	4.56
3	T. ROWE PRICE ASSOCIATES INC /MD/	21031615.00	4.48
4	FMR LLC	16612590.00	3.54
5	STATE STREET CORP	14835997.00	3.16
6	CAPITAL RESEARCH GLOBAL INVESTORS	12210185.00	2.60
7	BLACKROCK INSTITUTIONAL TRUST COMPANY N. A.	9848619.00	2.10
8	BAILLIE GIFFORD & CO	9244605.00	1.97
9	JENNISON ASSOCIATES LLC	5486313.00	1.17
10	WELLINGTON MANAGEMENT GROUP LLP	5107875.00	1.09

资料来源：Wind 资讯。

（二）公司战略

亚马逊历年实行的是客户中心型的扩张战略。其一，战略核心是以客户为中心，亚马逊制定长期或短期战略时，都注重以客户为中心，而非竞争对手。花费大量精力制定、执行客户中心型战略，也体现了亚马逊的企业文化，亚马逊认为客户中心型战略在快速变迁的环境中更容易奏效：首先，与其他因素相比，客户需求的变化要慢一些；其次，紧密跟随的战略在快速变化的环境中不一定有效，而以客户为中心的战略会使亚马逊处于领头羊的地位，把焦点放在客户身上，并结合自身不断改进。其二，战略形态表现为拓展型战略，即积极扩张。亚马逊以网上书店起家，但是亚马逊没有局限于最初的经营范围和商业模式，而是通过不懈的创新和挑战快速拓展新的业务模型，从而实现了持续成长，具体实施过市场渗透战略、多元化经营战略等。

1. 塑造品牌，占领市场

在亚马逊经营初期，客户中心型的扩张战略主要包括以下几条重要战略：第一，强化购买力战略（Buying Power），保持大规模购买量，因此可以从供货商那里得到价格的更高折扣。供货商并不了解亚马逊存在的风险，他们仅按照流通企业的普遍规律，只要对货物的需求量大，就可以提供更高的折扣。第二，品牌和信赖战略（Band & Trust），即巩固与供货商和合作企业之间的互信关系。古今中外，"信用是商业的生命"是一条不成文的规则。虽然取得信任很难，但是失去信任却仅在一瞬间。在图书流通领域，亚马逊为了创造比 Barnes & Noble 更强大的世界传统企业品牌而付出了相当的努力。他们创造了只要提到网络书店，消费者就会在脑海中浮现出亚马逊的奇迹。第三，成本管理战略（Cost Management），即通过调整网络程序节省由于顾客众多而导致的运营成本升高的问题。这是一条与实体店的流通方式形成鲜明对比，将网络商务模式的优点运用到极致的战略。

2. 线上线下，全球扩张

2015 年亚马逊的重要战略仍为全球扩张战略。全球扩张、全面开花也是 2015 年亚马逊业务的现状。业务扩张方面，亚马逊不断发展新业务。其中发展迅速的业务有亚马逊线上生鲜业务（Amazon Fresh），Amazon Fresh 已服务巴尔的摩、西雅图、加州数个城市、纽约、费城、新泽西北部等地区，并发展进入了波士顿，扩展了在美国东海岸的市场覆盖，在欧洲也布局了第一个城市：伦敦。在中国，亚马逊于 2014 年 5 月以 2000 万美元入股上海美味七七，开启中国市场的生鲜战略部署，截至 2015 年 12 月，生鲜馆整体销售额已达 5 月上线之初的近 6 倍，截至 2015 年底，亚马逊中国平台上共汇集了来自全球 74 个国家的 2 万多款美食、27 个国家的上千款生鲜产品以及 35 个重要产酒国的近 7000 种酒水。此外，亚马逊于 2015 年 11 月在西雅图开设了第一家实体店，开启了线下业务；亚马逊还尝试了 Fire Phone 手机业务；并在 2015 年进军家政服务，在纽约、洛杉矶、西雅图和旧金山推出家政服务项目 Amazon Home Services，并计划将覆盖城市增加至 15 个。空间扩张方面，在 2014 年 9 月底，亚马逊 CEO 贝佐斯为 Amazon. in 投资 20 亿美元，至今亚马逊已在印度市场投入超过 50 亿美元的资金，有超过 24 个仓库，整个平台上也有超过 12 万个商户，并有超过 8000 万件商品可供销售，以求早日成为印度电商霸主。同时，亚马逊还有建立全球联合账户体系的目标：卖家利用亚马逊全球联合账户只需通过一个按键就能自动把自己所售商品的详情页变成各国不同的语言并把产品上架到全球不同的网站。目前，在北美洲的亚马逊卖家已经可以利用联合账户管理美国、加拿大和墨西哥的业务，在欧洲，卖家可以用联合账户管理英国、法国、德国、意大利和西班牙的账号。

3. 因地适宜，创新扩张

具体到在中国市场的扩张，亚马逊中国将业务扩张至跨境电商、全球开店和物流服务。2015 年中国跨境购销呈现出井喷式增长，2015 年 1~10 月，中国消费者在亚马逊海外站点的购物花费是过去 20 年的总和，同比增加了 6 倍多。与此同时，中国卖家通过亚马逊"全球开店"项目，在全球众多市场的业务发展迅猛，并持续关注产品品质与创新。亚马逊中国区总裁葛道远表示，与 2014 年相比，2015 年全球范围内亚马逊付费用户增长比例超过 50%。中国卖家通过亚马逊平台可直接将商品销售给亚马逊全球 2.94 亿活跃用户。亚马逊全球 123 大运营中心帮助中国卖家将商品配送至全球 185 个国家和地区。数据显示，2015 年 1~11 月，使用亚马逊物流服务的中国卖家销售额增速是所有中国卖家销售额平均增速的近 2 倍。同时，亚马逊还在制定供应链拓展战略，大举进入物流业。亚马逊中国全球开店在 2016 年实施最新的物流战术措施"龙舟计划"。"龙舟计划"是亚马逊物流 Plus 计划在中国的名称，亚马逊物流 Plus 的最终目标就是为了实现产地入仓，销售地出仓，以及全球物流快速调配的目的。这一计划将彻底改变中国卖家依靠快递或者三方海运先把货物运到美国，过海关，然后再进入 FBA 的烦琐高昂的物流流程，实现在中国货物入仓，由亚马逊负责快速高效把货运到销售国家的 FBA 入仓。

（三）资本运营

亚马逊（Amazon. com Inc.）于 1995 年创立时，仅仅是一家网上书店。经过近 20 年的发展与扩张后，而今它已成长为全球最大的电子商务网站。亚马逊的成功离不开大大小小的并购。可以说，每次成功"出手"，都使其轻松跨入了一个全新的战略业务单元，为其成为电商帝国开疆拓土、奠定基础（如图 2-1-2 所示）。

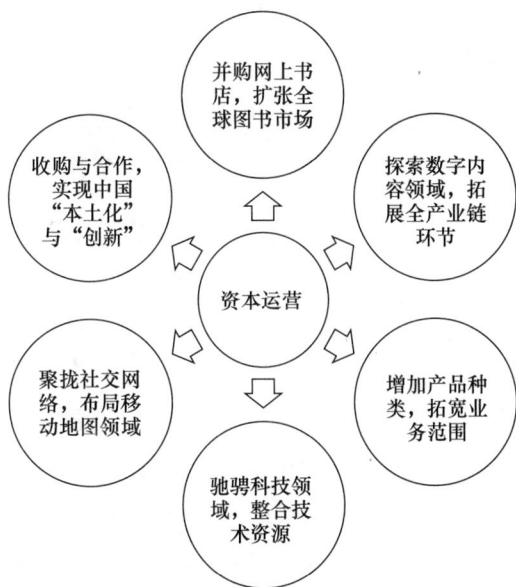

图 2-1-2　亚马逊资本运营示意图

1. 并购网上书店，扩张全球图书市场

亚马逊起家主打业务是图书，对此它采取的是收购海外头号网上书店的策略，以其拓展海外市场占据领先地位提供捷径。

亚马逊第一笔成功收购案发生在 1998 年 4 月，它以 0.55 亿美元收购电影数据库网站（IMDB）及英国 Bookpage 和德国 Telebook 两家当地最大的网上书店，此举收购对当年亏损高达 1.24 亿美元的亚马逊来说是一笔不小的数目，但是为亚马逊致力成为全球最大的网上书店，为其拓展海外市场奠定了基石。按贝佐斯的话说："这次收购使亚马逊能迅速提供给欧洲消费者与美国同等待遇的选品、服务和价值。" 1998 年 10 月，亚马逊宣布成立亚马逊英国和德国网站，整合收购的 Bookpage 和 Telebook 全部业务。Bookpage 提供 120 万种英国图书，Telebook 提供 40 万种德语书籍，而亚马逊则拥有 300 万美国图书和音乐等品种。这次收购使得当年亚马逊海外营收达到 2100 万美元，占总销售额的 3.4%。

2004 年，亚马逊以同样战略，斥资 7500 万美元收购当时中国的卓越网，获得进军中国市场的跳板。亚马逊对卓越网重新定位改造，大力推进图书和百货等业务。截至 2012 年 12 月，亚马逊中国以 2.3% 的份额，占据中国 B2C 网络零售市场第六位置。2008 年，亚马逊收购总部位于加拿大的全球网上图书销售平台 Abebooks，该网站覆盖美国、英国、德国、法国、意大利等国家，出售来自全球数千家独立图书销售商的书籍，提供超过 1.1 亿册二手、珍藏版和绝版图书，会员数达到 135000。这次收购使亚马逊在珍藏版和绝版图书业务上得以拓展，并将全球的图书销售商和图书爱好者联系在一起。

2. 探索数字内容领域，拓展全产业链环节

通过在数字内容领域的收购战略，亚马逊已经将数字内容业务拓展至产业链的各个环节，它正试图颠覆传统出版行业；同时，在图书出版业和数字内容的战略投资都表明亚马逊时刻捍卫自己在图书和电子书出版行业的领先地位。

亚马逊在数字内容领域的探索自 2000 年投资 Audible.com 开始，当时亚马逊斥资百万美元购买 Audible.com 5% 的股权，与之成为战略合作伙伴。此次合作，使亚马逊 1600 万客户可以享受 Audible 公司超过 2 万小时的数字视频内容，Audbile 则给与亚马逊 3 年 3000 万美元的丰厚回报。2000 年，亚马逊正式推出电子书商店，为与 Audible 战略合作的亚马逊用户提供可下载的有声读物，也为亚马逊 2008 年成功收购 Audible.com 埋下伏笔。

在 2005 年亚马逊又相继收购 Booksurge 和 Mobipocket 两家图书出版公司。前者是全球最大的按需印刷公司，向发行商和作者提供书籍发行网络服务。亚马逊的库存图书很少，通常维持在 200 种最受欢迎的畅销书。亚马逊是在用户下单

后，才从出版商那里拿货并直接送给用户。收购按需印刷公司，无疑有利于进一步降低库存。Mobipocket 是法国一家提供电子书和移动阅读技术服务的公司，这为之后 Kindle 书籍寻找电子打包格式奠定了基础，其电子书籍 . mobi 格式便由此而来。这次重大的战略举措标志着亚马逊已经将自己的触角延伸至未来的图书出版行业。

2007 年，亚马逊推出自创的 Kindle 电子阅读器，正是其进军数字内容出版行业的最好体现。有了电子阅读器的终端设备，亚马逊进军电子图书行业的步伐越迈越大。2007 年收购美国最大的独立有声读物出版商 Brilliance Audio 公司。该公司提供非常丰富的完整或删节的成人畅销小说的音频格式，同时出售给任何形式的商家，包括图书馆。过去，有声读物只限于一些畅销书，考虑到录制和复制等成本，畅销书的有声读物具有规模经济效益。随着互联网和便携式音乐播放器的普及，有声读物的市场份额正在逐渐扩大。2008 年，亚马逊以 3 亿美元现金收购了觊觎已久的 Audible. com。该网站占据音频市场 75% 的份额，拥有 7. 5 万多本有声书，此举帮助亚马逊成功拿下音频下载市场，进一步增强了其在数字内容下载领域的竞争力。

2009 年，是电子书概念全面火爆的一年，SonyReader、iRex、Nook 等先后面市，当然，还有蠢蠢欲动的苹果以及蓄势待发的 Google。2009 年 4 月，亚马逊宣布收购电子阅读软件开发商 Lexcycle，这是其重视技术创新的最好诠释。Lexcycle 最知名的产品是用于 iPhone 和 iPod 的 Stanza 阅读器，拥有来自 50 个国家的 50 多万用户。Stanza 的主要功能是使用户可在 iPhone 和 iPod 上下载和阅读不同格式的电子书。该软件允许用户把各种格式的电子书转移到亚马逊 Kindle 电子阅读器当中，受到 Apple、CNET、华盛顿邮报、ArsTechnica、波士顿环球报、信息周刊以及

PC 杂志等多个媒体的赞扬和推荐。亚马逊极富远见地收购了会对其造成麻烦的平台公司，它意识到，等亚马逊 Kindle 格式日渐式微之时，苹果公司依托 Stanza 平台，足以对 Kindle 的发展构成威胁。

3. 增加产品种类，拓宽业务范围

亚马逊在品类上的拓展始于 1999 年，除了在自营的官网上新增商品种类外，亚马逊还通过网站联盟的方式为客户提供丰富的选品。1999 年，亚马逊出资 4400 万美元收购网上药店 Drug-store. com 46% 的股份。当时，美国处方药拥有 1020 亿美元的市场规模，是图书行业的 6 倍，这也许是吸引贝佐斯投资药店的主要原因。双方签订协议，亚马逊向 Drugstore. com 开放自己的客户群，并在 Amazon. com 上提供 Drugstore. com 的网址链接，为此 Drugstore. com 需要在 3 年内向亚马逊支付 1. 05 亿美元。同时，亚马逊也为该网上药店提供技术服务，如将亚马逊的一键购物 Oneclick 技术整合到 Drugstore. com 的网站，如此合作达到双赢。

2000 年经历了互联网泡沫冲击后，美国倒闭了 210 家互联网公司，其中就包括亚马逊投资的两家小规模电子商务企业 Living. com 和 Pets. com，亚马逊在当年财报中对投资的资产减值亏损高达 3 亿多美元。但这些惨痛的教训并没有改变亚马逊的投资步伐，继圈地运动后，亚马逊仍然不放弃在百货零售上的投资。2005 年美国假期购物季，服装已成为网上订购的高级类别，交易额达到 53 亿美元，同比高出 42%。亚马逊通过收购 Shopbop 打入奢侈品市场，该网站专业经营顶级服饰设计师的作品。奢侈品服装靠的是品牌影响力，这与亚马逊一贯以庞大的客户群吸引零售商在它的平台上低价直销背道而驰，而收购 Shopbop 正好弥补了亚马逊进入奢侈品行

业的不足。2012 年，亚马逊大力扩张时装与成衣网购业务，将之前收购的时尚购物网站 Endless. com 的业务转为亚马逊的一个站内频道继续运营，从而专心打造 Amazon Fashion 的用户体验。

之后，亚马逊收购了竞争对手 Zappos 和 Quidsi，更印证了其推崇的"打不败对手就买下它"的收购战略。2009 年，亚马逊以 9 亿美元的历史最高收购价买下由华人谢家华创办的网上鞋店 Zappos。这家鞋店经历了电子商务红海厮杀数年后，从之前濒临破产发展到当时 8 亿美元的销售额，占美国鞋类网络市场总值 30 亿美元的 1/4 以上。收购网上鞋店巨头 Zappos 这一最大竞争对手，无疑更加巩固了亚马逊网上零售的领先地位。继大手笔收购 Zappos 后，亚马逊在 2010 年又斥资 5.4 亿美元买下觊觎已久的竞争对手、全美最大的在线尿布及婴儿用品零售商 Quidsi。通过收购 Quidsi，亚马逊一方面消除了在婴儿用品领域的最大竞争对手，并且通过收购 Quidsi 提高在婴儿用品领域的竞争力；另一方面此次收购还为亚马逊开辟了女性市场。据统计，在 Quidsi 的 50 万用户中，80% 为女性。而根据 comScore 的数据显示，女性用户仅占亚马逊用户总量的 48.8%。

4. 驰骋科技领域，整合技术资源

除了电子商务，亚马逊的另一个身份就是科技公司，而其对科技公司的收购始于 1998 年，当时斥资 1.86 亿美元买下数据挖掘公司 Junglee Corp。该公司在数据库技术的突破，大大提高了用户网上搜索购物的效率。在收购后，亚马逊利用 Junglee 搜索技术创造了"Shop - the - Web"的购物服务，即在网站上陈列图书和音乐以外的各种商品，用户点击之后，亚马逊便会将用户引导至其他零售商那里，最后收取销售提成。这也

是亚马逊的第一次尝试。同时，通过收购 Junglee 公司的搜索技术，亚马逊可以为顾客提供难度极高的搜索服务，该服务通过书名、作者、主题与内容相关的字符串、封面颜色和图案等提供 28 种途径检索。这种搜索方式让每个关键词串联出大量相关商品，从而使亚马逊的搜索显示规则不仅有关键词符合，还加入了标题关联度、内容关联度、主题关联度等不同权重的排序规则。

亚马逊又相继收购了移动产品搜索服务商 SnapTell、触屏技术公司 Touchco、语音识别技术公司 Yap 和仓库机器人公司 Kiva 等一系列技术公司。2010 年，亚马逊把 Touchco 的技术和员工整合至旗下 Kindle 硬件部门，升级 Kindle 电子书以对抗苹果 iPad。据称，Touchco 技术的成本低于苹果公司 iPhone 和 iPad 所采用技术的成本。比较不同的是，Touchco 屏幕能够同时检测数量不限的触控点。2011 年 9 月，亚马逊完成了对语音识别技术公司 Yap 的收购。Yap 是现存的与 Siri 最接近的产品，这可能意味着 Amazon 将进军语音市场，进一步加剧与苹果之间的战火。同一时期，Amazon 发布了堪称能与苹果 iPad 直接抗衡的 Kindle Fire 平板电脑，而其欠缺当下流行的语音服务正是亚马逊的软肋。收购 Yap 后，亚马逊可以利用 Yap 的技术建立自己的语音技术平台，服务于亚马逊的网上搜索和客户服务等领域。

2012 年，亚马逊斥资 7.75 亿美元收购仓库机器人公司 Kiva，此次收购是其继收购 Zappos 后的又一大手笔。Kiva 主要开发用于仓库的机器人，该机器人能够抓取、移动货架和货品，并送到员工手里进行分拣和包装，这一技术将帮助亚马逊更快地实现订单交付，同时减少仓库员工数量。对于在线零售业务来说，物流中心颇为关键，提高订单执行能力，有助于降低仓储物流费用率。2011 年，亚马逊仓储物流费用率上升至

9.52%，高于2010年的8.4%，这是其运营费用中占比最大的成本。因此，如何降低费用、提高效率成为亚马逊今后的主要课题。

5. 聚拢社交网络，布局移动地图领域

2007年，亚马逊第一次收购了数码评论网站——Dpreview.com，该网站总部位于伦敦，主要专注于数码相机市场有关的评论、信息、新闻和论坛。亚马逊一直允许用户在其网站上对产品加以评论，而此次收购亚马逊正是看中了Dpreview.com积累的大批可信度较高的摄影爱好者，可以对亚马逊网站上的数码评论提供补充。该网站每月拥有700万独立访问者，浏览量超过1.2亿次，同时能为亚马逊提供大量的网络广告，通过在数码产品的评论中附加该产品在亚马逊的网址链接，为亚马逊带来更多数码产品的新用户和销量。2008年，亚马逊收购图书爱好者社交网站Shelfari，该网站主要为图书爱好者提供交流平台，同时允许用户创建虚拟书架，显示用户已读或想读的图书，用户可以发表书评或对图书评分，并与好友分享图书目录。收购Shelfari有助于亚马逊把创建的社区工具添加到其Kindle电子图书商店中，从而促进图书销售。2009年，亚马逊又收购了作者图书社交网站Booktour.com。作者可以在该网站上创建自己的个人主页，并与粉丝进行交流，发布自己的最新动态和工作时间表。收购后，亚马逊将Booktour的作者工作时间表显示在该作者的亚马逊主页上，让用户可以更为便捷地获取任何他们所喜爱的作者的动态。这种拉近读者和作者距离的方式，也为亚马逊的图书业务带来新契机。

与此同时，随着手机巨头纷纷将目光转移至移动地图领域，谷歌和苹果相继推出自己的3D地图服务后，亚马逊也开始蠢蠢欲动，希望能在移动地图领域分一杯羹。2012年7月，亚马逊收购了3D地图初创公司UpNext。由于亚马逊的Kindle Fire并没有内置地图功能，用户需在Amazon Appstore里下载地图应用软件，或通过浏览器访问在线地图服务，十分不方便。另外，亚马逊欲推出智能手机是既定的事实，而随着手机互联网的崛起，手机地图的平台特性越发明显。随着智能移动设备的普及，地理位置信息已经逐渐成为移动应用的标配，对于这个最底层和最基础的入口，手机地图毋庸置疑成为各大巨头必争之地。另外，亚马逊也可将地图整合到其Kindle Fire内置应用中，从而提高其在平板市场的竞争力。

6. 收购与合作，实现中国"本土化"与"创新"

亚马逊中国通过收购和战略合作，力求实现本土化和创新。2014年5月16日，亚马逊公司宣布投资2000万美元入股生鲜网络购物平台上海美味七七网络有限公司。亚马逊全球副总裁冯思哲表示："2014年是亚马逊进入中国10周年，此次投资体现亚马逊将继续对中国的长期承诺。"2015年5月26日，亚马逊宣布其生鲜馆正式上线，首批上线商品来自其五大合作伙伴美味七七、21cake、都乐、獐子岛和大希地，涵盖水果、蔬菜、生肉禽蛋、海鲜水产、蛋糕五大品类。事实上，2007年就借"Amazon Fresh"在美国试水生鲜电商的亚马逊对中国电商市场觊觎已久。亚马逊生鲜业务以提供更好的体验为出发点，优选上线产品，不急于扩张。可以说，亚马逊生鲜馆的思路是比较轻的模式，主要是打造平台，货源选择、配送都是入驻商家自己完成。从定位上来讲，亚马逊的生鲜馆定位是走精品路线，600多款选品全是精品。"先期上线的生鲜产品，很多是商家从国外采购。目前亚马逊在生鲜业务上并不追求商家和品类的扩张速度。"亚马逊是希望通过合作伙伴"学习到一些消费行为和整个市

场的发展，也为未来亚马逊能够形成自成一格的生鲜业务模式打造一个良好的基础"。

2015 年 10 月 27 日，亚马逊在中国推出"亚马逊物流 +"服务，集亚马逊在技术、管理、服务方面的独特优势，向国内所有电子商务企业和传统企业敞开大门，提供亚马逊式的高效仓储物流解决方案。在亚马逊全球副总裁、亚马逊全球物流中国总裁薛小林看来，中国的电子商务及跨境电商经历了高速增长，物流成本、快速响应不仅是电商企业市场竞争力的直接体现，也是制约其快速发展的主要壁垒。"亚马逊物流

+"的推出，在帮助中国企业提升物流竞争力的同时，也将进一步推动中国整体电子商务及跨境电商贸易的持续增长。

2016 年 3 月 29 日，亚马逊全球物流中国与网易旗下的跨境电商平台"网易考拉海购"在北京正式签署合作协议，"亚马逊物流 +"将为网易考拉海购的宁波保税仓定制并提供仓储运营服务。与网易考拉海购合作，是"亚马逊物流 +"战略落地的众多成功范例之一。

亚马逊自创立以来的重大收购信息如表 2－1－2所示。

表 2－1－2　亚马逊收购明细一览表

时间	事件
1998 年 4 月	亚马逊收购了互联网电影资料库公司 IMDb、Bookpage 和 Telebook
1998 年 8 月	亚马逊以 1.86 亿美元收购数据挖掘公司 Junglee
1998 年 8 月	亚马逊以 9300 万美元收购社交网络公司 Planetall
1999 年 6 月	亚马逊以 2.5 亿美元收购了 Alexa
2003 年 4 月	亚马逊收购了其在线音乐商店的竞争对手 en：CDNow
2004 年 8 月	亚马逊以 7500 万美元收购了中国的卓越网
2005 年 4 月	亚马逊收购了电子书软件制造商 Mobipocket 和出版发行公司 Booksurge
2005 年 7 月	亚马逊收购了 DVD 制作商 CustomFlix
2006 年 2 月	亚马逊收购了女性时尚购物网站 Shopbop
2007 年 5 月	亚马逊收购了数码相机测评网站 Dpreview
2008 年 3 月	亚马逊以 3 亿美元收购了有声读物网站 Audible
2009 年 7 月	亚马逊以 12 亿收购了在线鞋店 Zappos
2010 年 6 月	亚马逊以 1.1 亿美元收购了团购网站 Woot
2010 年 10 月	亚马逊称其将收购欧洲在线购物服务网站 BuyVIP.com 以扩大在这个地区的市场份额这笔收购交易的金融条款没有披露亚马逊负责欧洲零售的副总裁 Greg Greeley 说，收购 BuyVIP.com 对于亚马逊欧洲业务是一个极好的补充，为亚马逊客户寻找和发现独特的和诱人的产品提供了另一个独特的途径
2010 年 11 月	亚马逊以 5.5 亿美元收购了 Quidsi
2011 年 7 月	亚马逊收购了网上书店 The Book Depository
2011 年	亚马逊还收购了 Lovefilm、Pushbutton
2012 年 3 月	亚马逊收购了自动化机器人公司 Kiva Systems
2013 年 3 月	亚马逊在欧洲超越了当地其他在线零售商，成为欧洲最受欢迎、访问量最大的网络零售商
2014 年 4 月	亚马逊收购数字漫画公司 comiXology
2014 年 5 月	亚马逊宣布 2000 万美元投资入股上海美味七七，开启中国市场的生鲜战略部署
2014 年 8 月	亚马逊宣布以 9.7 亿美元的现金收购视频游戏流媒体服务 Twitch

（四）商业模式

亚马逊从创建时以"网络书店"的 B2C 模式，逐步扩展到加盟、二手商品等 C2C 模式领域，近年来亚马逊通过不断完善自己的物流体系、支付模式创新、云计算技术的研发和推广使用、"Kindle"模式的创新等，已经成为了一家综合服务的提供商。它的成功，绝非偶然的幸运，在全球金融海啸的背景下，亚马逊能够一枝独秀，从根本上说是得益于其成功的创新商业模式，如图 2－1－3 所示。

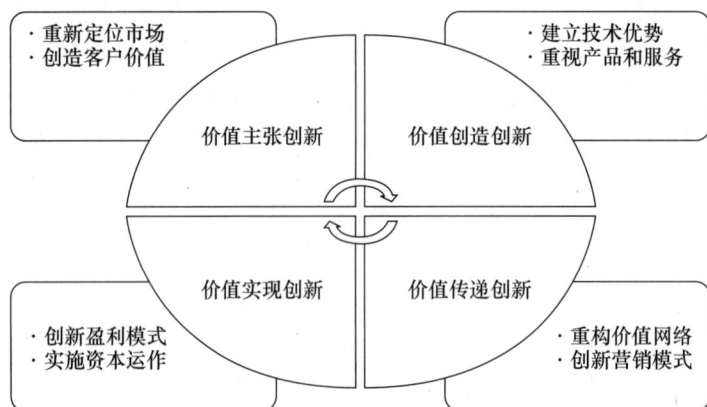

图 2－1－3　亚马逊的商业模式

1. 价值主张创新：重新定位市场，创造客户价值

价值主张的创新是平台企业商业模式创新的起点。亚马逊的价值主张从市场定位和客户价值两个方面来分析，市场定位是亚马逊锁定什么样的市场和如何对这个市场做出细分；客户价值则主要回答了亚马逊的目标顾客。

表 2－1－3　亚马逊价值主张创新分析

时间	重新定位市场	创造客户价值
1994～1997 年	定位：成为"地球上最大的书店"，即成为 B2C 电子商务平台，主要业务是做网络销售书籍	目标客户：购书需求的网络用户，提供品种齐全的高质量的书籍，并在价格、付款方式、物流等方面都为用户提供方便，满足了用户购书时经济实惠、方便快捷、正品保证的需求
1997～2001 年	定位：成为"最大的综合网络零售商"，即"网络超市"	目标客户：几乎包括整个网络用户，公司扩充平台商品种类，从家电用品到大型工业用品，亚马逊利用品质保证、物流、付款、退货以及技术保障等满足人们网络购物的体验需求
2001 年至今	定位：成为"综合服务提供商"。突破网络零售商的范畴，开始大规模推广第三方开放平台（Marketplace）；2002 年推出网络服务（AWS）、2005 年推出 Prime 服务；2007 年开始向第三方卖家提供外包物流服务 Fulfillment by Amazon（FBA）；2010 年推出 KDP 的前身自助数字出版平台 Digital Text Platform（DTP）等	目标客户：从用户增加到了企业，通过平台满足为客户提供满足需求的服务，帮助客户解决问题，如为合作伙伴在平台上经营其品牌商品。亚马逊还不断地增加产品种类和服务

2. 价值创造创新：建立技术优势，重视产品和服务

价值创造创新是对企业价值创造的过程进行变革，价值创造主要包括支撑企业的资源、企业所形成的能力以及企业的关键核心业务活动。亚马逊的资源与能力主要表现在技术水平，其关键业务活动一般都是产品和服务的提供。

（1）建立技术优势。亚马逊在技术方面的创新主要表现在：

第一，B2C 电子商务平台 IT 技术的创新。电子商务平台的 IT 技术水平很重要，它是供应链优化和运营效率提升的驱动力。目前，亚马逊正在转型成为以"IT 技术"为驱动力的第三代平台，它的技术核心是基于 Linux，拥有世界上最大的 Linux 数据库，强大的中央创新分析数据库具有查询、记录历史数据和 ETL（提取、转换和装载）三个功能，亚马逊的技术架构每天要处理数百万的后台操作以及来自 50 多万第三方卖家的查询。这些后台 IT 技术的支撑，保证了其电子商务平台的各项服务功能的正常运作。亚马逊为了不断地创新技术，保持技术的优势，已经成立了多家技术研究中心，共同研究能够改善产品和服务的互联网技术。

第二，亚马逊云计算 AWS（Amazon Web Service）。亚马逊是最早提供远程云计算平台服务的公司，目前，AWS 已经占据了美国基础设施及服务（IaaS）59% 的市场份额，2011 年为亚马逊带来了 19 亿美元收入，领先于其他云计算服务商，亚马逊已经凭借云计算技术将企业转型成为网络技术服务商，也为其他业务带来了巨大商机，推动规模效应的形成。

第三，Kindle 设备技术的创新。创新分析 Kindle 电子书阅读器大部分采用 E - ink 十六级灰度电子纸显示技术，能在最小化电源消耗的情况下提供类似纸张的阅读体验。

第四，人工智能技术的创新与应用。在 2012 年 3 月，亚马逊以 7.75 亿美元的价格收购了能够通过机器人对顾客订单过程进行全自动化处理的企业 Kiva System，并推出了被称作是"自动化之花"的机器人。如今，亚马逊在美国 10 个订单处理中心共投入了 1.5 万台仓储机器人，据亚马逊称，仓储机器人的分类准确率高达 99%，大大降低了失误损失，同时亚马逊还拥有世界上现有的最大机械臂之一——Robo - Stow，搬运货物量巨大。仓储中心还装置最新视觉系统，最快可在 30 分钟内接收一整拖车的货物，节省了几个钟头的时间。亚马逊还拥有无人机技术，在货物运输方面实现无人化、自动化。虽然这类技术初期投资巨大，但面对美国人力成本较高的情况以及自身规模扩大的长远情况来看，这些技术创新可以降低未来的人力成本等运营支出。

（2）重视产品和服务。亚马逊始终坚持"用户导向"的服务产品创新，将"用户体验"放在服务工作的首位，凭借一键购物 Onechick 技术，亚马逊帮助用户简化了购买程序，只要在网站上买过一次书，顾客的通信地址和信用卡账号就会被安全地存储下来，下次再购买时，用鼠标点一下想要购买的物品，网络系统就会完成之后的手续，包括用户的收件资料，甚至刷卡付费也可由网络系统代劳。如表 2 - 1 - 4 所示，亚马逊在电子商务、电子产品、网络技术等领域提供了全面而有创意的服务与产品。

表 2－1－4　亚马逊提供的服务产品项目一览表

项目	具体产品
电子商务零售平台	涵盖品类齐全的商品，甚至包括生鲜食品、绿色商品
消费电子产品	电子书阅读器 Kindle 系列和平板电脑 Kindle Fire 系列
数字产品	电子书、MP3 音乐等数字产品
二手商品拍卖服务	
虚拟货币	Coins
网络技术服务	弹性计算云 EC2（Elastic Compute Cloud），是一部具有无限采集能力的虚拟计算机，用户能够用来执行一些处理任务
	简单存储服务 S3（Simple Store Service），为任意类型的文件提供临时或永久的存储服务
	DB，是为复杂的结构化数据建立的，支持数据的查找、删除、插入等操作
	简单队列服务 SQS
	弹性 MapReduce 服务
	内容推送服务 CloudFront
	灵活支付服务 FPS
	语音服务 Alexa

3. 价值传递创新：重构价值网络，创新营销模式

价值传递是将企业创造出的价值通过某种途径或方式传递给客户，满足客户的需求。下面从价值网络的构建和营销模式的运用两个方面分析亚马逊。

（1）重构价值网络。亚马逊一直致力于寻求合作伙伴并重视重点合作伙伴的关系维护。首先，电子商务平台的合作伙伴。亚马逊通过提成和返点的策略来吸引合作伙伴，并制定了合作联盟的相关制度管理与规范合作关系，来维持长久的合作关系。其次，亚马逊云计算服务推出了合作伙伴计划，新的 AWS 合作伙伴网络（APN）面向独立软件开发商、SaaS 公司、工具和平台供应商，以及协商合作伙伴比如系统集成商等。最后，亚马逊的 Kindle 设备采用了开放式的平台，允许外部 App 进入，对亚马逊电子设备产品的推广具有很大帮助。

（2）创新营销模式。亚马逊采取了多样化推广方式，主要的推广媒介是网络广告 Yahoo 和 Excie 在内的五个最经常被访问的站点、SNS 链接等。

营销策略多样化组合是亚马逊营销推广的重要举措，亚马逊的营销策略主要有：第一，产品策略，亚马逊根据商品的种类进行分类，对不同的电子商品实行不同的营销对策和促销手段；第二，定价策略，亚马逊采用了折扣价格策略，在商品的原价上给一定的回扣，通过扩大销量来弥补折扣费用和增加利润；第三，促销策略，亚马逊利用折扣、节日特价、赠品、小礼品、免配送费用等方式促进销量；第四，售后服务，亚马逊特别重视平台的售后服务，对用户的反馈意见和建议，以及出现的问题都特别重视；第五，引用新的技术丰富用户的体验，商品搜索功能、在线对话、问题解答等功能吸引了很多用

户的体验。

4. 价值实现创新：创新盈利模式，实施资本运作

亚马逊的收入来源有交易获利、支付体系收益、配送体系收益、佣金收益、广告收益、云计算服务收益、Kindle 设备销售收入、数字产品分成收益、Prime 会员服务等。亚马逊的收入来源随着服务产品的创新而不断增加。亚马逊可以通过其核心业务获取用户购买数据、零售数据，这都将是未来持续发起广告策略的重要资源。另外，亚马逊的云计算服务收入和 Kindle 的收入都在快速增长，亚马逊不断增加对两项核心业务的投入。未来亚马逊的盈利模式将主要围绕云计算服务、Kindle 设备运营、广告业务等几大块调整并创新。

为了保证业务活动的增长和客户获得实惠，亚马逊在财务管理上不遗余力地削减成本：减少开支、裁减人员，使用先进便捷的订单处理系统降低错误率，整合送货和节约库存成本，通过降低物流成本，相当于以较少的促销成本获得更大的销售收益，再将之回馈于消费者，以此来争取更多的顾客，形成有效的良性循环。

亚马逊的扩张之路也是其获取技术和客户资源的措施，通过收购投资战略，亚马逊逐步成为图书行业的霸主。而后续的品类扩张更少不了多元化收购。收购战略是亚马逊迅速发展的重要保障，未来它仍将根据公司发展战略的需要继续收购有利于扩展的公司。

亚马逊公司能够从创建之初的"网络书店"发展成为规模庞大的"综合服务提供商"有以下几点重要原因：一是亚马逊价值主张明确，把"用户体验"作为公司发展的灵魂，一切产品服务和技术围绕用户需求来提供和研发；二是重视技术创新和技术研发能力的培养，目前亚马逊在电子书、网络影视、云计算服务等方面的技术水平处于世界领先水平；三是多产品服务组合，无论是 B2C、C2C，还是亚马逊云计算服务（AWS）以及自己研发的电子书终端设备 Kindle 等，都是亚马逊为了满足用户体验而提供的产品服务；四是高超的资本运作和成本控制，亚马逊根据平台需求展开投资或收购，对平台的扩展具有重要意义，另外亚马逊还是 B2C 平台中库存量控制最好的企业之一，对成本的控制相对具有很大优势。总之，亚马逊已经形成了"内容＋平台＋终端"的经营模式。

（五）市场概况

1. 市场总体情况

2015 财年，亚马逊净营收为 1070.06 亿美元，比 2014 财年的 889.88 亿美元增长 20.25%。亚马逊 2015 财年营业利润仅为 22.33 亿美元，而 2014 财年营业利润仅为 1.78 亿美元。经营活动净现金流为 119.2 亿美元，同比增长 74.22%。自由现金流为 73.20 亿美元，同比增长 276.93%。2013～2015 年销售额总体变化情况如图 2-1-4 所示。

按地域划分，2015 财年北美地区（美国、加拿大）净营收为 637.08 亿美元，占总营业收入的 59.54%，比上年的 508.34 亿美元同比增长 25.33%，北美地区的业绩是亚马逊的主要部分；亚马逊国际部门（英国、德国、法国、日本和中国）的净营收为 354.18 亿美元，比上年 335.10 亿美元增长 5.69%。而 AWS 业务占 7.36%，同比增长 69.68%，是亚马逊三大支柱业务之一。

按产品划分，2015 财年亚马逊来自电子产品和其他日用商品的营收为 755.97 亿美元，比

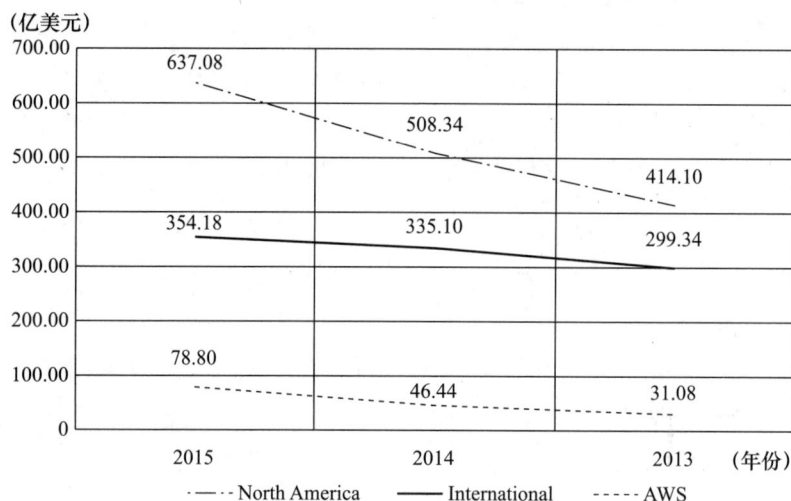

图 2 - 1 - 4 亚马逊销售额变化情况

资料来源：亚马逊 2015 年年报。

上年同期的 608.86 亿美元增长 24%，在总营收中所占比例从 68.42% 增长至 70.65%；亚马逊来自媒体产品的营收为 225.09 亿美元，与上年同期的 225.05 亿美元相比变化不大。

2. 业务拓展

2015 年亚马逊推出了多种业务，具体情况如下：

第一，智能语音服务。2015 年 6 月 25 日，亚马逊发布软件开发工具包 ASK（Alexa Skills Kit），它是亚马逊的语音服务 Alexa 的一套接口和工具集，能够让开发者方便地打造语音的功能。其中，亚马逊 Alexa 是基于云的语音服务，它专注于听、理解以及处理用户的语音请求，帮助开发者完成语音识别和自然语言理解工作。此外，继 2014 年推出 Echo 后，2016 年，亚马逊积极扩展智能语音助手系列产品线，推出了 Tap 和 Dot 两款新产品。

第二，开设实体店。亚马逊不满足于线上零售世界的统治地位，将加强线下零售的布局。亚马逊于 2015 年底在西雅图开设了第一家实体书店，占地约 687 平方米。同时也计划 2016 年在圣地亚哥市的 UTC 购物中心开设一家书店。电商战略执行方案提供商 Astound Commerce 公司的高级副总裁 Lauren Freedman 认为：“创意性店内体验大大有助于吸引顾客。”

第三，Amazon Machine Learning（亚马逊机器学习）。亚马逊旗下的 Amazon Web Services 宣布推出 Amazon Machine Learning（亚马逊机器学习），该服务能够帮助开发者使用历史数据开发并部署预测模型。亚马逊表示，这些模型用途广泛，包括检测欺诈、防止用户流失并改进用户支持。基于与亚马逊公司内开发者所使用的同样经过验证、可扩展并且每周生成超过 500 亿个预测的机器学习技术，亚马逊机器学习的 API 和向导能够为开发者提供关于机器学习模型的创建和调试流程的指导，从而部署并扩展模型，支持数十亿级别的预测。亚马逊同时表示，Amazon Machine Learning 能够与 Amazon Simple Storage Service（Amazon S3）、Amazon Redshift 和 Amazon

Relational Database Service（Amazon RDS）集成，让客户使用存储在 AWS 云服务上的已有数据。

第四，推出物联网应用平台 AWS IoT。亚马逊在 2015 AWS re：Invent（全球云计算技术大会）上发布了一个物联网平台，根据亚马逊的描述，这个云平台"可以让联网设备轻松且安全地跟云应用和其他设备进行交互"。AWS IoT 将与 Lambda、Amazon Kinesis、Amazon S3 和 Amazon Machine Learning（亚马逊机器学习）和 Amazon DynamoDB 结合，用于物联网应用研发、基础架构管理和数据分析。亚马逊同时还披露，高通、英特尔、博通、Marvell、联发科、德州仪器等芯片公司将为这一平台提供物联网入门套件。

第五，亚马逊中国升级"海外购"业务。亚马逊在 2014 年 11 月上线了"海外购"。随后的一年时间，在客户体验和选品数量方面不断根据客户反馈快速改善。2015 年 11 月，亚马逊中国宣布全面升级"海外购"用户体验，单一账户、统一购物车、本地支付，并将跨国配送时间由过去的 15～20 天降到平均 7 个工作日，为中国用户提供了近乎本土化的海外购物体验。目前，亚马逊"海外购"的选品数量也已经增加到了 700 万，丰富的品类、琳琅满目的商品充分满足中国消费者的海外购需求。

第六，发布 Fire 平板电脑。2015 年 12 月 3 日，亚马逊中国（Z. cn）宣布，全新 Fire 平板电脑即日起开始预售，仅售 499 元。全新的 Fire 平板电脑性能强劲，针对中国用户的阅读及英语学习悉心打造了一系列独特的功能。在阅读方面，依托 Kindle 强大的电子书资源，全新 Fire 平板电脑为中国用户提供超过 27 万本的正版电子书选择，并配备了低反光、大广角的 7 英寸 IPS 屏幕以及悉心设计的"防蓝光模式"。从而将平板电脑上的阅读体验提升到一个全新的高度。亚马逊为中国用户打造了一系列独特的英语

学习功能，包括英文书籍的智能推荐、中文生词提示和标准语音朗读等，帮助英语学习者不仅在阅读中获得乐趣，而且循序渐进地提升英文水平。当日，亚马逊中国还宣布与百度达成战略合作，在搜索能力、应用分发和视频内容分发等领域展开广泛合作，以满足中国用户对 Fire 平板电脑和 Kindle 电子书阅读器的多方位使用需求和内容服务体验。

第七，亚马逊中国全球开店业务。2015 年 12 月 3 日，亚马逊中国"全球开店"卖家峰会在广州隆重召开。会上亚马逊中国宣布推出一系列重磅升级举措，全方位支持中国卖家通过"全球开店"业务轻松拓展并高效运营全球业务，打造国际品牌，助力中国企业由"中国制造"升级为"中国品牌"。2016 年，亚马逊将推出面向卖家的四大销售管理工具：联合账户，让卖家能通过一个账号同时管理多国业务；产品目录全球化功能，让卖家能在不同国际站点之间快速复制产品目录；跨平台"搬家"工具，以帮助卖家进行跨境平台迁移；亚马逊货币转换服务。

3. 市场业绩

市场研究公司 Forrester Research 编制的数据显示，2015 年，亚马逊占据了美国总在线销售增长额的 60%，远超竞争对手。同时，亚马逊 2015 年的美国电商销售额比 2014 年增长了 230 亿美元。"亚马逊在美国电商市场的占比超过任一其他对手，其零售业务增速超过了整体在线零售行业"，亚马逊的多数营收来自其第三方在线市场和买家服务，这部分营收预计占据美国总体零售营收的 20%。据研究分析机构 Consumer Intelligence Research Partners（CIRP）估计，2015 年末亚马逊金牌会员用户数已经达到 5400 万。全美成年人口大约为 2.46 亿，金牌会员用户数

已经达到成年人口的两成。同时这也意味着金牌会员服务已经覆盖了全美 46% 的家庭（夫妻共用一个会员），比 2014 年大涨 35%。而金牌用户也是亚马逊重要的盈利来源。

2015 年，亚马逊的股价大涨，逼近 700 美元，其市值突破了 3000 亿美元（如图 2-1-5 所示）。股价市值大涨，背后的驱动性因素是：①亚马逊由亏损转为盈利；②亚马逊在云服务（AWS）上表现突出；③亚马逊的其他新业务，如生鲜、外卖等扩张积极。

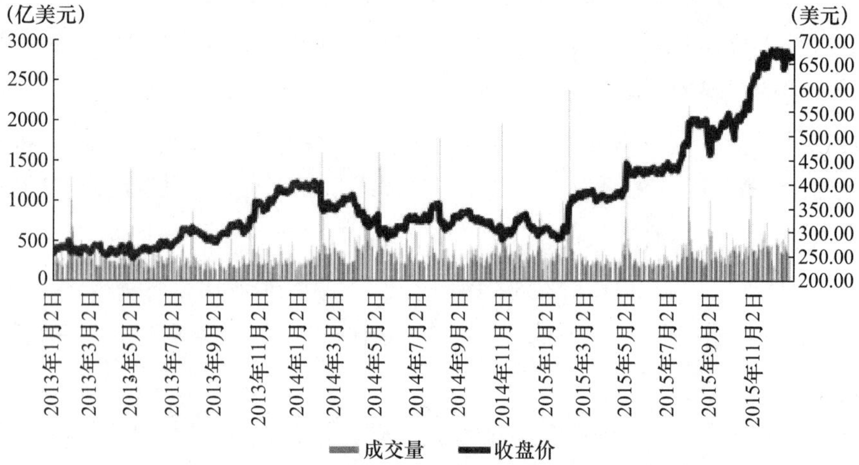

图 2-1-5　亚马逊 2013～2015 年股价及交易量变化

资料来源：Yahoo Finance，虎嗅网。

4. 亚马逊中国业绩

据中国电子商务研究中心监测数据显示，2015 年，中国网络零售市场交易规模 38285 亿元，同比增长 35.7%。2015 年中国 B2C 网络零售市场（包括开放平台式与自营销售式，不含品牌电商），亚马逊中国位列第 8，占比 1.2%，但与 2014 年的占比 1.5% 稍低；当当网 2015 年位列第 7，占比 1.3%。根据《2015 年中国网络零售市场数据监测报告》显示，2015 年是跨境电商涌入、卡位的一年，包括阿里、京东、苏宁、唯品会等电商平台纷纷切入海淘市场，"洋码头"、"蜜芽"等后起电商的发力，跨境电商已经成为风口上的"新猪"。跨境电商万亿大蛋糕已在开启，将对上下游产业链上的支付、物流带来"联动效应"。2015 年中国跨境电商交易规模为 5.4 万亿元，同比增长 28.6%，其中出口占比达到 83.2%，进口比例 16.8%；跨境出口

交易规模达 4.49 万亿元，跨境进口交易规模达 9072 亿元。亚马逊中国在 2015 年迎来了跨境电商的迅速增长的一年。根据亚马逊发布的 2015 年跨境电子商务趋势报告显示，2015 年亚马逊中国业绩表现突出。主要体现在"海外购"和"全球开店"的迅猛发展。

2014 年底，亚马逊中国"海外购"上线，为中国消费者打造购买海外正品的专属正规平台。中国消费者积蓄了 20 年的跨境购物能量从此开始爆发，于 2015 年实现了井喷式增长。2015 年，中国消费者在亚马逊全球站点购物花费总额同比 2014 年增加了 6 倍多；仅 2015 年 1～10 月，中国消费者在亚马逊海外站点的购物花费总额已经相当于过去 20 年的总和。"海外购"主要有以下四方面特征。

一是跨境网购用户呈现年轻化、高学历、高收入的特征。近八成消费群体集中在 35 岁以下，超九成用户拥有本科及以上学历，超五成用户拥

有 5000 元以上的月收入水平,彰显高学历和高收入的用户占比显著。

二是价格和品质是跨境网购用户关注焦点。"价格"和"品质"是中国消费者最关注的两大因素,在用户调查中对这两大因素所占的比例相差无几,而"物流速度"紧随其后,成为中国消费关注的第三大因素。从性别角度,男性用户最关心商品价格,而女性则最关心所买商品是否为正品。

三是跨境网购中一线城市和南方城市占主导地位。海淘的地域性特征明显,一线城市持续领跑,沿海发达地区更热衷于跨境网购,但同时新疆、青海、西藏等地区也开始逐渐接受这一新鲜事物。据 2015 年中国大陆各城市亚马逊"海外购"交易额得出,10 大城市中南方城市占据 9 席,北方仅有北京上榜。

四是跨境网购品类日趋多元化。中国卖家所售的品类与选品数量不断扩张,对产品品质与创新技术的重视度显著提高。与 2012 年相比,2015 年中国卖家所售选品数量增加了 87 倍,海外热销的中国商品也由最初的服饰、电脑配件类不断扩充,目前很多热卖单品集中在平板电脑、智能手机。扫地机器人、蓝牙耳机、无人机等更具科技含量的高端优质商品,消费电子、无线设备、服饰、家居户外是目前中国卖家的畅销品类。鞋靴和个护健康是最受中国跨境消费者欢迎的两大品类;另外,2015 年玩具与户外产品成功跻身亚马逊"海外购"最受欢迎十大品类。其中,玩具由 2014 年的第 12 位上升至第 8 位,而户外产品则从 2014 年的第 14 位上升至第 10 位。

2012 年,亚马逊"全球开店"项目正式在中国发布,而后越来越多的中国企业通过亚马逊"全球开店"拓展国际市场,中国卖家业绩强势增长。相较 2012 年,2015 年借助亚马逊中国"全球开店"走向国际市场的中国卖家数量增长了 13 倍。2015 年中国卖家销量增速迅猛,前三季度销售额较上年同期翻倍,在刚刚结束的 2015 年亚马逊"黑色星期五"促销季,中国卖家在北美及日本市场的销售额是上年同期的 2.5 倍。

据数据显示,中国卖家所在地由东南沿海逐渐向内陆地区辐射。2015 年中国卖家分布排名前十的省份依次为:广东、福建、浙江、江苏、上海、北京、安徽、湖北与山东。中国卖家所售的品类与选品数量不断扩张,对产品品质与创新技术的重视度显著提高。

中国卖家通过亚马逊平台可以直接将商品销售给全球 2.94 亿活跃用户,其中包括不断增长并具有较高消费力的 Prime 优质用户群体。与 2014 年相比,2015 年全球范围内亚马逊付费用户增长比例超过 50%。亚马逊全球 123 大运营中心帮助中国卖家以更快的速度和更优惠的价格把商品送达消费者手中。据最新数据显示,2015 年 1~11 月,使用了亚马逊物流服务的中国卖家销售额增速是所有中国卖家销售额平均增速的近 2 倍。

(六) 经营和财务绩效

表 2-1-5 亚马逊 2013~2015 年度经营与财务业绩比较　　　　单位:百万美元

年份	2015	2014	2013
收入	107006	88988	74452
总资产	65444	54505	40159
净利润	596	-241	274
净利润率 (%)	0.56	-0.27	0.37

续表

年份	2015	2014	2013
总资产报酬率（ROA）（%）	0.91	-0.44	0.68
净资产报酬率（ROE）（%）	4.45	-2.24	2.81
资本性支出（CAPEX）	4600	4900	3400
CAPEX 占收比（%）	4.30	5.51	4.57
经营活动净现金流	11920	6842	5475
每股经营活动净现金流（美元/股）	25.32	14.73	11.92
自由现金流（FCF）	7320	1942	2075
自由现金流占收比（%）	6.84	2.18	2.79
每股盈利（EPS）（美元/股）	1.28	-0.52	0.6
每股股利（DPS）（美元/股）	0	0	0
股利支付率（%）	0	0	0
主营业务收入增长率（%）	20.25	19.52	21.87
总资产增长率（%）	20.07	35.72	23.36
净利润增长率（%）	-347.30	-187.96	-802.56
经营活动现金流增长率（%）	74.22	24.97	30.98
资产负债率（%）	79.55	80.29	75.73
流动比率（%）	107.60	111.53	107.16
总资产周转率（次数）	1.64	1.63	1.85
股息	0	0	0
内部融资额	6877	4505	3527
研发支出	12540	9275	6565
研发支出占收比（%）	10.42	8.82	7.47

表 2-1-6 亚马逊轻资产运营特征一览表

序号	项目	2015 年	2014 年	2013 年
1	现金类资产比重（%）	30.27	31.95	30.99
2	应收账款比重（%）	9.81	10.30	11.87
3	存货比重（%）	15.65	15.23	18.45
4	流动资产比重（%）	55.73	57.48	61.32
5	固定资产比重（%）	33.37	31.13	27.26
6	流动负债比重（%）	51.80	51.53	57.22
7	应付账款比重（%）	31.17	30.20	37.68
8	无息负债比重（%）	21.35	19.90	25.81
9	有息负债比重（%）	12.58	15.16	7.95
10	留存收益比重（%）	3.89	3.58	5.45
11	营运资金（百万美元）	2575	3238	1645
12	现金股利（百万美元）	0	0	0
13	内源融资（百万美元）	6877	4505	3527
14	资本性支出（百万美元）	4600	4900	3400
15	现金储备（百万美元）	19808	17416	12447
16	自由现金流（百万美元）	7320	1942	2075

（七）内控与风险管理

亚马逊正在迅速地扩大全球业务，包括提高产品质量和服务，建设基础设施等，以此来支撑企业的零售业务和服务业务。这种规模的扩张增加了业务的复杂性以及对企业运营、人员、财务等各方面管理的要求，这会导致企业面临来自各方面的风险。此外，当前的全球经济环境放大了许多这些风险。主要包括以下几个方面：

1. 政治风险

亚马逊的全球扩张计划使其需要关注国际环境和国家政治环境，国际销售和运营会面临经营或投资所在地的政治风险。一方面是宏观政治风险，如恐怖主义袭击和武装敌对行动；另一方面是微观政治风险，如政府对电子商务和其他服务，电子设备和竞争以及限制性政府行为（如贸易保护措施，包括出口关税和配额），国有化和对外国所有权的限制的规定。

2. 法律风险

亚马逊的业务遍布全球各地，会受到各个地方对其管理等方面的不同要求和法律限制。一方面，企业会受到当地法律的约束，如不同国家对知识产权的规定与执法的不同。同时，不同地方对某些产品的业务许可或认证要求不同、支付法规不同。并且，国家有关隐私保护、网络安全等法律的规定都会导致企业面临不确定的风险。另一方面，亚马逊进行扩张时在新的细分市场生产或出售新的产品，可能带来新的和困难的技术挑战，如果购买使用产品的客户遇到服务故障或其他质量问题，亚马逊可能会受到第三方知识产权侵权的索赔和法律诉讼等。

3. 竞争对手风险

随着市场竞争的加剧，亚马逊面临的竞争对手处于不同的行业，如零售业、电子商务服务、数字内容和电子设备以及网络和基础设施服务等。一些现有的和潜在的竞争对手可能拥有更悠久的历史、更多的客户资源或更高的品牌知名度。他们可能会在供应商定价或者营销方面占有更多的优势，也可能通过战略联盟细分市场，成为公司的业务竞争对手。这种竞争的加剧会降低公司的销售额和利润。

4. 产品风险

产品风险主要针对亚马逊扩张过程中可能对市场投放不合适的产品，或者创新设计不适销的产品。比如亚马逊 2014 年 7 月推出智能手机 Fire Phone，但销售状况不佳，2015 年 8 月无锁版 Fire Phone 已降价 500 美元，但随后仍不得已彻底退出市场。亚马逊公司在扩张途中制定新计划设计新产品很可能会遭遇类似的产品风险。

5. 利率风险

公司市场利率风险变化主要是关于公司的投资组合和长期债务。以固定利率支付利息的债务的公允价值通常会随着利率的变动而波动，当利率下降时，价值增加；利率提高时，价值减少。公司的现金等价物以及可流通的固定收益证券被指定为可供出售，通常公司会利用多余的现金投资长期固定收益证券和 AAA 级货币市场基金。固定收入证券的公允市场价值可能会因利率上升而受到不利影响，如果被迫出售由于利率变动而导致市场价值下跌的证券，亚马逊可能会蒙受损失。

6. 外汇风险

随着亚马逊扩大了国际业务，亚马逊对汇率波动的风险增加。一方面，亚马逊国际网站、产品和服务产品的运营结果以及公司间结余与外汇汇率波动有关。2015 年，亚马逊国际部门的净销售额占合并营收的 33%。亚马逊国际网站 ww. amazon. ca 和 www. amazon. com. mx 产生的净销售额和相关费用（包括北美部分），主要以功能货币计价相应的网站，主要包括欧元、日元和英镑。亚马逊国际化网站和 AWS 的运营结果以及公司间结余与外汇汇率波动有关。在合并时，由于汇率变动，净销售额和其他经营业绩可能与预期大不相同，亚马逊会记录公司间结余重新计量的重大收益或损失。例如，由于 2015 年汇率波动，国际部门收入与上年相比减少了 50 亿美元。另一方面，亚马逊还持有外币现金等价物和有价证券，包括英镑、人民币、欧元和日元，这些资产价值与外汇波动息息相关。截至 2015 年 12 月 31 日，亚马逊的外国资金余额为 73 亿美元，假设外汇不利变动 5%、10% 和 20%，将导致公允价值下降 3.65 亿美元、7.3 亿美元和 15 亿美元。所有投资均划分为"可供出售"。公允价值波动记录在"累计其他综合损失"中，这是股东权益的一个独立组成部分。

7. 投资风险

截至 2015 年 12 月 31 日，亚马逊在股权投资的记录基础为 2.8 亿美元。这些投资主要涉及私人公司的股权方法和成本方法投资。当事件和情况表明此类资产的公允价值低于账面价值，是非暂时性的，我们审查减值投资。分析包括最近经营业绩和趋势，近期对被投资证券的销售/收购以及其他公开数据的审查。当前的全球经济气候提供了额外的不确定性。由于缺乏现成的市场数据，私营公司的估值本质上更为复杂。因此，我们认为市场敏感性是不可行的。

8. 供应链风险

随着全球供应链与价值链之间的关联越来越紧密，并且对科技的依赖程度日益加强，它们在变得更为高效的同时，也面对更大的系统性风险。亚马逊是一家巨大的零售企业，其上下游供应链的优化是至关重要的。亚马逊有着它自身强大的 IT 系统，这对于它在商品的采购方面具有着一定的优势，公司可以预测性地向供应商采购其所需要的产品，这在很大的程度上给公司的物流等环节节约了时间，同时这也让客户能够在最短的时间里拿到他们所需要的货物。采购上的快速反应对于公司的库存管理也产生着比较大的影响，让顾客不至于经常出现想要货物但却没货的情况。但是正是由于在其供应链上精品选择供应商，因此存在供货风险，不利于货品多元化，也降低了采购的议价能力，增加了成本。同时，由于受到季节性的变化以及新产品上市的影响，对于产品需求的预测准确性降低，这样会导致企业面临巨大的库存风险。同时，如果当前的供应商停止以可接受的条件向亚马逊销售商品或服务，或延迟交付，包括由于自然灾害导致的一个或多个供应商破产，亚马逊可能无法以及时、有效的方式和可接受的条件从其他供应商采购替代品。此外，如果供应商或其他供应商违反适用的法律、法规，或实施被视为不道德、不安全或对环境有害的做法，它可能损害亚马逊的声誉，限制其的增长及经营业绩。

（八）前景展望

随着互联网浪潮的袭来以及"互联网＋"的观念深入人心，企业如何在竞争中脱颖而出，已经成为各行业关注的话题。和传统巨头相比，互联网公司对于新的思想和新的技术接受得更快。在很多高新的技术方面如云计算也比传统行业更有优势。互联网公司最大的优势在于离用户更近，更容易了解和迎合用户的想法和喜好，从而利用互联网的扁平化和连接性创造更多新的、高效的方式，爆发出新的惊人能量，如小米的互联网粉丝营销。亚马逊在经历 2014 年的低迷之后，在 2015 年实现了业绩的重要突破，同时市值增长 1600 亿美元，其中得益于亚马逊 AWS 云计算的优异表现、物流服务的优势、人工智能技术的创新等；此外，亚马逊中国在 2015 年依托"海外淘"和"全球开店"实现了井喷式增长。因此为了接下来有更好的业绩，亚马逊可以从以下几个方面努力：

1. 提供更多产品和服务，扩大全球市场规模

在美国，去全食超市购物（Whole Foods Market，美国最大的天然食品和有机食品零售商）成为了一种时尚。健康的生活理念变成了一种全球性的趋势，不同收入的人群，不同的消费者，都在寻求健康的生活方式。这种理念全面改变了消费者的购物习惯，他们在生活的方方面面寻求健康，如食物、健身、家居、可穿戴设备等。亚马逊在 2016 年可以开放更多品类和提供更多的服务。在市场开拓方面，亚马逊将立足美国，放眼全球，如亚洲、欧洲、加拿大市场等。除了美国以外，亚马逊可以注重挖掘北美、欧洲和亚洲的新商机。亚马逊中国在 2015 年的本土化创新，从网购到物流都是成功的探索，对国际市场的开拓无法完全复制亚马逊在美国的成功路径，需要磨合和突破。

2. 优化企业物流系统，提高优质的物流服务

截至 2009 年，亚马逊只经营着 18 个物流中心，且全部分布于二线州市，如华盛顿州、印第安纳州、肯塔基州、堪萨斯州和特拉华州等。但如今，亚马逊已拥有 100 多座巨型物流中心，并分散在全国各地，覆盖了几乎所有的主要人口聚集城市。扩张为亚马逊带来了实质性优势，公司把握住了每个城市的零售市场增长机遇。而其中

最为重要的一点，亚马逊为在线消费清除了一个主要障碍：配送的即时性。亚马逊以强大物流中心"围攻"城市消费的战略应该继续发挥其优势，在做到进一步降低成本的同时，还能提高消费者便利性。在中国，亚马逊构建了除美国本土之外最大的物流运营网络。借助中国境内 13 个运营中心、500 多条干线运输网络，亚马逊可以实现库存的全国调拨配送，为全国 1400 多个城市区县的消费者提供当日或次日送达服务。亚马逊中国采用自有物流体系和第三方物流递送相结合的战略。其中，亚马逊的自有物流体系不仅包括运营中心，还包括自己的快递团队，亚马逊已在中国 24 个主要城市建立了自己的配送团队，在全国拥有 5000 多个自提点，方便客户灵活取货。更为重要的是，亚马逊中国共享亚马逊全球的仓储、供应链系统，该系统可追踪到每个客户订单在运营中心的操作状态，可以精准地掌握库存状态。亚马逊物流系统是全球一流的物流服务平台，在更多的地区为更多企业提供物流服务也是亚马逊以后重要的业务。

3. 拓展 AWS 云服务业务，占领优势地位

亚马逊已经在公共云领域比较稳固地建立了自己的优势。自 2006 年推出以来，AWS 一直保持高速的产品研发节奏，其中按虚拟机付费的弹性计算云（EC2）已经成为云计算的旗舰产品。与此对应的是 AWS 惊人的指数型发展速度。亚马逊的数据显示，2011 年亚马逊云服务 S3 的对象量翻了 3 倍，增加了 5000 亿对象，相当于每个季度增加 1250 亿对象。据美国调查公司 451Group 的报告，AWS 已经占据了美国 59% 的基础设施及服务（IaaS）市场份额，领先优势相当明显。亚马逊的云计算业务 Amazon Web Services 正在不断增长。此外，亚马逊的 AWS 近年也在开拓面向企业云服务的产品。而亚马逊于

2015 年首次对 AWS 进行详细的财务披露，AWS 云计算的收入超出预期，这极大地促进了亚马逊股价的提升。云计算作为亚马逊三大支柱业务之一，对于亚马逊至关重要，同时，亚马逊作为云计算行业的领军，未来也会迎来更多竞争，IT 企业、互联网企业、电信运营商等对云计算领域都虎视眈眈。因此，亚马逊要继续拓展 AWS 云服务业务，发挥先前优势，在市场中占领优势地位。

4. 坚持人工智能技术开发及应用，提升创新力

美国麻省理工学院（MIT）发行的《MIT 科技创业》公布了"2016 年全球最智能 50 强企业"，排名第一的是亚马逊。从仓储机器人、无人机到语音识别系统"Alexa 语音服务"和与其联动的蓝牙音响"Echo dot"，从利用人工智能技术来对虚假产品评论和评分进行甄别从而打击网购刷单行为，到与 LG 就智能家居领域进行合——LG 将把亚马逊的服务（如 Alexa 服务、"Dash"等）植入自己的产品当中，实现家电互通和用户语音控制。亚马逊在人工智能领域始终占据一席之地。这一系列人工智能技术不仅提高业务效率，降低长期运营成本，拓展业务类型，完善服务细节，提升竞争力，更是亚马逊价值创造创新的重要环节，创新也是保持企业活力的重要因素。因此亚马逊在未来仍需要坚持对人工智能技术的开发及应用，不断开疆拓土，提升企业创新力和竞争力。

附件一：亚马逊财务报告（2015 年）

1. 合并资产负债表

单位：百万美元（除每股数额外）

年份	2015	2014
资产		
流动资产：		
现金及现金等价物	108193	106818
有价证券	3918	2859
存货	10243	8299
应收账款净额及其他	6423	5612
流动资产合计	128777	123588
物业和设备净额	21838	16967
商誉	3759	3319
其他资产	3373	2892
资产合计	157747	146766
负债和所有者权益		
流动负债：		
应付账款	20397	16459
预提费用及其他	10384	9807

续表

年份	2015	2014
未实现收益	3118	1823
流动负债合计	33899	28089
长期借款	8235	8265
其他长期负债	9926	7410
或有负债		
所有者权益:		
优先股，面值0.01美元		
授权股份——500		
已发行股份——无	—	—
普通股，面值0.01美元		
授权股份——5000		
发行股份——488和483		
流通股——465和459	5	5
库存股，以历史成本计价	(1837)	(1837)
其他实收资本	13394	11135
累计其他综合亏损	(723)	(511)
留存收益	2545	1949
所有者权益	13384	10741
负债和所有者权益	65444	54505

2. 合并损益表

单位：百万美元（除每股数额外）

年份	2015	2014	2013
营业收入:			
产品收入	79268	70080	60903
服务收入	27738	18908	13549
收入合计	107006	88988	74452
营业费用:			
营业成本	71651	62752	54181
物流费用	13410	10766	8585
销售费用	5254	4332	3133
技术和内容费用	12540	9275	6565
管理费用	1747	1552	1129
其他营业费用（收入）净额	171	133	114
营业费用合计	104773	88810	73707
营业利润	2233	178	745

续表

年份	2015	2014	2013
利息收入	50	39	38
利息费用	(459)	(210)	(141)
其他收入（费用）净额	(256)	(118)	(136)
营业外收入（支出）合计	(665)	(289)	(239)
税前利润	1568	(111)	506
预付所得税	(950)	(167)	(161)
权益法下投资活动税收净额	(22)	37	(71)
净利润	596	(241)	274
基本每股收益	1.28	(0.52)	0.60
摊薄后每股收益	1.25	(0.52)	0.59

3. 合并现金流量表

单位：百万美元

年份	2015	2014	2013
期初现金及现金等价物余额	14557	8658	8084
经营活动：			
净利润	596	(241)	274
将净利润调整为经营活动净现金流量：			
物业及设备折旧（包括内部使用的软件和网站开发以及其他摊销）	6281	4746	3253
基于股票薪酬	2119	1497	1134
其他经营费用（收入）净额	155	129	114
有价证券收入减少（增加）	5	(3)	1
其他费用（收入）	245	62	166
递延所得税	81	(316)	(156)
基于股票薪酬的超额税收优惠	(119)	(6)	(78)
经营性资产和负债变化：			
存货	(2187)	(1193)	(1410)
应收账款净额及其他	(1755)	(1039)	(846)
应付账款	4294	1759	1888
预提费用及其他	913	706	736
增加的未实现收入	7401	4433	2691
以前未实现收入的摊销	(6109)	(3692)	(2292)
经营活动现金流量净额	11920	6842	5475
投资活动：			
购买物业和设备（包括内部使用软件和网站开发）	(4589)	(4893)	(3444)
并购支付的现金净额及其他	(795)	(979)	(312)

续表

年份	2015	2014	2013
出售有价证券及其他投资活动	3025	3349	2306
购买有价证券及其他投资活动	(4091)	(2542)	(2826)
投资活动现金流量净额	(6450)	(5065)	(4276)
筹资活动：			
基于股票薪酬的超额税收优惠	119	6	78
长期负债收入及其他	353	6359	394
偿还长期负债	(1652)	(513)	(231)
资本租赁债务的本金偿还	(2462)	(1285)	(775)
融资租赁债务的本金偿还	(121)	(135)	(5)
筹资活动现金流量净额	(3763)	4432	(539)
汇率变动对现金及现金等价物的影响	(374)	(310)	(86)
现金及现金等价物增加（减少）	1333	5899	574
期末现金及现金等价物余额	15890	14557	8658
长期负债支付的现金利息	325	91	97
资本和融资租赁债务支付的现金利息	153	86	41
支付所得税的现金（扣除退税）	273	177	169
融资租赁取得的物业及设备	4717	4008	1867
承建租赁取得的物业及设备	544	920	877

附件二：亚马逊大事记

亚马逊公司是在 1995 年 7 月 16 日由杰夫·贝佐斯（Jeff Bezos）成立，一开始叫 Cadabra。性质是基本的网络书店，后来以地球上孕育最多种生物的亚马逊河重新命名。

亚马逊原于 1994 年在华盛顿州登记，1996 年时在德拉瓦州登记，并在 1997 年 5 月 15 日上市，代码是 AMZN。

1998 年 4 月，亚马逊收购了 IMDb（互联网电影资料库公司）。

1998 年 6 月，亚马逊的音乐商店正式上线。仅一个季度亚马逊音乐商店的销售额就已经超过了 CDnow，成为最大的网上音乐产品零售商。

1998 年 8 月，亚马逊以 1.86 亿美元收购 Junglee（数据挖掘公司）。

1998 年 8 月，亚马逊以 9300 万美元收购 Planetall（社交网络公司）。

1999 年 6 月，亚马逊以 2.5 亿美元收购了 Alexa。

亚马逊通过品类扩张和国际扩张，到 2000 年亚马逊的宣传口号已经改为“最大的网络零售商”（the Internet's No.1 Retailer）。

2003 年 4 月，亚马逊收购了其在线音乐商店的竞争对手 CDnow。

2004 年 8 月，亚马逊以 7500 万美元收购了中国的卓越网（卓越当时是一家网上书店）。

2005 年 7 月，亚马逊收购了 CustomFlix（DVD 制作商）。

2006 年 2 月，亚马逊收购了 Shopbop（女性时尚购物网站）。

2007 年 5 月，亚马逊收购了 Dpreview（数码相机测评网站）。

2008 年 3 月，亚马逊以 3 亿美元收购了 Audible（有声读物网站）。

2009 年 7 月，亚马逊以 12 亿美元收购了 Zappos（在线鞋店）。

2010 年 6 月，亚马逊以 1.1 亿美元收购了 Woot（团购网站）。

2010 年 10 月，亚马逊称其将收购欧洲在线购物服务网站 BuyVIP. com 以扩大在这个地区的市场份额。这笔收购交易的金融条款没有披露。亚马逊负责欧洲零售的副总裁 Greg Greeley 说，收购 BuyVIP. com 对于亚马逊欧洲业务是一个极好的补充，为亚马逊客户寻找和发现独特的和诱人的产品提供了另一个独特的途径。

2010 年 11 月，亚马逊以 5.5 亿美元收购了 Quidsi。

2011 年 7 月，亚马逊收购了 The Book Depository（网上书店）。

2011 年，亚马逊还收购了 Lovefilm、Pushbutton。

2012 年 3 月，亚马逊收购了自动化机器人公司 Kiva Systems。

2012 年 9 月 6 日，亚马逊在发布会上发布了新款 Kindle Fire 平板电脑，以及带屏幕背光功能的 Kindle Paperwhite 电子阅读器。

2013 年 3 月 18 日，亚马逊已经制作了一系列大预算的电视剧集，由于亚马逊提供的亚马逊云服务在 2013 年来的出色表现，著名 IT 开发杂志 SD Times 将其评选为 2013 SD Times 100，位于"API、库和框架"分类排名的第二，"云方面"分类排名第一，"极大影响力"分类排名第一。

2014 年 5 月 5 日，推特与亚马逊联手，开放用户从旗下微网志服务的推文直接购物，以增加电子商务的方式保持会员黏着度。

2014 年 8 月 13 日，亚马逊推出了自己的信用卡刷卡器 Amazon Local Register，进一步向线下市场扩张。

2015 年 1 月 20 日，亚马逊旗下电影工作室将要开始拍电影。这些电影将首先在电影院上映，然后才在亚马逊 Prime 视频流服务上看到。

2015 年 3 月 6 日下午，亚马逊中国（Z. cn）宣布开始在天猫试运营"amazon 官方旗舰店"，计划于 2015 年 4 月正式上线。该旗舰店首期将主推备受消费者欢迎的亚马逊中国极具特色的"进口直采"商品，包括鞋靴、食品、酒水、厨具、玩具等多种品类。

2015 年 4 月 27 日，亚马逊中国宣布，包括海尔、创维、万家乐、万和、酷开等多家家电品牌作为第三方卖家正式入驻亚马逊中国。

2015 年 7 月 28 日，亚马逊中国宣布上线"美国馆"，"美国馆"为消费者提供 300 多个知名品牌的近 30000 个选品。

2015 年 8 月 3 日，亚马逊中国宣布推出"海外购·闪购"业务。

2015 年 10 月 9 日，亚马逊在其 re：Invent 开发者大会上公布了期待已久的 AWS IoT 物联网应用平台。

2015 年 11 月 2 日，亚马逊中国（Z. cn）宣布盛大开启 2015 年黑色星期五"海外购物节"，主打"海外正品"与"全球同步"两大亮点。

Google

Google 是英文单词 "Googol" 按照通常的英语拼法改写而来的，而 "Googol" 则是由美国数学家 Edward Kasner 九岁的侄子 Milton Sirotta 发明的，后来在数学家 Edward Kasner 和 James Newman 的著作 "Mathematics and the Imagination" 中被引用。Google 公司采用这个词显示了公司想征服网上无穷无尽资料的雄心。这显然是一个充满勃勃野心的创业梦想，用创建人佩奇的话说："我们的任务就是要对世界上的信息编组。"

埃里克·施密特

谷歌董事长

埃里克·施密特：61 岁，美国国籍，美国 Google 公司董事长。1955 年 4 月 27 日，埃里克·施密特出生于美国华盛顿。1979 年，施密特在普林斯顿大学取得电子电气工程的学士及硕士学位，并在 1982 年于加利福尼亚大学伯克利分校取得电子工程暨计算机科学（EECS）博士学位。毕业后，他首先任职于美国齐格洛公司和贝尔实验室，前者是 IT 业内著名的 Z80 系列 CPU 的设计公司，后者是电信业巨子贝尔的研发基地。他还在 IT 业的技术圣地施乐的计算机科学实验室担任过研究工作。此外，施密特曾是 Novell 公司的董事长兼首席执行官，负责公司的战略规划、管理和技术发展，他还曾是苹果公司董事会成员。同时施密特为美国卡内基美隆大学和普林斯顿大学理事会托管者，也是程式编译器 lex 的共同作者。2001 年，Google 创始人拉里·佩奇（Larry Page）和谢尔盖·布林（Sergey Brin）从 Novell 公司聘请埃里克·施密特博士担任首席执行官这一职务，2011 年 4 月，施密特辞去了谷歌 CEO 这一职务，现任 Alphabet 公司（Google 母公司）董事长。施密特让 Google 从一个单纯的搜索引擎，转变为一个为企业提供各种搜索服务的供应商和互联网上最大的广告平台之一，挖掘出 Google 的巨大商业潜能。让 Google 有了 400 美元的天价股价、100 亿美元的现金储备和越伸越远的业务触角，俨然已经开始威胁雅虎、微软，甚至 eBay 和一些电信运营商。时至今日，市值 1200 亿美元的 Google 公司已经成为新时代的硅谷神话，而没有埃里克·施密特，就没有 Google 今日令人咋舌的赚钱能力与重塑互联网格局的实力。

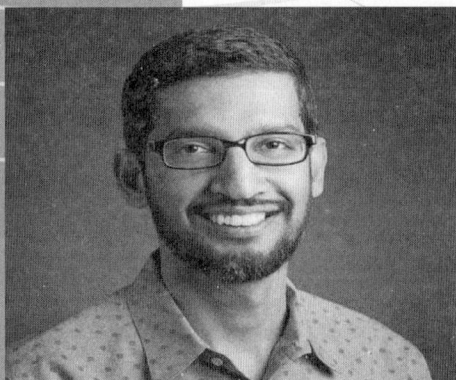

桑达尔·皮查伊

谷歌首席执行官

桑达尔·皮查伊：44 岁，印度国籍，美国 Google 公司首席执行官。1972 年出生于印度，曾获印度 IIT – Kharagpur 学士学位、斯坦福大学硕士学位、宾夕法尼亚州沃顿商学院 MBA。曾就职于麦肯锡公司作为管理顾问，还在应用材料公司从事半导体工作。2004 年，桑达尔·皮查伊加入谷歌，皮查伊在谷歌工作的前几年时间里，基本是从事产品开发总监这样的幕后工作，除了谷歌搜索工具栏，他所参与的桌面产品还有谷歌 Gears 和谷歌 Pack（于 2006 年 CES 大会上发布的软件组合），这些产品使谷歌桌面服务向前迈出一大步。2009 年 7 月，皮查伊在不到一年的时间内再次改变了"世界秩序"，推出 Chrome OS。这也使得皮查伊在谷歌变成了一个面向公众的角色，他主持了第一个 Chromebook 原型发布会、Chrome for Android 和 iOS 的发布会、期待已久的谷歌 Drive 发布会以及最近的 Chromebook Pixel 发布会。他还作为三次谷歌 I/O 会议的主要发言人，发布谷歌 Chrome 或者谷歌生态系统的升级，尤其是 Docs 和 Drive。2013 年 3 月 14 日，桑达尔·皮查伊接替鲁宾，担任 Android 总裁一职。2015 年 8 月 10 日，桑达尔·皮查伊成为谷歌公司新任 CEO。

二　谷歌公司可持续发展报告（Google）

（一）公司简介

Google（中文名：谷歌），是一家美国的跨国科技企业，致力于互联网搜索、云计算、广告技术等领域，开发并提供大量基于互联网的产品与服务，其主要利润来自 AdWords 等广告服务。Google 由当时在斯坦福大学攻读理工博士的拉里·佩奇和谢尔盖·布林共同创建，因此两人也被称为"Google Guys"。1998 年 9 月 4 日，Google 以私营公司的形式创立，设计并管理一个互联网搜索引擎"Google 搜索"。Google 网站则于 1999 年下半年启用。谷歌是第一个被全球公认的最大搜索引擎，在全球范围内拥有无数的用户。2004 年 8 月 19 日，谷歌公司的股票在纳斯达克（Nasdaq）上市，成为公有股份公司。Google 公司的总部称作"Googleplex"，位于美国加州圣克拉拉县的芒廷维尤。

谷歌公司提供丰富的线上软件服务，如 Gmail 电子邮件，包括 Orkut、Google Buzz 以及最近的 Google＋在内的社交网络服务。谷歌的产品同时也以应用软件的形式进入用户桌面，如 Google Chrome 浏览器、Picasa 图片整理与编辑软件、Google Talk 即时通信工具等。另外，谷歌还进行了移动设备的 Android 操作系统以及上网本的 Google Chrome OS 操作系统的开发。谷歌在智能设备方面也处于领先地位，Google Glass 是由谷歌公司于 2012 年 4 月在 I/O 大会上发布的一款"拓展现实"眼镜，它具有和智能手机一样的功能，可以通过声音控制拍照、视频通话、辨明方向以及上网冲浪、处理文字信息和电子邮件等。另外，谷歌还发布了他们开发的无人驾驶汽车，该车可以自动驾驶，无需人工控制。

谷歌的使命是整合全球信息，使人人皆可访问并从中受益。完成该使命的第一步始于谷歌创始人 Larry Page 和 Sergey Brin 在斯坦福大学的学生宿舍内共同开发了全新的在线搜索引擎，然后迅速传播给全球的信息搜索者。谷歌目前被公认为全球规模最大的搜索引擎，它提供了简单易用的免费服务，用户可以在瞬间得到相关的搜索结果。

谷歌在中国的发展可谓是一波三折，谷歌中国的发展历程大致可概括为"艰难起步—快速发展—黯然离去"三个阶段。

第一，艰难起步阶段。2006 年 9 月 13 日，中国互联网络信息中心（CNNIC）发布的《2006 年中国搜索引擎市场调查报告》显示，62.1％的中国用户最优先选择百度为其提供搜索服务；与此同时，谷歌的首选率仅为 25.3％。艾瑞中国于 2006 年初公布的"搜索引擎用户使用页面搜索引擎的月度访问次数"的数据表明，在 2006 年 12 月，百度的月度访问次数高达 66.3％，而谷歌则有 18.1％。

由此可见，对谷歌而言，在进入中国之初其市场占有率大大低于百度，而百度作为中国的搜索引擎"老大"，在与谷歌的竞争上一开始就处于优势地位。由此造成了谷歌在中国搜索引擎市场的发展状态不佳的局面，因而说谷歌中国的发展开始是处于艰难起步的阶段。

第二，快速发展阶段。经过 2006 年一年的修炼，从 2007 年以后，谷歌中国鼓励员工创新，充分发挥自身的才干。这是谷歌中国"百花齐放"的一年，谷歌中国陆续推出包括春运地图、灾区亲人搜索、物资地图、图书搜索、谷歌地图、热榜、导航、谷歌拼音、谷歌生活搜索、贺年短信搜索、论坛讨论搜索、中文版谷歌翻译、MP3音乐搜索等多款本地化产品。其中，针对2008年雪灾造成交通中断问题的"春运地图"，针对汶川大地震的"灾区亲人搜索"、"物资地图"的影响尤为突出。这些项目的推出，不仅使谷歌中国多了许多本土气息，增加了亲和力，也平复了媒体和用户关于谷歌中国"水土不服，不做创新，在产品方面鲜有建树，必将重蹈跨国公司注定要遭遇的滑铁卢魔咒"之类的质疑。

在这一年里，谷歌还通过入股、收购、结盟等方式来增加合作伙伴。从电信运营商，到门户网站、中小网站，再到大众流行软件，谷歌在2007年通过资本并购、合作、结盟门户网站等形式来提升在华的综合实力，并形成在华的战略布局。据艾瑞中国的另一份调查显示，2007年第一季度，有21.2%的用户最常使用谷歌搜索引擎，该数据比2016年第四季度增长了1.5个百分点，这反映了谷歌影响力的提升。

第三，黯然离去阶段。2010年，谷歌撤出中国市场的谣言四起，其发展又开始处于艰难的阶段。其实从2009年开始，谷歌在中国每况愈下，市场份额逐渐被其他搜索引擎运营商吞噬（如图2-2-1所示）。

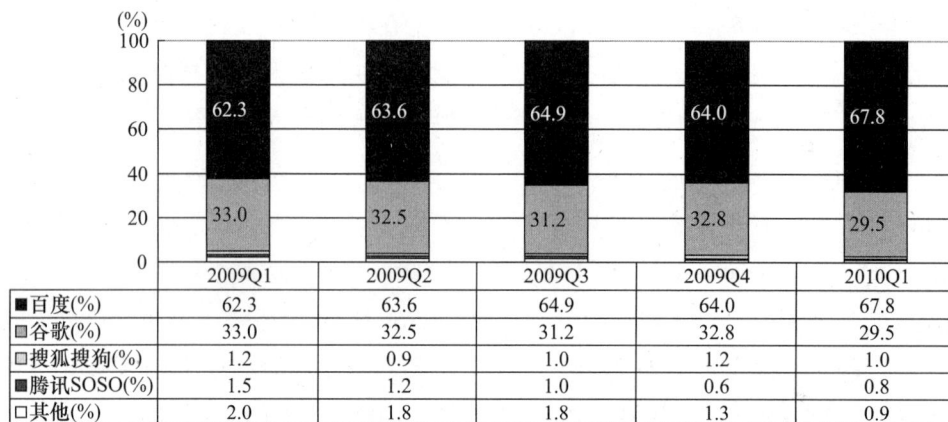

	2009Q1	2009Q2	2009Q3	2009Q4	2010Q1
■百度(%)	62.3	63.6	64.9	64.0	67.8
▨谷歌(%)	33.0	32.5	31.2	32.8	29.5
▢搜狐搜狗(%)	1.2	0.9	1.0	1.2	1.0
■腾讯SOSO(%)	1.5	1.2	1.0	0.6	0.8
□其他(%)	2.0	1.8	1.8	1.3	0.9

图2-2-1 2009Q1～2010Q1年中国主要搜索引擎运营商营收份额

资料来源：艾瑞咨询。

由此可见，谷歌中国已经处于危机的边缘，其正面临着两种选择：第一，继续坚守中国市场，以图夺回失去的"阵地"；第二，选择黯然离去，放弃中国市场。谷歌选择了第二种，北京时间2010年3月23日凌晨3时零3分，谷歌公司高级副总裁、首席法律官大卫·德拉蒙德公开发表声明，再次借黑客攻击问题指责中国，宣布停止对谷歌中国搜索服务的"过滤审查"，并将

搜索服务由中国内地转至中国香港。

截至2015年12月31日，谷歌在全球范围内共雇用了61814名全职员工。2015年，谷歌实现营业收入749.89亿美元，净利润163.48亿美元，每股盈余达到23.11美元/股，净资产报酬率达到13.59%。2015年12月31日，谷歌的总资产为1471.61亿美元，股东权益为1203.31亿美元，收盘价为758.88美元/股，市盈率

为 32.84。

谷歌的股权结构是典型的双层股权结构。谷歌上市前将股票分为 A、B 两类，向所有外部投资人发行的均为 A 类股，即每股只有 1 个投票权，对公司上市前的投资者也是如此；而谷歌的创始人和高管则持有每股对应 10 个投票权的 B 类股。谷歌的两位共同创始人佩奇和布林，加上 CEO 施密特一共持有谷歌大约 1/3 的 B 类股票，稳控 Google 的决策权。2012 年，谷歌又增加了不含投票权的 C 类股用于增发新股。这样，即使总股本继续扩大，即使创始人减持了股票，他们也不会丧失对公司的控制力。截至 2015 年 12 月 31 日，佩奇和布林持有谷歌 11.9% 的 A 级流通股和 B 级普通股，仍掌握着 52% 的投票权，拥有绝对控制权。

（二）公司战略

Google 搜索是谷歌所有业务中最主要的部分，这家 1998 年创建的公司提供最早的服务便是互联网搜索引擎。到现在，传统的搜索业务仍将是谷歌的战略重点，但面对互联网从 PC 端向移动端转型的浪潮，谷歌也正不断把领域的优势向移动领域扩展。要生存就要创新，通过搜索业务以及广告创造收入已经是上一代产品，因为过去的成功，谷歌可以有更多资本去布局未来。Google 之所以调整架构为 Alphabet，也就是希望更好地转型，以更轻体量去适应下一代，以免在变化中被旧的运营模式所拖累。因此，在仍以搜索业务为战略重点之一的基础上，谷歌还选择了一个主要武器——人工智能，作为在未来新市场中的杀手锏来应对可能的挑战。因此接下来便从搜索与支持、人工智能和移动端应用三方面（见图 2 - 2 - 2）来介绍谷歌的公司战略。

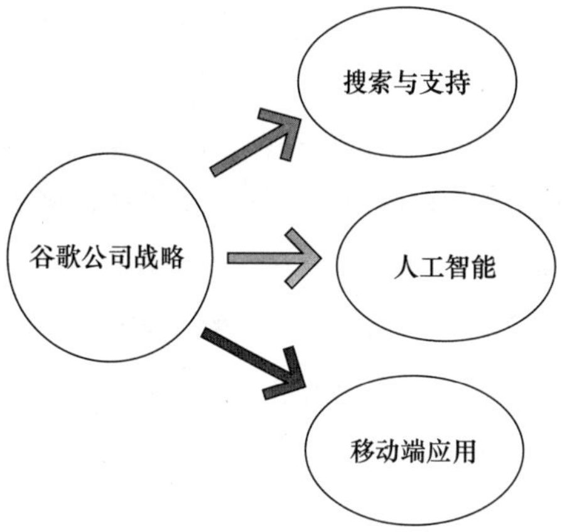

图 2 - 2 - 2 谷歌公司战略示意图

1. 搜索与支持——满足人们对知识的渴望

搜索始终是谷歌企业的核心。时至今日，大多数搜索是来自于谷歌的移动端，并有越来越多的人通过语音使用它。有些问题在过去一年变得越发具有挑战性——人们希望更多本地化的内容，更多符合当下情景的信息，他们还想要仅动动手指头就能获得这一切。所以谷歌正在努力使这些变为可能，让人们轻松搜索到"奥斯卡影帝莱昂纳多·迪卡普里奥电影"或"寨卡病毒"。此外，谷歌的所有面板上还有更加丰富的资讯以及图像，人们也可以通过 Google Now 获得想要的答案，比如，即将要去的度假胜地的天气，或者何时动身前往机场合适？有一些甚至不需要去问就能得到答案。2015 年 5 月，谷歌发布了 Google Photos，为的是让人们更加轻松便利地整理照片和视频，在保证照片安全的同时，让人们在任何设备上随时找到他们想要的图片。发布至今，Google Photos 现在每月已经有超过 1 亿的活跃用户了。另外，还有谷歌的 Google 地图，在提供最基本的路线信息之外，Google 地图也会根据不同的情境，告知用户躲避拥堵的最佳时间段，或者想要逛的店铺是否还开门，以及第一次探访的目的地有什么好玩的等更丰富的信息。

在谷歌看来，这些仅仅是一个开始。为了让

搜索以及 Google 的服务能够全天候地帮助到人们的日常生活，谷歌仍有许多工作要做。未来，人们将能够自然穿梭于 Google 的各项服务，并获得基于其所处环境、情境以及需求的各项帮助，同时，谷歌会尊重客户的隐私并保护客户的个人数据。父母和大学生的需求不同，用户在车中或者在家中所需的帮助也不尽相同。聪明的支持是需要理解这其中的差异并在正确的时间提供恰当的帮助。

2. 人工智能——机器学习的力量

多年来，谷歌致力于组建最好的人工智能团队和工具，正是它们使得人们可以通过语音来搜索信息，进行不同语言间的转换，过滤掉邮箱中的垃圾邮件，找到 Google Photos 中和 "拥抱" 有关的照片等日常生活中面临的众多问题。在之前的日子里，是它们让谷歌的产品不断成长，越来越有帮助。而最近的一些突破让谷歌有机会做得更多，在过去不久的 3 月，DeepMind 研究的 AlphaGo 战胜了传奇围棋选手李世石，成为自围棋这一最复杂的游戏发明至今第一个打败专业棋手的程序。并不夸张地说，这次胜利影响了围棋这一古老的游戏，最终的胜利属于谷歌。至于谷歌通过人工智能在方方面面为人们的生活带来便利，包括完成日常任务以及出行，到最终解决更重大的挑战，如气候变化以及癌症诊断方面，这将是下一个重要的阶段。目前，谷歌正在将人工智能和学习部署到其所有业务上，主要应用于以下两个方面：

（1）计算平台。在十年前，计算平台还等同于那些放在桌子上的大型计算机。然而仅仅几年后，支持强大计算能力的关键——处理器和传感器，就已变得小巧而经济了。得益于此，易于随身携带的超级计算机——手机，也得以快速发展。Android 操作系统则进一步推进了手机的普及。目前，Android 系统拥有超过 14 亿的月活跃用户，且这一数字仍在继续扩大。另外，随着屏幕应用扩展至汽车及手腕，"含屏电子设备" 早已不只局限于手机、台式电脑与平板电脑的范畴，Android Auto 车载系统以及 Android Wear 可穿戴平台应运而生。虚拟现实技术也展现出惊人的潜力——Google Cardboard 已为 500 多万用户带去无与伦比、生动逼真，且具有教育意义的美好体验，展现了虚拟现实技术的无限潜力。

放眼未来，"设备" 的概念将与谷歌渐行渐远。有朝一日，各种外形的计算机将会在谷歌生活的各个方面扮演智能助手的角色。这个世界将从 "移动设备优先" 变为 "人工智能优先"。

（2）云端服务。未来，绝大多数计算将很可能在云端进行。不管是对于自动化操作、机器学习，还是对于高效智能办公工具，云端运行都更加安全、经济高效，也更利于运用这些最新科技。谷歌从一开始就从事云端服务，并投资开发基础构架、数据管理、分析工具及人工智能。目前谷歌已开发出类别众多并不断增加的企业产品，如 Google 公共云（GCP）、Google 企业应用、Chromebooks、Android、Google Analytics、图像识别、语音翻译、地图及支持用户专用数据集服务的机器学习等。谷歌的用户，如 Whirlpool, O' Lakes 以及 Spotify 等，正在利用 Google 企业应用套件与 Google 云平台服务等企业级产能工具来进行商业转型。此外，谷歌还长期投入于开发以机器学习及人工智能为支持的产品，并以此明显改善人们的工作方式。在未来，你的手机将能够自动提取正确文件、规划会议日程并追踪会议进展、通知别人你能否按时到达、草拟短信回复，并能够处理你的开销等。

3. 移动端应用——在更多地方提供更多优质内容

在互联网发展初期，一提到信息，人们首先

会想到网页。这些年来，谷歌专注于达成核心使命，从索引图片、视频和新闻到构建 Google Play 及 YouTube 等平台，谷歌采取的众多行动都推动了内容的发现、创造以及变现。随着内容向移动端的不断迁移，人们正在比以往任何时候观看更多的视频、玩更多的游戏、聆听更多的音乐、阅读更多的书籍，且使用更多的应用程序。

在应用程序方面，谷歌努力将 YouTube 和 Google Play 打造成为发现与传递优质内容的有效平台，让用户能够随时随地在任意屏幕上观看来自创作者和开发者的优质内容。Google Play 覆盖了超过 10 亿的 Android 用户。YouTube 也是人们观看视频的首选平台，每月有超过 10 亿用户访问 YouTube。此外，YouTube 还是年度下载次数最多的移动应用程序之一。事实上，人们在 YouTube 上观看视频的时长实现了持续的快速增长，其中超过半数的观看时长来自移动端。未来，谷歌致力于为 YouTube 用户提供更多选择，让他们以更多方式与创作者和其他用户进行互动，并以更多方式获取优质内容。为此，谷歌推出了 YouTube Kids 等专用应用程序，并推出了 YouTube Red 订阅服务，让用户享受无广告的观看体验。此外，用户还可以享受优质 YouTube Music 体验，观看来自 PewDiePie、Lilly Singh 等知名 YouTube 创作者的原创影视剧。

在移动网络方面，谷歌继续对移动网络进行投资，这已成为绝大多数网站重要的访问量来源。在过去一年的时间里，谷歌与发布者、开发者以及生态系统里的其他各方进行了紧密合作，致力于为用户提供更加流畅、更加快速的移动网络体验。"加速的移动页面"（AMP）项目就是这方面很好的一个例子。这是谷歌携手新闻发布者推出的一项开源举措，旨在帮助发布者创造能够在任意地点即刻加载的移动优化内容。"模仿原生应用的 Web 应用"（PWA）是这方面的另

一个例子，通过将网页和应用程序各自的优势相结合，该应用能够让企业创建快速加载、发送推送通知、拥有主屏幕图标等更多特点的移动站点。最后，谷歌继续改进 Chrome 移动端的性能。自推出以来，短短四年的时间里，Chrome 移动端的月度活跃用户就已突破了 10 亿。

（三）资本运营

1. 谷歌融资成长路径

谷歌作为目前全球数一数二的互联网公司，其在步入稳步发展之前的整个融资路径可以大致分为三个阶段。

第一次融资，1998 年，拉里·佩奇（Larry Page）和谢尔盖·布林（Sergey Brin）以私有股份形式创立 Google 公司，创立的本金 10 万美元则是由斯坦福大学计算机教授大卫·切瑞顿提供。当时公司提供的唯一服务就是搜索引擎，其非常干净的只有一个关键词输入框的搜索页面赢得了大众的喜爱，随后谷歌的业务迅速扩张，2000 年谷歌就已经成为了全球第一大搜索引擎并与雅虎续约，为雅虎提供搜索服务。

第二次融资，1999 年，谷歌从 KPCB 和红杉资本获得了总计 2500 万美元的投资，而这两家公司各占谷歌大约 10% 的股份，这笔投资也帮助谷歌进入了一个新的发展阶段。此外，值得一提的是，在这笔投资当中，KPCB 和红杉资本这两家公司本是希望由自身独占这 20% 的股权，但谷歌的两位创始人为了在获得融资的同时维护他们对公司的掌控权，才同时引入两家风投公司让其平分这 20% 股权。多年以后，红杉资本的合伙人迈克·莫里茨透露，红杉资本当时投资谷歌还有一个目的就是利用谷歌对雅虎公司进行侧翼防护，因为红杉资本当时对雅虎也进行了大量

的投资，而且雅虎当时的商业模式清晰。红杉计划帮雅虎把不赚钱的搜索业务进行外包，让谷歌承接这项业务。也就是说，在红杉资本的整体投资计划中，谷歌原来只是一个棋子。很显然，当时拉里和谢尔盖对资本势力的提防，帮他们绕过了许多此后可能会碰上的险滩暗礁。

第三次融资，2004 年，谷歌已经超越当时的雅虎和微软 MSN 成为最受欢迎的搜索引擎，具备了上市的条件；其搜索广告取得的巨大成功，吸引了很多竞争者，加剧了搜索服务市场的竞争程度。为稳固地位，谋求进一步的发展，谷歌决定上市。2004 年 8 月 19 日，谷歌公司在美国纳斯达克成功上市，上市当日，谷歌每股以 85 美元开盘，以 100.335 美元收盘，显示了谷歌作为科技股的强大实力。谷歌公司的成功上市为自身赢得了更广阔的发展空间，以搜索为本的谷歌开始不断涉及其他领域。2004 年 9 月，谷歌已经提供了 100 多种产品和服务，包括图片搜索、桌面搜索、谷歌地图、学术搜索等；谷歌业务也在全球铺开，目前已经在 31 个国家建立了 63 个办事处，在 179 个国家或地区注册自己的

网站，有 130 个语言版本。在网络用户中，每 4 人就有 3 人访问谷歌或者其合作网站。谷歌在业务和地域上不断扩展，为庞大的肌体建立了更多的支点。

2. 谷歌投资并购概况

谷歌作为最有收购能力的科技公司之一，自 2001 年以来其已经进行了近 200 次收购，引进外部人才和扩展新的部门，并在这个过程中创造了 Larry Page 的另一句"牙刷测试"技术格言，来确定并购目标是否值得（目标是必须开发客户认为每天都不可缺少的产品）。

如图 2 - 2 - 3 所示，在这近七年来，谷歌一直是技术并购的主导力量；活动在 2014 年达到顶峰，因为谷歌在第二季度收购了十多家公司，远远领先于那一年其他科技巨头的收购规模。然而，之后随着 Alphabet 的重组开始，谷歌的收购步伐大幅放缓，并在 2016 年上半年大幅下降。2016 年第四季度，Alphabet 只收购了 Famebit，一个可以帮助商业品牌与 YouTube 上的视频创作者建立联系的平台。

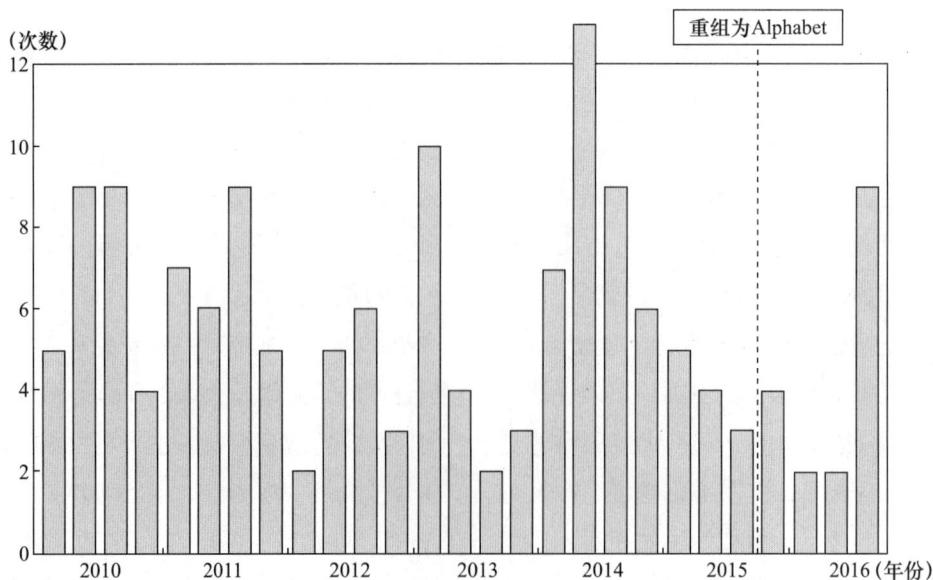

图 2 - 2 - 3 谷歌 2010 年以来各季度收购次数示意图

除了最新的财务紧张问题，近十年来大规模收购带来的低迷结果可能也促使了公司收购活动的暂停。谷歌曾快速地收购了至少7家机器人公司——Schaft，Industrial Perception，Meka Robotics，Redwood Robotics，Bot & Dolly，Holomni，以及最著名的波士顿动力（Boston Dynamics）——触发了2014年的炒作高峰，但这些公司从来没有合并成为一个高效的机器人公司。相反，在Alphabet创立后，Replicant直接进入管理层的视线，新公司Alphabet对其各公司的创收潜力进行了严格的审查。虽然像波士顿动力公司这样的子公司在YouTube上备受推崇，但是漫长的商业化道路导致该公司在2016年初被出售。因此，新成立的Alphabet结构可能有助于更成功的并购和不同业务的整合。Alphabet旗下的不同部门将可以根据它们自己的战略利益和路线规划进行收购游说；但也会面临一个更为清晰的组织结构，能让Alphabet称霸天下，也会迫使其减少对投机项目的投入。

在收购之外，谷歌的投资活动也一直被竞争者和观察家们关注。其中有一部分投资是由谷歌公司本身或其分支直接发起，例如，DeepMind直接投资了远程医疗初创公司Babylon。但更大部分投资来自Alphabet的两家主要投资机构：专注于早期初创企业的GV（前谷歌风投）和对扩张期公司投资的谷歌资本（Google Capital）。因此，接下来便单独地分析这三家的投资活动。

（1）谷歌。从谷歌开始，公司的主要战略投资包括几次大型交易到一些前沿领域如增强现实，太空运输和探索。谷歌在2014年10月领投了隐形增强现实设备Magic Leap 5.42亿美元的一轮投资，在2015年1月又参与了Space X 10亿美元的D轮融资。有消息称谷歌正准备在未来对这家宇航公司继续投资90亿美元，以获得7.5%股权。这种投资活动的规模强调了谷歌对于先进科技领域的重视。谷歌认为AR/VR是未来计算视觉呈现的核心。其Magic Leap的交易宣示了公司策略的进一步多元化（谷歌已有包括在2016年10月发布的消费级产品Daydream移动VR头盔和其他早期产品，如Cardboard、Google Glass和Tango）。

与此同时，谷歌向SpaceX进行了大笔投资，这将帮助Alphabet的"登月计划"为谷歌提供地理信息（Terra Bella，前Skybox Imaging项目），同时帮助提升全球互联网覆盖面积（Access and Energy，前Project Loon等计划）。廉价高效的地球卫星发射将会为对这两个方面提供便利，而SpaceX的首席执行官埃隆·马斯克对此也志趣相投，他决心建立一个以卫星为媒介的全球通信网络。谷歌直接资助了卫星服务公司O3b Networks——而O3b已被欧洲卫星通信公司SES以14亿美元的价格收购——这些投资也与上述活动相关。

除了战略投资，在2016年4月谷歌建立了Area 120，一个为公司内部员工准备的创业孵化器。这些措施是为了防止公司人才的外流。孵化器的名字中提及挤出20%的时间进行创业，就像谷歌的其他传统一样，这已经变成了一个正式的、明确的计划。

（2）GV。Alphabet风投机构自2009年成立以来，已经成为了风投生态中的重要一环，它一直是最为活跃的风投公司，图2-2-4是对GV近期投资活动的概括图。

GV在2009年以10亿美元资本起家，每年膨胀50亿美元。随着GV资金来源的充裕，它逐渐参与大型投资，如2014年优步12亿美元的D轮投资和Jet.com在2015年的B轮投资。总的来说，数据显示GV的大型投资脱离了2015年以前的中位数，出现了急剧上升。交易数量的减少和投资金额的增加也表明，GV已完全退出天使轮投资市场这个曾经它赖以为生的领域。在过去的两年里，GV 的天使轮投资活动每年减少85%，2016 年上半年则完全没有这种投资出现。同时，GV 融资项目的区域也越来越固定了——以美国为中心。公司 2014 年启动了 12.5 亿美元的欧洲投资专项资金，由五位合伙人进行管理。然而，在后 Alphabet 时代，这个项目在 2015 年 12 月宣告终止，其中资金被回收并投入 GV 品牌再造项目。

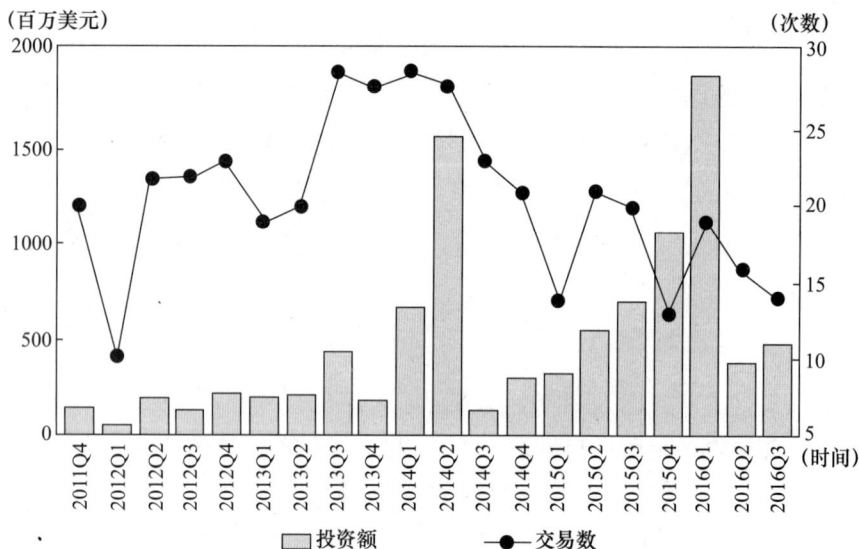

图 2-2-4　GV 近期投资活动示意图

从行业上看，GV 一直被其独立的策略所束缚，公司表面上追求高风险，但潜在高回报的登月式的项目，实际上却与传统风投公司别无二致。GV 一直在强调他们会投资医疗初创企业，他们的投资范围从数字医疗公司（Flatiron Health）到供应商（One Medical），也包括新方向如基因医疗（Editas，Foundation Medicine，23andMe）。近年来，GV 正在这些公司上投入越来越多的资金。在 2015 年 3 月，GV 的创始人 Bill Maris 在接受彭博社的采访时披露，其时 GV 已将 36% 的资金投入生命科学领域，而在 2013 年，这个数字只有 6%。GV 的投资和 Alphabet 其他部门 Verily 与 Calico 的投资正在共同为变革性医疗研究助力。如此重视医疗行业无疑是因为 Bill Maris 拥有生命科学背景。事实上，这位前生物科学公司管理人直接推动了 Calico 实验室——Alphabet 神秘的抗衰老研究部门的发展。

在医疗领域之外，GV 在其他领域的投资也极

其广泛，其跨度从 AR/VR 领域到无人机，从互联网金融、网络安全再到人工智能。GV 的投资组合与 Alphabet 令人眼花缭乱的资本操作有着很多重合。至少 GV 投资的 6 家公司最终都被 Alphabet 收购，其中值得注意的是 2014 年的 Nest。

（3）谷歌资本。谷歌资本是 Alphabet 风投家庭中年轻的一员，于 2013 年创立。因其资金充裕，公司的投资方向明显不同于集团内老一代的同僚，谷歌资本主要参与初创企业的后期融资阶段。据称，他们每年的投资金额为 30 亿美元。一个健康的数字，但略微少于 GV。正如其宣称的，谷歌资本将自身定位于盈利导向（而不是战略导向）的投资者。当然，其不断增长的资金仍正在利用专业知识、招募基础和其母公司谷歌的威望作为其核心卖点。

如图 2-2-5 所示，自成立以来，谷歌资本一直维持比 GV 更低的活跃度。它们每季度的成交数量维持在 1~3 笔，只有 2015 年第三季度超

过了这一数字。且通常参与 2500 万至 10 亿美元的融资轮，这不属于很大的交易。其中一些包括 CloudFlare 的 D 轮融资（11 亿美元），FanDuel 的 E 轮融资（27.5 亿美元）和 Oscar 的 C 轮融资（40 亿美元）。谷歌资本的投资方式反映了硅谷大多数高端投资公司的习惯，与那些著名对冲基金，如老虎基金以及富达投资的科技投资共同基金相似。

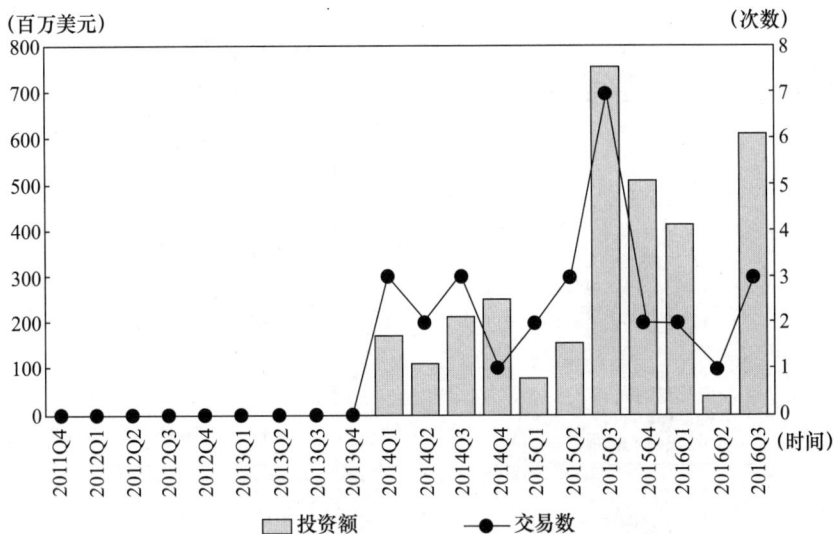

图 2 - 2 - 5　谷歌资本近期投资活动示意图

谷歌资本目前最值得一提的交易是对 Care. com 的首次公开市场投资。2016 年 6 月，谷歌资本宣布了对这家护理服务公司 4635 万美元的投资，该公司于 2014 年 1 月上市。这次交易意味着公司的投资部门跨越私人与公开市场，这与那些共同基金和对冲基金的业务相同，正如谷歌资本的合伙人 Laela Sturdy 在回答公司对私人和公开市场领域之间的立场的问题时所说的：

"Care. com 体现了本公司的投资喜好。我们一直专注于成长阶段的公司，我们唯一的目标是帮助他们成长为拥有谷歌体量的巨头。"

（四）商业模式

Alexander Osterwalder 和 Yves Pigneur 认为，商业模式包含九种必备要素，各个要素之间存在着有机的联系，如下图 2 - 2 - 6 所示。

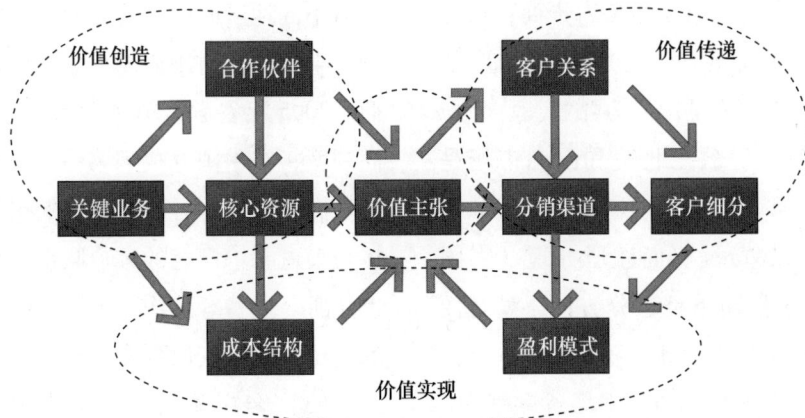

图 2 - 2 - 6　商业模式的九要素

图2-2-6中显示，这九种必备要素又可以汇总为价值主张、价值传递、价值创造和价值实现四大类，下面便从这四大类来分析谷歌的多边平台式商业模式：

1. 价值主张

谷歌的价值主张是整合全球信息，使人人皆可访问并从中受益。就搜索技术的现状而言，搜索技术还需要通过研究、开发和革新来实现长远的发展。谷歌致力于成为这一技术领域的开拓者。尽管目前谷歌已是全球公认的业界领先的搜索技术公司，但其目标依旧是为所有信息搜寻者提供更高标准的服务（图2-2-7是对谷歌十大价值观的说明）。

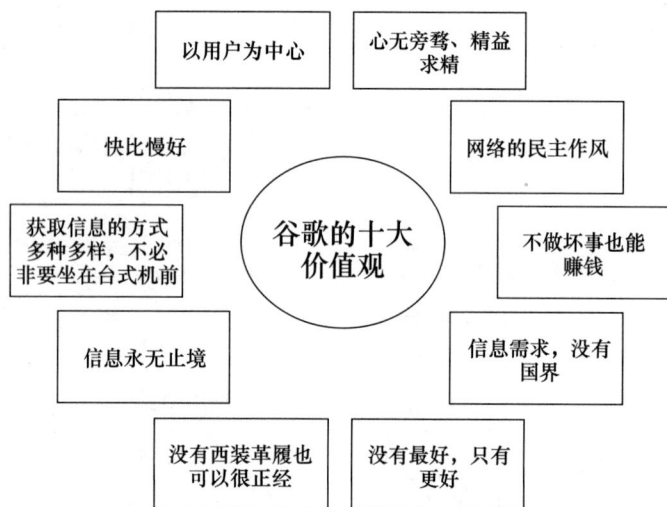

图2-2-7 谷歌公司的价值观

2. 价值传递

（1）客户细分。谷歌接触和服务的人群大致可以分为三类：第一类即广大网民，也是Google的核心客户人群；第二类是广告商；第三类则是允许Google在自己网站上显示Google的广告来赚取部分广告收入的第三方站长。

（2）分销渠道。谷歌在北美和欧洲市场是采取直销的模式，即广告主可以通过登录谷歌的官方网站Google AdWords页面注册办理（需国际信用卡）。这个过程简单且十分方便，没有任何中间环节。谷歌在品牌营销上完全不拘一格，标榜一种病毒式的口碑传播方式。"谷歌病毒"的感染力无人能比，通过"让大家告诉大家"的口口相传方式，利用网络快速复制和传递的特点传向数以亿计的受众，达到了像病毒一样扩散和传播的效果。

然而，在2010年退出中国大陆市场之前，面对不同地区间的文化差异，谷歌不得不改变其销售渠道。当时国内的搜索广告都是走渠道代理商，2005年谷歌也开始采用与百度相似的代理商制度，在中国寻找到第一个合作伙伴成为它的代理商。此外，谷歌有自己的销售团队，可以直接与渠道手中已有的客户联系，帮助他们完成网上注册、缴费等工作。当然，Google也通过媒体的宣传方式来获取更多的新客户。

（3）客户关系。个人助理：Google拥有在线销售部门，并组建呼叫中心（Call Center）进行呼出，直接与客户联系，帮助他们完成网上注册、缴费等工作。

自助服务：Google 开发的搜索服务种类多，如博客搜索、大学搜索、快讯、热榜、财经、生活搜索等诸多模块，对搜索内容进行了全面的归类，使用户可以享受到更为专业且精确的搜索。同时，为了进一步扩大其覆盖面，Google 开发了越来越多的诸如 Gmail（基于 Web 的电子邮件）、Google 地图和 Picase（一个在线相册）等工具，使客户获得更好的服务。除此以外，在美国客户只要拨打 1 - 800 - GOOG - 411 免费电话，就可免费使用 Google 语音查询服务。透过提供免费语音查询服务，Google 使自己成为提供地方信息的领先者，也让公司进入正在爆炸性成长的移动领域。

3. 价值创造

（1）核心资源。谷歌作为在世界上处于技术领先地位的互联网公司，其核心资源自然离不开其先进的搜索技术，GFS、MapReduce 和 Big-Table 便是谷歌赖以立足的三大核心技术。

首先，由于搜索引擎需要处理海量的数据，所以谷歌的两位创始人在创业初期设计一套名为 "BigFiles" 的文件系统，而 GFS（全称为 "Google File System"）这套分布式文件系统则是 "BigFiles" 的延续。GFS 主要分为 Master 和 Chunk 两类节点，具有支持容错、保护数据、扩展能力强等特点。目前，谷歌已经针对不同的应用部署了多套 GFS 集群。最大的一个集群拥有超过 1000 个存储节点，超过 300TB 的硬盘空间，被不同机器上的数百个客户端连续不断地频繁访问。

其次，在谷歌的数据中心会有大规模数据需要处理，如被网络爬虫（Web Crawler）抓取的大量网页等。由于这些数据很多都是 PB 级别，

导致处理工作不得不尽可能地并行化，而谷歌为了解决这个问题，引入了 MapReduce 这个编程模型，MapReduce 是源自函数式语言，主要通过 "Map（映射）" 和 "Reduce（化简）" 这两个步骤来并行处理大规模的数据集。Map 会先对由很多独立元素组成的逻辑列表中的每一个元素进行指定的操作，且原始列表不会被更改，会创建多个新的列表来保存 Map 的处理结果。也就意味着，Map 操作是高度并行的。当 Map 工作完成之后，系统会先对新生成的多个列表进行清理（Shuffle）和排序，之后会对这些新创建的列表进行 Reduce 操作，也就是对一个列表中的元素根据 Key 值进行适当的合并。

最后，由于在谷歌的数据中心存储 PB 级以上的非关系型数据时，如网页和地理数据等，为了更好地存储和利用这些数据，谷歌开发了一套数据库系统，名为 "BigTable"。BigTable 不是一个关系型的数据库，它也不支持关联（Join）等高级 SQL 操作，取而代之的是多级映射的数据结构，并且是一种面向大规模处理、容错性强的自我管理系统，拥有 TB 级的内存和 PB 级的存储能力，使用结构化的文件来存储数据，并每秒可以处理数百万的读写操作。

（2）关键业务。谷歌是以搜索引擎面世的，那么它的搜索服务必然是其关键业务之一。时至今日，谷歌依然在搜索领域占支配地位，2015 年 8 月，谷歌占美国桌面搜索流量的 63.8%。不过，谷歌并不是从搜索服务赚钱的，其绝大部分的盈利都是来自广告业务，谷歌设计的关键词广告是目前互联网上最好的商业模式之一。谷歌的 AdWords，是谷歌竞价排名盈利模式。它是一种以关键词为基本的网络广告情势。由于具有效果精准、价钱低廉、性价比高、操作方法简略、机动等特色，在全球得以敏捷推广和普及，目前已成为全球最风行的网络广告形式。有广告主开

价竞购特定的搜索关键词，出价最高的人购买的广告关键词，会出现在用户搜索结果旁的最上面。最重要的是，广告主是按用户点击数付费的。也就是说，用户一开始只要付极少的费用就可以刊登广告。而且，可以保证用户的每次付费。因为谷歌的收费原则是点击付费，不点击不付费，默认点击在中国和波兰最低 0.15 元/次，在全球其他区域是最低 5 美分/次。

2004 年 10 月，谷歌推出了比 AdWords 更为先进、技术也更复杂的 AdSense 广告模式，期望以会员的形式来吸引更多的网站加盟 Google 广告发布平台。AdSense 实际上相当于一个广告联盟。AdSense 可以在加盟者网站的内容网页上展示相关性较高的谷歌广告，并且这些广告不会过分夸张醒目。由于所展示的广告同用户在加盟者的网站上查找的内容相关，只要链接的广告被有效点击，加盟者还可以借此从谷歌分得一部分广告收入。

卖广告，但是不卖搜索结果，这是谷歌做广告的原则。谷歌的广告形式不采用横幅广告，也没有令人眼花缭乱的 Flash 动画广告，所有的广告都是按照客户购买的关键词，以纯文本的方式把广告安置在相关搜索页面的右侧空白处，把所有的文字广告单独列出来，并用特别的颜色标示"赞助商链接"。如果有人在谷歌上输入"物流"，那么，在搜索结果网页上就会出现物流网站的文字广告，每次搜索谷歌向商家收取 0.8 美分到 1.5 美分的广告费。用户在使用关键词进行搜索时，相应关键词的广告出现在搜索结果中，并保证出现在搜索结果较前的位置，这种广告效果比那些一进去便强行出现在网站窗口的广告形式好得多，也较能为网民所接受。而搜索结果的正文则是一种自动排序，取决于 100 多个因素，其中包括 PageRank（网页排名）算法，即谷歌将网页划分成 10 个等级，与等级高的网页链接以及链接数量都会影响排名。

（3）合作伙伴。成立伊始，谷歌就树立了严格的合作伙伴管理系统。对搜索结果的精确要求使得谷歌对合作伙伴的挑选极为严格，这也造就了谷歌严格的服务态度。在谷歌的生态链中，各个环节高效运转，形成一条完整的价值传递系统。在生态链的上游，苹果或 IBM 这样的计算机制造商为谷歌提供了优质的计算机，微软和英特尔提供了软件和操作系统的支持。至于生态链的下游，谷歌点击排名模式在体现广告客户意志的同时，更把权力赋予了网民公众。以公众的需求和喜好程度决定广告信息的点击率，并且经由点击率来决定搜索排名的结果。

在国内市场，像迅雷、新浪等也给谷歌提供了一个极好的平台，其领先的技术通过与迅雷这样广受欢迎的下载服务平台或是像新浪这样的门户网站结合，开展在搜索、资讯、广告方面的全方位战略合作，不仅扩大了受众面而且实现了优势资源的完美融合，也为用户和客户提供更优质的用户体验和客户服务。

4. 价值实现

（1）成本结构。随着核心搜索广告业务和移动广告业务的快速发展，高盈利的同时也带来了高成本的隐患，硅谷的人才争夺正愈演愈烈，工程师的要求越来越高。在与 Facebook 等公司争夺最优秀人才的过程中，谷歌的成本不断增加。除了人才资金以外，还有需要支持谷歌众多的产品研发及技术开发的庞大资金和自身推广的成本费。

（2）盈利模式。作为一个多边平台，谷歌有非常独特的收入模式。它从广告商客户细分那一边赚钱，而同时免费补贴另外两边的客户群体：网民和内容所有者（站长）。这是合乎逻辑的，因为谷歌显示给网民的广告越多，它从广告主那里赚得就越多。反过来，已增加的广告收入，愈加刺激了更多内容拥有者（站长）成为 AdSense 的合作伙伴。广告主不会直接从谷歌购买广告位，而是竞标与关键词有关的广告关键词，无论关键词与是搜索关键词关联还是与第三方网站内容关联。竞标是通过 AdWords 拍卖服务进行的：越受欢迎的关键词，广告客户就要为它付出越高的价格。谷歌从 AdWords 赚取的可观收入允许它持续改进自己针对搜索引擎用户和 AdSense 用户提供的免费服务。

（五）市场概况

2015 年 8 月 10 日，谷歌宣布重组，成立新的控股母公司 Alphabet，之前包括谷歌在内的公司业务都将全部归属于 Alphabet。此次重组一方面为了帮助谷歌减负，将谷歌涉足的生命健康、机器人研发、无人机研发等剥离出去，一旦这些领域不能产生利润，甚至破产将不会影响到谷歌；另一方面也能让投资人更清楚地了解公司旗下网络业务的表现，以及向新项目投入资金的情况。

重组之后，Alphabet 的业务将分为核心业务和其他业务两个部分。核心业务包含互联网及相关业务、硬件产品和虚拟现实产品的业绩，其中互联网及相关业务包括搜索、广告、地图、YouTube、Android、Chrome、Google Play 等，谷歌硬件产品包括 Chromecast、Chromebook 笔记本和 Nexus 手机。"其他业务"部分包括 Access and Energy、生物科技公司 Calico、智能家居公司 Nest、生命科学公司 Verily、Google Ventures（风投机构）、Google Capital（投资基金）和 Google X。

1. 核心业务概况

（1）搜索业务。如图 2 - 2 - 8 所示，根据市场调研公司 comScore 公布的数据，2014 年，谷歌的市场份额约为 67%，而微软和雅虎分别为 19.5% 和 10.3%。然而，2015 年谷歌的市场份额已经降到 64%，相比微软和雅虎已经分别上升至 21% 和 12.5%。

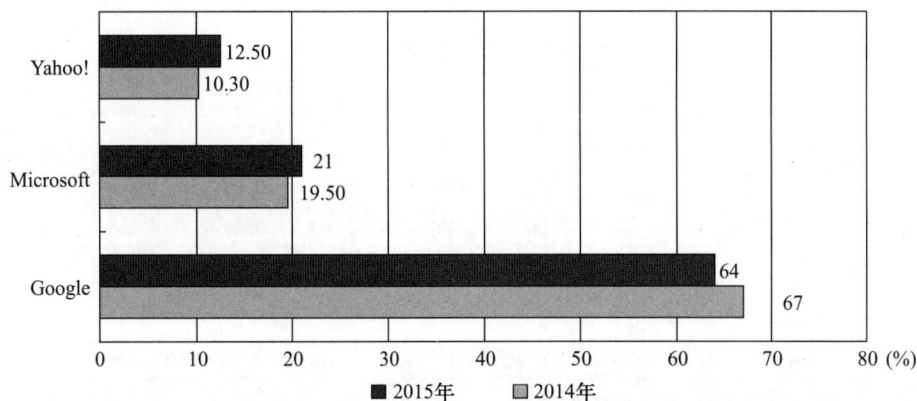

图 2 - 2 - 8　2014～2015 年全球搜索市场份额

资料来源：市场调研公司 comScore。

从比例上看，谷歌依旧在搜索市场上占据着绝对领先的市场地位。但是相对来说，谷歌的市场份额受到了一定程度的侵略，造成上述局面的原因之一是微软和雅虎在搜索市场扩张上花费了巨资。2015 年第三季度，为了增加门户网站的流量，雅虎在流量获取方面约花费 2.23 亿美元，同比增长近三倍。此外，雅虎还与 Mozilla 的火狐浏览器合作，以保证雅虎是其默认的搜索引擎。而微软 Bing 搜索的市场份额的增加则主要是源于 Windows 10 操作系统的上市。

另外，2015 年谷歌移动设备搜索用户的数量首次超过桌面搜索用户。comScore 称，美国 Android 设备的市场占有率为 51%，而微软 Windows 设备只有 3%。同时，谷歌还与苹果拉近了关系，使得谷歌成为 iPad 和 iPhone 中 Safari 浏览器的默认搜索引擎，为此，谷歌需要向苹果支付数十亿美元。

（2）广告业务。根据谷歌母公司 Alphabet 发布的 2015 年年报显示，Alphabet 2015 年营收为 749.89 亿美元，高于上年的 660.01 亿美元。Alphabet 2015 年成本和支出为 556.29 亿美元，高于上年的 495.05 亿美元。Alphabet 2015 年运营利润为 193.60 亿美元，高于上年的 164.96 亿美元。Alphabet 2015 年净利润为 163.48 亿美元，上年同期为 141.36 亿美元。

值得注意的是，Alphabet 的总营收中广告收入是 644.62 亿美元，接近总营收的 90%，而公司的其他非核心业务总营业亏损增加到了 35.7 亿美元，这说明广告收入依然是支撑 Alphabet 公司运作的主要来源。

从图 2－2－9 中的数字来看，谷歌的广告业务依然强劲。但互联网用户从电脑转向移动之后，对谷歌搜索广告的冲击的影响正在浮现。最直接的体现是谷歌从广告主那里收取的每次点击费用（CPC）在最近几年都在下降，CPC 是体现谷歌广告吸引力的重要指标。它的下降，说明广告客户的预算正向其他渠道倾斜，谷歌不得不依靠降价来换取广告收入的增长。以 Facebook 为代表的社交类公司要对谷歌广告霸主地位动摇负责任。同样，Facebook 的 90% 收入都来自广告，Facebook 天然的用户社交数据，以及在移动化方面的快速发展，让 Facebook 这一年内的全球数字广告营收比例从 2014 年的 8% 上升到 9.6%，无论是展示广告还是移动广告，Facebook 的份额都在上涨，而谷歌下跌。

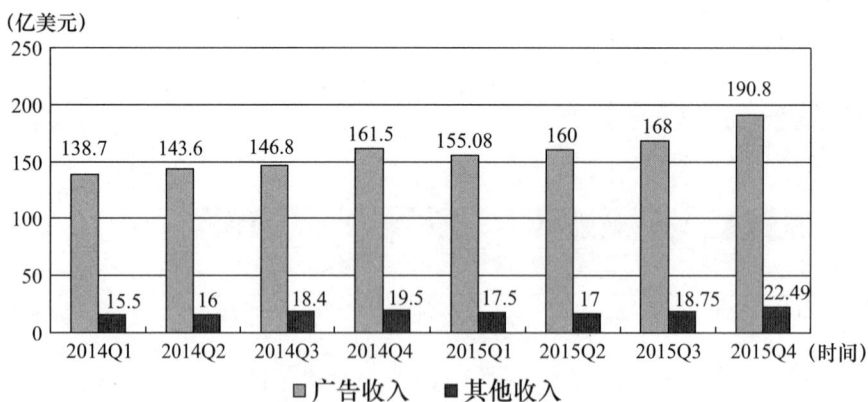

（亿美元）

图 2－2－9　谷歌 2014～2015 年收入构成

从搜索引擎进入网站曾经是人们打开电脑之后做的第一件事，但手机上这个习惯消失了，一个个应用取代搜索引擎成为最主要的入口。从搜索框到应用，注意力的转移让广告商瞄准的广告位随之改变。在美国的 App Store 应用商店，排名前 10 的应用只有 YouTube 属于谷歌，而 Facebook 却有四个（Facebook、Messenger 聊天应用、两个 Instagram 的应用）。截至 2015 年 10 月，谷歌来自手机的搜索次数才超过电脑。同时，随着谷歌在全球范围覆盖的互联网人口增长到头，谷歌广告收入总量的增长也在逼近天花板。

多个市场研究机构认为，这个趋势在未来几年将持续下去，谷歌的广告领域份额会让步给 Facebook、Instagram、Twitter 等社交应用。

2. 其他业务概况

Alphabet 的其他业务涵盖了机器人、互联网气球、无人驾驶汽车以及生命科学研究等。不同于核心业务大多已经成熟，有稳定的市场，其他业务本身要么处于开发阶段，要么是实用性不强

的业务，基本不可能于短期内获得盈利。根据财报显示，2015 年 Alphabet 其他业务的运营亏损达到 35.7 亿美元，不及上年的运营亏损 19.4 亿美元；而营收仅为 4.48 亿美元，较上年增长了 37%。Alphabet 的其他业务的营收主要来自 Nest 智能恒温器、Fiber 高速互联网接入服务以及生命科学技术。事实上，如果不是公司的其他业务导致支出增长，核心谷歌业务的盈利能力将会更强。谷歌去年的运营利润率为 39%，高于 Alphabet 的 32%。不过尽管 Alphabet 的其他业务目前仍主要受谷歌搜索广告业务的支持，但它们亦为谷歌提供了洞察力和机遇，它们也有潜力在未来为母公司带来增长。

（六）经营和财务绩效

表 2 - 2 - 1　谷歌 2013~2015 年经营与财务业绩比较　　　　　单位：百万美元

年份	2015	2014	2013
收入	74989	66001	55519
总资产	147161	131133	110920
净利润	16348	14444	12920
净利润率（%）	21.80	21.88	23.27
总资产报酬率（ROA）（%）	11.11	11.01	11.65
净资产报酬率（ROE）（%）	13.59	13.82	14.80
资本性支出（CAPEX）	9915	10959	7358
CAPEX 占收比（%）	13.22	16.60	13.25
经营活动净现金流	26024	22376	18659
每股经营活动净现金流（美元/股）	38.00	33.10	28.03
自由现金流（FCF）	16109.00	11417.00	11301.00
自由现金流占收比（%）	21.48	17.30	20.36
每股盈利（EPS）（美元/股）	23.11	20.91	19.41
每股股利（DPS）（美元/股）	0	0	0
股利支付率（%）	0	0	0
主营业务收入增长率（%）	13.62	18.88	10.65
总资产增长率（%）	12.22	18.22	18.25

年份	2015 年	2014 年	2013 年
净利润增长率（%）	13.18	11.80	20.33
经营活动现金流增长率（%）	16.30	19.92	12.28
资产负债率（%）	18.44	20.31	21.29
流动比率（%）	466.67	480.12	458.17
总资产周转率（次数）	0.51	0.50	0.50
股息	0.00	0.00	0.00
内部融资额	21411	19423	16859
研发支出	12282	9832	7137
研发支出占收比（%）	16.38	14.90	12.86

表 2-2-2 谷歌轻资产运营特征一览表

序号	项目	2015 年	2014 年	2013 年
1	现金类资产比重（%）	49.65	49.11	52.94
2	应收账款比重（%）	7.85	7.16	8.01
3	存货比重（%）	0.00	0.00	0.00
4	流动资产比重（%）	61.23	61.53	65.71
5	固定资产比重（%）	19.72	18.21	14.90
6	流动负债比重（%）	13.12	12.82	14.34
7	应付账款比重（%）	1.31	1.31	2.21
8	无息负债比重（%）	-6.54	-5.85	-5.80
9	有息负债比重（%）	3.55	3.99	4.73
10	留存收益比重（%）	60.63	57.73	55.23
11	营运资金（百万美元）	70804	63880	56978
12	现金股利（百万美元）	0	0	0
13	内源融资（百万美元）	21411	19423	16859
14	资本性支出（百万美元）	9915	10959	7358
15	现金储备（百万美元）	73066	64395	58717
16	自由现金流（百万美元）	16109	11417	11301

（七）内控与风险管理

谷歌的运营和财务结果受到各种风险和不确定因素的影响，包括以下几个方面：

1. 内部风险因素

（1）投资风险。谷歌已经投资并打算继续投资新企业、产品、服务和技术。这种努力可能

有重大的风险和不确定性，包括管理分散、投资收入不足以抵消承担这些新投资的负债和费用以及投资回报的资本不足等，而策略和产品的失败可能会导致影响谷歌的声誉、财务状况和操作的结果。同时，并购可能导致操作困难、股权稀释和其他可能对业务和操作结果产生负面影响的结果，收购交易可能对财务状况和经营成果产生影响。对于被收购公司、业务和技术的整合也可能

会出现不可预见的经营困难和支出。

（2）业务风险。从国内情况看，谷歌的大部分收入从广告中获得，支出减少或广告商的流失会影响业务。谷歌的广告客户通常可以在任何时间终止与谷歌的合同。如果他们对谷歌的广告投入没有产生销售增长或品牌知名度，乃至增加客户，或者如果谷歌不以有效甚至高效的方式提供自己的广告，广告商将不会继续与谷歌合作。如果谷歌不能保持竞争力，并提供价值，谷歌的广告商可能会停止投放广告，终止与谷歌合作，这将对其收入和业务造成不利影响。

此外，通过广告的支出往往是周期性的，反映整体经济状况、预算和购买模式。不利的宏观经济条件也可以对广告产生实际的负面影响，并会导致广告商减少他们在广告上的花费，这可能对谷歌的收入和业务产生不利影响。

从国外情况看，国际业务会让谷歌产生额外的风险，可能会损害其业务和财务状况。谷歌的国际业务对其收入和净利润的影响是显著的，谷歌计划继续增长国际业务。但在一些特定的国际市场中，谷歌的运营经验有限，可能不会受益于首先进入市场的优势或其他成功方式。

（3）品牌维持。谷歌强大的品牌对其开发新业务是有显著帮助的。保持和加强品牌影响力减少了谷歌进入新领域和推出新创新产品的困难，提高了其服务用户需求的能力。谷歌的品牌可以通过许多因素受到负面影响，其中包括声誉问题和产品技术的性能故障。如果谷歌不能保持和增强其品牌价值，谷歌的业务、经营业绩和财务状况可能会受到重大不利影响。维护并加强谷歌的品牌将在很大程度上取决于谷歌仍然是一个技术领先的企业，并拥有继续提供高质量的创新产品和服务能力。

（4）技术安全风险。有关谷歌技术的隐私问题可能会损害其声誉，阻止现有和潜在用户使用谷歌的产品和服务。谷歌已对它们的产品是否对用户和其他相关利益者的隐私做出妥协表示出忧虑。一旦谷歌在关于收集、使用、披露个人信息安全问题或其他隐私相关的事项方面出现负面新闻，即使毫无根据，也将会损害谷歌的声誉并对公司的经营业绩产生不利影响。

此外，谷歌几乎所有的产品和服务都是基于网络的，谷歌存储在服务器（包括个人信息）的数据一直在增加。任何系统故障或数据泄露都可能导致美国出现安全隐患，这会严重限制其产品和服务的使用，也会损害谷歌的声誉、品牌和业务。谷歌期望继续花费大量资源来防止出现安全漏洞。由于谷歌在地域上扩大了基于网络的产品和服务，因此这些类型事件严重损害谷歌业务的风险是可能增加的。

如果谷歌违反了安全协定或者谷歌的服务受到攻击，使得其无法为用户提供产品和服务，那么谷歌的产品和服务可能被视为不安全，用户和客户可能减少或停止使用其产品和服务，谷歌可能面临重大法律和财务风险。谷歌经历过不同程度的定期网络攻击。其安全防护措施也可能因员工失误、渎职、系统错误、漏洞或其他方式受到威胁。此外，外部各方可能会尝试欺诈诱导谷歌的员工、用户、客户披露敏感信息，以获得访问谷歌的数据或用户、客户的数据。任何此类违反或未经授权的访问可能会导致巨大的法律和财务风险，损害谷歌的声誉，引起外界对谷歌的产品和服务安全性产生质疑，从而对其业务产生不利影响。

2. 外部风险因素

（1）激烈的行业竞争。谷歌的业务正在迅速发展，面临激烈的市场竞争。谷歌的成功在很大程度上取决于谷歌迅速向市场提供创新的产品和技术的能力，以及为用户提供有用的搜索结果和广告。随着谷歌的业务发展，竞争力创新的压力将涉及更广泛的产品和服务，包括经典核心业务之外的产品和服务。

谷歌有很多不同行业的竞争对手，包括通用搜索引擎和信息服务、电子商务垂直搜索引擎和电子商务网站、社交网络、在线产品和服务的提供者、其他形式的广告和网络广告平台、其他操作系统以及无线移动设备公司。这些竞争对手当中有强大的老牌公司，也有新兴创业公司。老牌公司有更长的历史和更成熟的客户、用户关系，这些老牌公司的经验和资源会影响谷歌的竞争地位，包括收购、继续大力投资研发、积极启动知识产权索赔，并继续积极与广告商和网站竞争。新兴创业公司能够以更快的速度创新并提供产品和服务，在谷歌之前预见到消费者需要的产品和服务。

（2）监管审查风险。谷歌的成长及在各个新领域的扩张会涉及多种新的监管问题，随着规模的增加，谷歌所面临的监管力度也在加大。例如，调控机构都要求对谷歌审查进行潜在竞争问题的搜索和其他业务的审查。欧盟委员会（EC）和全球其他监管部门合作，调查谷歌的业务和其对竞争的影响。立法者和监管者可能使法律与监管政策发生变化，使谷歌的产品和服务承担巨大的成本，或使谷歌面临意想不到的民事或刑事法律责任，甚至使谷歌改变其商业行为。这些变化或成本增加都会对谷歌的业务和业绩产生负面影响。

同时，谷歌经常受到索赔、诉讼和政府调查，涉及竞争、知识产权、财产隐私、消费者保护、税收、劳动就业、商业纠纷、用户编辑的内容、利用谷歌平台由广告商或发行商提供的服务，以及其他事项。硬件产品的销售也让谷歌暴露在产品责任的风险中，还涉及其他诉讼风险，包括有关产品缺陷的断言、健康和安全、危险材料的使用以及其他环境问题。

这样的索赔、诉讼和政府调查本身具有不确定性，其结果无法预测。这些类型的法律诉讼可能会对谷歌产生不利影响。这些诉讼可能导致声誉损害、刑事制裁，法令阻止谷歌提供一定特点和功能的产品或服务，要求谷歌改变商业惯例，进行产品召回以及其他领域的行动，或以不侵权及其他方式改变产品、技术的要求。任何后果对谷歌的业务及经营业绩都会造成不利影响。

（3）设备应用。许多人通过移动设备访问互联网而非台式电脑，包括移动手机、智能手机、上网本和平板电脑（掌上电脑、视频游戏机和电视机顶设备），这些设备的使用频率大幅增加。与其他设备相关联的功能和用户体验使得通过这种设备使用谷歌产品和服务更加困难（或者仅仅是不同的），为这些设备开发的产品和服务的版本可能不会对用户产生吸引力。每个制造商或分销商可以建立独特技术标准的设备，谷歌的产品和服务可能与这些设备不兼容。此外，越来越多的搜索查询通过特定的设备或社交媒体平台上的"应用程序"进行，这可能会影响其搜索和广告业务。随着新设备和平台不断被开发出来，谷歌可能很难预测调整产品和服务、开发有竞争力的新产品和服务时所面临的问题。谷歌将继续投入大量资源创建、支持和维护多个平台和设备支持的产品和服务。如果谷歌不能吸引并留住大量的替代设备制造商、分销商、开发人员和用户，如果谷歌的兼容替代设备的产品和技术发展缓慢，谷歌将无法在一个动态的、实时的环境中捕捉机会。

（4）供应链风险。谷歌面临着许多有关制造和供应链管理的风险。例如，谷歌出售的产品由于设计或制造商的原因而出现的质量问题，或由所在使用的软件产生的质量问题。有时，这些问题是由谷歌从其他制造商或供应商购买的组件产生的。如果谷歌的产品不能满足客户的期望或产品质量被发现是有缺陷的，那么谷歌的销售额和营业利润乃至声誉，可能会受到负面影响。

谷歌也要求其供应商和商业伙伴遵守劳资法和公司政策（政策和就业的做法、数据的安全性、符合环保要求和知识产权许可），但谷歌不能控制他们或他们的做法。如果其中的任何一方违反法律或惯例，谷歌可以将供应链中断，取消订单，终止其损坏重要关系以及损害谷歌声誉的行为。

谷歌供应链中重要的一环是提供互联网接入的公司。谷歌的业务依赖于持续和畅通的互联网接入。互联网接入提供者可以限制、阻止、降低对某些产品和服务收费，这可能导致额外的费用以及用户和广告商的流失。目前，互联网访问是由在宽带和互联网接入市场具有显著市场力量的公司提供的，其中包括电话公司、有线公司、移动通信公司和政府拥有的服务提供商。在一些司法管辖区，谷歌的产品和服务一直受到政府的限制或堵塞。这样的干扰可能导致现有的用户、广告商减少和成本的增加，并且可能影响谷歌吸引新用户和广告客户的能力，从而损害谷歌的收入和增长。

（八）前景展望

1. 居安思危，公司各业务增长前景堪忧

尽管谷歌拥有年收入 600 余亿美元的广告帝国，但之前分析中也提到谷歌从广告主那里收取的每次点击费用（CPC）在最近三年都在下降，其广告收入总量的增长已在逼近天花板，虽说广告业务在未来几年中仍能确保安全，但鉴于其规模和 Facebook 的竞争，这项业务长期保持两位数增长速度的希望非常渺茫。为此，谷歌必须寻找其他增长点。过去几年中，谷歌从 YouTube 和

Google Play 获得的收益不断增长。可是，You-Tube 现在面临 Facebook 视频业务和其他移动视频平台的竞争。尽管安卓系统已经占据全球智能手机市场 80% 的份额，但其几乎没有更大增长空间。所以，对于谷歌来说，还能寻找增长前景的业务可能只剩下移动应用。全球著名市场调研公司尼尔森研究发现，谷歌拥有美国七大顶级移动应用中的五种，当桌面互联网使用率下降时，这些应用可帮助谷歌增加移动广告收入。

此外，在未来谷歌真正令人担忧的是许多投资者认为价值数百亿美元的边缘项目，其中最为典型的就是自动驾驶技术以及高速宽带互联网项目 Google Fiber。分析师认为，自动驾驶技术可能是谷歌未来发展重点。可是可能要到 2020 年，这项技术才能取得成功，消费者才能购买、使用或租赁无人驾驶汽车。更大的问题是，有关这种技术的炒作是否会降温。当投资者疲于等待和推测时，这很有可能发生。Google Fiber 可能存在更大问题。2014 年，谷歌股东认为这个项目可能彻底改变宽带领域，可以获得更多收益。然而，AT&T 等公司也在大力扩张自己的竞争服务，利用技术增设现有同轴光缆，而不是铺设新的光缆。换句话说，AT&T 和 Comcast 公司可以利用现有光缆基础设施，只需要很少的费用就可以更快地提高网速。而 Google Fiber 可能并非像许多投资者想象的那样是一种颠覆性服务。

2. 挑战重重，欲重返中国市场需做出改变

中国是全球范围唯一一个谷歌还没覆盖的互联网市场，而 2015 年谷歌的重组为 Google 服务返回中国市场提供了条件。2015 年 11 月，谷歌创始人之一谢尔盖·布林透露，子公司的业务可以自己选择进入中国。而多位谷歌高管早前已经透露过将互联网服务带回中国市场的想法。然而，现如今中国市场复杂的不只是政策。Google

的竞争对手已经从一个单独的百度搜索、高德地图、QQ 邮箱变成了一整套系统和服务，拥有硬件和系统优势的手机厂商、拥有整套服务体系的百度、腾讯和阿里巴巴。近几年，百度的市值已经从 100 多亿美元成长到 700 多亿美元，而腾讯的市值则已经超过 1800 亿美元。谷歌最核心的产品如搜索、YouTube、地图、邮箱等，在中国已经有完整的替代品。Play Store 应用商店或许是最适合进入中国的产品。截至 2015 年 6 月，

在中国 6.7 亿能上网的人中，88.9% 的人通过手机上网。但是，中国人用的手机也变了，从国际品牌变成苹果与中国本土 Android 品牌。苹果已经和 Google 决裂，而本土 Android 厂商，从最大的华为、小米到魅族、OPPO 甚至是锤子，每一个都开始靠应用商店获得收入，补贴低价竞争。Play 商店若想从其中找到突破口，必须先从自身开始做出改变。

附件一：谷歌财务报告（2015 年）

1. 合并资产负债表

单位：百万美元（除每股数额外）

年份	2014	2015
资产		
流动资产：		
现金及现金等价物	18347	16549
有价证券	46048	56517
现金及现金等价物和有价证券合计（包括证券贷款 4531 和 4058）	64395	73066
应收账款净额	9383	11556
反向回购协议下的应收账款	875	450
应收所得税净额	591	1903
预付款项、费用及其他资产	3412	3139
流动资产合计	78656	90114
预付收入份额、费用及其他非流动资产	3187	3181
非市场化股权投资	3079	5183
递延所得税净额	176	251
物业和设备净额	23883	29016
无形资产净值	4607	3847
商誉	15599	15869
资产合计	129187	147461
负债及所有者权益		

续表

年份	2014	2015
流动负债：		
应付账款	1715	1931
短期负债	2009	3225
应付薪酬及福利	3069	3539
应计费用及其他流动负债	4408	4768
应计收入	1952	2329
应付证券借贷	2778	2428
递延收入	752	788
应交税费净额	96	302
流动负债合计	16779	19310
长期负债	3228	1995
非流动递延收入	104	151
应交所得税	3340	3663
非流动递延所得税净额	758	189
其他非流动负债	1118	1822
承诺及或有事项		
所有者权益：		
可转换优先股，每股面值 0.001 美元，发行 100000 股，无股票发行和流通	0	0
A 类和 B 类普通股，C 类普通股及附加资本，每股面值 0.001 美元，15000000 股得到授权	28767	32982
累计其他综合收益	27	(1874)
留存收益	75066	89223
所有者权益合计	103860	120331
负债及所有者权益合计	129187	147461

2. 合并损益表

单位：百万美元（除每股数额外）

年份	2013	2014	2015
营业收入	55519	66001	74989
成本与费用			
营业成本	21993	25691	28164
研发支出	7137	9832	12282
销售费用	6554	8131	9047
管理费用	4432	5851	6136
成本与费用合计	40116	49505	55629
主营业务收入	15403	16496	19360
利息及其他收入净额	496	763	291

续表

年份	2013	2014	2015
持续经营税前收入	15899	17259	19651
预付所得税	2739	3639	3303
持续经营净利润	13160	13620	16348
终止经营业务净利润（损失）	(427)	516	0
净利润	12733	14136	16348
减：调整支付给 C 类股票股东	0	0	522
归属于所有股东的净利润	12733	14136	15826
归属于 A、B 类股票股东的基本每股净利润（损失）			
持续经营	19.77	20.15	23.11
终止经营	(0.64)	0.76	0
归属于 A、B 类股票股东的基本每股净利润（损失）	19.13	20.91	23.11
归属于 C 类股票股东的基本每股净利润（损失）			
持续经营	19.77	20.15	24.63
终止经营	(0.64)	0.76	0
归属于 C 类股票股东的基本每股净利润（损失）	19.13	20.91	24.63
归属于 A、B 类股票股东的稀释每股净利润（损失）			
持续经营	19.42	19.82	22.84
终止经营	(0.63)	0.75	0
归属于 A、B 类股票股东的稀释每股净利润（损失）	18.79	20.57	22.84
归属于 C 类股票股东的稀释每股净利润（损失）			
持续经营	19.42	19.82	24.34
终止经营	(0.63)	0.75	0
归属于 C 类股票股东的稀释每股净利润（损失）	18.79	20.57	24.34
净利润	12733	14136	16348
其他综合收益：			
外币换算调整	89	(996)	(1067)
可供出售投资：			
未实现净收益（亏损）	(392)	505	715
减：重分类调整计入净收入的净亏损（收益）	(162)	(134)	208
净变化（净税效应为212 美元、60 美元和29 美元）	(554)	371	(507)
现金结算保值：			
未实现净收益（亏损）	112	651	676
减：重分类调整计入净收入的净亏损（收益）	(60)	(124)	(1003)
净变化（净税效应为30 美元、196 美元和115 美元）	52	527	(327)
其他综合损益合计	(413)	(98)	(1901)
综合收益	12320	14038	14447

3. 合并现金流量表

单位：百万美元

年份	2012	2013	2014
经营活动现金流			
净利润	12733	14136	16348
将净利润调整为经营活动净现金流量			
折旧费用及出售资产和设备损失	2781	3523	4132
无形资产摊销及其他资产减值	1158	1456	931
基于股票的薪酬	3343	4279	5203
股权激励中的超额税收优惠	(481)	(648)	(548)
递延所得税	(437)	(104)	(179)
资产剥离收益	(700)	(740)	0
市场和非市场投资损失（收益）	(166)	(390)	334
其他	272	192	212
并购造成的资产及负债的净额变动			
应收账款	(1307)	(1641)	(2094)
所得税净额	588	591	(179)
预付收入、费用及其他资产	(930)	459	(318)
应付账款	605	436	203
应计费用及其他负债	713	757	1597
应计收入份额	254	245	339
递延收入	233	(175)	43
经营活动产生的现金流量净额	18659	22376	26024
投资活动现金流			
购买资产及设备	(7358)	(10959)	(9915)
购买有价证券	(45444)	(56310)	(74368)
出售有价证券	38314	51315	62905
非市场化股权投资	(569)	(1227)	(2172)
与证券借贷相关的现金抵押	(299)	1403	(350)
反向回购协议投资	600	(775)	425
资产剥离收益	2525	386	0
收购，现金收购净额和购买无形资产及其他资产	(1448)	(4888)	(236)
投资活动产生的现金流量净额	(13679)	(21055)	(23711)
融资活动现金流			
股权激励相关的支付净额	(781)	(2069)	(2375)
股权激励中的超额税收优惠	481	648	548
调整支付给C类资本股东	0	0	(47)
股份回购	0	0	(1780)
发行债券所得款项净额	10768	11625	13705
偿还债务	(11325)	(11643)	(13728)
融资活动产生的现金流量净额	(857)	(1439)	(3677)

年份	2012	2013	2014
汇率变动对现金及现金等价物的影响	（3）	（433）	（434）
现金及现金等价物的净增加（减少）	4120	（551）	（1798）
年初现金及现金等价物	14778	18898	18347
年末现金及现金等价物	18898	18347	16549
补充披露现金流量信息			
现金支付税费	1932	2819	3338
现金支付利息	72	86	96

附件二：谷歌大事记

1998 年，Google 公司在美国加利福尼亚州山景城由佩奇和布林以私有股份公司的形式创立，以设计并管理一个互联网搜索引擎。

2001 年 9 月，Google 的网页评级机制 PageRank 被授予了美国专利。专利正式地被颁发给斯坦福大学，Lawrence Page 作为发明人列于文件中。

2003 年 2 月，Google 接管了 Blogger 的所有者 Pyra 实验室，一个主导 Weblog 网络服务的先锋，这似乎与 Google 的使命矛盾。然而，这实际上巩固了公司从 blog 发布改善 Google 新闻搜索的速度和其搜索相关性的能力。

2004 年初的一个最高峰时期，通过它的网站及其客户网站如雅虎、美国在线和 CNN，Google 处理了万维网上 80% 的搜寻请求。Google 的份额在 2004 年 2 月跌落一些，因为雅虎放弃了 Google 的搜寻技术，决定独力开发自己的搜索引擎。

2004 年 8 月 19 日，Google 公司的股票在纳斯达克上市，成为公有股份公司。

2005 年 7 月 19 日，Google 宣布将在中国设立研发中心。

2005 年 12 月 20 日，谷歌公司宣布斥资 10 亿美元收购互联网服务供应商"美国在线"5% 的股权。

2006 年 4 月 12 日，Google 公司行政总裁埃里克·施密特在北京宣布该公司的全球中文名字为"谷歌"。同时，Google 公司于 2006 年 2 月 15 日在中国台湾地区登记的分公司名称为"美商科高国际有限公司"。

2006 年 10 月，Google 公司以 16.5 亿美元，收购影音内容分享网站 YouTube，这是 Google 有史以来最大笔的并购。

2007 年 10 月 29 日，Google 公司在中国向二六五网络公司以约 2000 万美元的价格购得史上最短的网域注册名称。

2007 年 11 月 5 日，Google 宣布基于 Linux 平台的开源手机操作系统的名称为 Android。

2008 年 9 月 7 日，Google Map 卫星升空，将为 Google Earth 提供 50 厘米分辨率高清照片。同年，Google 与金融集团汇丰银行（HSBC）以及国际有线电视集团 Liberty Global 组成名为"O3bNetworks"的网络计划。通过发射 16 颗卫星将网络服务带入地球上还未联上网络的地区，取名为 O3b 就是指地球上另外未有网络建设的 30 亿人口，希望借这样的网络计划工程，真正建立在地球上任何区域皆有连网能力的环境。

2012 年 5 月，谷歌以 125 亿美元收购摩托罗拉移动。

2012 年 6 月 28 日，Google I/O 开发者大会在美国旧金山开幕。作为移动智能操作系统业界巨头，谷歌在今晨打出了一套"软硬"结合的组合拳，其中包括代号为"果冻豆"的最新操作系统安卓 4.1、售价 199 美元的谷歌首款自主品牌平板电脑 Nexus7、外形前卫的社交流媒体播放器 NexusQ 以及酷炫的概念智能眼镜"谷歌眼镜"，在数量和气势上丝毫不输于同时发布新品的苹果与微软。

2012 年 10 月 2 日，谷歌已经超越微软，成为按市值计算的全球第二大科技公司，原因是通过互联网进行的计算已经降低了台式机软件的市场需求。

2012 年 12 月 4 日，Google 员工画"Android 进化史"证实下一代 Android 系统为"Key Lime Pie"。

2012 年 12 月 12 日，谷歌关闭在中国大陆市场购物搜索服务，搜索服务由中国内地转至中国香港。

2013 年 3 月，Google 正式进军电商行业，推出购物快递服务。由于亚洲地区每天新增的互联网用户人数远远超过全球其他地区，因此 Google 决定加大该地区的数据中心投入。Google 位于中国台湾彰化县的数据中心在 2013 年下半年投入运营，总建造成本约为 3 亿美元。Google 表示，从整体能耗来看，该公司的数据中心将比其他竞争对手的数据中心节能 50%。Google 的数据中心主要为 Facebook、亚马逊、微软、雅虎等数十家公司的产品提供服务。

2013 年 4 月 27 日，据国外媒体报道，谷歌向美国证券交易委员会（SEC）提交的监管文件显示，2013 年第一季度完成了 8 笔收购，交易总额为 2.91 亿美元。

2013 年 6 月 12 日，Google 正式宣称收购 Waze 的交易已经结束。据知情人士称，收购金额不是之前报道的 13 亿美元，而是 10.3 亿美元。从交易来看，Google 要争夺的是地理定位数据，它在我们日常生活中越来越重要，例如，我们可以用数据来寻找吃饭的地方，查找不熟悉的路。Waze 是一家社交地图创业型公司，它收集实时用户交通数据，可以帮助司机寻找到达目的地的最快路径。

2014 年 11 月 22 日，谷歌表示将推出所谓的"捐助者"项目，用户每月支付 1 ~ 3 美元，浏览某些网站时将不会有任何广告的打扰。

2015 年 1 月 27 日，谷歌宣布，该公司的高速光纤网络项目将再覆盖四座城市，包括亚特兰大、纳什维尔、夏洛特和罗利—达勒姆。

2015 年 2 月 24 日，谷歌正式发布 Android 和 iOS 版 YouTube，谷歌称，这是"首款以儿童为设计初衷的谷歌产品"。

2015 年 2 月 26 日，谷歌正式推出 Android for Work，为黑莓提供安全管理。

2015 年 3 月 11 日，Google 正式推送 Android 5.1 系统。新版本并没有大刀阔斧的更新，但包括设备防盗保护、多 SIM 卡的支持以及 HD Voice 高清语音等重要特性。

2015 年 4 月 11 日，谷歌已加入研发更好的电池技术的大军，帮助进军消费电子和其他硬件领域。

2015 年 4 月 18 日，谷歌把旗下全部在线服务转向 HTTPS 协议，其中 Gmail 电子邮件服务 2008 年转向了 HTTPS 协议。

2015 年 9 月，谷歌重返中国大陆市场，获准在中国市场分发 Google Play 的一个专门针对中国开发的特别版本。这一应用商店的特别版需满足中国方面的要求，同时需要在当地存储数据。

JD.COM 京东

2014 年，京东正式修改其 LOGO，这是京东成立以来首次修改公司标志。LOGO 的右侧是"京东"的字样，中间"JD"是京东汉语拼音（JING DONG）首字母组合。标志的左边一只名为"Joy"的京东吉祥物正式出场！Joy 是一只能为大家带来快乐的金属狗，狗以对主人忠诚而著称，拥有正直的品行和快捷的奔跑速度，寓意着京东快捷优质的服务，有京东的地方就有 Joy，就有快乐！

刘强东（Richard Liu）
京东董事长及首席执行官

刘强东（Richard Liu）：42 岁，京东商城创始人，董事局主席兼首席执行官。1974 年 2 月 14 日出生于江苏省宿迁市，1996 年毕业于中国人民大学社会学系。1998 年 6 月创办京东公司并担任总经理，代理销售光磁产品。2004 年，开始涉足电子商务领域，创办"京东多媒体网"（京东商城的前身），并出任 CEO。凭借"让生活变得简单快乐"的经营理念，他建立了以"价值链整合"为核心的京东模式，大大降低了社会交易成本，提升了社会交易效率，为社会、行业、用户都创造了价值。一直以来，刘强东坚持追求最佳用户体验，倡导"客户为先、诚信、团队、创新、激情"的企业价值观，赢得了广大消费者的喜爱和支持。目前，京东商城已成为中国最大的自营式电商企业，而京东集团的业务也从电子商务扩展至金融、技术领域，拥有近 12 万名正式员工，跻身全球前十大互联网公司排行榜。2014 年 5 月，京东在美国纳斯达克成功上市。2011 年，刘强东获华人经济领袖大奖和第十二届中国经济年度人物。2012 年，刘强东入选《财富》（中文版）"中国 40 位 40 岁以下的商界精英"榜单，并位居榜首。2014 年，刘强东以 530 亿元的财富位列《胡润百富榜》第九。2015 年，刘强东入选《财富》"全球 50 位最伟大的领导者"。2016 年 10 月，刘强东以 455 亿元财富在《2016 年胡润百富榜》排名第 26 位；以 420 亿元财富在《2016 胡润 IT 富豪榜》排名第 7 位；在 2016 福布斯中国富豪榜上排名第 16 位。

三　京东公司可持续发展报告（JD）

（一）公司简介

北京京东世纪贸易有限公司（JD，简称京东；NASDAQ：JD），是中国最大的自营式电商企业，旗下设有京东商城、京东金融、拍拍网、京东智能、O2O 及海外事业部。2014 年 5 月，京东在美国纳斯达克证券交易所正式挂牌上市（股票代码：JD），是中国第一个成功赴美上市的大型综合型电商平台，与腾讯、百度等中国互联网巨头共同跻身全球前十大互联网公司排行榜。2014 年，京东市场交易额达到 2602 亿元，净收入达到 1150 亿元。京东创始人刘强东担任京东集团 CEO。2014 年 11 月 22 日，京东集团宣布大家电"京东帮服务店"正式开业。"京东帮服务店"在全国区县铺开，达到千余家。2014 年 11 月 20 日，在浙江乌镇出席首届世界互联网大会的中共中央政治局委员、国务院副总理马凯介绍，阿里巴巴、腾讯、百度、京东四家企业进入全球互联网公司十强。2016 年 5 月 13 日，京东集团成立京东 JDX 事业部；2016 年 6 月 21 日，京东公告称收购 1 号店主要资产。本部分将从腾讯的发展历程、业务现状、主要股东控股情况、总体规模及经营业绩四个方面展示京东集团目前的基本状况。

1. 发展历程

京东从建立至今，其发展大致经历了三个阶段，如图 2 - 3 - 1 所示。

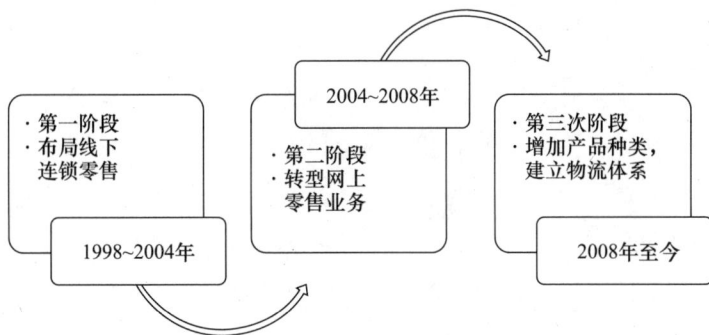

图 2 - 3 - 1　京东三个发展阶段

第一阶段：布局线下连锁零售（1998 ~ 2004 年）。

1998 年，刘强东瞒着父母，辞去在外企的工作，在中关村租下一个小柜台，卖刻录机、压缩卡（把录像带转成 VCD）和光盘。开始公司就他一人，每天要去马路边发宣传单。那时，和京东做相同生意的公司，中关村已经有十几家，年销售额上千万元。刘强东只有 1.2 万元本钱，别无其他，能做的只是比别人更多地关心客户需求，后来刻录机越卖越火，京东开始代理雅马哈、理光、NEC 的产品，并获得全国独家代理权。2001 年，京东年销售额达 6000 万元。但刻录机的毛利下滑得厉害，2000 年单价跌到 800 元以下，毛利从几年前的 40% 跌到一台只赚十几块钱。此时，刘强东选择了做零售，2001 年，刘强东的第一家零售店在中关村苏州街上的银丰大厦开张，取名为"京东多媒体"。最初只有 2 个人，主要销售高端声卡、键盘、鼠标等毛利较高的电脑外设产品。从做代理到做零售连锁是一种巨大的挑战，做代理是走量，销售人员想的是 20 台什么价格，50 台有多少返点，而做零售是一个苦活，要一台一台去卖。导购员不仅要专业，而且要不断积累经验。如一进门，男客户大部分向左走，女客户向右走，这种偏好就能传达很多信号。做零售是一种经验和文化的积累，京东做第一个店就盈利了，但从第一个店到开第二个店，中间隔了 5 个月。直到第六个店以后，开店速度才跟上来，最多时一个月开三家。做零售很累很苦，刘强东他坚信，像中关村电脑城这种集贸市场式的渠道必然会走向衰落，他曾经和京东沈阳连锁店的负责人说："京东要做全国性的连锁店，像国美一样，在全国开 1000 家 IT Small Shop。我们要让中关村电脑城消失。"

第二阶段：转型网上零售业务（2004～2008 年）。

2003 年，正当刘强东踌躇满志地要把连锁店开到 18 家的时候，一场突如其来的天灾彻底打乱了刘强东的计划，"非典"使刘强东的业务大受影响，其线下业务不断萎缩，刘强东为了连锁店的生存，不得不将其业务放到了网上，希望通过网络处理掉京东的库存。让京东所有人意外的是，他们没有打任何广告，但来自网上的订单不断增加。2003 年 6 月到 2003 年底，网上订单累计超过 1000 单，最多一天有 35 单，甚至比一个线下连锁店都要多。刘强东不仅意外，而且觉得这个速度很可怕。在 2004 年的 6000 万元销售额中，来自线下和线上的销售额分别为 5000 万元和 1000 万元。线上销售，价格大约比线下便宜 5%，净利率也只有 5%，而线下业务的毛利

高达 18% 以上。换句话说，当时京东的线上业务基本不赚钱，利润 90% 以上来自线下连锁。然而，另一组数字显示，2004 年京东 IT 连锁店的业务量只增长了不到 15%，但自网站开通后，线上订单的月复合增长率达到了 26%，也就是说，京东网上订单正以每年 16 倍的速度增长。在这个关头，刘强东决定"赌一把"——放弃连锁，做网上零售。2005 年上半年，他关掉了全国 12 个门店。

然而，京东的网上业务从一开始，毛利率就与费用率持平，几乎不赚钱。按照刘强东的说法，京东商城的价格相对于传统渠道来说至少要便宜 10%，如果想盈利，只要把价格提高一个点，就可以做到，但"京东现在盈利没有什么价值，规模才是第一位的"，刘强东说。京东商城对传统零售业是一种颠覆，而它与线下零售企业的矛盾、与品牌企业的冲突不时被公开化。刘强东说："2005～2007 年，三年我就做成功了一件事情，打通与产品供应商的关系。这个过程是很痛苦、很曲折的，能成功的根本原因是利益——我有这么多终端用户，而且以每年 3 倍多速度增长。"刚开始京东只能从中小代理商做起，当销售达到一定规模后，京东对品牌厂商的打压会采取强硬的反击措施。厂商们支撑不住京东低价的反击，只能合作，合作之后，他们往往受益于京东供应链的高效，而进一步加强合作。2007 年，京东多媒体网正式更名为京东商城，京东正式启动全新域名 www.360buy.com。

第三阶段：增加产品种类，建立物流体系（2008 年至今）。

从 2005 年向电商转型开始，京东的主要产品集中在 3C 和家电这一块，从 2008 年开始，京东在 3C 和家电的基础之上，增加日用百货商品。而当时京东向百货转型的原因在于，其网站用户流量足够庞大，上百货业务也可以取得不俗

的销售业绩，同时丰富京东的商品可以更好地满足用户的需求，京东开始从一个 IT 电商向全能百货商城转变。2008 年，京东商城的销售额达到 13 亿元，首次超越当当、卓越亚马逊，成为中国最大的自主式 B2C 网站。2009 年春节前后，由于节假日的需求旺盛，京东订单火爆增长，但是由于缺乏可控的物流和配送体系，这段时间大量的京东订单被延误或取消，京东甚至在网上发出公告让消费者到别处去订购商品。在遭遇物流瓶颈后，京东开始将重心放在了物流仓储体系的建设上，京东不断加大对供应链能力的投入，2009 年京东新融资的 2100 万美元中的大部分资金都用于成立控股物流子公司、购买新的仓储场所等物流体系的建设。而在 2011 年京东进行了新的一轮融资，所获得的 15 亿美元几乎全部投入到物流和技术研发的建设项目中。2014 年 1 月 30 日，京东向美国证券交易委员会提交 IPO 申请，计划赴美上市。2014 年 5 月 22 日，中国最大的自营式电商京东，以每股 19 美元的价格，首次公开发行 9368.56 万股美国存托股票（ADS），IPO 募资总额 17.8 亿美元，在纳斯达克挂牌上市，股票代码为"JD"。当时，作为在美国 IPO 规模最大的中国互联网企业，京东上市首日开盘价 21.75 美元，较发行价上涨 14.47%。以此价格计算，京东市值高达 297 亿美元，成为中国仅次于腾讯、百度的第三大互联网上市公司。

2. 业务现状

京东集团的业务现状如下（见图 2 - 3 - 2）：

京东商城：2013 年 5 月 6 日，京东商城在完成内测后，正式与消费者见面，用户可在京东上购买食品饮料、调味品等日用品。此次京东将超市搬到线上，也是京东在"一站式购物平台"战略布局上的又一次发力。让消费者足不出户，就能轻松实现"打酱油"、"买啤酒"等日常生

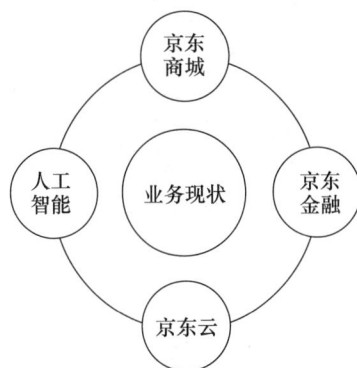

图 2 - 3 - 2　京东业务现状

活购物需求。京东商城首次上线的商品逾 5000 种，涉及休闲特产、纯净水、粮油、调味品、啤酒饮料等多个产品品类，这些品类都与消费者日常生活息息相关。与以往打包出售所不同，如今在京东商城中一罐可乐、一瓶酱油，消费者都可零买，京东送货到家。加上支持货到付款等服务，真正能帮用户实现购物的"多、快、好、省"。此外，京东商城在零售场景覆盖方面，做得犹未出色，先后推出了京东自营、POP 平台、国际业务、京东到家、京东闪购业务模式以覆盖不同购物场景，从而尽可能地对所有零售场景进行全覆盖（见表 2 - 3 - 1）。

表 2 - 3 - 1　京东商场业务现状

购物场景	简介
京东自营	京东商城起家业务，优势为亲自采购商品，能够把控商品质量，对于那些对商品品质要求较高的品类或用户群，能够较好地满足
POP 平台	京东自营虽然能够把控商品质量，但是很难做到丰富的商品种类，因为各类商品种类，多如牛毛，采购团队很难做到全覆盖，特别是时尚类或小众商品，于是推出 POP 开放平台提升商品种类覆盖
国际业务	京东不仅希望国人买国产商品，还希望国人能够买到国外优质商品，以及国货能卖到全世界，于是京东在自营和 POP 平台之外专门开设了海外业务部

续表

购物场景	简介
京东闪购	很多品牌产品会在季末打折处理库存，优惠力度对用户是很大的诱惑，京东的合作采购商家多达数十万家，每年为大量的尾货发愁，京东涉足闪购不仅给采购商带来实惠，也为用户带去低价优品
京东到家	为了满足客户及时性购物需求，打通本地品牌商家，推出基于2小时送达的京东到家服务，后来与达达合并，打牢众包物流根基

京东金融：2015年4月28日，京东金融宣布网银钱包更名为京东钱包，网银＋更名为京东支付，京东金融还提出围绕京东支付体系，为用户提供全方位金融解决方案。京东金融主要有两大拳头产品，分别为京东众筹、京东白条。

京东云：依托京东商城电商优势而开发的京东电商云平台，正在基于其产业链优势构建一个庞大的电商云生态系统，将应用推进云计算落地的真谛演绎得淋漓尽致。京东技术副总裁兼首席科学家何刚表示，2013年京东集团已经形成了以"京东宙斯"、"京东云鼎"、"京东云擎"、"京东云汇"四大解决方案为核心的技术体系，完整的电商云服务链条已经形成，目前正在调动各种资源培育京东电商应用生态。四大解决方案分别向合作ISV和个人开发者，提供了京东系统

开放接口、服务交易市场、电商应用云托管平台、应用开发云平台、社区生态环境等电商云服务，初步形成了一个完整闭环的电商云服务链条。

人工智能：JIMI（JD Instant Messaging Intelligence）是京东自主研发的人工智能系统，它通过自然语言处理、深度神经网络、机器学习、用户画像、自然语言处理等技术，能够完成全天候、无限量的用户服务，涵盖售前咨询、售后服务等电子商务的各个环节，堪称京东用户的购物伴侣。

3. 主要股东控股情况

据京东集团2015年年报显示，截止到2016年2月29日，京东集团共拥有2767893260股，其中，A类普通股为2291244137股，B类普通股为476649123股。京东集团董事长兼首席执行官刘强东通过Max Smart Limited持股16.2%，腾讯集团通过多次加持京东股份持股18%，高瓴资本在2015年通过不断套现减持持股从11%降到8.9%，套现7亿美元，此外，Fortune Rising Holdings Limited持股2%（如图2-3-3所示）。从图2-3-3可以看出，腾讯集团的持股已经超过刘强东，可能会对刘强东的控制权产生威胁。

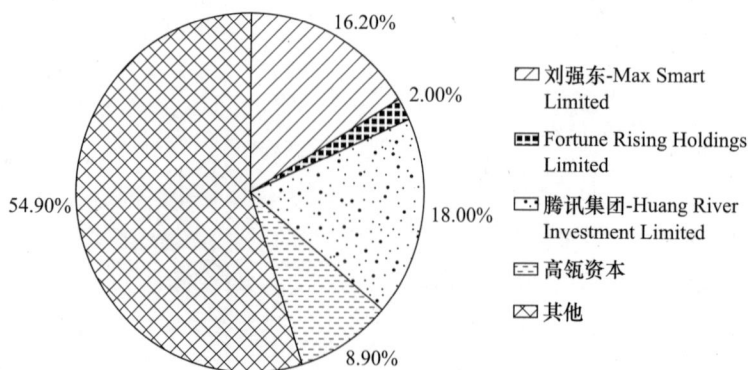

图2-3-3 京东集团股权结构

京东集团赴美上市，看中的就是 AB 股制度。按照京东的股权规则，A 股 1 股拥有 1 股投票权，机构投资者腾讯、高瓴以及已经套现获利的老虎基金持有的都是 A 股；B 股 1 股拥有 20 股投票权，刘强东持有的则是 B 股。其通过 Max Smart Limited 获得 71.50% 的投票权，此外，刘强东是 Fortune Rising Holdings Limited 的唯一股东和董事，按照美国的法律，Fortune Rising Holdings Limited 的 9.30% 的投票权也归刘强东所有，刘强东共持有 80.80% 的投票权，在京东拥有绝对的话语权（如图 2 - 3 - 4 所示）。

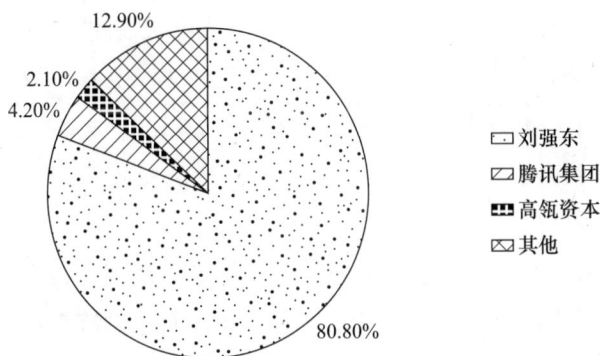

图 2 - 3 - 4　京东集团投票权结构

4. 总体规模及经营业绩

2016 年 3 月 1 日，京东（NASDAQ：JD）发布了 2015 财年全年业绩。数据显示，京东 2015 全年核心交易总额为 4465 亿元，同比增长 84%；净收入为 1813 亿元，同比增长 58%；归属于普通股股东的净亏损为 94 亿元，同期为净亏损 50 亿元，2015 年亏损主要发生在第四季度，第四季度净亏损人民币 76 亿元，主要源于拍拍网减值以及本季度对部分投资确认的减值。京东公司总资产为 852 亿元，股东权益为 31 亿元（约 5 亿美元），股数为 2767893260 股。员工人数为 105963 人，每股净亏损（Net loss per

ADS）为 6.86 元，2015 年 12 月 31 日收盘价为 32.265 美元。

（二）公司战略

1. 优质品牌战略

一直以来，京东给消费者都树立着正品低价的优质品牌形象。京东也通过品牌战略不断地夯实正品渠道建设，对入驻商家的资质进行严格把关，从源头上保证产品的品质和属于它的优质品牌，赢得了消费者的青睐和好评。所以，在一大批的网购商城出现质量问题的时候，京东商城却可以脱颖而出，提高了用户黏性。由于网络购物平台的透明性，客户在网上可以方便地看到各个商品的评价与实时的价格，相比传统的购物方式，消费者可以很方便地进行商品的比较。消费者与京东商城在其平台上可以实现实时的互动，并且京东商城还开发了属于消费者的京东商城购物论坛，方便在京东购物的消费者之间的交流。2007 年之前，京东商城没有进行广告营销，单单凭借着消费者的良好信誉就达到了 3 倍以上的增长额度。京东商城承诺，所售商品绝对为正品，并且如果有实体店的话可以享受实体店的一切服务，如果对商品不满意或者感到质量有问题可以进行投诉或者退换货。京东的核心竞争力主要为物流配送，京东过去几年坚持大力发展的物流配送队伍，是其诸多优势竞争力中的核心。其配送能力覆盖面广，标准化程度高，是能全面体现京东服务质量和良好用户体验的优势资源。

2. 多元化战略

多元化战略又称为多样化战略或多角化成长战略，是指企业的发展、扩张是在现有产品或业务的基础上增加新的产品或业务。随着专业化的深入，电子商务公司都面临着市场规模的困境，如果坚持专业化，除了客户群体自然增长和客户消费增大之外，只能从竞争对手的客户群中去争取客户。所以，多元化战略对于巨头电子商务来说，是经营的拐点。

京东以 3C 电子起家，但是其并不满足于只做 3C 领域，京东商城正在朝着全品类、多元百货的方向发展，实现"一站式"的购物。2010年京东进入图书市场，2013 年底京东获得虚拟运营商拍照，2014 年京东金融全面上市，涵盖了基金、众筹、保险和贷款业务，京东现在有四大金融服务产品——京东白条、京保贝、网银钱包、小金库，此外还包括供应链融资，可以提供给京东网上交易市场的供应商和第三方卖家附加增值性服务。

3. 成本领先战略

京东商城在保证其产品正品的同时，打出低价策略，京东商城主要的营销手段为薄利多销。在特定的时间为了吸引客户，甚至进行零利润销售。低价是京东最好的营销，低价的后面是低成本、低加价率。通过低价的吸引与正品的保证，使其销售量不断地上升，同时吸引了更多的消费者。京东的物流成本低，其快递模式和别的快递公司不同，它是"四通一达"网格状。京东的快递员只送货不收货，他们都会提前做好第二天的工作，将第二天要送多少包裹、走哪些地区、送货路线是什么都通过系统计算好。所以京东的物流效率高、成本却很低。据调查，京东的库房11 天就可卖空一次，库房流转率高，这些都有效降低了运营成本。此外，因为京东已逐步实现规模化运营，市场集中度在提升，京东和供应商的议价能力也得到了提升，所以商品的成本就变低了。京东实施成本领先战略，这也显示了京东自身对各方面能力的掌控力很强，将更多的供应商、品牌经销商聚集到京东，借助于京东打造的

"高效率、低成本"供应链，实现产业链各方的共赢。

4. 差异化战略

良好的用户体验带给企业的影响非常巨大，它意味着用户增多，客户忠诚度也会提高，带给电商的收益增大。京东商城一直致力于提升用户体验。它的服务理念是"以人为本"，旨在全程为个人用户和企业用户提供人性化的"亲情360"全方位服务，以此为用户创造轻松愉悦的购物环境，提高用户满意度和忠诚度。京东商城创新支付方式，为了打消消费者对网络支付和移动支付的疑虑和担忧，京东开通了货到付款服务，消费者可选择现金、POS 机刷卡、支票的方式支付货款。通过这样的一种支付方式，大大地提升了交易可信度与交易量，给消费者带来了方便。

京东商城始终在坚持服务创新，从创立初期不断地推出各种服务，从刚开始的自建物流系统配送服务，到开通"特色上门服务"、"限时达"服务，这都表明京东一直在秉承坚持服务创新的理念。在"以人为本"的理念上京东商城也可谓是做足了功夫，它的物流系统可以实现订单的快速反应，使消费者在下完订单后即可看到其处理进度，不仅可以实现商品的夜间配送服务，还能满足个别消费者的极速到达需求。京东商城这种不断增进服务创新理念，坚持以人为本的宗旨大大增加了其竞争实力。2013 年，京东在创新服务中还推出了"主动服务"将 90% 以上的客服来电改成主动呼叫。"主动式服务"就是在用户还没发现问题时，京东先发现问题并主动提供服务。例如，商品因天气原因晚到，京东提前向用户解释甚至补偿；退换货时不再需要繁琐的流程，用户只需扫描二维码，就自动进入处理流程；或是上门取件时，将取件时段、取件人等信

息通知消费者，这也极大提升了用户体验度，提高了用户满意度。

5. 市场渗透战略

京东从最初的四大物流中心扩充到七大物流中心，不难看出京东在越来越多的城市建立了系统的仓储基地、研发机构和配送中心。这一系列的升级、扩张都是为了能给用户提供更好的网购体验，让更多地区的人能选择京东。京东商城在一、二线城市已经具有相当高的知名度了。但三、四线城市的市场占有率却很低。所以，京东根据自身优势及外部机遇，将规模扩张转变为地域、市场的扩张，在三、四线城市周边建立物流配送站，加大了这些地区的广告投入。3F 战略工业品进农村战略（Factory to Country）、农村金融战略（Finance to Country）和生鲜电商战略（Farm to Table）不仅为农民创造了价值，也将市场慢慢渗透到全国各地，实现对市场资源的充分挖掘。

6. 战略合作战略

没有人擅长一切，京东商城采用战略合作的模式，与各大网站或者企业深入合作，实现品牌推广、技术领域的优势互补，从而获得双赢的局面。运用战略联盟的形式，京东可以更加有效地利用自身独有资源，充分发挥其核心竞争力，同时换取战略联盟合作伙伴的其他资源，补充自身的不足，从而打造独有的竞争优势。例如，京东与腾讯合作，由于腾讯拥有的QQ 和微信平台是移动互联网时代最强有力的平台，同时腾讯拥有最强大的流量平台，因此，京东可以在移动互联网领域里面有更大的机会。而京东长期打造的供应链体系、优异的品牌效应、快速的执行力也可以为移动互联提供更为优质的用户体验。

（三）资本运营

1. 京东融资历程

第一次融资：2007 年 8 月，京东赢得国际著名风险投资基金——今日资本的青睐，首批融资 1000 万美元。自 2004 年正式涉足电子商务领域以来，京东一直倡导"低价正品"的口号，通过压缩产品利润来占据市场份额。在刚刚兴起的电子商务领域为增强自身竞争优势，谋求长远利益，京东计划建设自有仓储物流体系，并扩展产品品类，急需资金以周转运营。在员工数目仅 50 人，年销售额仅 5000 万元的业绩下，虽不投入任何广告，月销售额能达到 10% 的增长率。由于业务规模扩大的推动，物流设备配套的需求，京东凭借自身发展潜力赢得今日资本 1000 万美元的投资，这成为京东融资历程里的第一笔资金，融资主要用于拓展产品品类和自建仓储物流体系。

第二次融资：2009 年 1 月，京东获得来自今日资本、雄牛资本以及亚洲著名投资银行家梁伯韬先生的私人公司共计 2100 万美元的联合注资。2009 年初，京东成立自有物流公司，计划建立华北、华东、华南、西南、华中、东北六大中心物流体系。正是 2008 年全球金融危机后资本市场一片凄凉之际，在承担扩张的资本成本，以及提升用户体验压力时，京东获得了 2100 万美元的融资，这是金融危机后中国电子商务企业融到的第一笔资金，京东将 70% 的资金用于物流系统的建设。2010 年老虎环球基金投资 1.5 亿美元。2009 年京东年营业额约 40 亿元，显示了京东在电子商务领域的巨大发展潜力。2010 年京东将客服中心的坐席由 150 个增加至 400 个，进一步提升服务质量和用户体验。这笔 1.5 亿美元的融资是金融危机后中国电子商务企业获得的数额最大的一笔投资。

第三次融资：2011 年 4 月，刘强东宣布完成 C2 轮融资，投资方为俄罗斯的 DST、老虎基金等六家基金和一些社会知名人士，融资金额总计 15 亿美元，建设技术研发项目，筹建七个一级物流中心，京东此次获得的 15 亿美元是中国互联网史上单笔数额最大的融资。2012 年安大略教师退休基金等投资 3 亿美元。2012 年京东自营快递——京东快递获得自营牌照，为了支撑其不断扩张的物流系统的建设，近几年京东一直都是亏损的营业状态，在上市融资并不可取的情形下，京东再次获得了 3 亿美元的投资。

第四次融资：2013 年 2 月，京东完成新一轮 7 亿美元融资，投资方包括加拿大安大略教师退休基金和沙特亿万富翁阿尔瓦利德王子控股的王国控股集团以及公司一些主要股东。

第五次融资及上市：2014 年 1 月 30 日，京东向美国证券交易委员会（SEC）承报了拟上市的 F－1 登记表格，美银美林和瑞银证券为主要承销商。2014 年 3 月 10 日，腾讯港交所公告，称同意用约 2.15 亿美元收购京东 3.5 亿多股普通股股份，占上市前在外流通京东普通股的 15%。同时京东腾讯还签署了电商总体战略合作协议，腾讯将旗下拍拍 C2C、QQ 网购等附属关联公司注册资本、资产、业务转移给京东。2014 年 4 月 2 日，京东集团正式进行分拆，其中包括两个子集团、一个子公司和一个事业部，涉及金融、拍拍及海外业务。具体的分拆方式是：京东集团下设京东商城集团、金融集团、子公司拍拍网和海外事业部，京东创始人刘强东担任京东集团 CEO。

2014 年 5 月 22 日上午 9 点，京东集团在美国纳斯达克挂牌上市（股票代码：JD）。美国也迎来了中国最大的赴美 IPO。京东开盘价 21.75 美元，较发行价上涨 14.5%，并且开盘之后一路上涨，截至 2014 年 5 月，京东市值超过 300 亿美元，且在中概股中排名第二。京东董事局主席刘强东敲响上市钟，发行价 19 美元，按此计算，京东市值为 260 亿美元，成为仅次于腾讯、百度的中国第三大互联网上市公司。京东商城登陆纳斯达克首日，开盘价 21.75 美元，较 19 美元的发行价上涨 14.5%，报收于 20.90 美元，较发行价上涨 10%。

2. 京东投资并购概况

（1）通过投资合作并购，打造国民企业。京东的战略规划是做"万亿京东"，这是刘强东曾在 2016 年初的年会上明确表示过的，集团净收入超过 1 万亿元，成为中国的"国民企业"：一方面是"万亿"，另一方面是"国民企业"。京东战略与投资副总裁常斌对此有自己的理解，国民企业的标准是：人人都跟京东有关系，京东能解决国计民生很多方面的问题；不仅仅是普通品类，还包括 4S 店、药店、旅游等专业店，用户的大部分需求，京东都要能解决。京东其实是一个大的用户型平台，最核心的竞争力是其信誉、物流、仓储体系。京东未来更广阔的增量是在京东的平台地位上，"在整个大的生态里面扩张、构筑一个生态体系，变成行业的基础设施"。京东要做的，就是在每一个品类里都通过投资、合作、并购等方式，把这三部分能力做强，缺什么能力，就找那方面做得强的创业者补强，例如，在生鲜电商品类投资天天果园是看重其在货上面的能力；京东投资永辉，就像"中国的亚马逊"和"中国的沃尔玛"的合作；京东到家与达达合并也是在通过重构两个新生意来改变行业，看重的是它众包物流的能力。但是，无论企业怎么变大、变强，不变的是京东的零售本质。

（2）以现有商品为核心，扩充商品品类。在外界看来京东已是一个非常成熟的零售平台，但实际上零售非常宽广和深远，京东已有的优势是中等价格、中等频次的品类。这些品类模式的特点是用户对货的需求不太急，所以京东可以把货放在离用户三四十公里远的仓库里，以达到最大经济效率。这一模式的基础设施建好之后，所有中频、中价的品类，京东都可以很快拓展到，代表品类是3C、服装、家具、化妆品等。所以京东要继续发展的，目前是高频低价和低频高价品类。高频低价以生鲜为代表，青菜、草莓、醋，全都不适合从京东40公里以外的仓库送达妥投；低频高价则包括旅游、家装、教育、车、医疗型消费等（如表2-3-2所示）。

表2-3-2　京东商城商品品类分析清单

	品类	代表商品	用户消费特点
京东已有优势	中频中价品类	3C、服装、家具、化妆品	对货的需求不太急
京东要发展的品类	低频高价品类	旅游、家装、教育车、医疗型消费	货物价值高、对安全性要求高
	高频低价品类	生鲜、蔬菜、醋	货物易腐败、对物流要求高

（3）聚焦电商、金融、技术，构建京东生态。京东投资是京东生态布局的一部分，投资的投法取决于生态的设计。而京东的生态可以从刘强东在今年年会上的演讲知晓一二：未来几年，京东集团将聚焦在三个领域进行开拓——电商、金融和技术。电商包含京东商城、京东到家，金融包含京东金融和保险，技术以云和智能为主。这几个业务高度相关，以零售为核心，本质是零售，布的是零售生态局。零售在这三个领域中业态最成熟，所以京东主要与大中型伙伴进行合作，电商是京东的主业，在这方面的投资，更多是一种"查缺补漏"，更像是"一个老电商对新电商的投资"。在某种程度上，这也是一个行业基础设施和细分市场明星的结合，从而创造出新的范式。所有的电商都可以划分成三层——信息、货、履约。信息指前端流量及用户交互，货指供应链，订单履约则包括物流仓储配送等。新的电商创业公司多在前端信息方面有着绝对的优势，也有少数垂直领域的创业者拥有供应链方面的能力，而京东拥有强大的订单履约能力，各有优缺点，最佳的结果是合纵连横，结成一个大的生态同盟。

金融和技术，对京东是新业务，在整个行业里面处于中早期，在这两个领域的布局，主要是自己做，或选择一些中早期公司进行投资。2012年10月，京东为布局金融产业链，收购第三方支付牌照公司网银在线。网银在线成立于2003年，在2011年5月3日首批获准央行《支付业务许可证》；在被京东收购后，于2013年12月获得证监会颁发的基金销售支付结算牌照。目前，网银在线（网银钱包是支付工具）、供应链金融（产品：京宝贝）、消费金融（京东白条）、平台业务（小金库），是京东金融的四大部分。京东收购网银在线等于打开了金融产业链之门，不仅利于进行京东平台与物流、采购、第三方商户、买家之间的现金流转，缓解资金压力，还能通过向中小商户提供小额贷款等介入金融领域。网银在线是京东布局在线支付的标志性举措，也是京东金融的敲门砖，目前在京东的战略中处于举足轻重的发展地位，是京东早期最成功的收购案例。2013年12月，京东投资杭州古北电子科技有限公司（BroadLink）。BroadLink成立于2013年，是一家集硬件、软件的研发、生产、销售、服务于一体的高科技企业。手机下一个

App 软件，可以通过手机来远程控制家里的插座的通电、断电；智能遥控器可以用手机控制家里的电器，可以远程遥控家里的空调等。Broad-Link 是京东和奇虎 360 共同出资收购的智能硬件项目，是京东进入硬件创投和孵化的开始（如表 2 - 3 - 3 所示）。

表 2 - 3 - 3　京东生态布局与投资策略

京东生态	电商	金融	技术
包含	京东商城、京东到家	京东金融、保险	云、智能
关系	以零售为核心，本质是零售，布局零售生态		
投资	主要与大中型伙伴进行合作	根据不同情况来决定是自己做还是合作、投融资	

（4）战略战术最优结合，选择最佳方案。战略上清晰后，战术上怎么投，京东的策略是"狙击手"策略：在每件事情上设定一个主题；找到一个最好的合作办法；一枪解决一个问题。京东做投资就是以具体的问题为导向来选择采用哪种投资方式，比如投资途牛旅游网的时候，京东自己做旅游不擅长，最后的选择是和已经小有所成的玩家合作，把京东旅游频道运营权交给途牛旅游网。生鲜则是最能体现京东生态布局的一个品类。京东要做生鲜和 O2O，要解决的第一个问题是，生鲜品类不可能用京东大仓模式，因为距离太远，所以必须跟超市合作，用超市的货。看中永辉这方面的能力后，京东成了永辉的股东并建立了战略协作关系。此外，京东缺少生鲜品类的来源，而天天果园创业数年，有这方面的优势，所以，京东用流量和物流上的优势与天天果园的优势结合，形成了互补。而做生鲜食品的用户社区也是京东不具备的能力，所以京东投资了下厨房，接入了下厨房的电商板块，下厨房得以流量变现，京东则找到了新的用户场景和流量。

京东在投资旅游和生鲜的方法上也有很大的不同：对旅游，京东采取排他性合作方式，把频道独家交给途牛运营；但是生鲜，除了投资天天果园，京东还自己做生鲜类目。这仍然源于问题导向的原则。京东高层认为，旅游市场是较为成熟的领域，最好是采用排他方式让渡出去，而生鲜整个市场都处于早期阶段，京东是自己做还是让投资伙伴独家做，并没有一个清楚的答案。所以最好的方法是八仙过海各显神通地去探索，互相协同增加成功的可能性。

京东集团的投资情况如表 2 - 3 - 4 所示。

表 2 - 3 - 4　京东收购明细一览表

时间	事件
2010 年 3 月	京东收购韩国 SK 集团旗下电子商务网站千寻网
2012 年 1 月	京东全资收购迷你挑网
2012 年 10 月	京东收购网银在线，全资控股网银在线，负责在线支付服务
2013 年 7 月	京东和晨兴创投投资到家美食会
2013 年 12 月	京东商城和奇虎共投资 BroadLink1000 万美元
2014 年 1 月	京东商城 1000 万美元全资收购今夜酒店特价
2014 年 3 月	京东合并拍拍和易迅，接受腾讯以 2.14 亿美元收购 15% 的股份

续表

时间	事件
2014 年 6 月	京东商城和腾讯共投资缤刻普锐 2100 万美元
2014 年 9 月	京东领投到家美食会 D 轮融资,布局餐饮外卖 O2O
2014 年 12 月	京东 5000 万美元投资途牛旅游网,布局在线旅游
2015 年 1 月	京东参与饿了么 E 轮融资,布局餐饮外卖 O2O
2015 年 1 月	京东、腾讯共同投资易车网,布局汽车电商。京东以认购易车新发行普通股的形式向易车投资共计约 11.5 亿美元,其中包括 4 亿美元现金及约 7.5 亿美元独家资源;京东持股比例为 26.1%
2015 年 2 月	京东数千万美元投资穿衣助手,看中其女性电商入口的地位
2015 年 3 月	京东数千万美元投资分期乐,看中其校园销售渠道
2015 年 3 月	京东追加投资 3.5 亿美元,成为途牛旅游网单一最大股东,持股比例为 27.5%
2015 年 5 月	京东领投天天果园,布局水果品类,充实京东生鲜电商领域
2015 年 6 月	投资大数据分析公司 ZestFinance,布局大数据信用评估
2015 年 6 月	京东出资 13.3 亿港元现金(1.71 亿美元)认购金蝶 10% 股份,投资金蝶,布局企业级解决方案市场
2015 年 8 月	京东入股永辉超市,交易总金额为 43.1 亿元(约 7 亿美元),持有永辉超市 10% 的股权
2016 年 1 月	"今日酒店特价"被京东集团收购
2016 年 4 月	京东宣布旗下 O2O 子公司"京东到家"与中国最大的众包物流平台"达达"进行合并。合并后,京东集团将拥有新公司 47% 的股份并成为单一最大股东
2016 年 6 月	沃尔玛获得京东新发行的 144952250 股 A 类普通股,约为京东发行总股本数的 5%。而京东将全资收购"1 号店"的品牌、网站、App 等所有资产。京东开盘股价大涨 8.23%。按当时京东市值计算(346.97 亿美元×5% = 17.35 亿美元),京东接盘 1 号店花费约为 17.35 亿美元
2016 年 6 月	京东收购社交阅读应用"拇指阅读",布局全消费链条

(四) 商业模式

京东商城自创立开始,一直专注于发展其互联网直销业务,并一直努力打造完成自己基础设施建设,其中包括最后一公里的交付能力等,并同时利用京东自身的专利技术平台,来支持其业务。由于京东商城互联网直销业务规模增长迅速,京东推出了在线市场,以此来补充扩大其产品品类;利用其打造的基础设施和技术平台,确保卓越完美的用户体验。京东商城凭借其互联网直销业务、B2C 平台业务以及全国范围的基础设施与技术平台的结合,成了在中国互联网零售市场领域中用户体验最好的电子商务企业。京东商城凭借其业务规模的迅速发展,也开始涉入其他领域来提供服务,以此来补充其核心业务,创造显著价值。京东商城致力于建立合作伙伴,其中包括供应商以及第三方零售商,通过与合作伙伴的精力合作,打造更好的业务并提升消费者的用户体验。

1. 主要业务

(1) 互联网零售业务。京东商城的互联网直销业务是从 2004 年开始的,最开始出售的是各种类型的电脑,2007 年开始引进手机以及其他移动数码产品。2008 年,京东商城开始加大扩张的速度,大步流星地扩大产品组合,开始出售各类家电以及一般商品。2009 年,京东商城开始上线衣服、鞋帽、化妆品等个人用品,同时上线的还有食品、营养品和各类书籍报刊。音乐、电影及其他媒体类产品是在 2011 年开始提供，2012 年是电子书，2013 年是数字音乐。截至 2013 年 12 月 31 日，京东商城的网上直销业务提供了大约 220 万个 SKU。

（2）互联网平台业务。京东商城的 B2C 平台为第三方卖家提供网上交易市场及客户，这是京东商城的平台业务。京东商城是在 2010 年 10 月开始开放 B2C 平台，允许第三方商家入驻经营的，截至 2013 年 12 月 31 日，京东商城 B2C 平台第三方卖家达到了 23500 家，并且为互联网消费者提供了大约 2350 万个 SKU。B2C 平台的商品交易总额，2011 年为 166 亿元，而发展到 2012 年已经达到了 290 亿元。京东商城为所有的 B2C 平台卖家提供在线服务平台，包括订单交易处理等服务，京东还利用自己在全国建立的基础物流系统，为第三方卖家提供增值型的服务，如仓储和配送的组合服务等。京东商城对第三方卖家的可靠性要求很高，对其出售的产品也进行严格把控，目的是为互联网用户提供物美价廉的优质产品及良好的购物体验。

（3）其他业务。京东商城的规模不断发展，使其具备提供更多，更好的基础服务条件，可以为京东的商业合作伙伴创造更多的价值，并把这些价值最终传递到消费者身上。京东为第三方卖家在平台交易市场上的履行服务提供额外的增值服务，包括第三方卖家所选择的所有交付方式或仓储和配送服务的组合。京东还开始提供各种各样丰富多彩的在线广告业务。另外，京东近几年开始涉足互联网金融业务，开发了一系列的金融产品，目前京东已经开始向其供应商提供金融服务，即京东拿出自有资金建立资金池，根据京东供应商的合作数据并结合其申请的融资额度，为供应商提供融资。截至 2014 年，京东面向企业客户的融资理财服务将会对京东生态圈之外开放。另外，由于京东收购了网银在线，京东已经推出独立的在线支付产品及服务。

2. 利润来源

（1）直接销售收入。京东商城的直接利润来源为赚取采购价和销售价之间的差价。京东产品价格比线下零售店便宜 10%～20%；库存周转率为 12 天，与供货商现货现结，费用率比国美、苏宁低 7%，毛利率维持在 5% 左右，向产业链上的供货商、终端客户提供更多价值。2011 年，京东此项收入为 211 亿元。

（2）开放平台商家。此项收入包括年费、技术服务费、仓储运输费。京东商城的开放平台在 2010 年 12 月上线，2011 年，京东商城开放平台基本上保持 200%～300% 的增速，收入为 57 亿元。2012 年的主要建设方向为团购、虚拟产品、服装、鞋帽，以及对并购垂直 B2C 网站的整合。

（3）广告费。2010 年京东广告收入达到了 1000 万元，2011 年实现 5000 万元左右的收入。

3. 产业定位

产业定位是企业在产业链中的位置和充当的角色。京东商城将自己定位为零售业态的网上销售，处于产业链的末端销售环节，其模式的商业逻辑与传统零售业同出一源，通过销售服务，获得进销差额和供应商的返点。

4. 核心流程

商务模式中的核心流程包括企业的生产和管理流程。作为商业企业，京东商城的运作流程包括购入、销售、配送、支付等环节。首先，购入环节：厂商不需要交进场费、装修费、促销费、过节费。免去各种费用之后，京东销售利润率比通过传统渠道销售的利润率要高很多。此外，京东给厂商的返款周期为 20 天。其次，销售环节：纯电子商务企业，无实体店相依托，全面实施网上销售承诺在运输"保价费"上永久免费，运输过程的风险一律由京东承担，实施"售后 100 分"服务。再次，配送环节：京东在华北、华东、华南、西南建立的四大物流中心覆盖了全国各大城市。在天津、苏州等 40 余座重点城市建立了城市配送站，实施了"211 限时达"服务承诺。配送方式有包括上门自提、快递运输、E 邮宝等。最后，支付环节：支付方式包括公司转账、货到付款、邮局付款、在线支付、分期付款等。

京东商城初步形成了保证系统正常运行的规章制度、人员和信息系统等结构体系，它能对系统的运行进行跟踪监测、反馈控制、预测和决策。京东商城的优势主要表现在以下几点：

（1）较为完善的技术支持。京东运营中枢通过 ERP 系统可以掌握每款产品详细信息，如入库时间、采购员信息、供应商信息、进价、质保期、货架位置、客户的详细信息等。客户在购物时客户可以随时查询到所订购商品的具体状态。网页信息更新技术采用中间件的方式，从而避免了缓存，使客户能及时得到新的信息。通过信息管理系统，可以预测到将来 15 天之内每天的销量。

（2）更为低廉的产品价格。京东的产品价格低，通常比市场价低 10%，有些产品的价格会便宜 30%。彩电比苏宁和国美连锁店通常要便宜 10%～20%，一些高端的国外品牌彩电会便宜到 1 万元。

（3）相对快捷的物流服务。京东在华北、华东、华南、西南建立的四大物流中心覆盖了全国各大城市。2009 年 3 月，京东商城成立了自有快递公司，物流配送速度、服务质量得以全面提升。

（4）较为周全的在线服务。京东商城在为顾客提供正品行货、机打发票、售后服务的同时，还推出了"价格保护"、"延保服务"等举措，最大限度地解决顾客的后顾之忧，保护顾客的利益。

京东商城的电子商务模式是对初期亚马逊模式的模拟，并根据国内实际进行了创新，属于改变收入模式的一种创新。刘强东从宏观层面抓住了电子商务行业发展的机遇，准确定义了网上销售 3C 家电的用户需求，深刻解读了用户购买家电产品需要完成的任务或要实现的目标，即顾客看重的不是销售渠道，而是更低的价格、相应的质量保证。基于此用户价值定义，京东为顾客提供了一整套网上销售的解决方案。

相对于亚马逊的初期网上图书卖场的定位，京东成功将大额商品的销售很好地推广到网上，并取得了不俗的业绩。尤其是利用国美家电、苏宁电器的实体店面作为自己的"体验店"，充分解决了顾客的信任问题，是一种非常高明的商业策略，同样的商品，超低的价格，极大地吸引顾客购买，迅速扩大了市场占有率。

5. 品牌效应

京东商业模式构建的核心要素是品牌。以品牌为核心，通过品牌形成自己的客户群，打下信誉基础；提高对供应商的议价能力，开征商家入场费，并且能以更低的价格采购货物；形成了自己的支付系统，脱离了对担保机构（如支付宝、财付通和易支付）的依赖，有效地加快资金的回收速度，而且可以充分利用消费者预先付款的方式进行资金融通，形成牢固的资金链；扩大商品销售量，形成规模经济优势，从而提高自己对物流商的议价能力，削减自己的物流成本，进一步增强自己的竞争力；在整个营运链条上不断优化成本，提高自己的盈利能力。多年来，京东商城一直以大幅度折扣、大范围促销方式经营，最重要的原因就是京东要打造自己的品牌，以吸引更多的顾客，提高销售额、降低销售成本以及提高对供应商的议价能力。

（1）品牌控制顾客群。作为电子商务网站的领头企业，京东对所有网购人士来说几乎人人皆知，这一切都和京东商城的品牌推广有密切关系。首先，京东代表着正版优质的商品。京东商城通过独营模式，很好地解决了电子商务中普遍存在的盗版、劣质的问题，并且京东一直以正品经营，给予顾客放心购买的承诺，使得顾客对在京东商城购物产生信赖。其次，京东代表着平价薄利的商品。京东商城从推出到现在商品一直以低价格销售，价格随着成本不断波动，使得消费者从心理上产生"京东商品优质便宜"的观点，因此提高了对京东商城的忠诚度。最后，京东代表着完善迅捷的售后服务。京东的售后建立在独自的物流配送体系之上，当消费者的产品符合更换条件时，可以委托京东物流进行更换，在京东自有物流达不到的地方，可以委托第三方物流公司进行更换，京东给予全额费用补偿。所以，京东依靠其品牌建设，给予消费者正品、低价和便捷售后的印象，使得消费者对京东商城的信任程度和认可程度不断提高。

（2）品牌控制供应商。京东通过对品牌的建设，提高了对供应商的控制能力。首先，厂商通过支付入场费在京东商城获取有利栏位，基于6000万注册用户和几亿的网站点击量，可以有效提高厂商的知名度、产品形象和产品销量，给厂商带来更多的利润。其次，京东以其高额的销售量和良好的品牌效应成为很多供应商的优质客户，使得京东商城能够获得比其他商家更低的进货价格。最后，基于品牌信赖的供应商延期付款也使得京东商城有效地减少了其在存货上的资金占有。所以，通过品牌建设，京东商品大大提高

了自己与供应商之间的议价和合作地位，使得京东在与同类企业竞争中占据了更大的优势。

（3）品牌延伸其他利润。京东在使用品牌控制顾客群和供应商的同时，还会延伸出更多利润来源。第一，支付脱离担保中介机构。京东商城的支付系统是由顾客先在网上付款，再由公司进行配送的模式，这种模式需要依赖顾客对公司的信任。京东商城通过品牌的建设，有效地消除了顾客的疑虑，建立无担保的支付系统，大大加快了资金的周转，并获得了资金的时间价值。第二，独自的物流配送系统。在拥有高额销售量的基础上，京东建立起自己的配送系统，以谋求物流配送成本的最小化。另外，独自的配送系统可以有效防止商品的丢失和售后服务的运作，有利于保护品牌形象。第三，品牌带来的广告收入。由于强大的品牌效应，京东商城开始着手广告投放以谋求更多利润，通过在京东商城主页和商品分类页的头条播放广告，使得供应商的销售量和知名度得以提升。第四，品牌吸引散户加盟。随着京东的商城的逐步扩大，京东品牌得到消费者的认可程度不断提高，很多中小型网店经营户也开始在京东商城上设立店铺，京东商城为他们提供虚拟货架和虚拟店铺，并收取一定的手续费或者利润分成。这些网店经营户的资金是从京东的银行账户上周转，因此，京东可以通过资金的延迟周转获得部分利息，同时这部分资金也成为京东有效控制网店经营户合规经营的一种手段，维护了自己的品牌形象。

（五）市场概况

1. 总体情况，业绩维持强势增长

京东集团发布的2015年第四季度及2015年全年业绩报告显示，各项核心业务指标继续保持领先电商行业的高速增长。其中，2015全年交

易总额（GMV）达到 4627 亿元，同比增长 78%；核心 GMV（不含拍拍平台）4465 亿元，同比增长 84%。全面超过华尔街此前预期。据商务部 2015 年 2 月 12 日公布的数据显示，2015 年全国网络零售交易额同比增长 33.3%，京东 GMV 增速达到 78%，超过行业增速 2 倍有余。在当前行业增速放缓，中国经济整体面临下行压力的背景下，京东继续表现出强劲的增长动力。根据艾瑞咨询报告，2015 财年第三季度京东占中国 56.9% 的市场份额，是中国最大的网上直销商，也是中国最大的零售商。京东的商业模式是线上直销，即从供应商处进货然后通过网站和手机应用直接卖给消费者，第三方商家也可以通过京东这个平台销售产品给顾客；除了网上零售，京东

还提供广告、物流和金融服务。最近几年京东规模持续扩大，活跃用户数量和订单量飞速增长，与用户和订单如此快速的增长速度相匹配，京东 2015 年的业务收入也维持 58% 的强势增长。

2. 业务收入情况，非电商和移动端占比扩大

2015 年京东净收入为 1813 亿元（约 280 亿美元），同比增长 58%。京东 2015 年线上自营业务的净收入同比增长 55%，来自服务项目与其他项目的净收入同比增长 110%，增长动力主要来自快速扩张的京东商城第三方开放平台业务、广告服务以及向第三方商家提供的物流服务（见表 2 - 3 - 5）。

表 2 - 3 - 5　京东 2015 年收入结构一览表

年份	2013		2014		2015	
单位	百万元	同比增长（%）	百万元	同比增长（%）	百万元	同比增长（%）
线上直接销售：						
电子与家电	56814	81.9	90890	79.0	134346	74.1
日用商品	10204	14.7	17659	15.4	33375	18.4
总计	67018	96.6	108549	94.4	167721	92.5
服务和其他：	2322	3.4	6453	5.6	13566	7.5
总计	69340	100.0	115002	100.0	181287	100.0

其中，核心交易总额在 2013～2015 年不断增长，从 2013 年的 1255 亿元到 2014 年的 2425 亿元，2015 年达到 4465 亿元，同比增长 84%。2015 年核心交易总额与净收入的增长主要得益于全年京东活跃用户数及完成订单量的增长。2015 年线上自营与第三方平台核心交易总额分别为 2556 亿元与 1909 亿元，比 2014 年全年分别增长了 60% 和 129%。

从财报数据看，2015 年京东电子与家电产品 GMV 达 2289 亿元，同比增长 65%；日用商

品及其他品类商品 GMV 达 2176 亿元，同比增长达 109%，占京东总 GMV 的 48.7%，较 2014 年 42.8% 提升近 6 个百分点（见表 2 - 3 - 6）。在传统优势家电业务稳步扩大领先优势的基础上，京东已经逐渐成为一家全品类、一站式综合性购物平台。尤其是第四季度，日用商品及其他品类商品核心交易总额占核心总交易额比例上升至 51.0%，2016 年非电类业务全面超过电子及家电类业务占比，带动京东商城的持续高速增长。

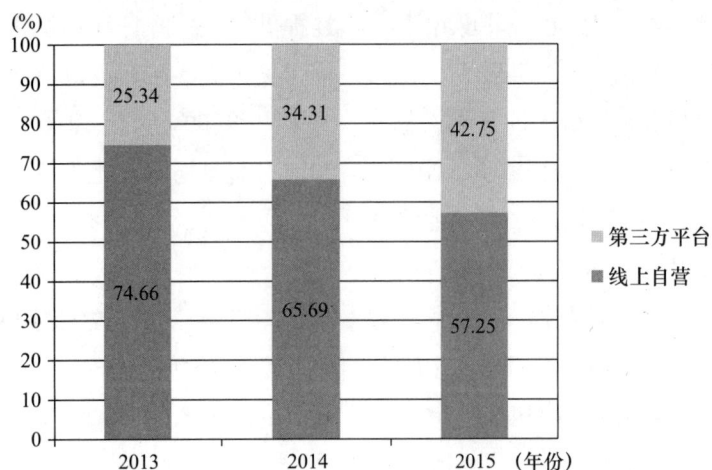

图 2－3－5　京东 2013～2015 年第三方平台和线上自营占核心交易总额比重情况

表 2－3－6　2015 年京东核心交易商品构成一览表

年份	2013		2014		2015	
单位	10 亿元	同比增长（%）	10 亿元	同比增长（%）	10 亿元	同比增长（%）
核心交易总额：						
电子与家电	79.8	63.6	138.6	57.2	228.9	51.3
日用商品	45.7	36.4	103.9	42.8	217.6	48.7
合计	125.5	100.0	242.5	100.0	446.5	100.0

移动端的增长表现也十分迅猛。京东 2015 年移动订单占比（履约）从第一季度到第四季度分别为 42%、47%、52%、61.2%，第四季度同比增长高达 220%，表现出强劲的增长态势。京东自 2014 年 3 月与拥有丰厚移动流量资源的腾讯达成战略合作，一年多来，京东针对微信、手机 QQ 等移动入口价值的消化，以及由手机客户端、微信购物、手机 QQ、微店共同构成的移动端布局已经收到明显成效。预计京东在逐渐完成对腾讯移动流量资源的整合和消化之后，未来在移动端将会有更好的表现（见图 2－3－6）。

3. 集团用户情况，活跃情况表现乐观

体现成长性的另一个核心数据活跃用户数表现也十分乐观。根据财报显示，京东 2015 年用户规模继续大幅扩张，集团活跃用户总数达 1.55 亿（不含拍拍），同比增长 71%。总订单量达 12.63 亿，同比增长高达 94%。而据中国互联网络信息中心（CNNIC）发布的《中国互联网络发展状况统计报告》显示，截至 2015 年 12 月，我国网络购物用户规模达到 4.13 亿，增长率为 14.3%，增速已经趋于平缓。相较于阿里巴巴超过 4 亿接近饱和的用户规模，京东在保持用户规模快速增长的同时，依然拥有良好的成长空间。从 1.55 亿到 4.13 亿，尚有巨大的发掘潜力。

京东活跃用户群的增长是其收入增长的关键因素，2013 年活跃用户 4740 万，完成订单量约

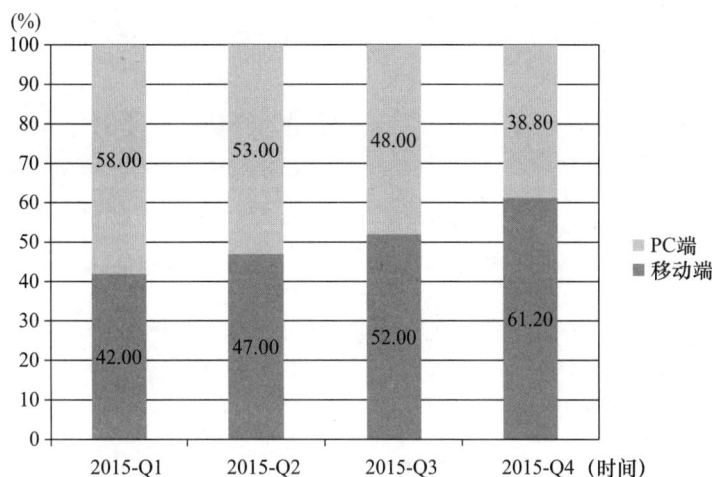

图 2 - 3 - 6　京东 2015 年四季度移动端、PC 端订单占比情况

为 3 亿，2014 年活跃用户数达到 9060 万，几乎翻了一番，完成订单量 6.5 亿，2015 年活跃客户数维持 2014 年的增长速度达到 1.5 亿，完成订单量达到 12.6 亿。订单数的增长不仅源于客户群的增长，活跃用户的平均购买次数也在不断增加，2013 年活跃用户平均购买次数 16.6 次，2014 年活跃用户平均购买次数 18.7 次，同比增长 12.65%，2015 年活跃用户平均购买次数 21.8 次，同比增长 15.58%（见表 2 - 3 - 7）。

表 2 - 3 - 7　2013 ~ 2015 年京东活跃用户数和订单量

年份	2013	2014	2015
活跃用户数	4740 万	9060 万	15000 万
完成订单量	3 亿	6.5 亿	12.6 亿
活跃用户平均购买次数	16.6	18.7	21.8

京东集团吸引新客户和新订单的能力源于卓越的客户体验。京东以优惠的价格提供种类齐全的优质商品，提供快捷可靠的物流服务，方便的在线支付方式和优质的客户服务。京东商城从上线以来，提供的产品数量不断增加，为了提高经营效率，京东应用商业智能系统增加产品营销和供应链管理能力，并针对客户提供更有针对性的销售建议。除此之外，为了吸引顾客，京东集团也开展线上线下的品牌推广活动，以及使用发放优惠券等促销手段。

4. 内外兼修，打造优质购物社区

2016 年 2 月，京东在纽约时装周举办时尚发布秀，彰显京东在中国时尚领域的实力突飞猛进。随着中国消费者时尚和品牌意识不断提升，京东对品质和服饰时尚全球趋势的把握得到中国消费者的普遍认可。

京东秉承正品行货和高效的物流，吸引了包括宝洁和日本领先的电子商务公司乐天等高质量品牌入驻京东。宝洁升级与京东商城战略合作，旗下高端护肤品牌 SK－Ⅱ 携全系产品入驻京东自营平台，日本乐天在京东跨境电商平台京东全球购上开设官方旗舰店进行试运营，目前主营品类包括美妆、零食及保健品等。

京东与中国流行的运动服装品牌李宁签署战略合作协议，在特定区域为李宁提供从产品到门店的整体物流解决方案。此次双方的强强联合，让李宁在库存配置、运营效率等方面得到全面优化。

2016 年 1 月，京东金融宣布获得来自红杉资本中国基金、嘉实投资和中国太平领投的投资，融资金额 66.5 亿元。此轮融资对京东金融的估值为 466.5 亿元。本次融资交易于 2016 年 3 月 1 日完成。京东集团仍将控制京东金融多数股权。

京东集团 O2O 平台京东到家与中国领先的超市连锁永辉超市共同宣告双方的业务合作落地。截至 2016 年 2 月 29 日，京东到家同 5 个城市的 56 家永辉超市门店合作，为客户在永辉超市的订单提供两小时送达服务。目前，京东到家已在中国 12 个主要城市为消费者提供 O2O 服务。

2015 年第四季度，京东不断提升在中国电商领域中自建物流的领先地位。截至 2015 年 12 月 31 日，京东在全国运营 213 个大型仓库，覆盖全国 50 个城市，总面积约 400 万平方米，其中包括 6 个自建亚洲一号仓库。京东运营的配送站和自提点达到 5367 个，2015 年超过 85% 的自营订单实现当日和次日达配送。

截至 2015 年 12 月 31 日，京东第三方平台共驻有约 99000 个商家，京东共有 105963 名正式员工。

（六）经营和财务绩效

表 2 – 3 – 8　京东 2013~2015 年经营与财务业绩比较　　　　单位：百万元

年份	2015	2014	2013
收入	181287	115002	69340
总资产	85166	66493	26010
净利润	－9388	－4996	－50
净利润率（%）	－5.18	－4.34	－0.07
总资产报酬率（ROA）（%）	－11.02	－7.51	－0.19
净资产报酬率（ROE）（%）	－30.60	－13.32	－2.42
资本性支出（CAPEX）	5300	2902	1292
CAPEX 占收比（%）	2.92	2.52	1.86
经营活动净现金流	－1812	1015	3570
每股经营活动净现金流（元/股）	－0.65	0.37	2.08
自由现金流（FCF）	－7112	－1887	2278
自由现金流占收比（%）	－3.92	－1.64	3.29
每股盈利（EPS）（元/股）	－6.86	－10.71	－2.93
每股股利（DPS）（元/股）	0.00	0.00	0.00
股利支付率（%）	0.00	0.00	0.00
主营业务收入增长率（%）	57.64	65.85	67.56

续表

年份	2015	2014	2013
总资产增长率（%）	28.08	155.64	45.42
净利润增长率（%）	-87.91	-9892.00	97.11
经营活动现金流增长率（%）	-278.52	-71.57	154.27
资产负债率（%）	63.98	43.61	64.48
流动比率（%）	119.25	172.24	134.05
总资产周转率（次数）	2.13	1.73	2.67
股息	0	0	0
内部融资额	-6769	-3345	243
研发支出	3454	1836	964
研发支出占收比（%）	1.91	1.60	1.39

表 2-3-9　京东 2013~2015 年轻资产特征一览表

序号	项目	2015 年	2014 年	2013 年
1	现金类资产比重（%）	38.31	49.83	56.28
2	应收账款比重（%）	11.16	3.66	1.93
3	存货比重（%）	24.12	18.33	24.55
4	流动资产比重（%）	68.65	75.11	86.43
5	固定资产比重（%）	7.32	3.62	3.94
6	流动负债比重（%）	57.57	43.61	64.48
7	应付账款比重（%）	35.01	24.61	42.36
8	无息负债比重（%）	23.85	20.95	40.43
9	有息负债比重（%）	7.48	2.84	3.59
10	留存收益比重（%）	0.07	0.02	0.01
11	营运资金（百万元）	9439	20947	5710
12	现金股利（百万元）	0	0	0
13	内源融资（百万元）	-6769	-3345	243
14	资本性支出（百万元）	5300	2902	1292
15	现金储备（百万元）	32629	33136	14639
16	自由现金流（百万元）	-7112	-1887	2278

（七）内控与风险管理

1. 行业风险

京东的业务成功最终取决于消费者的消费。京东的业务绝大部分都在中国，因此，其收入和财务业绩在很大程度上由中国和全球经济状况，以及具体的网上零售经济条件决定。全球经济、市场和消费者的消费水平等影响因素是不可控的，包括当前和未来的经济条件、政治不确定性、就业水平、通货膨胀或通货紧缩、实际可支配收入、利率、税收和货币汇率。中国政府近年来实施了多项措施，控制了经济增长速度，这也促进了 PRC 经济的放缓。自 2012 以来，中国经济的增长放缓，这样的经济放缓可能会继续。根据中国国家统计局的数据显示，2015 年中国的国内生产总值（GDP）增长放缓至6.9%。任何持续或恶化的经济放缓可能降低中国国内商业，经济低迷，经济增长率的进一步降低，或者在中国其他市场经济前景不明朗，都可能会对京东的业务造成重大不利影响。

零售业对宏观经济的变化非常敏感，在经济衰退时期零售采购趋于下降。不可控的因素有很多，包括通货膨胀和通货紧缩，货币汇率的波动，股市和房地产市场的波动，利率、税率、其他政府政策和失业率会影响消费者信心和支出，从而对行业造成重大不利影响。国内和国际政治的不利发展，包括军事冲突、政治动荡和社会不稳定，也可能会影响消费者的信心从而减少开支，这可能会反过来影响京东的增长和盈利能力。此外，零售业在中国诞生于 20 世纪 90 年代，直到最近，某些大型网上零售企业才开始盈利，也就是说网上零售业的商业模式在我国的生存能力如何还在验证中。

2. 业务风险

（1）规模扩张风险。京东的业务在近几年大幅增长，正在计划进一步扩大基础设施和技术平台，建立更大的，定制设计的仓库；增加产品，需要大量的新供应商和第三方卖家有效的合作，并建立和维护与现有的和新的供应商及第三方卖家的互利关系。继续在中国其他地点建立新的配送站；为了与技术平台扩建和其他研究开发相匹配，京东招募了更多的员工，并需要投入大量资源培训、管理和激励员工。为了支持大规模

的扩张，京东还计划实施各种新的和升级的管理、财务和人力资源系统，进一步发展其业务从线上到线下（O2O）的解决方案。其中，所有这些努力将需要显著的管理、财务和人力资源。如果京东不能有效地管理其规模的扩张或有效执行其战略，业务和前景可能会受到重大影响和不利影响。近年来，京东扩充了电子商品和家电之外的产品种类，由于京东缺乏经验和渠道，增大了其经营风险。

（2）持续亏损风险。京东集团自成立以来持续亏损，而且有越来越"烧钱"的趋势。京东能否实现盈利很大程度上取决于能不能依靠规模经济从厂商处取得更优惠的价格，有效的管理产品组合，扩大在线市场份额并以更高的利润提供增值服务。因此，京东集团将进一步建设基础设施和技术平台以扩充产品类别和提供增值服务，大规模的投资可能会使京东在短期内亏损进一步加大。

（3）服务不善风险。京东的成功取决于其卓越的客户体验，用户体验的满意与否又取决于产品和服务的品质、价格、对客户需求的反应速度、及时可靠的物流、灵活方便的支付方式和优质的售后服务。京东主要依靠自己的物流平台，较少部分委托第三方平台提供物流。在物流过程中可能发生天气恶劣、自然灾害、交通中断等不可控因素影响产品的成功交付，进而影响客户的购物体验，损害品牌的声誉而失去客户。此外，京东必须能留住客户并吸引新客户，这就要求京东不断了解消费者偏好，预测产品趋势，并保持低价优势。

（4）外界竞争风险。中国零售业的竞争是一片红海，商家们竞争客户、竞争订单以及第三方的卖家。京东的潜在竞争对手包括中国大型的网络零售商、正在转型的主要传统零售商、已经开始在线零售业务的主要互联网公司、专注于特

定商品类别的垂直电商企业，包括大卖场在内的旨在提供"一站式服务"的实体店。此外，新的和增强的技术可能会加大网上零售行业的竞争。新的竞争性的商业模式可能会出现，如基于新形式的社会媒体或社会商业。竞争的内容增加可能会降低京东的利润率、市场份额和品牌识别，或造成重大损失。

（5）存货周转风险。京东的规模和商业模式要求其有效地管理大量的库存，需要先根据需求预测产品以做出购买决定，并管理其库存。但是对产品的需求可能和在订购日和销售日之间因为种种原因发生巨大的变化，而某些产品到货期久，需要垫支大量预付费而又不得退还。随着京东计划继续扩大产品，将使其库存管理面临更大的挑战，并将给仓储系统更大的压力，库存的积压可能会导致更大的经济损失。此外，如果京东低估了产品需求发生库存短缺，则会错失销售的机会，损害品牌声誉且损失收入。

（6）季节波动风险。京东的业务有季节性的变化，反映了传统的零售季节性模式与网上零售相关新模式的组合。例如，在春节期间的客户数和订单数会明显下降，而每年的双十一期间电子商务企业都会举行特别的促销活动，订单数会疯狂增长。总而言之，京东已经经历过快速增长期，其季节性波动是相对温和的。

3. 安全风险

对网络零售业的一个重大挑战是保密信息的安全存储和在公共网络上的安全传输。维护技术平台上的保密信息的存储和传输的完整的安全性，如客户名称、个人信息和计费地址，是保持客户信心的关键。在京东，所有的订单和大部分的支付都是通过其网站和 App 传输。京东已经采取了一系列的安全政策和措施，包括加密技术，以保护其专有数据和客户信息，然而黑客技术的进步、平台潜在的漏洞等因素却使得风险无法完全避免。

4. 财务风险

（1）利率风险。京东面临的利率风险主要由过剩的现金产生的利息收入，这些收入主要由银行存款产生的。利息收入工具具有一定的利率风险。京东没有接触过，也未预期到可能会由于市场利率的变化导致重大风险。然而，京东的未来利息收入可能低于预期市场利率的变化。

（2）外汇风险。所有京东的收入和大多数开支都是以人民币来计价的。京东认为，目前京东没有任何重大的直接外汇风险，并且没有使用任何金融衍生工具对冲这种风险。虽然在一般情况下京东面临的外汇风险应该非常有限，但是，客户投资的 ADSs 的价值会受到美元与人民币之间汇率的变动影响，因为京东业务的价值是以人民币计价，而京东的 ADSs 将以美元交易。

人民币转换成外国货币，包括美元，基于中国人民银行的兑换率。2005 年 7 月至 2008 年 7 月，中国政府允许人民币在与美元兑换时升值 20% 以上。2008 年 7 月至 2010 年 6 月，这个升值幅度被停止，人民币与美元汇率保持在一个狭窄的区间内。后来，自 2010 年 6 月，人民币再次开始升值，虽然有一些时期，它在兑换美元时失去了价值，就像在 2014 年时的那样。京东很难预测未来市场的力量或中国或美国政府的政策可能对未来的人民币和美元之间的汇率造成的影响。

当需要将美元换成人民币时，人民币对美元汇率升值将会对京东产生不利影响。相反，如果京东决定把人民币兑换成美元以支付普通股份或

ADSs 股息或用于其他商业目的，美元兑人民币升值会造成负面的影响。

（3）开展消费金融的风险。①监管风险。2013 年 11 月 14 日，银监会公布修订版《消费金融公司试点管理办法》（于 2014 年 1 月 1 日生效），准予非金融企业作为主要出资人参与这个领域。但是京东白条、天猫分期付款、百发有戏背后公司均为互联网企业，而目前互联网金融相关监管迟迟未落地；监管上没有清晰的界定，这也是三者没有取得相关资质依旧能够运营的一个重要原因。对于京东白条与天猫分期，模式上类似于虚拟信用卡，2014 年 3 月，央行发文暂停虚拟信用卡，的确向市场发出了一个整顿信号，但是暂停并不是叫停。就如此前央行暂停二维码支付，但是目前二维码支付企业层出不穷。②信用风险。中国信用环境尚处于落后阶段，个人贷款违约风险较大；电商公司以消费金融形式开展个人授信未进入央行征信系统，个人信用体系建设也不是短期可以实现的，难以保证用户出现恶意违约，出现信用危机；对于价格为王的网购市场，用户忠诚度难以通过单个平台的大数据分析而得，坏账控制能力将是电商展开消费金融的关键。③产品风险。数据显示，目前国内银行发放的贷款中，有 82% 都是贷给企业，只有 18% 是贷给个人消费，而这 18% 中又有 15% 是房贷，真正利用消费金融工具来进行日常消费的比例只有 3%。美国人喜欢没钱借钱消费，而在中国大部分人拼命攒钱却不敢消费，中国人的消费观决定了提前消费的观念接受度低，信用卡的日益普及在一定程度上让消费者认识到超前消费，但在实际过程中，中国人的消费观使消费金融发展道路尚为漫长。④法律风险。互联网企业提供的消费金融是无需抵押和担保的，虽然目前用户量有限，不至于产生大规模的违约情况，但是当消费金融的

摊子做大了，违约情况必然随之上升。而且由于用户群体大、个体金额不大，会导致追讨欠款成本高。

（八）前景展望

京东目前在中国的已上市互联网公司中市值排名第四，仅次于 BAT（百度、阿里和腾讯）。然而这是一个变革的年代，万物生长，O2O 和 IOT 并行，共享经济与"互联网＋"齐舞的年代。京东必须拥有面对未来挑战的杀手锏，也是京东未来五年需要打造的矛和盾——京东到家和京东大脑。对于 BAT 来说，它们未来要做的事情很多，这也是京东的机会所在。对于京东来说，专注与极致，做好京东到家和京东大脑就是它的未来核心竞争力。

1. 京东到家——京东未来五年的矛

京东的一个实体店面未来基本上可以做到两个实体店面的营收规模，共享经济使得全民物流时代提前到来。五年后的京东，将会是 O2O 领域的超级巨无霸，更是共享经济的最终进化者。京东到家的业务是京东物流和仓储发挥到极致的一个标志，而这个领域也是竞争者甚多，一片血海（见图 2-3-7）。

（1）再造京东。京东集团 CEO 刘强东曾对邓天卓表示京东到家对于京东来说就是腾讯的微信与 QQ 的关系，由此可见京东到家对于京东的重要性。京东到家的核心就是懒人经济和共享经济的极致表现，邓天卓表示，零售行业在随后也会体现出唯快不破、赢家通吃的互联网的规则。零售的集中化将是未来的大趋势，这一点上中国的电商发展已经超越美国很久了。价格、选择性和方便性是电商的三个特性：最早的电商是比价，谁家的便宜会买谁的；商品几千万种的时候就是选择性的问题了，比拼的是谁的品类大而

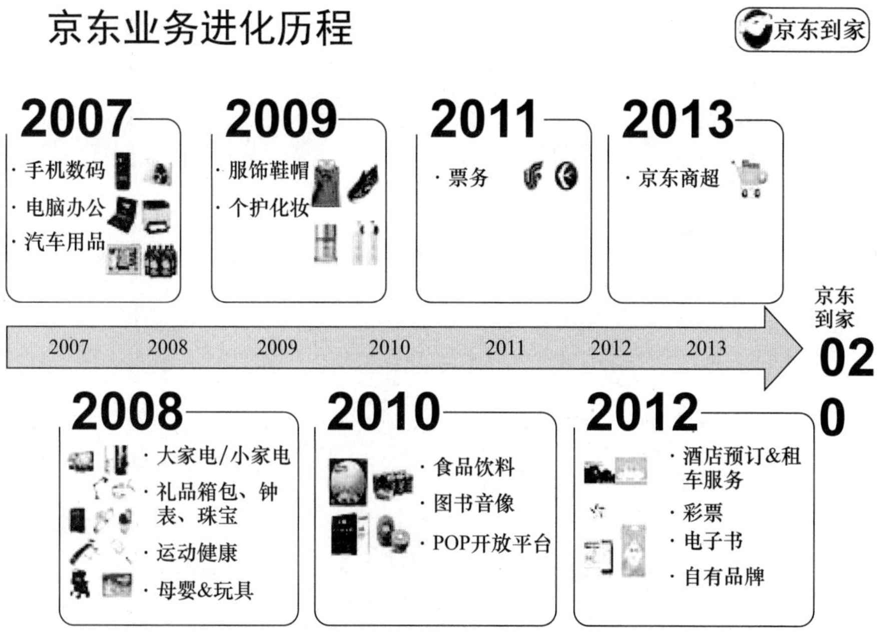

京东业务进化历程

图 2 - 3 - 7　京东业务进化历程

全；再往后拼的是方便性，拼的是用户的体验，谁的物流快，谁的更方便、更新鲜就买谁的。从品类特征上来说汽车和生鲜都是未来的核心。

（2）全民物流。互联网和传统经济最大的不同就在于固定成本和可变成本上，在固定成本都一样的情况下，传统的经济可变成本会呈线性增长，而互联网则是成指数增长的。就拿美国的生鲜看，日损是 3% ~ 5%，而中国则是在 60% ~ 70%，大妈挑菜是核心的问题，但成本全部加到了大妈的身上，其实还是叠加给了消费者，目前京东到家在这方面可以直降 30%，会从整体上降低中国的生鲜价格。最可怕的就是京东到家开启了全民物流的时代，通过众包的形式全面提升到了共享经济的层面。滴滴是先切入出租车行业，再是共享经济，而京东到家则是先自建自己的物流体系，而后开放共享物流体系，最终全民众包物流。这就形成了一个庞大而开放的物流生态，未来一切社会化物流属性的劳动者都

将是京东物流体系的一员，菜鸟网络的最终目标被京东提前实现了。目前京东快递的日单在 60单，而四通一达则是 30 单，因此众包将会让更多的快递公司做兼职，而且未来也不会再有独立的快递公司。

2. 京东大脑——京东未来五年的盾

京东大脑是建立在庞大的京东大数据基础之上的，京东的大数据预测将大大节约时间和提高物流的效率，降低了仓储成本。对于个性化商品的打造，京东拥有更多的数据优势和平台优势。京东大脑支持着京东的全部业务线，不只是电商，物流，还有京东金融等全新的业务线（见图 2 - 3 - 8）。

（1）智能配送。目前京东的大数据的优势就是全部的大数据都是和花钱有关，因此数据的价值和关联性都很高。京东数据中心的云基本上属于半公有云，通过机器学习让线上线下能够更好地优化，并且其自身的知识图谱和关联关系能

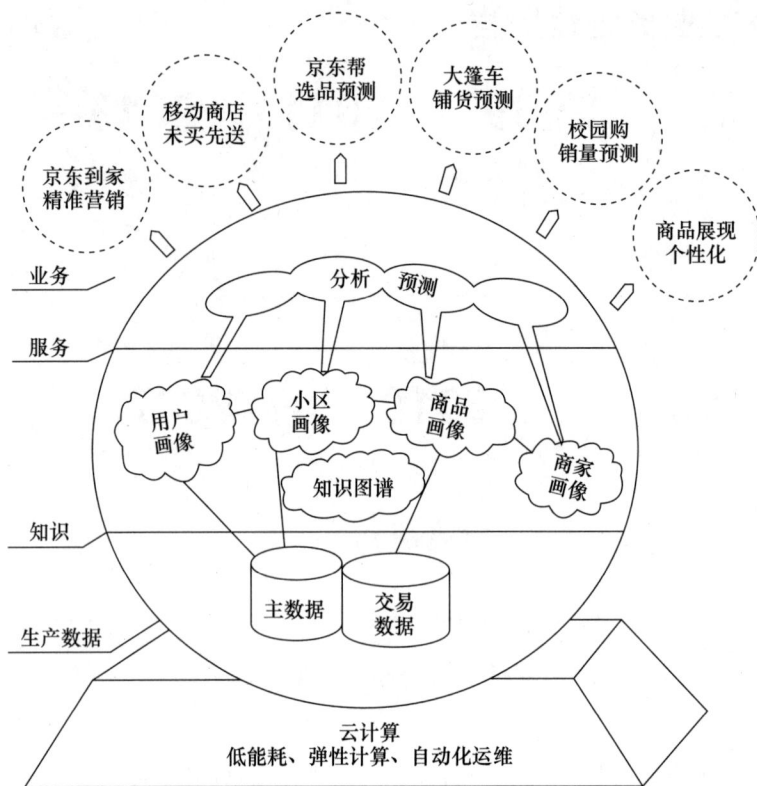

图 2 – 3 – 8　京东大脑图解

够随时根据数据建立不同的适应性数据模型。京东从最初的商品找人时代进化到了用户找商品的时代，而且从配货方面，得到了运营商们的认可。京东集团推荐平台部总监杨光信表示一个新的手机上线后，用户从下单到收到货最快可用8分20秒的时间，通过京东大脑来提前计算并智能配送，小区有配送站和京东的移动车配货车，一个小区会有多少人购买这款新的手机，通过京东大脑预测的基本上偏差不大。另外通过京东大脑，可以尽量避免物流的拆单现象出现，大大提升了用户购买体验。

（2）个性化商品。近年来，个性化定制商品逐渐成为各行各业的潮流，但是许多人对自己潜意识里到底喜欢什么商品可能并不了解，因此需要通过用户平常的购买数据分析出其真实喜好，这对京东来说是一个极好的机遇。京东大脑对于个性化商品或者说爆款商品的服务支撑很好，甚至于比用户本人更加了解其喜好，从这一点来看可以大大提升产品团队的设计能力和用户对产品参数的喜欢指数。京东的大数据基本上是依托于家庭单位建立的，因此在随后也可以推出家庭套餐级别的整体商品或者整体服务的解决方案，这些服务具有很强的延续性和关联性。

附件一：京东财务报告（2015 年）

1. 合并资产负债表

年份	2014	2015	
单位	千元	千元	千美元
资产			
流动资产：			
现金和现金等价物	16914651	17863868	2757706
限制性现金	3038286	2114913	326486
短期投资	12161643	2780482	429232
应收账款净额	2436256	9508284	1467826
预付账款	930026	927177	143131
存货净额	12190843	20539543	3170759
应收贷款净额	123344	2383869	368006
预付款项和其他流动资产	1734334	1486441	229467
关联方账户	412314	863516	133304
流动资产总额	49941697	58468093	9025917
非流动资产：			
资产、设备和软件净额	2408438	6233106	962226
在建工程	1928899	1266992	195590
无形资产净额	6877947	5263983	812619
土地使用权	1067253	1928192	297662
商誉	2622470	29050	4485
股权投资	586959	8864249	1368404
证券投资	434118	1005831	155274
其他非流动资产	625391	2106673	325214
非流动资产总额	16551475	26698076	4121474
总资产	66493172	85166169	13147391
负债			
流动负债：			
短期银行贷款	1890771	3040209	469327
无追索权证券化债务	—	579843	89512
应付账款	16363671	29819341	4603313
顾客预付款	4666660	7173885	1107457
递延收入	157080	1028350	158750
应交税费	236160	103211	15933
关联账户	325119	104726	16167

续表

年份	2014	2015	
单位	千元	千元	千美元
应计费用和其他流动负债	5311832	7178065	1108102
递延应税义务	43812	1228	190
流动负债总额	28995105	49028858	7568751
非流动负债:			
递延收入	—	2705164	417605
无追索权证券化债务	—	2753699	425098
非流动负债总额	—	5458863	842703
负债总额	28995105	54487721	8411454
股东权益			
普通股	358	358	58
额外实收资本	47131172	48393126	7470611
留存收益	15009	55560	8577
库存股	(4)	(3)	(0)
累计赤字	(9272343)	(18690910)	(2885379)
累计其他综合损失	(376125)	782484	120795
京东集团权益总额	37498067	30540615	4714659
非控制性股权	—	137833	21278
权益总额	37498067	30678448	4735937
总负债及股东权益	66493172	85166169	13147391

2. 合并损益表

年份	2013	2014	2015	
单位	千元	千元	千元	千美元
净收入:				
在线直接销售	67017977	108549258	167720984	25891658
服务和其他	2321835	6453059	13565971	2094225
净收入总额	69339812	115002317	181286955	27985883
经营成本和费用:				
收入成本	(62495538)	(101631443)	(157008329)	(24237909)
物流成本	(4108939)	(8067048)	(13920988)	(2149030)
营销成本	(1590171)	(4010280)	(7736172)	(1194259)
研发成本	(963653)	(1835919)	(3453804)	(533175)
管理费用	(760338)	(5260064)	(2876989)	(444131)
商誉和无形资产的损耗	—	—	(2750129)	(424547)
总经营成本和费用	(69918639)	(120804754)	(187746411)	(28983051)

续表

年份	2013	2014	2015	
单位	千元	千元	千元	千美元
运营亏损	（578827）	（5802437）	（6459456）	（997168）
其他收入（费用）：				
来自股权投资损失	—	—	（3134283）	（483850）
利息收入	343770	637641	414999	64065
利息支出	（8437）	（28825）	（82507）	（12737）
其他收入净值	193555	216587	（140597）	（21704）
税前亏损	（49939）	（4977034）	（9401844）	（1451394）
所得税（费用）/收益	40	（19324）	14262	2202
净亏损	（49899）	（4996358）	（9387582）	（1449192）
归属于非控制性权益的净损失	—	—	（9566）	（1477）
归属于京东集团的净损失	（49899）	（4996358）	（9387016）	（1447715）
优先股赎回价值增值	（2435366）	（7957640）	—	—
归属于股东所有者的净亏损	（2485265）	（12953998）	（9387016）	（1447715）
净亏损	（49899）	（4996358）	（9387582）	（1449192）
其他综合损失：				
外汇折算差异	（137921）	（121612）	1182445	182538
可供出售证券的未变现收益的变动净值：				
未变现收益或零税	96501	71286	（238852）	（36872）
包括可供出售证券和零税的收入分类调整	（73277）	（57181）	216230	33380
可供出售证券的未变现收益的净值	23224	14105	（22622）	（3492）
其他综合亏损总额	（114697）	（107507）	1159823	179046
综合亏损	（164596）	（5103865）	（8227759）	（1270146）
归属于非控制性权益的综合亏损	—	—	（8352）	（1289）
归属于京东集团的综合亏损	（264596）	（5103865）	（8219407）	（1268857）
永久权益证券每股净亏损				
基本	（1.47）	（5.35）	（3.43）	（0.53）
摊薄	（1.47）	（5.35）	（3.43）	（0.53）
永久权益加权平均数				
基本	1694495048	2419668247	2735034034	2735034034
摊薄	1694495048	2419668247	2735034034	2735034034
以股权支付的补偿支出：				
物流成本	（81013）	（128623）	（184733）	（28518）
营销成本	（8741）	（23570）	（50091）	（7733）
技术成本	（33269）	（79469）	（234165）	（36149）
管理成本	（138150）	（4017886）	（724956）	（111914）

3. 合并现金流量表

年份	2013	2014	2015	
单位	千元	千元	千元	千美元
经营活动现金流：				
净损失	(49899)	(4996358)	(9387582)	(1449192)
将净损失调整为经营活动净现金流量				
折旧和摊销	293141	1650533	2619061	404313
股票薪酬	261173	4249548	1193945	184314
呆账准备金	(107)	74332	420750	64953
处置固定资产损失	22726	26043	7714	1191
某些股东的非现金营销活动	24682	—	—	—
递延所得税	(40)	(4169)	(42584)	(6574)
商誉和无形资产的减值	—	—	2750129	424547
成本法核算投资和可销售证券的减值	—	—	611108	94339
投资出售的损失	—	—	(1507)	(233)
投资亏损/（收入）	309	(638)	3134283	483850
汇兑（收入）/亏损	(92761)	28980	57395	8860
经营资产及负债变化：				
应收账款	(22844)	(2004884)	(7395424)	(1141657)
限制性资金	577743	(689499)	(1076628)	(166203)
存货	(1632326)	(5804688)	(8348700)	(1288817)
应收贷款	—	(125935)	(2306631)	(356082)
预付账款	(660000)	(160203)	(18010)	(2780)
预付款以其他应收款	(59684)	(1210697)	252397	38963
应付关联方	—	(412314)	(402795)	(62181)
其他非流动资产	(78644)	(66485)	(1170454)	(180687)
应付账款	2687361	4902844	13113084	2024311
预收客户款	1158745	2611035	2507225	387049
递延收益	103258	(65725)	(472800)	(72988)
应付税款	112951	(42615)	(132949)	(20524)
应计费用和其他流动负债	928920	2988499	2207476	340775
应收关联方	(4885)	67412	69946	10798
经营活动产生的现金净值	3569819	1015016	(1811551)	(279655)
投资活动现金流：				
短期投资购买	(9966200)	(19104408)	(5022000)	(775263)
到期短期投资	9166200	7853607	16625621	2566553
验资存款变动	(545000)	545000	—	—
投资性证券购买	—	(421133)	(1139386)	(175891)

续表

年份	2013	2014	2015	
单位	千元	千元	千元	千美元
预付款和股权投资	(35133)	(434585)	(7156789)	(1104818)
处置股权投资获得现金	1162	—	—	—
固定资产购买	(439881)	(1424534)	(2826830)	(436387)
用于在建工程的现金	(727411)	(1036513)	(1540615)	(237830)
无形资产购买	(10237)	(17935)	(6556)	(1012)
土地使用权购买	(104552)	(423084)	(925758)	(142912)
企业合并（付出）/获得的现金	—	1260337	(290339)	(44821)
用于投资活动的现金净额	(2671052)	(13203248)	(2282652)	(352381)
筹资活动现金流				
发行普通股净收益	2720076	17447653	—	—
基于股份的奖励活动中来自普通股的收益	—	—	75713	11688
来自非控制权益的资本注入	—	—	146185	22567
短期银行贷款收益	940216	1890771	4871004	751955
短期银行贷款偿还	(865108)	(946396)	(3726171)	(575222)
来自无追索权的债务的收益	—	—	3333542	514610
筹资活动现金净值	2795184	18392028	4700273	725598
现金和现金等价物汇率变更的影响	(58906)	(101484)	343147	52973
现金和现金等价物的净增加值：	3635045	6102312	949217	146535
年初现金和现金等价物	7177294	10812339	16914651	2611171
年末现金和现金等价物	10812339	16914651	17863868	2757706
非筹资活动补充披露：				
优先股到普通股的转变	38176	15474994	—	—
与腾讯有关的发行普通股净额	—	11644310	—	—
某些定期存款抵押短期银行贷款	—	2000000	—	—
通过未来服务的许诺获得的股权投资			3838933	592629

附件二：京东大事记

1998 年 6 月 18 日，刘强东在中关村创立"京东公司"代理光磁产品。

2001～2003 年，最多时京东在北京、上海、沈阳有 12 家连锁店，营业额 6000 万元/年。

2001 年，京东成为中国最大的光磁代理商，第一家零售店"京东多媒体"在中关村苏州街上的银丰厦开张。

2003 年"非典"，京东放弃了要在全国扩张门面店的计划并开始尝试在网上发帖售卖商品。

2004 年 1 月，京东涉足电子商务领域，京东多媒体网正式开通，启用域名 www. jdlaser. com。

2005 年 10 月，京东坚决地关闭了所有线下门店，实行 100% 的线上销售。

2005 年 11 月，京东多媒体网日订单处理量稳定突破 500 个。

2006 年 1 月，京东宣布进军上海，成立上海全资子公司。

2007 年 5 月，京东广州全资子公司成立，全力开拓华南市场。广州全资子公司的成立代表着京东以北京、上海、广州三地为基础覆盖全国的销售网络的形成。

2007 年 6 月，京东正式启动全新域名 www.360buy.com，并成功改版。日订单处理量突破 3000 个。

2007 年 7 月，京东建成北京、上海、广州三大物流体系，总物流面积超过 5 万平方米。

2007 年 8 月，京东赢得国际著名风险投资基金——今日资本的青睐，首批融资千万美元。

2007 年 10 月，京东商城在北京、上海、广州三地启用移动 POS 上门刷卡服务，开创了中国电子商务的先河。

2008 年 6 月，京东商城在 2008 年初涉足销售平板电视，并于 6 月将空调、冰洗、电视等大家电产品线逐一扩充完毕。标志着京东公司在成立十周年之际完成了 3C 产品的全线搭建，成为名副其实的 3C 网购平台。

2008 年 7 月，京东商城作为国内最大的 3C 网购平台，凭借多年来惊人的高速发展首次参选"清科－2008 中国最具投资价值企业 50 强"便登上了榜单。

2009 年 1 月，京东商城获得来自今日资本、雄牛资本以及亚洲投资银行家、"红筹之父"梁伯韬的私人公司共计 2100 万美元的联合注资。

2010 年 3 月，京东商城收购韩国 SK 集团旗下电子商务网站千寻网（qianxun），2011 年 5 月重启千寻网，上线运营。

2009 年 3 月，京东斥资 2000 万元自行成立了上海圆迈快递公司，并投资 6700 万元自建物流公司。

2009 年 6 月，京东销售额达到 3.78 亿元，同比增长 270%，平均订单金额达到了 800 元。

2010 年 4 月，京东商城在北京等主要城市推出"211 限时达"配送服务，在全国实现"售后 100 分"服务承诺，随后又推出"全国上门取件"、"先行赔付"、7×24 小时客服电话等专业服务。京东商城的服务系统正在逐步实现跨越性的升级。

2010 年 5 月，京东宣布将在北京新建一个占地 30 万平方米的物流中心，成为亚洲最大电子商务物流中心，可满足日处理 10 万订单，年销售额超 200 亿元的需要。

2010 年底，京东商城第三方销售平台"品牌直销"频道正式上线，目前约有 500 个品牌，近 10 万种商品入驻京东商城。平台商户可以分享京东的仓储、配送、客服、售后、货到付款、退换货和自提货等服务，进一步减少自建服务体的成本。

2010 年底以 20 万元收购了域名 TopLife.com，作为京东的奢侈品垂直 B2C 网站。

2010 年，京东商城营业额 102 亿元，亏损率为 8%。

2011 年 11 月，京东进军奢侈品领域，正式推出奢侈品购物网站 360Top.com。

2012 年 1 月，京东在线客服正式上线，在网站访客与京东之间搭建起全新的即时沟通渠道。

2012 年 2 月，京东商城酒店预订业务上线。京东商城集团正式启动电子书刊业务，销售平台与智能手机/PC 阅读客户端软件同步上线；5 月，京东商城开放服务 JOS 上线（jos.360buy），标志着京东商城系统的全面开放。5 月 29 日，京东商城集团旗下日韩品牌综合类网上购物商城——迷你挑正式上线；10 月，京东商城开通英文网站开拓西方市场。京东完成第六轮融资，融资金额为 3 亿美元，并非外界传说的 4 亿美元。该笔融资由安大略教师退休基金领投，京东的第三轮投资方老虎基金跟投，两者分别投资 2.5 亿美元和 5000 万美元。

2012 年 10 月，京东完成了对第三方支付公司网银在线的完全收购，正式布局支付体系。

2012 年 11 月，京东上线供应链金融服务"京保贝"，可以实现三分钟向供应商提供融资服务。京东正式开放物流服务系统平台。

2013 年 3 月，京东完成价值观梳理：客户为先、诚信、团队、创新、激情。新企业价值观的核心是"客户为先"。京东域名正式更换为 JD. COM，并推出名为"Joy"的吉祥物形象。京东与中国顶级足球赛事中超联赛牵手，成为中超联赛一级合作伙伴。

2013 年 5 月，京东推出"夜间配"、"极速达"等配送服务，树立电商物流配送的新标杆。京东超市业务上线。

2013 年 6 月，京东推出电商云的四大解决方案：宙斯、云鼎、云擎、云汇。京东开出中国电子商务领域首张电子发票。京东在北京、沈阳两地成功投放自提柜业务，消费者可 24 小时随时取货。

2013 年 7 月，京东"亚洲一号"上海物流中心（一期）完成建筑结构封顶。成功举办京东首届开放平台合作伙伴大会。

2013 年 9 月，京东发布首份企业社会责任报告提出"五为"理念。

2013 年 10 月，京东调整会员体系，推出"京豆"。京东首次面向海外招聘国际管培生。京东在自营家电品类率先推出"30 天价保，30 天只退不换，180 天只换不修"特色服务承诺，远超国家三包法规定。

2013 年 11 月，发布 JDPhone 计划，整合产业链为用户打造最佳性价比手机。京东获基金支付牌照。京东正式推出"退换货运费险"，是电商业界首次退换货"双保险"。京东与太原唐久便利店合作上线 O2O 项目。

2013 年 12 月，京东成为中国首批虚拟运营商。京东会员俱乐部上线。

2014 年 1 月，京东西北大区正式启动运营。京东率先试行新消法。

2014 年 2 月，京东推出首个互联网金融信用支付产品："京东白条"。

2014 年 3 月，京东收购腾讯旗下拍拍、QQ 网购全部股权以及上海易迅 9.9% 的股权；并且与腾讯签订了为期五年的战略合作协议，为期八年的非竞争协议。

2014 年 4 月 15 日，京东"超级理财产品"——"京东 8.8"在京东金融平台正式开售，总共发行规模为 10 亿元。

2014 年 5 月 15 日，京东通信正式启动转售运营业务，主打"特权"概念，规划四大会员特权体系：免费通信特权、购物优惠特权、互联生活特权、金融服务特权，及无套餐、无合约、无抵消"三无"简单资费计划。

2014 年 5 月，京东在美国纳斯达克证券交易所正式挂牌上市（股票代码：JD），是中国第一个成功赴美上市的大型综合性电商平台，共融得约 15 亿美元资金，与腾讯、百度等中国互联网巨头共同跻身全球前十大互联网公司排行榜。

2015 年 1 月 9 日，京东（NASDAQ：JD）、易车网（NYSE：BITA）和腾讯（SEHK：00700）联合宣布，三方已达成最终协议，京东和腾讯以现金和独家资源的形式对易车网投资约 13 亿美元。同时，易车旗下专注于汽车金融互联网平台的子公司易鑫资本将获得京东和腾讯总计 2.5 亿美元的现金投资。

2015 年 4 月 15 日，京东全球购业务正式上线，京东称，全球购平台首批上线商品超过 15

万种，品牌数量超过 1200 个，商铺超过 450 家，涵盖母婴用品、食品保健、个护化妆、服装鞋靴、礼品箱包等品类，涉及日本、韩国、澳大利亚、新西兰、法国、德国、美国、英国、荷兰等国家和地区的商品。

2015 年 5 月 8 日，位于中关村创业大街的"JD + 智能奶茶馆"正式开业。

2015 年 5 月 28 日，小米公司与京东商城联合宣布，小米的京东官方旗舰店于当日上午 10 点正式上线运营，消费者可通过 PC 端、京东移动客户端、微信购物、手机 QQ 购物等多个渠道进入小米京东官方旗舰店。

2015 年 7 月，美国纳斯达克股票市场宣布，京东商城（JD）7 月 29 日起将成为纳斯达克 100 指数和纳斯达克 100 平均加权指数的一部分。京东商城入选后，中国互联网公司入选纳斯达克 100 指数的公司将增至两家。

2015 年 11 月 12 日，京东入选 MSCI 中国指数。

ebay™

2012 年 9 月 14 日，eBay 发布了一个新的公司 LOGO，新的公司 LOGO 保留了 eBay 著名的红、蓝、黄、绿四种颜色，但与此前的 LOGO 相比字体更细，颜色更加柔和，排列上更加整齐，修正先前字母错落混杂。这反映了 eBay 公司的长久地经营活力，展示了公司要脚踏实地经营自己的业务的决心，体现了 eBay 公司在业务上从竞价和收藏品向价格齐全、即时购买的商品的转变过程。伴随着 eBay 和亚马逊业务的交叉，后者的增长速度一直快于 eBay，双方的竞争日趋白热化，为了更好地与亚马逊展开竞争，公司逐渐将重心放在新的、固定价格的商品销售交易上，新的公司 LOGO 反映了这个新的方向。这就是今天的 eBay，一个全球性的在线商城，为用户提供更干净的、更当代化的和始终如一的体验。在 eBay 的特别频道中，竞价拍卖物品、二手货、古董和绝版珍品仍是构成买卖交易的重要部分。但它在过去几年时间里已经取得了很大的演进，现在的 eBay 已远非只是竞价拍卖的网站。

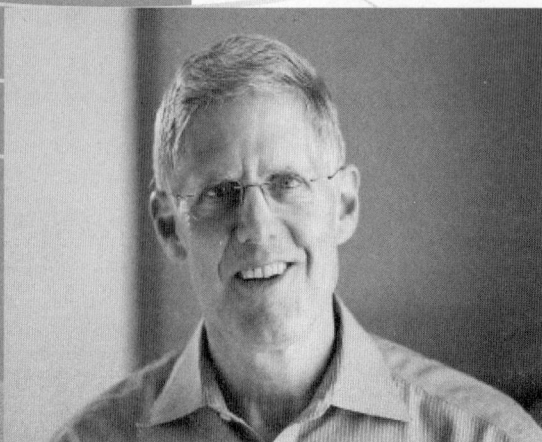

托马斯·蒂尔尼（Thomas Tierney）
公司董事长及首席执行官
eBay 董事长

托马斯·蒂尔尼于 2003 年以来担任 eBay 董事，是 2015 年 eBay 与 PayPal 分拆后的新任 eBay 董事长，同时也是 eBay 薪酬委员会、公司治理和提名委员会成员。蒂尔尼是一位社会企业家，是非营利性领域的公认领导者，他经常在与非营利性领导和慈善事业相关的各种主题上发表演讲与文章。此外，蒂尔尼是哈佛商学院社会企业计划的主席，并在哈佛商学院的院长顾问委员会任职。蒂尔尼有着丰富的管理经验，担任 Bridgespan 集团主席和 Bain&Company 首席执行官，曾帮助 Bain&Company 取得了非常成功的转机。他在为各行业的首席执行官提供战略和领导力咨询方面有超过 35 年的经验。

德文·韦尼希（Devin N. Wenig）

eBay 首席执行官

德文是一名以目的为导向的全球技术领导者。他 2011 年 9 月加入 eBay，在 eBay 的市场业务担任总裁近四年之后，在 2015 年 7 月成为首席执行官。在德文的领导下，eBay 已经成为世界 30 大品牌之一，并将年度商品总销量从 2011 年的 603 亿美元增长到 2015 年的 820 亿美元。在此期间，eBay 增加了 6400 万活跃买家。在 eBay 任职期间，德文领导执行了关键的战略计划，包括向移动/多屏的战略转移；重新定义 eBay 的设计标准；通过跨境贸易扩大全球影响；并推出新的服务，如时尚、交易、艺术、现场拍卖和本地服务。德文在全球技术/媒体公司 Thomson Reuters 工作超过 18 年后加入 eBay，在当时他是 Thomson Reuters Markets 的首席执行官。在这一职位上，他领导全球媒体和金融服务业，向企业、媒体和消费者提供技术、新闻和数据。他是一个棒球迷、赛跑者，冲浪和艺术爱好者。他热衷于使用技术和商业平台，对世界各地的社区产生积极的影响。德文获得了联合学院的文学学士学位，以及哥伦比亚大学法学院的法学博士学位。他曾任职于 Dimes 慈善机构的董事会，并且是世界经济论坛年轻全球领导人的成员。

四　eBay 可持续发展报告（eBay）

（一）公司简介

全球在线交易平台 eBay（EBAY，中文名：亿贝、易贝；NASDAQ：EBAY）于 1995 年 9 月 4 日由 Pierre Omidyar 以 Auctionweb 的名称创立于加利福尼亚州圣荷西，是一个致力于为个人用户和企业用户提供国际化的网络交易平台的公司。在这里形成了一个多元化的社区，上面的商品包罗万象，物品分类超过数千种。无论是纪念卡、古董、玩偶和家用器皿等收藏品，还是二手车、服装、书籍、音像制品及电子产品等实用商品都可以交易。买家可以自由选择竞拍，或通过一种特有的、称作"立即购买"的定价拍卖方式购得商品。eBay 的诞生源于 Pierre Omidyar 未婚妻对 PEZ 玩具糖果盒的收藏爱好，她希望能有个途径找到志同道合的人交流收藏经验。为了达成未婚妻的梦想，Pierre 日夜辛劳设计，拍卖网站就这样诞生了。开站后，成员数目与日俱增，最后令 eBay 一跃成为全球最大的拍卖网站。

eBay 的诞生不只是圆了一对未婚夫妇的梦，更是创造了一个让全球所有人乐于投入的交易平台，成为汇集全球各地好友的真诚社区，为各领域的个人和商家提供网上商务等业务。目前，eBay 在全球的服务站点包括在美国的主站点和在奥地利、澳大利亚、比利时、巴西、加拿大、中国、法国等全球站点。eBay 总部设在美国加利福尼亚州，目前拥有 11600 名员工，在英国、德国、韩国、澳大利亚、中国和日本等地都设有分公司。其拥有 2500 万卖家，8 亿件商品，1.6 亿活跃买家。本部分将从 eBay 的发展历程、业务现状、股权结构及公司治理、总体规模及经营业绩四个方面展示 eBay 目前的基本状况。

1. 发展历程

eBay 的发展，大致经历了三个阶段：

第一阶段（1995～1998）：eBay 的创立与发展。eBay 由法国人皮埃尔·欧米亚（Pierre Omidyar）创立，传说中那是皮埃尔为了满足妻子收藏 PEZ 玩具糖果盒的需要才有的想法。就是这种最初的兴趣使欧米亚与杰夫·斯考尔在 1995 年 9 月以独资企业形式创立了一个以家庭为基础的拍卖网站，目的是为 PEZ 收藏迷们提供一个在网上相互交流和交易的场所，这就是 eBay 的最初由来，靠 PEZ 迷们的口耳相传，eBay 很快吸引了大量访客。不久，开始有人在 eBay 上交易其他物品，交易的物品也变得越来越多种多样，有古董体育纪念品、电脑、玩具、布娃娃、塑像、硬币、邮票、杂志、音乐制品、陶器、摄影作品、珠宝、家具等。eBay 处理的交易数量也急剧上升，远远超过免费服务可承担的负荷，皮埃尔不得不开始对每一笔交易收费，根据登录物品种类、数量、价值的不同，收取从 25 美分到 2 美元之间不等的费用，除此以外，还收取成交金额 1.25%～5% 的手续费。虽然 eBay 开始收费，人们还是像潮水般地不断涌向该站点。至此，欧米亚不得不辞去了 General Magic 公司的工作，于 1996 年 5 月正式组建了 eBay 公司，截至 1998 年 9 月，每一天中 eBay 站点上的待拍品数量就超过了 50 万件。1997 年，eBay 年收入达 570 万美元，盈利 87.4 万美元。

在雅虎、亚马逊书店等著名网络公司普遍尚不能盈利的情况下，eBay 却成为最早开始盈利的互联网公司之一。

eBay 公司的高速发展态势，使两位创始人意识到该是聘用优秀的职业经理人来应对的时候了，这样才能更大地激发 eBay 的潜力。经过对多位候选人多方位考察以后，最终决定聘用玛格丽特·惠特曼为 CEO。玛格丽特女士于 1998 年 3 月正式加盟 eBay，任公司总裁兼首席执行官。她对 eBay 成功的领导，奠定了 eBay 在全球在线市场和消费者电子商务网站的头把交椅地位。

第二阶段（1998 ~ 2006）：eBay 成功挺进欧美市场。1998 年 8 月开始与美国在线（AOL）合作，借助这个美国浏览率最高的门户，eBay 很快获得巨大的来自美国国内的流量，同年同月与 CarClub. com 和 AotoTrade. com 这两个汽车公司的合作，使 eBay 迅速进入了另一个高价商品领域——二手车市场。而 2004 年 2 月 20 日与 Toyota Motor Sales，USA Inc.（美国丰田汽车销售公司）的联合营销协议帮助 eBay Motor 站进一步扩大影响。2000 年 2 月 8 日与迪士尼（Disney）的合作，又充分应用了迪士尼集团强有力的非网络频道开拓市场，这些频道包括 ABC 电视与广播网络、ESPN 有线网络、迪士尼频道及迪士尼分类与主题公园等。2005 年 6 月 6 日，eBay 与环球资源公司联合宣布建立战略联盟，eBay 借此进入 B2B 领域。该战略合作将帮助 eBay 在全球范围内获得更多货源信息，也为环球资源公司的供应商提供更多货源。此次合作打通了 B2B 与 C2C 两种电子商务模式，创造出一种新的 B2X2C 的电子商务新模式，其中的 X 既是 B2B 中第二个 B 也是 C2C 中第一个 C。以前 C2C 模式中买家往往缺乏高性价比的货源，而作为个人又无法在 B2B 平台上进行采购，同时 B2B 市场的供应商也苦于没有渠道进入拥有巨大

用户量的个人消费市场，此次合作打破了这一界限。2006 年 5 月 25 日，与雅虎（Yahoo）在美国国内进行合作，合作内容涉及搜索和图片广告、在线支付、联合品牌工具条和"点击呼叫"领域。这次战略联盟，使两者联合起来在美国国内抗衡迅速扩张的共同竞争者 Google。同年 8 月，Google 和 eBay 宣布建立广告联盟。根据协议，Google 将在 eBay 拍卖网站上销售广告，Google 将成为 eBay 在美国之外的独家文本广告提供商，同时双方还将在 eBay 平台上提供点击通话（Click to Call）功能，允许买家通过电话快速地同卖家联系。

至此，在惠特曼的带领下，eBay 已经在美国 57 个城市和 26 个国家和地区建立了地方网站。2005 年第一季度，eBay 宣布注册 eBay 的国外用户首次超过美国本土用户。来自海外的收入增长比例大大超出总收入的增长比例，其中德国和英国的贡献又是最为巨大的。eBay 德国公司是 eBay 成功借壳入市的一个典型案例，1999 年 6 月，eBay 以 4300 万美元的价格收购了德国本土的 Alando 网站，在该网站架构上进行了 eBay 特色的改动，并获得了建设性的成功，德国很快就成为继美国市场之外为 eBay 带来最多利润的市场。德国作为一个典型的欧陆国家，双休日大多数商店都是关门歇业的，富裕经济培养下的购买力却并未在双休日就消逝，eBay 这种灵活的网络购物模式，每天 24 小时的服务时间极大满足了不同的购物需求，因此 eBay 德国很快获得成功都是意料之中的事情。另一个典型的成功案例就是英国市场，eBay 通过自我打造重新开设的全新网站，既没有语言的任何障碍，又极好地传承了 eBay 的精神，在英国这样历史悠久的国家，小而精的创业团队很快就打动了这个陈旧的市场，并占据了主导地位，eBay 又一次印证了自己拓展的成功。

第三阶段（2006 年至今）：eBay 在亚洲市场败兴而归。几乎所有大型跨国企业都意识到当欧美的市场逐渐饱和，要想获得进一步的拓展优势，必然要抢占亚洲这个新兴市场，这个人口占比第一的大洲，让人感受到巨大的潜力，eBay 公司当然也不会例外。日本是 eBay 向海外扩张的第 17 站，在它刚进入的时候，雅虎日本从事线上拍卖业务仅仅 5 个月的时间，不过雅虎日本当时还是免费的。但是 eBay 刚踏上日本国土时坚持传播他们的 eBay 精神，仍然保持收费的策略，即根据拍卖品的价格向拍卖品展示者收取每件 30 ~ 7500 日元的手续费。殊不知，从本土人民喜好角度讲，照搬美国套路的 eBay 在日本并不讨巧，eBay 始终不能获得日本网民的欢心。日本受挫后，2000 年 eBay 以 950 万美元收购当时中国台湾排名第一的力传咨询股份有限公司的网上购物平台，进入亚洲第三的中国台湾市场。遗憾的是，即使他们先到那里，仍然没有守住先入为主的地位，在雅虎奇摩的大力竞争之下痛失先机，宣布撤销中国台湾站。同样 eBay 韩国的表现也不尽如人意。而 eBay 在中国进行的两次尝试都没有取得出色的成就，一是收购易趣网，但在中国市场不敌淘宝网，最终将易趣网和盘托出；2012 年重返中国市场，牵手走秀网，目前还没有取得特别出色的业绩，但未来借助跨境电商的东风提高市场份额也有一定希望。从 eBay 在亚洲市场的总体表现来看，eBay 在一个和美国文化差异比较大的文化圈内作战的能力令人怀疑，本土化水平不够高，无法根据区域市场进行差异竞争，无法做出适合当地客户需求的产品，仅仅依靠 eBay 如雷贯耳的名气加上"eBay 精神"的口头传播，在实际的商战中要取得胜利，无异于缘木求鱼。

2. 业务现状

eBay 以拍卖起家，然而随着电子商务产业链趋于完善，特别是亚马逊在物流体系、IT 系统、供应链管理等方面的逐渐成熟，以及用户对购物体验的要求越来越高，eBay 拍卖模式受到严重冲击，股价也随之跌入谷底。2008 年多纳霍接管 eBay 后，开始进行全面整顿，如今的 eBay 已不仅仅是一家线上跳蚤市场，固定价格商品交易已占据大半的 eBay 平台交易额，PayPal 支付业务成为亮点，是公司业绩增长的动力，此外，eBay 还收购了 GSI 电商解决方案公司，由此构成了当前三大业务线，分别为在线拍卖市场、PayPal 在线支付服务和 GSI 电商解决方案（后改名为 eBay Enterprise），这三大业务为 eBay 贡献了大部分营收。此外，eBay 于 2011 年下半年推出了 X. commerce 开放平台，该平台并非直接面向消费者，而是专门为商家和开发者搭建的平台。开发者可以在 X. commerce 平台上开发并提交应用，商家可以选择免费或者付费接入 eBay 或者第三方开发者提供的电子商务所需的技术工具，eBay 再和开发者进行少量的分成。X. commerce 在 eBay 处于一个独特的位置，这项服务将不会直接给 eBay 带来大量收入。但该平台会间接促进 eBay 网站、PayPal、GSI 三大业务更好的货币化。eBay 的主要产品构成如图 2 - 4 - 1所示。

图 2 - 4 - 1　eBay 的主要产品构成

2015 年，eBay 放弃了其中的两大业务，PayPal 和 eBay Enterprise，业务集中在电子商务上，现今主要营收来源于网上交易平台 Marketplace 和票务平台 StubHub，公司总体业绩也不可避免地缩水。eBay 于 2014 年在旗下创新和新事业（Innovation and New Ventures）集团成立了一个由工程师和设计师组成的新部门，任务是开发将电子商务引入带有显示屏的任何设备的新途径，可穿戴设备是其看重的方向；同时加强内部优化、平台优化，而这一切也都围绕电子商务开展。

3. 股权结构及公司治理

eBay 的股权结构十分分散，目前的前十大股东中，没有一个单一股东的持股比例超过 10%，截至 2015 年 12 月 31 日，eBay 的大股东持股信息如表 2-4-1 所示，持股 5% 以上的股东有三位，依次为 Pierre M. Omidyar、The Vanguard Group、BlackRock，Inc.，其中 Pierre M. Omidyar 为公司董事，三者合计持股比例为 17.75%，持股市值达到 574857.65 万元。

表 2-4-1　eBay 大股东持股信息

股东名称	直接持股数量	占已发行普通股比例（%）	股东类型
Pierre M. Omidyar	82062558.00	6.96	持股 5% 以上股东
The Vanguard Group	63726172.00	5.41	持股 5% 以上股东
BlackRock，Inc.	63402554.00	5.38	持股 5% 以上股东
合计	209191284.00	17.75	

资料来源：Wind 资讯。

4. 总体规模及经营业绩

eBay 于 1998 年 9 月 24 日在美国纳斯达克证券交易所挂牌上市，2015 年 12 月 31 日，eBay 公司的收盘价为 27.48 美元，由于 2015 年进行了资产剥离——分拆 PayPal 及出售企业部门，2015 年 12 月 31 日，eBay 总资产规模为 177.85 亿美元，与 2014 年的 451.32 亿美元相比，减少了 60%。股东权益也由 2014 年的 199.06 亿美元降低至 2015 年的 65.76 亿美元。总营业收入为 85.92 亿美元，同比降低 2.25%，而净利润为 17.25 亿美元，与 2014 年净利润 0.46 亿美元相较同比增长 3650%。2015 年 eBay 股东报酬率为 13.03%，EPS 为 1.43 美元/股，比 2014 年的 0.04 美元/股有所增长，但仍低于 2013 年的

2.20 美元/股。

（二）公司战略

自 eBay 成立以来，这个公司就已经发展成为一个电子商务的典范，eBay 的成长战略以地理和范围的扩展为基础，以持续增长的创新来提升网上产品的多样性和吸引力。

1. eBay 的整体发展战略

（1）多元化战略。多元化经营是指企业在多个相关或不相关的产业领域同时经营多项不同业务的战略。eBay 在其多元化战略的发展中还融合了其他的贸易模式，比如按次收费、插播广告等贸易模式，这些收费及推广模式对于客户来说具有很大的吸引力，从而使 eBay 获得了更多、

更稳定的客户群。而且 eBay 对所有的销售商，不论规模大小都有一套统一的规定。该公司向商户征收同样的费率，并且不向任何一方对任何一种商品做出独家销售权的保证。尽管 eBay 吸引诸如 IBM、沃尔特、迪士尼等大型商户的努力让一些小型商户感到担忧，但大型商户整体上在 eBay 并没有特别成功的表现，小型商户仍有很大的空间。

（2）同盟发展战略。eBay 与多家大型公司建立战略同盟关系。1998 年 8 月，eBay 与美国在线签订合同，约定 eBay 将成为美国在线分类和兴趣领域 C2C 交易服务的首选提供商。2000 年 eBay 与迪士尼合作，一起通过迪士尼的非网络频道开拓市场。2004 年它又与美国丰田汽车签订了一项营销协议，允许该汽车制造商在 eBay 上主办独家栏目。2006 年，Google 在美国以外的地方为 eBay 提供网络搜索广告，在"一键通"广告业方面，两家公司也携手合作。如此庞大的战略合作体系使得 eBay 公司迅速扩张。

2. eBay 的具体战略调整

2015 年 7 月，eBay 和 PayPal 进行拆分，并重新定位了自己的发展战略。eBay 现在主要的战略不是在量的扩张，而在修炼内功，属于内容上的扩充。eBay 对内部平台进行了优化，包括平台本身内部的优化、卖家的优化、买家体验上的优化。

（1）跨境电商。2015 年 4 月，在京东新上线的"全球购"跨境电商平台上，eBay 谋得一席之位，开辟了"eBay 海外精选"频道。近几年跨境电商的增长速度非常迅猛，eBay 针对性做了三个方面的调整：产业升级，拓展了更多的市场；海外仓的比例增高，退换货比以前做得好；中国的卖家方面，完善退换货的流程、热卖产品、大数据、卖家标准。2014 年 eBay 跨境交易额达 552 亿美元，占总交易额 22%，增长率 24%。

（2）移动技术。eBay 现在大部分的发展方向都在移动端，2014 年在移动端产生的交易额是 279 亿美元，通过移动端下单的超过 3 亿多次，占整个销售超过 34%。根据 eBay 内部数据显示，英国消费者最喜欢在移动设备上购买大中华区卖家的商品，移动购物占比最高，而美国、澳大利亚和德国的消费者紧随其后。移动技术的进步使得线上与线下消费之间的界限逐渐模糊，但消费者依然希望得到与传统零售购物一致的消费体验，首次购物使用移动 App 的用户，其消费参与度更高，并且花销高出 72%，作为全球移动商务领域的先行者，eBay 提供的移动应用跨苹果、安卓和 Windows 多个平台的设备，覆盖全球 190 个国家，支持 8 种语言，使用户可以随时随地在任何设备上都可享受 eBay 卓越的购物体验。

（3）可穿戴设备。eBay 在旗下创新和新事业（Innovation and New Ventures）集团成立了一个由工程师和设计师组成的新部门，任务是开发将电子商务引入带有显示屏的任何设备的新途径。2015 年 eBay 在可穿戴设备上已经可以成交，虽然移动可穿戴设备会受到屏幕小的限制等，但这一技术是 eBay 非常看好的方向。

（4）eBay 平台新动向。eBay 将推出 Promoted Listings 帮卖家做引流，成交之后才需要支付广告费；推出绿色通道——企业账号，通过此通道帮助一些好企业在短时间内以精简的规模成为 eBay 的大卖家。

（三）资本运营

eBay 的发展史就是一部互联网企业的并购史，通过不断地并购拓展其业务、客户和技术实力，从而建立起更大的竞争优势。但企业的资本运营与其战略相适应，2015 年 eBay 进行了战略调整，伴随着两项重要的资产剥离，公司规模锐减的同时，业务也进行了收缩。

1. 扩张型资本运营

表 2－4－2 列示了从 eBay 创立到现如今的重要并购事件，从表中可以发现 eBay 全球扩张始于 1999 年，初次登陆点是英国、德国和澳大利亚。紧接着在 2000 年，eBay 进入日本和加拿大市场。至 2001 年底，eBay 交易平台遍及美国、德国、英国、澳大利亚、日本、法国、加拿大、意大利、奥地利、韩国、西班牙、瑞士、瑞典、新加坡、新西兰、爱尔兰和比利时。2002年，eBay 通过收购 Neolom 进入中国台湾，同年斥资 3000 万美元购得易趣 33％股份进入中国大陆并于 2003 年以 1.5 亿美元高价买下余下的67％股份，实现对易趣的全额控股。eBay 全球扩张正在如火如荼之际，却在日本被泼了冷水。2002 年 eBay 在日本市场被土化做得更好的 Yahoo 打败，同年宣布退出日本市场。

表 2－4－2　eBay 重要并购事件

年份	被并购公司	主要业务	并购金额
1998	Up for Sale. com	拍卖	—
1999	Butterfield	拍卖	2.6 亿美元
1999	Billpoint	在线付款服务	—
1999	Alando	德国线上交易	4300 万美元
2000	half. com	帮助用户销售二手书籍、唱片和电影光盘	3.13 亿美元
2001	Internet Auction. com	线上拍卖商	1.2 亿美元
2001	iBazar	线上拍卖商	6600 万美元
2002	PayPal	在线付款服务	15 亿美元
2003	carad. com	在线汽车拍卖管理	—
2004	Rent. com	公寓租赁网站	4.15 亿美元
2004	Mobile. de	分类汽车网站	1.49 亿美元
2004	Baazee. com	拍卖网站运营商	5000 万美元
2004	Marktplaats. nl	荷兰广告分类网站	2.9 亿美元
2005	LoQUo. com	价值评估网站	—
2005	Skype	即时通信	26 亿美元
2006	Tradera. com	瑞典在线拍卖网站	26 亿美元
2007	StubHub	在线票务零售商	3.1 亿美元
2007	StumbleUpon	网站评级系统	26 亿美元
2007	Bill Me Later	在线支付网站	8.2 亿美元
2007	StumbleUpon	网站评级系统	26 亿美元
2007	Fraud Sciences	以色列安全企业	1.96 亿美元
2012	Svpply	社交购物推荐平台	—
2014	PhiSix	电脑图像公司	—

eBay 的网络拍卖业务需要成熟的互联网和大量的网购人群，而当时绝大部分地区还达不到此硬性要求，所以 eBay 的第一轮扩张选择在发达国家及地区。但 eBay 深知先下手为强的道理，尽管硬件条件还不够成熟，两年后 eBay 的第二轮扩张便瞄准了潜力地区——亚洲和南美洲。2002 年底，eBay 交易平台新增阿根廷、巴西、智利、哥伦比亚、厄瓜多尔、墨西哥、乌拉圭、委内瑞拉和中国大陆。2004 年底，其平台新增马来西亚、印度、菲律宾和中国香港。截至目前，eBay 已经出现在 37 个国家及地区的电子交易市场上。

在中国市场方面，eBay 也通过收购、战略联盟等进行过探索。

（1）eBay 的第一次中国之旅。eBay 于 2002 年通过收购易趣进入中国，并一度占据中国 C2C 市场 80% 份额。当时 eBay CEO 惠特曼信誓旦旦保证"中国市场 eBay 必须拿下"，易趣在 eBay 的资金支持下在各种渠道上进行大量广告投入。2004 年，eBay 易趣还与中国当时的三大门户网站——新浪、搜狐和网易签署排他性协议，以封杀淘宝等拍卖网站在后者的网站上打广告。按照当时惠特曼的预期，借此次封杀行动，中国拍卖市场的争夺战将于 18 个月内结束。但事实上 eBay 并没有能阻止淘宝的崛起，而且输在了本土化上。

eBay 全资收购易趣后的工作重心是完成易趣与 eBay 美国平台的对接，例如，将服务器搬到美国并将网站风格改成 eBay 的全球统一模式，但这种改变马上就引起老用户的反感。在战略调整上，易趣需要层层向上级汇报工作从而反应迟钝。在对店铺的收费制度上，eBay 坚持收费模式，宣称"免费不是商业模式"。淘宝借此机会推出的免费模式，马上受到了卖家的欢迎。紧接着腾讯和当当也推出了 C2C 拍卖，其共同特点

就是免费。事实证明免费模式在当时更适合中国国情，但在本土公司的迅猛冲击之下，eBay 的应对却非常迟缓。eBay 于 2005 年 5 月才第一次调整相关费用制度，于同年 12 月和 2006 年 1 月再次下调费用。

2005 年，易趣的市场份额被挤到 24%，并且每况愈下；2006 年底，eBay 无奈出让易趣 51% 股权给 Tom 在线，并传闻签有 5 年排他协议。协议规定 eBay 在中国退出面向消费者的电商市场，只留下连接中国中小企业卖家和全球消费者买家的出口业务；2012 年 4 月，易趣成为 Tom 集团的全资子公司，不再是 eBay 在中国相关网站。

（2）eBay 的第二次中国之旅。阔别 6 年之久，2012 年 11 月 12 日，eBay 选择与本土时尚电商走秀网合作，推出网购频道"eBay Style 秀"。通过这个一站式购物平台，中国消费者可以搜索、浏览并购买 eBay 全球发售的产品，包括服装、包、鞋、首饰等 8 个类别，5000 个品牌，50 万数量的单品。从构架上，中国消费者在走秀网下单后，由走秀网统一将订单数据传送到 eBay 美国总部。eBay 总部再开始将货物调配到美国和中国香港的仓库。最后由走秀网统一将货品引进国内，并负责物流、配送、海关、支付、退换和售后服务。

走秀网于 2008 年上线，是一家时尚百货购物网站，产品包括奢侈品、国内外知名品牌和设计师品牌。2011 年其销售额在 10 亿元左右，而当年国内网购总额超过 7800 亿元，其所占市场份额并不大。与 eBay 合作对于走秀网来说可以大大丰富产品种类。走秀网一直坚持自营道路，在与天猫、京东等平台商家竞争时面临产品不够丰富的困境，而且获得知名品牌商授权难度较大。通过引入 eBay 的商家，走秀网可以一次性获得大量渠道资源。

对于 eBay 来说，与走秀网合作是其本身业务的自然延伸。2011 年，中国消费者登陆 eBay 英文网站购买商品数量同比增长 40%，2012 年上半年，中国用户浏览 eBay 英文网站时间长达 1700 小时。eBay 选择是否进入某一市场的重要考核标准就包括该地区通过海外购方式购买 eBay 产品的人数，如果有足够多的用户对 eBay 的产品有兴趣，那么在该地区开设购物网站便是顺理成章的事了。另外，根据 eBay 调研发现，进口品牌产品占据中国零售市场 30%，进口商品在线零售在 2015 年有望达到 150 亿美元。eBay 拥有全球化多元采购的优势，对海外购这个市场想必志在必得。

2. 收缩型资本运营

2015 年 eBay 不再着重实施扩张型资本运营，而是进行了两项重要的资产剥离，一是与 PayPal 的分拆，二是出售企业部门 eBay Enterprise。其中 eBay 与 PayPal 分拆可以说是 2015 年科技界的大事件，在长达 13 年的合作中，eBay 与 PayPal 两家公司都得到了成长，但随着行业的发展变更，eBay 业绩的下滑，两者的协同效应已然有限，分拆也是不得不走之路。

（1）eBay 和 PayPal 分拆。2014 年 9 月，eBay 宣布了将 eBay 和 PayPal 分拆成两家独立上市公司的计划。2015 年 6 月，eBay 董事会批准了该分拆计划。2015 年 7 月 17 日，eBay 和 PayPal 正式分拆，终止了两家公司长达 13 年的"联姻"。7 月 20 日，PayPal 股票正式挂牌交易，在 2002 年被 eBay 以 15 亿美元收购前，PayPal 曾使"PYPL"代码在纳斯达克交易，同 eBay 分离的 PayPal 重返纳斯达克，开盘后股价一度上扬 11% 至 42.55 美元，市值约 520 亿美元。相比之下，eBay 股价下滑 4.7%，市值约 320 亿美元。下面从并购回顾、分拆动因、分拆效应三方面介绍 eBay 和 PayPal 分拆。

其一，并购回顾。PayPal 创立于 1998 年，是全球电子支付领域的领头羊。2002 年 7 月，当时的全球电商霸主 eBay 以 15 亿美元的价格将 PayPal 收入麾下，最初目的是利用 PayPal 来驱动在线拍卖交易。如今看来，eBay 的这桩收购堪称硅谷最成功的交易。2014 年，PayPal 处理交易总金额达 2350 亿美元，营收 80 亿美元。其中移动支付交易量为 460 亿美元。2002 年至今，PayPal 的用户数量从 2300 万增至 1.69 亿，目前业务已经覆盖全球 203 个国家和地区。PayPal 一半以上的交易来自 eBay 以外的其他平台，相比之下，eBay 近几年业绩增长则一直依靠 PayPal 的良好表现。截至 2014 年第二季度，PayPal 对 eBay 的收入贡献率已超过一半以上。

其二，分拆动因。早在 2014 年 2 月，持有 eBay 约 2.2% 股份的激进投资者卡尔·伊坎就向 eBay 发出公开信，对该公司治理问题提出质疑，并建议 eBay 将 PayPal 业务剥离，使后者独立运营。eBay 最终决定将 PayPal 分拆上市，并不完全是为了回应卡尔·伊坎的诉求，实际上这已经是大势所趋。2014 年秋天，苹果推出 Apple Pay 移动支付系统，谷歌、亚马逊、三星等公司也都相继加入移动支付市场大战，这给一向在电子支付领域独占鳌头的 PayPal 带来巨大挑战。业内人士认为，继续屈居 eBay 之下将阻碍 PayPal 未来发展，将后者分拆上市是巩固其市场地位的最好手段之一。

根据 2015 年 4 月调研公司 ChangeWave 对美国移动支付市场用户进行的意向性调查报告，如图 2 - 4 - 2 所示，截至 2015 年 3 月底，计划使用 Apple Pay 的用户占比从 2014 年 6 月底的 19% 大幅上升至 45%，而计划使用 PayPal 的用户占比则从 54% 跌至 28%。

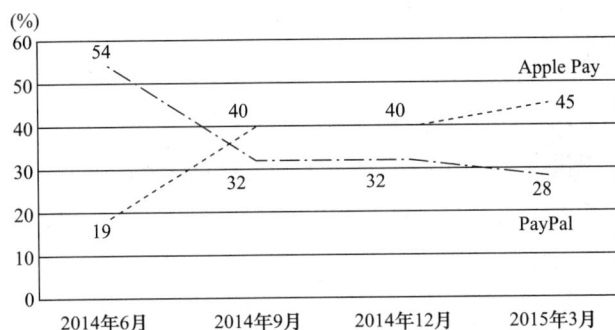

图2-4-2　美国移动支付意向调查

资料来源：中文业界资讯站。

事实上在完成分拆前，PayPal已经有所行动。2015年初，PayPal以约3亿美元价格收购移动支付公司Paydiant，后者主要为大型零售连锁商提供授权技术平台，帮助客户搭建移动钱包应用。Paydiant成立于2010年，客户包括赛百味等零售商以及沃尔玛、塔吉特百货等零售巨头组建的零售商联盟MCX。此后，PayPal又完成了对Xoom的8.9亿美元收购。Xoom主要提供国际汇款服务，帮助用户通过手机、平板电脑及个人电脑轻松完成海外付款及汇款业务。PayPal首席执行官舒尔曼此前表示，综观全球，PayPal有着巨大的收购机遇。

其三，分拆效应。PayPal在分拆后上市的首个交易日，就实现了超过5%的涨幅，尽管随后几个交易日股价有所回落，但华尔街分析师仍普遍看好其未来表现。在有统计的13家券商中，包括巴克莱、野村、摩根大通等在内的9家给出PayPal股票"买入"或类似评级。相比之下，脱手PayPal之后的eBay则面临诸多挑战。两者作为同一实体的最后一份财报显示，2015年第二季度PayPal保持了两位数的营收增长，而eBay收入继续萎缩。标准普尔公司已经宣布PayPal取代eBay，成为标普100指数成份股，同时取代离岸钻井商Noble，成为标普500指数成份股。分拆事件也伴随着多名eBay高管的离职，

其中包括2014年eBay总裁兼首席执行官约翰·多纳霍（John Donahoe）、首席财务官鲍勃·斯万（Bob Swan）、高级副总裁兼首席顾问迈克尔·雅克布森（Michael Jacobson）、全球人力资源高级副总裁贝斯·埃克斯罗德（Beth Axelrod）等。同时，eBay也为高管离职提供了高额的补偿金。高管离职现象会对eBay带来一定不利影响。

（2）出售企业部门eBay Enterprise。eBay早在2015年1月就表示，将会寻求出售企业业务部门或帮助其上市。该部门可以帮助零售商开发或运营购物网站。eBay的CEO约翰·多纳霍（John Donahoe）当时表示，企业部门与eBay市场业务或PayPal之间的"协同效应有限"。同时，eBay在全球市场部门及企业部门裁员约2400人，占公司员工总数的7%左右。在2015年第二季度，eBay董事会批准了销售企业部门eBay Enterprise的计划。2015年7月16日，eBay签订了最终协议，将旗下企业部门出售给私募股权公司Permira领头的一个财团，交易金额为9.25亿美元，并于2015年11月2日结售。在出售完成时记录了损失3500万美元，包括来自终止经营业务的收入（损失），扣除所得税。

eBay Enterprise的前身是GSI Commerce公司。GSI 2000年模仿亚马逊模式，在北美租下第一个30万平方米的仓库。10年间成长为一个覆盖15个行业的电子商务运营商，服务著名品牌超过200家，甚至垄断了美国几乎所有联赛的线上周边产品销售，包括NBA、NFL、NASCAR等。2011年，eBay斥资20亿美元收购了GSI，以期与亚马逊庞大的配送网络竞争，因为亚马逊靠着自建仓储，代配送的模式，吸引了来自各个品类的商家入驻，而eBay作为电商平台的影响力越来越弱。被收购2年后，GSI Commerce更名为eBay Enterprise。eBay Enterprise并不面向个

人客户的服务，而是帮那些传统零售商搭建一个电商平台，提供从电商平台、订单管理、运营、市场到广告的一条龙服务。很显然，它不会是独立的。eBay 希望这些大客户在自己的平台上发挥作用，但 eBay 的品牌影响力并没有为 eBay Enterprise 带去更多的客户。目前 eBay Enterprise 首页展示的大客户，很多还是 GSI 时期的，包括户外品牌 Dick's 和 Timberland 等。而像宜家、轻奢品牌 Kate Spade、Levi's 这些客户都已经有了自己的电商平台。他们似乎更没有理由去依赖一个不太赚钱的平台。与在线集市业务一样，eBay Enterprise 销售增长速度一直落后整个电商行业发展速度。

可想而知，eBay Enterprise 是一个稳定却不太有前景的生意。想在这些传统零售商铺开 PayPal 支付的计划，似乎也不需要通过 eBay Enterprise 来实现。eBay Enterprise 被出售也是必然结果。

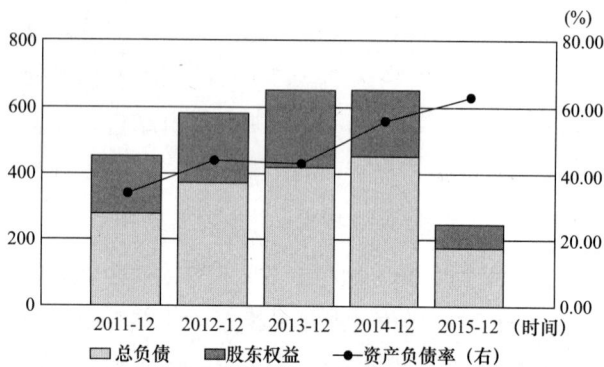

图 2-4-3 eBay 资本结构变化

资料来源：Wind 资讯。

如图 2-4-3 所示，资产剥离完成后的 eBay 总负债、股东权益及总资产下降比率均超过 50%，同时资产负债率也有所提升，已超过了 60%，今后 eBay 的资本结构可能还需进一步调整。

（四）商业模式

eBay 能够存活下来并创造利润的首要原因是它的商业模式——网上交易。它创造了电子商务世界中最成功的商业模式。其实，从某种意义上说，eBay 是虚幻的：它本身不生产商品，不提供商品，也没有现实生活中的零售店。eBay 能提供的只是一种服务，一种前所未有的以网络为基础的服务——网络拍卖。eBay 使拍卖这种古已有之的交易形式在电子时代里不再只局限于传统拍卖会或者车库里的清仓甩卖。它赋予拍卖新的含义、新的形式，使拍卖商的商品超越出时间和空间的限制，能够在极短的时间里接触到来自全世界的诸多潜在顾客。eBay 独特的商业模式使 eBay 走上与众不同的商业轨道，把公司和其他专靠广告收入的商业网站区分开来。雅虎90% 的收入来自广告，失去广告，雅虎将面临严峻的生存问题；而 eBay 则不同，它的广告收入只占总收入的 5%。如今 eBay 在美国的网上拍卖市场独霸一方，占据了 85% 的市场份额。2003 年，eBay 21.5% 的营业额来自明码标价的商品。

在 eBay 创立初期，和大部分的 B2C 公司有所不同的是，B2C 公司在本质上还保留着商品的特性，只不过是把传统商店放到了网络上。而 eBay 更倾向于"平台"建设，即建立起规范模式化的交易平台，不参与交易行为，不赚取商品利润，只以管理费和交易费作为收益。这是一条相当圆滑和灵活的规则，它使得 eBay 不用承担传统 B2C 业务中商品积压、物流渠道、供货商关系、购买者习惯等带来的压力，而是处于网民自愿交易行为的辅助者、指导者、管理者的角度，牢牢抓住了单项交易收益额小但成交宗数多的普通网民市场。这便是 eBay 开创的史无前例的商业模式——C2C 电子商务模式。"长尾理论"指出只要渠道足够大，非主流的、需求量小的商品销量也能够和主流的、需求量大的商品销量相匹敌。与传统的"二八定律"不同的是，长尾理论中"尾巴"的作用是不可忽视的，经营者不应该只关注头部的作用。eBay 开创的 C2C 模式便是以"长尾理论"为依据的通过"小钱赚大钱"的商业模式。

1. C2C 模式

作为交易的第三方，eBay 自己并不直接参与交易，而是专门为客户提供商务信息及增值服务。通过这个电子商务信息中介服务平台，信息流可以在买方和卖方之间相互流动（见图 2-4-4）。eBay 通过出售收集到的信息，向用户收取店铺费、商品登录费、交易服务费等费用获得丰厚收入。

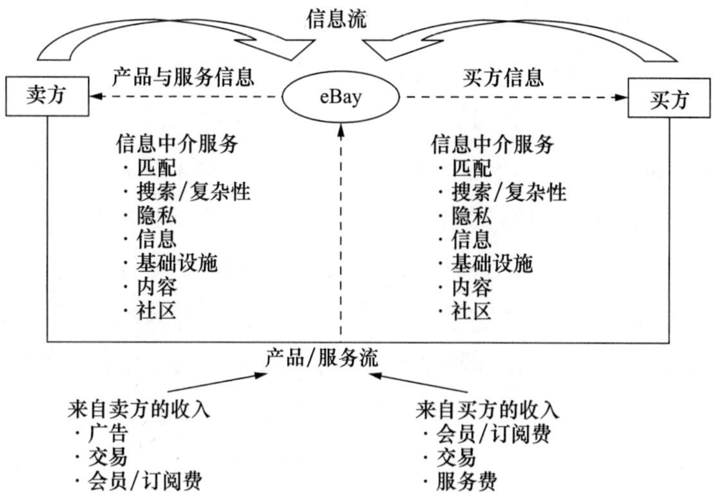

图 2-4-4　C2C 模式下的信息中介与信息流模型

eBay 推翻了以往那种规模较小的跳蚤市场，通过网络，将买家与卖家拉在一起，创造一个永不休息的市场。大型的跨国公司，如 IBM 会利用 eBay 的固定价格或竞价拍卖来销售它们的新产品或服务。资料库的区域搜寻使得运送更加迅捷或是便宜。软件工程师们借着加入 eBay Developers Program，得以使用 eBay API，创造许多与 eBay 相整合的软件。作为一家成功的 C2C 国际商务信息平台，eBay 成功的 C2C 模式有着其独到之处：

（1）与传统的二手市场相比，C2C 模式是最能够体现互联网精神和优势的。数量巨大、地域不同、时间不一的买方和同样规模的卖方通过一个平台连接，交易不再受到时间和空间限制，节约了大量的市场沟通成本，其价值是显而易见的。

（2）比价信息服务，给顾客带来真正实惠。通过网上竞拍，eBay 使得消费者也部分掌握了议价的主动权，价格也更具有弹性。同时，常有的打折促销活动通过信息平台更加迅速地传达到顾客那里，让他们在足不出户的情况下享受到购物的乐趣。精明的网上购物者可能早已有了自己喜爱的购物站点，但是他们如何才能找到提供同样好的服务和条款但是价格更低的其他商店呢？购物机器人（或称购物代理）可以根据消费者设定的标准替他们搜索网络，例如，按颜色、质地、品牌、产地、商家信誉、价格区间搜索某种商品或者高级搜索。

（3）安全制度。eBay 注重诚信建设，登录之前必须注册。实名认证机制区分了个人用户与商家用户认证，两种认证需要提交的资料不一样，个人用户认证只需提供身份证明，商家认证需提供身份证明，并为用户提供了支付证明和营业执照，从而保证了网上交易的安全性。

（4）评价系统。eBay 主要的防诈骗手段是评价系统。在每笔交易完成后，买家和卖家皆可以为彼此评价，可以互相给出"正面"、"负面"或是"中立"的评价，为该次交易留下意见。所以，如果买家对该卖家（交易）有所不满的话，他可以给这位卖家留下一笔负面评价，以防下一位买家有可能误中陷阱。对买家而言，学会并善用评价系统有助于降低被诈骗的概率。当然，评价系统同时也是保护卖家的。如果有个买家的评价过低，或是负面评价太高，该卖家可以根据其评价，拒绝其交易。因为 eBay 几乎不会移除任何评价。所以，移除不公平、非真实的评价根本是不大可能的。

2. 盈利模式

无论什么样的生意，都必须依靠长久的、稳定的、有持续性的盈利才能够生存和维持，在此基础上才能谈到发展，才能谈到竞争。eBay 本质上扮演着中介的角色，把买卖双方通过互联网连接起来，为买者和卖者提供一个交易的平台，所以它的盈利模式属于价值网络型。盈利的前提是提供价值，eBay 为买方提供了一站式购齐的便利和独特的购物体验，为卖方提供了低廉的经营成本和很大的客户群。下面就其盈利模式的构成要素——利润对象和利润来源做具体阐述：

（1）盈利对象。eBay 的客户最初定位于美国和加拿大等北美市场，但美国人口只占整个世界的 6%，巨大的潜在用户市场存在于北美英语语言区之外。自 1999 年开始，eBay 向海外探索，新的 eBay 站点覆盖了英国、德国、澳大利亚、印度和中国等国家。目前，eBay 的国外注

册用户已经接近其总用户数的 50%。除了在地域上拓展用户范围之外，eBay 还拓展其他用户群类型。eBay 最初严格采用 P2P 的运作方式，它的客户是买家和卖家个人。随着交易时间的延长，其业务逐渐扩展到了经销商对个人的交易，这些经销商除了众多不知名的小商家外，还包括一些著名的大型公司，如 IBM、Samson 和 Sears 等，这些大企业成为 eBay 的新客户，在 eBay 上出售全新或二手的产品，现在这个群体已经成为大宗交易的主体。

（2）盈利来源。eBay 对于买家是免费的，营收主要来自向卖家收取商品展示费、交易佣金、支付佣金等与交易相关的费用，此外，还拥有少量广告及分成收入等。其中，与交易相关的展示费及佣金是 eBay 的主要收入来源。除汽车和房地产外，eBay 上所有的商品展示费从 25 美分到几美元不等。如果要在产品中加入黑体字或照片还需另外收费。如果卖家将展示的产品销售出去，必须按销售价格抽取一定比例的费用付给 eBay。这个比例根据产品的售价有所变动，25 美元以下的交易收 5% 的提成，25 美元~1000 美元收 2.5%，1000 美元以上收 1.25%。如果竞标失败，eBay 只向卖家收取 0.25 美元~2 美元不等的"资料费"，具体数额根据卖家的资料或者图片的多少而定。所以 eBay 的收入主要来自产品费和交易服务费。对于每个做成交易的卖家来说，他们无需支付网站使用费，只需要支付商品展示费和交易提成，相对于实体店铺的高额租金来说，这些费用就显得微不足道了。在这种模式下，持续从商家一方获利的前提是平台流量大、用户多。只有当 eBay 的流量足够，才有能力使商家通过该平台创造更大的价值，进而巩固 eBay 自己在平台型电商领域的地位。

在中国境内，eBay 易趣的盈利模式也经过了漫长探索。易趣网首先是对个人用户提供服务

进行收费以实现盈利。易趣网自 1999 年建立之后，迅速占领中国市场，并于 2001 年适时地推出各种服务收费制度，以期通过对个人用户进行收费来实现最终盈利，即通过将网站所有者传播到网站的信息以私人物品的形式进行交易（如网站通过出售虚拟服务、会员权限等）为盈利模式。易趣网的收入来源与网页的广告收入、网上直销收入、C2C 商品拍卖的服务费、个人物品拍卖的卖方手续费、收取商品登录费。目前易趣向卖家收取商品登录费，以商品最低成交价为计费基数，并在每次交易成功之后，收取相应佣金也就是交易服务费，价格按每件商品在网上成交金额的 0.25% ~2% 收取。

但是，易趣网的盈利尝试却被淘宝网以免费的营销策略所击溃，淘宝网许诺对个人用户的免费运营，不仅帮助淘宝网抢占大量市场份额，而且使得个人用户错失了在养成阶段培养交费习惯的机遇。从商业网站的盈利模式方面讲，淘宝带给 C2C 商业市场劣币驱逐良币的不利效应，导致淘宝网在 2006 年推出招财进宝时，针对用户服务收费的盈利模式快速夭折。接着在易趣网和淘宝网先后采取对用户收取（种类不同但本质相同的）服务费来实现商业盈利的模式失败后，易趣网和淘宝网又分别尝试两个方向的盈利模式。

易趣网被 TOM 在线收购后，更加重视移动商务的业务拓展。eBay 时期的易趣和 TOM 在线就曾经在无线领域进行合作，推出国内首个基于 WAP 技术的手机购物平台，在 TOM 在线入驻易趣后，依托 TOM 在线中国无线业务卓越的优势，易趣网的手机购物平台成为新易趣相比所有对手的最大竞争优势。手机购物平台在国外已经相对成熟，伴随着中国手机用户的成熟和普及，无线上网技术的发展，易趣网开拓的手机网购平台具有极大的市场前景。同时，最重要的，易趣网开拓手机网络购物平台不仅仅是新增了一个渠道，

而更重要的是将日后发展的重要方向调整到"移动购物"这一广阔市场上来。此举将移动购物摆在日后的重心地位，显然是确定了移动购物新的盈利模式——移动支付。

（五）市场概况

1. 市场总体情况

在整个 2015 财年，eBay 集团旗下各个商务平台继续将全球各地的买家和卖家紧密连接，其活跃买家数（Active Buyer）增加 800 万人，总活跃买家人数达 1.62 亿人，增幅为 5%。2015 年，eBay 全年总交易量为 820 亿美元，同比下降 1%，受美元走强所带来的影响，不计入汇率变动影响增长为 5%。营收为 86 亿美元，同比下降 2%，不计入汇率变动的影响为同比增长 5%。eBay 集团在 2015 年中来自持续运营业务的运营现金流和自由现金流充沛，分别达到了 29 亿美元和 22 亿美元。截至 2015 年 12 月 31 日，eBay 集团已获批的剩余可回购股票总价值为 18 亿美元。eBay 集团的现金、现金等价物及非股权投资组合总值为 85 亿美元。

如图 2-4-5 所示，2011~2014 年 eBay 的主营业务收入呈稳步上升趋势，且业务构成及占比相似，但 2015 年 eBay 的主营业务收入骤降，同时 2015 年 eBay 的主营业务构成明显与前几年不同，2011~2014 年 eBay 的主营业务为电子商务平台和广告服务、电子支付产品及服务、电子商务和互动营销服务，其中，前两项业务，是 eBay 的核心业务支撑起 90% 以上的营业收入。而 2015 年的主营业务已经不包含这两项，eBay 在资产剥离完成后收入主要集中到交易收入和市场营销服务，2015 年 eBay 的主营业务收入接近 80% 来自交易收入，20% 来自市场营销服务。

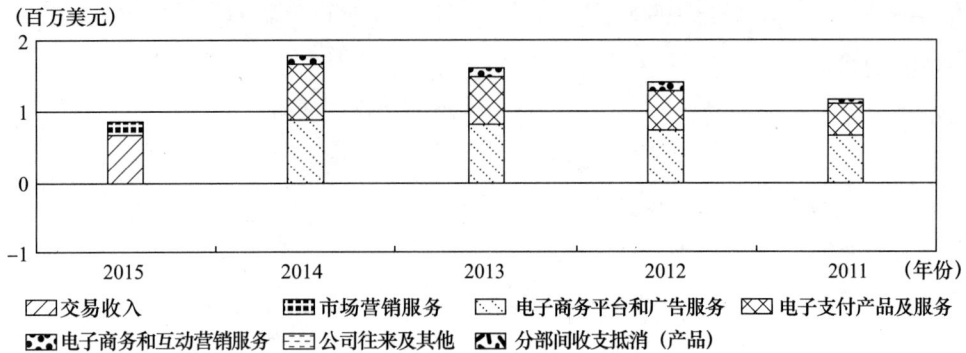

（百万美元）

☐ 交易收入　　　☷ 市场营销服务　　　☐ 电子商务平台和广告服务　　☒ 电子支付产品及服务
☒ 电子商务和互动营销服务　　☐ 公司往来及其他　　☒ 分部间收支抵消（产品）

图 2 - 4 - 5　eBay 2011～2015 年主营业务收入构成

资料来源：Wind 资讯。

表 2 - 4 - 3　eBay 2014～2015 年营收构成及变动表

单位：百万美元

	2015 年	2014 年	变动百分比
GMV：			
电商平台	78099	79581	-2%
票务平台	3574	3172	13%
GMV 合计	81673	82753	-1%
净交易收入：			
电商平台	6103	6351	-4%
票务平台	725	629	15%
净交易收入合计	6828	6980	-2%
营销服务及其他收入：			
电商平台	1078	1103	-2%
分类广告	703	716	-2%
企业及其他	-17	-9	
营销服务及其他收入合计	1764	1810	-3%

资料来源：eBay 2015 年年报。

对于平台类电子商务企业来说，GMV（Gross Merchandise Volume，成交总额）是重要的衡量指标，如表 2 - 4 - 3 所示（其中外汇中立表示剔除外汇效应后的数据），eBay 的 Marketplace 在 2014～2015 年的 GMV 波动不大，票务平台 StubHub 的 GMV 虽然明显低于 Marketplace，但与 2014 年相比，有 13% 的提升，这也是 eBay 所看好的有潜力的平台。同样，对于交易收入及营销收入，Marketplace 平台产生的收入与 2014 年相比变化不大，但 StubHub 平台有 15% 的增长率。

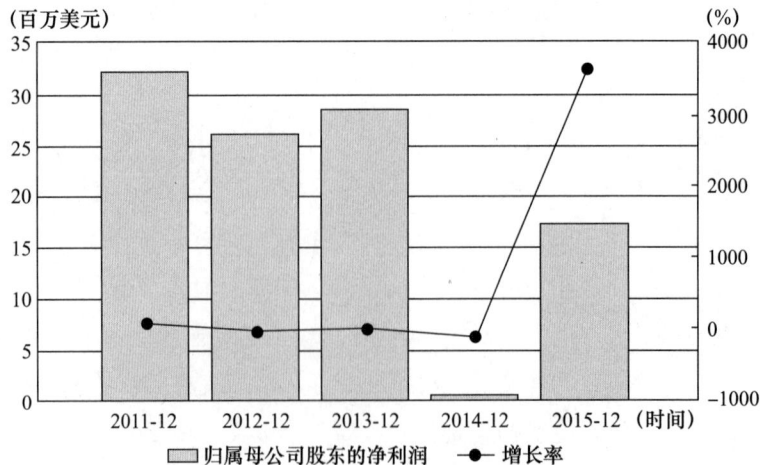

（百万美元）　　　　　　　　　　　　　　　　　（%）

☐ 归属母公司股东的净利润　━● 增长率

图 2 - 4 - 6　eBay 净利润及增长率变化

资料来源：Wind 资讯。

如图 2 - 4 - 6 所示，eBay 2015 年净利润与往年相比处于较低水平，但与 2014 年的净利润相比增长了 3650%，这主要由于 2014 年 eBay 的税费过多，导致净利润极低。以 eBay 2015 年资产规模的缩减程度来说，净利润保持的还是比较好。

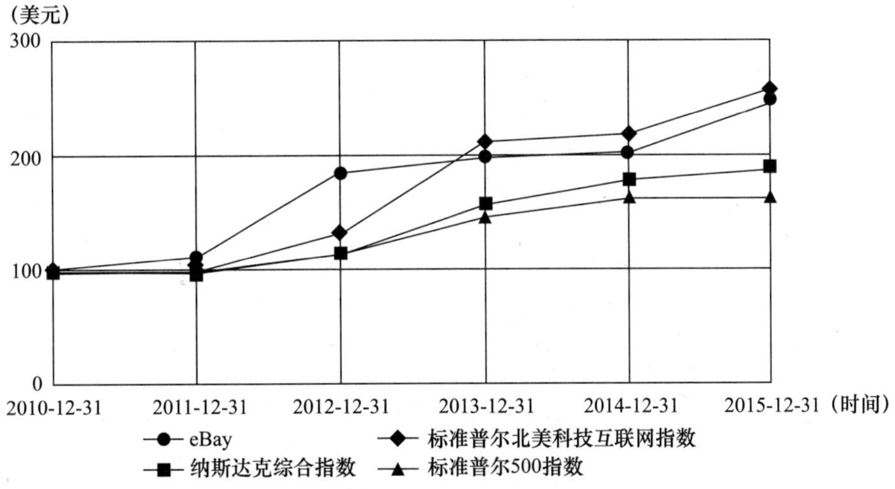

图 2 - 4 - 7　eBay 股价变化

资料来源：eBay 2015 年年报。

图 2 - 4 - 7 显示可以看出 eBay 从 2010 年 12 月 31 日至 2015 年 12 月 31 日股价表现良好，2010 年 12 月 31 日（年度最后一个交易日）的投资累计总股东回报（包括其后的任何股息的再投资）为 100 美元，之后年份 eBay 股价的年末表现均超过纳斯达克综合指数及标准普尔 500 指数，同时 2015 年与 2014 年相比增速明显。

2. 业务拓展

虽然 2015 年 eBay 进行规模较大的核心业务剥离，但是 eBay 在全球的电商布局并没有因此停止，2015 年 eBay 在地域和业务方面也进行了拓展与更新，具体有以下表现。

第一，eBay 开通"银联在线支付"。2015 年 3 月，银联国际携手全球最大线上购物网站之一，eBay 开通了"银联在线支付"，用银联卡（卡号以 62 开头）即可轻松支付。eBay 开通"银联在线支付"，能帮助中国用户解决海淘过程中常见的语言、支付等问题，提升消费者跨境网购的便利性和购物体验，使用银联卡跨境支付还免收 1% ~ 2% 的货币转换费。用户只需在选定商品后，进入支付页面，选择 PayPal 关联银联卡，通过"银联在线支付"即可完成支付。同时，eBay 还推出专门针对中国用户的海淘专题页面，不仅没有语言障碍，还提供"中国区专享优惠"。

第二，eBay 英国扩展全球运送计划。2015 年 3 月，eBay 英国全球运送计划新增三个国家分别是芬兰、波兰和以色列。该计划可以帮助英国卖家获得全球买家的订单。卖家们只需完成国内的运送流程，余下的物流服务则由 eBay 运送中心处理；而买家们也可通过此计划看到他们所购物品完整的总价，其中包括所有的运输费用。目前已经被 eBay 英国纳入该项目的国家有澳大利亚、比利时、巴西、加拿大、中国、丹麦、法国、德国、爱尔兰、意大利、日本、卢森堡、荷兰、新西兰、葡萄牙、俄罗斯、西班牙、瑞典和美国。

第三，eBay 德国新营销工具免费开放。2015 年 4 月，eBay 德国的新营销工具"销售活动"将对所有预定过的 eBay 商家免费开放。这款工具可以帮助卖家运用交叉营销提高销售额，并节省商品运费。例如，通过批发折扣可让卖家在销售商品给目标客户时，售出更多件商品；卖家既可以通过商品页面，也可以通过自动产生的销售页面增加产品的曝光度。此外，借助该工具的交叉营销模块，卖家还可以用销量最高的商品和一类过季商品（捆绑组合），以吸引人的价格出售组合商品。由此，卖家可以在一个订单中售出更多不同类别的产品。

第四，eBay 推出全新的"卖家物品推广"服务。2015 年 5 月 26 日，eBay 推出了全新的"卖家物品推广"，以挑战传统广告模式。通过新的"卖家物品推广"，只有在买家点击推广商品广告并购买了相关商品的情况下，卖家才需支付广告费。在帮助 eBay 卖家有效增加商品曝光率的同时，也保证了卖家的投资回报率。这项服务仅对在 eBay 平台进行交易的物品开放。该服务的独特之处在于，卖家只需在推广商品获得点击并成功出售之后才需支付广告费。而大部分其他广告服务则是按点击收取广告费，无论商品售出与否。

第五，eBay 发布 New Mums 工具。eBay 英国广告发布了一项预测及定位工具来识别并细分"家长"身份的消费者，推出这款工具是为了利用和分析网购行为，从而更好地定位和吸引各阶段的消费者。"新妈妈"（New Mums）这款产品根据用户的真实购物行为，对 eBay 上 1800 万名每月独立用户进行了分析。该工具目的在于更好地定位消费者，在他们不同的人生阶段、季节性事件以及重要的购物事件中提供更好的服务，如圣诞节日"促销"、"搬家"、"度假"或者"购买新车"等。

第六，eBay 推出卖家专区功能，助力拓展业务。eBay 推出卖家专区功能，此项功能目前为测试版，暂时只对通过 eBay.com 刊登物品的美国卖家可用。此外，eBay 表示 2016 年将会继续改进。据了解，该专区适用于目前使用 My eBay、售卖专家或专业版售卖专家的专业卖家，集所有物品刊登工具和营销工具，见解和销售建议于一体。卖家将获得有关物品刊登和订单活动的集中概览、详细的销售信息、市场营销工具和推广工具，以及有竞争力的物品刊登指导、拓展业务。另外，卖家还可以观察自身的物品相较于其他类似物品，售出的可能性有多高，并获得物品刊登意见，主要是从定价、物品状况、运输成本、售出数量四个方面，以帮助提高销售额。

（六）经营和财务绩效

表 2－4－4　eBay 2013～2015 年经营与财务业绩比较　　　　单位：百万美元

年份	2015	2014	2013
收入	8592	17902	16047
总资产	17785	45132	41488
净利润	1725	46	2856

续表

年份	2015	2014	2013
净利润率（%）	20.08	0.26	17.80
总资产报酬率（ROA）（%）	9.70	0.10	6.88
净资产报酬率（ROE）（%）	26.23	0.23	12.08
资本性支出（CAPEX）	136	395	375
CAPEX 占收比（%）	1.58	2.21	2.34
经营活动净现金流	4033	5677	4995
每股经营活动净现金流（美元/股）	3.41	4.64	3.86
自由现金流（FCF）	3897	5282	4620
自由现金流占收比（%）	45.36	29.51	28.79
每股盈利（EPS）（美元/股）	1.43	0.04	2.20
每股股利（DPS）（美元/股）	0	0	0
股利支付率（%）	0	0	0
主营业务收入增长率（%）	−52.01	11.56	14.03
总资产增长率（%）	−60.59	8.78	11.91
净利润增长率（%）	3650.00	−98.39	9.47
经营活动现金流增长率（%）	−28.96	13.65	30.15
资产负债率（%）	63.03	55.89	43.00
流动比率（%）	349.27	151.34	184.22
总资产周转率（次数）	0.48	0.40	0.39
股息	0	0	0
内部融资额	2412	1536	4256
研发支出	923	2000	1768
研发支出占收比（%）	10.74	11.17	11.02

表 2 – 4 – 5　eBay 2013 ~ 2015 年轻资产特征

序号	项　　目	2015 年	2014 年	2013 年
1	现金类资产比重（%）	34.47	35.17	33.74
2	应收账款比重（%）	3.48	1.77	2.17
3	存货比重（%）	0	0	0
4	流动资产比重（%）	44.44	58.79	56.12
5	固定资产比重（%）	8.74	6.43	6.65
6	流动负债比重（%）	12.72	38.84	30.46
7	应付账款比重（%）	1.96	0.89	0.74
8	无息负债比重（%）	−1.52	−0.88	−1.42
9	有息负债比重（%）	38.12	16.90	9.94

序号	项　目	2015 年	2014 年	2013 年
10	留存收益比重（%）	43. 37	41. 88	45. 44
11	营运资金（百万美元）	5641	9000	10644
12	现金股利（百万美元）	0	0	0
13	内源融资（百万美元）	2412	1536	4256
14	资本性支出（百万美元）	136	395	375
15	现金储备（百万美元）	6131	15875	13996
16	自由现金流（百万美元）	3897	5282	4620

（七）内控与风险管理

1. 经济风险

eBay 运营和绩效主要取决于全球和区域经济状况。不利的经济状况和事件（包括资本市场的波动或困扰等）会对区域和全球金融市场产生不利影响。欧盟是 eBay 开展业务的重要市场，而近几年出现的"脱欧"事件可能对欧盟的经济产生不利影响，这些事件和状况可能对开展业务的公司和客户产生不利的影响。此外，影响银行体系或金融市场的金融动荡可能导致金融服务行业的变动，甚至引起重大金融服务机构的破产、信贷市场逐步收紧等，这可能会对 eBay 开展业务的公司和客户以及进行的业务产生重大不利影响，进而可能减少商务平台上交易的数量和降低交易的价格。

2. 政治风险

eBay 的国际业务，特别是在英国、德国、澳大利亚、韩国以及中国的跨境业务，近年来贡献了大部分净收入。国际化业务必然要面临当地的政治风险，包括贸易壁垒和贸易规则的变化，当地的劳动法律法规，政治或社会动荡，镇压或人权问题，地缘政治事件，自然灾害，公共卫生问题，战争行为和恐怖主义，等等，这一系列政治风险可能会降低消费者对 eBay 的使用率或影响 eBay 在当地的技术配置，影响 eBay 业务的开展或者收入的增加。

3. 外汇风险

eBay 作为跨国公司，并且最终业绩以美元计入财务报告，其财务业绩受外汇汇率波动的影响。一是由于换算受美元兑外币汇率波动影响，二是美元波动也会影响美国卖家对欧洲和澳大利亚等地所销售的商品的数量，从而进一步负面影响公司财务业绩。虽然 eBay 不时进行交易以对冲外汇敞口的部分，但是不可能完全预测或消除这种敞口的影响。汇率波动可能对财务结果产生重大影响，进而对 eBay 普通股和债务证券的交易价格产生重大影响。

4. 竞争对手风险

互联网和移动网络为销售各种类型的商品和服务提供了新的快速发展和激烈竞争的渠道。随着全球电子商务竞争日益加剧，eBay 需要与诸多的线上和线下公司竞争，竞争对手可能会拥有重要的资源、大型用户社区和成熟的品牌。eBay 在双边市场竞争，必须吸引买家和卖家使用 eBay 的平台。消费者拥有越来越多的替代品，竞争者也会拥有更多渠道来吸引消费者。此外，进入壁垒可能很低，并且企业可以通过与成熟电商平台合作，以小额成本发布在线网站或移动平台应用。为应对竞争环境的变化，eBay 可能会采取措施并导致卖家的不满，这可能引起消费者转移，损害盈利能力。

5. 信用风险

作为平台，eBay 独立于买卖双方的交易，但对信用问题的把控能力却并不强大。为了避免买卖双方的欺诈作假行为，eBay 建立信用评分制度，要求买卖双方相互评分，进而可以查看到 eBay 每一个用户，包括商家的交易记录和评价的好坏。这些举措一定程度上规范了 eBay 以及 PayPal 使用上的交易规则，但仍无法完全杜绝信用问题发生。欧莱雅、蒂芙尼等公司，都曾提起诉讼，称有人借 eBay 网站出售假冒产品侵权。为此，eBay 每年在应对各种信用方面诉讼的麻烦并不少。

6. 财务风险

eBay 2015 年资产负债率超过 60%，巨额负债可能在将来招致大量的额外负债，因为经营产生的现金流不一定能弥补债务，对现金流和流动性产生不利影响。因此可能会产生以下影响：负债和杠杆可能增加公司在业务下滑等不利变化时的脆弱性；信用评级机构分配给 eBay 的债务证券的评级产生不利变化；在规划或应对业务和行业变化的灵活性可能有限等。公司支付负债的本金和利息的能力取决于未来表现，这将受一般经济条件、行业周期以及影响综合业绩和财务状况的因素影响，这些因素可能是不可控的。如果 eBay 未能从业务中产生足够的现金流以偿还债务，eBay 可能不得不采取以下措施：以巨额税费将资金汇回美国；在债务或股票市场寻求额外

融资；重新融资或重组全部或部分负债；出售资产；减少或延迟计划资本或运营支出等，这些事件都会对公司的流动性和财务状况造成重大不利影响。

7. 投资风险

收购及战略投资可能会导致经营困难，并可能损害公司业务。eBay 此前收购了大量不同规模和范围的企业，也于 2015 年向股东分发了 100% 的 PayPal 的普通股，据此 PayPal 成为一家独立公司，并出售企业部门。eBay 还期望继续评估和考虑各种潜在的战略交易，作为整体业务战略的一部分，包括业务组合、收购、资产的配置以及战略投资等。这些交易可能涉及重大挑战和风险，包括：在交易计划公布后收购或处置的关键客户、商家、供应商和其他主要业务合作伙伴的潜在损失；影响收购或处置的公司员工的员工士气；新员工的雇用和战略招聘困难；需要向处置公司提供过渡服务，这可能导致资源和重点的转移；需要整合每个被收购公司的系统、技术、产品和人员等。以上这些会影响 eBay 的组织结构、费用支出及企业文化建设。

8. 网络安全风险

eBay 的业务受到网络安全风险的影响，包括安全漏洞和网络攻击。eBay 业务涉及存储和传输用户的个人财务信息。此外，大量用户授权 eBay 直接向支付卡账户开账单，以支付 eBay 收取的所有交易和其他费用。越来越多的网站，包括由其他几家大型互联网和线下公司拥有的网站，已经披露了它们的安全漏洞，其中一些网站涉及对其部分网站或基础设施进行复杂和高度针对性的攻击。用于获得未经授权的访问，禁用或降级服务或破坏系统，频繁改变的技术可能难以长时间检测，并且通常直到针对目标发起之前才

被识别。eBay 可能无法预期这些技术或实施适当的预防措施。系统故障或网络攻击可能会损害 eBay 的业务开展，eBay 还可能需要花费大量额外资源来防止安全漏洞或纠正由违规造成的问题。此外，eBay 保险政策覆盖范围较低，可能不足以偿还安全漏洞造成的损失。

（八）前景展望

互联网行业虽然前景巨大，但竞争激烈，据统计，互联网企业的平均寿命只有七年，在这样的生命速度中，eBay 生存了 20 年，几乎单枪匹马地创建了全球性的二手商品交易平台和评估机制，开创了人人机会均等的交易环境。虽然在中国和日本遇到挫折，但仍然无损于 eBay 在世界范围内赢得的开创性胜利。eBay 过去的成功得益于商业模式的创新及良好的企业价值观。然而随着时代的发展，互联网行业每时每刻都在发生巨大的改变。eBay 更是遭受到各方的挑战。对于未来，eBay 的前景是光明的，但道路难免曲折。根据电子商务的发展趋势以及 eBay 自身发展战略，eBay 未来可以在以下方面加强转变：

1. 用创新打开通往未来的通道

创新是企业发展的不竭动力，科技创新不仅可以让 eBay 保持在时代前列，同时也有利于着手解决如何前进的问题。纵观 eBay 的发展史，对比亚马逊、阿里巴巴等同行业企业，可以明显发现 eBay 在技术创新研发及应用方面表现并不出色，从云计算、大数据到人工智能、自动化技术等，eBay 似乎都没有大的动向，这也可能是 eBay 近几年一直增长缓慢的原因之一。对于互联网企业来说，创新是前进的动力，技术创新尤为重要。eBay 最近也开始进行可穿戴技术的开发与应用，以及数据技术的使用，这都是良好的转变，也是 eBay 未来发展的方向。

2. 为客户提供更优质的服务

eBay 的重要业务是为卖家提供平台与服务，对 eBay 来说卖家是其重要客户，所以 eBay 需要为卖家提供更优质的服务，增加自身平台的流量和成交量。eBay 未来也会在平台优化方面采取措施，例如，eBay 将推出 Promoted Listings 帮卖家做引流，成交之后才需要支付广告费；推出绿色通道——企业账号，通过绿色通道来帮助优质企业在很短的时间里，在很精简的规模下成为 eBay 的大卖家。未来 eBay 仍需要在自身优化方面努力，为卖家及买家提供更加优质的服务，提高客户对 eBay 平台的黏性，提高交易效率，并在产品及服务方面建立更强的优势。

3. 注重开拓 O2O 市场

O2O 概念及模式始于美国，是指为顾客提供线上和线下商务完美融合的购物渠道。概念的核心一是本地顾客，二是多种购物渠道，三是多种渠道的完美融合。如今互联网企业的发展趋势是完美融合线上线下，eBay 也不例外，eBay 于 2014 年与时尚品牌 Rebecca Mink off 合作，使用了一项融合网上和实体购物的全新消费体验——智能镜子，消费者可以通过镜子浏览店铺中所有商品，提交试穿申请，收到申请后导购员会将衣服摆放于试衣间。镜子还会给出搭配建议，当你试穿满意后可以直接在镜子上通过 PayPal 付款，一切试穿过的衣服都会保存在你的账户中，方便之后购买。这套系统已在诺德斯特龙百货店（Nordstrom）的西雅图和圣何塞的分店投入使用。O2O 市场有无限的发展可能，同时也是对企业创新、技术、资源等方面的综合考验，eBay 凭借在互联网领域的多年积累，有优势进行 O2O 的市场开拓。

4. 抓住跨境电商的机遇

跨境电商是中国最近几年的电商热点，跨境电子商务占电商市场份额越来越大，从 2013 年的 28% 提升到 2015 年的 31%，2015 年中国跨境电子商务市场规模达 5.3 万亿元，同比增长 32%；中国跨境电子商务行业交易额占进出口贸易总额 19.4%。面对跨境电商的飞速发展，eBay 也抓住机遇，提出针对性措施：产业升级，拓展了更多的市场；海外仓的比例增高；完善退换货的流程、热卖产品、大数据、卖家标准。其中海外仓模式是 eBay 的优势，"先发货、后销售"的模式颠覆了传统跨境物流的供应链，帮助卖家提高派送时效、妥投能力，提升退换货体验，与国外卖家站在同一起跑线竞争。在 eBay 的跨境贸易业务中，中国到欧美市场的跨境贸易一直是 eBay 成长最迅速的业务，这也是 eBay 未来发展的优势所在。

附件一：eBay 财务报告（2015 年）

1. 合并资产负债表

单位：百万美元（除每股数额外）

年份	2015	2014
资产		
流动资产：		
现金及现金等价物	1832	4105
短期投资	4299	3730
应收账款净额	619	600
其他流动资产	1154	1048
终止经营业务的流动资产	—	17048
流动资产合计	7904	26531
长期投资	3391	5736
物业和设备净额	1554	1486
商誉	4451	4671
无形资产净额	90	133
其他资产	395	207
终止经营业务的长期资产	—	6368
资产合计	17785	45132
负债和所有者权益		
流动负债：		
短期借款	—	850
应付账款	349	107
预提费用及其他流动负债	1736	3830

续表

年份	2015	2014
递延收入	106	108
应交所得税	72	125
终止经营业务的流动负债	—	12511
流动负债合计	2263	17531
递延所得税和其他税务负债净额	2092	522
长期借款	6779	6777
其他负债	75	79
终止经营业务的长期负债	—	317
负债合计	11209	25226
所有者权益:		
普通股，面值 0.01 美元；3850 授权股份；1184 和 1224 发行股份	2	2
其他实收资本	14538	13887
库存股，以历史成本计价	(16203)	(14054)
留存收益	7713	18900
累计其他综合收益	526	1171
所有者权益	6576	19906
负债和所有者权益	17785	45132

2. 合并损益表

单位：百万美元（除每股数额外）

年份	2015	2014	2013
营业收入	8592	8790	8257
营业成本	1771	1663	1492
毛利润	6821	7127	6765
营业费用:			
销售费用	2267	2442	2144
产品研发费用	923	983	915
管理费用	1122	889	880
交易损失准备金	271	262	236
无形资产摊销	41	75	136
营业费用合计	4624	4651	4311
营业利润	2197	2476	2454
利息收入及其他收入净额	209	39	117
税前持续经营利润	2406	2515	2571
预付所得税	(459)	(3380)	(504)
税后利润	1947	(865)	2067

续表

年份	2015	2014	2013
终止经营业务的收入（亏损），扣除所得税	(222)	911	789
净利润	1725	46	2856
基本每股收益：			
持续经营	1.61	(0.69)	1.60
终止经营	(0.18)	0.73	0.60
基本每股收益	1.43	0.04	2.20
摊薄后每股收益：			
持续经营	1.60	(0.69)	1.58
终止经营	0.18	0.73	0.60
摊薄后每股收益	1.78	0.04	2.18

3. 合并现金流量表

单位：百万美元

年份	2015	2014	2013
经营活动：			
净利润	1725	46	2856
终止经营业务亏损（收入），扣除所得税	222	(911)	(789)
将净利润调整为经营活动净现金流量：			
交易损失准备金	271	262	236
折旧及摊销	687	682	660
基于股票薪酬	379	344	298
投资处置收益	(195)	(12)	(75)
递延所得税	(32)	2744	(33)
基于股票薪酬的超额税收优惠	(74)	(75)	(112)
资产和负债变动，扣除收购影响			
应收账款	(105)	51	(89)
其他流动资产	(143)	(36)	(367)
其他非流动资产	143	(3)	(105)
应付账款	226	81	(13)
预提费用及其他	(202)	(81)	274
递延收入	9	4	2
应交所得税和其他应付税款	(34)	132	189
持续经营活动现金流量净额	2877	3228	2932
终止经营活动现金流量净额	1156	2449	2063
经营活动现金流量净额	4033	5677	4995
投资活动：			

续表

年份	2015	2014	2013
购买物业和设备	(668)	(622)	(678)
购买有价证券	(6744)	(8752)	(6889)
出售有价证券	6781	8115	3622
并购，扣除现金所得	(24)	(55)	(138)
偿还票据应收账款和出售相关股权投资	—	—	485
其他	(18)	(11)	(22)
持续投资活动现金流量净额	(673)	(1325)	(3620)
终止投资活动现金流量净额	(2938)	(1348)	(2392)
投资活动现金流量净额	(3611)	(2673)	(6012)
筹资活动：			
发行普通股收益	221	300	437
普通股回购	(2149)	(4658)	(1343)
基于股票薪酬的超额税收优惠	74	75	112
限制性股票奖励和单位净股票结算的预扣税	(245)	(252)	(267)
发行长期负债的净收入	—	3482	—
偿还债务	(850)	—	(400)
其他	(11)	6	30
持续筹资活动现金流量净额	(2960)	(1047)	(1431)
终止筹资活动现金流量净额	(1594)	25	77
筹资活动现金流量净额	(4554)	(1022)	(1354)
汇率变动对现金及现金等价物的影响	(364)	(148)	48
现金及现金等价物增加（减少）	(4496)	1834	(2323)
期初现金及现金等价物余额	6328	4494	6817
期末现金及现金等价物余额	1832	6328	4494
减：已终止经营业务的现金及现金等价物－企业	—	29	47
减：已终止经营业务的现金及现金等价物－PayPal	—	2194	1599
持续经营期末现金及现金等价物	1832	4105	2848
补充现金流量披露：			
支付利息的现金	175	99	99
支付所得税的现金	256	343	466

附件二：eBay 大事记

1999 年 5 月，eBay 合并线上付款服务公司 Billpoint。该公司于 eBay 并购 PayPal 后结束营业。1999 年，eBay 合并了 Butterfield & Butter-field。该公司在 2002 年卖给了 Bonhams。

1999 年，eBay 以 4300 万美元合并了 Alando。该公司后被合并在 eBay 德国之下。

2000 年 6 月，eBay 合并了 Half，并将其整合在 eBay 市集中。

2001 年 8 月，eBay 合并了 Mercado Libre、

Lokau 及 iBazar 三家拉丁美洲的拍卖网站。

2002 年 2 月，eBay 以 950 万美元并购台湾最大的拍卖网站 ubid（力传资讯），并改成台湾 eBay。但数个月之后被并公司的高层主管集体请辞。

2002 年 6 月，eBay 以价值 15 亿美元的股票合并了 PayPal。

2003 年 7 月 11 日，eBay 以 15000 万美元现金合并了中国最大电子商务公司 EachNet（中文名称："易趣"），并推出联名拍卖网站"eBay 易趣"。

2004 年 6 月 22 日，eBay 以 5000 万美元及额外的现金并购印度拍卖网站 Baazee。

2004 年 8 月 13 日，eBay 的一位前 craigslist 员工取得了该公司 25% 的股权。

2004 年 9 月，eBay 将合并的目光投向其在韩国的对手 Internet Auction Co.（IAC），并以每股 125000 韩元（约合 109 美元）的价格取得该公司近 300 万的股权。

2004 年 11 月，eBay 以 22500 万欧元并购 Marktplaats。该公司专注于小型广告并占领了荷兰的八成市场，成为 eBay 在荷兰的主要竞争者。

2004 年 12 月 16 日，eBay 以 3000 万美元现金和总值 38500 万美元的 eBay 股票并购 Rent。

2005 年 5 月，eBay 合并 Gumtree。该公司是一家提供城市分类广告的网站。

2005 年 6 月，eBay 以 63500 万美元购并 Shopping。该公司是一家线上比价网站。

2005 年 9 月，eBay 以 26000 万美元现金及股票购并 VoIP 业者 Skype。

2006 年 6 月 5 日，eBay 与台湾 PChome On-line 网路家庭宣布进行合作投资，双方于 2006 年下半年推出联名拍卖网站"露天拍卖"。

2006 年 10 月，eBay 与台湾 PChome Online 网路家庭合资的"露天市集国际资讯股份有限公司"（PChome eBay Co., Ltd.）成立，台湾 eBay 并随之关闭。

2006 年 12 月，eBay 宣布与中国 TOM 宣布成立合资公司，新的合资公司 TOM 占 51% 股份，eBay 占 49%，将继续易趣网国内交易。另成立新公司 CBT 负责跨国交易部分的业务。

2012 年 4 月，易趣网不再是 eBay 在中国的相关网站，易趣网为 TOM 集团的全资子公司，易趣网提供的各项服务均不受影响。

2012 年 9 月 6 日，eBay 宣布已收购了只有 6 名员工的社交购物推荐平台 Svpply。eBay 表示，这笔收购将帮助该公司获得人才，改进在线购物平台，尤其是平台的个性化体验和营销方式。

2013 年 4 月，eBay 集团于 2013 年 4 月 17 日发布了截至 2013 年 3 月 31 日的 2013 财年第一季度财报。报告显示，eBay 第一季度净营收为 37 亿美元，较 2012 年同期增长 14%；基于美国通用会计准则计算的净利润为 6.77 亿美元，每股摊薄收益为 0.51 美元；未基于美国通用会计准则计算的净利润为 8.29 亿美元，每股摊薄收益为 0.63 美元。

2014 年 2 月，国际电商 eBay 宣布收购电脑图像公司 PhiSix。PhiSix 能够根据照片、图形文件及其他来源创立 3D 模型，并模拟服装上身后的试穿效果。

2014 年 4 月 10 日，eBay 宣布与激进投资者卡尔·伊坎（Carl Icahn）达成和解，从而避免了可能出现的代理权争夺战。

2014 年 9 月 30 日，eBay 董事会批准公司旗下的 eBay 和 PayPal 业务 2015 年分拆成两家独立的上市公司的计划。分拆后，eBay 市集业务现任总裁德文·韦尼希（Devin Wenig）将执掌 eBay，而新招揽的前美国运通高管丹·舒尔曼（Dan Schulman）将出任 PayPal CEO。

2015 年 1 月 21 日，eBay 宣布出售其企业部门进行公开募股，限制 PayPal 董事会的权力，同时在本季度削减 2400 名员工，这些被裁的员工主要来自 eBay 核心的 Marketplace 业务。PayPal 分拆独立运营的计划还引发了 eBay 高管的不满，总裁兼首席执行官约翰·多纳霍（John Donahoe）、首席财务官鲍勃·斯万（Bob Swan）、高级副总裁兼首席顾问迈克尔·雅克布森（Michael Jacobson）、全球人力资源高级副总裁贝斯·埃克斯罗德（Beth Axelrod）宣布准备离职。

2015 年 2 月 11 日，eBay CFO 鲍勃·斯万在高盛科技和互联网大会上表示，公司将给予 PayPal 50 亿美元现金以确保其作为独立业务顺利过渡。

2015 年 2 月 24 日，eBay 联手澳大利亚百货公司伍尔沃斯（Woolworths）及其旗下的 BigW 折扣店推出一项新的合作计划，买家可以从新南威尔士州和塔斯曼尼亚岛内 93 家伍尔沃斯门店和 BigW 商场里提取 eBay 网购包裹。

2015 年 2 月 25 日，PayPal 在提交给美国证券交易委员会（SEC）的文件中公布了 PayPal 与 eBay 分拆协议的更多细节：eBay 必须继续在其平台上提供 PayPal 支付服务，而两家公司不得相互竞争；双方之间主要的运营协议有效期为 5 年，随后可以按年续签。

2015 年 5 月 21 日，eBay 在成都召开“2015 年度卖家峰会”，庆祝中国卖家过去一年在跨境零售出口领域取得的骄人业绩。大会颁发了 eBay 中国跨境卖家年度销售大奖，以鼓励和表彰 2014 年通过 eBay 平台成功发展业务，将产品销售到全球市场的中国卖家。

2015 年 5 月 26 日，eBay 推出了“卖家物品推广”以挑战传统广告模式。通过新的“卖家物品推广”，只有在买家点击推广商品广告并购买了相关商品的情况下，卖家才需支付广告费，这在帮助 eBay 卖家有效增加商品曝光率的同时，也保证了卖家的投资回报率。

2015 年 6 月，eBay 上线 AppleWatch 端 App，界面简洁直观又保留多种功能，买家能够轻松获取感兴趣的交易信息，同时卖家也能够持续不断地对用户做出快速响应，并能实时获取所有交易活动的变动信息。

2015 年 7 月 16 日，eBay 签订最终协议，以 9.25 亿美元出售企业部门，并于 2015 年 11 月 2 日结售。

2015 年 7 月 17 日，eBay 集团正式完成分拆工作，截至 2015 年 7 月 8 日（即“股权登记日”）收盘前登记在册的 eBay 持股人，其所持的每股 eBay 普通股可获得一股 PayPal 普通股，均于 7 月 17 日以整数形式发放。20 日，PayPal 以独立公司的形式在纳斯达克公开上市，股票代码为“PYPL”。

2015 年 7 月 28 日，eBay 宣布关闭在美国市场的当日达服务“eBayNow”。该应用在 2012 年 8 月开始在旧金山测试，此前已在旧金山、纽约、达拉斯和芝加哥四座城市正式运行，而此举也表明 eBay 将不会在快递服务市场追赶电子商务巨头亚马逊。

苏宁的 LOGO 设计采取差异化策略，在集团办公、行政商务等领域采用大写字体"SUNING 苏宁"；线上电子商务平台沿用"suning. com 苏宁易购"名称，增强了亲和力和体验感。结构化的视觉体系使得苏宁品牌内涵更丰富，架构更清晰，颜色更多彩，表达力更强。

苏宁线上平台——苏宁易购 LOGO 主要运用百兽之王"狮子"作为设计元素，与图形中"云"的嘴部特征巧妙结合，表达苏宁易购线下与线上统一的云商模式。同时，以极简、亲和、可爱的形象变化去吸引年轻化、个性化的消费群体，提升消费体验。在色彩方面，新 LOGO 改变原苏宁易购"电器化"感受略强的蓝色，传承黄色，与包容性、时代感最强的黑色构成全新色彩体系。英文大小写混合的设计考虑使得整体在视觉更具平衡性，且此形式改变传统对称的标志组合形式，运用小狮子的眼睛与中文形成视觉平衡，错位式组合形式加强整体的独特性与互联网行业现代、活泼的特性，使标志更具符号化。

张近东

公司董事长及首席执行官

苏宁云商董事长

张近东：中国国籍，1963 年 3 月出生于安徽天长。1981～1984 年在南京师范大学中文系读书；1984～1989 年在南京市鼓楼区工业总公司任职；1990 年 12 月 26 日，张近东以 10 万元自有资金，在南京宁海路租下一个 200 平方米的门面房，取名为苏宁交家电，专营空调；张近东带领企业先后开创了"自营服务"、"3C＋模式"、"后台战略"、"智慧苏宁"等一系列经营管理创新模式，企业经营出色、积极履行社会责任。

2004 年，张近东被评为"2004 年度中国民营经济十大风云人物"、被《中国企业家》杂志连续五年评为"中国最具影响力的 25 位企业领袖"、被 21 世纪经济报道评选为"2009 年度华人经济领袖"、被美国《财富》杂志评选为"中国最具影响力的 25 位商界领袖"和"2010 年度中国商人"、被中国扶贫基金会授予"中国消除贫困奖"、被评为"2014 中国互联网年度人物"；2015 年，张近东以 810 亿元财富位列胡润百富榜第 9，2016 年 1 月入围中国十大经济年度人物奖。此外，张近东担任中国人民政治协商会议第十二届全国委员会委员、中国民间商会副会长、中国上市公司协会副会长等职务，成为中国民营经济和商业领域的企业领袖。

金明

苏宁云商首席执行官（总裁）

金明：中国国籍，1971 年出生。1989 年 9 月~1993 年 7 月就读于南京师范大学。1993 年，苏宁电器开始引进应届大学毕业生，金明从南京师范大学毕业后直接加入苏宁电器；1994 年至 2010 年 7 月，金明先后担任苏宁交家电（集团）有限公司营销管理中心总监，苏宁电器股份有限公司副总裁等职务；2010 年 7 月 28 日，金明出任苏宁电器总裁，全面负责公司运营管理；2013 年 12 月至今，任苏宁云商集团股份有限公司董事、总裁。并在公司下属子公司——香港苏宁电器有限公司、GRANDA MAGIC LIMITED、GREAT ELITE LIMITED、香港苏宁采购有限公司、香港苏宁云商有限公司、香港港宁广告有限公司等 31 家子公司担任法定代表人。

（图片来源：百度百科）

五　苏宁云商可持续发展报告（SUNING）

（一）公司简介

苏宁云商，全称为苏宁云商集团股份有限公司（SUNING COMMERCE GROUP CO.，LTD.），原为苏宁电器股份有限公司（SUNING APPLIANCE CO.，LTD.），2013 年 2 月 19 日，公告称由于企业经营形态的变化而拟将更名。苏宁创办于 1990 年 12 月 26 日，总部位于南京，经营商品涵盖传统家电、消费电子、百货、日用品、图书、虚拟产品等综合品类。苏宁云商是国内率先提出并实现 O2O 融合发展的大型零售企业，线下连锁网络覆盖中国大陆、中国香港和日本东京、大阪等地区，拥有 1600 多家实体门店和 18 万员工，线上苏宁易购位居国内 B2C 前三，线上线下的融合发展引领零售发展新趋势。2004 年 7 月，苏宁电器股份有限公司在深圳证券交易所成功上市。2014 年 10 月 26 日，中国民营 500 强发布，苏宁以 2798.13 亿元的营业收入和综合实力名列第一。2016 年 8 月，全国工商联发布"2015 中国民营企业 500 强"榜单，苏宁控股以 3502.88 亿元的年营业收入名列第二。

苏宁历经空调专营、综合电器连锁、全品类互联网零售三个阶段。1999 年，苏宁云商顺应商业模式变革，开始二次创业征程。在巅峰时期的苏宁云商，毅然决然地砍掉了占全公司 90% 业绩的空调批发业务，开始由批发转向全国连锁经营，因为这次转型，苏宁云商开始迈向全国，迎来了纵横捭阖的新时代。在当今互联网、物联网、大数据时代，苏宁云商创新科技零售，以云技术为基础，云服务为产品，整合前台与后台、协同线上与线下、融合互联网与物联网，拓展全渠道、经营全品类、服务全客群，为生产商、代理商、零售商提供开放的金融服务、供应链服务和产品品牌推广服务，为个人、家庭、企事业客户提供产品、内容、应用整体智能解决方案，开创"店商＋电商＋零售服务商"的云商模式。

苏宁云商的发展历程可以概括为以下五个时期：

第一，创业积累期（1990～1993 年）：

苏宁成立初期以空调专营起步，建立起完整的"配送、安装、维修"一体化的服务体系，凭借规模经营、专业服务、厂商合作开拓市场。从 1991 年起，率先向供应商渗透商业资本，首创了经销商在淡季向生产商打款这一"逆向运作方式"，与当时两大空调供应商建立新的厂商购销模式，确保旺季获得稳定货源和优惠价格。

第二，快速扩张期（1994～1996 年）：

从 1994 年起，大力发展全国性的批发业务，以南京为大本营建立起辐射全国的批发网络。借助全国批发网络，苏宁云商迎来了企业发展的第一次大跳跃，从 1993 年的 3 亿元发展到 1996 年的 15 亿元，增长 400%。20 世纪 90 年代中期，中国家电市场从"短缺经济"逐步转变为"过剩经济"。这一市场背景的转变，给苏宁云商未来发展提出了严峻的挑战，苏宁云商未雨绸缪，开始了直营连锁之路。1996 年 3 月 28 日，苏宁云商第一家全资子公司——扬州苏宁交家电公司成立，从此揭开了苏宁云商连锁经营的序幕。

第三，调整发展期（1997～1998 年）：

苏宁云商放弃自己熟悉的空调批发业务，转

型做零售，实行了以"零售为核心"的经营战略，实现"点对点"的市场交易，并在终端市场确立了自身的市场地位，这是苏宁云商发展历程中的一次重大战略转折点。1998 年，苏宁云商实现了由"批发模式"向"自营零售体系"的"市场软着陆"，而避免了一场"市场风暴"。凭借 28 亿元的销售业绩，第 6 次蝉联中国最大空调经销商桂冠。

第四，二次创业期（1999～2011 年）：

1999 年，苏宁云商十周年之际，南京新街口 18 层的苏宁电器大厦盛大开业，从此，苏宁云商开始从单一的空调业务全面转向综合电器。企业投资建设的 ERP 工程于 2000 年上线，增强了企业对市场的反应能力。2003 年苏宁电器首创"3C（电脑、通信、家电）模式"，逐渐完成全国一级市场的布局并向二、三级市场渗透。2004 年 7 月 21 日，苏宁在"深交所"成功上市，标志着苏宁的连锁事业迎来了更加广阔的社会舞台。

2011 年 11 月 8 日，由中国民营企业联合会、中国统计协会、北京大学中国民营企业研究所发布的 2011 中国民营企业 500 强排行榜中，苏宁云商以 1562.23 亿元的营业收入名列第三。

第五，蜕变期（2012 年开始至今）：

苏宁面对电子商务的异军突起，尤其是来自京东商城的挑战，开始调整商业模式，发展电子商务平台，2012 年 9 月 25 日，苏宁并购"红孩子"及"缤购"两大品牌和公司的资产、业务，这是苏宁在电商领域的首次并购，对于苏宁"超电器化"经营和苏宁易购品类拓展、精细运营、规模提升具有重要意义。2013 年更名为苏宁云商股份有限公司，开始了跨越式发展的新征程。2013 年 10 月，苏宁战略投资 PPTV 聚力。2013 年 11 月 19 日，"苏宁美国研发中心暨硅谷研究院"揭幕，苏宁硅谷研究院着眼于融合线上线下 O2O 模式，聚焦于智能搜索、大数据、高性能计算、互联网金融等领域的前沿技术研究。

截至 2015 年 12 月 31 日，苏宁云商总资产为 880.75 亿元，股东权益为 319.25 亿元，股数为 7383043150 股（股权结构如表 2-5-1 所示），员工人数为 12773 人。全年实现营业收入 1355.48 亿元，净利润为 8.73 亿元，每股盈余为 0.12 元。2015 年 12 月 31 日，苏宁云商的收盘价为 13.45 元，市盈率为 112.08。

表 2-5-1　苏宁云商 2015 年股权结构表

股东名称	股东性质	持股比例（%）	持股数量（万股）
张近东	境内自然人	21	19518.14
淘宝（中国）软件有限公司	境内非国有法人	20	186101.20
苏宁电器集团有限公司	境内非国有法人	12	108734.20
苏宁控股集团有限公司	境内非国有法人	3	30973.06
员工持股计划	其他	1	6565.99
其他股东合计		46.91	403415.92
合计		100	755308.51

其中，张近东先生持有苏宁控股集团有限公司 100% 股权，张近东先生与苏宁控股集团有限公司构成一致行动人关系；张近东先生持有苏宁电器集团有限公司 48.10% 股权，为其第二大股东，张近东先生与苏宁电器集团有限公司构成关联关系。故张近东先生累计持有苏宁云商

29.77% 的股份。

在与阿里巴巴达成战略合作之后，淘宝（中国）软件公司成为苏宁云商第二大股东，虽然董事长张近东的持股比例有所下降，但是却能带来更优化的股权结构，多元化股权结构可以使得企业的决策能够符合更多股东的权益，同时公司的战略目标并不会受到个人意志的制约，股本结构得到优化，苏宁云商的盈利模式还能够得到继续加强和贯彻。

（二）公司战略

1. 竞争战略

苏宁云商作为目前国内最成功的连锁商业企业，在其经营发展的各个阶段，根据宏观环境的变化和企业自身资源情况，审时度势，采取了恰当的竞争战略，使得企业得以不断发展壮大，并展现出良好的发展态势，其成功经验和战略选择路径值得其他同类型企业借鉴。以下为苏宁云商在其发展过程中采用的竞争战略总结：

（1）重点集中战略——正确定位，进军家电销售领域。企业在创立初期，由于资源等各方面条件限制，其抗风险能力较差，很多企业因项目选择错误导致企业无法生存。因此，选准创业项目所处行业，成为决定企业能否生存下去的关键因素。苏宁云商创业时间点为 20 世纪 90 年代初期，在那个时期伴随国民收入水平的提高，电视、冰箱、洗衣机以及空调等家用电器均以较快速度进入到普通家庭。显然，从经济因素的角度看出现了巨大的市场机会，但接下来的问题是，进入家电行业起码存在两种选择，一是进行家电产品制造，二是进行家电产品销售。进行家电产品的制造，资金、生产规模、技术等进入障碍相对较高，而家电产品销售，所面对的进入障碍显然较低。同时，当时所有家电销售企业规模均很小，且几乎都是面向一个小区域市场，没有实力强大的竞争对手。针对行业竞争格局并结合自身的情况，苏宁云商在创业初期敏锐感知市场机会，结合自身的实际情况选择了重点集中战略，将企业的主要资源集中于家电销售业务，为今后的发展奠定了坚实的基础。

（2）成本领先＋横向一体化战略——扩大业务市场，规模效应降低成本。20 世纪 90 年代初大批国内企业涌入家电市场，尤其是家电销售领域，在某些区域中心城市出现了规模较大的家电产品专营市场，行业的竞争渐趋激烈。此外，由于国内家电产品同质化程度过高，造成各商家间为了抢夺市场份额，往往采取单纯的价格竞争。企业要想在残酷的价格竞争中立于不败之地，必须想方设法降低成本，即采取成本领先战略。从经济学的角度看，企业的成本可分为固定成本和变动成本两个部分，而降低固定成本的最有效手段就是迅速扩大企业规模以获取规模效应。1994～2005 年，苏宁云商采取"租、建、购、并"四位一体的方式，实施了横向一体化战略，将业务从南京逐渐扩展到整个华东地区，进而在全国形成完整的销售网络。

经过在家电领域 25 年的发展，苏宁云商有了成熟的供应链管理能力、大量的专业家电销售人才、丰富的管理和经营经验，这些都为其实现总成本领先战略提供了强有力的保障。

（3）差异化战略——提升服务水平，形成差异化优势。苏宁云商在产品服务方面付出了大量的努力，建立自己的物流网络来提升物流服务水平、引入 ERP 系统以提高对于消费者需求的响应速度、降低库存成本，这些措施使得苏宁云商的售后服务水平在国内家电企业中处于领先地位。2014 年苏宁云商集团从战略层面提高了自主产品的定位，自主产品以独立公司运营的方式存在于组织架构中。可以看出，苏宁云商通过多年的投入，在物流、售后、客服和店面方面有着雄厚的基础，服务能力不断提高，具备了明显的差异化优势。

（4）国际化战略——海外并购，进军国际市场。按照战略管理的理论，企业进入国际市场的方式有多种，对于生产型企业而言，可以采取产品出口、国际并购、合资、独资等方式；而对于销售型企业，通常采取的方式是后三种，即并购、合资、独资等。2009 年苏宁云商先后并购了日本 LAOX 电器和香港镭射，从而成功迈出了国际化经营的步伐，为其后续国际化的连锁经营打下了良好的基础。

2. 职能层战略

苏宁云商是全国领先的商业服务企业，依托于覆盖全国的线下连锁网络以及线上电子商务平台，为广大消费者提供"随时、随地、随需"的品质购物体验。2015 年是苏宁转型战略关键年，公司围绕渠道、商品、服务等零售核心环节，持续强化企业竞争能力。

（1）以消费者为中心，践行全渠道融合发展。从店面端优化连锁业态布局，下沉农村市场，强化门店互联网化建设；从 PC 端、移动端实现平台化、数据化、会员化运营，提升消费者规模及购买频率。一是要将优化购物流程、智能搜索及推荐引导作为长期工作持续予以推进。二是充分运用大数据工具，聚焦会员需求，提升精准营销执行能力。三是运用新品首发、大聚惠折扣促销、C2B 反向定制等特色营销产品体系，以及聚焦超市、母婴等特色频道的运营，提升消费者、商家对苏宁易购全品类、专业化的品牌内涵的认识，提升用户规模与购买频率。四是要强化提升用户移动端体验。促进家庭端—PPTV 业务全面发展。PPTV 作为公司家庭端的载体和家庭用户统一认知界面，2015 年其围绕在线视频、家庭互联网应用、PP 云业务和 PP 体育四个板块逐次发力，构建集内容、终端、平台为一体的生态平台。

（2）变革供应链，打造全品类、专业化的商品运营平台。重塑供应链，零供关系高效协同。通过 C2B 反向定制能力的打造，推动上游新产品的研发能力不断增强。借助对大数据的分析与应用，联合上游品牌商推行 C2B 反向定制和独家包销、新品首销等模式，推出 PPTV 电视、博伦博格冰箱、伊莱克斯大白冰箱、三星 S6、TCL 么么哒 3、美图 2、华为 P8、魅族 MX5 等单品的运营；通过供应链推广运营能力的打造，建立起产品全生命周期的解决方案。公司推出众筹、预售、大聚惠、特卖等一系列互联网运营产品，为供应商打造了在产品研发、新品上市、尾货销售，全流程的一揽子解决方案；开展品牌日、精准推广等一系列品牌化、特色化的营销活动，提升合作伙伴销售。通过互联网零售能力的输出，为平台商户和供应商提供的 O2O 综合运营服务的能力不断增强。2015 年，通过对开放平台在店铺运营、会员营销、经营分析等方面的服务能力的不断迭代升级，让商户的运营体验得到极大的提高，服务用户的能力不断增强，增强了平台商户的经营能力。

全品类、专业化商品运营。在现有的传统家电及 3C 产品的基础之上，从消费者需求出发，在网购平台大规模引入包括日用品、服装、食品、图书等涵盖各种需求的产品销售。母婴方面积极打造 O2O 模式；超市方面重点突破生鲜电商、地方特色、进口食品与定制报销产品，并大力发展农村电商以及通过现有门店构建虚拟超市，提高苏宁超市品牌认知度；跨境电商业务方面，充分发挥公司在日本、美国、中国香港地区的供应链优势，加强自营采购以及招商，进一步丰富商品，打造苏宁海外购旗舰群。进一步加强保税区物流建设，提升消费者购物体验；开放平台方面，进一步强化品牌商户招商的机制。通过自营与平台的发展，公司产品丰富度不断提高。

（3）完善物流云、金融云和数据云等增值服务能力，全面对外开放。苏宁在物流部分不断培养物流与仓储能力，构建覆盖健全、支付能力快速的物流网络，争取在快递速度与服务质量上领先竞争者。在技术部分，加大研发投入，加快应用开发和商业模式升级，提升差异化竞争力。在金融部分，主要针对苏宁的生态圈用户提供金融服务能力，激活会员体系，维系高价值用户，既给消费者群体提供支付、理财和信贷服务，也给上游的供应商提供结算和融资等供应链金融服务。

（4）创新组织、激励新模式，配套互联网零售业务发展。在组织体系建设方面，随着公司互联网零售模式的成型，在经营方面，初步完成了事业部公司化的转变，同时小团队作战的理念和机制也在进行积极的探索；在人才方面，随着公司业务的快速拓展与变革，公司在互联网运营、IT、金融等领域持续加大人才引进，此外，公司有针对性地开展多种形式的培训，全面提升员工技能；在激励制度建设方面，实行以绩效为导向，结合员工成长与敬业度，加大了各种形式

的员工激励，推出员工持股计划、创新基金等多种方式，充分调动员工工作的积极性；在企业文化建设方面，继承公司优良传统文化的同时，吸纳了互联网文化精髓，重塑企业理念。

（三）资本运营

苏宁云商从一家空调专营店起步，经过25年的发展，成功搭建起覆盖海内外600多个城市的实体连锁网络和综合型电子商务平台，目前已经成为中国最大的商业零售企业，其线下连锁网络覆盖中国大陆、中国香港和日本东京、大阪等地区，其线上平台苏宁易购跻身中国电商B2C市场前三。取得如此骄人的业绩不仅与其精准的商业判断及踏实的经营模式相关，高效的资本运营策略同样也起到了举足轻重的作用。在公司不同的发展阶段，作为一家销售型企业，苏宁云商采用了最常见的并购手段（见图2-5-1和表2-5-2），尤其是近年来，随着互联网经济的迅速崛起，苏宁开始进行战略转型，并购多家企业，以较低的代价换取了时间、空间、技术、人才、经验等多方面的高收益，极大地促进了公司各个目标的顺利实现。

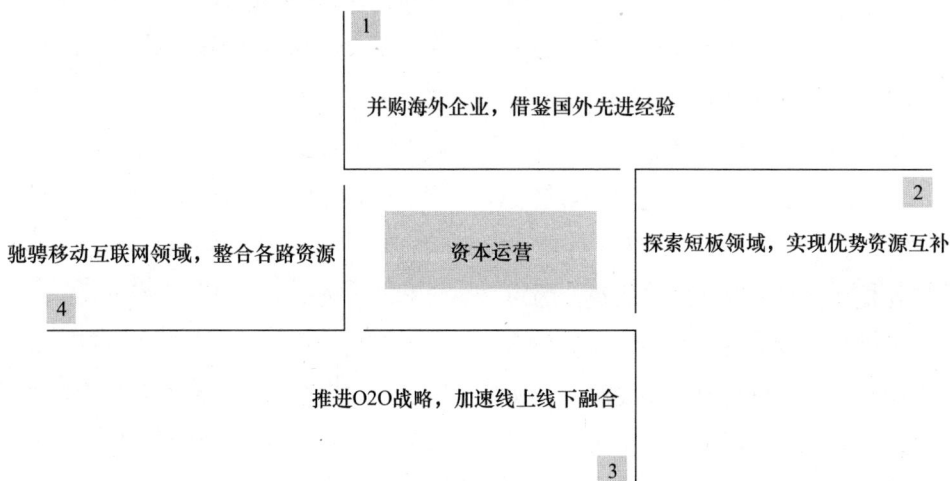

1 并购海外企业，借鉴国外先进经验

资本运营

2 探索短板领域，实现优势资源互补

4 驰骋移动互联网领域，整合各路资源

3 推进O2O战略，加速线上线下融合

图2-5-1 苏宁云商资本运营示意图

1. 并购海外企业，借鉴国外先进经验

鉴于日本3C消费电子产品在技术、消费、渠道方面的领先地位，苏宁云商并购日本的LAOX，目标是增强自身在3C消费电子营销模式上的创新，并通过建立起协同采购平台提高自身3C消费类电子产品的丰富度和竞争力。LAOX有三个分别经营乐器、动漫、数码的品牌，苏宁云商通过并购把LAOX经营的一些产品引进到中国，比如以个人娱乐为中心的音响、动漫、模型等，这些LAOX都已经有了非常成熟的经验和体系。苏宁云商通过此次并购，利用日本家电零售业的经验，完成国内业务的国际化改造，而这一改造除了与国内同行在经营水准方面拉开距离，还可以"以夷制夷"，抵御百思买等欧美家电连锁巨头在中国的攻城略地。

2. 探索短板领域，实现优势资源互补

2012年9月25日，苏宁云商以6600万美元（约合4.16亿元）的价格将母婴用品B2C电子商务网站红孩子纳入旗下，这是苏宁云商首次通过收购扩张电子商务业务。收购原因除了红孩子自身具备的母婴、化妆领域领先优势外，双方的互补性强是促成并购的重要原因。红孩子以女性消费者为主，与苏宁云商现有的客户群体资源互补，而借助苏宁云商在全国领先的仓储配送网络，可大幅降低红孩子前后台的经营成本。

2013年10月28日，苏宁云商花费2.4亿美元成为PPTV第一大股东。收购PPTV，苏宁云商最直接的好处是弥补其在数字内容消费上的短板，这些内容可以直接和平板、手机、电脑产品挂钩，而未来则有可能打通视频和在线购物，实现智能家居系统里屏幕之间的共通，从而建立起一个完整的互联网生态圈。

2015年，阿里巴巴集团宣布用约283.4亿

元战略投资苏宁云商，占股19.99%，成为后者第二大股东，而苏宁云商用约合140亿元反向认购阿里巴巴新发股票。双方将在电商、物流、支付，以及线上线下打通上做更全面深入的合作。拥有5000个服务站的苏宁物流网络将成为阿里巴巴菜鸟网络的合作伙伴，未来会开放给第三方使用，而支付宝将为苏宁云商提供全面支付解决方案，苏宁全国1600家门店与阿里巴巴体系全面打通。引入阿里的战略投资，苏宁云商无疑给自己带来了自己梦寐以求的流量入口。苏宁易购在天猫上开设了官方旗舰店，且以此为跳板，苏宁云商可以接入阿里庞大的生态体系。而对于阿里巴巴来说，投资苏宁云商之后，其可以获得更为丰富的数据，苏宁物流的加入也为阿里平台上的商家提供了更多保障。

3. 推进O2O战略，加速线上线下融合

2013年6月，苏宁云商将原有的团购、旅行、虚拟产品三大频道整合升级，上线了本地生活频道，提供10多个一线城市的美食、娱乐、生活、酒店、商品团购等服务，可以看到团购是苏宁布局O2O的重要一环。

2014年1月，苏宁云商并购满座网。满座网除了其核心团队拥有丰富的本地生活类产品运作经验外，其业务范围目前已经涉及餐饮、电影、家政、美容、SPA、旅游、健身、租车、租房等领域，这正是苏宁本地生活频道服务所必需的。苏宁云商的目标是建立以门店为核心、辐射周边商户的O2O生态圈。满座网能够实现用户团购的交易，团购本身也是商家促销的手段，而苏宁云商最为外人称道的是其配送服务，两者打通以后，用户团购的需要配送的商品可以直接由苏宁店面配送，这是O2O中最重要的一环，苏宁的优势于此得到展现。

4. 驰骋移动互联网领域,整合各路资源

2014 年 9 月,苏宁云商子公司与 Allyes Information Technology Company Limited 签署了《收购协议》,以基准对价 1500 万美元收购好耶(中国)控股有限公司的广告技术业务的全部股权。苏宁借此收购,获取其精准营销、自动化广告投放、实时竞价(RTB)等互联网广告技术和业务。

2015 年 6 月,苏宁云商与锤子科技(北京)有限公司的相关股东正式签订协议,共出资 5000 万元认购锤子科技的部分股权,持股比例为 1.89%。手机是互联网世界竞相追逐的风口,苏宁云商通过锤子手机可以轻易地获得移动互联网的入口。苏宁云商的移动端销售占比正在显著提升,目前已经超过了 50%。苏宁云商在 PC 端已经落后于阿里和京东,而在移动端大家则处于同一起跑线,这是苏宁云商未来抢占更多市场份额的机会。另外,苏宁云商是国内最早获得虚拟运营商牌照的民营企业,目前已经开通了 WCDMA 制式和 CDMA2000 制式业务,在 170 号段可以覆盖电信和联通的信号,如果一款手机或者几款手机和 170 虚拟号段绑定,那么苏宁云商的虚拟运营商可以通过手机真正落地了。

表 2 – 5 – 2 苏宁云商收购等资产运作明细一览表

时间	事件
2009 年 6 月	苏宁云商以 8 亿日元收购日本 LAOX
2009 年 12 月	苏宁云商以 1.19 亿港元收购香港镭射电器,进军中国香港市场
2012 年 9 月	苏宁云商出资 6600 万美元收购红孩子公司
2013 年 10 月	苏宁云商以 2.5 亿美元收购 PPTV
2014 年 1 月	苏宁云商以 700 万美元并购满座网
2014 年 9 月	苏宁云商以 1500 万美元收购好耶(中国)控股有限公司的全部股权
2015 年 6 月	苏宁云商以 5000 万元入股锤子科技
2015 年 7 月	苏宁云商出资 2000 万元设立苏宁金石(天津)基金管理有限公司
2015 年 8 月	阿里巴巴 238 亿元入股苏宁云商,成为第二大股东;同时,苏宁 140 亿元认购不超过 2780 万股阿里新发行股份
2015 年 12 月	苏宁云商将持有 PPTV 股权转让给苏宁文化,进行资产剥离
2015 年 12 月	苏宁接手江苏舜天,进军足球产业,整合资源打造体育产业链

(四) 商业模式

电子商务的快速发展给我国传统家电行业带来了很大冲击,苏宁云商作为行业龙头为应对外部环境的冲击和自身业绩的下滑,提出了"店商 + 电商 + 零售服务商"的云商模式,走出"一体两翼三云四端"路线(见图 2 – 5 – 2)。"一体"是指以互联网零售为主体,充分运用互联网、物联网、云计算等新工具,创新商品经营模式和顾客服务方式,实现科技零售和智慧服务;"两翼"是指打造线上苏宁易购(云台)和线下苏宁易购云店,采取 O2O 全渠道经营模式和线上线下的开放平台,线上苏宁云台,向全社会开放企业前后台资源,建立品牌商品与品质流量的良性互动。线下苏宁云店,围绕本地生活全面开放,集展示、体验、服务、引流、销售于一体,营造城市生活的空间、顾客服务的场景;"三云"是指围绕零售本质,将零售企业的商

品、信息、资金三大核心资源社会化，向社会开放物流云、数据云和金融云；"四端"是指围绕线上线下，布局 POS 端、PC 端、移动端和电视端，打造全消费场景。

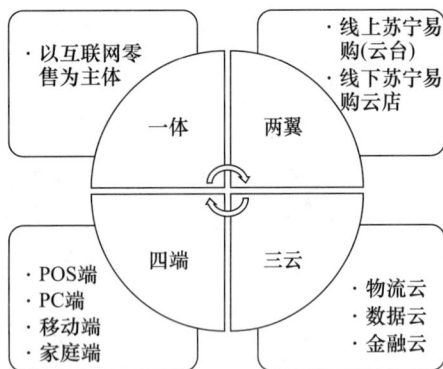

图 2-5-2　苏宁商业模式发展路线

云商模式的核心是以云技术为基础，整合前台后台、融合线上线下，服务全产业、服务全客户群。苏宁云商的商业模式内容具体包括：

1. 打造线上线下相融合的 O2O 双线商业模式

O2O（Online to Offline）是一种新型电子商务商业模式，即"线上到线下"，将线上的虚拟商务与线下的实体门店相融合。线下商家可以到线上挖掘和吸引客源，而消费者可以先在线上挑选产品和服务，然后再到线下消费或体验，也可以在体验后完成线上支付。这种模式可以充分利用互联网的信息，挖掘线下资源，缩短消费时间，使消费者充分享受服务，满足消费者的需求（见图 2-5-3）。

（1）两大平台相辅相成，线上线下价格统一。苏宁 O2O 模式是全国首例大型零售商推行线上线下同价，如果线上或线下价格有阶段性波动，将采取就低不就高的原则。这种线上线下同价的方式，使消费者可以先在苏宁易购网上商城挑选产品与服务，然后再到线下实体店去体验。

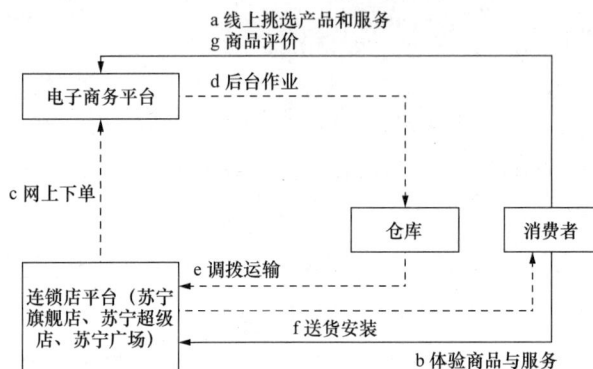

图 2-5-3　苏宁云商"O2O 模式"图解

云商模式主要借助两大平台：一是线下连锁店面平台，主要包括苏宁旗舰店、苏宁超级店、苏宁生活广场和苏宁广场。苏宁正逐步将线下的门店转型为其互联网门店，这些线下实体店已经慢慢由之前的单一销售转型为集展示、服务、体验、销售为一体的多元化互联网店面。二是电子商务平台，主要包括 PC 电脑终端、移动客户端、移动 PAD 客户端、智能电视和自动终端。这两大平台的相互融合，使得消费者可以及时了解商家的动态、商品的详细信息，减少消费者的交易费用，为消费者带来了诸多方便。同时，在两大平台上的信息集聚也为企业获得了成本优势，提高经营效率。

（2）物联网、云计算技术及大数据管理提高企业运作效率。云商模式充分利用物联网、云计算及大数据管理，在顾客下单后，提高后台作业效率和调拨运输能力。新技术的运用可以最大程度发挥线上线下协同效应。物联网的建立将使整个供应链和产业链效益得到极大的提高；大数据管理为消费者提供全面、及时的信息，并且顾客的反馈信息不仅可以优化企业管理路径，对产品优良的反馈也是对产品再宣传的有力途径。

（3）苏宁云商的"全品类"之路。苏宁云商于 2012 年推出了新一代实体门店"苏宁 Expo 超级店"，其经营产品涵盖 17 大类，不仅仅是

3C 产品，还增加百货、图书、金融等产品，这标志着"全品类"（即"超电器化"）之路的开始。品类的拓展一定程度上可以为企业带来更多的利润，并且为顾客节约交易费用，分摊物流成本，分散经营风险，提高经营安全。

经过六年的探索实践，苏宁的互联网零售在 2015 年成型、定型，并进入快速发展和开始收获的阶段，在 O2O 模式被普遍认可为行业发展趋势时，苏宁已经在线上线下形成了一定的 O2O 先发优势。2015 年 8 月，阿里巴巴宣布成为苏宁云商第二大股东，283 亿元战略投资苏宁云商，双方基于全面提升效率将全面打通线上和线下业务，同时苏宁云商的物流体系将成为菜鸟网络的重要合作伙伴，物流将覆盖全国所有 2800 余个区县，苏宁云商 O2O 模式又进入一个崭新的发展阶段。

2. 构建新型零售生态系统

通过云技术整合供应链、大数据、开放物流和金融四大平台，与供应商、消费者、中小零售商和雇员等建立新型共生关系，重塑全新的零售生态系统。苏宁云商以服务全产业和服务全客户为目标，以云技术为支撑，开放平台，全面整合产品信息，并且与平台企业成为合作伙伴。其零售生态系统构成如图 2 - 5 - 4 所示。

首先，2012 年 7 月苏宁云商推出"三免"政策，即免年费、免平台使用费、免保证金，用这种"开放平台"的战略全面吸引商家入驻。其次，线上线下全面融合、虚实结合的模式，为消费者提供的不仅仅是产品，也是各种增值服务和内容服务。向入驻商户和消费者提供"店面云"、"物流云"、"运营云"、"知识云""金融云"、"IT 云"、"广告云"七项增值服务，分别从不同方面满足客户的需求，一切为创造价值，商户发展、用户满意。最后，苏宁云商为员工提供知识、技能等多方面的培训，为员工提供一站式便捷服务，与员工建立了合作关系。

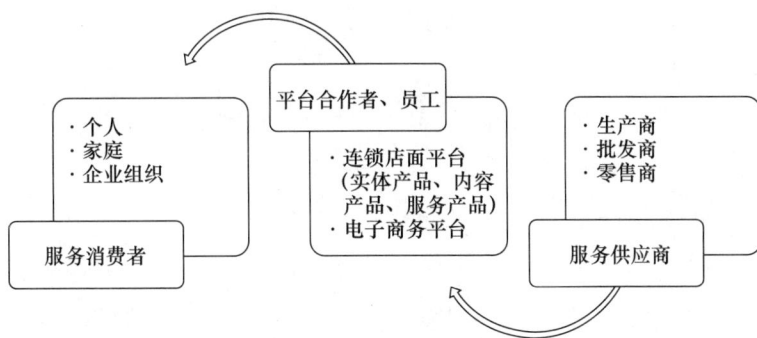

图 2 - 5 - 4　苏宁云商零售生态系统构成

从盈利模式上看，在苏宁云商的"店商 + 电商"部分（见表 2 - 5 - 3），线下门店发展仍然遵循着"吃差价 + 吃供应商"的模式，依旧走通过门店来实现渠道垄断的盈利方式。相比线下的粗放式盈利模式，在线上的电子商务发展领域，苏宁的选择则是垂直电商向平台电商转变的过程，线上苏宁易购选择免费开放，吸引众多商户的入驻，利用其自身的流量带来消费。同时以平台电商网站为载体，为企业带来金融支付以及广告宣传等多方面的盈利增长点。同时将线上门店与线下实体店结合，来实现其最终的盈利。而"零售服务商"强调的是开放平台，通过整合内外部资源为商家、消费者提供增值服务来赚取利润。

表 2 - 5 - 3　苏宁云商线上线下盈利模式对比

	线下门店	线上云台
盈利模式	通过低价销售提高销售规模，延期支付货款获取返利	通过物流配送、技术服务、金融支付以及平台广告收入
利润源	1. 销售商品实现利润 2. 供应商处获取的返利以及通道费	1. 销售商品实现利润 2. 供应商处获取的返利以及通道费 3. 金融服务、物流配送、广告收入带来的利润
利润点	1. 为消费者提供的低价商品 2. 为供应商提供渠道服务	1. 为消费者提供的低价商品 2. 为供应商提供渠道服务 3. 基于平台电商的各项服务
利润源与利润点的结合	扩充自身网点覆盖规模，形成区域内的垄断，从而获取渠道价值	构建双线模式结合，搭建平台式电商

苏宁的盈利模式非常清晰，就是通过对门店潜移默化的迭代升级，挖掘出线下门店的价值，形成企业盈利的护城河，在此基础上，开放供应链、物流、资金等优势资源，进行协同整合以提升效率。

云商模式作为一种崭新的创新型商业模式，成功打造连锁店面和电子商务两大开放平台，实现线上线下的虚实结合。其在商业模式的创新点体现在以下几个方面：

第一，改变收入模式。改变收入模式需要企业重新确定用户需求，确定新的用户群。苏宁云商的"超电器化"之路，在拓展品类的同时就扩大了其目标客户群，并且线上线下融合的O2O模式在一定程度上可以吸引一部分网上客户群。这种新的云商模式在品类和服务方式上都进行了创新，重新确定了新用户的价值，改变了企业的收入模式。

第二，改变产业模式。改变产业模式要求一个企业重新定义本产业，进入或创造一个新的产业。电子商务的快速发展，特别是近几年天猫、京东的快速崛起，逐渐撼动了苏宁云商在家电行业的地位。因此，苏宁云商利用云技术、物联网技术，重新整合原有店铺资源、物流资源等，再加上现有先进的技术进入电子商务领域，形成了"电商＋店商＋服务零售商"的云商模式，创新其产业模式。

第三，改变技术模式。技术创新是商业模式创新的主要驱动力，苏宁云商利用新技术创新商业模式，云计算能够处理海量数据，并最大限度地挖掘客户的价值，获取客户信息，从而拓宽销售渠道。同时，云计算还能够为企业减少成本投入，进行商业活动和移动交易更加便捷，并增强了网站数据的安全性。

（五）　市场概况

1. 市场总体情况

历经六年转型实践，苏宁云商互联网零售转型优势逐渐凸显，2015 年实现营业收入 1355.48 亿元，同比增长 24.44%，互联网业务同比增长

94.93%。实现利润总额 8.89 亿元，同比下降 8.60%，归属于上市公司股东的净利润 8.73 亿元，同比增加 0.64%。若不考虑非经常性损益及 PPTV 业务影响，公司净利润亏损幅度较 2014 年同期收窄。整体来看，公司实现商品销售规模（含税，区域上涵盖中国大陆、中国香港、中国澳门及日本市场，包括线上线下自营及开放平台，以及提供的售后服务）为 1623.80 亿元。苏宁零售体系会员总数达到 2.5 亿，移动端订单数量占线上整体比例提升至 60%。

2. 全渠道融合发展

截至 2015 年底，苏宁云商在大陆市场进入地级以上城市 297 个，拥有连锁店面 1577 家，其中云店 42 家、常规店 1425 家（旗舰店 298 家、中心店 406 家、社区店 721 家）、县镇店 43 家、乐购仕店 3 家，此外红孩子店 27 家、超市店 37 家。在中国香港、中国澳门地区已拥有门店 28 家，日本市场拥有店面 33 家，合计拥有店面 1638 家。

（1）建设连锁网络。在大陆市场上，2015 年公司新开常规店 74 家，红孩子店 23 家，超市店 37 家，红孩子、苏宁超市品牌形象进一步提升；云店作为公司互联网转型在线下的固化，公司持续探索完善云店模式，全年新开云店 10 家，改造升级云店 32 家；一、二级市场结合消费者需求的变化，推进互联网＋云店模式，继续调整关闭社区店，同时优化超市店、红孩子店运营模式，2015 年公司置换/关闭各类型店面 217 家。同时，公司通过购置、自建以及合作等多种方式获取优质稳定的物业资源，截至 2015 年末，公司共拥有自有物业 25 处，通过与苏宁电器集团、苏宁置业集团等全国性房地产商合作租赁店面 18 家，此外，通过实施门店资产创新运作获得长期稳定的店面 25 家。大陆地区店面分布情况如表 2-5-4 和表 2-5-5 所示。

表 2-5-4　大陆地区店面类型分布情况　　　　　　　　单位：家

店面类型	2015 年 12 月 31 日		2014 年 12 月 31 日		增减变化	
	数量	占比（%）	数量	占比（%）	数量变化	占比变化（%）
云店	42	2.66	—	—	42	2.66
旗舰店	298	18.9	339	20.55	-41	-1.65
中心店	406	25.74	438	26.55	-32	-0.81
社区店	721	45.72	797	48.30	-76	-2.58
县镇店	43	2.73	61	3.70	-18	-0.97
红孩子店	27	1.71	8	0.48	19	1.23
超市店	37	2.35	4	0.24	33	2.11
乐购仕店	3	0.19	3	0.18	0	0.01
合计	1577	100	1650	100	-73	—

注：①2015 年，公司 32 家旗舰店改造为云店。

②社区店除了包括在一、二级市场社区商圈开设的店面以外，也包括在县级市场开设的 3000 平方米左右的标准店；县镇店指在欠发达的县级市场与镇级市场开设的 800~1500 平方米的店面。

表 2-5-5　大陆地区按照市场级别店面分布情况　　　　　单位：家

市场级别	2015 年 12 月 31 日		2014 年 12 月 31 日		增减变化情况	
	数量	占比（%）	数量	占比（%）	数量变化	占比变化（%）
一级市场	512	32.47	496	30.06	16	2.41
二级市场	447	28.34	474	28.73	-27	-0.39
三级市场	546	34.62	591	35.82	-45	-1.20
四级市场	72	4.57	89	5.39	-17	-0.82
合计	1577	100	1650	100	-73	—

注：一级市场指副省级以上城市；二级市场指一级市场以外的地级市；三级市场指一、二级市场下辖的县、县级市或远郊区；四级市场主要指镇级城市。

在国际市场，2015 年公司在中国香港地区新开店面 5 家，关闭店面 6 家，截至 2015 年末公司在中国香港、中国澳门地区已拥有门店 28 家，自 2009 年公司进入中国香港地区以来，苏宁连锁品牌在中国香港地区已拥有了较高知名度；苏宁旗下日本 LAOX 株式会社是一家日本电器零售企业。LAOX 抓住赴日购物人群迅速增加的市场机会，继续加快市场拓展步伐，全年新开店面 18 家，关闭店面 2 家，期末日本市场拥有店面 33 家，已成为日本最大的免税消费渠道。LAOX 品牌将进入中国市场，到 2016 年，LAOX 将在北京、上海等 25 个城市采用自营模式开设 150 家左右的乐购仕生活广场。2015 年日本地区实现销售收入 44.84 亿元。

在三、四级市场，苏宁易购服务站是 O2O 模式在三、四级市场落地的载体，为苏宁互联网门店渠道下沉的重要举措，2015 年公司建立并完善了易购服务站的管理运营体系，并实现了快速的拓展。公司以自营、加盟、合作网点与代理的方式全面推进易购服务站的开设，有效提升三、四级市场"苏宁易购"的品牌认知度，实现了用户拓展、服务体验以及物流效率的提升。截至 2015 年末，苏宁易购直营服务站数量 1011 家，苏宁易购加盟服务站数量 1430 家。

随着云店规模增加和 O2O 运营的成熟，以及线上线下联动促销，同店销售得到提升，单店经营质量走向良性发展道路。2015 年，苏宁云商大陆地区可比店面（指 2014 年 1 月 1 日及之前开设的店面）销售收入同比增长 4.50%，红孩子店作为公司母婴及周边产品的综合性服务平台，其在规划标准、运营模式等方面正在不断予以完善，因此同店增速低于平均。随着母婴 O2O 运营的不断成熟，店面规划日趋完善，会员需求的深度挖掘，红孩子实体店的发展空间巨大。

从整体销售区域来看，华东地区作为苏宁云商总部所在地，占据最高的市场份额，其次是北京所在的华北地区。日本地区销售增长高达 115.5%。苏宁云商主营业务收入按地区构成情况如表 2-5-6 所示。

表 2-5-6　2014～2015 年主营业务收入按地区构成　　　　　单位：亿元

地区	主营业务收入额			占营业收入比重（%）	
	2015 年	2014 年	同比增减（%）	2015 年	2014 年
华东一区	298	235	26.58	21.99	21.61
华北地区	212	162	31.19	15.66	14.85

续表

地区	主营业务收入额			占营业收入比重（％）	
	2015 年	2014 年	同比增减（％）	2015 年	2014 年
华东二区	212	159	33.63	15.66	14.58
华南地区	152	134	13.52	11.20	12.28
西南地区	134	115	16.95	9.89	10.52
华中地区	84.3	66.3	27.25	6.22	6.08
中国香港地区	73.4	75.3	-2.49	5.41	6.91
东北地区	64.9	53.6	20.96	4.79	4.92
西北地区	63.1	52.2	20.92	4.66	4.79
日本地区	44.8	20.8	115.50	3.31	1.91
其他（补充）	16.5	16.7	12.13	1.22	1.53

注：2015 年相比 2014 年，华中地区和香港地区的排名互换，表中为 2015 年排名。

（2）PC 端、移动端消费者规模及购买频率上涨。2015 年移动端增速和占比持续提升，2015 年 12 月移动端订单数量占线上整体比例提升至 60%。2015 年，公司线上业务实现自营商品销售收入 402.93 亿元（含税），开放平台实现商品交易规模（指完成收款及配送服务的订单金额，并剔除退货影响）为 99.82 亿元（含税），公司线上平台实体商品交易总规模为 502.75 亿元（含税），同比增长 94.93%。截至 2015 年 12 月末，公司零售体系会员总数达到 2.50 亿，年度活跃用户数 5078 万。

2015 年中国网络购物市场交易规模为 3.8 万亿元，较上年同期增长 36.2%；从网络购物市场结构来看，B2C 占比达到 51.9%，年度占比首次超过 C2C；从网络购物市场份额来看，B2C 市场中天猫继续领跑 B2C 市场，京东、苏宁易购、唯品会、国美在线增长迅速，几家企业的总规模超过三成（见图 2-5-5）。

3. 全品类、专业化商品运营

商品的丰富度是企业发展的基础，丰富的商品是激活用户黏性和提升平台流量最有效、最直

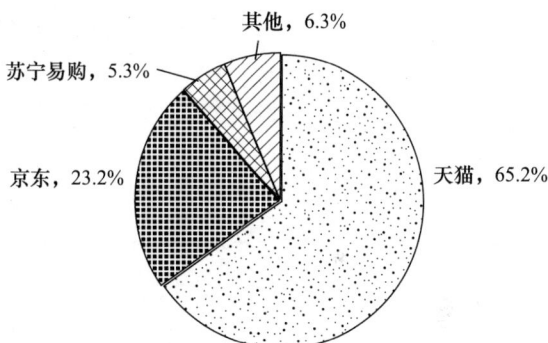

图 2-5-5　2015 年全国网络零售市场 B2C
交易额渠道分布

接的手段。因此，2015 年苏宁继续坚持"巩固家电、凸显 3C、培育母婴超市"的全品类发展战略，创新变革供应链，深度协同零供关系，加强商品运营及供应商服务能力，提升苏宁平台价值。

公司持续巩固大家电的传统优势，通过品牌战略合作，深挖三、四级市场等举措加强家电运营能力。通信品类以公司化体系运作，聚焦核心单品，加强互联网品牌运营，与小米、华为、魅族等品牌深度融合实现突破，产品销售实现了快速增长，有效提升了市场竞争力。

母婴方面，致力于打造 O2O 模式，一方面延展线上产品的广度和深度，获得众多海外品牌授权直供；另一方面积极建设线下红孩子实体店，打造融线上购物、线下消费指导和体验为一体的全方位服务平台，红孩子"全方位可信赖的母婴专家"的形象逐步凸显。

超市方面，线上以自营精选畅销商品和品牌旗舰店，线下以广场主力店、苏宁超市店和服务站的模式，重点突破生鲜电商、地方特色、进口食品与定制包销产品，并大力发展农村电商以及通过现有门店构建虚拟超市，苏宁超市品牌逐步提高认知度。

跨境电商业务方面，充分发挥公司在日本、美国、香港地区的供应链优势，加强自营采购以及招商，进一步丰富商品，打造苏宁海外购旗舰群。进一步加强保税区物流建设，提升消费者购物体验。

开放平台方面，进一步强化品牌商户招商的机制，聚焦核心 KA 商户、重点商户等目标商户的引进，开放平台 SKU 数量极大丰富。同时，公司还积极扶持农村电商发展，上线"中华特色馆"频道为众多地区的农产品搭建特色营销平台，至 2015 年末共有 145 个市县上线开馆，遍及 30 个省。

苏宁 2015 年各品类产品及业务营业收入分布如表 2-5-7 所示，其中零售业为主，以电子、电器产品为主要品类如表 2-5-7 所示，通过自营与平台的发展，公司商品丰富度得到提高，截至 2015 年末，公司商品 SKU 数量达到 2000 万（同一商品来自不同供应商、同一商品被公司和开放平台第三方商户销售均计为同一个 SKU），开放平台商户数 26000 家。

表 2-5-7 2015 年主营业务构成分析

	主营构成	主营收入（亿元）	收入比例（%）
按行业分类	零售业	1339	98.78
	其他（补充）	16.5	1.22
按产品分类	通信产品	270	19.95
	彩电、音像、碟机	232	17.11
	小家电产品	229	16.92
	数码机 IT 产品	221	16.29
	冰箱、洗衣机	217	15.97
	空调器产品	130	9.62
	其他产品	28.3	2.09
	其他（补充）	16.5	1.22
	安装维修业务	11.3	0.83

4. 物流云、金融云和数据云等增值服务能力日益完善，全面对外开放

（1）物流方面。2015 年，苏宁物流以公司化模式独立运营，物流基础设施建设、物流运营效率以及社会化运作在行业全面凸显，在跨境物流、农村电商物流等新业务领域快速完成系统化的布局建设工作。

物流设施建设加速，物流服务体验不断提升。2015 年初苏宁在全国 23 个城市的物流基地

均投入运营，截至 2015 年末，公司拥有物流仓储及相关配套总面积达到 455 万平方米，拥有 6051 个快递点（兼具自提功能）。在全国 327 个城市，1993 个区县实现"次日达"。同时公司积极利用 O2O 优势，近 200 个城市、2000 条街道实现"急速达"（指客户网上下单后，系统优先自动检测从距离客户最近的门店存货仓库出货，2 小时内将商品送到客户手中），在 61 个城市、173 个区县实现"半日达"。售后服务是苏宁 O2O 模式差异化竞争优势的重要体现，服务区域从核心城市逐步扩展到二、三线城市，已在全国 150 多个城市开展，55 个大区所在城市主城区覆盖率高达 95%。"以旧换新"已涵盖空调、彩电、冰洗、厨卫四大电器品类，服务网络覆盖全国 80% 的城市区域。

苏宁物流加快社会化运作，业务类型逐步从仓配一体扩展至全套供应链物流服务。2015 年 12 月，"苏宁快递"的上线标志着苏宁"物流云"已经全面对社会开放，面向上游供应商、社会物流企业、合作承运商、社会企业货主、设备设施供应商以及个人消费者，上线运输、仓储、揽件快递等业务。此举意味着苏宁物流已经从过去的投入、成本中心转变成为公司的利润中心。苏宁云商的跨境电商物流，已打通国内 5 个口岸的跨境关务系统，可同时完成进口（保税备货、直邮、邮政小包）及出口业务。通过合作方式完成中国香港、日本、美国海外仓的设置和发运国内的海空干线运输网络。农村电商物流，依托于苏宁易购服务站直营店，通过运力本地化，打造完善的农村物流网络，让农村消费者也能享受便捷购物体验，并持续推进"工业品下乡，农产品进城"。

（2）金融方面。苏宁金融集团独立运营，金融产品布局已经形成，致力于为消费者、企业、合作伙伴等提供多场景的金融服务，发挥苏宁生态圈平台优势。支付业务以"易付宝 + 本地生活"模式覆盖教育、交通等场景，有效增强用户黏性，截至 2015 年末，苏宁易付宝注册用户数超过 1.3 亿；苏宁理财为用户提供一站式财富管理服务，业务线涵盖余额理财、固定收益、权益投资等多种类型，并依托独特的金融 O2O 模式，加强自身投研能力建设，满足客户的差异化理财需求；供应链金融业务，全面助力中小微企业融资，推出账速融、信速融、票速融等核心产品；苏宁众筹是国内首个同时在线上平台、线下实体门店同步开展众筹产品体验的全渠道众筹平台，涵盖科技、设计、公益、文化、娱乐、农业等多个众筹领域，2015 年，苏宁众筹在行业中异军突起，迅速跃居行业前三甲；消费信贷领域，成立苏宁消费金融公司，创新推出"任性付"个人消费信贷产品，深挖数据，有效控制信用风险，贷款余额增长较快，也极大地提高了用户黏性。

（六）经营和财务绩效

表 2 – 5 – 8 苏宁云商 2013 ~ 2015 年经营与财务业绩比较　　单位：百万元

年份	2015	2014	2013
收入	135548	108925	105292
总资产	88076	82194	83044
净利润	758	824	104
净利润率（%）	0.56	0.76	0.10

续表

年份	2015	2014	2013
总资产报酬率（ROA）（%）	0.86	1.00	0.13
净资产报酬率（ROE）（%）	2.37	2.79	0.36
资本性支出（CAPEX）	2728	3951	1434
CAPEX 占收比（%）	2.01	3.63	1.36
经营活动净现金流	1733	−1381	2238
每股经营活动净现金流（元/股）	0.23	−0.19	0.30
自由现金流（FCF）	−995	−5332	804
自由现金流占收比（%）	−0.73	−4.90	0.76
每股盈利（EPS）（元/股）	0.12	0.12	0.05
股利（DPS）（元/股）	0.06	0.05	0
股利支付率（%）	50.00	41.65	0.00
主营业务收入增长率（%）	24.44	3.45	7.05
总资产增长率（%）	7.16	−1.02	9.04
净利润增长率（%）	−8.01	692.31	−95.85
经营活动现金流增长率（%）	225.49	−161.71	−57.77
资产负债率（%）	63.75	64.06	65.10
流动比率（%）	124.00	120.00	123.00
总资产周转率（次数）	1.54	1.33	1.28
股息	443	369	0
内部融资额	2753	2063	1606
研发支出	1007	73	166
研发支出占收比（%）	0.74	0.07	0.16

表 2 – 5 – 9　苏宁云商 2013～2015 年轻资产特征一览表

序号	项目	2015 年	2014 年	2013 年
1	现金类资产比重（%）	33.64	32.20	34.29
2	应收账款比重（%）	0.81	0.65	0.82
3	存货比重（%）	15.90	19.51	22.20
4	流动资产比重（%）	64.44	61.62	65.05
5	固定资产比重（%）	15.05	14.79	13.07
6	流动负债比重（%）	51.93	51.24	52.78
7	应付账款比重（%）	37.41	37.56	43.49
8	无息负债比重（%）	36.60	36.91	42.67
9	有息负债比重（%）	4.07	3.35	2.07
10	留存收益比重（%）	20.18	21.03	19.97
11	营运资金（百万元）	11017	8531	10088

续表

序号	项目	2015 年	2014 年	2013 年
12	现金股利（百万元）	443	369	0
13	内源融资（百万元）	2753	2063	1606
14	资本性支出（百万元）	2728	3951	1434
15	现金储备（百万元）	29631	26469	28472
16	自由现金流（百万元）	−995	−5332	804

（七）内控与风险管理

公司内建立了较为完善的内部控制制度体系，苏宁云商 2015 年内控评价范围主要单位包括公司各管理总部、经营总部、事业部及重要子公司（不含报告期内并购业务产生 PPTV 及其下属子公司）。同时苏宁云商对风险进行了有效管理，公司面临的主要风险有：

1. 金融风险

苏宁云商集团的经营活动与财务业绩面临各种金融风险：市场风险（主要为外汇风险和利率风险）、信用风险、价格风险和流动性风险。苏宁整体的风险管理计划针对金融市场的不可预见性，力求减少对财务业绩的潜在不利影响。

（1）市场风险——外汇风险和利率风险。苏宁云商的经营主要位于中国境内，主要业务以人民币结算，但集团已确认的外币资产和负债及未来的外币交易（外币资产和负债及外币交易的计价货币主要为日元、港元、美元和澳元）依然存在外汇风险。苏宁云商总部财务部门负责监控集团外币交易和外币资产及负债的规模，以最大程度降低面临的外汇风险。此外，苏宁云商可能会以签署远期外汇合约或货币互换合约的方式来达到规避外汇风险的目的。

苏宁云商的利率风险主要产生于长期银行借款及应付债券等长期带息债务。浮动利率的金融负债使公司面临现金流量利率风险，固定利率的金融负债使公司面临公允价值利率风险。苏宁云商会根据当时的市场环境来决定固定利率及浮动利率合同的相对比例。2015 年 12 月 31 日，苏宁云商长期带息债务主要有：人民币计价的固定利率的应付债券 79.77 亿元，美元计价的浮动利率的长期银行借款金额约为人民币 3.96 亿元，以及日元计价的固定利率的长期银行贷款约为人民币 2367 万元。公司总部财务部门也会持续监控集团利率水平。利率上升会增加新增带息债务的成本以及公司尚未付清的以浮动利率计息的带息债务的利息支出，并对公司的财务业绩产生重大的不利影响，管理层会依据最新的市场状况及时做出调整，这些调整可能是进行利率互换的安排来降低利率风险。2015 年度及 2014 年度苏宁云商并无利率互换安排。

（2）信用风险。苏宁云商对信用风险按组合分类进行管理。信用风险主要产生于银行存款、应收账款、应收利息、其他应收款、应收票据和长期应收款等。

苏宁云商的银行存款主要存放于国有银行和其他大中型上市银行，应收利息主要是各类保证金及存款产生的利息，其不存在重大的信用风险，不会产生因对方单位违约而导致的任何重大损失。此外，对于应收账款、其他应收款、应收票据和长期应收款，苏宁云商会设定相关政策以控制信用风险敞口。苏宁云商基于对客户的财务状况、从第三方获取担保的可能性、信用记录及其他因素诸如目前市场状况等评估客户的信用资质并设置相应信用期。另外，苏宁云商会定期对客户信用记录进行监控，对于信用记录不良的客户会采用书面催款、缩短信用期或取消信用期等方式，以确保公司的整体信用风险在可控的范围内。

（3）价格风险。苏宁云商持有的理财产品、货币基金等投资工具，以及卖出期权、投资者回售选择权和远期外汇合约等衍生工具，面临市场价格风险的影响，这些价格风险来自相关标的指数或标的资产未来价值波动的不确定性。苏宁云商持续监控这些标的指数或标的资产的价值波动水平，并严格控制该类投资工具及衍生工具的规模，必要时采用合适的对冲工具以缓释市场价格风险对公司带来的不利影响。

（4）流动性风险。苏宁云商集团内各子公司负责其自身的现金流量预测。总部财务部门在汇总各子公司现金流量预测的基础上，在集团层面持续监控短期和长期的资金需求，以确保维持充裕的现金储备和可供随时变现的有价证券。同时将持续监控是否符合借款协议的规定，从主要金融机构获得提供足够备用资金的承诺，以满足短期和长期的资金需求。

2. 投资风险

公司在充分保障日常资金运营、资本性开支等基础上，计划使用自有资金进行投资理财或购买货币市场基金，一方面公司建立完善的风险防控机制和内部决策流程，相关投资事项风险可控；另一方面可进一步加强公司现金管理能力，提高公司资金使用效益，且不涉及募集资金，不存在损害公司及中小股东利益的情形。

（八）前景展望

1. 发展机遇

当前，国家正在推行结构性改革，"十三五"全面建成小康社会的规划也进入了决胜阶段，企业发展面临良好机遇。

首先，供给侧改革促进消费升级，居民收入增加推动品质消费，企业发展空间巨大。国家对消费的刺激已不再是单纯依靠简单刺激需求，而是以技术创新和产品质量提升为方向。通过改善质量供给，发展服务业，发挥新消费引领作用，加快培育形成新供给、新动力，转变发展方式，从而促进消费升级、释放消费潜力。苏宁所处的大消费、大服务领域，在供给侧改革的推动下迎来了持续向好的发展。随着小康社会的全面建成、一二线城市收入水平持续提高以及三四级市场城镇化的加速，必然带来品质消费、品牌消费的高增长，而苏宁拥有的覆盖全国的线下网络资源、物流资源、服务资源，其企业价值将得以凸显。

其次，上游去库存压力大，渠道优势显现。全社会的产能过剩以及出口压力的加大，导致上游制造企业的高库存和高积压。随着供求关系的变化，渠道优势开始显现。一方面苏宁O2O融合的多渠道能够有效去库存，另一方面依托大数据分析和云计算的C2B反向驱动供应链管理能力，也能为上游产业的升级发展提供助力，从而零供关系更加紧密，有利于企业收入、利润增长。

此外，随着原材料和能源成本下降，人民币适度贬值，以及融资成本的下降，给企业的投资创造了非常好的窗口期。公司正在发展的云店、易购服务站、社区网点、物流基地、数据中心等各项基础投入迎来难得的低成本扩张期。

经过六年的探索实践，苏宁的互联网零售在2015年成型、定型、并进入快速发展和开始收获的阶段，在O2O模式被普遍认可为行业发展趋势时，苏宁已经在线上线下形成了一定的O2O先发优势。同时，苏宁物流、苏宁金融在经过多年的超前储备后，资源优势、资源价值逐步凸显，业务进入快速成长期，公司多元化盈利结构已经形成。

2. 具体工作策略

2016 年，苏宁紧抓市场机遇，在渠道、商品和服务方面加大投入，实现健康的、高质量的、可持续的高速增长。

（1）渠道策略——全渠道发展推进 O2O 战略，增开易购服务站布局农村。主要从以下两个方面进行布局：第一，连锁发展方面：线下实体是公司 O2O 零售模式差异化的最大优势，公司要不遗余力地将线下平台建设成为满足用户体验的综合服务平台，这是企业盈利的核心所在。一方面狠抓门店基础管理，另一方面灵活运用互联网工具提升门店运营效率和服务体验；云店建设运营方面，围绕用户体验进一步优化云店模式，实现从卖商品到卖生活方式的转变，从用户需求的角度推动云店的不断升级；苏宁易购服务站直营店建设运营方面，匹配物流路线规划加快开发，结合经营管理能力和物流辐射，深耕三、四级市场。2016 年新开苏宁易购服务站直营店1500 家；红孩子连锁方面，重点在北上广等核心城市及江苏、安徽、山东省地级城市进行布点，进行红孩子专业母婴店的快速布局，同时完成覆盖全国的线下供应链建设；苏宁超市将重点优化调整现有门店经营模式，探索可持续发展的苏宁超市盈利模型，完善供应链及管理团队建设。

第二，线上运营方面：2016 年线上运营工作更加聚焦，将线上运营的相关职能统一整合、建设职能完整且相对独立运作的互联网平台事业部，负责苏宁易购平台的平台运营和用户经营。公司将加强线上平台的规则制定，不仅仅为自营和平台商户提供统一、公平、富有活力的竞争环境，更是充分释放苏宁的互联网零售能力，开放共享数据资源，体现苏宁易购的平台价值和数据价值。通过规则为平台引流、活跃平台商户、指导运营和管理，实现自营和开放平台商户的良性竞争。公司将加强平台运营管理，从会员、商品、营销产品、线上用户体验等多个维度进行优化，形成常态的流量导入机制。会员管理方面，激活沉睡会员，通过品类丰富和精准营销提升会员复购率；有效利用供应商和平台商户资源，实行内外部联动，保持线上运营高活跃度；进行精准投放和精细化管理，提高资源投入产出比，充分利用大型促销，通过提前规划，精准选择产品，提升用户体验，以此成为提升品牌美誉度和用户黏性的有效营销手段。

（2）商品及供应链策略——全品类、专业化、平台化，达到供应链协同。提升专业化水平、供应链效率与经营附加值。基于自身专业化的商品经营能力，通过对客户行为的精准分析、商品特性的全面把握，结合供应链管理能力的提升，苏宁将进一步加大差异化的采购能力，扩大自有品牌、定制、包销的范围和比重，在缩短供应链层级、降低供应链成本基础上，有效保证产品经营的附加值。

第一，完善平台规则，与商户共同发展。以平台的理念来推动商品供应链的建设，通过完善优化开放平台的运营规则和供应商的合作规则，推动商户的发展，加大对商品的扶持力度。打造一批核心的 KA 商品，通过 KA 商户的成长，快速形成行业影响力。

第二，巩固原有产品优势，推进产品的丰富。品类发展方面，继续巩固和凸显家电、3C 的品类优势；快速做强超市、母婴的市场地位，通过加大招商力度，实现对热点商品、热点商户的覆盖，与此同时推出更具有竞争力的服务和价格。

第三，运用互联网模式，提升供应链运营的水平和能力。将单品营销作为主动规划供应链的常态工作；继续推进供应链的升级重塑，充分嫁接互联网技术，联合工厂，发展 C2B 反向定制的精准制造模式，打造更符合用户需求的产品。提升公司在家电、3C 等核心品类 C2B 反向定制和包销产品数量占比。同时，通过发挥在门店端、手机端、PC 端、TV 端的全渠道以及苏宁易购天猫旗舰店新兴渠道，全面的渠道营销能力，为供应商提供最强大的新品推广平台。此外，发挥公司农村市场的物流能力，帮助供应商农村市场产品线的覆盖，提升向农村市场渗透发展的能力。

（3）服务策略——整合公司及市场资源，进一步提高物流云、金融云、数据云服务水平。主要从以下三个方面进行：第一，物流方面：在物流仓储方面，公司加快自建物流项目进度，持续增强仓储能力，2016 年将持续探索尝试资产的创新运营模式，充分运用资本手段，加快仓储资源的获取。在物流自动化建设方面，推广仓储运营系统与流程变革，全面推进自动化作业流程，积极投入研发仓储机器人及无人机配送；农村物流方面，依托易购直营店和授权服务站加快农村市场布局，提升农村物流正向和逆向运营能力，促进渠道下沉战略的落地，全力支撑农村电商发展；在提升物流增值能力方面，将物流、售后服务能力结合发展，结合市场需求推出标配 + 独有 + 特色增值组合的产品系列，在送装一体、2 小时急速达等进一步丰富服务产品体系建设，推出"家电清洗"、"全家包"服务产品；在物流社会化运作方面，积极创新物流模式，进一步加快社会化开放的速度和力度，推进供应链物流业务纵深发展，加快 SWL 商户（由苏宁提供仓储、配送全程服务）的招商进程，盘活闲置仓储资源，培育新的盈利点。

第二，金融方面：打造全生态的综合金融服务能力。夯实金融运营与管理，进一步完善组织架构和队伍建设，紧抓风险管控和技术研发，完善绩效考核体系，推进苏宁金融的精细化管理。

支付业务，易付宝大力发展企业业务，寻求差异化突破，搭建易付宝跨境金融交易平台，围绕"易付宝 + 本地生活"模式，进一步拓展商户；理财业务，进一步丰富对公理财、活期理财、定期理财、基金理财等产品线；供应链融资，加强产品创新，加速向苏宁零售生态圈渗透，为苏宁平台上的绝大多数中小型企业提供供应链金融服务，满足市场小额、分散、快捷、便利的融资需求；众筹业务，产品众筹结合 C2B 聚焦智能硬件、智能家居项目，结合苏宁生态体系建设的特点，对于有创新能力的合作伙伴，在风险可控的前提下，通过股权众筹方式支持业务拓展，同时公司也能获得更好的产品和服务，向用户推广。

个人消费信贷，重点发展"任性付"，充分发挥苏宁 O2O 融合优势，实现线上线下发展并重，苏宁生态与外部消费场景并举的业务发展布局，使其成为日常消费全场景的必备产品。充分利用消费金融公司获取低成本资金的优势，打造灵活低息的现金借贷产品，提高市场竞争力，全面提升用户满意度；实现信贷产品在垂直细分领域的拓展，如校园、家装、旅游、租房、教育等，进一步增强用户黏性，满足用户多元化消费需求。

第三，IT 方面：系统架构设计方面予以超前规划，充分考虑各类复杂环境下的数据灾备及网络布局，规划超大流量、高并发的系统响应指标。大数据方面，以商品数据、会员数据为核心，完善基础数据结构，分级共享公共数据，优化分享专营数据。保障数据安全之外，实现对业务体系运营管理的有效支撑，让数据活起来。服务应用方面，以用户的需求结构为核心，设计符合用户行为习惯的浏览、促销、购物和服务流程。建立满足用户极致体验的O2O服务能力，在云店服务、金融服务、物流服务等方面形成全流程的专业化服务。

（4）内部管理方面——优化组织架构，提升团队业务水平。随着苏宁云商组织架构和管理方式的不断调整优化，产业专业化、事业部公司化、项目制小团队、部门微创新等管理方式逐步

成熟。2016年在内部管理方面将更加强调执行，更加注重细节。首先，加强目标考核管理，建立目标导向的授权管理、结果为导向的激励约束，实现动态的人员考核。其次，强化团队的专业性，加强培训，提升团队知识结构和专业水平，同时加大引进新业务专业人才，带动专业技能的提升。最后，以企业文化来强化、内化、固化企业的管理，以文化激活企业的创新能力。

附件一：苏宁云商财务报告（2015年）

1. 合并资产负债表

单位：千元（除每股数额外）

年份	2015	2014	2013
资产			
流动资产			
货币资金	27115557	22274468	24806284
发放贷款及垫款	1311668	505866	142242
以公允价值计量且其变动计入当期损益的金融资产	678871	2644705	2862077
应收票据	4925	—	577
应收账款	705617	535579	671075
预付款项	6706522	3851804	4121158
应收利息	94333	75200	66712
其他应收款	2404829	1913868	1059718
存货	14004797	16038522	18258355
其他流动资产	3724748	2807402	2323984
流动资产合计	56751867	50647414	54312182
非流动资产			
可供出售金融资产	1836900	1549505	804019
长期应收款	630402	502784	482296
长期股权投资	219796	1346853	1553548
投资性房地产	1586676	1014057	1014731
固定资产	13253604	12155378	10749599
在建工程	1915103	3230834	3939894
工程物资	38087	14859	10497

续表

年份	2015	2014	2013
无形资产	7143679	7015413	6723286
开发支出	9063	36023	88424
商誉	468263	461852	419756
长期待摊费用	1266012	1265112	1072382
递延所得税资产	2193459	1664361	1130944
其他非流动资产	762761	1289284	742097
非流动资产合计	31323805	31546315	28731473
资产总计	88075672	82193729	83043655
负债及股东权益			
流动负债			
短期借款	3225641	1836529	1109893
以公允价值计量且其变动计入当期损益的金融负债	14910	137200	90400
应付票据	23890061	22442132	25235849
应付账款	9058853	8427397	10531493
预收款项	982758	1451732	507651
应付职工薪酬	355535	353563	290361
应交税费	978017	1082560	838817
应付利息	42536	42089	40828
其他应付款	6233929	5442037	4931210
一年内到期的非流动负债	144393	217187	54266
其他流动负债	808026	684486	593335
流动负债合计	45734659	42116912	44224103
非流动负债			
长期借款	357918	914214	593838
应付债券	7977095	7961177	7945925
预计负债	42460	61244	56208
递延收益	1805638	1421918	1333524
长期应付职工薪酬	20854	17233	16440
递延所得税负债	191483	159356	185530
其他非流动负债	20499	4873	2915
非流动负债合计	10415947	10540015	10134380
负债合计	56150606	52656927	54358483
股东权益			
股本	7383043	7383043	7383043
资本公积	5237740	4679567	4679567
其他综合收益	61833	(77343)	(140760)
盈余公积	1160735	1160735	1160735
一般风险准备	27864	10321	4114

续表

年份	2015	2014	2013
未分配利润	16611341	16125532	15264824
归属本公司股东权益合计	30482556	29281855	28351523
少数股东权益	1442510	254947	333649
股东权益合计	31925066	29536802	28685172
负债及股东权益总计	88075672	82193729	83043655

2. 合并利润表

单位：千元（除每股数额外）

年份	2015	2014	2013
一、营业收入	135547633	108925296	105292229
减：营业成本	(115981182)	(92284572)	(89279061)
营业税金及附加	(585796)	(357160)	(329942)
销售费用	(16644676)	(14105025)	(12739711)
管理费用	(4291475)	(3356570)	(2805667)
财务（费用）/收入–净额	(104282)	(66770)	149087
资产减值损失	(198087)	(174955)	(219939)
加：公允价值变动（损失）/收益	(6920)	(9330)	82988
投资（损失）/收益	1654764	(29847)	33919
其中：对联营企业的投资损失	(41383)	(235232)	(5875)
二、营业（损失）/利润	(610021)	(1458933)	183903
加：营业外收入	1665224	2652150	161088
其中：非流动资产处置利得	1415228	2449352	1346
减：营业外支出	(166246)	(220604)	(200605)
其中：非流动资产处置损失	(17882)	(28824)	(21743)
三、利润/（亏损）总额	888957	972613	144386
减：所得税费用	(131225)	(148575)	(40083)
四、净利润/（亏损）	757732	824038	104303
其中：归属于本公司股东的净利润/（亏损）	872504	866915	371770
少数股东损益	(114772)	(42877)	(267467)
五、其他综合收益的税后净额	208664	30252	(188555)
归属于本公司股东的其他综合收益的税后净额	139176	63417	(117671)
以后将重分类进损益的其他综合收益	139176	63417	
可供出售金融资产公允价值变动	158299	126567	(23736)
外币财务报表折算差额	(19123)	(63150)	(93935)
归属于少数股东的其他综合收益的税后净额	69488	(33165)	(70884)
六、综合收益总额	966396	854290	(84252)

续表

年份	2015	2014	2013
归属于本公司股东的综合收益总额	1011680	930332	254099
归属于少数股东的综合收益总额	(45284)	(76042)	(338351)
七、每股收益			
基本每股收益（元）	0.12	0.12	0.05
稀释每股收益（元）	0.12	0.12	0.05

3. 合并现金流量表

单位：千元（除每股数额外）

年份	2015	2014	2013
一、经营活动产生的现金流量			
销售商品、提供劳务收到的现金	157526056	126542150	120912384
收到其他与经营活动有关的现金	2434742	3563699	2214224
经营活动现金流入小计	159960798	130105849	123126608
购买商品、接受劳务支付的现金	(134203118)	(109561787)	(102476933)
支付给职工以及为职工支付的现金	(6679276)	(5957350)	(4684856)
支付的各项税费	(4077363)	(2909594)	(2984186)
支付其他与经营活动有关的现金	(13267702)	(13058537)	(10742149)
经营活动现金流出小计	(158227459)	(131487268)	(120888124)
经营活动（使用）/产生的现金流量净额	1733339	(1381419)	2238484
二、投资活动产生的现金流量			
收回投资收到的现金	65008198	47726867	18235948
取得投资收益所收到的现金	293650	393025	64871
处置固定资产、无形资产和其他长期资产收回的现金净额	3493090	4021850	38496
处置子公司所收到的现金	2242973		
取得子公司收到的现金净额	187717		
投资活动现金流入小计	71225628	52141742	18339315
购建固定资产、无形资产和其他长期资产支付的现金	(6436875)	(3854484)	(4761480)
投资支付的现金	(65068965)	(50189951)	(23313847)
取得子公司及其他营业单位支付的现金净额	(5973)	(104355)	(312416)
投资活动现金流出小计	(71511813)	(54148790)	(28387743)
投资活动使用的现金流量净额	(286185)	(2007048)	(10048428)
三、筹资活动产生的现金流量			
吸收投资收到的现金	1499599	11588	32063
其中：子公司吸收少数股东投资收到的现金	1499599	11588	32063
取得借款收到的现金	4921692	3113510	928513
发行债券收到的现金	—	—	3500000

续表

年份	2015	2014	2013
筹资活动现金流入小计	6421291	3125098	4460576
偿还债务支付的现金	(2518432)	(1971420)	(933596)
分配股利、利润或偿付利息支付的现金	(928335)	(525134)	(625916)
其中：子公司支付给少数股东的股利、利润	(3638)	—	(2114)
支付其他与筹资活动有关的现金	(78149)	—	(26891)
筹资活动现金流出小计	(3524916)	(2496554)	(1586403)
筹资活动产生的现金流量净额	2896375	628544	2874173
四、汇率变动对现金及现金等价物的影响	177065	(60597)	(189856)
五、现金及现金等价物净减少额	4520594	(2820520)	(5125627)
加：年初现金及现金等价物余额	12297572	15118092	20243719
六、年末现金及现金等价物余额	16818166	12297572	15118092

附件二：苏宁云商大事记

1990年12月，苏宁诞生于中国南京宁海路60号，专营一家200平方米的空调店。

1991年4月，组建售后服务中心，树立专业自营的售后服务品牌。

1992年4月，组织员工乘飞机旅游，形成"企业与员工利益共享"的价值观雏形。

1993年4月，苏宁电器完成了创业初期的原始积累，在"空调大战"中一举成名。

1994年，苏宁电器立足空调专营，自建专业售后服务队伍，树立了"服务为本"的苏宁品牌，销售持续增长，成为中国最大的空调销售企业。

1995年，成立专营批发部，除零售和工程外，建立了全国的批发网络。

1996年3月，苏宁电器走出南京，在扬州开设第一家外埠公司，揭开了连锁发展的序幕；与此同时，苏宁电器率先启动电脑开票系统，实现销售、财务一体化和会计电算化。

1997年2月，苏宁电器投资3000万元在南京自建第一代物流配送中心和10个售后服务网点，初步形成了"前后台协同发展，后台优先"的经营管理模式。

1998年，苏宁电器把握行业发展趋势，实施二次创业，向综合电器连锁经营转型。

1999年12月，南京新街口旗舰店成功开业，标志着苏宁电器从空调专营转型到综合电器全国连锁经营。

2000年12月，实施二次创业战略，全面推进全国电器连锁发展；苏宁ERP系统上线，打造企业IT神经系统。

2001年3月，苏宁电器进行内部组织再造，建立了以"专业化分工、标准化作业"为基础的矩阵式管理架构和第一代电器连锁专业ERP信息系统。

2001年10月，成为江苏省著名商标。

2002年，苏宁电器连锁网络从南京走向浙江、北京、上海、天津、重庆等地，初步建立了全国连锁发展的战略布局；10月，苏宁启动"1200"一期工程，向全国高校招收1200名优秀应届大学毕业生。

2003 年 3 月，亚洲规模最大、品种最全的单体专业电器综合购物广场——苏宁电器南京山西路 3C 旗舰店开业，苏宁电器连锁经营全面进入"3C"时代。

2004 年 3 月，"百名店长工程"正式启动，为连锁发展人才培养与储备奠定了基础。

2004 年 7 月，温家宝总理勉励"苏宁要成为中国的沃尔玛"，7 月 21 日苏宁电器（002024）在深交所成功挂牌上市，成为中国家电行业第一品牌。

2005 年，苏宁电器在行业内率先完成全国一级市场网络布局；3 月，苏宁电器启动"5315 服务工程"，建立全国一体化的物流配送体系、售后服务体系、客户服务体系，全方位提升苏宁电器为消费者提供服务的能力。

2006 年 3 月，苏宁"1 + 1 阳光行"社工志愿者行动启动，社会公益品牌化、制度化。

2006 年 4 月，以第五代 3C + 旗舰店为主导，建立了租、建、购、并四位一体的开发方式，形成了以"内生增长，后台优先"为核心的发展模式，并实施了中国零售业信息化 1 号工程——SAP/ERP 系统上线，建立了集团化、全球化的经营管理平台。

2006 年 7 月，苏宁 3C + 模式在新街口店试点成功，引领家电连锁最新模式。

2007 年 1 月，苏宁电器董事长张近东入选"2006 CCTV 中国经济年度人物"。

2008 年 3 月，南京雨花物流基地全面交付使用，苏宁物流迈入作业机械化、管理信息化、网络集成化、人才知识化的新时代。

2008 年 5 月，秉承奥运精神，苏宁全国 36 名苏宁员工在各地参加火炬传递。

2008 年 6 月，苏宁成立大开发体系，"租、建、购、并"四位一体，立体推进连锁开发。

2009 年，苏宁以 1170 亿元、941 家店面的经营规模成为中国最大的商业流通企业，提前实现行业领先；先后入驻日本 LAOX 电器和香港镭射，开启国际化连锁拓展；温家宝、贾庆林等党和国家领导人先后莅临苏宁视察指导，勉励苏宁要打造民族商业品牌，要成为中国的沃尔玛，并超过沃尔玛；3 月 28 日，苏宁电器集团总部基地奠基仪式在徐庄软件产业园隆重举行；4 月 9 日，《福布斯》公布全球 2000 大企业排名，中国家电连锁领导企业苏宁电器排名 1055 位，成为排名最高的中国零售企业，同时排名第一的中国民营企业。

2010 年 1 月，苏宁依托大开发、营销变革、服务变革、管理提升、人才梯队建设，构建面向未来发展的新平台。

2010 年 2 月，苏宁易购正式上线，打造国内第一的电子商务网购平台。

2010 年 10 月，威海苏宁电器广场 EXPO 超级自建旗舰店盛大开业。

2010 年 12 月，苏宁启动 5000 万元感恩行喜迎 20 周年，为全国 213 座城市、25 万户困难人群送去关怀，全体员工累计捐款超过 500 万元，并组成了 1000 多支社工服务队开展各种社工服务。

2011 年 3 月，苏宁全球总部基地启用，打造世界级管理平台。

2011 年 6 月 19 日，苏宁发布未来十年的发展规划，启动以"科技转型，智慧再造"为方向的发展规划，目标到 2020 年跻身世界一流企业行列。

2011 年 6 月 29 日，世界品牌实验室发布"2011 年（第八届）《中国 500 最具价值品牌》"榜单，苏宁电器品牌价值升至 728.16 亿元，继续蝉联中国商业零售第一。

2011 年 10 月 31 日，苏宁易购图书频道上线，首期 60 多万 SKU 引爆网购图书市场，震惊业界。

2011 年 11 月 11 日，苏宁总部基地启用暨全球供应商大会隆重开幕，苏宁向全球 500 余家家电供应商及合作伙伴阐述了新十年规划与实现战略，打造现代商业服务平台。

2011 年 12 月 26 日，苏宁喜迎 21 周岁生日，向中国扶贫基金会"筑巢行动"、"溪桥工程"，上海真爱梦想公益基金会"梦想中心"、江苏省慈善总会共捐赠 4000 万元扶贫助困，"苏宁阳光情暖中国" 1 + 1 阳光行社工志愿者行动在全国 222 个城市温情上演，度过了一个有意义的生日；12 月 31 日，苏宁旗下中国首家乐购仕生活广场（LAOX LIFE）在南京正式开业，标志着苏宁在国内的"双品牌战略"正式落地。随后，乐购仕生活广场全面入驻北京、上海、广州、深圳等城市。今后，乐购仕中国将全力开拓中国市场，实现 5 年内在 25 个主要城市开设 150 家乐购仕生活广场的中期目标。

2012 年 4 月，苏宁首个自动化仓库正式上线运行；4 月 23 日，"云集苏宁，易购天下"苏宁易购总部基地奠基仪式在集团总部隆重举行，国家工信部、商务部等主管部门，江苏省、南京市各级政府，全球供应商、互联网与 IT 领域、金融界、投行、规划设计、传媒等各界合作伙伴共 700 多人参加，共同见证世界级电子商务总部建设的启动。

2012 年 5 月 13～15 日，2012 年（第七届）中国零售商大会暨展会在江苏昆山国际会展中心召开。苏宁以 1947 亿元的销售规模连续第三年荣登榜首，再度领跑中国零售业，是中国最大的零售企业；上海乐购仕首家旗舰店——乐购仕四川北路店在万众期待中盛装亮相。

2012 年 6 月，盐城苏宁电器物流基地完成搬迁，物流基地项目正式投入使用；6 月 28 日，

世界品牌实验室在京发布了 2012 年（第九届）《中国 500 最具价值品牌》榜单，苏宁品牌价值由上年的 728.16 亿元升至 815.68 亿元，连续 6 年蝉联中国商业零售第一，持续领跑行业。

2012 年 7 月 20 日，乐购仕北京 1 号店盛大开业，这也标志着继南京、上海之后苏宁"乐购仕"品牌正式进驻北京；7 月 25 日，苏宁向南京市教育局捐赠 1000 万元成立助学教育基金。

2012 年 8 月 25 日晚，"创新转型，再造苏宁" 2012 苏宁之夏大型文艺晚会在集团总部绚丽上演。

2012 年 9 月 25 日，苏宁并购红孩子媒体通报会在南京举行。苏宁拟出资 6600 万美元或等值人民币收购红孩子公司，承接"红孩子"及"缤购"两大品牌和公司的资产、业务，全面升级苏宁易购母婴、化妆品的运营。这是苏宁在电商领域的首次并购，对于苏宁"超电器化"经营和苏宁易购品类拓展、精细运营、规模提升具有重要意义，也拉开了电商行业整合大幕。

2012 年 10 月，苏宁联合各大高校、人力资源专家、咨询公司、主流媒体举办"大学生择业暨企业人才培养高峰论坛"，会上，基于 90 后大学生的特点和新十年发展战略，苏宁正式发布与科技化、多元化、国际化新苏宁相匹配的人力资源战略，未来苏宁将坚持价值共享、创新激励机制，打造一支知识型、专业型、开放型人才团队，并继续通过校园招聘、自主培养方式培育事业接班人。

2012 年 11 月，徐州物流基地项目施工完毕，并正式交付使用。

2012 年 12 月 3 日，苏宁召开发布会，正式推出全新一代实体零售门店——苏宁地区旗舰店；12 月 26 日，苏宁延续"公益庆生"传统，举行大型公益捐赠及员工志愿者服务活动，向中国扶贫基金会、中国宋庆龄基金会、江苏省慈善

总会等公益机构捐赠 4140 万元，开展以扶贫助教为主的公益慈善活动；12 月 29 日，苏宁全球第一生活广场南京新街口 Expo 超级店正式开业，凭借全新经营模式和服务体验，提前引爆元旦购物热潮，受到众多消费者的追捧，迎来 2013 年元旦黄金周的"开门红"。

2013 年 2 月，苏宁正式公布新模式、新组织、新形象，标志着行业革命性的"云商"模式全面落地，开启了跨越式发展的新征程。

2013 年 3 月 11 日，由南京市发改委牵头，南京市工商行政管理局、苏宁具体承接的全国唯一一个电子商务交易纠纷处理服务试点项目在南京启动。

2013 年 5 月 25 日，苏宁成为首家进驻西藏自治区的全国性大型连锁企业，也实现了在中国大陆地区连锁布局的圆满收官。

2013 年 6 月 8 日，苏宁全国所有苏宁门店、乐购仕门店销售的所有商品将与苏宁易购实现同品同价，这是全国首例大型零售商全面推行线上线下同价，此次价格一致是苏宁多渠道融合的重要一步，标志着苏宁 O2O 模式的全面运行。

2013 年 9 月 12 日晚，苏宁开放平台战略通报暨平台联盟大会在北京水立方盛大举行，苏宁高管团队集体亮相，近千商户、媒体、行业专家和投资者共同见证了苏宁开放平台的发布。前期十万全球征集平台命名也揭晓了答案——"苏宁云台"，寓意苏宁云商开放平台。

2013 年 10 月 28 日，中国领先的视频媒体PPTV 聚力与苏宁云商、弘毅投资在北京联合宣布，苏宁和弘毅将以 4.2 亿美元的公司基准估值联合战略投资 PPTV 聚力。PPTV 聚力在引进新的战略投资者之后，将大大加强其在资金和战略资源方面的行业领先优势，加速视频行业格局的演变。

2013 年 11 月 19 日，"苏宁美国研发中心暨硅谷研究院"隆重揭幕，苏宁董事长张近东正式宣布其全球首家海外研究院开始运行。苏宁硅谷研究院将着眼于融合线上线下 O2O 模式，聚焦于智能搜索、大数据、高性能计算、互联网金融等领域的前沿技术研究。

2013 年 12 月 26 日是苏宁成立 23 周年的庆典日，沿袭一贯"公益庆生"的传统，当天在苏宁总部及全国各地分公司同步开展了公益捐赠及阳光行活动，与往年不同的是，今年除了捐赠3695 万元、开展"阳光 1+1"社工志愿者行动外，还将互联网转型运用到了公益事业创新上，并邀请全国权威公益机构、知名专家举办主题为"网聚仁的力量"的"2014 年企业公益论坛"，探讨公益创新与互联网的融合之道，并发出了1000 万元捐赠的苏宁猜想。

2014 年 1 月 13 日晚，苏宁云商发布公告称，旗下的南京苏宁易付宝网络科技有限公司（以下简称"易付宝"）推出的余额理财产品"零钱宝"将于 1 月 15 日正式上线；1 月 27 日，苏宁官方对外宣布 100% 收购国内知名团购网站满座网，并整合为本地生活事业部，加速本地生活服务领域的发展，推动线上线下融合的 O2O战略进一步深入。这是互联网领域 2014 年的第一起并购，表明集团将在 2014 年继续快马加鞭加速转型。

2014 年 3 月 4 日，苏宁对外正式宣布成立"苏宁互联"独立公司，作为虚拟运营商的客服号码为 10035。苏宁互联公司的成立标志着集团全面进军移动转售业务。3 月 21 日上午 10 点 8分，随着电话的接通，苏宁互联号码宣布测试成功。

2014 年 6 月 11 日，苏宁云商借由与国际著名的巴塞罗那足球俱乐部达成战略合作的契机，在南京总部宣布推出运动户外频道。苏宁运动户外频道规划了热门品牌、运动服、运动鞋、户外装备、户外鞋服、体育运动、健身器材、健身运动及女性专区 9 大目录。同年 7 月 11 日，苏宁运动户外品牌达到 1200 个，商品 SKU 数达到 50 万。此次户外运动频道的上线，被认为是苏宁全品类拓展的一个重要举措，标志着苏宁开放平台的运营到了一个全新阶段。

2014 年 6 月 25 日，世界品牌实验室在北京发布了 2014 年《中国 500 最具价值品牌》榜单，苏宁以 1052.35 亿元蝉联中国最具价值的商业零售品牌，并位列中国 500 最具价值品牌榜第 13。

2014 年 8 月 26 日，苏宁客服体系成功通过了 4PS 国际标准认证，正式全面接轨 4PS 国际标准体系，成为国内首家获得该标准认证的互联网零售企业和虚拟运营商企业。

2014 年 10 月 17 日上午，由国务院召开的全国社会扶贫工作会议在人民大会堂举行，会上，集团凭借持续公益执行与互联网化创新扶贫行动，荣获国务院扶贫开发领导小组授予的"全国扶贫开发先进集体"荣誉称号。

2014 年 11 月 26 日，苏宁与航天信息集团（"航天信息"）举行签约仪式，正式宣布双方合力推进国内电子发票业务发展，扩大电子发票应用领域和地域，让电商规范化发展有据可依。

2014 年 12 月 20 日，位于中国澳门大三巴草地围的中国澳门大三巴店隆重开业；12 月 26 日，苏宁延续公益庆生的传统，宣布正式上线公益频道，旨在发挥线上线下 O2O 融合优势，探索互联网时代下的公益之路。

2015 年 1 月 23 日，首批 2 家苏宁易购直营店在江苏省宿迁市洋河镇和盐城市龙冈镇正式开业。

2015 年 2 月 6 日，苏宁云创私募 REITs 在深圳证券交易所正式挂牌上市，这也是中国首支交易所场内交易的商贸物业私募 REITs；2 月 12 日，易付宝首次尝试支持外部商户购物支付，情人节前牵手南京新百。

2015 年 3 月 8 日，苏宁超市公司正式进军生鲜市场，开售自营生鲜产品，并命名为"苏鲜生"；3 月 26 日，"苏宁物流报关代理服务有限公司"获批。

2015 年 4 月 7 日，苏宁第三方物流企业服务平台项目正式发布上线；4 月 28 日，苏宁新一代互联网云店在南京山西路店和上海浦东店正式开业。

2015 年 5 月，5 月 29 日，苏宁消费金融公司正式开业运营，第一款代表性产品"任性付"也首次与外界见面。

2015 年 6 月 16 日，世界品牌实验室在京发布了 2015 年《中国 500 最具价值品牌》排行榜，苏宁以 1167.81 亿元的品牌价值，位居排行榜第 13，成为最具价值的互联网零售品牌；6 月 17 日，苏宁宣布在上海建设第二总部，将现有总部部分职能平移到上海，在互联网零售、PPTV、国际化、金融投资、研发、人才等方面，加强多元产业的融合集聚发展，加速进入互联网零售的快车道。

2015 年 7 月 10 日，中共中央政治局常委、国务院总理李克强主持召开经济形势座谈会，张近东受邀参会。听完苏宁的转型介绍后，李克强对张近东直言"你给我们带来了好消息"。

2015 年 8 月 10 日，苏宁联合由南京市政府、中国国际贸易促进委员会、中国互联网协会举办首届"'互联网＋'零售紫金峰会"，吸引了包括王健林、李彦宏等 2000 多位企业领袖、行业精英的参加。

2015 年 9 月 6 日，苏宁与万达达成战略合作协议，苏宁易购云店将进入已开业或即将开业的万达广场经营，双方确定的首批合作项目为 40 个；9 月 25 日，苏宁云商和国务院扶贫办在北京签署全国农村电商扶贫战略合作框架协议，双方将在"电商扶贫双百示范行动"、电商扶贫O2O展销专区、"10·17扶贫购物节"、农村电商人才培养四个方面展开合作。该协议签署后，将惠及全国约104个贫困区县，234万农村贫困家庭。

2015年12月21日，苏宁云商全面接手原江苏国信舜天足球俱乐部。

腾讯网
QQ.com

　　腾讯公司 LOGO 中心是一只企鹅，企鹅生活在极地，代表了腾讯公司致力于"连接一切"的决心，环绕 QQ 企鹅的三种颜色代表腾讯在蓝色的科技基石上，为公众提供的三个创新层面。绿色，表示通过学习型创新，提供日新月异生命力蓬勃的产品；黄色，表示通过整合创新，提供温暖可亲的多元化互联网服务；红色，表示通过战略创新，倡导年轻活力，创意无限的 QQ 生活 STYLE。

马化腾（Ponyma）

公司董事长及首席执行官

腾讯公司董事会主席、执行董事兼首席执行官

马化腾（Ponyma）：45 岁，1971 年 10 月 29 日出生于海南省东方市（原广东省海南岛东方县），1993 年取得深圳大学理学学士学位，主修计算机及应用。腾讯公司主要创办人之一，现担任腾讯公司控股董事会主席兼首席执行官，全面负责腾讯集团的策略规划、定位和管理，并担任全国青联副主席。1998 年他和好友张志东创办腾讯计算机系统有限公司。2009 年马化腾当选中国经济十年商业领袖。2014 年 1 月 16 日，在更新的彭博亿万富翁指数中，马化腾资产净值达到 130 亿美元，成为中国新首富。2015 年 2 月 13 日，马化腾入选"2014 中国互联网年度人物"活动获奖名单。2015 年 4 月，马化腾在《财富》2015"中国最具影响力的 50 位商界领袖"排行榜荣登第 2 位。2015 年 10 月 26 日，福布斯中国富豪榜发布，马化腾以 176 亿美元位居第三。2016 年 10 月，2016 年胡润百富榜发布，马化腾以 1650 亿元排名第三。10 月 18 日，2016 胡润 IT 富豪榜发布，马化腾以 1340 亿元保持第二。

六 腾讯公司可持续发展报告（Tencent）

（一）公司简介

深圳市腾讯计算机系统有限公司（Tencent，简称腾讯公司；NKEx：00700），是一家民营IT企业，成立于1998年11月，由马化腾、张志东、许晨晔、陈一丹、曾李青创办，总部在中国广东深圳，是中国最大的互联网综合服务提供商之一。腾讯多元化的服务包括：社交和通信服务QQ及微信/WeChat、社交网络平台QQ空间、腾讯游戏旗下QQ游戏平台、门户网站腾讯网、腾讯新闻客户端和网络视频服务腾讯视频等。2004年6月16日，腾讯公司在香港联交所主板公开上市（股票代号：00700），是香港恒生指数成份股之一，董事会主席兼首席执行官是马化腾。2016年6月22日，北京世界品牌实验室（World Brand Lab）主办的"世界品牌大会"发布了2016年（第十三届）《中国500最具价值品牌》分析报告，腾讯名列三甲。本部分将从腾讯的发展历程、业务现状、主要股东控股情况、总体规模及经营业绩四个方面展示腾讯集团目前的基本状况。

1. 发展历程

腾讯从建立至今，其发展大致经历了三个阶段，如图2-6-1所示：

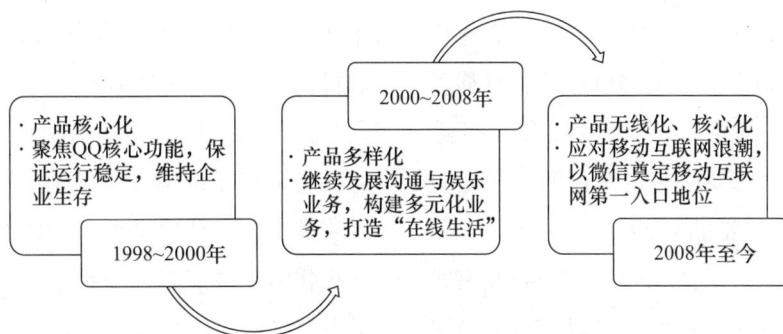

图2-6-1 腾讯三个发展阶段

第一阶段：产品核心化（1998~2000年）

1998年马化腾创办了腾讯，一开始是要打造网络寻呼系统，投标电信公司的项目，但是却没有拿到电信的标，所以腾讯公司只好自己经营QQ业务，也由此成就了腾讯成为中国互联网行业三巨头之一的神话。腾讯QQ成功的原因总结起来主要有以下两点：第一，QQ第一版本聚焦核心业务，占用流量小。那时候中国上网的用户大部分都是30KB/S的下载速度，大多数同类产品是1~2MB/S，下载一个软件要一个多小时，那时候网费是按小时计的，软件太大对于用户心理门槛是很大的压力，而QQ第一版超过

200KB/S，大大提升了用户体验。第二，QQ产品稳定性相对较强。早期互联网技术不成熟，许多产品存在不稳定、容易掉线的问题；QQ也存在掉线的问题，但恢复得很快。很长一段时间内，腾讯集团的工作重心就是维持服务的稳定，腾讯集团初始的技术团队也在这个过程中渐渐成长。综合起来，早期QQ在基础服务方面抓住核心功能点，体积小，速度快，性能稳定，还有很多个性化的体现，截至2000年4月，腾讯积累了大量客户，QQ注册用户数达500万。

第二阶段：产品多样化（2000~2008年）

2000年前后，全国互联网企业遭受了很大的冲击。21世纪初美国纳斯达克股票崩盘，非常多的上市公司股票跌得一塌糊涂，互联网虽然吸引了很多用户，但商业模式非常不成熟，无法商业化。腾讯的财务状况也岌岌可危，2000年腾讯通过与移动合作无线增值业务赚得第一桶金，开始有了业务收入。2003年，腾讯尝试推出互联网增值服务QQ秀和QQ会员，QQ秀用户有了虚拟的形象；QQ会员使用户等级加速更快，满足了用户炫耀需求，使腾讯摆脱了对移动的依赖。此后，腾讯产品开始多样化，打造"在线生活"生态圈。2004年进军网游市场是奠定腾讯商业模式很重要的开始。2004之后，公司超过一半的收入来自游戏，因为它的商业模式非常清晰，一个很轻量的消费就可以获得很愉快的娱乐体验。2004年，腾讯开始涉足媒体、广告业务，推出qq.com新闻平台。2004年6月，腾讯控股在香港联合交易所主板正式挂牌上市。2005年布局了QQ的延伸服务Qzone，当时数码相机在全国的兴起使用户分享照片的需求增长，腾讯面向需求聚焦于"QQ相册"功能，将Qzone打造成中国第一大社交网络平台。2005年腾讯推出了"搜索＋电子商务"SOSO、拍拍，但由于互联网产业强大的网络效应，产品的反响不大。2000~2005年腾讯完成第二阶段的多元化布局，到2009年，公司业绩达到顶峰，除了电商、搜索以外，大家都说，要创业就面临三件事——"生、死、腾讯"。

第三阶段：产品无线化、核心化（2008年至今）

2009年智能手机开始崭露头角，腾讯开始将所有PC产品包括QQ、腾讯网等无线化。2011年小米推出了"米聊"，腾讯在"生死关头"推出了微信，把公司全部力量调动起来把QQ的用户往微信上导，包括语音对讲、微信群等创新功能，使其一波一波爆发式地发展，奠定了微信移动互联网第一入口的地位。2011年，腾讯正式宣布开放，与合作伙伴一起打造一个没有疆界、开放共享的互联网新生态。2012年，腾讯进行了组织架构的调整，开始全业务单元的无线化并大量投资一些新兴领域。2014年，腾讯开始专注核心业务，剥离长链业务，致力于内容产业和"连接一切"。在此战略指导下，2013年9月16日，腾讯旗下搜搜的通用搜索、问问和百科团队以及QQ输入法团队与搜狗原有团队融合，共同组建新的搜狗团队。2015年9月11日，腾讯宣布成立企鹅影业；9月14日，腾讯正式推出车联开放平台。2016年5月17日，腾讯互联网＋城市服务平台正式上线；7月15日，腾讯与中国音乐集团宣布合并音乐业务。

2. 业务现状

为顺应用户需求以及推动业务发展，2012年，腾讯公司从原有的业务系统制（Business Units，BUs）升级为事业群制。到今天，形成了企业发展、互动娱乐、移动互联网、网络媒体、社交网络、技术工程和微信七大事业群，更好地挖掘腾讯的潜力，全面助力腾讯公司在移动互联网领域发挥更大作用如表2-6-1所示。

表 2-6-1 腾讯业务现状

事业群名称	特点	事务群包含产品	产品特点
社交网络事业群（SNG）	以 QQ 与 QQ 空间为基础打造大社交平台，为用户提供优质的通信与社交网络等综合性服务，拓展创新增值业务，推动公司开放平台战略，为用户和合作伙伴创造更多价值	QQ	基于互联网的即时通信平台
		QQ 空间	中国最大的社交网络
		腾讯开放平台	为合作伙伴开发的游戏和应用程序而提供的大舞台
		广点通	效果广告平台
		腾讯云	高质量公有云服务平台
		QQ 音乐	网络音乐平台
互动娱乐事业群（IEG）	腾讯互动娱乐已成为全球领先的综合互动娱乐服务品牌，致力为用户提供包括网络游戏、文学、动漫、戏剧、影视等在内的多元化、高品质综合互动娱乐体验。立足"泛娱乐"战略，腾讯互动娱乐持续基于互联网与移动互联网的多领域共生，打造明星 IP（知识产权，Intellectual Property）的粉丝经济，全面拥抱互动娱乐新时代，寻求全球互动娱乐的新机遇	腾讯游戏	全球领先的游戏开发和运营机构，也是国内最大的网络游戏社区
		腾讯文学	拥有以男性阅读为主的"创世中文网"和主打女性的"云起书院
		腾讯动漫	国内最大的正版动漫平台
		影视 & 戏剧	以"品牌"、"文化"、"内容"多维度交互为目标，在文化产业融合中积极探索，尝试与影视产业、戏剧产业跨界联姻
		版权 & 授权	腾讯互动娱乐业务泛娱乐战略的重要一环
移动互联网事业群（MIG）	腾讯移动互联网事业群（MIG）聚焦于移动互联网基础平台，为用户提供安全上网及发现互联网精彩内容的入口服务，同时探索和孵化移动互联网智能硬件新业务	腾讯手机管家 & 腾讯电脑管家	中国最为领先的互联网安全产品、安全服务提供者
		QQ 浏览器	腾讯公司自主研发的免费浏览器
		腾讯地图	免费的地图服务
		应用宝	中国增长最快的安卓应用商店
网络媒体事业群（OMG）	腾讯网络媒体服务于全球华人用户，以腾讯网、腾讯微博、腾讯视频三大平台为核心，形成可以满足多层次多维度用户需求的媒体矩阵，致力于成为中国最有影响力的网络媒体平台	腾讯网	中国最大的中文门户网站
		腾讯微博	基于社交网络建立的社会化媒体平台，兼具"媒体"与"社交网络"属性
		腾讯视频	中国最大的在线视频平台，拥有丰富的优质流行内容和专业的媒体运营能力
		微视	基于开放关系链的短视频分享社区
微信事业群（WXG）	以移动互联网第一入口微信为核心，满足客户的信息通信需要	微信	时下最热门的移动社交平台
		QQ 邮箱	腾讯公司网络平台服务的重点产品
		Foxmail	最成功的国产软件之一

续表

事业群名称	特点	事务群包含产品	产品特点
企业发展事业群（CDG）	是腾讯新业务孵化和专业支撑平台，负责各项腾讯新业务和国际业务的培育拓展；同时为腾讯各大业务提供战略及专业支持	财付通	腾讯公司推出的中国领先在线支付应用和服务平台，致力于为互联网个人和企业用户提供安全、便捷、专业的在线支付服务
		腾讯产业共赢基金	腾讯公司按照国际惯例设立的企业创业投资平台。基金主要使命是投资产业链上的优质公司，更好地服务腾讯开放平台上用户
技术工程事业群（TEG）	为腾讯提供互联网行业全方位的运营解决方案和服务支持，运营着亚洲最大的网络、服务器集群和数据中心，拥有业内领先的基础架构云运营平台、云数据处理平台、互联网海量应用支撑服务平台，为亿级用户提供云计费服务		

3. 主要股东控股情况

腾讯创业初期，IDG 和盈科数码分别向腾讯投资 220 万美元，各占腾讯 20% 股份，马化腾及其团队持股 60%。此后，南非 MIH 集团从盈科数码和腾讯创始人团队手中收购了一部分腾讯公司的股份。在 2004 年上市之前，腾讯对股权结构重新调整，MIH 与创业团队分别持股 50%。目前，MIH 持有腾讯 33.51% 的股权，马化腾持股 9.10% 还不及 MIH 的 1/3 且仍在进一步减持。所幸的是，MIH 对于马化腾给予充分信任，一开始就放弃了所持股份的投票权，因此马化腾持有腾讯的股份比例虽然不高，但在公司的经营管理上却从未爆出与大股东的争端。此外，JPMorgan Chase & Co 持有腾讯公司 5.35% 的股份，占比也相对较高且于 2016 年进一步加持（见图 2-6-2）。

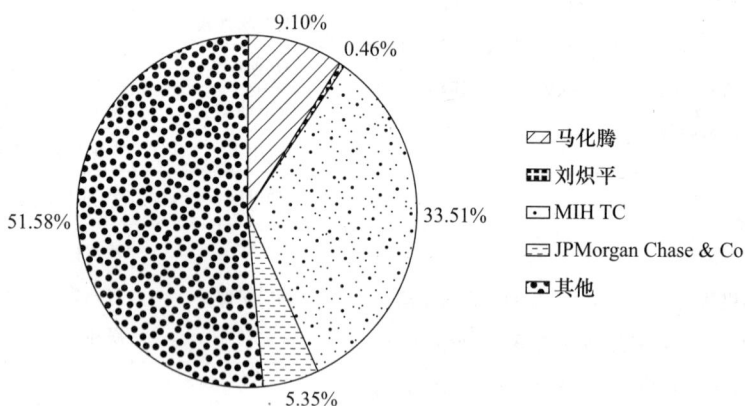

9.10%
0.46%
51.58%
33.51%
5.35%

☒ 马化腾
▦ 刘炽平
▯ MIH TC
▤ JPMorgan Chase & Co
▩ 其他

图 2-6-2　腾讯集团股权结构图

注：图中统计数据日期为 2015 年 12 月 31 日。

4. 总体规模及经营业绩

截至 2015 年 12 月 31 日，2015 年总收入为 1028.63 亿元，比上年同期增长 30%，净利润为 288.06 亿元，比上年同期增长 33%；腾讯公司总资产为 3068.18 亿元，股东权益为 1221 亿元，股数为 940400 万股，员工人数为 30641 人，每股盈余为 3.097 元。2015 年 12 月 31 日，腾讯股票收盘价为 149.83 元，市盈率为 45.379，市净率为 11.74。此外，截至 2015 年，微信及海外版 Wechat 的合并月活跃账户数达到 6.97 亿。

（二）公司战略

1. 贯穿始终的创新战略

腾讯公司具有贯穿始终的创新精神，面向未来，坚持自主创新，树立民族品牌是腾讯的长远发展规划。腾讯公司 1999 年推出了无线互联网的寻呼解决方案，2003 年 9 月 9 日在北京嘉里中心隆重宣布推出企业级实时通信产品"腾讯通"（RTX），成为中国第一家企业通信实时服务提供商。2007 年 10 月 15 日，第一家由国内互联网企业自主建立的研究机构——腾讯研究院正式挂牌成立。腾讯公司授权专利总数突破 400 项，成为全球互联网拥有专利数量最多的企业之一，比肩于 Google、Yahoo、Aol 等国际互联网巨头。腾讯公司致力于自主创新，打造民族品牌，给公司注入活血，提升核心竞争力，这也是其经久不衰的重要原因。

2. 产品的追随战略

追随者优势是指跟随先动者进入市场的企业所获得的一种竞争优势，这是腾讯一直采取的策略。QQ 的前身 OICQ 便是当时国外流行的聊天软件 ICQ 的中国版，但是腾讯并非全盘照搬，而是充分考虑了本地用户习惯进行了体验改善，增加了许多本地化功能。在 2000 年左右 QQ 就已经建立起在中国即时通信市场的领导者地位，而由于即时通信工具具有非常强的用户黏性，所以随着时间推移 QQ 用户实现了雪球式滚动效应。而微信则是腾讯集团"追随战略"的又一

典型代表，在小米公司推出"米聊"后，腾讯公司意识到智能终端的发展已经超过了 PC 端，把握住移动互联网发展的形式，坐稳移动互联网第一入口至关重要，由此才有了"微信"的诞生。

在取得垄断性市场份额后，腾讯更多注重服务质量的提升和用户体验的不断优化，而产品创新和新功能方面则更多留给了挑战者，一旦发现对手产品市场份额提升或新功能获得用户喜爱，腾讯立即开展深入研究分析，如果是同质化功能则优化自己；如果是差异化功能则快速开发出 DEMO 原型进行小范围尝试，用户认可则快速放量；如果是难以复制的技术壁垒则通过各种途径进行购买，如早前 Skpe 因为语音优势市场份额快速提升，于是腾讯干脆从国外把 Skpe 最核心的语音引擎买了过来，最终弥补了产品短板。

腾讯集团的追随者战略无疑能够使追随者采取最小的成本获得尽可能大的收益，并大大降低了新商业模式的风险，但这种追随者战略自身却存在很大的风险隐患：首先，加入市场领导者建立起强大核心竞争优势后追随者可能很难再撼动，腾讯在搜索上以及电子商务上始终无法与百度和阿里巴巴抗衡也正是由于这一原因；其次，一旦出现翻天覆地的技术创新和商业模式创新，往往难以实现追随，势必形成对追随者的打击。

3. 塑造形象的品牌战略

成为公众公司后，腾讯集团开始着眼于塑造品牌形象，推行品牌战略。2002 年 10～12 月，首届"Q 人类 Q 生活"QQ 之星选拔赛的成功举办，进一步将 QQ 形象融入现代年轻人的生活当中，可以看出腾讯公司以图塑造 QQ 的品牌影响力，2007 年 4 月，腾讯成为广东省著名商标，

证明其战略实践是成功的。品牌战略最明显的例子是腾讯游戏，腾讯游戏与其他网络游戏最大的区别在于其"Q文化"的一贯性。腾讯致力于让其QQ用户享受到独有的高质量的娱乐生活，腾讯的网络游戏都与QQ对接起来，形成了多项资源的整合，也形成了QQ游戏区别于其他网络游戏的"Q文化"。这一切，都使得腾讯的网络游戏成为真正属于QQ用户、适合QQ用户的网络游戏。

4. 全方位的多元化战略

2006年腾讯正式提出了"为用户提供一站式在线生活服务"的战略目标，这一战略目标的提出，标志着腾讯正式启动其互联网业务多元化发展战略。2009年，腾讯已经初步完成了面向在线生活产业模式的业务布局，构建了QQ、QQ.com、QQ游戏以及拍拍网这四大网络平台，分别形成了规模巨大的网络社区。在满足用户信息传递与知识获取的需求方面，腾讯有QQ.com门户、QQ即时通信工具、QQ邮箱以及SOSO（搜索）；满足用户群体交流和资源共享的方面，腾讯推出的个人博客Qzone将与我们访问量极大的论坛、聊天室、QQ群相互协同；在满足用户个性展示和娱乐服务方面，腾讯拥有非常成功的虚拟形象产品QQshow，QQPet（宠物）、QQGame（游戏）和QQMusic/Radio/Live（音乐/电台/电视直播）等产品，另外对手机用户提供彩铃、彩信等无线增值业务；在满足用户的交易需求方面，专门为腾讯用户所设计开发的C2C电子商务平台拍拍网已经上线，并和整个社区平台无缝整合。现在腾讯已形成了即时通信业务、网络媒体、无线和固网增值业务、互动娱乐业务、互联网增值业务、电子商务和广告业务七大业务体系，并初步形成了"一站式"在线生活的战略布局。

5. 回归底层的连接战略

"3Q大战"后，腾讯转变思路，开始尝试用战略合作、资本运营的方式实现其多元化业务布局，自己则做回"连接器"。2015年内，腾讯公司深入执行"连接"战略，通过围绕腾讯的核心通信及社交平台来培育生态系统，把腾讯公司自身及其合作伙伴的产品及服务带给用户。腾讯公司在"互联网+"生态系统的主要举措包括：第一，丰富公司平台上的产品及服务。例如，腾讯在QQ手机版和微信推出个人小额贷款产品及签证申请等市政服务。第二，丰富支付场景以推广在线支付服务，使得腾讯移动服务的月活跃账户同比增长超过七倍。第三，发展移动工具服务，包括安全浏览器及应用商店，强化对移动生态系统的基础支持。第四，投资于相关互联网垂直领域的领先公司（如Internet Plus Holdings），为用户提供同类中最好的服务。

同时，腾讯采取一系列举措提升在中国的现行业务。在社交平台上，腾讯通过推广娱乐导向和基于社区的活动，QQ手机版用户（尤其是在年轻用户群中）保持同比增长，同时通过多元化产品及服务组合将更大范围的用户连接起来以扩大微信的用户基础。腾讯公司的社交网络效果广告收入同比增长逾一倍。在网络游戏业务上，腾讯通过在已获证明的IP基础上推出新游戏，凭借个人电脑游戏运营专长以及发展玩家社区，巩固了腾讯在智能手机游戏市场的领先地位。此外，通过与优质内容提供商，如NBA、HBO、派拉蒙影业、华纳音乐及索尼音乐等合作、投资原创内容，腾讯在多种网络媒体领域（如视频、教育、音乐、新闻及文学）保持流量的领先。通过发挥社交平台优势及优化优质业务模式，公司的数字内容订购服务获得增长。

（三）资本运营

1. 腾讯融资概况

腾讯公司作为中国互联网大军中最为成功的公司之一，自 1998 年成立以来，腾讯公司推出免费即时通信软件平台 QQ，飞速建立起庞大的用户群体，并随之迅速寻找出针对这些极具黏性的用户相适应的增值收费产品和服务。腾讯以独特的方式寻找到了适合自己的盈利模式，整个企业的融资可以分为三个阶段。

第一次融资。1998 年马化腾和张志东等五人一共凑了 50 万元注册了深圳腾讯计算机系统有限公司，在这笔资金中马化腾出了 23.75 万元，占了 47.5% 的股份；张志东出了 10 万元，占股 20%；曾李青出了 6.25 万元，占了 12.5% 的股份；其他两人各出 5 万元，各占 10% 的股份。OICQ 凭借简洁的风格及细心的设计赢得了广大网民的喜爱，以令人吃惊的速度迅速传播开来，由于当时的腾讯并没有找到盈利模式，所以一直处于亏损状态。这时的腾讯一边继续开发着项目，一边用赚来的钱养活着 OICQ。

第二次融资。腾讯从 1998 年注册资本仅为 50 万元的腾讯计算机到今天价值约 1.4 万亿元的市值，国际投资机构功不可没。2000 年腾讯公司通过盈科数码和 IDG 融资 220 万美元。同时两家公司各拿走腾讯 20% 的股份，马化腾及其团队持股 60%，正是这 220 万美元的风险资金为腾讯日后的迅速崛起奠定了基础。2001 年 6 月，在以 110 万美元的投资，不到一年即获得 1000 余万美元的回报后，盈科数码又以 1260 万美元的价格将其所持腾讯的 20% 股份悉数出售给米拉德国际控股集团公司（MIH），于南非的 MIH 传媒巨头不满足于从盈科手中购得的 20% 腾讯股份，2002 年 6 月，MIH 又从 IDG 和腾讯控股的主要创始人处分别购得 13%、13.5% 的股份。此时，MIH 的连连出手使得腾讯控股的股权结构变为创业者占 46.3%、MIH 占 46.5%、IDG 占 7.2%，MIH 成为腾讯的最大股东。

第三次融资。2004 年 6 月腾讯公司在香港联合交易所成功上市，成为在港交所第一家上市的中国互联网公司，共募得 1.99 亿美元。腾讯控股（0700.HK）公布 2004 年业绩财报，腾讯实现营业额 11.44 亿元，同比增长 55.99%；实现净利润 4.46 亿元，同比增长 38.6%。腾讯公司的营收中，互联网增值服务收入所占比例也越来越大，营销手段也越来越灵活，商业模式越发成熟稳健，腾讯 QQ 的注册用户数量也大幅度地逐年递增。与此同时，腾讯完善了公司内部组织架构和产品结构：借助 QQ 这样一个垄断和极具竞争力的免费即时通信平台，随之衍生出互联网增值、移动及电信增值、网络广告三大收费业务体系，为客户提供了丰富的一站式产品和服务，腾讯最终系统地整合了公司的利润点和客户需求点，公司从此进入稳步发展阶段。

2. 腾讯投资并购概况

互联网公司在技术创新和变革面前始终存在被替代的焦虑感，针对这一问题，腾讯考虑在用 QQ、微信连接人与人之外，致力于连接一切。在众多的连接中，微信、QQ 等腾讯重头产品仅仅是其中之一，腾讯投资部和腾讯产业共赢基金以资本手段实现连接不可或缺，更是腾讯达成战略目的的重要方式。它除了在商业利益上连接合作伙伴之外，也在当下连接着腾讯和互联网行业的未来走向。在"3Q"大战后，腾讯转变思路，实施开放战略，成立腾讯产业共赢基金，希望通过投资的方式来实现共赢，而非让整个行业笼罩在腾讯"什么都做"的阴影下。自己做成本高且风险大，而投资则可能抓住未来之星。腾讯战略投资考虑的战略价值是——"优势互补、前瞻布局"。(见图2－6－3)。

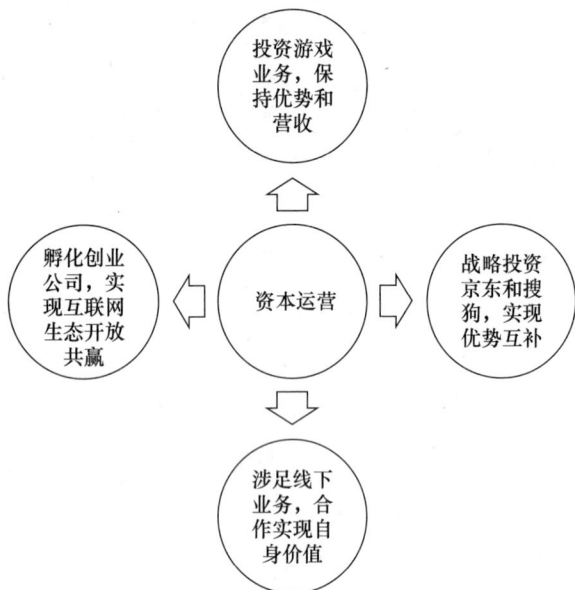

图2－6－3　腾讯资本运营示意图

(1) 投资游戏业务，保持优势和营收。在腾讯的收入中，已过半数来自游戏业务。2011年起，腾讯在游戏领域开始密集投资，从当时火热的网页游戏到后来的手机游戏。在国内，腾讯投资了银汉科技、游戏谷、苏摩科技等；在国外的投资布局中，腾讯也大量投资游戏制作厂商和渠道方，其中著名的动视暴雪、Epic Games、Riot等公司均有腾讯投资的股份；大量投资韩国开发商，扩充其在移动游戏市场的可运作空间。在2014年7月世界移动游戏大会的"投融资分论坛"中，数据统计腾讯针对游戏行业的投资案例已达50个。按照已经曝光的案例来看，2010年和2014年分别是腾讯在游戏领域投资研发公司最多的两个年份，这两年也是腾讯介入手游市场和做出重要战略转型的时间点。而其频频出手投资或者并购海外公司，在外界看来腾讯的目的很直白，即变成这些海外游戏大厂的股东，更便于将这些公司的热门游戏引入中国市场；同时，腾讯在海外展开业务时，有这些海外公司的经验和资源助力，会更容易打入海外市场。在此领域，腾讯继续扩大优势业务，保持创新和稳定营收来源。

(2) 战略投资搜狗与京东，实现优势互补。经历过电商领域业务的失败之后，腾讯也转而采取投资方式，接连投资了易迅、好乐买、珂兰钻石等垂直领域电商网站。2014年3月，腾讯在京东上市前夕宣布入股京东15％，成为其基石投资者，并在京东上市招股阶段入股5％。而腾讯控股的易迅网以及旗下电商平台则与京东整合，实际上，腾讯的电商业务已由京东打理。腾讯以投资和整合的形式，调整了自己并不擅长的业务。2013年，腾讯4.48亿美元投资搜狗的案例就已体现出这种思路。投资的同时，腾讯将旗下搜索业务搜搜与搜狗合并，由搜狗填补腾讯搜索的这块版图。这一动作，对于腾讯调整此前成效并不明显的搜索业务以及防御和牵制360具有重大意义。

搜狗与京东两个战略投资是腾讯优势互补最典型的案例。面对未来，在连接人与人之外，在业务由线上走到线下时，腾讯考虑优势互补的同时，也在前瞻布局，以合作的方式围绕核心业务搭建体系。目前，其中有些投资对象已经具备了实力，能够对腾讯形成互补，而有些则处于起步阶段。

(3) 涉足线下业务，合作实现自身价值。腾讯采取合作方式来实现自身价值，而投资则是其中建立生态的有效方式之一。在O2O业务中，腾讯集团回归底层，而上面则由传统行业自己搭建，将移动互联网应用于自己的领域，从而将各行各业连接起来，真正发挥移动互联网的最大威力。在这个基础上，互联网将更大范围连接用户更深层的智能化社交化需要。在PC端、移动端、多终端，腾讯都将成为一个连接器，一端连接合作伙伴，一端连接海量用户，共同打造一个健康活跃的互联网生态。

在O2O、移动互联网基础设施等方面，腾讯不仅涉及VC/PE阶段，也进入到了更早期，如A轮甚至天使投资阶段。其涉足的领域也很广泛，包括代驾、打车、保洁、旅游、餐饮、生鲜等，全面渗透大众的生活。E家洁在2013年获得腾讯400万元的天使投资，2014年腾讯在A轮继续投资E家洁400万美元。而打车领域，在滴滴打车与快的打车的对战之中，腾讯与阿里分别投资滴滴打车和快的打车，以数亿元投入到两者的快速成长中，不仅催熟了这个行业，甩掉了其他竞争对手，形成寡头垄断态势，也带动了线下移动支付工具的推广，培养了用户用手机付款的习惯。而如今，滴滴打车已经深度整合到微信当中，获得了二级入口，用户可以直接在微信上打车，而支付则可利用微信支付。2014年2月，腾讯入股大众点评，以4亿美元持有其20%股份。同月，腾讯再次投资同程旅游网，3月，腾讯以1.8亿美元从易居手中购买全面摊薄后15%的乐居股份。2014年6月，腾讯以7.36亿美元收购58同城19.9%股份。2015年，腾讯在O2O领域动作频频，入股了58同城、饿了么、零号线、赢了网、悠先点菜、人人车、每日优鲜、美团大众等企业，这些企业在各自领域深耕多年，它们的共同特征是涉及线下服务，而这些业务领域正是腾讯并不擅长的。然而移动互联网的到来，使得O2O成为未来发展的趋势。马化腾在腾讯成为连接一切的连接型公司构想中，人与服务的连接自然也是重要的一块。

2015年9月，腾讯涉足影视领域，宣布成立两家影视公司——腾讯影业和企鹅影业，分别隶属于腾讯IEG（互动娱乐事业群）和腾讯OMG（网络媒体事业群）之下。除此之外，腾讯2015年还收购了盛大文学并成立了阅文集团，投资3亿元布局动漫产业，其企图是将IP最大程度地盘活，这意味着，腾讯在影视领域也在架构上对标阿里巴巴的阿里影业。

（4）孵化创业公司，实现互联网生态开放共赢。除了资本之外，腾讯也扶持构建"开放共赢"的创业生态，施加影响，孵化出一些创业公司的种子。腾讯公司副总裁彭迦信在接受《财经天下》周刊采访时称，"腾讯创业基地今年已经规划落户到全国20多个城市，目前已经包括了北京、成都、武汉、厦门、杭州、海口"。创业基地就像孵化器一样，提供创业者场地、创业的租金、税收等优惠条件，也将腾讯自身的服务深入其中，比如应用宝、腾讯云、广点通三个业务及业务开放平台，在应用分发渠道、云和移动广告方面组合提供给初创的创业者使用。

在早期投资中，腾讯产业共赢基金执行董事许良在腾讯全球合作伙伴大会中也透露了腾讯投资当下关注的主题：第一，分享经济，移动互联网和互联网带来的更好地让全社会资源配置的这些机会。第二，大数据本身正在驱动很多传统行业的改造，如金融、医疗、教育等，产生更多新的商业模式和创业的机会。第三，物联网和智能硬件软硬结合的机会，这也是最近这一两年以来我们看到将来出现革命性变化的领域。第四，"90后"成长起来，新兴人群各个方面的需求跟过往不太一样，需要关注更多的新兴人群需求变化和创造出来的新机会。

腾讯集团投资情况如2-6-2所示。

（四）商业模式

商业模式是一种包含了一系列要素及其关系的概念性工具，用以阐明某个特定实体的商业逻辑。较常用的商业模式模型之一由4个核心单元

表 2-6-2 腾讯收购事件一览表 　　　　　　　　　　　　　　　　　　　　　　　续表

年份	领域	被并购方
2005	微信事业群	Foxmail
2006	互动娱乐事业群	Gopets
	移动互联网事业群	卓意麦斯
2007	互动娱乐事业群	永航科技、Vina Games
2008	互动娱乐事业群	Outpark
2009	互动娱乐事业群	智明星通
2010	社交网络事业群	爱帮网
	企业发展事业群	DST
	互动娱乐事业群	网域、卖座网、游戏谷、GH Hope Island、Eyedentity Games、Redduck、Nextplay、Topping、Reloaded Studios、Studio Hon
	技术工程事业群	康盛创想、Discuz
2011	移动互联网事业群	同程旅游网、A-fund、好乐买、艺龙网、F团、妈妈网、珂兰钻石网、金山软件、旅人网、顺网科技
	互动娱乐事业群	Riot Games、热酷、Level Up International
	网络媒体事业群	华谊兄弟
	企业发展事业群	创新工场、深圳六度人和科技公司
	技术工程事业群	烟台帝思普公司
	社交网络事业群	开心网
2012	技术工程事业群	ZAM、乐蛙科技
	移动互联网事业群	杭州魔乐、易迅网、五百城 3C 电器网
	网络媒体事业群	Epic Games
2013	移动互联网事业群	KIS、搜狗、滴滴打车、华南城、京东、易居、四维图新、58 同城
	互动娱乐事业群	动视暴雪、乐逗游戏、Plain Vanilla、4∶33 Creative Lab、Playdots、Aiming、Artillery、CJ Games、擎天柱、TapZen、PATI Games、艺动娱乐

年份	领域	被并购方
2014	企业发展事业群	微众银行、中信资本
2015	互动娱乐事业群	Glue Mobile、Miniclip、Hammer & Chisel、阅文集团、华人文化集团、微影时代
	移动互联网事业群	58 同城、饿了么、零号线、赢了网、悠先点菜、人人车、每日优鲜、美团大众、易车网、Practo、Tissue Analytics、城觅、马斯葛集团
	技术工程事业群	Scanadu
	社交网络事业群	Same、知乎、Kiki、Altspace VR
	技术工程事业群	欢网科技、Magic WiFi、Sensewhere、Packet Gemstone
	企业发展事业群	易鑫资本

模块和 8 个结构模块组成，单元模块分别是价值主张（产品创新的内容和方向等）、价值网络（企业价值链条网络的构建和优化）、价值维护（包括战略并购、企业联盟和资本合作等）和价值实现（收入和盈利模式的设计和实现）；结构模块分别是目标顾客、价值内容、网络形态、业务定位、伙伴关系、隔绝机制、收入模式和管理成本。就互联网企业来说，目标顾客指核心客户群的开发和客户区间的延伸，价值内容指企业提供的产品与服务，网络形态指企业的价值网络构建和优化，业务定位涉及企业以怎样的方式向客户提供服务（平台开放后闭环运营），伙伴关系指企业的战略联盟和资本运营（战略投资入股其他企业等形成的协议和资本联系），隔绝机制是对企业的核心能力的维护，收入模式指企业的盈利来源和方式，管理成本指企业的运营成本和风险控制能力（见图 2-6-4）。

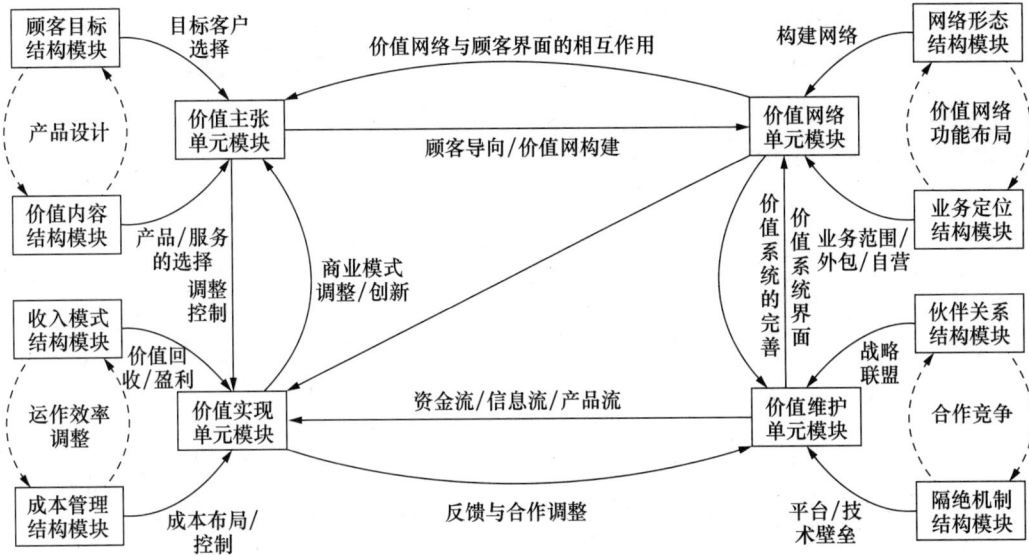

图 2 - 6 - 4　腾讯商业模式分析图

BAT 的商业模式各有其特色，从产业价值链定位来看，腾讯牢牢抓住互联网对人们生活方式的改变形成新的业态的机遇，通过建立中国规模最大的网络社区"为用户提供一站式在线生活服务"来影响人们的生活方式，从而在一个巨大的便捷沟通平台上影响和改变数以亿计网民的沟通方式和生活习惯，并借助这种影响嵌入各类增值服务，实现货币化。其创新性在于借互联网对人们生活方式改变之力切入市场，通过免费的方式提供基础服务而将增值服务作为价值输出和盈利来源的实现方式。

1. 价值主张创新：挖掘顾客需求，设计价值内容

价值主张单元模块以顾客需求为中心，设计合适的产品与服务，通过顾客的价值导向促使企业构建合适的价值网络来实现顾客对价值内容的获取和消费，同时，构建的价值网络可以更好地向顾客提供可获取的价值内容的途径，反向影响价值主张的范畴和深度。腾讯公司的价值主张从两个模块来分析，腾讯在不同阶段挖掘的顾客需

求是什么，以及腾讯公司为此提供了什么产品和服务（见表 2 - 6 - 3）。

表 2 - 6 - 3　腾讯价值主张创新分析

时间	顾客需求	价值内容
1998 ~ 2000 年	即时通信	QQ 核心功能版
2000 ~ 2009 年	即时通信、个性展示信息获取、电子商务	无线增值业务、互联网增值业务（QQ 秀、QQ 会员）、QQ 游戏、腾讯网、QQ 空间、搜搜、拍拍
2009 ~ 2016 年	移动社交、移动游戏电子商务、无线增值搜索、媒体	手机 QQ、手机腾讯网、微信、腾讯开放平台；并专注核心业务，剥离长链业务，大量投资连接一切

2. 价值网络创新：建立价值网络，精确业务定位

价值网络单元模块的构建分为网络形态的构

建和业务定位，从广度和深度两方面确定价值网络单元模块不同节点的特定功能。腾讯的价值体系是立体多维的，用户可能会接触到腾讯的价值体系的不同等级，但是不影响框架的定位，底层的基础服务和金融体系主要作用在做支撑体系，盈利目前不是关注的重点，更多地强调可用性和灵活性（见图 2 - 6 - 5）。

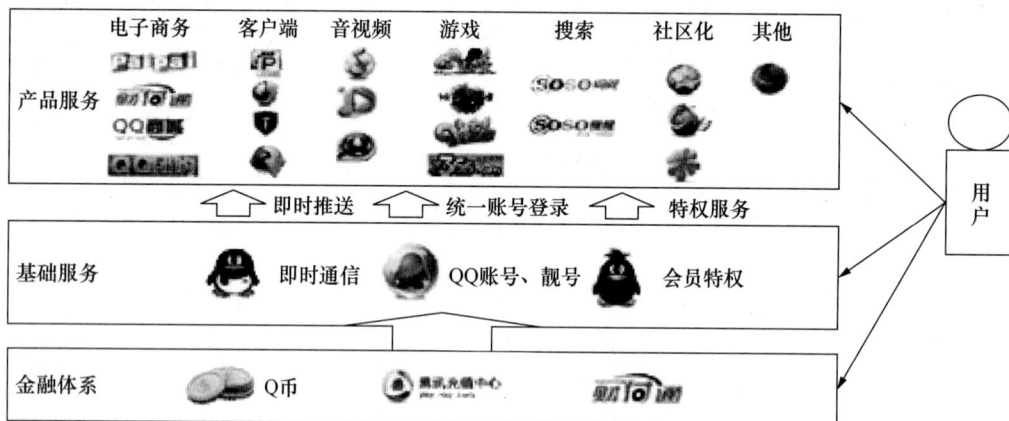

图 2 - 6 - 5　腾讯集团网络形态

腾讯公司内部经历过一次大型的组织变革，对腾讯集团的价值网络形态有很大的影响。智能手机风靡之前，腾讯的业务划分为即时通信、无线增值、互动娱乐、互联网和网络媒体五大业务体系，该商业模式以 QQ 为核心，借助其庞大的用户基础，采取在 QQ 界面上捆绑推送新业务的方法，迅速增加新业务的使用率，同时通过业务模式的识别和定位来选择特定的运营模式。2009年，智能手机初露端倪，手机用户数量急剧增长，PC 端的用户被大量分流，为了应对产品无线化的挑战，腾讯集团一方面持续发展互联网服务型的业务，加大电子商务的布局力度；另一方面开始进行全产品无线化，优化原有的网络形态，重构各业务之间的协同作用和反馈机制，于2012 年从原有的业务系统制（Business Units, BUs）升级为事业群制，形成了企业发展、互动娱乐、移动互联网、网络媒体、社交网络、技术工程和微信七大事业群，使得信息流、资金流、商品流在企业的价值网中快速运转和转化。

在业务定位方面，腾讯集团于 2014 年开始专注于核心业务，剥离长链业务，做好"连接器"，借助腾讯开放平台建立众创的互联网生态，而非让行业笼罩在腾讯"什么都做"的阴影中，如今，大规模的资本运作使得腾讯的业务已经渗入了互联网的多个应用领域（见表 2 - 6 - 4）。

表 2 - 6 - 4　腾讯提供的服务产品项目一览表

事业群	具体产品
互动娱乐事业群	腾讯游戏、腾讯文学、腾讯动漫、影视 & 动漫、版权 & 授权
移动互联网事业群	腾讯旗下安全产品（腾讯电脑管家、腾讯手机管家）、QQ 浏览器、腾讯地图、应用宝
网络媒体事业群	腾讯网、腾讯视频、腾讯微博、微视
社交网络事业群	QQ、QQ 空间、开放平台、广点通、腾讯云、QQ 音乐

续表

事业群	具体产品
微信事业群	微信、QQ 邮箱、Foxmail
企业发展事业群	财付通、腾讯产业共赢基金
技术工程事业群	

3. 价值维护创新：构建伙伴关系，树立隔绝机制

内部价值网络核心功能确定后，可以借助外部界面接口通过构建联盟或战略合作的形式形成伙伴关系——价值维护单元模块。良好的内部价值网络提供了互联网企业业务对外界面的更多接口，使得合作伙伴可以通过适当的形式加入企业的内部价值网络，甚至成为企业内部价值网络的必要补充和战略子模块。

（1）构建伙伴关系。互联网产业瞬息万变，永远都处在被创新淘汰的危机中，而且特定的业务都有自己的生命周期，故目前合作伙伴这一块集中在其盈利能力最强的业务游戏上。联合运营游戏一方面带动了整个产业链的发展，同时也为自己节约了宝贵的研发时间，能够快速占领市场。另外腾讯还有大量的运营类内容，需要上游供应商提供，例如，通过与新闻等内容提供商达成战略合作协议，共享信息资讯等内容；通过与游戏研发方形成资本关系，满足企业游戏业务创新的需求；通过与金融机构合作推出第三方支付工具财付通；通过资本投资、入股等资本控制形式涉足新兴业务，强化战略联盟关系。

（2）树立隔绝机制。腾讯公司经过十几年的运营，已经形成了自己的独特竞争力，建立了以下竞争壁垒：

第一，腾讯集团拥有规模庞大的黏性用户群。通过 10 多年的积累，QQ、微信的用户已经形成了用户黏性。腾讯集团是中国服务用户最多的互联网企业之一。就 2011 年市场份额来说，腾讯占 80.2%，飞信占 4.2%，MSN 占 4.1%，其他的占 11.5%。这一数据表明，虽然腾讯的竞争对手如云，却仍独领风骚。由于网络外部性的存在，腾讯的用户具有很大的黏性。网络外部性是指连接到一个网络的价值，取决于已经连接到该网络的其他人的数量。通俗的说就是每个用户从使用某产品中得到的效用，与用户的总数量有关。用户人数越多，每个用户得到的效用就越高，网络中每个人的价值被网络中其他人的数量所影响。这也就意味着网络用户数量的增长，将会带动用户总所得效用的平方级增长。即时通信软件更加是网络外部性最好的体现，如果用户的交际圈都在 QQ 和微信，那么就算用户想要更换性能更好的产品，也无法满足基本的通信需要，因此具有"市场锁定"效应，腾讯先占领的市场，后来企业很难超越。

第二，腾讯集团拥有内部数据构成的云平台。腾讯集团通过整合企业的数据和应用平台，构建企业在互联网行业中的独特隔绝机制。腾讯公司拥有大量的用户内部数据，通过这些数据可以进行用户数据分析，从而增加用户体验，进一步强化了用户黏性。

第三，腾讯集团的技术水平打造了优质的互联网应用底层平台。腾讯公司的技术水平可以支持稳定的基础服务，首先需要做到能够接纳海量用户的同时在线，这一块的技术积累是很多公司不具备的；其次在服务受到影响的时候要做到有损服务；最后备份容灾机制，在出现机器损坏的时候要保证数据业务的安全性和一致性。通过这些机制保证了用户在腾讯的线上生活不受影响。

4. 价值实现创新：创新盈利模式，实施资本运作

通过互联网企业价值网络单元模块和价值维护单元模块的运作，最终资金流、信息流、产品流通过特定的转化机制——价值实现单元模块，完成其在企业价值系统中的价值创造，价值实现单元模块分为收入模式和成本管理模式两个子模块，分别从投资（成本控制）和收入方式两个角度定义价值实现过程。

经过腾讯的了解和分析对腾讯的主要收入流归纳为以下几个方面：

（1）互联网增值服务。腾讯互联网增值服务的内容包括会员服务、社区服务、游戏娱乐服务三大类，具体业务包括电子邮箱、娱乐及资讯内容服务、交友服务、休闲游戏及大型多用户在线游戏等。通过免费的策略来占领和培育市场，并抵御竞争者，通过增值业务服务如 QQ 会员、QQ 服饰、QQ‒ZONE 的道具饰品等来获取利润，这一部分已经成了腾讯公司现在最主要的收入来源。

（2）移动及通信增值服务。移动及通信增值服务内容具体包括移动聊天、移动游戏、移动语音聊天、手机图片铃声下载以及以前的"移动梦网"等。当用户下载或运用增值服务的时候，通过中间的运营商的平台付费，运营商收到费用之后再与腾讯分成结算。当年，就是依靠这个移动及电信增值服务让腾讯踏上了盈利的征程。

（3）网络广告。腾讯集团主要是通过在即时通信的客户端软件及在 QQ.COM 的门户网站的广告栏内提供网络广告盈利。腾讯 QQ 开发的门户网站借助 QQ 的庞大的用户群，网站流量大大增加，一直保持着很高的点击率和知名度，然后吸引各企业纷纷在腾讯门户网站投放广告，通过腾讯的广告推广自己的产品，以至于其网络广告收入自然不会低了。但是由于腾讯的绝大多数用户属于 30 岁以下的年轻人，消费能力低，所以其网络广告收入远远不如新浪。除此之外，腾讯公司还有一些其他的盈利点，如流量分成、Q币支付、微信红包等。

在成本控制上，除了对研发、运营等成本进行控制，近几年腾讯逐渐通过投资并购电商、医疗健康、O2O 等蓝海业务进行移动互联网业务的布局。腾讯的扩张之路也是其获取技术和客户资源的措施，通过收购投资战略，腾讯逐步实现其"连接一切"的雄心壮志。收购战略是腾讯集团维持竞争力的重要保障，未来它仍将根据公司发展战略的需要继续收购有利于扩展的公司。

5. 评价实现转型：评价价值成果，调整商业模式

通过对实现的价值成果进行收入和成本方面的评价，互联网企业将调整下一环节商业模式价值创造以及价值传递的过程，并将通过价值主张、价值网络、伙伴关系和价值实现单元模块的调整及创新实现互联网企业的商业模式运作过程的创新，即商业模式的创新。

从腾讯商业模式演变过程来看，可以以2009 年为界大致分为两个阶段：

腾讯在第一阶段商业模式的主要特征是：首先，价值内容子模块中业务群的迅速发展和顾客目标子模块中用户数量的急剧增长证明了此阶段腾讯商业模式的创新顺应了互联网的发展趋势，但整个价值主张单元模块仍有进一步挖掘盈利的潜力；其次，网络形态已基本成型，使得各业务体系架构开始协同运转，基本搭建好"一站式在线生活平台"；最后，资源整合度不高，价值网络单元模块和价值维护单元的内部以及之间的架构和连接还处于较低阶段，企业内部各业务虽

实现了相互衔接，并开始初步发挥协同作用，但仍未实现信息流、资金流、物流等在价值系统内的高效流动和转化。总之，此时腾讯商业模式的核心逻辑在于开发价值主张单元模块，不断创新

业务，持续调整企业的网络形态、价值维护和价值实现等模块构架和内容，搭建内部基础应用平台，同时提高企业抗风险能力（见图2-6-6）。

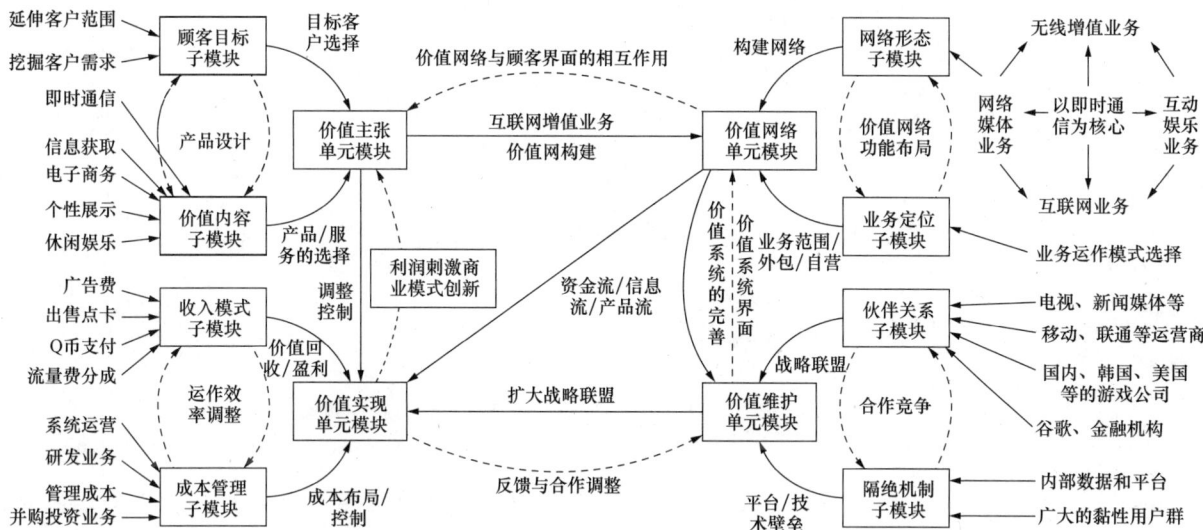

图2-6-6　第一阶段的腾讯价值系统模块化模型分析逻辑图

腾讯在第二阶段商业模式的主要特征是：首先，业务布局较完善，价值内容子模块得到了充分的开发，无线端、网络端和客户端完成了业务的搭建，网络形态子模块进一步完善和细分，从而形成了独特的价值网络单元模块；其次，支撑体系完善，进一步占领移动互联网的新兴领域，完善价值内容子模块的内容，构建了以QQ平台为基础的会员、账号、金融、基础服务四大支撑体系，以会员、账号体系增强用户黏性、整合业务资源，以金融体系完善收入模式，稳固价值链；再次，业务资源整合度高，网络形态子模块进一步完善和优化，众多的业务基本实现了相互协同，完善了"一站式在线生活平台"商业模式。最后，业务定位子模块不断深入，使得腾讯的业务已经渗入了互联网的多个应用领域。总之，此阶段腾讯商业模式的创新的核心逻辑是重

点进行业务体系之间的整合，完善价值网络单元模块，持续扩大用户群，增强黏性，培育较强的价值主张单元模块，形成企业的核心竞争力（见图2-6-7）。

腾讯通过在不同阶段对其商业模式的创新，逐渐形成了自己的商业模式创新路径：第一阶段，企业业务呈高速增长态势，商业模式创新不仅满足用户个性化需求，还要提升价值内容，尤其在设计网络形态和伙伴关系结构模块进行创新。第二阶段，随着商业模式各构成要素总量上的提升，腾讯商业模式创新主要集中在优化网络形态、在高度整合行业资源的基础之上使自身多元化业务高度协同发展。随着价值系统设计及运营成熟度的提高，腾讯的商业模式呈现出较强的竞争力。

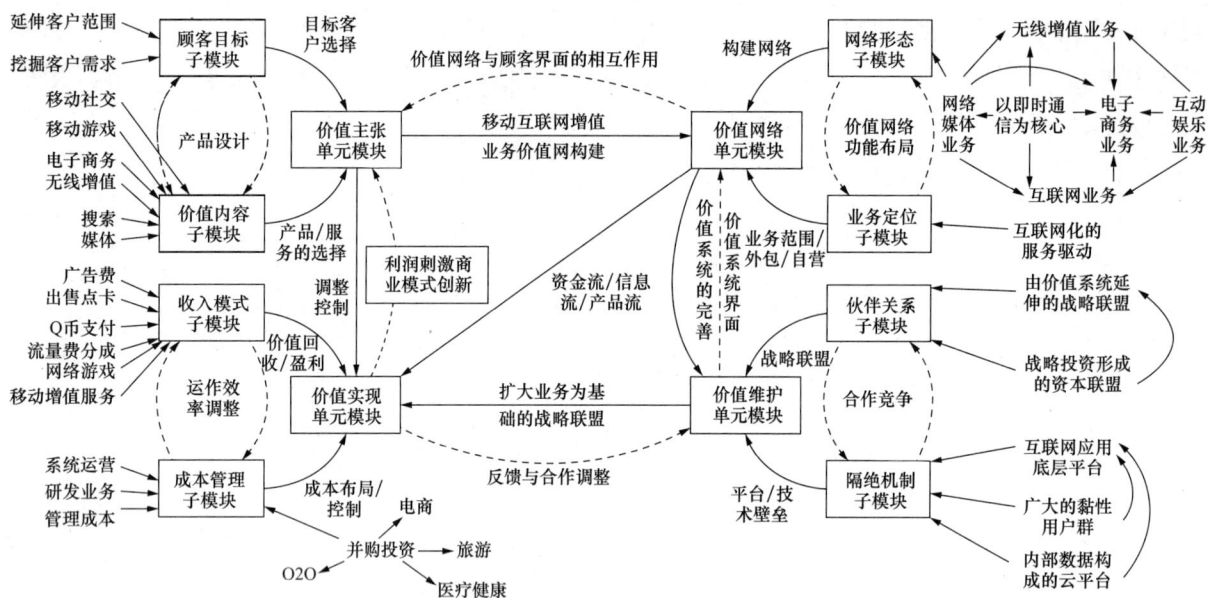

图 2-6-7　第二阶段的腾讯价值系统模块化模型分析逻辑图

（五）市场概况

1. 收入情况，持续增长主业集中

2015 年，腾讯公司全年收入增长 30% 至 1029 亿元；净利润为 288.06 亿元，比上年同期增长 33%；腾讯公司总资产为 3068.18 亿元，股东权益为 1221 亿元，股数为 940400 万股，员工人数为 30641 人，每股盈余为 3.097元。2014 年，腾讯与京东展开战略合作，腾讯入股京东，而京东则接手腾讯的电子商务业务，此举标志着电子商务业务从腾讯的剥离，大大降低了电子商务业务给腾讯造成的成本及亏损。截至 2015 年 12 月 31 日，若不包括电子商务交易业务，腾讯收入增长 38% 至 1022 亿元。从图 2-6-8 中可以看出，腾讯集团的主业相对越来越集中，而网络广告业务收入占比越来越大（见图 2-6-8）。

如表 2-6-5 所示，腾讯 2015 年增值服务业务收入增长 27% 至 807 亿元。社交网络业务收入同比增长 30%，反映数字内容订购服务、QQ 会员包月服务及虚拟道具销售的收入贡献增加。网络游戏业务收入实现稳健增长，主要受智能手机游戏、个人电脑游戏及 2015 年推出的新个人电脑游戏所推动，其中智能手机游戏收入增长显著，同比增长 53% 至 213 亿元。此外腾讯公司积极推广腾讯云服务至不同行业领域（如电子商务、O2O 服务、网络游戏、网络视频及互联网金融等领域）的重点企业客户，云业务收入同比增长超过 100%。网络广告业务收入增长 110% 至 175 亿元，超过 65% 的部分来自移动平台。效果广告收入增长 172% 至 87 亿元，主要受 QQ 空间手机版广告收入增长、微信公众账号广告收入的全年影响及新推出的微信朋友圈广告服务收入的贡献所推动。品牌展示广告收入增长 72% 至 88 亿元，主要受来自腾讯视频及腾讯新闻等媒体平台移动侧的流量和广告增加所推动。

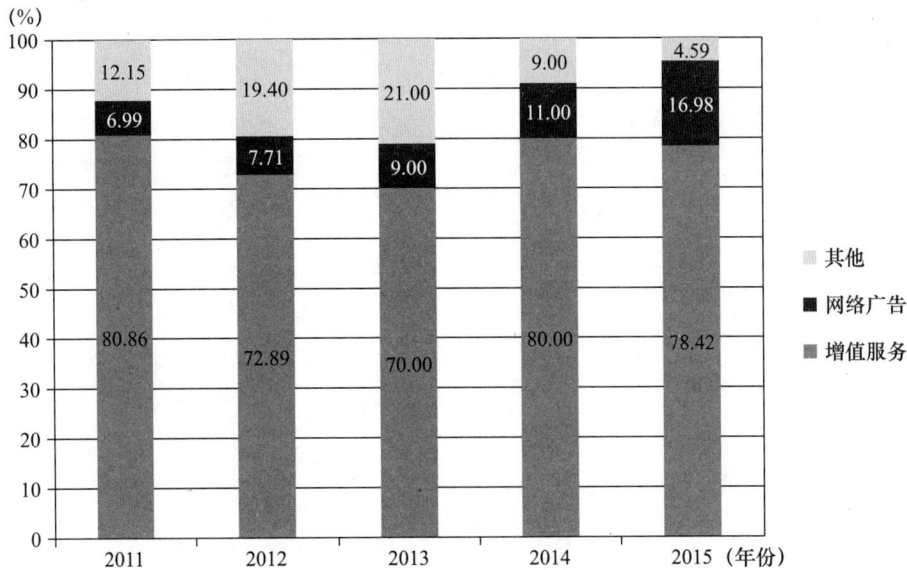

图2-6-8 2011~2015年腾讯各年主营业务收入占总收入的比例

表2-6-5 腾讯2015年业务数据一览表

单位：百万元

	增值服务	网络广告	其他	合计
分部收入	80669	17468	4726	102863
毛利	52247	8527	458	61232
折旧	1983	171	37	2191
摊销	631	2437	—	3068
分占联营公司及合营公司(亏损)/盈利	(538)	164	(2419)	(2793)

从地域资料上看，腾讯公司的业务主要集中在国内，且2015年的收入结构中中国大陆的占比进一步上升。实际上，腾讯公司很早就关注到了海外市场，并且于2005年成立了国际业务部主要负责海外事宜。腾讯集团主要通过并购海外游戏公司以及将IP本土化两条路径扩张海外市场，但效果似乎一直不很理想，其原因可能与文化差异以及市场锁定效应等有关。

2. 用户情况，整体增长势头强劲

腾讯集团的用户基数是其重要的竞争优势的来源，2015年腾讯集团的用户数整体呈上升趋势，其中智能终端的用户增长势头相对更好，微信的用户数量增长将近40%，大有超过QQ总用户之势，是当之无愧的互联网第一入口。第一，就QQ而言，智能终端月活跃账户同比增长11%至2015年底的6.42亿，整体最高同时在线账户亦同比增长11%至2.41亿。QQ群用户参与度的提高受益于腾讯公司为激励群创建者所引入的收入分成制。QQ钱包支付服务广受欢迎，于2016年初春节放假期间，仅在6天内通过QQ钱包收发的红包数量月达60亿。第二，就QQ空间而言，智能终端月活跃账户同比增长6%至2015年底的5.73亿，用户活跃度受益于如照片贴纸分享及相册编辑等功能的增强。第三，就微信及WeChat而言月活跃账户于2015年底达6.97亿，同比增长39%。公众账号成为连接用户与内容提供商、商户及广告主的领先平台。微信支付亦显著普及（见表 2 - 6 - 6）。

表 2 - 6 - 6 腾讯 2015 用户数一览表

单位：百万

	2015 年	2014 年	同比变动（%）
QQ 的月活跃账户	853.1	815.3	4.6
QQ 的智能终端月活跃账户	641.5	576.1	11.4
QQ 的最高同时在线账户	241.1	217.4	10.9
微信及 WeChat 的合并月活跃账户	697.0	500.0	39.4
QQ 空间的月活跃账户	640.1	654.1	-2.1
QQ 空间的智能终端月活跃账户	572.9	539.8	6.1
收费增值服务注册账户	94.6	83.7	13.0

随着微信支付日益普及，通过微信支付进行的 C2C 支付交易产生的相关银行手续费（主要是转账）大幅增加，仅 2016 年 1 月单月费用就超过 3 亿元（已扣除向用户收取的相关收入后的净额）。为减轻该成本压力，腾讯公司推出了自 2016 年 3 月 1 日起实施的新政策。根据该新政策，若用户从微信支付提现至该用户的银行账户的累积金额超过一定额度，腾讯会向该用户收取提现手续费。同时，不再向用户收取微信支付C2C 转账手续费。腾讯此举意在鼓励用户消费微信内的及由其线上及线下合作伙伴所提供的产品及服务，由此持续推广微信支付。

3. 业务情况，社交游戏稳健发展，内容、支付势如破竹

腾讯 2015 年有如下几个业务重点：①社交应用。QQ 和微信的体量仍是压倒性的领先。微信加上 WeChat 用户数在半年内增长了将近 1 亿，达到 6.97 亿；QQ 月活跃账户数达到 8.53 亿，同比增长 4.6%。②游戏。游戏一直是腾讯最重要的业务之一，上年在网络游戏方面，腾讯就收入 159.71 亿元。③数字音乐、视频和文学服务。从王力宏到 TFboys，再到刚入驻的李宇春，QQ 音乐 MUSIC + 计划最近动作频频，可见腾讯在数字音乐版权还有新玩法上都下了不少功夫。而在内容上，腾讯发布了一个"芒种计划"，"力求进一步扶植原创作者"。加上微信公众号已经积累的大量自媒体资源，腾讯在内容上可以说是有雄雄野心。④社交广告。在腾讯 2015 年第四季度中，网络广告同比增幅高达 118%，增至 57.33 亿元。另外，效果广告收入同比增长 157% 至 29.16 亿元，主要来源自 QQ 空间手机版、微信公众号广告，以及新推出的微信朋友圈广告服务收入的增加。而且，腾讯上年全年的广告总收入中来自移动平台的已经超过 65%，可见移动平台已经成为腾讯赚钱的重要来源。⑤移动支付。

（六）经营和财务绩效

表 2 - 6 - 7 腾讯 2013～2015 年经营与财务业绩比较

单位：百万元	腾讯		
年份	2015	2014	2013
收入	102863	78932	60437
总资产	306818	171166	107235
净利润	29108	23888	15563
净利润率（%）	28.30	30.26	25.75
总资产报酬率（ROA）（%）	9.49	13.96	14.51
净资产报酬率（ROE）（%）	23.84	29.09	26.62
资本性支出（CAPEX）	7709	4718	5799
CAPEX 占收比（%）	7.49	5.98	9.60
经营活动净现金流	45431	32711	24374
每股经营活动净现金流（元/股）	4.83	3.49	13.09
自由现金流（FCF）	37722	27993	18575
自由现金流占收比（%）	36.67	35.46	30.73
每股盈利（EPS）（元/股）	3.10	2.58	1.69

续表

单位：百万元	腾讯		
年份	2015	2014	2013
每股股利（DPS）（元/股）	0.28	0.19	0.79
股利支付率（%）	9.06	7.29	46.57
主营业务收入增长率（%）	30.32	30.60	37.69
总资产增长率（%）	79.25	59.62	42.49
净利润增长率（%）	21.85	53.49	22.24
经营活动现金流增长率（%）	38.89	34.20	25.05
资产负债率（%）	60.20	52.02	45.48
流动比率（%）	124.90	150.54	161.38
总资产周转率（次数）	0.34	0.46	0.56
股息	2640	1761	1468
内部融资额	33097	26924	17685
研发支出	9039	7581	5095
研发支出占收比（%）	8.79	9.60	8.43

表 2-6-8 腾讯 2013~2015 年轻资产特征一览表

序号	项目	2015 年	2014 年	2013 年
1	现金类资产比重（%）	60.20	47.20	63.35
2	应收账款比重（%）	2.30	2.68	2.76
3	存货比重（%）	0.07	0.14	1.29
4	流动资产比重（%）	50.64	44.00	50.06
5	固定资产比重（%）	3.25	4.63	8.11
6	流动负债比重（%）	40.55	29.23	31.02
7	应付账款比重（%）	5.12	5.07	6.23
8	无息负债比重（%）	2.82	2.39	3.47
9	有息负债比重（%）	20.03	19.72	14.04
10	留存收益比重（%）	35.75	44.51	52.19
11	营运资金（百万元）	30972	25286	20419
12	现金股利（百万元）	2640	1761	1468
13	内源融资（百万元）	33097	26924	17685
14	资本性支出（百万元）	7709	4718	5799
15	现金储备（百万元）	184711	80793	67929
16	自由现金流（百万元）	37722	27993	18575

（七）内控和风险管理

腾讯集团在经济、经营、监管、财务及与集团公司架构有关领域上有着不同程度的主要风险及不确定性。而集团的业务、未来经营业绩及前景可能会因这些风险及不确定性而受到重大且不利的影响。

1. 经济风险

经济风险是指全球或中国经济严重或持续低迷，外币汇率波动、通胀、利率波动及其他与中国金融政策有关的措施可能对腾讯公司的经营、财务或投资活动造成的负面影响。

2. 经营风险

经营风险是指腾讯集团在经营过程中没有能在其经营所在的竞争环境中有效竞争或追上科技发展从而被瞬息万变的互联网产业所淘汰，或者发生意料之外的网络中断或未被发现的程序设计错误或缺陷。

3. 监管风险

监管风险是指腾讯集团在经营过程中没有有效遵守法律、法例及规定；没有能取得或者维持监管机构给予的所有可用许可及批准；以及影响腾讯业务的法律及法例出现变动而造成的不利影响。

4. 财务风险

腾讯集团的业务承受多种财务风险：市场风险、信贷风险及流动性风险。腾讯集团的整体风险管理策略旨在将本集团财务表现的潜在不利影响减至最低。

（1）市场风险。市场风险主要包括外汇风险、价格风险及利率风险。

外汇风险：腾讯集团从事国际营运，需承受多种主要与人民币、港元及美元有关的货币风险所产生的外汇风险。未来商业交易或已确认资产及负债以非腾讯集团实体功能型货币的货币计值，则产生外汇风险。腾讯公司及主要海外附属公司的功能性货币为美元，而在中国营运的附属公司的功能性货币为人民币。腾讯集团通过对本集团外汇净额风险进行定期检查管理其外汇风险，并在可行时通过自然对冲尝试降低该风险，并在必要时订立远期外汇合约。

2015 年 12 月 31 日，腾讯集团管理层认为任何上述币种对本集团内实体两种主要功能型货币汇率的合理变动不会导致集团业绩发生重大变化，原因是以本集团内实体的功能性货币以外的货币计值的金融资产及负债的账面净值被视为并不重大。

价格风险：腾讯集团承担的价格风险主要产生于其持有的列为可供出售金融资产的投资。为管理投资产生的价格风险，腾讯集团采用多样化投资组合，为了策略目的或同步改善投资收益及维持高流动资金水平而进行投资。敏感度分析是根据报告期末可供出售金融资产的权益价格风险确定。2015 年 12 月 31 日，如果集团持有的各项工具的权益价格增加 5%（2014 年：5%），则其他全面收益将增加/减少约 20.67 亿元（2014 年：6.42 亿元）。

利率风险：腾讯集团的收入及经营现金流量几乎不受市场利率变动的影响，而且腾讯集团并无任何重大计息资产，向投资公司及投资公司股东提供的贷款、为期超过三个月的定期存款以及现金及现金等价物除外。腾讯集团面临来自借款及应付票据的利率变动，借款及应付票据按浮动利率计息使其面临现金流量利率风险，而占本集团大部分债务的应付票据则按固定利率计息，不会使本集团面临现金流量风险，职员固定利率计

息的借款及应付票据则使其面临公允价值利率风险。腾讯集团定期检查其利率风险，以确保没有过高的重大利率变动风险，腾讯集团可能考虑使用任何利率掉期以对冲利率风险，但腾讯集团于 2015 年及 2014 年 12 月 31 日均无订立利率掉期。截至 2015 年 12 月 31 日，如果浮动计息借款的平均利率增加/减少 50 个基点（2014 年：50 个基点），则腾讯集团除税前盈利将减少/增加约 0.42 亿元（2014 年：0.43 亿元）。

（2）信贷风险。腾讯集团面临与现金、银行金融机构的存款（包括受限制现金）、其他投资、应收账款及其他应收款项相关的信贷风险。各类别该等金融资产的账面价值为本集团面临与相应类别金融资产相关的最大信贷风险。为管理该等风险，存款主要存放于中国的国有金融机构及中国境外的著名国际金融机构，该等金融机构近期并无拖欠记录。

此外，腾讯集团制定政策以确保按信贷条款向信贷记录良好的对手方交易获取收入，且管理层持续对其对手方进行信贷评估。互联网及移动服务收费的相当一部分来自若干第三方平台提供商（包括中国的若干电信运营商）的合作安排。应收账款一般于 30~120 天内自行结算款项。若与提供商的策略关系结束或规模缩减，或者提供商向腾讯集团支付款项时面临财务困难，以相关应收款项结余的可收回性而言，腾讯的增值服务或会受到不利影响。为管理此风险，腾讯集团会与该提供商保持紧密联系，以确保双方的合作能够有效。而鉴于本集团与提供商的过往合作，加上有关电信营运商及其他第三方平台提供商的付款记录良好，腾讯集团面临的对手方所欠应收账款余额有关的信贷风险较低。而就效果广告客户而言，腾讯集团并未承受重大信贷风险，原因是根据腾讯集团的政策，于广告交付前向大部分客户收取全额预收款。就其他广告客户（主要为

广告代理）而言，会评估每名客户的信贷要素，其中会考虑该名客户的财务状况、过往历史及其他因素。此外，每项广告服务均应需支付相当于总服务费若干百分比的预付款项。当腾讯集团认为客户违约可能造成亏损时，就逾期结余作出拨备。

（3）流动性风险。腾讯集团旨在持有充足的现金和现金等价物及有价证券。由于腾讯业务的多样性，其需要透过持有充裕的现金及现金等价物，以维持资金的灵活性。

5. 有关公司架构的风险

鉴于限制外商投资者在中国提供增值电信服务业务的法规限制，腾讯集团在中国通过营运公司进行其部分业务。而这些合约安排未必能有效提供控制权作为直接拥有权。根据架构合约，仲裁机构有权设定营运公司的股权或物业拥有权的补偿、决定实施可强制执行的补救（包括强制要求营运公司转让营运公司的股权至外商独资企业）或下令营运公司倒闭。组成仲裁机构前，营运公司主要资产所在地的法庭有权实施临时补救措施，以确保可强制执行仲裁机构的未来决策。

实际上，外商独资企业或设立的架构及地点已考虑到基于位于特定经济特区或营运软件相关业务的公司税务优惠。尽管有关政府机构给予若干外商独资企业及营运公司税务优惠，无法保证该等税务优惠的条件一直存在。相关外商独资企业及营运公司应合理地努力采取一切所需措施（包括但不限于取得高新技术企业或国家重点软件企业的地位）以继续享有调减的所得税率及其他税项优惠。

由于中国对外商投资者电信增值服务业实施法律现值，因此腾讯集团成员公司之间订立多项协议，而腾讯公司及外商独资企业据此与营运公

司进行交易并取得绝大部分收入。该等集团内部合约概述的收入确认或会收到税务机关质疑，且税务处理的任何调整或会对腾讯集团的应课税盈利造成重大不利影响。根据腾讯集团的中国法律顾问的意见，中国税务机构质疑收入的税务处理的可能性不大，前提是集团内部合约下的交易乃属于按公平磋商基础进行的真诚交易。腾讯公司将采取一切所需措施，以确保和监控相关交易是按公平磋商基础进行，借以将税务处理进行调整的风险降到最低。

（八）前景展望

1. "连接一切"的战略计划

腾讯对外宣布了 2016 年的战略计划，将致力于通过以下举措发展先行业务及进一步培育其移动生态系统。围绕核心通信及社交平台（尤其是在如群消息及视频形式内容等领域）进行投资及创新，继续优化用户体验，为其订购如视频及音乐等服务，以及为文学服务增添更多优质内容。通过在个人电脑游戏领域积累的丰富经验、智能手机游戏玩家社区以及与其他领先游戏开发商的紧密合作，开发新的智能手机游戏类型。在网络广告上，腾讯集团将继续投资品牌广告业务，通过加强广告技术如数据挖掘及定位类似用户、扩大长尾广告客户基础及增加更多移动广告资源来扩展广告业务，同时致力于通过以下措施发展效果广告业务：优化广告投放工具，如自助广告平台及基于定位的精准广告投放服务；运用新的广告形式，如微信朋友圈自动播放视频及公众账号电子优惠券；及为特定广告主类别提供定制化的广告解决方案。通过向用户提供独家内容及凭借用户关系链社交的强化互动，发展数字内容业务（包括网络视频、音乐及文学）；丰富支付服务及金融产品平台。此外，腾讯集团将

继续投资于云服务的优化，支持其私营和共赢合作伙伴，落实"互联网＋"相关举措。

2. 用户为王的产品思维

腾讯集团庞大的用户基数是其核心竞争力的最主要来源之一，其发展离不开社交平台的背景，QQ、微信都起到互联网入口的作用，保证用户满意度，贯彻"用户为王"的战略非常重要。

首先从技术应用的角度保证用户获得更加满意的产品体验。用户在产品使用过程中希望尽可能地获取有价值信息、减少无效信息打扰，而企业为了自身利益需要在产品中进行广告展示、信息推送等商业行为，为了更好地平衡两者关系，建议企业在产品中加大该领域新技术的应用，微信广告精准营销战略是一个不错的尝试，可以继续使用。

其次从情感寄托的角度增强用户对腾讯公司产品的依赖性。产品设计可以更加人性化、智能化，让用户尽可能多在腾讯产品生态圈（包括O2O、智能生活等）内获得生活、社交的满足。另外还要注重对当前用户群的积极反馈以及对潜在用户的挖掘吸引。良好的用户体验是建立在对用户需求的深度挖掘和对出现问题的积极应对解决的基础之上的。如果当初QQ仅仅停留在即时通信工具的阶段，没有后期QQ秀、QQ游戏等一系列QQ家族衍生产品的出现，就不会有腾讯公司企业庞大的用户群。因此对腾讯家族现有产品应该继续积极听取用户意见，甚至可以效仿苹果公司和小米公司的办法让用户参与到公司产品设计、推广中。

最后从科学研究的角度挖掘用户及其需求，为腾讯公司发展提供具有前瞻性的专业建议。企业的产品和服务的目的就是尽可能满足用户的需求，那么企业面对的是什么样的用户，用户又有什么需求，现有用户是否发生着变化？这些都是企业需要掌握的信息，因此企业应该继续加大对用户的研究。

3. 积极开放的经营模式

腾讯公司近期密集型的投资并购行为固然是由于来自企业生存需要和BAT等外部竞争者的压力，但如果企业能够用更加开放的眼光看待问题，企业的经营之路看起来也许不再那么辛苦。

首先积极尝试多元化的盈利模式。针对腾讯公司明确提出承担"连接器"的企业战略目标，以及开放微信第三方应用接口，共同打造腾讯公司事业生态圈的战略行动，腾讯公司还可以借助自身影响力制定开放协议，从更大、更深的层次盈利。这既是除增值服务、广告获利外，帮助企业更长远赚钱的方式，又是扩大平台，增强整个腾讯公司影响力的举措。以腾讯公司最有前景的平台微信为例，对于此平台的扩展目前采用的方式是应用内扩展。可进一步利用腾讯公司的企业号召力，吸收更多的厂商和开发者加入，实现更大、更广的生态圈，从而创造整个行业的共赢而不是一家企业垄断的短期行为。

其次以开放共赢的心态进行企业外部合作。包括用共赢的思维和其他企业进行合作，强强合作、优势互补。据统计，从2011年至今经由腾讯开放平台孵化的企业中，实现或正在实现上市的企业超过十家，另外还有被收购的十多家企业，总估值近两千亿元，这是一个非常好的势头。另外腾讯公司和传统经济之间，也可以寻找更多的合作点。

4. 高效有序的内部管理

腾讯公司在企业应变能力领域面临着挑战，保证企业内部组织机能高效运行也很关键。

首先提高腾讯公司内现有人才利用率，可以

从增加企业员工自主意识入手，从制度上给予员工更多空间，鼓励和扶植员工进行创新，而且这种方式较公司对外部进行风险投资成本更低，明星产品微信的诞生是一个很好的例子。

其次通过在企业内部创造良好的企业文化、公正有效的员工激励制度，增强企业对优秀人才的吸引力，提高精英人才在员工中的比重，是保证企业高效运行的必要条件之一。互联网企业作为高新技术行业，是新兴技术和生产力结合点，在这过程中，人才起到了决定性的作用。

再次消除部门间壁垒，减少上下级层数，确保企业组织内部信息畅通，共享信息，企业内部资源得到最大限度利用。

最后重视对人才建设的资金和精力投入，这也是影响企业高效运转的重要条件。充足的研发经费的投入有助于留住企业优秀人才，创造实现个人价值的空间。

附件一：腾讯财务报告（2015年）

1. 合并资产负债表

单位：百万元（除每股数额外）

年份	2015	2014
资产		
非流动资产		
固定资产	9973	7918
在建工程	4248	3830
投资物业	292	268
土地使用权	2293	751
无形资产	13439	9304
联营公司的投资	60171	51131
联营公司可赎回优先股的投资	6230	2941
合营公司的投资	544	63
递延所得税资产	757	322
可供出售的金融资产	44339	13277
预付款项、按金及其他资产	5480	1209
定期存款	3674	4831
非流动资产总额	151440	95845
流动资产		
存货	222	244
应收账款	7061	4588

续表

年份	2015	2014
预付款项、按金及其他资产	11397	7804
定期存款	37331	10798
受限制现金	54731	9174
现金及现金等价物	43438	42713
流动资产总额	155378	75321
资产总额	306818	171166
权益		
本公司权益持有人应占权益		
股本	—	—
股本溢价	12167	5131
股份奖励计划所持股份	(1817)	(1309)
其他储备	9673	2129
保留盈利	100012	74062
非控制性权益	2065	2111
权益总额	122100	82124
负债		
非流动负债		
借款	12922	5507
应付票据	37092	25028
长期应付款项	3626	2052
递延所得税负债	3668	2942
递延收入	3004	3478
非流动负债总额	60312	39007
流动负债		
应付账款	15700	8683
其他应付款项及预提费用	70199	19123
借款	11429	3215
应付票据	3886	1834
流动所得税负债	1608	461
其他税项负债	462	566
递延收入	21122	16153
流动负债总额	124406	50035
负债总额	184718	89042
权益及负债总额	306818	171166
流动资产净额	30972	25286
资产总额减流动负债	182412	121131

2. 合并损益表

单位：百万元（除每股数额外）

年份	2015	2014
收入		
增值服务	80669	63310
网络广告	17468	8308
其他	4726	7314
总收入	102863	78932
收入成本	（41631）	（30873）
毛利	61232	48059
利息收入	2327	1676
其他收益净额	1886	2759
销售及市场推广开支	（7993）	（7797）
一般及行政开支	（16825）	（14155）
经营利润	40627	30542
财务成本净额	（1618）	（1182）
联营公司及合营公司（亏损）盈利	（2793）	（347）
除税前利润	36216	29013
所得税开支	（7108）	（5125）
年度盈利	29108	23888
下列人士应占		
本公司权益持有人	28806	23810
非控制性权益	302	78
归属于本公司持有人的每股盈利（人民币/元）		
基本	3.097	2.579
摊薄	3.055	2.545
每股股息		
建议期末股息（港元）	0	0

3. 合并现金流量表

单位：百万元

年份	2015	2014
经营活动现金流量		
经营活动所得现金	50478	37414
已付所得税	（5047）	（4703）
经营活动所得现金流量净额	45431	32711
投资活动现金流量		

续表

年份	2015	2014
进行业务合并产生的（付款）/所得款项	(1349)	(1911)
处置附属公司所得款项	82	187
购买固定资产、在建工程和投资物业	(5440)	(4296)
处置固定资产所得款项	70	40
收购于联营公司投资的付款	(11423)	(31929)
处置与联营公司投资的所得款项	1106	1027
收购于联营公司可赎回优先股投资的付款	(2394)	(2524)
处置与联营公司可赎回优先股投资的所得税款项	—	193
收购于合营公司投资的付款	(500)	(2)
购买无形资产的付款/预付款项	(4620)	(2320)
处置无形资产的所得款项	115	48
购买土地使用权的付款/预付款项	(3045)	(23)
处置土地使用权的所得税款	—	127
购买可供出售的金融资产	(13001)	(4622)
处置可供出售金融资产的所得税款	223	352
向联营公司提供贷款的结算所得款项/付款	(842)	63
初步为期超过三个月的定期存款到期收款	61810	27872
存入初步为期超过三个月的定期存款	(87186)	(12428)
已收利息	2274	1468
已收股息	515	290
投资活动耗用现金流量净额	(63605)	(28388)
融资活动现金流量		
短期借款所得款项	8565	2549
偿还短期借款	—	(2372)
长期借款所得款项	8581	4293
偿还长期借款	(2200)	(1693)
发行应付票据所得款项净额	13619	17842
偿还应付票据	(1917)	—
发行普通股所得款项	169	299
支付购回股份款项	—	(61)
支付购买股份奖励计划股份款项	(652)	(529)
非控制性权益注资所得款项	99	44
向本公司股东支付股息	(2640)	(1761)
向非控制性权益支付股息	(549)	(158)
购买非全资附属公司非控制性权益所付款项	(4547)	(103)
融资活动所得现金流量净额	18528	18350
现金及现金等价物增加净额	354	22673
年初现金及现金等价物	42713	20228
现金及现金等价物的汇兑亏损	371	(188)
年末的现金及现金等价物	43438	42713

附件二：腾讯大事记

1998 年 11 月 11 日，马化腾和同学张志东在广东省深圳市正式注册成立"深圳市腾讯计算机系统有限公司"，之后许晨晔、陈一丹、曾李青相继加入。当时公司的业务是拓展无线网络寻呼系统，为寻呼台建立网上寻呼系统，这种针对企业或单位的软件开发工程是所有中小型网络服务公司的最佳选择。

1999 年 2 月，腾讯公司即时通信服务（OICQ）开通，与无线寻呼、GSM 短消息、IP 电话网互联。

1999 年 11 月，QQ 用户注册数达 100 万。

2000 年 4 月，QQ 用户注册数达 500 万。

2000 年 6 月，QQ 注册用户数破千万，"移动 QQ"进入联通"移动新生活"。

2001 年 1 月，NetValue 宣布了亚洲五个国家和地区的互联网网站及实体的排名，包括中国香港特区、韩国、新加坡、中国台湾地区和中国大陆的数据，腾讯网在中国排名第 6。

2001 年 2 月，腾讯 QQ 注册用户数已增至 5000 万用户。

2002 年 3 月，QQ 注册用户数突破 1 亿大关。

2003 年 8 月，推出的"QQ 游戏"再度引领互联网娱乐体验。9 月 QQ 用户注册数升到 2 亿。

2003 年 9 月 9 日，在北京嘉里中心隆重宣布推出企业级实时通信产品"腾讯通"（RTX），标志着腾讯公司进军企业市场，作为中国第一家企业实时通信服务商。

2003 年 12 月，腾讯一款最新的即时通信软件——Tencent Messenger（简称腾讯 TM）对外发布，提供办公环境中和熟识朋友即时沟通的网友下载使用。

2004 年 4 月，QQ 注册用户数再创高峰，突破 3 亿大关。

2004 年 6 月 16 日，腾讯控股在香港联合交易所主板正式挂牌，股份代号 700。是第一家在中国香港主板上市的中国互联网企业。

2004 年 8 月 27 日，腾讯 QQ 游戏的最高同时在线突破了 62 万人。标志着 QQ 游戏成为了国内最大乃至世界领先的休闲游戏门户。

2004 年 10 月 22 日，在"2004 中国商业网站 100 强"大型调查中，腾讯网得票率名列第一，领先于新浪、搜狐、网易等门户。同时，腾讯网还被评为中国"市值最大 5 佳网站"之一。

2004 年 12 月，QQ 游戏最高同时在线突破 100 万。截至 2004 年 12 月，腾讯公司已独立开发出近 30 项拥有著作权的软件产品。

2005 年 11 月，"QQ 幻想"同时在线人数突破 50 万，且同时被列入新闻出版总署评定的第二批"中国民族网络游戏出版工程"。

2007 年 4 月 26 日，"腾讯"、"Tencent"商标成为广东省著名商标。

2007 年 10 月 15 日，第一家由国内互联网企业自主建立的研究机构——腾讯研究院正式挂牌成立。

2009 年 2 月 9 日，QQ 空间的月登录账户数突破 2 亿，继续保持了全球最大互联网社交网络社区的地位。

2009 年 3 月，手机 QQ 空间同时在线突破 200 万。同时腾讯正式取得国家级高新技术企业证书。

2009 年 4 月，腾讯公司的字母"QQ"商标被国家工商行政管理总局认定为驰名商标。

2009 年 7 月，腾讯公司授权专利总数突破 400 项，成为全球互联网拥有专利数量最多的企业之一，比肩 Google、Yahoo、Aol 等国际互联网巨头。

2010 年 3 月 5 日，19 时 52 分 58 秒，腾讯 QQ 最高同时在线用户数突破 1 亿，这是人类进入互联网时代以来，全世界首次单一应用同时在线人数突破 1 亿。

2010 年 4 月 12 日，腾讯与 DST 联合宣布腾讯向 DST 投资约 3 亿美元，两家公司将建立长期的战略伙伴关系，交易完成后，腾讯持有 DST 约 10.26% 的经济权益。

2010 年 6 月 17 日，腾讯与美国思科公司签署合作备忘录，双方建立长期的战略合作伙伴关系。

2010 年 9 月 5 日，时任中共中央总书记、国家主席、中央军委主席胡锦涛一行来到腾讯公司参观考察。

2011 年 1 月 21 日，腾讯推出为智能手机提供即时通信服务的免费应用程序——微信。

2011 年 5 月 9 日，腾讯投资 4.5 亿元入股华谊兄弟传媒股份有限公司，投资完成后，腾讯持有华谊兄弟 4.6% 的股权，成为华谊兄弟第一大机构投资者。

2011 年 5 月 17 日，腾讯投资 8440 万美元入股艺龙网，占艺龙总股份的 16%，成为艺龙网第二大股东。

2011 年 6 月 21 日，珂兰钻石宣布获得腾讯数千万美元级别投资。

2011 年 7 月 7 日，腾讯以 8.92 亿港元购得金山软件 15.68% 的股份，成为金山软件第一大股东。

2011 年 7 月 14 日，腾讯公司党委举行了成立大会。

2012 年 5 月，腾讯完成对电商网站易迅控股，易迅并入腾讯电商业务。

2012 年 5 月 18 日，腾讯宣布进行公司组织架构调整，从原有的业务系统制升级为事业群制，划分为企业发展事业群（CDG）、互动娱乐事业群（IEG）、移动互联网事业群（MIG）、网络媒体事业群（OMG）、社交网络事业群（SNG）和技术工程事业群（TEG），并成立腾讯电商控股公司（ECC）专注运营电子商务业务。

2012 年 7 月 3 日，动视暴雪与腾讯宣布建立战略合作伙伴关系，并将《Call of Duty Online》带给中国游戏玩家。

2012 年 8 月，腾讯、阿里巴巴集团、中国平安，将联手试水互联网金融，合资成立上海陆家嘴金融交易所。

2012 年 12 月 7 日，中共中央总书记、国家主席、中央军委主席习近平来到腾讯公司参观考察。

2013 年 6 月 25 日，金山软件宣布与腾讯分别斥资 522 万美元、4698 万美元共同增持金山网络，交易完成后，腾讯持股比例由 10% 升至 17.99%。

2013 年 9 月 16 日，搜狐公司及搜狗公司与腾讯共同宣布达成战略合作。腾讯向搜狗注资 4.48 亿美元，并将旗下的腾讯搜搜业务、QQ 输入法业务和其他相关资产并入搜狗，交易完成后腾讯随即获得搜狗完全摊薄后 36.5% 的股份。同日，腾讯股价上涨，报 418.2 港元，市值约 7772 亿港元，约合 1002 亿美元，成为中国首家市值超 1000 亿美元互联网公司。

2014 年 1 月 2 日，滴滴出行宣布获得 1 亿美元融资，由中信产业基金领投，腾讯跟投 3000 万美元。

2014 年 1 月 15 日，华南城与腾讯联合宣布，腾讯将以总作价约 15 亿港元，认购合共 6.803 亿股华南城新股，占华南城经发行及配发认购股份之扩大已发行股本约 9.9%。

2014 年 2 月 18 日，同程旅游网宣布，获得腾讯、博裕资本、元禾控股三家机构共 5 亿元的注资。

2014 年 2 月 19 日，腾讯宣布入股大众点评，占股 20%。

2014 年 3 月 4 日，腾讯宣布与王老吉成为战略合作伙伴。

2014 年 3 月 10 日，腾讯以 2.14 亿美元收购京东 3.5 亿多股普通股股份，占上市前在外流通京东普通股的 15%。同时京东与腾讯还签署了电商总体战略合作协议，腾讯将旗下拍拍网 C2C、QQ 网购等附属关联公司注册资本、资产、业务转移予京东，同时京东还获得易迅网少数股权和购买易迅网剩余股权的权利。

2014 年 3 月 22 日，腾讯以 1.8 亿美元从易居中国旗下全资子公司乐居购买全面摊薄后 15% 的乐居股份。

2014 年 3 月 26 日，腾讯斥资 5 亿美元收购韩国游戏公司 CJ Games 的 28% 股份。

2014 年 4 月 11 日 21 时 11 分，腾讯 QQ 最高同时在线账户数突破 2 亿，实现 4 年增长 1 个亿。

2014 年 4 月 29 日，四维图新与深圳市腾讯产业投资基金有限公司签署了股份转让协议，协议转让所持有的四维图新 7800 万股无限售条件流通股，占公司总股本的 11.28%。

2014 年 5 月 7 日，腾讯宣布成立微信事业群（WXG），撤销 2012 年组建的腾讯电商控股公司，其中的 O2O 业务并入微信事业群，实物电商业务并入京东。

2014 年 6 月 12 日，腾讯与加多宝集团达成全面战略合作。

2014 年 6 月 27 日，58 同城与腾讯公司共同宣布，腾讯投资 7.36 亿美元获得 58 同城完全摊薄后 19.9% 的股份。

2014 年 7 月 31 日，新东方宣布与腾讯共同成立北京微学明日网络科技有限公司，注册资本 3000 万元。

2014 年 8 月 29 日，万达集团、腾讯、百度宣布共同出资成立万达电子商务公司，万达集团持有 70% 股权，百度、腾讯各持 15% 股权。

2014 年 9 月 2 日，医疗健康网站丁香园宣布获得腾讯 7000 万美元战略投资。投资完成后，丁香园将会与腾讯开展多平台的合作，包括微信与手机 QQ 的对接。

2014 年 9 月 14 日，由中国人保、腾讯、麦盛三方共同发起设立的深圳市人保腾讯麦盛能源投资基金企业（有限合伙）正式与中国石化销售有限公司签署《关于中国石化销售有限公司之增资协议》，战略出资 100 亿元入股销售公司，占销售公司本次增资完成后 2.8% 的股权。

2014 年 10 月 13 日，挂号网宣布获腾讯领投的融资，本轮总融资额超过 1 亿美元。

2014 年 10 月 16 日，华彩控股宣布与认购方腾讯全资附属公司 HongzeLake Investment Limited 签订认股协议，有条件同意配售 594034513 公司股份，占公司总股本 7.53%。

2014 年 11 月 18 日，华谊兄弟宣布与腾讯、阿里巴巴达成战略合作，马云及其控股的阿里创投合计持有华谊兄弟的股份达到 8.08%，其中马云个人持股比例为 3.61%，腾讯持有华谊兄弟的股份为 8.08%。

2014 年 12 月 9 日，滴滴打车宣布获得超过 7 亿美元融资，由腾讯等主导投资。

2014 年 12 月 12 日，腾讯公司旗下民营银行——深圳前海微众银行已正式获准开业，这是中国首家民营银行。微众银行注册资本达 30 亿元，由腾讯、百业源、立业为主发起人；其中，腾讯认购该行总股本 30% 的股份，为最大股东。

2014 年 12 月 15 日，腾讯首次入选由世界品牌实验室编制的 2014 年度（第十一届）《世界品牌 500 强》排行榜。

2015 年 1 月 9 日，易车、京东和腾讯宣布达成战略合作关系，京东和腾讯将对易车网进行总计 13 亿美元现金和资源投资，其中腾讯将购买 1.5 亿美元易车网新发普通股。

2015 年 1 月 20 日，腾讯发布糖大夫血糖仪，此为腾讯梦工厂孵化器的第一个项目，售价 299 元。糖大夫联网后可实现开机祝福、互助提醒、分析数据并形成医用图表、告知监护人预警情况等功能。

2015 年 1 月 26 日，腾讯文学和盛大文学联合成立新公司"阅文集团"，对原本属于盛大文学和腾讯文学旗下起点中文网、创世中文网、潇湘书院、红袖添香等众多网文品牌进行统一管理和运营。

2015 年 1 月 30 日，NBA 与腾讯共同宣布，双方签署了一份为期 5 年的合作伙伴协议，腾讯成为 NBA 中国数字媒体独家官方合作伙伴。

2015 年 2 月 9 日，微信支付现金红包接口正式开放，只需开通微信支付，即可接入现金红包。公众号开发者可通过现金红包接口策划相关运营活动，向用户发放现金红包。

2015 年 2 月 25 日，腾讯控股入股瑞士在线游戏公司 Miniclip 成为最大股东。目前，Miniclip 已发布 45 款移动游戏，下载次数超过 5 亿次，活跃用户约 7000 万，最受欢迎游戏《8Ballpool》，目前下载量达 1 亿次。

2015 年 2 月 25 日，从除夕至大年初三的支付宝红包数据：全国超 1 亿用户使用，平均金额 59 元，除夕当天，6.8 亿人次参与，除夕至大年初五，微信红包收发总量 32.7 亿次，除夕当日收发总数 10.1 亿次。

2015 年 3 月 12 日，腾讯在天猫开出官方数码旗舰店，主营腾讯智能数码产品。除随身 WiFi 外，还有首款医疗智能硬件腾爱血糖仪、智能语音宠物小 Q、光控式投影仪 Q 影等智能产品，并且其天猫旗舰店还设有网页小游戏与用户互动。

2015 年 3 月 16 日，腾讯文学和盛大文学联合成立的新公司阅文集团正式挂牌，目前阅文集团已拥有 300 余万册图书，近亿访问用户，年收入近 20 亿元，团队总人数共有 1200 人。

2015 年 3 月 19 日，腾讯互娱将其内容与版权业务部拆分为动漫业务部及影视与版权业务部。前者负责动漫相关内容开发和运营，后者负责收全集泛娱乐业务。腾讯互娱已形成游戏、动漫、文学、影视四个独立架构。

2015 年 3 月 20 日，由马云、马化腾、平安保险马明哲联合成立众安保险，计划首轮私募股本融资 10 亿美元。众安保险是国内首家互联网保险公司，于 2013 年 11 月在上海成立，注册资本 10 亿元。

2015 年 4 月 7 日，P2P 平台信而富和腾讯财付通联合设立海外大数据实验室，并组建大数据实验室专家顾问团。主要研发大数据分析、信用评分模型和其他金融前沿技术。

2015 年 4 月 30 日，手游开发商 Glu Mobile Inc 宣布腾讯公司将以 1.26 亿美元收购其 14.6% 股权。

2015 年 5 月 7 日，TCL 集团宣布旗下子公司欢网科技以增资扩股方式获得腾讯 5000 万元投资，腾讯获得欢网科技增资后 7.143% 股权。

2015 年 5 月 12 日，马云和马化腾参与复兴国际 93 亿港元的配股计划。复兴国际拟按每股 20 港元的价格配售 4.65 亿股，融资 93 亿港元，净额 155.4 亿港元，拟用作一般公司资金用途，包括保险业并购。

2015 年 5 月 14 日，美国移动游戏开发商 Pocket Gems 宣布，获得腾讯 6000 万美元投资，腾讯获得 Pocket Gems 约 20% 股份。

2015 年 5 月 18 日，腾讯 75 万美元投资美医疗公司 TissueAnalytics，后者手机应用致力于更科学地测量和评价褥疮、糖尿病溃疡等慢性创伤的病情,辅助创伤治疗。

2015 年 6 月 16 日,腾讯携映趣科技推出智能手表 inWatchT,其采用 TOS 操作系统,TOS 已适配微信和 QQ 平台,支持语音、表情回复和群聊消息等功能,目前已有滴滴打车、腾米跑跑、豆瓣 FM、丁香医生等 12 个应用支持 TOS 系统。

2015 年 7 月 4 日,腾讯与高瓴资本联合申请成立高腾基金管理有限公司,涉足公募基金业务,高瓴持股 51%,腾讯持股 49%。

2015 年 7 月 28 日,腾讯发布了国内首个"五星 Wi-Fi 标准",可对公共 Wi-Fi 提供全方位质量检测并做出对应评分。该标准涵盖了关乎 Wi-Fi 质量的十大方面,包括是否潜伏 App 攻击、是否存在 DNS 篡改、是否为虚假钓鱼 Wi-Fi、历史连接用户数、同时接入设备数、网速、Ping 值、连接成功率、连接耗时、信号强度。

2015 年 8 月 3 日,恒大与腾讯联手以 7.5 亿港元认购马斯葛公司新股,认购完成后将占其已发行股本的 75%,成为该公司两大股东。今后将携手打造全球最大互联网社区服务商。

2015 年 8 月 3 日,国内二手车电商平台人人车宣布,已经完成由腾讯战略领投的 8500 万美元 C 轮融资,包括雷军在内的上轮投资者亦有跟投。

2015 年 8 月 7 日,腾讯投资印度医疗健康初创企业 Practo 9000 万美元,后者总融资额增至 1.24 亿美元。Practo 为用户提供网络搜索工具,助其查找专业医疗机构或医生,融资资金将用于拓展新市场。

2015 年 8 月 19 日,腾讯 5000 万美元投资加拿大移动消息应用 Kik Interactive,后者估值超 10 亿美元,资金用于招募员工,投资其他聊天服务。

2015 年 9 月 11 日,腾讯公司副总裁孙忠怀宣布企鹅影业成立。同时孙忠怀还揭晓了企鹅影业的三大核心业务:网络剧,电影投资,艺人经纪。

2015 年 9 月 17 日,腾讯宣布成立全资子公司腾讯影业。腾讯集团 COO 任宇昕出任腾讯影业董事长,腾讯集团副总裁程武任 CEO。

2015 年 10 月 17 日,腾讯集团与京东集团在京联合宣布推出全新战略合作项目——京腾计划,双方以各自资源和产品共同打造名为"品商"的创新模式生意平台。

2015 年 11 月 5 日,全球领先的美国手机游戏发行商 Glu Mobile("Glu")与中国领先的互联网服务提供商腾讯控股有限公司("腾讯",SEHK:00700),今天联合宣布开展合作。根据协议,Glu 将借此次合作把国内超人气的射击类手游《全民突击》("WeFire")于 2016 年引进至国际市场。

2015 年 12 月 17 日,腾讯收购英雄联盟开发商 Riot Games 剩余股份,实现 100% 控股,或保持原有架构。2011 年腾讯 16.79 亿元收购 Riot Games 股份,持股达 92.78%。

facebook

　　Facebook 的公司 LOGO 是简单大方的字标。整体以蓝色为主色调，蓝色是天空和海洋的颜色，它常与深度和稳定性联系在一起，是信任、忠诚、自信、智慧、真理和高科技的象征。2005 年 Facebook 诞生在桌面互联网时代，当时该公司以 20 万美元购得 facebook. com 域名后，将"The"从名称中去除，正式更改为 Facebook。第一代 LOGO 是由 Joe Kral 和 Cuban Council 于 2005 年设计的。十年之后的今天是移动互联网时代，越来越多的用户习惯在小屏幕手机上使用 Facebook，因此 Facebook 需要在分辨率较低的移动设备上也能拥有比较清晰的显示效果。2015 年升级版的 Facebook 标识文字由产品设计师 Christophe Tauziet 设计，新 LOGO 最明显的变化是将字母 a 从双层字体设计 a 变成单层设计 a。此外，字母 b 也有微调，字母间的空隙也有所增大。关于变更的原因，Facebook 创意总监 Josh Higgins 表示，当 Facebook 的 LOGO 于 2005 年第一次确立时，公司才刚刚开始。他们希望徽标能给人更好的感觉。能被严肃对待。而现在，他们着手于设计现代化的 LOGO，让 Facebook 能够给人一种更为友好和平易近人的感觉。于是，他们最后决定使用原始徽标中使用过的方法——开发一个自定义的字体来反映 Facebook 在哪里，要去哪里。

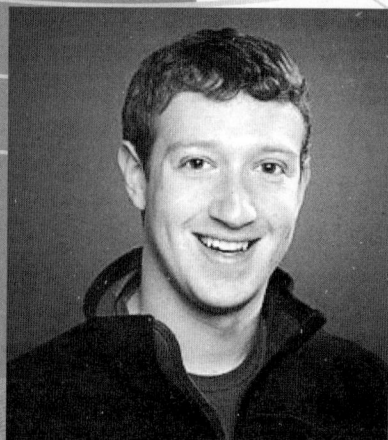

马克·艾略特·扎克伯格（Mark Elliot Zuckerberg）

Facebook 董事长及首席执行官

马克·艾略特·扎克伯格（Mark Elliot Zuckerberg），33 岁，1984 年 5 月 14 日生于美国纽约州白原市。社交网站 Facebook 的创始人兼首席执行官，被人们冠以"第二盖茨"的美誉，同时也是一名软件设计师。哈佛大学计算机和心理学专业辍学生。Facebook 是由他和哈佛大学的同学达斯汀·莫斯科维茨、爱德华多·萨维林、克里斯·休斯于 2004 年共同创立，马克·扎克伯格被誉为 Facebook 教主。据《福布斯》杂志保守估计，马克·扎克伯格拥有 135 亿美元身价，是 2008 年全球最年轻的巨富，也是历来全球最年轻的自行创业亿万富豪。2014 年 10 月 21 日，马克·扎克伯格造访清华大学，并于 22 日晚做客清华大学经济管理学院"顾问委员走进清华经管课堂"，全程用中文作了演讲。2012 年 5 月 19 日，马克·扎克伯格和华裔女友普莉希拉·陈结婚。2015 年 7 月 31 日，马克·扎克伯格在社交网络上宣布妻子普莉希拉·陈（Priscilla Chan）怀上他们的第一个孩子；10 月，马克·扎克伯格夫妇在东帕罗奥图（East Palo Alto）开设私立学校，专收贫困儿童；12 月 2 日，马克·扎克伯格正式升格为父亲。2016 年 3 月 19 日，中共中央政治局常委、中央书记处书记刘云山在北京会见了扎克伯格。9 月 22 日，彭博发布全球 50 大最具影响力人物排行榜，马克·扎克伯格排第 39 名。10 月，《福布斯》发布"美国 400 富豪榜"，马克·扎克伯格以 555 亿美元排名第四。

七　Facebook 公司可持续发展报告（FACEBOOK）

（一）公司简介

Facebook 公司（Facebook，中文译名：脸书网；NASDAQ：FB）是美国一个经营社交网络服务网站的公司，主要创始人为美国人马克·扎克伯格，Facebook 的总部在门罗帕克的 Hacker Way。Facebook 网站于 2004 年 2 月 4 日上线，最初，网站的注册仅限于哈佛学院的学生，随后注册扩展到波士顿地区的其他高校，从 2006 年 9 月 11 日起，任何用户输入有效电子邮件地址和自己的年龄段，即可加入。同时高中群和公司也在 Facebook 中建立了社会化网络。于 2012 年 3 月 6 日发布 Windows 版的桌面聊天软件 Facebook Messenger（飞书信）。截至 2012 年 5 月，Facebook 拥有约 9 亿用户，是全球第一大社交网站。Facebook 是世界排名领先的照片分享站点，截至 2013 年 11 月每天上传约 3.5 亿张照片。2014 年 12 月 17 日，Facebook 为收购 Snapchat 开出的报价超过了 30 亿美元。2015 年 3 月报道称 Facebook 发布物联网开发者工具，向"物联图谱"

转变。2015 年 8 月 28 日，Facebook CEO 马克·扎克伯格（Mark Zuckerberg）在个人 Facebook 账号上发布消息称，Facebook 本周一的单日用户数突破 10 亿。Facebook 自 2009 年以来一直被中国屏蔽，其被禁的原因有社会和政治等方面的因素，但 Facebook 从未间断与中国科技企业界的联系，期望通过投资中国科技企业等方式获得中国政府的开闸。2016 年 6 月 8 日，《2016 年 BrandZ 全球最具价值品牌百强榜》公布，Facebook 排第 5 名。年轻的 CEO 带领着朝气蓬勃的 Facebook 走出美国、走向世界，规模扩张的背后有扎克伯格的深谋远虑做牵引，有 Facebook 企业内在的创新理念和开拓精神做支撑。本部分将从 Facebook 的发展历程、业务现状、管理层及股权结构、总体规模及经营业绩四个方面展示 Facebook 目前的基本状况。

1. 发展历程

Facebook 的发展大致经历了三个阶段（见图 2－7－1）。

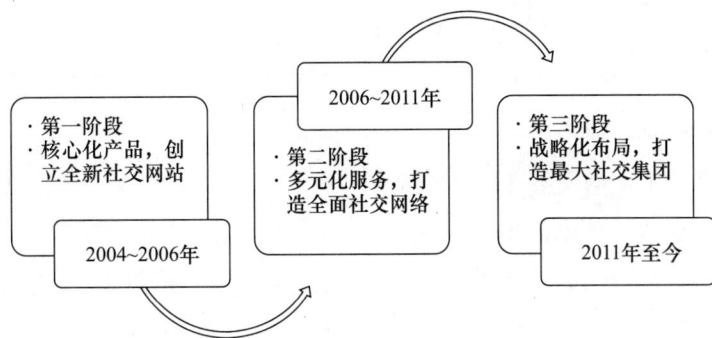

图 2－7－1　Facebook 的三个发展阶段

第一阶段（2004～2006年）：核心化产品，创立全新社交网站。2003年9月，哈佛大学学生马克·扎克伯格通过"课程搭配"等12个网络项目找到关于"在相互参考中发现人们如何建立联系"。2004年2月马克·扎克伯格在Andrew McCollum和Eduardo的支持下创办了"The Facebook"，月底半数以上的哈佛本科生已经成为其注册用户。随后网站推广至麻省理工学院、波士顿大学和波士顿学院。扩展一直持续到2004年4月，包括了所有常春藤院校和其他一些学校；9月，Facebook获得了PayPal创始人提供的约50万美元的天使投资；12月，Facebook的用户数超过100万。2005年5月Facebook获得了另外1270万美元的风险投资，并于8月以20万美元购得域名，从名字中把The去掉。之后扎克伯格推出了Facebook高中版，并称这是最合乎逻辑的下一步。2005年10月，Facebook已经扩展到大部分美国和加拿大的规模更小的大学和学院。除此之外，还扩展到英国、墨西哥、德国。2005年12月澳大利亚和新西兰大学的加入使得Facebook覆盖了超过2000所学校。2006年Facebook应用户要求允许大学生把高中生加为好友，实现跨界交互。2006年5月，Facebook扩展到印度理工学院和印度管理学院；8月，Facebook又加入了德国的大学和以色列的高中；9月11日，Facebook对所有互联网用户开放，两周后，Facebook对所有拥有有效电子邮件地址的人开放。至此，Facebook实现了去中心化的封闭性设计，即覆盖了所有互联网用户，又将每一位用户放入一个网际群体中，实现不同用户的隔离，同时走出了国门，成为世界知名社交网站。

第二阶段（2006～2011年）：多元化服务，打造全面社交网络。2006年底，以Facebook现有的功能和目标受众，其市场已经趋向饱和，为了长久的可持续发展，Facebook必须开发新功能并扩大目标受众，进军市场新领域。于是，2007年5月，Facebook宣布提供免费分类广告的计划，直接和其他分类广告站点形成竞争。同月Facebook推出应用编程接口（API），通过这个API，第三方软件开发者可以开发在Facebook网站运行的应用程序。开放平台推动了企业的腾飞，到今天，在Facebook上运行着超过52000个应用程序，由来自180个国家的超过100万注册开发人员所开发。公司还为网站增加了"礼物"、"群组"、"数据压缩下载"、"状态更新"和"实时好友推荐"等很多全新的功能，这些功能提高了网站的用户友好性，提升了用户参与度，增加了页面访问量。在这几年里，Facebook加强了与其他公司的战略合作，包括与iTunes的合作继续为用户提供免费音乐单曲下载功能；收购Web服务公司FriendFeed，更好地实现好友分享功能。与此同时，Facebook全球化的步伐并未放缓，其海外的业务拓展正在紧锣密鼓地展开。2008年3月，Facebook推出了德语版、西班牙语版和法语版，法语版是由4000多名法国用户的协助进行网络术语的翻译并投票选择了最佳方案。2008年6月，Facebook相继推出了简体中文版本和繁体中文版，该页面由志愿者用户免费翻译而成，向中文用户开放。由此Facebook的香港用户人数从2008年底的145.85万增长1.52倍达到367.36万，即每两个香港人中就有一个拥有Facebook的账户。台湾的增长更快，由11.3万个用户增至2009年底的975.26万。2011年，Facebook的用户人数已经覆盖全球各大洲，甚至包括南极洲，其大部分流量的增长主要来自海外。根据市场调查公司Compete 2011年的统计数据表明，Facebook已经超越Yahoo!成为美国第二大网站，仅次于位于第一的Google。Facebook的上位，也说明了社交网站的巨大实力和发展前景，人们对互联网的使用已经从单纯的工具发展到了生活必需品。

第三阶段（2011 年至今）：战略化布局，打造最大社交集团。2012 年扎克伯格的社交帝国梦正式启动，他的思路是继续维持 Facebook 在社交领域的中心地位，不断收购在具体领域可能威胁 Facebook 的新业务，收购拓展 Facebook 业务疆域和符合扎克伯格平台战略的新业务，同时涉猎新闻、电商、智能硬件等多个互联网项目，而这一切的中心仍然是分享与沟通。社交的基础在于分享与互动，Facebook 想要的就是成为用户的第一分享选择。伴随着 Facebook 的挂牌上市，大量资金的注入为其带来了新的活力。上市之前的 Facebook 以 10 亿美元收购 Instagram，当时的这笔天价收购在日后被证明是极具性价比的精明买卖。2012 年 6 月 19 日，Facebook 收购容貌辨别公司 face.com 和流动社书签公司 Spoon。2013 年，Facebook 收购了应用开发服务商 Parse，收购费用只有 8500 万美元。2014 年扎克伯格以 190 亿美元收购 WhatsApp、20 亿美元收购 Oculus Rift，2016 年 Facebook 收购了 Two Bog Ears 和 CrowdTangle，为这个社交帝国打造了坚实的地基。此外，Facebook 于 2015 年 11 月推出了新闻客户端 Notify；2016 年 10 月，Facebook 在社交网络中加入了订餐服务。目前，Facebook 拥有 15.9 亿用户，WhatsApp 月活跃用户超过 10 亿，Messenger 月活跃用户超过 6 亿以及 Instagram 超过 4 亿，任何一个应用单列出来，都足以成为全球数一数二的"社交巨兽"，而这些全都是 Facebook 旗下的应用。如今的 Facebook 早已不只是一个社交网站了，更是一个基于分享与沟通的社交企业集团。

2. 业务和服务现状

Facebook 的业务现状如图 2-7-2 所示。

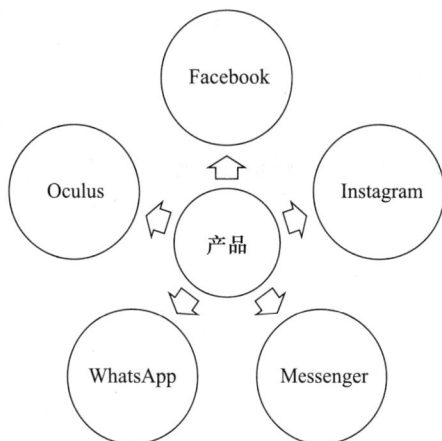

图 2-7-2　Facebook 的业务现状

（1）Facebook。Facebook 的移动应用程序和网站使人们能够在移动设备和个人计算机上实现连接、分享、探索。Facebook 是免费的，可以在世界各地注册使用。截至 2015 年 12 月 31 日，Facebook 上的每日活跃用户（DAU）已达到 10.4 亿，同比增长 17%，其中通过移动设备访问的用户有 9.34 亿，同比增长 25%。

（2）Instagram。Instagram 是 Facebook 公司于 2012 年 9 月以 7.15 亿美元收购的一款支持 iOS、Windows Phone、Android 平台的移动应用，允许用户在任何环境下抓拍自己的生活记忆，选择图片的滤镜样式（Lomo/Nashville/Apollo/Poprocket 等 10 多种胶圈效果），一键分享至 Instagram、Facebook、Twitter、Flickr、Tumblr、Foursquare 或者新浪微博平台上。不仅仅是拍照，作为一款轻量级但十分有趣的 App，Instagram 在移动端融入了很多社会化元素，包括好友关系的建立、回复、分享和收藏等，这是 Instagram 作为服务存在而非应用存在最大的价值。

（3）Messenger。这是一款桌面窗口聊天客户端，允许客户进行聊天、接收通知并从电脑桌面上阅读新鲜事。这种信息传递的工作方式类似于短信或网上聊天，实现即时通信。这款软件有助于其主要平台 Facebook 的发展。一方面持久访问的聊天方式可以增加用户的参与度，也能吸引他们的朋友花费更多的时间在 Facebook 上；另一方面持久访问的通知方式、信息方式以及好友请求，可以帮助更多的用户返回网站来查看通知。

（4）WhatsApp。这是一款目前可供 iPhone 手机、Android 手机、Windows Phone 手机、WhatsApp Messenger、Symbian 手机和 Blackberry 黑莓手机用户使用的、用于智能手机之间通信的应用程序。本应用程序借助推送通知服务，可以即刻接收亲友和同事发送的信息。可免费从发送手机短信转为使用 WhatsApp 程序，以发送和接收信息、图片、音频文件和视频信息。WhatsApp 是基于手机号码注册的，在注册的时候，需要输入手机号码，并接受一条验证短信，然后 WhatsApp 会搜索你的手机联系人中已经在使用的人并自动添加到你的手机联系人名单里。

（5）Oculus。Oculus 成立于 2012 年，是一家虚拟现实技术公司。2014 年 7 月，Facebook 宣布以 20 亿美元的价格收购 Oculus，被外界视为 Facebook 为未来买单的举措。对 Facebook 而言，Oculus 的技术开辟了全新的体验和可能性，不仅仅在游戏领域，还在生活、教育、医疗等诸多领域拥有广阔的想象空间，"攻"可做虚拟现实领域的"苹果"，"守"可为下一个社交时代做准备。2015 年 1 月，Oculus 在圣丹斯电影节上宣布组建了一个名为"故事工作室"（StoryStudio）的内部实验室，以创作虚拟现实版本的电影；9 月，Oculus 更换公司新 LOGO；12 月，三星、Oculus 与 NBA 球星詹姆斯合作提供 VR 内容。2016 年 3 月，Oculus 团队为 Rift 消费者版增加了异步时间扭曲新功能。2016 年 7 月，Oculus 宣布即将为所有预定 Oculus Rift 虚拟现实头盔的用户发货，并且所有工作将在 2~4 个工作日内完成。2016 年 11 月 23 日，Oculus 和微软实现了内容合作，从 2016 年 12 月 12 日开始，Oculus 公司 Rift 虚拟现实头盔的用户，将能够通过微软提供的 App，以流媒体方式运行 Xbox One 的海量游戏。

Facebook 的服务现状如表 2 - 7 - 1 所示：

表 2 - 7 - 1　Facebook 服务现状

服务对象	服务名称	服务内容
用户	墙	用户档案页上的留言板。有权浏览某一个用户完整档案页的其他用户，都可以看到该用户的墙
	Messages	私密的交流通过 Messages 进行，只有收信人和发信人可以看到
	礼物	朋友们可以互送"礼物"，即一些有趣的小图标
	Poke	一种互动方式，类似于 QQ 的震动窗口
	状态	用户向他们的朋友和 Facebook 社区展示其现在在哪里、做什么
	活动	帮助用户通知朋友们将发生的活动和组织线下的社交活动
	顶级朋友	用户可以选择和显示他们最好的朋友
	涂鸦板	一个图形效果的"墙"
	我喜欢	一个社会化音乐发现和分享服务，包括音乐会信息和有关音乐知识的小游戏，甚至有象棋、拼字游戏之类的游戏出现
	Facebook 视频	用户可以上传和观看视频
	直播频道	直播该公司的名人访谈、新产品发布及其他一些特别活动，并鼓励用户与访谈嘉宾展开互动交流
	流音乐服务	Facebook 已经与欧洲一线音乐服务商 Spotify 达成合作协议，两者将共同提供流音乐服务
	FriendFeed	集成到 Facebook 中的实用工具，支持的信息更新到 Facebook，可以支持同时更新 Twitter、Plurk、Tumblr、Gtalk、Blogger 等很多个社会化服务

续表

服务对象	服务名称	服务内容
用户	团购	Facebook 在美国五座城市提供团购服务，未来还将扩大到更多城市
	Facebook Credits Card	主要用于兑换成 Facebook 的虚拟货币 Credit 点数，广泛应用于 Facebook 的各种增值服务付费
	在线支付	允许那些本身是银行户主的 Facebook 用户通过 Facebook 向第三方和其 Facebook 好友付款
广告商、用户	Facebook 市场	可以免费发布下列分类广告：售卖二手货、租房、工作等。供求两方均可发布
开发商	Facebook 标识语言	是 HTML 的子集，应用开发者可用这种语言定制应用程序的外观
	开放平台	提供大量第三方应用
	开放平台应用程序接口	利用这个框架，第三方软件开发者可开发与 Facebook 核心功能集成的应用程序

3. 管理层及股权结构

从 2004 年创立经历十轮融资之后，Facebook 的股东人数越来越多，美国证券法规定，如果股东人数达 500 人以上，公司必须公开财务报告，成为公众公司，即上市。2012 年 Facebook 上市已经不可避免，创始人扎克伯格意识到上市意味着被资本绑架，其投票权将会被稀释，不能像上市前那样完全按照自己的意愿决定公司战略。于是，他借鉴了 Google 上市时的设计，采取了改进的双层股权结构。根据 Facebook 招股书中披露的双层股权结构，公司将普通股分为 A 系列普通股和 B 系列普通股，A、B 股在分红派息以及出售时的现金价值上完全一致，唯一的区别就是代表的投票权不一致，其实质就是将普通股设计为不同的系列，以实现公司管理层股东对公司重大决策的控制权。其中一个 B 系列普通股对应十个投票权，而一个 A 系列普通股对应一个投票权。B 系列普通股就是复数表决权普通股，扎克伯格等 Facebook 的高管通过持有 B 系列普通股来放大其对公司重大决策的控制权（见表 2-7-2）。

表 2-7-2　Facebook 2015 年 12 月 31 日后的股权结构

实际持有人（ * 表示不足1%）	A 类普通股		B 类普通股		投票权（%）
	股数	占比（%）	股数	占比（%）	
高管董事：					
Mark Zuckerberg	3999241	*	418981071	76.4	53.8
投票代理股票	—	—	48892913	8.9	6.3
总额	3999241	*	467873984	85.3	60.1
COO Sheryl K. Sandberg	5014553	*	2859253	*	*
CFO David M. Wehner	99878	*	—	—	*
CPO Christopher K. Cox	499793	*	169278	*	*
CTO Mike Schroepfer	478702	*	2180233	*	*
Marc L. Andreessen	171646	*	379429	*	*
Erskine B. Bowles	36513	*	—	—	*
Susan D. Desmond - Hellmann	25680	*	—	—	*

续表

实际持有人 （＊表示不足1%）	A类普通股		B类普通股		投票权（％）
	股数	占比（％）	股数	占比（％）	
Reed Hastings	130921	＊	—	—	＊
Jan Koum	60239391	2.6	—	—	＊
Peter A. Thiel	1075811	＊	54995	＊	＊
所有高管和董事	72165123	3.1	473558630	85.5	61.2
其他持股超5%的股东：					
Dustin Moskovitz	N/A	N/A	48892913	8.9	6.3
Eduardo Saverin	5900000	＊	47233360	8.6	6.1
Entities affiliated with BlackRock	126420664	5.5	—	—	1.6
高盛联营实体	150655575	6.5	—	—	1.9
T. Rowe Price Associates	130370552	5.6	—	—	1.7

资料来源：Facebook 2015 annual report。

根据表 2－7－2 可知，截至 2015 年 12 月 31 日，公司的创始人、董事长兼首席执行官扎克伯格拥有 76.4% 的 B 类普通股，此外，Facebook 在其双层股权结构的设计还有一个表决权代理协议，同意在某些特定的需要股东投票的场合，授权扎克伯格代表股东所持股份进行表决，且这项协议在 IPO 完成后仍然保持效力。这部分代理投票权为 8.9%，加上其本人所拥有 76.4% 的 B 类普通股，扎克伯格总计拥有 53.8% 的投票权，实现对 Facebook 的绝对控制权。

4. 总体规模及经营业绩

2012 年 5 月 18 日，Facebook 在纳斯达克证券交易所挂牌上市，IPO 发行价为 38 美元，发售 4.2 亿股，筹集资金约 184 亿美元。表 2－7－3 列示了 A 类股票近两年在市场上的股价表现，从股价上可以看出 2015 年市场对 Facebook 的认可度要远高于 2014 年。2015 年末公司共有 2294939865 股 A 类股票和 551340611 股 B 类股票，收盘价为 104.66 美元，总市值达 2978.9 亿美元，市盈率为 79.89。

表 2－7－3　Facebook A 类股票市场表现

单位：美元

季度	2015 年		2014 年	
	最高	最低	最高	最低
第一季度	86.07	73.45	72.59	51.85
第二季度	89.40	76.79	68.00	54.66
第三季度	99.24	72.00	79.71	62.21
第四季度	110.65	88.36	82.17	70.32

截至 2015 年 12 月 31 日，Facebook 总资产规模达到 494.07 亿美元，较 2014 年增长 22.94%；当年总营收为 179.3 亿美元，较 2014 年增长 43.82%；实现净利润 36.88 亿美元，较 2014 年增长 25.44%；基本每股收益为 1.31 美元。

（二）公司战略

2016 年在 F8 开发者大会上，扎克伯格将 Facebook 发展战略分为三年期战略、五年期战略以及十年期战略。在三年期战略方面，Facebook 将专注于打造生态系统；在五年期战略方面，公司将专注于围绕着视频、搜索、群组等诸多功能以及 WhatsApp、Messenger 和 Instagram 等应用集团；未来十年的战略着眼点则是人工智能 AI、虚拟现实 VR、增强现实 AR、无人机网络技术等面向未来的新技术。具体来看，Facebook 这一宏伟的十年期雄心计划包括以下几个内容：在 Facebook 生态平台领域，加强直播功能，推出 Live API，引入无人机直播功能。更新 Analytics 应用，帮助开发者获取与分析用户。推出 Account Kit 简化用户登录，用户可以直接通过手机短信或电子邮件登录新应用。个性化头像功能，用户可以通过第三方应用打造个性化头像，大数据和平台是其核心内容。继 2015 年 Messenger 平台化以后，Facebook 将在 Messenger 中整合聊天机器人技术，转型成为服务平台。Facebook 正式发布了新的内容平台 Instant Articles。这一新内容平台将有助于 Facebook 吸引更多的内容合作伙伴，同时提高用户的移动阅读体验。在新技术领域，Facebook 也有诸多进展，主要涉及人工智能、VR/AR 以及网络连接三大领域。

1. 总体战略

（1）内容社会化战略。Facebook 是新时代的销售网络，拥有巨大的渠道能量，完整的客户资料，畅通的交流，以及低廉的成本，是任何商家梦寐以求的代理商。它把所有事物与它的社交网络逐渐连接起来，从而不断加强社交网络与现实生活的重叠度。2016 年 4 月，在美国旧金山召开的 F8 开发者大会上，Facebook 正式发布了新的内容平台 Instant Articles，而目前已经有超过 1000 家全球内容合作伙伴正式参与了这一项目。内容社会化对 Facebook 来说有重大意义：①使得 Facebook 的用户黏性进一步增强，大量内容的出现，使得用户有更多的事情可做，初期的测试显示，与通常的移动网页阅读体验相比，用户在 Instant Articles 平台的文章点击量提高了

20%。此外，用户分享文章的数量也提升了 30%。对于 Facebook 的广告收入来说极为有利。②增强 Facebook 的平台化，将给合作伙伴带来更多的机会，内容发行商在新平台上可以使用 WordPress、Medium 等诸多发布工具，以及 comScore、尼尔森等诸多分析工具，视听内容的引入，将会带来更多的机会，吸引更多的第三方开发者，对于整个平台的好处不言而喻。③极大充实 Facebook 的数据库，所有内容的引入，按钮的增加，都有利于 Facebook 更加细致地分析用户需求以及喜好，商家对于针对性的营销永远没有抵抗能力，海量个人数据的引入，使得 Facebook 可以更好地推出针对个人的内容定制服务，甚至于真正的个性化搜索。

（2）连接全世界战略。Facebook 的全球化步伐从未停止过，在征服了全球大部分发达国家之后，它开始准备进一步扩大影响力，期望将业务推广至居住在几乎没有互联网接入国家的人们和市场。Facebook 估计，11 亿～28 亿人，即全球人口的 16%～40% 不能连接至移动网络从而访问互联网。在世界收入金字塔底部，贫困人口的可支配收入还有数万亿美元的增长空间。但这仅仅是潜力，这种潜力很多企业管理者和营销者常常忽视或完全无视，因为这些市场要么营收潜力太小，要么开发的成本太高。为了覆盖这些人群，Facebook 希望打造一批无人机，并通过这些无人机发射来自卫星的互联网连接。Facebook 首席技术官斯克洛普夫表示 Facebook 将通过无人机技术在全球范围内实现接入互联网，太阳能无人机 Aquila 由 Facebook 打造，其翼展大于波音 737 飞机，不过其重量只是相当于小型汽车一般，而 Aquila 只是 Facebook 多个用以提供互联网连接的项目的"第一阶段"。同时，Facebook 通过 Free Basics 服务，管理这些地区用户使用免费网络，为了配合开发者接触这些新用户推出

Free Basics 模拟器。

（3）复制和收购战略。随着移动互联网领域的竞争加剧，越来越多的企业尝试新的创新思路和模式，而此时 Facebook 在创新问题上正日益成为 Twitter 及其他硅谷新贵的模仿者，但由于这家社交网络巨头的活跃用户人数已经超过 11 亿人的缘故，做一个迅速的追随者对 Facebook 来说不失为一种巧妙的战略。事实上，对 Facebook 来说，正确的发展策略可能正是在其他人的创新变得流行起来以后进行复制或是直接收购。虽然有很多人想要通过 Instagram 或 Snapchat 等应用在这种或那种特性上击败 Facebook，但最难复制的"特性"却是庞大的受众人群。回顾 Facebook 最近的产品更新活动就会发现，这家公司正面临着难以推出新奇特性的困境。Hashtag（标签）是这家公司 2013 年推出的特性，但这种特性很明显是从 Twitter 那里"偷"回来的；在此以前，Facebook 推出了 Instagram Video 视频功能，这种功能疑似 Twitter 的视频分享应用 Vine；Facebook 的签到功能，很明显是对地理位置社交服务提供商 Foursquare 的模仿。虽然有些人可能会嘲笑 Facebook 缺乏创造力，但复制其他公司的新特性对 Facebook 来说不仅仅是安全之举，同时也是明智之举。当一家竞争对手的服务在青少年或其他年龄段的用户人群中显示出足够的增长趋势时，Facebook 要做的事情就是收购这种产品。虽然 Facebook 已经在照片共享市场占据了主导地位，但这家公司还是收购了 Instagram，目的是发动其移动照片业务。Facebook 在 IPO 交易中筹集了大量的现金，这使其有能力全盘收购竞争对手。Facebook 正处在一个比较有利的位置，可以对整个市场进行查探，找到正在崛起中的创新特性，然后将这些特性融入现有的 Facebook 体验中，为本已令人舒适的 Facebook 用户体验提供补充。在通常情况下，Facebook 可以通过自主开发的方式来做到。但是，当有必要进行并购交易时，它也会花费大量资金来收购某个行业的领先业务。只要 Facebook 愿意复制或收购最好的竞争对手创新产品，那么它就应该有能力继续扩大自身营收。

2. 基于大数据业务的发展战略

人类已经从 IT 时代步入 Data Technology（DT）时代，数据将会是未来创新社会最重要的生产资料，人们生活的方方面面将离不开数据。数据应用是 Facebook 基于大数据业务的重要战略方向，尽管该方向目前还未完全定型，但是其主要内容集中在广告营销、产品服务和用户管理三个层面。

（1）创建基于数据挖掘的自助式广告下单系统。众所周知的谷歌 Adword 搜索引擎的关键词的广告模式是这样的：用户搜索关键词，如果这个关键词和广告商竞价购买的词相吻合，它的广告就会出现。Facebook 的模式不同，它并不是用关键词来找目标消费者，而是利用用户的基本属性、粉丝、兴趣来找出潜在的用户群。这种广告模式之所以可行，必然要求其后台有强大的数据系统作为支撑。因此，基于这样的广告模式，Facebook 的广告下单系统也基本以自助式为主。投放广告的广告主都由自定义受众开始，Facebook 一步一步带领客户设定一系列参数，主要有三种方式：第一，根据人口统计特征进行筛选，即受众的基本属性；第二，根据粉丝页进行筛选，即具体到哪类关系的人；第三，根据兴趣筛选，每个用户在注册 Facebook 时都可以设定自己的兴趣。接下来广告主需要提交活动总预算和每天的预算额。系统会根据广告主设定的受众条件，运算出目标受众的人数，然后根据广告主选择的广告方式（CPM/CPC）给出建议费用的范围。由于和后台的数据实时相连，广告商可以在广告下单系统上了解每天新增的粉丝数目、从哪里来、粉丝的基本信息，同时还可以了解到每次广告投放所能接触到的人数、点击率和转化率，以便随时改变策略。

创建一个自助式下单系统，一方面为更多缺乏广告代理公司的中小企业客户提供了自己制定广告预算和受众群体的工具，另一方面也通过细致的指标选择给广告客户带来了专业、精准的投放体验，提升了广告经营效率，节省了经营开支。

（2）利用数据优化产品设计。Facebook 的数据挖掘和应用不仅对广告商具有很强的诱惑力，还能帮助产品设计团队优化网站内容，掌握用户使用模式，优化交互界面和操作。Facebook 可以通过检测页面获得数据。其实与交互设计更相关的是页面各模块的点击数，通过对这些数据的分析，设计师既能够看到各模块被关注的程度，也能够计算出页面的点击热图，进而考察各模块的转化率。点击热图考察的是用户长期累积的重点应用区域，从另一方面看，也衡量了交互设计是否与产品的规划初衷相一致，能够让重要的内容被顺畅地发现并有效点击。

（3）利用数据降低用户流失率。通过对用户数据的分析可以帮助 Facebook 了解用户心理，找到用户想法的规律，从而实现页面改造，及时抓住将要流失的客户。

3. 基于移动平台业务的发展战略

目前 Facebook 的主要营收已经从桌面端转向移动端（后者的收入在 Facebook 总营收中的比例已经超过 60%），而 Facebook 移动战略的核心就是开发者。对于开发者来说，开发工具、开发语言、应用曝光度固然都非常重要，但如果开发者在这个平台上无法盈利，该平台也是留不住开发者的。目前 Facebook 的移动平台开发战略主要由以下三个部分组成：

（1）打造一个大型软件开发工具包。尽管 Facebook 在近几年中收购了不少公司，但是这些收购基本与开发者是无关的，毕竟单单依靠收购是不可能搭建起一个生态系统的。尽管没有通过收购来扩充开发者阵营，但是 Facebook 却拿下了许多服务开发者社区必不可少的工具，这其中包括检查漏洞的 Monoidics、后端服务 Parse 以及 Airlock 测试框架等，除了为开发者提供上述开发工具之外，Facebook 还积极在应用推广、货币化和用户再访问等多个方面为其提供支持。换句话说，在传统的应用商店难以盈利的情况下，Facebook 却正在通过各种手段积极帮助开发者更容易地赚钱，这无疑将会讨得开发者的好感，进而转投 Facebook 的阵营。

（2）打造至关重要的数字标识。Facebook 的 CEO 马克·扎克伯格曾提出了"跨平台的平台"的概念。数字标识对于 Facebook 来说是至关重要的，因为这可以让用户在不使用 Facebook 相关服务时仍然与其保持联系，这不仅能够有效避免用户的流失，同时还能让 Facebook 成为人们数字生活的中心，进而依靠这一优势去吸引更多的开发者。如果用户不仅把 Facebook 当成社交网络，还接受其他不相关的服务，那么对用户来说就很难离开 Facebook。Facebook 新的匿名登录和隐私功能表明数字身份是 Facebook 所有一切的核心，因为这关系到 Facebook 的存亡。如果用户不仅在他们的社交网络使用 Facebook，而且 Facebook 账户访问不相关的服务，那么用户将很难完全放弃 Facebook。身份作为"跨平台的平台"的第一要素，排在社交之前并非是偶然。在 Web 端 Facebook 已经有超过一半的社交登录，公司希望这样的结果同样可以在移动端实现。

（3）成为"移动的 Google"。如果 Facebook 想凭借用户的活跃度、参与度和高度细分等特点来吸引广告商，那么就需要在移动广告领域赶超谷歌。目前 Facebook 的 App Links 索引已经将应用衔接起来，这将会打造一个足以与非应用 Web 相抗衡的可搜索应用 Web。Facebook 和 Google 有着极为相似的商业模式：通过开发有价值的服务（大部分是免费）为用户创造价值，争取开发者创造更多的数以千计的业务；价值横跨所有的数字设备，包括 Web 端和移动端；通过销售用户达到、参与和对广告商超级定位来获取价值。由此，在移动化的过程中两者又将一决高下。

4. 基于新技术业务的发展战略

（1）人工智能战略。在 2015 年的 F8 开发者大会 Facebook 正式公布了 Messenger 平台，开发者可以像在微信里一样开发各种功能和应用。用户与商家将直接联系，用户可以在 Messenger 下单然后跟踪运货信息。最近，Messenger 的聊天机器人支持系统成为异常火爆的话题。现在平台已经有了 9 亿用户。2016 年，在 Messenger 平台推出人工智能机器人 ChatBot，以便产品对用户的问题作出自动应答，如提供天气信息、帮助用户购买商品、获取新闻资讯等。使用聊天机器人将省去人力沟通的成本，引入更多第三方合作商家，将 Messenger 平台全面转型为生活服务平台。目前已有超过 25 家公司与其达成合作关系，其中包括鲜花订购服务 1-800-Flowers、《华尔街日报》和 CNN 等媒体公司。Facebook 连续两年将 Messenger 应用作为重点平台进行推广，反映了扎克伯格的一种观点，即对于公司未来五年的发展前景来说，通信应用将处于中心地位。如今，Messenger 应用用户数已超过 9 亿，日发送消息量为 600 亿。与此同时，同行和竞争者也纷纷涉足智能机器人领域，包括 Line、Kik、微信、Telegram、微软、Skype 和 Slack，谷歌据称也在研究融入机器人技术。

（2）VR 内容生态战略。扎克伯格提出，过去人们都使用文本来沟通，然后逐渐发展为图片，这带来了 Instagram 的成功，而今后五年，就是视频的天下，然后就是虚拟现实和增强现实。在 2015 年的 F8 开发者大会上，扎克伯格宣布 Facebook 将在用户消息流中支持 3D 的全景环绕式视频。如果佩戴虚拟现实头戴设备，并打开 360 度环绕视频，将能创造身临其境的感觉。而未来，Facebook 的消息流中将提供这样的虚拟现实内容。在 2016 年召开的 Facebook F8 开发者大会上，Facebook 发布了一套 3D 摄像软硬件产品 Surround 360。显然，这款摄像机将成为 Facebook 旗下 VR 子公司 Oculus 的生态配套产品，也是丰富 VR 内容生态的重要工具。

（三）资本运营

1. Facebook 的融资之路

资本不是万能的，没有资本是万万不能的。资本对于任何一个企业的运转都至关重要，甚至将是它们的生命线。作为世界上最大的社交网络公司之一的 Facebook 亦是如此。纵观整个融资历程，一共有五次重大的融资对 Facebook 的发展起到推动性作用（见表 2-7-4）。

表 2-7-4　Facebook 融资历程

年份	月份	融资过程
2004	6~7	Facebook 获得 Thiel 50 万美元投资
2005	5	Thiel 与 Accel Pattners 投资 1270 万美元，此时 Facebook 估值 8750 万美元
2006	10	微软向其投资 2.4 亿美元，占有 1.6% 的股份，Facebook 估值 150 亿美元
2008	3	Facebook 融资 3.15 亿美元，投资者有李嘉诚、微软等
2009	5	DST 向 Facebook 投资 2 亿美元，随后又购买 1 亿美元股份

续表

年份	月份	融资过程
2011	1	高盛与 DST 向 Facebook 投资 5 亿美元，总估值 500 亿美元
2012	5	Facebook 登陆纳斯达克挂牌交易，创下科技业界最大 IPO

第一轮融资（60 万～500 万美元市值）：公司成立数月后，Thiel 投入 50 万美元，获取公司 10% 的股份和一个董事席位，公司名称由 The Facebook 改为 Facebook。虽然觉得 50 万美元的估价可能稍低，但因为皮特·蒂尔认同扎克伯格的战略构想，不干预公司运作，并且具有运营 PayPal 等公司的成功经验，扎克伯格决定接受投资。扎克伯格把蒂尔要亲自而不是委派其他人出任董事作为接受融资的条件。这轮融资中另有他人参与，总融资额 60 万美元。此前只有扎克伯格一位董事，蒂尔注资后，重建了董事会：蒂尔、帕克、扎克伯格以及由扎克伯格控制的一个空余席位。这样的安排是为了让公司以外的人在数量上没有优势，从而保证未来的投资者不会篡位控制公司。

第二轮融资（1370 万～1 亿美元市值）：2005 年扎克伯格接受阿克塞尔公司的投资，并要求对方的主要合伙人布雷耶亲自担任董事，而不是其实际负责此项目的高级合伙人凯文。随后布雷耶以个人名义向 Facebook 投资 100 万美元。Facebook 董事席位由此变为 5 人：布雷耶、蒂尔、帕克、扎克伯格和由扎克伯格控制的一个空余名额。2005 年 10 月 Facebook 用户数突破 500 万。

第三轮融资（2750 万～5 亿美元市值）：2006 年初，维亚康姆公司想要注资或收购 Facebook，未成。由格雷洛克公司牵头，美瑞泰克资本公司、泰尔和阿克塞尔公司等投资人，按注资

前 5 亿美元估价，投入了 2750 万美元。来自格雷洛克公司的斯泽成为 Facebook 董事会的观察员。

第四轮融资（3.75 亿～150 亿美元市值）：2006 年 6 月，雅虎表示愿意用 10 亿美元收购 Facebook，Facebook 董事会拒绝了这一交易。这期间 Facebook 推出了起初遭遇用户强烈抵制的"动态新闻"，并做出了前景非常不明确的对社会开放 Facebook 注册的决定。动态新闻和开放注册获得成功，用户突破 1000 万，Facebook 从学生世界变为整个世界。2007 年 5 月，Facebook 启动开放平台战略，人们可以在上面运行各种各样的应用程序。"开心农场"游戏一类的软件如雨后春笋般在 Facebook 上流行起来。2009 年这些滋生于 Facebook 中的软件公司创造了与 Facebook 一样的销售收入，约 5 亿美元。平台战略的巨大成功让 Facebook 身价倍增。2007 年 10 月，Facebook 开始在谷歌和微软两大巨头间周旋寻价。最后微软同意 150 亿美元的估值水平，以 2.4 亿美元的投资获得 1.6% 股权。微软这项超高估值投资，主要是双方签订广告代理协议的一个副产品，也蕴含着要拉住 Facebook 以免其投入谷歌怀抱的目的（微软要求 Facebook 不能接受任何来自谷歌的投资）。随同微软一同投资的还有李嘉诚、德国的风险投资公司。Facebook 的第四轮融资共 3.75 亿美元。之后，在布雷耶的要求下，扎克伯格挖来桑德伯格出任 COO。桑德伯格帮助公司找出了新的广告业务模式，并对管理基础架构进行了重组。

第五轮融资（5 亿～500 亿美元市值）：2009 年 5 月，来自俄罗斯的数字天空科技公司（DST）按 100 亿美元的估值向 Facebook 投资 2 亿美元。Facebook 的发展势如破竹，2010 年 7 月，活跃用户超过 5 亿。2010 年底，Facebook 按 500 亿美元估值从高盛和俄罗斯数字天空科技

公司获得 5 亿美元的投资（高盛 4.5 亿美元，数字天空 5000 万美元）。美国证券法规定如果股东人数达 500 人以上，公司必须公开财务报告，成为公众公司。Facebook 被迫上市。2012 年 5 月，Facebook 确定 IPO 发行价为每股 38 美元，总共融资约 160 亿美元，市场估值 1040 亿美元。上市首日成交量 5.7 亿股，创下美国公司 IPO 首日成交量的历史最高纪录。

从上述融资历程的阐述可以总结出 Facebook 的主要融资方式或渠道有风险投资、个人投资、技术入股、大型投资公司投资、收购兼并。采用多种融资方式相结合的方式，并进行审慎理性的资本运作。其自身的不断成长、业务的不断扩充、采取合适的融资规模，促进企业的整体发展。

2. Facebook 的投资并购之路

在外界看来，与谷歌的并购策略相比，Facebook 的收购看起来毫无章法。谷歌近年来则基于智能家居 Nest 将触角延伸到物联网领域，包括机器人公司、生物性公司、太阳能公司等都是基于未来科技与想象空间的布局。谷歌通过并购建立起自身的核心优势与竞争壁垒，例如，仅花费 5000 万美元就收购的 Android 公司的 Android 系统与斥资 16.5 亿美元收购视频分享服务 Youtube，如今 Android 占全球智能手机市场逾 80% 的份额，极大稳固了 Android 系统底层的优势与智能机操作系统市场的话语权，Youtube 确保了 Google 的流量价值。反观 Facebook 的收购，Facebook 并购 Instagram 之后以 26 亿美元拿下了虚拟现实设备（眼镜）公司 Oculus VR 以及以 190 亿美元之巨拿下即时通信工具 WhatsApp，而无论是 WhatsApp、Oculus 还是 Instagram，都是悄无声息地迅速推进并购过程，之后便引发了外界热议，而这种一掷千金的土豪式并购引发业内关注的同时却并不看好。在业界的部分观点看来，无论是对 Oculus VR 还是 WhatsApp 的收购，Facebook 均没有做到与核心竞争优势相融合并借此提升自己在产业中的竞争力和延展力，也无法补齐自身的核心业务短板，而对于 WhatsApp 的收购，也被认为是消灭竞争对手与未来威胁的一次并购，除此并无其他意义。实际上，Facebook 的诸多如散沙般的并购策略背后都是收购核心人才、获得技术、扩展用户。

第一，从 Facebook 并购活动中我们发现，Facebook 收购均指向于 50 人以下的中小型的创业公司，而人数最多的一次收购就是 2014 年收购 WhatsApp，拥有 50 名员工，这也是 Facebook 金额最大的一次收购。纵观近几年 Facebook 的部分收购：2010 年，收购照片分享网站 Divvyshot，核心员工 3 人；收购社交活动服务公司 Hot Potato，核心员工 8 人；收购文件分享网站 Drop. io，核心员工 1 人。2011 年，收购招聘网站 Pursuit，核心人员 3 人；收购社交网软件厂商 WhoGlue，核心人员 1 人。2012 年，收购照片分享服务 Lightbox 开发团队和位置发现应用 Glancee，核心人员分别为 7 人和 3 人。另外以 10 亿美元收购美国知名在线图片共享社交网站 Instagram。2013 年收购手机软件开发商 Osmeta 和在线信誉服务 Legit，核心人员分别为 17 人和 2 人。2014 年除了收购 WhatsApp 和 Oculus VR 之外，还收购了印度安卓应用优化公司 Little Eye Labs，后者的核心人员是 4 人。这些被 Facebook 收购的公司均是小而美的创业公司，并且在特定领域具备独特的优势，均可以对 Facebook 的核心业务社交领域的周边与相关技术等方面进行延展。这些公司核心员工极少，但含金量极高。Facebook 收购这些小而美的创业型公司的目的，与国内 BAT 收购布局的目的不一样。国内 BAT 的收购布局更多在于打击竞争对手，圈地与补齐业务短板。Facebook 的收购更多在于得到技术和人才。而多数收购的公司和核心团队并入到 Facebook 之后，原来的产品线会关闭，这些创业的公司的牛人就被 Facebook 以高股权与更高发展空间的承诺，安排在一个其本人具备核心优势的领域做掌门人或负责人。比如文件分享网站 Drop. io 创始人 Samlessin，就在 Facebook 掌管公司的用户页面设计等。

Facebook 的并购历程如表 2 - 7 - 5 所示：

表 2 - 7 - 5　Facebook 并购历程

时间	被并购公司	主要业务	金额
2007. 7. 19	Parakey	工具平台	—
2009. 8. 10	FriendFeed	社交聚合网站	约 5000 万美元
2010. 2. 19	Octazen	邮件系统开发商	—
2010. 3. 2	Divvyshot	图片共享	—
2010. 5. 26	Sharegrove	科技初创	—
2010. 7. 8	Nextstop	旅游社交网站	约 250 万美元
2010. 7. 19	Hot Potato	社交网站	约 1000 万美元
2010. 8. 15	Chai Labs	内容服务商	约 1000 万美元
2010. 10. 29	Drop. io	在线文件共享	约 1000 万美元
2011. 1. 25	Rel8tion	移动广告服务	—
2011. 3. 2	Beluga	信息服务商	—
2011. 3. 20	Snaptu	移动应用	约 7000 万美元
2011. 4. 27	DayTum	数据收集厂商	—
2012. 4. 9	Instagram	照片共享	约 10 亿美元
2012. 5	Karma	社交化礼物赠送	8000 万美元
2012. 6	Face. com	面部识别	8000 万 ~ 1 亿美元
2013. 3. 1	Altas	在线广告平台	—
2013. 10	Storylane	讲故事	—
2013. 3. 19	Legit	在线信誉服务	—
2013. 10	Onavo	应用分析公司	1.5 亿 ~ 2 亿美元
2013. 12	SportStream	社交分析公司	—
2014. 1	Branch	社交对话平台	1500 万美元
2014. 3	Ascenta	无人机开发商	2000 万美元
2014. 4	Moves	健身跟踪	—

续表

时间	被并购公司	主要业务	金额
2013. 4. 11	Osmeta	手机软件开发商	—
2014. 2. 3	Little Eye Labs	安卓应用优化	1100 万美元
2014. 3. 21	Oculus VR	虚拟现实技术	20 亿美元
2014. 6	Pryte	网络服务公司	—
2014. 7	LiveRail	视频广告公司	—
2014. 8	PrivateCore	安全技术服务	—
2014. 10. 3	WhatsApp	移动消息初创	190 亿美元
2015. 1	Wit. ai	语音识别	—
2015. 3	TheFind. Com	购物搜索引擎	—
2015. 7	Pebbles Interfaces	手势识别技术	—
2016. 5. 23	Two Big Ears	空间音效技术	—
2016. 3	Masquerade	自拍换脸应用	—
2016. 9	Nascent Objects	电子产品	—
2016. 10	InfiniLE	LED 显示屏	—
2016. 11	Zurich Eye	计算机视觉	—
2016. 11	FacioMetrics	面部识别	—

第二，Facebook 的所有并购都旨在增强核心竞争力、获得新用户。WhatsApp 的收购案很好地表现了 Facebook 的这一策略，WhatsApp 有着 5 亿活跃用户以及超过 3.5 亿日活跃用户，用户增长速度比史上任何一个社交应用都快（包括 Facebook 本身），WhatsApp 用户有机的、快速的增长也扩展到新兴市场，包括俄罗斯、墨西哥和巴西，这也意味着在未来更多的新用户和新的收入。

第三，Facebook 近年来的并购主要在三个领域：社交和游戏、移动应用、广告设计。

（1）社交和游戏布局下的企业并购。2013 年 12 月收购的 SportStream 是社交布局下并购的典型例子，旨在加强用户日常的互动与沟通，利用 SportStream 体育新闻开拓一个新的领域，并在尽可能短的时间内获取更多、更好的数据，帮助 Facebook 预测用户行为并带来更多的广告收入。2016 年 Facebook 收购社交分析工具 Crowd-

Tangle，CrowdTangle 成立于 4 年之前，这款工具可以帮助出版商用来追踪社交网络上的内容传播方式，帮助活跃人士把他们在 Facebook 上的活动整合在一起。此举增强了 Facebook 的竞争力。2014 年 3 月 21 日，Facebook 以 20 亿美元的价格收购了沉浸式虚拟现实技术厂商 Oculus VR，这其中包括 4 亿美元的现金以及 2.31 亿股 Facebook 普通股票。该公司的虚拟现实头戴设备 Oculus Rift 开发包已经获得了超过 7.5 万份预订。尽管游戏以外的虚拟现实技术应用仍处于萌芽阶段，但多个行业已经开始进行实验，Facebook 也计划将 Oculus 在游戏领域的现有优势带到全新垂直领域，包括通信、媒体和娱乐、教育等。由于这些应用的前景广阔，虚拟现实技术将成为下一个社交和通信平台的重要候选对象。在 Oculus 之后，Facebook 于 2015 年收购了手势识别技术公司 Pebbles Interfaces，2016 年收购空间音效技术公司 Two Big Ears、面部识别技术公司 Facio-Metrics 及视觉技术公司 Zurich Eye 助力其 VR 业务，以期带来更逼真的用户体验。

（2）移动应用布局下的企业并购。互联网时代的变革瞬息万变，在桌面互联网刚刚普及的时候，移动终端的兴起已经开始引领下一个时代潮流。2011 年 Facebook 以 7000 万美元收购移动应用开发商 Snaptu，以此拓展公司的移动业务，这是 Facebook 的第一笔移动应用方向的收购，也是其第一个跨国收购。并入 Facebook 以后，Snaptu 的团队和技术可以给 Facebook 用户提供更好的移动体验，Facebook 于 2012 年收购 Instagram 是其在移动领域的最好战略体现。Facebook 曾在其招股书中指出，上市的一大风险因素是该公司在向移动时代靠拢时可能面临困难。由于移动布局的缺位，用户通过移动应用登录 Facebook，不仅无法给该公司带来收入，还会导致 PC 用户量的相对减少，导致 Facebook 营收的下滑。此外，用户更喜欢使用 Instagram 提供的照片分享服务，而不是 Facebook Photos。收购 Instagram 首先契合了智能手机崛起的大势。用户用智能手机记录自己的生活，分享足迹与感受到 Twitter、Facebook 等社交平台，而照片显然是其中最有吸引力的要素。数据显示，随着智能手机的迅速普及以及拍照功能的显著提升，iPhone 已经取代传统照片成为 Flickr 上最大的照片来源，而 Instagram 的便捷拍照分享为这一需求提供了最大的体验。2016 年 3 月，Facebook 收购自拍换脸应用 Masquerade，以期给用户带来更有趣的体验，用户在用手机摄像头自拍视频时，利用上述滤镜工具，可以进行脸部特效处理，甚至是换成一个明星（如获得奥斯卡奖的迪卡普里奥）或者是动物的面部，用户可以将经过变形的照片或者视频，分享给好友，让沟通分享的趣味大增。此前，Facebook 已经收购了许多公司，增强用户社交分享的体验，其中包括一些表情贴纸公司或者是照片滤镜公司。

（3）广告设计布局下的企业并购。2014 年 7 月 3 日，Facebook 宣布收购视频广告公司 LiveRail。此举意味着 Facebook 已将目光放到了自身平台以外的广告市场。市场营销商们过去一直都热衷于在电视上做广告。但近些年来，数字视频在吸引用户注意，其在叙述个人情感和难忘故事时表现出了更有效的一面。在线视频是在线广告市场增长最快的一个领域，根据市场调查机构 eMarketer 当时的预测，美国在线视频广告市场有望在 2015 年再增长 42%，达到 60 亿美元的规模。Facebook 试图通过收购来支持广告业务增长，此次收购之前 Facebook 涉足广告领域，外界大多不太看好，这之后 Facebook 宣告会和 Google 一样做全互联网的广告。

此外，Facebook 于 2015 年收购了语音识别公司 Wit. ai。Wit. ai 公司由创业孵化器 Y Combinator 创建于 18 个月之前，开发出了一款能够创建语音激活技术的 API 接口。该平台目前已吸引了 6000 多名开发者，创建的应用超过了数百个。收购业务完成后，Wit. ai 将可以帮助 Facebook 的 Messenger 创建语音输入模式，更好地理解语意，同时还可助 Facebook 创建语音导航应用。2015 年，Facebook 收购购物搜索引擎 TheFind. com，此举意味着 Facebook 继续在互联网两大赚钱领域——搜索和电子商务进行扩张。而 Facebook 对 Nascent Objects、InfiniLE 的并购则标志着其向硬件的发力。

（四）商业模式

纵观人类进化史，人一直未曾改变的是对信息的需求，对更及时、有效、精准的信息传输方式的渴望和追寻。互联网的出现把信息交互带到了新的高度，而 Facebook 的创立在其中起到了非常大的作用。以下将从价值主张、价值构建和价值实现三个方面来介绍 Facebook 的商业模式（见图 2 - 7 - 3）。

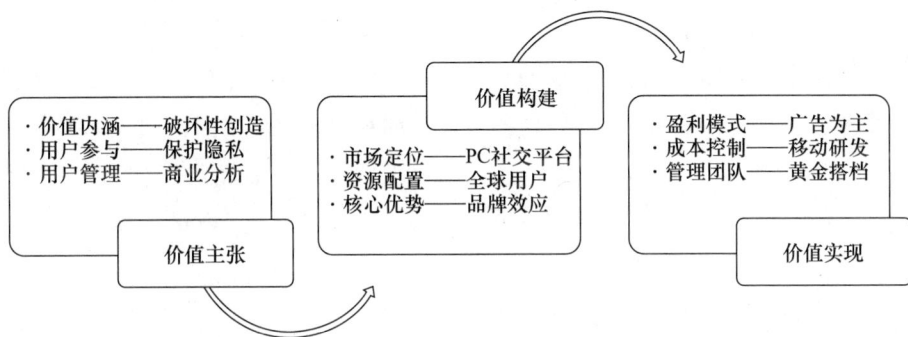

图 2 - 7 - 3　Facebook 商业模式

1. 价值主张

（1）价值内涵——破坏性创造。Facebook 的价值内涵——"To A More Open and Connected World（致力于一个更加开放和连接的世界）"，立足于一个伟大的理想，希望通过自己的产品去改变世界。这与 Facebook 产生的渊源有关，是属于"破坏性的创造"，开创了一个新的互联网媒体时代。

（2）用户参与——保护隐私。Facebook 作了很重要的产品决策，保证实体社区和在线服务之间的协调和信任。Facebook 网站最初仅限于能够验证所在大学的邮件地址的用户登录使用。Facebook 也限制了用户能够查找或浏览的学生范围仅限于用户所在的大学。这些措施的目的是让用户感到网站是排外的，仅限于他们实际所在的社区（学院或大学）内部的人员。在早期的 Facebook 网站上，30% 的用户在自己的资料上准确地公布了手机号码，这些数据表明，用户彼此信任浏览自己资料的学生。Facebook 网站最近已经对教育网外面的用户打开了大门，他们创建了一系列"网区"来完成这种方案。早期的 Facebook 上面的各个大学，已扩展到了各个高中，公司雇员和不同的地理区域。当用户加入这些网区时，仅能够看到特指的网络中的成员。此外，Facebook 已经实行了一系列隐私控制，允许用户准确地控制谁能够查看他们所提供的信息。

（3）用户管理——商业分析。Facebook 在用户管理方面做得非常细致，Facebook 的核心商业价值主要依赖对于用户信息的管理与挖掘。用户只要完成注册，系统就会自动帮你生成社交图谱。Facebook 可以针对用户的海量信息进行分析，列出用户的喜好与倾向，随时了解用户目前的状态，这也是 Facebook 实现货币化的关键所在。此外，在 Web2.0 时代，通过强大的搜索与订阅功能，网民们已经没有必要为了取得有用的信息反复辗转于各种类型的 BBS、博客或者门户网站。用户已经越来越讨厌无处不在的显示广告，对没有经过任何过滤的海量信息已经越来越感觉迟钝和麻木。Facebook 网站充分把握住这一趋势率先公开自己的页面源代码让各种类型的互联网内容提供商开发出嵌入 Facebook 用户页面的内容提供工具（Apps）供用户自行选择，这其中，有娱乐的、工作的、阅读的，几乎无所不包。到目前为止，基于 Facebook 平台的 Apps 已经数以万计。未来 Facebook 的用户将在自己的主页里满足交友、娱乐、工作的全套信息与体验需求，这很类似于传统零售行业的变革——从更早的专业商店向一站式购物的百货商场过渡。Facebook 网站正在成为新平台的主宰者以及新产业链的主导者。这是微软在 PC 时代曾经扮演过的角色，将硬件、软件和 IT 服务串联为一个相互依存的整体。

2. 价值构建

（1）市场定位——PC 社交平台。Facebook 已经通过自己对于用户个人信息的牢牢把握，将自己打造成为用户上网的个人化接口，逐渐成长为一个独特的互联网生态系统。Facebook 比其他的社交网站更能吸引广告机会，因为能够深入地渗透到一系列微社区内。如果一个地方的广告商想定位一个特殊的大学校园，Facebook 网站是将广告信息传递给观众的最佳途径。本地广告行为

的 CPM 千人成本因为所具有的定位本质而受到广告商的高度重视。每日 65% 和每周 85% 的用户登录率保证了广告商能够非常有效地操作时间导向的广告活动。大的品牌广告商能够通过一次广告活动宣传到几乎每一位美国 18～22 岁的学生。Facebook 网站将有大量的机会来使自己的盈利渠道多样化，深入渗透这些微社区的特点使它不仅仅局限于传统的广告条幅模式。Facebook 在美国的大学里吸引了 90% 的学生加入，一所大学可以为自己增添在线分类、事件列表、电子商务和选举领导等便利功能。Facebook 将能够非常好地被定位成一个主要的在线分类方式，基于庞大的用户群而提供给用户更实用的使用方式。在移动互联网应用层面，Facebook 的现有系统显得过于臃肿，无法满足用户方便、快捷的需求响应。2014 年 2 月，Facebook 斥资近 190 亿美元收购即时通信公司 WhatsApp，就是为了弥补自己在移动通信领域的不足。Facebook 目前正在全球其他地区设立数据中心，从而增强其世界范围内的服务响应能力及竞争优势，同时对照片分享网站 Instagram 的收购以及对基于手机 LBS 功能提供服务的 Tagtile 的收购，均体现了其发力移动互联网的决心。

（2）资源配置——全球用户。在资源配置方面，Facebook 目前拥有世界级的数据中心，各国分支机构遍布世界各地，用户之间可以在全球范围内进行自由的交流。上市后，Facebook 新增加的员工几乎全部投入到移动互联网的相关产品开发，确保 Facebook 将 PC 时代的优势扩展到移动互联网中来。

（3）核心优势——品牌效应。Facebook 通过用户群和广告商建立强大的品牌效应。通过在线广告业务定位来建立品牌广告商的关键是拥有强大的品牌，使众多广告商愿意与之合作。一个被认可的著名品牌能够获取更好的广告 CPM 千

人成本。拥有同样用户统计数据和用户使用模式的两个网站可能具有很大差异的 CPM 率，仅仅是因为品牌认知度和形象的因素。Facebook 完成了非常出色的公关工作，强调 Facebook 对大学生的生活和在线消费产生的影响力。公关带来了巨大的收益增长，但公关资本化是帮助建立品牌的关键成功因素。

3. 价值实现

（1）盈利模式——广告为主。广告是 Facebook 的第一大收入来源，占销售额 95% 的广告业务。同时，Facebook 通过其平台战略，以发行虚拟币的方式（据说模仿自 Q 币），从平台上的游戏玩家手中取得大量的提成。但单独依靠广告只能从小部分用户身上获取利益，作为一个开放的平台，Facebook 致力于将大部分用户利用起来为自己产生价值。

1）网络广告。广告收入为 Facebook 的核心收入，2015 年广告收入占总收入的 95.26%。2011 年它已经超过雅虎成为美国最大的广告商。针对广告商，Facebook 有其独特的优势。首先，它有精准的广告投放。Facebook 可以根据用户的个人信息、爱好特点、过去喜爱的信息进行广告人群、地点、偏好的精准投放。其次，它可以刺激用户的潜在需求。Google 可以帮助有需求的用户找到正确的解决方案，而 Facebook 便是刺激用户需求。好友的推荐和分享可以加大信息的可信度和参与度，进而将用户的偏好、关注和喜爱转换为实际的产品需求。最后，完善的后台广告管理可以去掉中间环节。Facebook 建立起了完善的后台广告支付、管理、量化平台，无须任何中间代理环节，广告商可以自己管理并及时调整广告投放。去中间化可以为 Facebook 带来更大的毛利率，广告管理也更有效性。

Facebook 的广告主要分为三种。其一，实名制的开放平台。由于 Facebook 上的用户绝大多数是真实身份，因此对于 Facebook 而言，可以清楚地知道每个用户真实信息和上网的轨迹，这对广告商是至关重要的。对于传统的互联网广告，广告商一般要耗费昂贵的成本，在互联网上跟踪用户的行为痕迹，去推测他们的性别、年龄、爱好、消费能力、经常访问的站点。但在 Facebook 上这些信息唾手可得。任何人都可以在 Facebook 的自助广告服务里选出有限的组合，如只对已婚的 35 岁以上、住在中国香港的女人展示广告，或者只对中国台北公司在某天上班的白领展示广告。其二，传统广告。传统广告可以直接在 Facebook 的网页上面购买。进入 Facebook 的广告入口，注明顾客点击广告链接后所链接到的地址、目标客户群体、简短的广告词、为每次点击支付的价格等信息，任何拥有 Facebook 账户的用户都可以创建广告，并将其链接到任何网站。其三，微软的广告条。那些需要在 Facebook 页面上投放复杂广告的商家可以直接从微软购买。微软是 Facebook 上条幅广告产品的独家供应商，为此微软对 Facebook 注资了 2.4 亿美元。2008 年 8 月，Facebook 开启了广告定制功能。这些广告是专门为一些被选中的知名品牌提供的，它们就像窗口的小零件，能够被用户添加在自己的主页上。人们可以就这些产品交换意见并留下评论。这种特殊形式的广告更像是一种品牌构建器，其个性化的特征可以拉近用户与该品牌直接的关系。

2）增值服务。增值服务曾有一段时间是 Facebook 重要的收入来源，它的增值业务主要有两种形式。第一，用户购买虚拟产品。主要的增值业务是社交游戏的虚拟货币和虚拟礼品，Facebook 用户可以直接付钱购买虚拟游戏币或礼品，在用户量巨大的前提下，这是很多社区比较重要的一种盈利模式。第二，付费调查问卷。

Facebook 会借助其巨大的用户数量和强大的社交网络做一些问卷调查，并将调查问卷结果发送给那些支付费用的人。2011 年 Facebook 还曾与全球最大的电影和电视娱乐制作公司华纳兄弟合作，推出在线电影租售服务。用户可以直接通过华纳兄弟的 Facebook 主页租借或购买数字电影，用户可以通过支付 30 个 Facebook 信用币（价值 3 美元）来获得 48 小时观看权。

3）第三方 App 应用服务。Facebook 的真正"钱途"在于获得第三方 App 开发商的利润。Facebook 在努力打造第三方开发平台实现流量货币化，用户使用 Facebook 账号登录、使用、消费第三方增值服务，Facebook 获取不超过 30% 的利润分成。这种埋管道的做法类似于 Apple 公司的应用商店，不过目前规模不大，收入比例大概只占总收入的 20%。Facebook 将尽量能开放的数据全部开放出去，不遗余力地培养 App 开发商，为他们创造最好的赚钱途径。Facebook 就是一个巨大的网店，而 App 开发商就是上面免费租赁店面的商家，兜售自己的玩具，吸引用户来玩。App 开发商可以去做网络招聘、机票预订等电子商务。现在 Facebook 上面已经有几万个 App 了，其中真正盈利的 App 还不是特别丰富。等到 Facebook 平台上面盈利的商家足够多时，Facebook 再面向这些商家推出增值服务，这将是另一个盈利来源。所以 Facebook 并不需要直接从注册用户身上赚钱，而是把面向用户的细分垂直领域的赚钱机会统统留给 App 商家，同时也把这些细分领域的成本、风险和时间都节省下来，Facebook 只要把自己的平台做得足够好，给商家提供足够好的免费服务和增值服务，就是一个相当大的获利市场了。

（2）成本控制——移动研发。目前 Facebook 的主要成本集中于数据中心的扩建与人员的扩招成本，其正在北美之外建设更多的数据中心来应对全球用户的增加。鉴于自身在移动互联领域的投入，近期 Facebook 人员增加了将近 50%，达到了 5000 人左右。

（3）管理团队——黄金搭档。目前 Facebook 拥有梦幻般的管理团队，其核心人物马克·扎克伯格拥有独特的商业头脑及敏锐的技术嗅觉，他强大的心理素质以及对于自己人生理想的近乎执着的追求最终造就了 Facebook 目前成功的市场地位，而硅谷传奇经理人雪莉·桑德伯格的加入，更是为 Facebook 帝国打开了货币化之门。在两位杰出领导人的带领下，Facebook 正在谋划移动互联网市场蛋糕的最大份额。

总之，Facebook 目前在移动互联网领域的发力还需要一个过程，其传统互联网领域的竞争优势在短期内很难复制到移动互联网领域中来，Facebook 需要抛弃固有的传统互联网的发展思路，立足于移动互联网小、快、灵的特点，打通用户与商家之间的联系纽带，从传统的广告思维模式向移动互联网的增值服务模式转变。唯有如此，才能够在移动互联网的竞争中占据优势地位。

（五）市场概况

2015 财年，Facebook 合计实现收入 179.3 亿美元，较 2014 财年增长 44%，自由现金流达 60.76 亿美元。同期实现净利润 36.9 亿美元，较 2014 财年增长 25.5%。Facebook 社交网站目前在全球已拥有 15.9 亿月活跃用户，10.4 亿日活跃用户。利润主要来自基于用户的实际信息而不是根据用户浏览习惯和其他网络行为来定向投放的广告。这也让 Facebook 获取了快速增长的数字广告市场的更多份额，并进一步缩小了与市场龙头谷歌公司之间的差距。在社交网站领域，一般会用几个关键的指标来度量网站的用户流量：每日活跃用户数（DAU）、每月活跃用户数

（MAU）、单用户平均收入（ARPU）。2015 年 Facebook 的用户数量每季度的增长率基本相同，呈现线性增长的趋势（见图 2 - 7 - 4）。截至 2015 年 12 月 31 日，其每月的活跃用户数已达 15.9 亿。据 Facebook 发布的 2015 年全球互联网接入报告显示，截至 2015 年底全球上网人数达到 32 亿，也就是说全球 50% 的互联网用户每月至少浏览一次该网站，这一数量已经远远超过 Google +、Twitter 等其他社交网站。

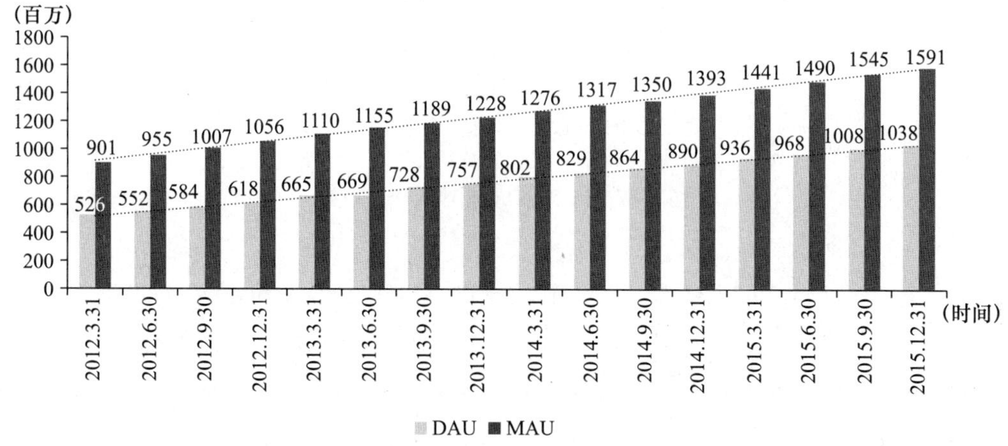

图 2 - 7 - 4　Facebook 全球 MAU、DAU 增长状况

下面会将以上指标与收入、利润等财务指标相结合从业务板块、流量终端、地域结构三个方面详细分析 Facebook 的市场现状及其发展趋势。

1. 按业务板块划分收入结构，广告业务为最主要收入来源

Facebook 主要收入来源分为广告收入、基础服务费和其他收入两大部分，Facebook 大部分的收入来源是广告。从历史趋势来看，广告收入呈现线性增长，而服务费和其他收入基本保持不变甚至略有下降（见图 2 - 7 - 5）。

Facebook 从它的用户和平台开发者中获取服务费用，用户会通过 Facebook 平台进行交易，并通过信用卡、PayPal 等进行支付，而 Facebook 会向为顾客提供购买服务的开发者收取一定的费用。Facebook 也会从平台的游戏收入中获得营收，其他收入包括推广贴、测评服务以及虚拟礼物等增值服务。2015 年，基础服务费和其他收入的总额为 8.49 亿美元，而公司的总收入为 179.28 亿美元，占比只达到 4.7%。基础服务费和其他收入相比 2014 年下降 13%，说明一部分收入对 Facebook 总体收入的贡献微乎其微且处于越来越不重要的地位（见表 2 - 7 - 6）。

表 2 - 7 - 6　Facebook 收入业务结构

单位：百万美元、%

	2015 年	2014 年	2013 年	2015 年同比增长率	2014 年同比增长率
广告	17079	11492	6986	49	65
基础服务费及其他	849	974	886	- 13	10
总收入	17928	12466	7872	44	58

（百万美元）

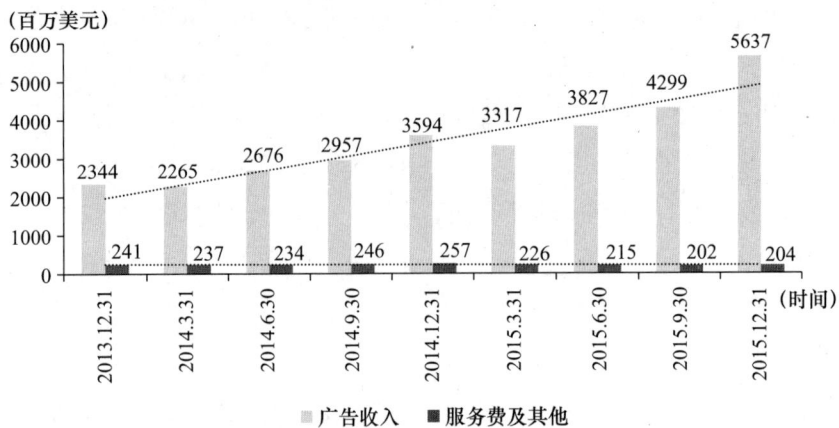

图 2 - 7 - 5　Facebook 收入增长趋势

广告收入是 Facebook 的主要收入来源，2015 年、2014 年，广告收入占比分别为 95.26%、92.19%。2015 年广告收入的增长率为 48.62%，是该年营收增长的主要推动力（见表 2 - 7 - 6）。据 Facebook 年报披露广告收入的增长主要因素是移动设备上的广告收入增加，2015 年移动广告收入占广告总收入比重为 77%，而移动广告收入的主要因素包括：Facebook 上广告营销需求和广告商的增长；Facebook 上展示的广告数量、频率、质量、相关度和效果的提升；Facebook 移动用户数量和参与度的增加。Facebook 的广告收入具有一定的季节性因素，一般来说每年的第四季度为其广告营收旺季。

2. 按流量终端划分收入结构，移动端为推动收入增长的主要动力

Facebook 2015 年财报数据显示，其第四季度来自广告业务的营收是 56.37 美元，移动广告业务的营收占广告总营收的 80%，相比 2014 年第四季度增长了 11 个百分点，该部分收入同比增长幅度达到 57%。Facebook 在移动端的收入模式是植入信息流中的原生广告为主，由于在

PC 端时代已经积累了大量的广告主，在移动端的 Facebook 醒来之后能够强势反击，并且有不错的广告收入。内容营销在移动端的探索也卓有成效，原生广告体系被广告主认可，也意味着网络广告新时代正在到来。几年前，Facebook 还曾为移动端设备的崛起可能会对公司未来的业务造成威胁在风险披露中预警。当时智能手机的兴起让 Facebook 团队觉察到了危机：在这个巴掌大的屏幕上，他们找不到角落来安置广告。而扎克伯格最终的决定是尝试在信息流里放广告。为此，2012 年 1 月开始，Facebook 信息流广告最先在 PC 端测试，后续逐渐延伸到移动端。自此改变了 Facebook 的整体广告收益和结构。如今，Facebook 已经从移动互联网中尝到了甜头，这背后是其不断上涨的移动用户数据。2015 年每月活跃用户中已经有多达 14.42 亿移动用户，占比为 90.6%。这一数字不仅高于上一季度的 13.85 亿，较 2014 年同期的 11.89 亿，更是实现了 21.28% 的增长（见图 2 - 7 - 6）。另外，在 Facebook 10.38 亿的每日活跃用户总量中，通过手机和平板电脑等移动设备访问该服务的高达 89.98%。

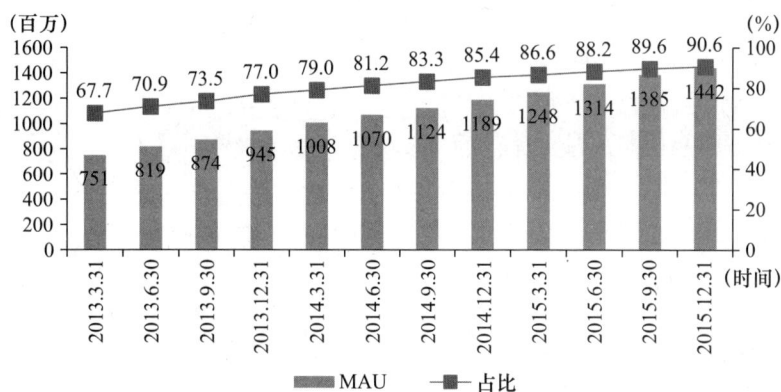

图 2 - 7 - 6 **Facebook 移动端 MAU 增长趋势**

3. 按地域结构划分收入结构，美国本土为主要的收入区域

目前 Facebook 的业务已经遍及全球的大部分区域，包括美国、加拿大、欧洲这些地区，Facebook 的收入和 ARPU 值都是相对较高的，这是由这些区域的市场规模及成熟程度所决定的。从收入增长情况来看（见表 2 - 7 - 7），目前美国本土为其主要市场，美国市场近几年收入占比基本持平，2015 年，美国地区收入占总收入47.48%，占比将近一半。

表 2 - 7 - 7 **Facebook 收入地域结构**

单位：百万美元、%

	2015 年		2014 年		2013 年	
	收入额	占比	收入额	占比	收入额	占比
美国	8513	47.48	5649	45.32	3613	45.90
其他地区	9415	52.52	6817	54.68	4259	54.10
总收入	17928	100	12466	100	7872	100

Facebook 当前的全球单月活跃用户数量持续增加，2015 年相比 2014 年增长 14%，其中多数来自美国、亚太地区（如印度和印度尼西亚）以及其他地区（如非洲巴西）。从各个地区的单月活跃用户数量来看，主要分布在美国和加拿大、欧洲、亚太地区及世界其他地区（见图 2 - 7 - 7），这说明美国用户的 ARPU 值较高。Facebook 每年每位用户 ARPU 值是 5.09 美元。在美国和加拿大，这一数值是 13.54 美元，而在其他西方国家地区，这一数值是 4.50 美元，在世界其他地区则为 1.3 美元左右。亚洲地区人口占全球总人口的 2/3 左右，Facebook 在这一地区拥有很大的潜在用户群。

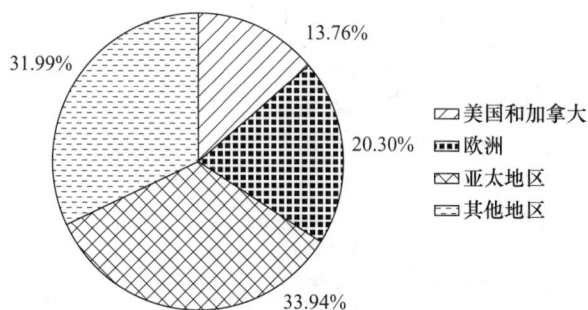

图 2 - 7 - 7 **Facebook 2015 年第四季度 MAU 区域占比**

Facebook 的全球化战略离不开中国，但是目前由于政治环境原因，这一全球最大的社交网站并没有能够完全进入中国。Facebook 的消费者服务在中国虽然并不活跃，但是中国已经是 Facebook 最大的广告市场之一，有很多很大的中国公司向中国之外的消费者出售商品，它们使用 Facebook 作为主要的营销工具之一，所以未来中国市场是 Facebook 发展战略中的重要一环。

（六）经营和财务绩效

表 2 - 7 - 8　Facebook 2013 ~ 2015 年经营与

财务业绩比较　单位：百万美元

年份	2015	2014	2013
收入	17928	12466	7872
总资产	49407	40184	17895
净利润	3688	2940	1500
净利润率（%）	20.57	23.58	19.05
总资产报酬率（ROA）（%）	7.46	7.32	8.38
净资产报酬率（ROE）（%）	8.34	8.14	9.70
资本性支出（CAPEX）	2520	1830	1360
CAPEX 占收比（%）	14.06	14.68	17.28
经营活动净现金流	8599	5457	4222
每股经营活动净现金流（元/股）	0.94	0.60	0.46
自由现金流（FCF）	6079	3627	2862
自由现金流占收比（%）	33.91	29.10	36.36
每股盈利（EPS）（美元/股）	1.31	1.12	0.62
每股股利（DPS）（美元/股）	0	0	0
股利支付率（%）	0	0	0
主营业务收入增长率（%）	43.82	58.36	54.69
总资产增长率（%）	22.95	124.55	18.49
净利润增长率（%）	25.44	96.00	2730.19
经营活动现金流增长率（%）	57.58	29.25	161.91
资产负债率（%）	10.50	10.17	13.55
流动比率（%）	1124.78	959.97	1188.18
总资产周转率（次）	0.36	0.31	0.44
股息	0	0	0
内部融资额	5633	4183	2511
研发支出	4816	2666	1415
研发支出占收比（%）	26.86	21.39	17.98

表 2 - 7 - 9　Facebook 2013 ~ 2015 年轻资产特征一览表

序号	项目	2015 年	2014 年	2013 年
1	现金类资产比重（%）	37.31	27.87	63.98
2	应收账款比重（%）	5.18	4.18	6.20
3	存货比重（%）	0	0	0
4	流动资产比重（%）	43.82	34.02	73.04
5	固定资产比重（%）	11.51	9.87	16.11
6	流动负债比重（%）	3.90	3.54	6.15
7	应付账款比重（%）	0.40	0.44	0.49
8	无息负债比重（%）	-4.78	-3.74	-5.71
9	有息负债比重（%）	0	0	0
10	留存收益比重（%）	18.89	14.61	17.73
11	营运资金（百万美元）	19727	12246	11970
12	现金股利（百万美元）	0	0	0
13	内源融资（百万美元）	5633	4183	2511
14	资本性支出（百万美元）	2520	1830	1360
15	现金储备（百万美元）	18434	11199	11449
16	自由现金流（百万美元）	6079	3627	2862

（七）内控与风险管理

1. 环境风险

（1）宏观政策风险。Facebook 的产品可能会面临其他国家的内容审查，如果政府认为其内容侵犯了国家的法律，就会对 Facebook 在该国境内的使用进行全部或者部分的限制，如在中国、伊朗和朝鲜，而这种限制会对 Facebook 的用户增长造成不利影响，从而影响其财务表现。以中国为例，虽然由于政治原因其消费者服务在中国并不活跃，但中国已是 Facebook 最大的广告市场之一，有很多大型的中国企业向中国之外的消费者出售商品都使用 Facebook 作为其主要的营销工具之一，所以未来中国市场无疑是 Facebook 发展战略中非常重要的一环。作为全球最大的社交网站，Facebook 仍需协调与多国政府的关系以扩充其国际版图。

（2）系统适配风险。在 Facebook 的移动化策略中，系统适配性的风险是其无法控制的。Facebook 以及其他产品对于系统有很强的依赖性，而流行的智能手机终端可能会使用与 Facebook 集团的产品不兼容的系统。在系统中的任何改变，例如，改变 Facebook 与移动操作系统的手机制造商胡润移动运营商的合作伙伴关系；合作商的服务或政策发生改变降低 Facebook 的产品功能，减少其销售产品的能力，限制其交付能力；通过衡量广告的效果收取与派送广告相关的费用，都可能影响 Facebook 在其他产品和移动设备上使用的货币化。如果用户在移动设备上访问 Facebook 网页更加困难，用户体验下降，会使 Facebook 的用户增长和用户的参与可能受到不利影响。

2. 经营风险

（1）用户增长风险。用户群的大小和用户的参与水平对 Facebook 的成功是至关重要的。其财务业绩取决于是否能加入、保留并吸引积极的用户。由此 Facebook 的一大风险是其美国市场已经趋向饱和，没有太多的用户增长空间。Facebook 的招股说明书中指出，其公司业务已几乎涉及全球所有的国家，月活跃用户超过 8 亿。这的确是一个巨大的市场规模，但是如果与当年 Google 的招股说明书相比较，Google 首次公开募股时间发生在 2004 年 8 月，当时，Google 还达不到美国上网人口的 40%，今天 Facebook 已经达到 73.7%。根据互联网统计公司 ComScore 的统计，目前，所有 Google 业务所涉及的美国用户总量已达美国互联网用户总盘的 84.9%，如果把这一数值和 Facebook 的 73.7% 相比，也意味 Facebook 的天花板已经不远。Facebook 在美国市场的用户增长只能到此为止，它的收入增长很大程度上将依靠增加用户的停留时间来实现。

目前看来，Facebook 已在这么做，包括不断推出新产品、获得更高的广告份额等。所以接下来，Facebook 往海外进一步扩张是一个必然方向。目前 Facebook 的用户量已经有接近 6 亿来自美国以外的海外市场，占比将近 2/3。其海外用户增长量也非常迅猛，但从利润贡献率来看，Facebook 的国际用户价值体现还十分低。

（2）经营不善风险。Facebook 绝大部分营业收入来自广告业务。广告客户的流失或者广告客户减少在 Facebook 上的广告开支，都可能会给其业务造成严重损害。作为通过个人电脑使用 Facebook 服务的一种替代方式，通过 Facebook 的移动产品来使用其服务的情况正在增长，而其移动版服务目前还没有显示广告，这样的趋势可能会对 Facebook 的营业收入及财务业绩产生负面影响。Facebook 最大的风险就在于能否构建另一项能与广告业务相媲美甚至超过广告业务的新收入来源。对于 Facebook 来说，还有很大的空间更有效地追踪广告，并且在更多的位置上投放广告。但是，这样的方式毕竟会有穷尽的时候，未来 Facebook 的应收也不会一直靠广告增长下去。尽早找到新的收入增长点是 Facebook 面临的重大难题。

（3）竞争不利风险。Facebook 面临着激烈的竞争，包括与为促进沟通和信息共享提供工具的公司、能够提供广告展示的公司和为企业应用开发者提供开发平台的公司的竞争。例如，谷歌已经整合了其产品的社会功能，包括搜索和机器人，以及其他大范围的区域性、社会性网络，在特定的国家有很强的竞争优势；还有其他提供社会或其他通信功能，如短信、照片、视频分享，微博以及提供网络和移动信息的娱乐产品和服务，这些旨在吸引用户的公司都是 Facebook 的潜在竞争对手。此外，Facebook 还面临提供媒体以吸引顾客或开发系统管理和优化广告活动工具的公司的竞争。在这些竞争对手中，有的拥有更好的资源和市场地位，如谷歌，也有的竞争对手会采用更积极的定价政策，或者开发类似于 Facebook 系列产品的应用抢占其顾客，如 WeChat，Facebook 需要提高警惕。

（4）人才流失风险。截至 2015 年 12 月 31 日，Facebook 有 12000 多名员工，创造的利润却是整个行业的领头，这样令人难以置信的工作效率让整个社交网站行业为之惊叹。在 Facebook 的创业期，为招揽人才，在股权计划上公司极为慷慨。2009 年，Facebook 曾授予工程师 15 年期期权，可以 6 美元价格购买 6.5 万股公司股票。2010 年 Facebook 实施拆股计划后，这批工程师的期权规模达到 32.5 万股。2010 年之前加盟 Facebook 的工程师可获得几千到几万股不等的受限股，按拆股比例及预计融资规模，这些工程师的持股价值都将超过百万美元。但百万和千万富翁也是最难管理的。上市之后的 Facebook 面临着人才流失的极大风险。

2012 年 Facebook 招股说明书显示，很多 Facebook 老员工有望在公司上市时获得 400 万～2000 万美元不等的账面资产，而等到 IPO 后 6 个月的禁售期过后，这笔账面资产就可以套现。事实证明确实有一批员工在上市套现后相继离开 Facebook，另谋出路。高层的频繁辞职给公司带来很多负面的影响，如降低公司的公信度，引起投资者的担忧。如果公司的核心人物都流向创业公司，Facebook 在创新和管理方面会面临很大的问题，而这些创业公司的茁壮成长很有可能给这家网络巨头带来噩梦，因为他们的领导者曾是熟悉 Facebook 业务的人。另外，Facebook 正处于迫切需要人才的关键时刻，因为移动化给其带来了前所未有的危机。目前，Facebook 越来越多的用户开始向移动端迁移，而 Facebook 尚未在移动端上制定很好的广告策略。如果短时间没做出

及时调整的话，Facebook 未来的营收也许会有所减少。高管的出走无疑会导致 Facebook 的处境进一步恶化。Facebook 的许多并购都是在人力资本驱动下的资本运营，企图笼络更多、更广的人才。然而，这并不能阻止人才的流失。Facebook 现在迫切需要做的是深入了解高层辞职的原因，阻止批量离职现象的再次发生。

（八）前景展望

Facebook 凭借 15.9 亿用户证明自己是社交网络领域的先行者。随着社交广告行为的日益成熟化，逐步由用户获取转变成用户创收，社交广告的投资会越来越多，因为越来越多品牌营销者对这一机制的运作模式更加清晰。品牌逐步锁定自己的目标用户，Facebook 将能够基于更少的印象获得更高的点击量，这能够提高同等广告数量的创收水平。经过十几年的发展，Facebook 已经成为人们不可缺少的一部分，用户利用它联系世界各地的家人和朋友，市场营销者挖掘其中潜藏的商机。只有时间能证明扎克伯格和其他公司领导人是否可以继续带领 Facebook 走在社交网络的前端，但我们推断随着互联网时代的到来，Facebook 有以下五个方面的发展趋势：

1. "Mobile"（移动化）成为 Facebook 发展的前进方向

人们的信息收集手段从原来的电视和报纸到现在越来越多地利用移动互联网，可以说移动已经成为我们生活中的一部分。其实早在 2011 年，移动终端的出货数量就已经超过 PC 端的出货数量，这并不是一时的趋势而是移动终端的长期性成长趋势。到目前为止，Facebook 都在开发面向桌面端的产品，但是现在已经逐渐在移动端开发相应的产品。其实早在 2011 年其已经改变了开发的方向，Facebook 并不是要成为移动专家，而

是考虑将来每个人都可以成为工程师都可以开发移动应用，从而制订了现在的以移动为中心的产品开发体制。另外，Facebook 的移动战略并不仅仅是用户而已，Facebook 也可以为企业提供广告价值。

2. "Identify"（认同）成为 Facebook 发展的心理基础

社交网络是以连接人的关系而存在的，能够连接说明彼此有共同文化价值理念。用网名在网络上和别人交流，对方是真实存在的，而自己就是自己，这个过程中信赖性是非常重要的，其结果就是交流变得越来越现实化。从市场学的角度来看，一对一的关系性更容易保持。社会在网络化，网络同样在社会化。要想进一步加大网络的社会化趋势，Facebook 需要进一步加强用户对网络的认同感，在此基础上用户才能无顾忌地随时随地分享自己的状态和心得。尽管现在的互联网尤其是移动互联网时代，业界宣称互联网改变了一些平等，尤其是在话语权上。事实上，在社交网络，也继承了来自现实社会的阶层结构，一些群体在信息洪流下被孤立。因此这种去差异化、去结构化的身份认证能够有效地提高社交网络的认同。

3. "Innovation"（创新）成为 Facebook 发展的不竭动力

创新并不仅仅说是创造东西，怎样才能使信息深入到生活当中去，这才是目标，同样也是 Facebook 的基础服务。虽然 Facebook 在宏观层面会有收购或复制的战略，但其自身的创新从未停止过。Facebook 深刻地改变了互联网。像 Like（点赞）、Wall（留言墙）和 Timeline（时间线）这些都是我们每次登录时能够见到的产品创新，只不过是用户可以在这些产品的后面，在庞大的

数据中心里面，还能找到各种各样其他类型的技术，它们都在用不同的方式改变着我们的世界。时代在进步，如果只固守之前的营销战略和发展模式，就会被淘汰。Facebook 的每一步也都会着眼于创新，开发一些新的服务，并积极地分析和整理数据，针对用户喜好，创新一些用户感兴趣的服务，让用户对 Facebook 的服务更加满意，加强其用户黏性。

4. "Measurement"（市场分析与衡量）成为 Facebook 发展的必要工具

第一眼出现在消费者面前的东西并不一定是他就会购买的东西。根据 Facebook 的广告追踪服务和线下行动数据，随着企业对该消费者购买行动的分析，能提前判断消费者更青睐哪一种产品，吸引用户兴趣，而且还会开发新的支付方式即离线支付，让用户获得更好的体验。帮助 Facebook 实现市场分析与衡量的是其背后的大数据。目前 Facebook 有着世界最大的分布式文件系统，单个集群中的数据存储量就超过 100PB。在 Facebook 内部，从一开始就没有在不同的部门之间（如广告部和用户支持部）设立障碍或者分割数据。这样一来产品开发者就可以跨部门获得数据，实时知晓最近的改动是否增加了用户浏览时间或者促成了更多的广告点击。Facebook 的价值挖掘引领互联网进入大数据时代，推动"大数据"产业发展。在产业链判断上，以 Facebook 为代表的社交网络率先进入大数据时代，将进一步引领其他互联网领域的大数据应用，对用户价值的挖掘将驱动"大数据"产业链的发展。利用大数据与数据分析的结合，Facebook 开发对用户更具吸引力的应用，并且可以通过用户行为预测多个行业的发展趋势，未来蕴含巨大的商业价值。

5. "Technology"（技术）成为 Facebook 发展的新增长点

Facebook 的核心愿景是"努力通过技术，让用户可以与所有人分享一切"。在 2016 年公布的未来十年规划中，Facebook 的目标就是统治全世界。Facebook 从过去单纯的社交网站，一步步地不断壮大发展变成了即时消息（Messenger 和 WhatsApp）、图片分享（Instagram）、兴趣群组（Group）、视频（Video）的集合体，不管是现在还是未来 Facebook 的目的都是通过自己的努力连接全世界，同时，不管是虚拟现实还是人工智能都将侵入大众的生活改变世界。在新技术领域，Facebook 也有诸多进展，主要涉及人工智能、VR/AR 以及网络连接三大领域。在人工智能领域，Messenger 平台推出人工智能机器人 ChatBot，引入更多的第三方合作商家，将 Mes-senger 平台全面转型为生活服务平台。在虚拟现实领域，发布 3D 摄像机系统 Surrond 360，通过技术开源推动 Oculus 平台乃至整个 VR 领域的内容发展。扎克伯格还首次透露，Facebook 正在进行 AR 领域的研发。在网络连接技术上，Facebook 推出太阳能无人机乃至卫星，将免费无线网络带给网络基础设施匮乏的国家和地区，给 Facebook 和开发者带来新的用户增长。同时，Facebook 通过 Free Basics 服务，管理这些地区用户使用免费网络。为了配合开发者接触这些新用户，推出 Free Basics 模拟器。技术将是 Facebook 十年计划的重要一部分。扎克伯格一直以来倡导"让世界更加开放和连接"，未来十年，Facebook 将专注于人工智能、虚拟现实以及全球上网计划。Facebook 对于未来计算机网络下了大赌注，为了保持前沿的技术水平，也往往乐于收购创业公司而非耗费时间精力从头研发。

附件一：Facebook 财务报告（2015 年）

1. 合并资产负债表

单位：百万美元

年份	2015	2014
资产		
流动资产：		
现金及现金等价物	4907	4315
短期有价证券	13527	6884
应收账款	2559	1678
预付账款及其他流动资产	659	513
流动资产合计	21652	13390
固定资产及设备净额	5687	3967
无形资产净额	3246	3929
商誉	18026	17981

续表

年份	2015	2014
其他资产	796	699
资产合计	49407	39966
负债及所有者权益		
流动负债：		
应付账款	196	176
应付供应商款项	217	202
预提费用及其他流动负债	1449	866
递延收益及存款	56	66
资本化租赁债务	7	114
流动负债合计	1925	1424
资本化租赁债务（减去流动的部分）	107	119
其他负债	3157	2327
负债合计	5189	3870
或有负债	—	—
所有者权益：		
股本	—	—
其他实收资本	34886	30225
累计其他综合收益	(455)	(228)
留存收益	9787	6099
所有者权益合计	44218	36096
负债及所有者权益合计	49407	39966

2. 合并损益表

单位：百万美元（除每股数额外）

年份	2015	2014	2013
营业收入	17928	12466	7872
成本和费用：			
营业成本	2867	2153	1875
研发费用	4816	2666	1415
销售费用	2725	1680	997

续表

年份	2015	2014	2013
管理费用	1295	973	781
成本和费用总额	11703	7472	5068
营业利润	6225	4994	2804
投资及利息支出	(31)	(84)	(50)
税前利润	6194	4910	2754
所得税费用	2506	1970	1254
净利润	3688	2940	1500
减：归属于少数股东权益的净利润	19	15	9
归属于普通股的净利润	3669	2925	1491
普通股每股收益			
基本每股收益	1.31	1.12	0.62
摊薄每股收益	1.29	1.10	0.60
用加权平均数计算的普通股数			
基本普通股加权平均数	2803	2614	2420
摊薄普通股加权平均数	2853	2664	2517

3. 合并现金流量表

单位：百万美元

年份	2015	2014	2013
经营活动产生的现金流量			
净利润	3688	2940	1500
折旧和摊销	1945	1243	1011
废弃租赁成本	—	(31)	117
现金股利分配	2960	1786	906
递延所得税	(795)	(210)	(37)
股权激励的税收利得	1721	1853	602
股权激励的税收损失	(1721)	(1869)	(609)
其他	17	7	56
资产及负债变动			
应收账款	(973)	(610)	(378)
预提费用及其他流动资产	(144)	(123)	355
其他资产	(3)	(216)	(142)
应付账款	18	31	26
应付供应商款项	17	(28)	12

续表

年份	2015	2014	2013
预提费用及其他流动负债	513	328	(38)
递延收益及存款	(9)	10	8
其他负债	1365	346	833
经营活动产生的现金流量	8599	5457	4222
投资活动产生的现金流量			
资本开支	(2523)	(1831)	(1362)
购买有价证券	(15938)	(9104)	(7433)
出售有价证券	6928	8438	2988
即将到期的有价证券	2310	1909	3563
收购支付的净现金额	(313)	(4975)	(368)
限制性现金及存款变动	102	(348)	(11)
其他投资活动净额	—	(2)	(1)
投资活动产生的现金流量	(9434)	(5913)	(2624)
融资活动产生的现金流量			
发行普通股所得款项	—	—	1478
缴纳的股权交易税金	(20)	(73)	(889)
股票期权收益	—	18	26
支付长期负债净额	—	—	(1500)
资本化的租赁债务本金	(119)	(243)	(391)
股权激励的超额收益	1721	1869	609
融资活动产生的现金流量	1582	1571	(667)
汇率变动对现金及现金等价物的影响	(155)	(123)	8
现金及现金等价物的增加	592	992	939
期初现金及现金等价物余额	4315	3323	2384
期末现金及现金等价物余额	4907	4315	3323

附件二：Facebook 大事记

2004 年 2 月，马克·扎克伯格和联合创始人达斯汀·莫斯科维茨（Dustin Moskovitz）、克里斯·休斯（Chris Hughes）及埃杜阿多·萨维林（Eduardo Saverin）在哈佛大学的寝室中创立 Facebook。

2004 年 3 月，Facebook 从哈佛大学扩展至斯坦福大学、哥伦比亚大学和耶鲁大学。

2004 年 6 月，Facebook 将运营基地搬迁至加州帕洛阿尔托。

2004 年 9 月，Facebook 增加群组应用，Facebook 个人页面增加留言墙功能。

2004 年 12 月，Facebook 活跃用户数接近100 万。

2005 年 5 月，Facebook 向风险投资公司 Accel Partners 融资 1270 万美元。Facebook 支持超过 800 个大学网络。

2005 年 8 月，Facebook 将名称从 the facebook. com 正式改为 Facebook。

2005 年 9 月，Facebook 增加高中网络。

2005 年 10 月，Facebook 增加照片应用。Facebook 增加国际学校网络。

2005 年 12 月，Facebook 活跃用户数超过550 万。

2006 年 4 月，Facebook 向 Greylock Partners、Meritech Capital Partners 和其他投资公司融资2750 万美元。Facebook 推出移动服务 Facebook Mobile。

2006 年 5 月，Facebook 增加工作网络。

2006 年 8 月，Facebook 推出开发平台。Facebook 推出记录应用。Facebook 和微软就横幅广告达成战略合作协议。

2006 年 9 月，Facebook 推出动态汇总（News Feed）和 Mini‑Feed，以及额外的隐私控制功能。Facebook 面向所有人群开放注册。

2006 年 11 月，Facebook 增加分享功能，并在 20 家合作伙伴网站上同步推出该功能。

2006 年 12 月，Facebook 活跃用户数超过1200 万。

2007 年 2 月，Facebook 推出虚拟礼品商店服务。

2007 年 3 月，Facebook 在加拿大的活跃用户数超过 200 万，在英国的活跃用户数超过100 万。

2007 年 4 月，Facebook 活跃用户数达到2000 万。Facebook 升级网站设计，加入网络门户功能。

2007 年 5 月，Facebook 推出市场应用，对列表进行归类。Facebook 举办 F8 开发者大会，推出 Facebook 平台。Facebook 与 65 家开发者合作伙伴共同推出 Facebook 平台以及超过 85 款应用。

2007 年 7 月，Facebook 收购创业企业 Parakey。

2007 年 10 月，Facebook 活跃用户数超过5000 万。Facebook 推出 Facebook 移动平台。Facebook 和微软扩大广告业务合作范围，覆盖国际市场。微软向 Facebook 投资 2.4 亿美元。

2007 年 11 月，Facebook 推出广告服务 Facebook Ads。

2008 年 1 月，Facebook 与 ABC 新闻共同赞助美国总统大选辩论。

2008 年 2 月，Facebook 在西班牙和法国推出服务。

2008 年 3 月，Facebook 升级隐私控制，加入好友列表功能。Facebook 在德国推出服务。

2008 年 4 月，Facebook 推出聊天服务 Facebook Chat。Facebook 发布翻译应用，支持 21 种语言。

2008 年 8 月，Facebook 活跃用户数达到1 亿。

2008 年 12 月，Facebook 正式推出第三方网站登录服务 Facebook Connect。

2009 年 1 月，Facebook 活跃用户数达到 1.5亿。CNN Live 整合 Facebook 服务。

2009 年 2 月，Facebook 活跃用户数达到 1.75亿。Facebook 加入 OpenID 组织。Facebook 推出

"Like"功能。

2009 年 4 月,Facebook 活跃用户数超过 2 亿。

2009 年 5 月,俄罗斯投资公司 DST 以 100 亿美元估值向 Facebook 投资 2 亿美元,获得该公司优先股。

2009 年 6 月,Facebook 推出 Facebook Usernames。

2009 年 7 月,Facebook 活跃用户数超过 2.5 亿。

2009 年 8 月,Facebook 收购 FriendFeed。

2009 年 9 月,Facebook 活跃用户数超过 3 亿。

2009 年 12 月,Facebook 活跃用户数超过 3.5 亿。

2010 年 2 月,Facebook 活跃用户数超过 4 亿。

2010 年 7 月,Facebook 推出问答服务 Facebook Questions 测试版。

2010 年 7 月,Facebook 活跃用户数超过 5 亿。

2010 年 8 月,Facebook 推出位置服务 Facebook Places。

2011 年 2 月,Facebook 宣布在中国香港设立广告销售办事处,为中国香港和中国台湾市场提供服务。

2011 年 7 月,Facebook 活跃用户数超过 7.5 亿。

2012 年 4 月,Facebook 以 10 亿美元的现金和股票收购照片共享应用服务商 Instagram 公司。

2012 年 5 月,Facebook 在纳斯达克上市。

2013 年 6 月,品众互动成为 Facebook 在中国大陆地区首家代理商。

2014 年 2 月,Facebook 宣布该公司已经同快速成长的跨平台移动通信应用 WhatsApp 达成最终协议,将以大约 160 亿美元的价格,外加 30 亿美元限制性股票,共计 190 亿美元,收购 WhatsApp。

2014 年 3 月,Facebook 宣布将以约 20 亿美元的总价收购沉浸式虚拟现实技术公司 Oculus VR,预计 2014 年第二季度中完成交易。

2014 年 7 月,Facebook 宣布收购虚拟现实头盔制造商 Oculus VR 的交易正式结束。

2014 年 8 月,一个名为"Facebook 公司"的微博账号出现在网上,微博简介标注"脸书官方微博,带给您全球最受欢迎的有趣图文",随后得到微博官方人员的证实。

2014 年 9 月,Facebook 周一股价上涨 0.8%,报收于每股 77.89 美元,公司市值也增长至 2016 亿美元。这使得 Facebook 成为全球排名第 22 位的大公司。

2014 年 10 月,Facebook 发布了匿名社交应用 Rooms。

2014 年 11 月,业内人士透露 Facebook 正在研发一个名为"Facebook at Work"的全新网站。

2014 年 11 月,电信运营商 Airtel 宣布与 Facebook 达成合作,将从本周晚些时候开始为其预付费和后付费的肯尼亚用户提供 Internet. org 移动应用。

2015 年 1 月,Facebook 收购了自然语言软件厂商 Wit. ai。

2015 年 1 月,Facebook 收购位于加州圣迭戈的 QuickFire Networks,该公司开发视频内容发布设备,以及转码和处理软件。

2015 年 3 月,Facebook 收购了购物搜索引擎公司 TheFind. Com。

2015 年 6 月 4 日,Facebook 推出安卓移动应用的简化版。

2015 年 7 月 13 日晚,Facebook 股价上涨 2.4%,攀升至 90.1 美元,创历史新高。收盘市值达到 2531 亿美元,远超阿里巴巴 2057 亿美元的市值。Facebook 是标普 500 指数成分股中,历时最短达到 2500 亿美元市值的公司。Facebook 的市盈率为 87,为标普 500 指数成分股平均市盈率的5倍，纳斯达克互联网指数中的股票平均市盈率为27。

2015年7月，Facebook收购了手势识别技术公司Pebbles Interfaces。

2015年11月，Facebook推出"Photo Magic"功能，让分享图片变得更加简单，甚至都不用再把这些照片上传到社交网站了。利用面部识别技术，Facebook Messenger会自动扫描图片库中的最新照片来识别朋友们。如果Photo Magic从中认出了朋友，Messenger就会立即告知用户它会将这张照片发给照片中的朋友们，完全不用费心去点击再发送了。

2015年11月，Facebook推出新闻客户端Notify。Notify允许用户直接在锁屏状态下分享通知，并加入了一系列"站点"（stations）选择，涵盖体育、时尚、突发新闻等不同类别。

2016年1月21日，Facebook宣布支持在Android上使用Tor访问。

2016年2月19日，Facebook公布了用于训练人工智能软件的数据。Facebook的人工智能软件能理解儿童故事，并预测语句中缺漏的单词。

2016年2月22日，Facebook宣布设立电信基础设施项目（TIP）。

2016年2月，Facebook CEO扎克伯格在"2016世界移动通信大会"的三星发布会上现身，他宣称，Facebook已经与三星建立新的团队，专门为VR设备开发下一代社交应用。

2016年2月26日，美国知名商业杂志《Fast Company》3月刊评出了2016年度"全球50家最具创新力公司"，Facebook位居榜眼。

2016年4月，Facebook计划通过人工智能程序进行改造，使盲人及视力障碍者可以像其他用户一样浏览照片。该系统在Facebook苹果手机应用中推出。使用者在使用该功能时必须打开VoiceOver应用。

2016年4月14日，Facebook CEO马克·扎克伯格表示，Facebook的免费互联网项目Internet.org已取得显著进展，未来数月将会发射公司的首颗互联网卫星。

2016年5月16日，全球最大的社交网站Facebook宣布，该公司将帮助广告主在部分第三方网站和应用的流媒体视频和文章中投放视频广告。此举标志着Facebook与谷歌、其他网络广告服务提供商的竞争进一步加剧。

2016年5月23日，Facebook收购了Two Big Ears。Two Big Ears是一家位于苏格兰的初创型企业，专门为虚拟现实和360度全景视频等内容打造空间音效。

2016年5月，Facebook关闭其视频广告交易平台LiveRail，该平台通过自动竞价系统将视频与广告对接，在出版商和广告商之间起到牵线搭桥的作用。Facebook在5月25日证实，将关闭允许第三方广告公司购买桌面Facebook广告的广告交易平台FBX。

2016年6月，Facebook在印度推出一个新功能，可以发现并帮助那些有自杀倾向的用户，以防止他们最终做出自我伤害的行为，合作方是心理健康机构Aasra和迪皮卡的Live Love Laugh Foundation基金会。Facebook在印度拥有1.48亿用户，他们都可以免费使用新的工具。如果用户在Facebook上发现某个朋友精神抑郁或具有自杀倾向，他们可以直接提供帮助或者报告Facebook。

2016年10月15日，Facebook旗下的虚拟现实（VR）公司Oculus收购了位于爱尔兰的初创企业InfiniLE。

2016年10月19日，社交网络Facebook添加了订餐服务，允许美国用户通过餐馆的Facebook页面预订食品。

2016年10月25日，Facebook发布新版本安全中心和欺凌预防中心，扩展至 50 种语言，旨在保护用户隐私和安全。

2016 年 11 月 3 日，美国曼哈顿第二巡回上诉法院作出裁决称，高盛、摩根大通和摩根士丹利在 2015 年 5 月为 Facebook 担任 IPO 承销商后通过交易该股获利约 1 亿美元的行为并不违规。

2016 年 11 月 11 日，Facebook 宣布，该公司已经收购创业企业 CrowdTangle。

Alibaba Group

阿里巴巴集团

　　这是一个英文首字母的 a，a 是开始、优秀、卓越，寓意阿里从 a 开始，做到 A；这是一个@的符号，飘散在互联网时代的每一个角落，暗示着阿里将成为互联网时代的弄潮儿；这是一张微笑的脸，洋溢在每一位阿里人的脸上，代表集团内部传承已久的微笑文化；这是一个满意的笑容，传达用户消费体验后的感受，象征着阿里努力让客户满意、让员工满意、让股东满意。橙色是一个让人快乐的颜色，阿里 LOGO 的橙色与集团的名字一样让人感到这是一个愉快的、天马行空的空间，带来无穷的正能量。

　　关于阿里名字的由来有一段有趣的故事。在公司成立之初，马云有一次在美国一家餐厅吃饭，他突发奇想，找来了餐厅服务员，问他是否知道阿里巴巴这个名字。服务员回答说知道，并且还跟马云说阿里巴巴打开宝藏的咒语是"芝麻开门"。之后马云又在各地反复地询问他人，经过这个测试，马云发现阿里巴巴的故事被全世界的人所熟知，并且不论语种，发音也近乎一致。就这样，马云将"阿里巴巴"确定为公司的名字。如果说中国的互联网时代，马化腾用企鹅改变了人们的社交方式，李彦宏用熊掌改变了人们的信息搜集方式，那么马云便用一个庞大的阿里王国彻底改变了人们的生活方式。

马云（Jack Ma）

阿里巴巴董事长及首席执行官

马云，男，1964 年 9 月 10 日生于浙江省杭州市，祖籍浙江省嵊州市（原嵊县）谷来镇，阿里巴巴集团主要创始人，现担任阿里巴巴集团董事局主席、日本软银董事、大自然保护协会中国理事会主席兼全球董事会成员、华谊兄弟董事、生命科学突破奖基金会董事。

1988 年，马云毕业于杭州师范学院外语系，同年担任杭州电子工学院英文及国际贸易教师。1995 年创办中国第一家互联网商业信息发布网站"中国黄页"。1998 年出任中国国际电子商务中心国富通信息技术发展有限公司总经理。1999 年创办阿里巴巴，并担任阿里集团 CEO、董事局主席。2013 年 5 月 10 日，辞任阿里巴巴集团 CEO，继续担任阿里集团董事局主席，6 月 30 日，马云当选全球互联网治理联盟理事会联合主席，10 月受邀出任英国首相戴维·卡梅伦的特别经济事务顾问。2016 年 5 月 8 日，马云任中国企业家俱乐部主席。2016 年 9 月 21 日，联合国前秘书长潘基文亲自签发任命书，宣布马云受邀出任联合国贸易和发展会议青年创业和小企业特别顾问。

（图片来源：百度百科）

张勇（Daniel）
阿里巴巴集团首席执行官

张勇，男，1972 年出生，阿里巴巴集团首席执行官，同时是阿里巴巴集团董事局董事，阿里巴巴合伙人创始成员。张勇同时担任美国和中国香港多家上市公司的董事，包括海尔电器、银泰商业集团和微博等。张勇在阿里巴巴集团担任了多个高级管理职务，出任首席执行官前担任阿里巴巴集团首席运营官。张勇于 2007 年 8 月加入阿里巴巴集团，担任淘宝网首席财务官，参与设计淘宝商业模式，帮助淘宝在 2009 年底实现盈利。2008 年张勇兼任淘宝网首席运营官兼淘宝商城总经理。在张勇的带领下，B2C 业务淘宝商城高速发展，成为阿里巴巴集团最重要的业务之一，获得消费者和全球品牌商的高度认可。2011 年天猫成为独立业务后，张勇出任总裁，天猫已是全球最大的 B2C 平台之一。张勇是双十一购物狂欢节的创立者，并将其打造成全球最大的网购狂欢节。

张勇自 2013 年 9 月起担任阿里巴巴集团首席运营官，全面负责阿里国内和国际业务的运营，带领公司成功向移动转型，建立全球物流平台菜鸟网络，并推出了让中国消费者购买全球品牌商品的平台——天猫国际。作为移动转型的一部分，手机淘宝已经成为全球最大的移动消费生活平台。张勇还主导了阿里巴巴集团多项重要战略投资，包括苏宁云商、海尔电器、银泰商业集团、新加坡邮政等。2015 年 5 月，张勇兼任银泰商业集团董事局主席，同年 9 月兼任阿里体育集团董事长。2016 年 1 月 6 日，张勇召开阿里电商业务管理者大会，明确 2016 年电商的四大方向——聚焦消费者体验、繁荣生态、赋能商家和消费升级，同时阿里电商在 2016 年打响三大战役——全球化、农村和一线城市。2016 年 1 月 20 日，达沃斯论坛宣布，张勇入选达沃斯世界经济论坛国际工商理事会（IBC），成为唯一入选的中国互联网企业家，也是该理事会最年轻的成员之一。

八　阿里巴巴集团可持续发展报告（Alibaba Group）

（一）公司简介

阿里巴巴网络技术有限公司（Alibaba，简称：阿里巴巴集团；NYSE：BABA）是以曾担任英语教师的马云为首的 18 人，于 1999 年在杭州创立，他们相信互联网能够创造公平的竞争环境，让小企业通过创新与科技扩展业务，并在参与国内或全球市场竞争时处于更有利的位置。阿里巴巴集团的使命是让天下没有难做的生意，愿景是让客户相会、工作和生活在阿里巴巴，并持续发展最少 102 年。带着培育开放、协同、繁荣的电子商务生态圈的国际化战略目标，秉承客户第一、团队合作、拥抱变化、诚信、激情、敬业的价值观，阿里巴巴迈开了稳健发展的步伐。2016 年 4 月 6 日，阿里巴巴正式宣布已经成为全球最大的零售交易平台。2016 年 8 月，阿里巴巴集团在 "2016 中国企业 500 强" 中排名第 148 位。本部分将从阿里巴巴的发展历程、业务现状、管理层及股权结构、总体规模及经营业绩四个方面展示阿里巴巴集团目前的基本状况。

1. 发展历程

阿里巴巴集团的发展大致经历了五个阶段：

第一阶段（1999 ~ 2002 年）：布局 B2B 模式。1999 年阿里巴巴成立后，定位于 "中国中小企业贸易服务商"，为中小企业提供 "网站设计＋推广" 服务。受到风险投资商的青睐，阿里巴巴从 2000 年开始海外扩张，并迅速提高知名度。但好景不长，受全球互联网泡沫破灭的影响，阿里巴巴也经历了网络经济寒冬，并开始迅速收缩海外市场。之后，阿里巴巴陆续推出了 "中国供应商" 和 "诚信通" 等开流项目，向供应商提供额外的线上和线下服务，并收取会员费用，探索盈利模式。2002 年，阿里巴巴又推出 "关键词" 服务，同年首次实现盈利。此后，阿里巴巴的 "会员会＋增值服务" 模式的 B2B 道路开始清晰。

第二阶段（2003 ~ 2005 年）：布局 C2C 与在线支付。2003 年初，马云开始寻找新的增长点，5 月推出淘宝，11 月推出网上实时通信软件贸易通（阿里旺旺）。此后，阿里巴巴陆续向淘宝投资 10 多亿元，使其通过免费模式迅速积累人气，市场份额迅速攀升。随着淘宝网的快速发展，在线购物支付中的信用与安全问题越来越突出，阿里巴巴开始寻求打造自己的支付模式。2003 年 10 月，支付宝上线。支付宝采用担保交易的模式，买家先把钱打给支付宝，当收到购物用品并检查无误后，再通知支付宝付款给卖家。担保交易彻底打消网购用户的担忧，让购物变得简单高效，支付宝推出后广受欢迎。

第三阶段（2006 ~ 2007 年）：围绕核心业务进行多元化发展。2006 年，阿里巴巴完成对口碑网的收购，进军分类信息领域。2007 年，阿里妈妈上线，其商业模式可简单概括为 "中小网站站长将广告位放到此上面如同商品一样销售"，与淘宝共享流量。2007 年，阿里巴巴软件公司成立，为广大中小企业提供生命周期的软件服务。2007 年 6 月，阿里巴巴与建行、工行联合推出了中小企业贷款，与银行共建信用评价体系与信用数据库。

第四阶段（2008~2010年）：布局 B2C 模式。随着中国网络购物人群数量的快速发展，电商 B2C 模式逐渐兴起，京东商城、新蛋、红孩子等一批 B2C 电商快速崛起。2008年4月，淘宝网推出淘宝商城，宣告淘宝网正式进入 B2C 领域。2010年，淘宝商城发展加速，相继推出淘宝电器城、淘宝名鞋馆等垂直商城。2010年11月，淘宝商城启用独立域名 tmal.com，并开始大范围投放广告。除了 B2C 业务外，阿里巴巴垂直商品搜索业务也在2010年逐渐成形。2010年10月，阿里巴巴推出一淘网，立足于淘宝网的商品基础，打造面向中国电子商务全网的独立购物搜索引擎。

第五阶段（2011年至今）：从"大淘宝"到"大阿里"。2008年9月，阿里巴巴启动"大淘宝"战略，"要做电子商务的基础服务商，让用户在大淘宝平台上的支付、营销、物流以及其他技术问题都能够做到顺畅无阻"。之后不久，阿里妈妈并入淘宝，阿里上线无名良品，打通 B2B 与淘宝平台，形成 B2B2C 电子商务生态链条。2011年6月，"大淘宝"战略升级至"大阿里"战略，"将和所有电子商务的参与者充分分享阿里集团的所有资源，包括所服务的消费者群体、商户、制造产业链，整合信息流、物流、支付、无线以及提供数据分享为中心的云计算服务等，为中国电子商务的发展提供更好、更全面的基础服务"。

2. 业务现状

阿里巴巴集团经营多项业务，另外也从关联公司的业务和服务中取得经营商业生态系统上的支援。目前阿里巴巴的业务板块主要包括电子商务服务、蚂蚁金融服务、菜鸟物流服务、大数据云计算服务、广告服务、跨境贸易服务等。阿里巴巴的生态系统如图2-8-1所示。

（1）淘宝网（www.taobao.com）：中国最大的移动商务平台。淘宝网创立于2003年5月，是一家注重多元化选择、价值和便利的网上购物平台。淘宝网展示数以亿计的产品与服务信息，为消费者提供多个种类的产品和服务。此外，消费者也通过淘宝网获取产品知识、与其他消费者交流、接收商家的实时资讯，以至使用当中的互动媒体接通其他消费者或品牌和零售商。根据艾瑞咨询基于2015年月度活跃用户数（MAU）的统计，淘宝网是中国最大的移动商务平台。

（2）天猫（www.tmall.com）：中国最大的为品牌及零售商而设立的第三方平台。天猫创立于2008年4月，致力为日益成熟的中国消费者提供选购顶级品牌产品的优质网购体验。至今，多个国际和中国本地品牌及零售商已在天猫上开设店铺。根据艾瑞咨询基于2015年月度活跃用户数（MAU）的统计，天猫是中国最大的第三方品牌及零售平台。

（3）聚划算（www.juhuasuan.com）：聚划算于2010年3月推出，是专注于限时促销的销售和营销平台。在聚划算上，天猫和淘宝网商家可通过提供特别折扣和进行促销活动来获取新客户并提高品牌知名度。聚划算提供的产品和服务包括精选的品牌和自有品牌产品、定制产品以及团体旅游套餐等服务。

（4）全球速卖通（www.aliexpress.com）：全球消费者零售市场。全球速卖通创立于2010年4月，是为全球消费者而设立的零售市场，其不少用户来自俄罗斯、美国、西班牙、巴西、法国和英国。世界各地的消费者可以通过全球速卖通，直接以实惠的价格从中国制造商和分销商处购买多种不同的产品。

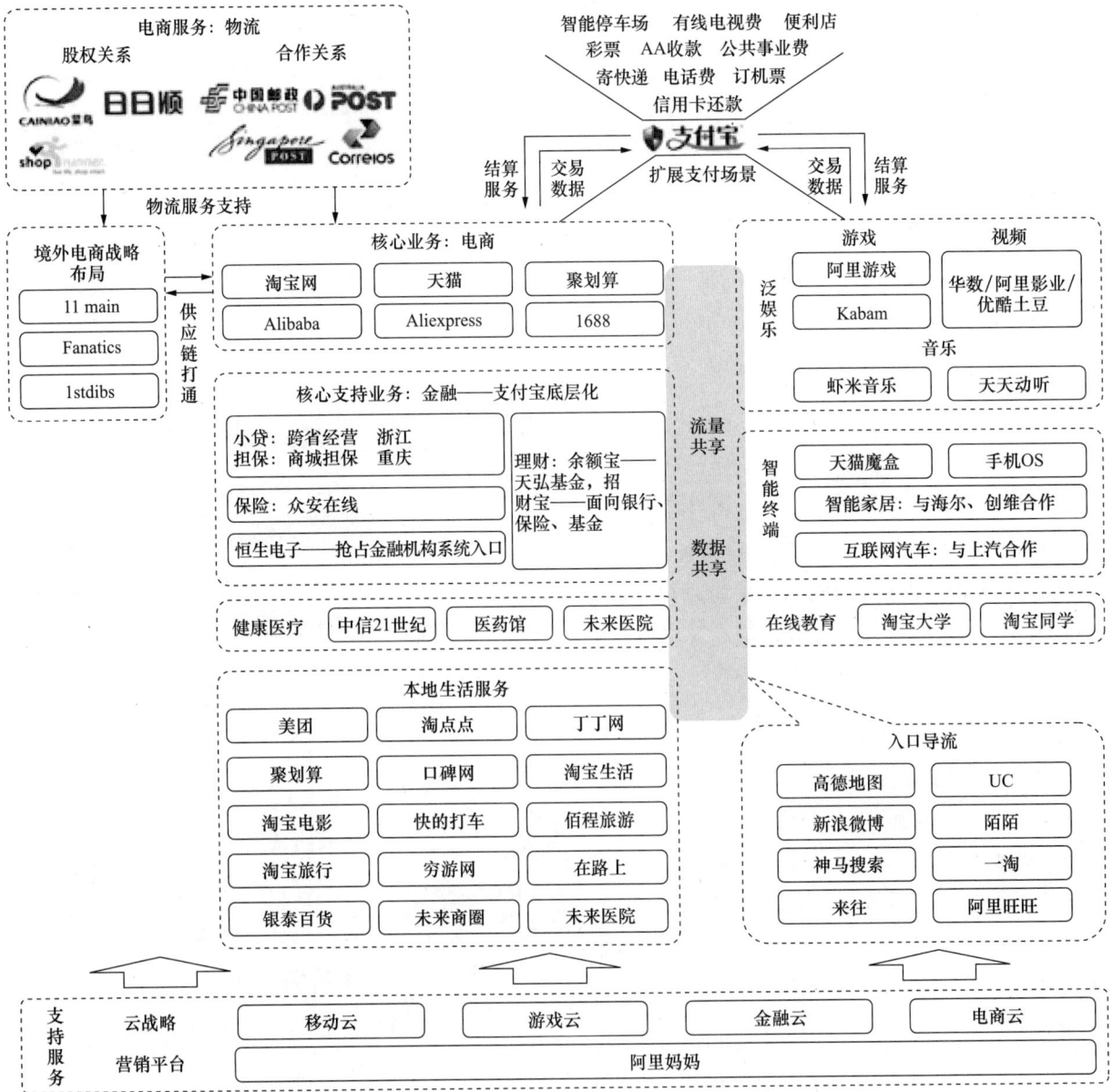

图 2-8-1　阿里巴巴生态系统主要组成部分

（5）阿里巴巴国际交易市场（www.alibaba.com）：领先的全球批发贸易平台。阿里巴巴国际交易市场是阿里巴巴集团最先创立的业务，目前是领先的英语全球批发贸易平台。阿里巴巴国际交易市场上的买家来自全球 200 多个国家和地区，一般是从事进出口业务的贸易代理商、批发商、零售商、制造商及中小企业。小企业可以通过阿里巴巴国际交易市场，将产品销售到其他国家。阿里巴巴国际交易市场上的卖家一般是来自中国以及印度、巴基斯坦、美国和泰国等其他生产国的制造商和分销商。

（6）阿里巴巴中国交易市场（www.1688.com）：中国领先的网上批发市场。创立于 1999 年，是中国领先的网上批发平台，覆盖普通商品、服装、电子产品、原材料、工业部件、农产品和化工产品等多个行业的买家和卖家。该市场为在阿里巴巴集团旗下零售市场经营业务的商家提供了从本地批发商采购产品的渠道。

（7）阿里妈妈（www. alimama. com）：领先的营销技术平台。创立于 2007 年 11 月，是为阿里巴巴集团旗下交易市场的卖家提供 PC 及移动营销服务的网上营销技术平台。此外，阿里妈妈也通过其联盟营销计划，让商家于第三方网站和手机客户端投放广告，从而令营销和推广效果直达阿里巴巴集团旗下交易市场以外的平台和用户。

（8）阿里云（www. aliyun. com）：云计算与数据管理开发商。创立于 2009 年 9 月，致力开发具有高度可扩展性的云计算及数据管理平台。阿里云为阿里巴巴集团的网上及移动商业生态系统里的参与者，包括卖家及其他第三方客户和企业，提供全面的云计算服务。

（9）蚂蚁金融服务集团：专注于服务小微企业与消费者的金融服务供应商。蚂蚁金融服务集团专注于服务小微企业与普通消费者。基于互联网的思想和技术，蚂蚁金融服务集团致力于打造一个开放的生态系统，与金融机构一起，共同为未来社会的金融提供支撑，实现"为世界带来微小而美好的改变"的愿景。蚂蚁金融服务集团旗下业务包括支付宝、余额宝、招财宝、蚂蚁聚宝、蚂蚁花呗、蚂蚁金融云、芝麻信用和网商银行等。

（10）菜鸟网络：物流数据平台运营商。菜鸟网络是阿里巴巴集团的关联公司，致力于满足现在及未来中国网上和移动商务业在物流方面的需求。菜鸟网络经营的物流数据平台，一方面为商家及消费者提供实时数据，另一方面向物流服务供应商提供有助其改善服务效率和效益的数据。

如今，阿里巴巴已经形成了一个通过自有电商平台沉积以及 UC、高德地图、企业微博等端口导流，围绕电商核心业务及支撑电商体系的金融业务，以及配套的本地生活服务、健康医疗等，囊括游戏、视频、音乐、影视等泛娱乐业务和智能终端业务的完整商业生态圈。这一商业生态圈的核心是数据及流量共享，基础是营销服务及云服务，有效数据的整合抓手是支付宝。

总体来说，阿里巴巴集团有五个核心平台，如图 2 - 8 - 2 所示：

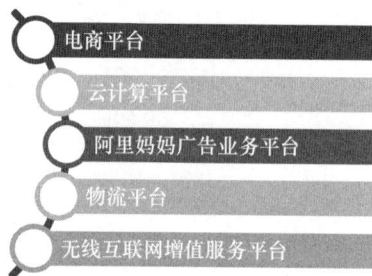

图 2 - 8 - 2 阿里巴巴五个核心平台

这其中，阿里巴巴近一半员工及关联公司蚂蚁金融服务、菜鸟网络从事具备重大战略意义的新业务——物流、互联网金融、大数据云计算、健康、数字娱乐等。同时，阿里巴巴计划十年后完成基于数据技术的健康和数字娱乐业务，即 Health and Happiness——Double H 产业，这也是阿里巴巴正在布局的重要业务。

3. 管理层及股权结构

在阿里巴巴跑马圈地打造电商平台、互联网金融与大数据等生态平台的过程中，在淘宝网与 eBay 的惨烈对决中，在创始团队向雅虎的赎身过程中，阿里巴巴都没离开过巨量资本的支持。与此同时，阿里创始人的持股数量已随着阿里的持续融资及上市被逐步稀释。2014 年 9 月 19 日阿里巴巴在美国纽约证券交易所上市，IPO 完成后，软银持有阿里 32.4% 的股权，雅虎持有

16.3%的股权，以马云为首的合伙人团队一共只持有约13%的股权。如表2-8-1所示，截至2015年12月31日，阿里巴巴大股东依次仍为软银、雅虎及马云，这三大股东的持股比例与IPO时变化很小。在一般的同股同权规则下，创始人团队似乎已经失去了控制权。但是阿里内部实施独特的合伙人制度，此制度直接强化并巩固了创始人及管理层对公司的控制。

表2-8-1　2015年12月31日阿里巴巴大股东持股比例

股东名称	直接持股数量	占已发行普通股比例（%）	股东类型
软银	797742980.00	32.20	持股5%以上股东
雅虎	383565416.00	15.48	持股5%以上股东
马云	190670976.00	7.70	持股5%以上股东
合计	1371979372.00	55.38	

资料来源：Wind资讯。

阿里的合伙人制度又称湖畔合伙人制度（Lakeside Partners），原型来自两家金融商事企业——投行高盛和咨询公司麦肯锡，这两家企业均采取合伙人的治理架构。马云认为这一制度保证了高盛和麦肯锡稳定快速的发展和独立自主的文化。马云等创始人的理念是仿效高盛和麦肯锡的模式，将管理层分为三个梯度以推进公司运作：新进人员负责具体执行，中层负责战略管理，创始人主要关注人才选拔和企业发展方向。根据该梯度设计及对应职责，必须存在一种机制以确保创始人和管理层被赋予相应的公司控制力，这就是阿里合伙人制度的灵感和动因。阿里巴巴相信合伙人制度能帮助公司更好地管理业务，合伙人制度的同伴性质使高级管理人员能够合作，超越官僚和层次结构。在阿里服务满5年且持有公司股份，由在任合伙人向合伙人委员会提名推荐，并由合伙人委员会审核同意其参加选举，在一人一票的基础上，超过75%的合伙人投票同意才能成为阿里的合伙人。此外，合伙人的选举和罢免无须经过股东大会审议或通过。阿里巴巴目前有32名成员，其中包括管理层的24名成员、蚂蚁金融服务管理部的7名成员和海外网络管理部的1名成员。阿里巴巴的合作伙伴数量不固定，可能会因为新合作伙伴的选举，合作伙伴的退休以及合作伙伴因其他原因离开而不时改变。

4. 总体规模及经营业绩

2014年9月19日，阿里巴巴集团在美国纽约证券交易所正式挂牌上市，股票代码"BABA"，IPO发行价为68美元，筹集资金约220亿美元，成为美股历史上最大规模的IPO。2016年3月31日，阿里巴巴总资产规模为3644.5亿元，2015年，阿里巴巴总营收1011.43亿元，净利润714.6亿元，电商交易额（GMV）突破3万亿元，这意味着，阿里巴巴在本财年内成为全世界最大的零售平台。2016年3月31日，阿里巴巴收盘价为79.03美元，而截至2016年3月18日收盘，阿里巴巴市值1916.18亿美元，与2014年末相比市值下降了约700亿美元。

表 2-8-2 2015 年百度、腾讯和阿里巴巴经营业绩比较

	百度	腾讯	阿里巴巴
营业收入（亿元）	663.82	1028.63	1011.43
营收同比增长（％）	35.33	30.32	32.73
净利润（亿元）	336.64	288.06	714.60
净利润同比增长（％）	155.28	20.98	194.55
股东权益报酬率（ROE）（％）	51.09	28.80	39.32
基本每股收益（EPS）（元）	954.56	3.10	29.07

资料来源：Wind 资讯。

基于美国通用会计准则（GAAP），2015 财年阿里巴巴营业收入达 1011.43 亿元，较 2014 财年增长 32.73％，业绩继续保持较高增速（见表 2-8-2）。同期实现净利润 714.60 亿元，较 2014 财年增长高达 194.55％。同时股东权益报酬率为 39.32％，基本每股收益为 29.07 元。与百度和腾讯两家公司相比，阿里巴巴的净利润最高，净利润同比增长率显著。同时阿里巴巴的股东权益报酬率和基本每股收益也比腾讯高，而百度由于普通股股数远低于阿里巴巴，因此每股收益会表现得非常高。2015 财年，阿里巴巴 GMV（商品交易总量）为 3940 亿美元，相当于中国零售消费总额的 9％，活跃买家为 3.5 亿，活跃移动用户为 2.89 亿。

（二）公司战略

阿里巴巴拥有庞大的电子商务生态群，建立了领先的消费者电子商务、网上支付、B2B 网上交易市场及云计算业务，近几年更是积极开拓无线应用、手机操作系统和互联网电视等领域。在其不断扩张的过程中，阿里的战略也在不断地调整和适应这个变化多端的市场环境和经济环境。阿里巴巴拥有一套完整的战略体系，包括集团宏观战略、业务发展战略和战略保障体系。阿里巴巴以"让天下没有难做的生意"为导向，在其

先进的战略道路上越走越远。

1. 集团宏观战略

（1）横向一体化战略。首先，阿里巴巴集团在 B2B 业务做大做强的基础上，充分挖掘资源价值，并充分分析市场环境，果断进入 C2C 领域。在与 eBay 的竞争中，依靠免费策略和正确的营销策略，获得了巨大的市场份额。如今淘宝网正朝着"商业零售帝国"的目标进发。其次，2007 年初阿里巴巴对外发布了自己的软件服务业务——阿里软件。阿里软件并不是提供大型的企业管理软件服务，而是更为通用的"进销存"和财务管理软件服务，满足中小企业的需求。这使得阿里巴巴集团可以为中小企业提供更大的价值，使得中小企业对阿里巴巴的黏性更强。最后，阿里巴巴集团借助阿里妈妈进军广告服务业。阿里妈妈颠覆了传统的广告模式，以新型的第三方平台形式聚合了数量庞大的广告需求双方。阿里巴巴上的中小企业主、淘宝的中小店铺、支付宝商铺、口碑网的个人及企业用户等都属于客户，可谓是充分挖掘资源价值。阿里妈妈充分吸收了阿里巴巴集团 B2B 和 C2C 电子商务交易平台的成功运营经验，并将阿里巴巴并购中国雅虎所获得的搜索运营能力和阿里巴巴自主创新的诚信体系、信任评价及安全支付等平台相结

合，是一个适合中国本土环境创新的互联网模式。

（2）纵向一体化战略。阿里巴巴在充分采用横向一体化战略的同时，也充分采用纵向一体化战略，扩展至支付宝和搜索领域。鉴于当时国内并没有诚信、独立的第三方机构，为了能够解决网络支付安全的问题，2003 年 10 月，阿里巴巴推出独立的第三方支付平台"支付宝"，正式进军电子支付领域。目前支持使用支付宝交易服务的商家已经超过 30 万家，涵盖虚拟游戏、商业服务、机票等多个领域，可谓是将其产品和服务价值最大化发挥到了极致。阿里巴巴并购中国雅虎，是最直接体现出其纵向一体化战略的举措。鉴于很多网上交易是通过搜索完成的，因此阿里巴巴并购中国雅虎，不仅获得世界上顶尖的搜索技术，更控制了电子商务上游产业链，使其整体发展更具有便利性。

（3）双向战略实现产业链协同。阿里巴巴以 B2B 业务为切入点，通过横向和纵向一体化战略的结合，使其构筑了 B2B、C2C、软件服务、在线支付、搜索引擎、网络广告六大业务领域的电子商务生态圈，全面覆盖中小企业电子商务化的各大环节。整个商业生态圈的六大环节之间相互作用、相互影响、相互支撑，通过资源的整合应用最终发挥最大价值，实现了产业链的协同。同样，基于此原理，其他企业也采用相似手段，实现其产业链延伸和系统，如百度高调宣布利用其搜索资源和丰富的社区资源，全力进入C2C 市场，这也再次验证了阿里巴巴战略布局的前瞻性和价值性。

2. 业务发展战略

阿里巴巴战略目标是"让天下没有难做的生意"，在未来十年主要实现三大核心战略和三个目标。其中三大目标如图 2 - 8 - 3 所示。

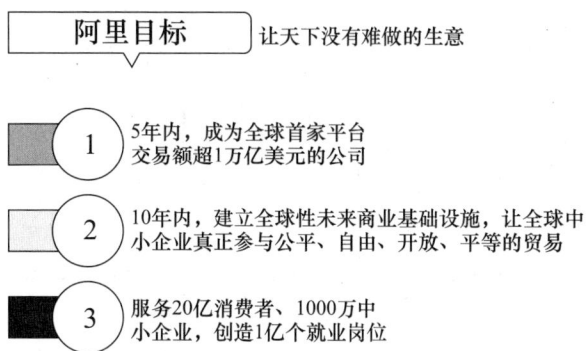

图 2 - 8 - 3 阿里巴巴三大目标

资料来源：马云 2015 年公开信。

阿里巴巴未来十年的愿景将围绕着全球化、农村经济和大数据发展三大战略进行。

（1）国际化战略：全球买、全球卖。阿里巴巴的全球化业务专注在帮助中小企业迈出自己的国境，让全世界的中小企业能使用好电子商务、互联网金融、大数据、营销以及物流平台。只有让他们的业务全球化才能让全球消费者可以购买世界上任何国家或地区的产品和服务。阿里巴巴相信自身在中国发展的经验能够同样运用在发展全球化，因为全球中小企业的诉求都是一样的，即在透明公平的市场上发挥自己独特的竞争力。

（2）农村战略：改变农村经济，为农村社会注入积极发展因素。随着阿里巴巴在城市的消费者数量趋于饱和，未来必须拓展新的用户市场。中国有六亿多农民，中国农村商业基础设施仍然落后。但今天农村形势发生了巨大的变化，农村手机普及率越来越高。特别是有了淘宝和天猫的城市消费者市场以后，农民可以直接和城市生活相连接。阿里巴巴目前在用移动互联网技术、大数据、物流平台和互联网金融重新构建农村信息技术基础设施，这不仅给阿里巴巴带来巨大的市场需求潜力，更是在解决数据鸿沟和信息平等、解决贫困发展上，给阿里巴巴带来机遇和福报。

（3）大数据和云计算战略：大数据将成为新能源，云计算将成为新引擎。过去6年，阿里巴巴巨大的战略投资就是放在云计算和大数据服务上。人类已经从 IT 时代步入 Data Technology（DT）时代。数据将会是未来创新社会最重要的生产资料，人类将会离不开数据。阿里巴巴集团本质上是一家扩大数据价值的公司，并正在努力让数据和计算能力成为普惠经济的基础。

3. 战略保障体系

对于阿里巴巴来说，能够保障其企业战略顺利执行的关键在于其内部创新文化和外部顾客视角的内外兼修，即品牌内化策略、正确的竞争策略、准确的战略实施人。正是由于这些，使得企业整体战略得以落地并有效执行，并为阿里巴巴创新型商业生态圈的构建提供了坚实的基础。

（1）内部创新文化和机制。这是品牌内化策略内在的直接效果。支付宝目前所使用的团购支付功能就是支付宝一个普通员工创立并发起的；口碑网的创建也是在阿里巴巴工作了5年的李治国充分汲取了公司内部创新文化的结果。阿里巴巴正是将品牌核心理念内化为企业内部创新机制和文化，进行不断创新探索，从而达到了技术和产品的创新，进而开辟一种新的市场或新的业务模式。

（2）顾客视角。这是品牌内化策略的外在展示。阿里巴巴正是以顾客视角为中心，以顾客价值和需求为标准，为顾客提供最大化价值为目标，才促使其不断推陈出新。从最初的为企业设计架构网站，到建设汇聚大量供求信息的交流平台；从向国外买家介绍中国供应商到为中国供应商引进国际买家；从创立网络诚信评价体系到网络安全支付平台。每一步发展都是从顾客的视角考虑，解决顾客的不便和担忧。

以上这些共同为商业生态圈的构建提供了坚实的基础。正是在如此夯实的基础下，阿里巴巴从一点成功切入市场，沿着正确的发展战略，以资源整合为工作，通过横向一体化和纵向一体化战略结合，实现了其创新型商业生态圈的完美布局。

（三）资本运营

1. 阿里集团的融资之路

2014年9月19日，阿里巴巴在纽约证券交易所挂牌上市，成为历史上最大规模的一次IPO，许多 VC 和 PE 在此次 IPO 中收获颇丰。其实，每一次互联网巨头 IPO 的资本盛宴，都不乏 VC 和 PE 基金的身影，这俨然已经成为互联网时代的标配和基本特征。纵观阿里巴巴集团漫长的融资历程，大约经历了6轮重大的融资，其背后参与融资的 VC/PE 机构超过20家，堪称一部中国 VC 和 PE 的发展史（见表2-8-3）。

（1）第一轮融资（1999年10月）：当时有了一定名气的阿里巴巴正面临资金的瓶颈。资金的短缺迫使马云开始去寻找风险投资。在拒绝了38家风险投资后，阿里巴巴最终接受了以高盛为首包括富达投资（Fidelity Capital）和新加坡政府科技发展基金、Invest AB 投资的首期 500万美元风险投资。

（2）第二轮融资（2000年1月）：由于当时互联网在全球极度火热，无数的美国互联网公司获得成功，如雅虎、eBay、亚马逊等。当时风险投资家把目光都投向互联网，企图挖掘蕴藏的无限商机。2000年初经过摩根士丹利印度分析师介绍，马云认识了 IT 财团大亨、雅虎最大的股东、软银投资主席兼行政总裁孙正义。马云经过短短六分钟的演讲，征服了孙正义，于是获得了由软银牵头的来自软银、富达、TDF 的 2500 万美元风险投资。

　　（3）第三轮融资（2004年2月）：2004年2月17日阿里巴巴宣布获得8200万美元的战略投资，这是中国互联网业迄今为止最大的一笔私募基金。此次投资人包括软银、富达（Fidelity）、TDF风险投资有限公司和Granite Global Ventures四家公司，其中前三家投资公司一直是阿里巴巴的投资人，而新加入的Granite Global Ventures是一家总部位于硅谷，一直以创新技术投资为导向的风险投资公司。

　　（4）第四轮融资（2005年8月）：当时雅虎中国由于"水土不服"、管理不善，在中国业务远远落后于三大门户及本土搜索企业百度，所以急于寻找能振兴雅虎中国的团队和人才。雅虎的最大股东孙正义、创始人杨致远均对阿里巴巴的执行力深信不疑，因此希望马云临危受命，接管雅虎中国。但马云提出投资10亿美元的要求条件，达到补充业务发展所需的资本金、与雅虎形成战略业务紧密合作、为以前投资人部分套现等目的。由此，阿里巴巴收购雅虎中国，同时得到雅虎10亿美元投资。此次融资，为"火速烧钱"业务——支付宝和淘宝的迅猛发展提供了充足的"粮草弹药"，为这两大业务今后实现盈利，打下了雄厚的资金基础。

　　（5）第五轮融资（2007年11月）：金融危机实际在2007年初已经出现苗头，美国实体经济及能源价格飞涨、股市突破原先高点继续飙升，中国香港股市恒指超越30000点，沪市指数爬升过4000点。而过度繁荣的资本市场必然蕴藏着"获利大逃亡导致的下跌风险"。阿里巴巴高管团队一方面对外宣言上市没有时间表，另一方面紧锣密鼓实施IPO准备进程，仅短短6个月时间完成了复杂庞大的IPO工程，抓住了金融危机爆发前的机会，完成互联网领域世界最大的17亿美元IPO融资工程，为金融危机爆发后的寒冬准备了超级金字塔般的雄厚基础，一跃成为世界五大互联网公司之一。

　　（6）第六轮融资（2014年9月）：阿里巴巴考虑到美国证券市场的多层次多样化可以满足不同企业的融资要求，于是，2012年在中国香港退市的阿里巴巴打算再一次通过IPO上市进行股票融资。美国时间2014年9月19日，阿里巴巴在纽约交易所整体上市，股票代码BABA。阿里巴巴此次上市成为全球最大规模IPO。上市交易首日开盘价92.70美元，收于93.89美元，市值为2314亿美元，超越Facebook成为仅次于谷歌的世界第二大互联网公司。

表2-8-3　阿里巴巴集团重要融资历程一览表

年份	金额	投资人
1999	50万元	马云夫妇、同事、学生
1999	500万美元	高盛、富达、新加坡政府科技发展基金、Invest AB
2000	2500万美元	软银、富达、TDF
2004	8200万美元	软银、富达、TDF、纪源
2005	10亿美元	雅虎
2007	市值约280亿美元	在中国香港上市
2014	市值约2300亿美元	在美国纽约交易所上市

　　此外，在2015年及2016年上半年，阿里巴巴的关联企业蚂蚁金服、菜鸟网络分别完成了新一轮的融资。阿里巴巴自2004年成立支付宝以来，围绕支付这一核心板块逐渐衍生出庞大的综合金融服务集团。2014年10月在阿里巴巴上市之后，蚂蚁小微金融服务集团正式成立，并在2015年7月和2016年4月先后完成A/B轮融资，目前估值约600亿美元，引入了包括社保基金、中投海外、中国人寿、国开金融等在内的多个外部股东。根据公开信息整理蚂蚁金服的股权结构，以马云和阿里合伙人为核心的浙江君瀚/浙江君澳仍然持有蚂蚁金服76%左右的股权。

菜鸟网络成立于 2013 年，与淘宝电商和蚂蚁金服并称为阿里巴巴生态圈最重要的三大战略布局。当时，阿里巴巴集团、银泰集团联合复星集团、富春集团、三通一达，以及相关金融机构共同出资组建菜鸟，注册资本金 50 亿元，由马云任董事长，并计划第一期投资 1000 亿元，第二期投资 2000 亿元。2016 年 3 月菜鸟网络宣布完成首轮对外融资，金额达百亿元，新的投资方包括新加坡政府投资公司（GIC）、淡马锡控股公司（Temasek）、马来西亚国库控股公司（Khazanah）、春华资本等多家知名投资机构。据菜鸟官方公布的数据显示，截至 2016 年 3 月，菜鸟网络的物流线路覆盖全球 224 个国家和地区，以及国内 2800 个区县。通过接入快递公司、仓配服务商、日日顺、苏宁物流、落地配公司等，全国超过 70% 的快递包裹、数千家国内外物流、仓储公司以及 170 万物流及配送人员都在菜鸟数据平台上运转，共有超过 4 万个站点。

2. 阿里集团的投资并购之路

阿里的资本运作主要可以分为两个部分：一部分是和阿里现有业务做整合，这部分大多采取控股的方式（多数股权、全资）；另一部分是对阿里生态圈的业务拓展，多采取少数股权投资方式。从阿里巴巴本身来讲，作为一个从平台起家的公司，实际上非常强调生态圈里的布局和共赢。通过不断地广撒网、多布点，阿里巴巴将在移动互联网时代打造一个全新的生态体系。

根据 IT 桔子数据库，如图 2-8-4 所示，阿里巴巴 2015 年的投资、并购延续了过往两年的猛进势头，继续高歌猛进，在全球投资、收购了超过 65 家公司，一半以上继续延续大手笔战略投资，粗略估算阿里巴巴 2015 年的投资金额超过 183 亿美元。投资公司数量相比 2014 年同比增加 60% 以上、金额增幅超过 7.6%。

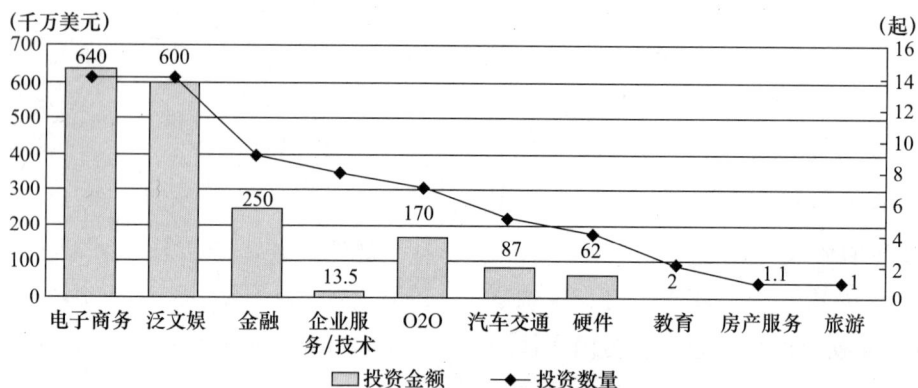

图 2-8-4　2015 年阿里巴巴投资与并购分布

综合图 2-8-4、图 2-8-5 可以看出，阿里巴巴 2015 年的投资、收购策略全面覆盖。

从行业分布来看，在投资数量方面，阿里巴巴投资最多的 TOP5 方向是电商、泛文娱、金融、企业服务/技术、O2O；金额分布上 TOP3 没有变化，在汽车交通与硬件上面花费了更多的金额，相比企业服务/技术虽然投资数量多，但手笔不太大。相比 2014 年，阿里巴巴在医疗、旅游等领域明显减少了投入。

从国内外分布来看，阿里巴巴在 2015 年投资了 15 家国外公司，涉及金额达到 25 亿美元，占比达到 14%。行业主要集中在电子商务、泛文娱、企业服务/技术等方向，与阿里巴巴集团整体的投资策略是一致的。

图 2 - 8 - 5　阿里巴巴主要投资与收购

资料来源：《21 世纪经济报道》。

从投资阶段分布来看，阿里巴巴在 2015 年明显加大了战略投资布局，而且投资金额都在几百亿元或数亿美元，包括邮政储蓄银行、苏宁、魅族、华谊、光线传媒等，战略投资的公司数量达到了 20 家公司，占比接近 1/3；其余投资阶段主要分布在 B 轮、C 轮及以后，A 轮以前的公司投资数量比较少，此外 2015 年还收购了 8 家公司，最重磅的收购当属 46.7 亿美元收购优酷土豆。

下面从行业类型的角度对阿里巴巴 2015 年来的投资收购策略进行总结。

（1）电商布局下的企业并购。2015 年以来，阿里巴巴入股苏宁云商、圆通速递、印度在线支付平台 Paytm 等，都是对其电商业务的服务体系进行完善，并深化其在垂直电商、跨境电商的能力。其中，最为重要的是入股苏宁云商，2015 年 8 月宣布以约 283 亿元战略投资苏宁云商，参与苏宁云商的非公开发行，占发行后总股本的 19.99%，成为苏宁云商的第二大股东。同时，苏宁将以 140 亿元认购不超过 2780 万股的阿里巴巴新发行股份。阿里巴巴是中国最大的在线电商企业，苏宁则是中国最大的实体零售企业，电商与实体零售商，线上与线下的融合，在吸引无数眼球的同时，也将给市场带来无限的遐想。2016 年 3 月，阿里巴巴参与易果生鲜的 C 轮融资。易果生鲜将成为阿里在生鲜市场的主要发力点，易果生鲜经营天猫生鲜馆，享受着巨大流量，同时易果生鲜在全国布局已经初步到位，就目前来看，易果生鲜有机会成为生鲜市场的领军企业。2015 年 5 月，阿里巴巴宣布联手云锋基金，战略投资物流快递企业圆通速递。投资圆通的意义显而易见，与京东相比，阿里巴巴的短板之一就是物流，马云已经看到了自建物流所带来体验上的优势，投资圆通也正是出于此考虑。

（2）国际化布局下的企业并购。电商是阿里巴巴最强的领域，不同之处在于马云将目光放到海外，希望通过投资入股的方式进一步增强自身跨境电商领域的实力。2015 年 4 月，阿里巴巴投资了即将上线的美国网络零售商 Jet.com，该公司以向用户收取会员费的形式，保证平台上的商品比其他电商网站便宜 5% 左右。随后，2015 年 5 月，阿里巴巴又斥资 5600 万美元收购了美国电商公司 Zulily 9% 的股份。Zulily 在美国有成熟的母婴类产品货源和供应链体系，阿里巴巴此举显然是想增强天猫国际在母婴领域的实力。2016 年第一季度，阿里巴巴购买美国团购公司 Groupon 5.6% 的股权，成为 Groupon 的第四大股东。在支付领域，阿里巴巴将目光投向了印度等新兴市场，2015 年 11 月，阿里巴巴投资了印度支付创新公司 PayTM，计划在未来三年内投入 500 亿卢比（约合 7.64 亿美元），成为印度最大的电子商务集团。

（3）文娱布局下的企业并购。2015 年 4～9 月，阿里巴巴先后成立了阿里影业、阿里健康、阿里音乐集团、阿里体育集团，试图在这其中能构建出与电商体系区分的另一个核心——文化娱乐板块。其中重要的资本运作是 46.7 亿美元收购优酷土豆。2015 年 10 月中旬，阿里巴巴突然宣布，已向优酷土豆董事会发出非约束性要约，全面收购尚未持有的优酷土豆所有股份。按照每 ADS（美国存托凭证）26.60 美元计算，预计总金额将超过 45 亿美元，高出前一日优酷土豆的

市值，意味着阿里将溢价收购优酷土豆。受此消息影响，优酷土豆当日股价急剧上涨，报收 24.91 美元/股，涨幅为 21.93%。毫无疑问，这是阿里巴巴在内容上的重大布局，两者结合的方向必然是在大娱乐领域，在内容生产方面可以达到优势互补的目的。此外，阿里影业拟以 8600 万美元参与博纳影业的私有化，并将取得后者约 10% 的股份。博纳影业 2010 年 12 月在美国纳斯达克上市，是第一家在美国上市的中国影视公司，加上之前阿里巴巴曾经入股华谊和光线，阿里巴巴现在已经撬动了国内影视公司的半壁江山。此外，为了逐步扩大自己在传媒领域的话语权，2015 年阿里仅在传媒领域的投资动作就出现至少七次，平均每两个月就要上演一次收购大戏。具体看，早在 2015 年 3 月，阿里巴巴便斥资 24 亿元入股光线传媒，成为后者第二大股东。2015 年 5 月，阿里巴巴又投资了《北青社区报》，一个月后，阿里巴巴投资 12 亿元参股第一财经，成为第一财经传媒的第二大股东，同时入股博雅天下，后者旗下经营《财经天下》。2015 年 9 月，阿里巴巴与财讯集团、新疆网信办联合组建的无界新闻正式上线，10 月，阿里巴巴子公司蚂蚁金服战略投资创业科技媒体平台 36 氪，12 月，阿里巴巴宣布收购《南华早报》以及南华早报集团旗下其他媒体资产。对阿里巴巴的生态圈来说，传媒板块是继电商、视频、影业、音乐等之后的又一个重要环节。虽然阿里巴巴投资的媒体当中不乏新媒体的身影，但其多数投资对象仍属传统媒体范畴，而传统媒体依旧具有根深蒂固的权威性和影响力，这一权威性往往更容易控制舆论导向。

（4）O2O 布局下的企业并购。本地生活 O2O 是阿里巴巴集团的第三根顶梁柱，也是在其电商、金融业务遇到瓶颈的时候，围绕各种场景化消费进行破局的关键点。2015 年阿里巴巴最大

的动作就在于"集中"——将阿里巴巴自营的O2O业务进行集中。阿里巴巴和蚂蚁联手60亿元投资口碑网络，又联手以12.5亿美元投资饿了么，拥有了覆盖300个城市、5000万用户的外卖配送网络。这一系列投资开始为阿里巴巴建立深厚的本地生活布局，推动阿里巴巴从电商升级为新经济搭建基础设施，利用互联网，改变企业销售、营销和运营方式。阿里巴巴另外一次涉足O2O是入股58到家，2015年10月，58同城宣布为旗下58到家签署了A轮股权融资协议，金额为3亿美元，投资方包括阿里巴巴集团全球投资巨头KKR和平安创投。在58同城CEO姚劲波的规划中，58到家要成为O2O中最大的平台。

（5）硬件布局下的企业并购。2015年2月9日，魅族科技同阿里巴巴集团联合宣布，阿里巴巴集团将斥资5.9亿美元投资魅族，开启阿里巴巴上市以来金额最大的一笔投资。投资魅族对阿里巴巴来说意义非凡，这不仅能帮助拓展阿里巴

巴的生态系统，同时也是阿里巴巴集团互联网布局的重要一步，以手机为载体的硬件支撑将为阿里巴巴未来的内容布局打下基础。魅族方面当时表示，该公司2016年出货量的目标是2000万台；旗下智能家居平台LifeKit正在内测，年后推出。此外，继手机之后，双方的下一个合作是基于YunOS的平板电脑。YunOS是阿里巴巴自主研发的一套操作系统，在YunOS五周年时，阿里巴巴曾经表示它已经成为继IOS和安卓之外全球第三大操作系统。魅族也只是阿里巴巴合作的几家手机厂商之一，类似朵唯、已经倒闭的大可乐等手机品牌都是YunOS扶持的手机厂商。阿里巴巴这么做的目的自然非常明确，就是要占有足够多的市场份额，成为移动端领域一支不可忽视的力量，为阿里巴巴的其他业务与移动端的合作打下基础。

2015年阿里巴巴的并购活动概览如表2-8-4所示。

表2-8-4　2015年阿里巴巴的并购活动概览

国内投资				
领域	时间	公司	金额	轮次
泛文娱	2015.12	博纳影业	8600万美元	战略投资
	2015.8	华谊兄弟	36亿元	战略投资
	2015.6	第一财经	2亿美元	战略投资
	2015.6	向上影业	数千万元	A轮
	2015.6	壹平台	数千万元	B轮
	2015.3	光线传媒	24亿元	战略投资
	2015.2	新片场	数千万元	B轮
	2015.1	体育疯	数千万元	A轮
O2O	2015.12	饿了么	12.5亿美元	D轮—上市前
	2015.11	北京云纵信息	数千万元	B轮
	2015.10	58到家	3亿美元	A轮
	2015.8	点我吧	上亿元	C轮
	2015.9	生活半径	3亿元	C轮
	2015.6	雅座	上亿元	C轮
	2015.1	游友移动	数千万元	B轮

续表

国内投资				
领域	时间	公司	金额	轮次
金融	2015.12	邮政储蓄银行	451 亿元	战略投资
	2015.1	天津金融资产交易所	N/A	战略投资
	2015.11	36 氪	上亿元	D 轮—上市前
	2015.8	趣分期	2 亿美元	D 轮
	2015.1	网金社	N/A	战略投资
电子商务	2015.11	五矿电商	5.9 亿元	战略投资
	2015.9	卡行天下	上亿元	C 轮
	2015.9	阿卡 Artka	数千万元	B 轮
	2015.8	苏宁云商	283 亿元	战略投资
	2015.7	魅力惠	1 亿美元	C 轮
	2015.5	圆通速递	上亿元	战略投资
	2015.4	丽人丽妆	1 亿美元	B 轮
	2015.4	爱抢购	数千万元	B 轮
	2015.1	百世物流	5.5 亿美元	D 轮—上市前
企业服务/技术	2015.11	杭州安恒信息	上亿元	D 轮—上市前
	2015.8	数梦工场	1 亿元	A 轮
	2015.8	千寻位置	数千万元	战略投资
	2015.7	泛亚信通	3000 万元	战略投资
汽车交通	2015.9	接我云班车	千万元	Pre—A 轮
	2015.7	滴滴出行	30 亿美元	D 轮—上市前
	2015.6	车来了	1500 万美元	B 轮
	2015.1	快的打车	6 亿美元	D 轮
硬件	2015.9	上海庆科	数千万元	B 轮
	2015.2	微鲸科技	20 亿元	A 轮
	2015.8	魅族	6.5 亿美元	战略投资
教育	2015.9	MySIMAX	20 万美元	天使投资
旅游	2015.7	丸子地球	数千万元	B 轮
国内收购				
领域	时间	公司	金额	轮次
泛文娱	2015.11	优酷土豆	46.7 亿美元	收购
	2015.4	粤科软件	8.3 亿元	收购
	2015.1	易传媒	N/A	收购
金融	2015.11	德邦证券	上亿元	收购
	2015.9	国泰产险	上亿元	收购
	2015.4	数米基金	1.99 亿元	收购
企业服务/技术	2015.6	翰海源信息	N/A	收购
教育	2015.8	365 翻译	数千万元	收购

续表

国外投资及收购				
领域	时间	公司	金额	轮次
泛文娱	2015.12	南华早报	2.66 亿美元	收购
	2015.7	Ouya	1000 万美元	战略投资
	2015.5	Snapchat	2 亿美元	D 轮—上市前
金融	2015.9	Paytm	上亿美元	B 轮
电子商务	2015.8	Snapdeal	5 亿美元	战略投资
	2015.7	新加坡邮政	1.38 亿美元	战略投资
	2015.7	冠庭国际物流	6785 万美元	战略投资
	2015.5	Zulily	5600 万美元	战略投资
	2015.2	Jet.com	1400 万美元	战略投资
企业服务/技术	2015.12	ThetaRay	1500 万美元	C 轮
	2015.2	Quixey	6000 万美元	D 轮—上市前
	2015.1	Visualead	500 万美元	B 轮
汽车交通	2015.5	Lyft	1.5 亿美元	D 轮—上市前
硬件	2015.6	SBRH	千万美元	战略投资
房产服务	2015.11	Nestpick	1100 万美元	A 轮

资料来源：IT 桔子。

（四）商业模式

阿里巴巴的商业模式是平台模式，其本质是中间商，连接买卖双方，提供开放的平台供买卖双方自行交易，经营的是流量，即它主要负责提供交易的"场所"，侧重于网购交易的达成，是供应商和买家的契合点。阿里巴巴的战略目标是打造以用户需求为核心的商业生态圈，除商品交易平台外，还建立了支付宝、阿里巴巴金融、菜鸟物流、阿里云等分支机构，形成对核心平台业务的支持体系，从而完成资金流、物流、信息流的循环。阿里巴巴的平台模式，强调搭建"交易平台"，为卖家和买家提供"交易场所"，连接、服务、匹配是其基本职能。其核心竞争力主要来自两点：超强的技术能力和综合服务能力。在搭建"阿里生态圈"过程中，围绕用户的需求，阿里巴巴平台服务朝"立体化"和"多元化"方向发展。阿里巴巴的平台模式，线上掌控能力强，线下掌控能力弱。由于平台企业不直接参与商品交易过程，故而不需要存货投资，甚至物流都可以由第三方合作伙伴完成，阿里巴巴主要任务是为供需双方提供"交易场所"，搭建满足客户多元化需求的平台，增加用户黏性，打造商业生态圈，因此阿里巴巴投资领域更加多元化，且其资产结构为"轻资产"结构。多元化主要体现在阿里巴巴生态圈所涉猎的行业包括"吃、住、行、游、购、娱"，还包括金融、汽车、游戏等领域，轻资产主要体现在阿里巴巴搭建连接买家和卖家的平台，不需要过多的固定资产和存货投资。总之，作为"让天下没有难做的生意"和"旨在构造未来的商业生态系统"的践行者，阿里巴巴选择了平台商业模式，与平台商业模式相对应的投资战略是：多元化的投资领域、轻资产的投资结构和定位长期成功的投资期限。阿里巴巴的平台模式决定了其特殊的收入确认模式：以平台交易额（GMV）乘以一定佣金率（货币化率）来确认收入额，因此其财务特征是营业收入并不高，但其毛利率却高达70%左右，独特收入确认模式与轻资产的投资决定了其低收入、低成本、高毛利的盈利结构。

阿里巴巴集团正在打造 C2B2B2S 模式的商业生态链，在这个正在纵贯的商业生态系统中，淘宝网将主导 C2B 环节，各类网货将以淘宝网平台为主渠道销售到各终端消费者手中，而消费者的各类消费需求也将通过淘宝网反向反馈给网商经营者。在集团战略布局中，淘宝网既是销售渠道的终端也是消费信息的源头，而阿里巴巴网络则将掌控 B2B 环节，将担当淘宝网平台的上游供应商，阿里巴巴网络的会员主要是各类制造商，会员将主要根据淘宝网上的网商经营者所下订单进行生产，或者将自己设计出的产品通过阿里巴巴网络找到下游经销商，因此，在阿里巴巴集团商业版图中，阿里巴巴网络和淘宝网将是最主要的两个模块，主导了商品的生产和销售两大主要环节。此外，属于服务板块中的中国雅虎、支付宝、阿里软件则联合主导着 B2S 环节，代表着电子商务平台中的服务环节，在阿里电子商务平台上的众多中小卖家有着多元化的需求，要提供相应的服务来满足这些需求，服务板块中的各个企业就是占据了电子商务服务业务中的几个最主要的领域，通过自己开发各类战略性服务或提供服务交易平台引入各类服务提供商的方式，不断满足各类服务需求。因此，接下来分别对阿里巴巴网络公司、淘宝网以及服务提供商的商业模式进行阐述。

1. 阿里巴巴网络商业模式

（1）营销模式分析。阿里巴巴之所以在互联网时代能够抓住机遇，与它的营销策略有很大

的关系。阿里巴巴明确了自己的战略目标，将自己定位为服务中小企业，成为领先的全球电子商务市场。公司以吸引各行各业的大量客户和公司为目的，集合市场信息，满足不同供需请求进行组合分配，更加合理地利用资源。阿里巴巴拥有大量的会员以及市场供求信息，吸引企业登录B2B 平台，从而进一步提升服务用户的数量。单一的信息平台很难盈利，阿里巴巴通过增加服务的内容，使服务用户的忠诚度得以保证，从而逐渐发展成为最受欢迎的网络营销工具。阿里巴巴想要延长服务性产品的生命周期，就要不断增强技术研发能力，将供应链与交易平台进行连接，优化技术技能，提供更方便的服务，这样的技术改进可以提升交易数量。在客户服务方面，阿里巴巴始终坚信客户是对的，尽可能地满足客户的需求。电子商务是进行贸易活动的一个交易工具，它帮助客户将其产品、理念和信息推广到世界的各个角落，同时也能够获取其他客户的信息，因此公司注重与客户的交流和配合，以客户为关注点，为客户提供咨询和帮助。

（2）盈利模式分析。阿里巴巴网络的盈利模式相对简单明了，主要依靠收取等级不同的会员费和提供各种类型增值服务取得收入。对于来自中国交易市场的商业模式主要包括销售中国诚信通会籍及增值服务（主要包括中国诚信通会员关键词竞价排名及黄金展位）所得营业收入和其他收入（主要包括企业在中国交易市场刊登网上品牌推广展位所取得的收入）。对于国际交易市场的营业收入主要包括销售 Gold Supplier 会籍及增值服务（包括向 Gold Supplier 会员销售关键词及黄金展位）所得营业收入和销售国际诚信通会籍所得营业收入。作为阿里巴巴网络盈利模式中的关键一环，免费会员制虽然并未带来任何收入，但是却帮助阿里巴巴网络迅速汇聚到足够的人气，在有效供求信息足够多、买卖双方

足够活跃的前提下，也会有更多的卖家愿意付费成为阿里巴巴网络的收费会员，以换取更多的服务，从而为阿里巴巴网络带来持续增长的营业收入和利润来源。

（3）管理模式分析。为了实现信息传递的高效性，阿里巴巴在组织结构上明确了各个部门的职责分工，保证了信息流通环节的紧密性。在员工管理方面，阿里巴巴建立了科学的激励机制，让员工有足够的空间去学习和成长。在对网站管理方面，阿里巴巴使用了现代信用管理系统、网络监控管理系统以及身份管理系统，这样保证了用户在网站的交易安全性，让买卖双方在资金流动上得到充分保障。

（4）关键资源能力。阿里巴巴网络所采用的是综合 B2B 模式，该模式一个显著特点在于：商业信息的数量和有效性是最为关键的，如果没有足够多的供求信息，如果供求信息不能精确分类和匹配，那样的网上市场必将无法吸引到足够多的买家和卖家的关注，更谈不上从卖家那里赚取到会员费。为了实现业务系统的良好运转，离不开关键资源能力的支撑。阿里巴巴拥有丰富的支配资源。

首先是富有远见的战略。回顾阿里巴巴网络的发展历程，可以发现其中两个关键性的决策，其一坚持采用"免费注册"的策略，其二确立了"聚焦信息流"的模式。事实证明，免费注册的策略帮助阿里巴巴网络迅速跑马圈地，为阿里巴巴网络的日后发展奠定了坚实的基础，也为阿里巴巴赢取了宝贵的市场先机，而"聚焦信息流"的模式，则避免了自建物流的庞大投入和精力耗费，在电子商务领域更加游刃有余。

其次是自驱型创新文化。阿里巴巴网络的创新很大程度是一种立足于提升和改进客户体验的自我驱动式的创新。主要表现在阿里巴巴网络以客户需求为出发点，主动改进和完善服务，率先

推出了一系列的服务，如率先引入 B2B 综合服务模式；率先构建"商人社区"；率先引入网络诚信评价体系；率先开拓国际化服务；率先将企业登录汇聚的信息整合分类，形成网站独具特色的栏目，使企业用户获得有效的信息和服务。

最后是贴近实际的商业逻辑。对阿里巴巴网络的发展历程进行回顾研究后不难发现，贯穿于阿里巴巴发展过程中的独特而又贴近实际需求的商业逻辑是阿里巴巴商业模式中的一个关键性因素，即围湖造海—填海造田—互荣共生。

2. 淘宝网商业模式

淘宝网在刚进入 C2C 市场时，竞争格局与今天的网购市场截然不同，市场上仅为 eBay 一家独大，鲜有强有力的挑战者。尽管当时 eBay 已经在 C2C 市场领域树立了一定的规范和标准，淘宝网以挑战者姿态进入时，却并未选择模仿 eBay 的模式，而是选择反其道而行之，最极端的策略无疑是运用"免费"策略与 eBay 针锋相对。根据阿里巴巴集团打造"大淘宝"的战略规划，淘宝网将在开放的基础上，转型为电子商务基础设施服务提供商，打造一个开放、透明、协同、互利的电子商务生态系统。根据规划，淘宝将融合"B2C + C2C + 品牌产品 + 云计算服务"等多种模式，在网络购物的电子商务生态系统中建立起基于开放之上的"Powered by Taobao"模式，构建开放的网络购物平台。

3. 服务板块商业模式

阿里巴巴集团服务板块内各个组成企业对于阿里巴巴网络和淘宝网的核心价值则在于：聚焦于不断提升客户体验，并不断提高客户黏着力。

通过电子商务搜索引擎，可以轻松地对海量的电子商务信息进行分类搜索和定位。利用搜索引擎搜索关键词，能够有助于对最适合交易的供

应商或网商进行定位；利用搜索引擎搜索各类商品资讯，阅读其他购买者的使用心得，将有助于搜索出符合自己需要的商品；利用搜索信息反向搜索各类热销产品，能够有助于商家发掘出有价值的商机。电子商务搜索引擎通过促进各类电子商务信息和潜在需求者之间的配对，为客户节省时间，发掘出有益的信息，从而提升客户在阿里巴巴网络和淘宝网两大平台上的使用体验，而客户的轻松体验也将提高各类用户对两大平台的黏着力，不断提高客户忠诚度。

通过网上支付平台，尤其是在支付宝提供的担保支付模式下，横亘在买卖双方之间是先发货还是先付款的难题可以轻松化解，买方可以放心地将货款先行支付至支付宝平台，而卖家可以根据买家已付款至支付宝的提示安心进行发货，并将物流信息上传，买家在收到货物以后可以主动确认收货，则货款将立即转至卖家账户，若在一定期限内买家未确认收货也未提出异议，则货款也将自动转至卖家账户。支付宝提供的这种符合中国交易习惯的网上支付平台，由于能够帮助买卖双方轻松解决资金结算难题，提高买卖双方的网购体验，因此也广受买卖双方好评，迅速主导了中国网上支付平台市场，更为关键的是，支付宝用户由于需要经过严格的身份认证程序，因此一旦认证成功以后将构筑起很高的转换成本，用户黏性也必然提高。

通过阿里软件建立的软件超市平台，阿里巴巴集团以及阿里商业生态系统中的各种软件运用需求都能够得到满足。阿里巴巴网络以及淘宝网不断推出各种新业务，对于各种软件解决方案有着迫切和持续的需求，而活跃在阿里巴巴网络以及淘宝网的中小企业和网商则有着各类个性化的运用需求，阿里软件平台通过自行开发以及引入软件供应商的形式对阿里商业生态系统中的各种软件运用需求进行匹配，既

能为阿里集团内的各子公司提供业务支持，又能为阿里商业生态系统内广大中小企业和网商提供全方位、个性化的信息化解决方案，必然将促进广大中小企业和网商在阿里商业生态系统内的用户体验和黏度。

（五）市场概况

1. 市场总体情况

据中国电子商务研究中心（100EC. CN）监测数据显示，2015年，B2B电子商务服务商市场份额中，阿里巴巴排名首位，市场份额为42%，市场份额同比上升3.1%，业务复苏态势强劲。2015年推出全球货源平台，打造集线上商品展示、交易的综合服务平台，启动"实力商家"项目，重点扶持实力商家。其国际市场的小额批发业务发展十分迅猛，平台展示出新的活力（见图2-8-6）。

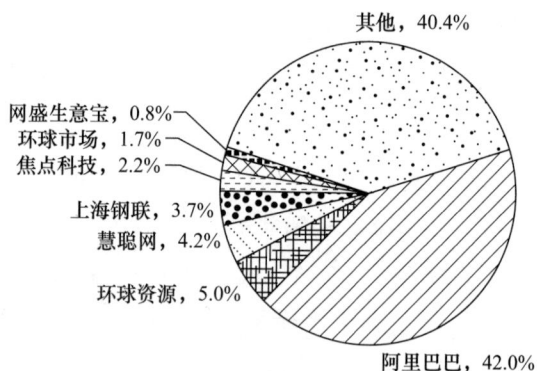

图2-8-6 2015年中国B2B服务商市场份额占比
资料来源：中国电子商务研究中心。

据中国电子商务研究中心（100EC. CN）监测数据显示，2015年中国B2C网络零售市场（包括开放平台式与自营销售式，不含品牌电商），天猫排名第一，占57.4%份额；京东名列第二，占据23.4%份额；唯品会位于第三，占

3.2% 份额；其余的电商依次为苏宁易购（3.0%）、国美在线（1.6%）、1 号店（1.4%）、当当（1.3%）、亚马逊中国（1.2%）、聚美优品（0.8%）、易迅网（0.3%）（见图 2 - 8 - 7）。

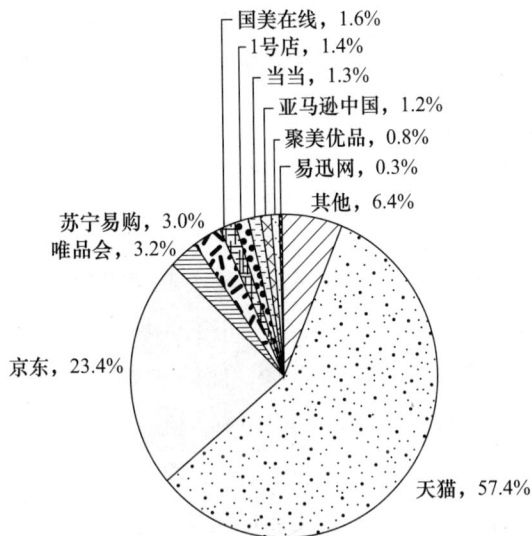

图 2 - 8 - 7 2015 年中国 B2C 服务商市场份额占比

资料来源：中国电子商务研究中心。

可见阿里巴巴在中国电子商务领域仍然占据绝对优势。尤其在 B2C 市场，天猫所占份额接近 60%，比排名第二的京东高出 30% 之多。

2. 具体市场业绩

2015 年，阿里巴巴集团平台成交额突破 3 万亿元，达到 3.092 万亿元，同比增长 27%，其规模不亚于欧美主要发达国家全年的 GDP，这表明阿里巴巴已成为全球最大的移动经济实体。此外拥有 3.6 万名员工的阿里巴巴，2015 财年收入已突破千亿元，达到 1011 亿元，由此成为人均产能最高的中国互联网公司。与此相对应，2016 年 2 月 18 日，沃尔玛发布的业绩报告显示，其截至 1 月 31 日的 2015 财年年度营收下滑 0.7% 至 4821 亿美元，被外界称为"35 年来

最差业绩"。有评论称，这预示着商业发展的"奇点"已经出现，新经济的脚步已经追上传统经济，接下来将是超越和迭代。

一年时间，阿里拥有的活跃消费者激增 7300 万，达到 4.23 亿，移动月度活跃用户达 4.1 亿，移动 GMV（交易额）占总 GMV 之比达到 73%。云计算全年增长 138%，拥有超过 50 万家付费客户。此外，通过收购整合和自我变革，阿里打造了由 UC 高德、优酷土豆和阿里妈妈组成的移动媒体矩阵，发展了内容平台阿里影业、阿里音乐和阿里体育。年报还显示，目前阿里巴巴已形成三个主营业务——核心商务、云计算和移动媒体娱乐平台，并涌现一大批如闲鱼、钉钉、YunOS 等创新业务。同时通过三大伙伴公司蚂蚁金服、菜鸟网络和口碑向金融、物流和本地生活等领域拓展。阿里巴巴将继续执行全球化、农村发展及大数据和云计算这三大集团战略。

如图 2 - 8 - 8 所示，阿里巴巴 2015 年营业收入 83% 来自中国业务，其中包括电商、佣金、批发及其他业务收入，金额同比增长 34%；国际业务收入占比 8%，金额同比增长 18%；云计算占比 3%，金额为 3019 百万元，与 2013 年的 773 百万元及 2014 年的 1271 百万元相比，有显著提升。

3. 重点发展业务

阿里巴巴正全力发展的四大业务：电商的社区化和内容化、商家赋能、云计算业务、移动媒体娱乐平台。这四大业务的推进，有望转化为阿里未来的四大新爆发点。

（1）电商的社区化和内容化。2015 年以来，社区化和内容化成为阿里电商的清晰方向。阿里巴巴把全球最大的商品市场"万能的淘宝"，转变为一个社区化的消费者互动平台和超级消费者

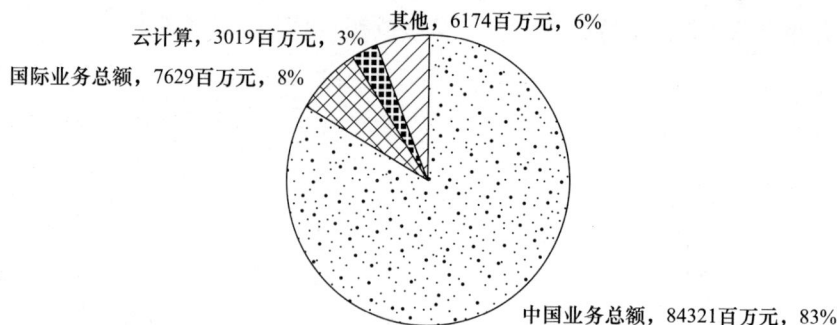

图 2-8-8　2015 年阿里巴巴营收组成

资料来源：阿里巴巴 2015 年年报。

媒体。手机淘宝充分挖掘移动互联网的特性，通过淘宝头条、数据化个性化推荐、社区、微淘等工具，让消费者充分互动，让商家成为最大的内容生产者。同时，阿里巴巴也在快速应用新技术，让内容生产更加多样，消费者和商家间的互动更加顺畅。在过去三个月，手机淘宝连续上线了视频直播和 VR 体验。仅一次明星直播，就卖出上万件口红，收获了超预期的效果。一年时间，阿里拥有的活跃消费者激增 7300 万，达到 4.23 亿，移动月度活跃用户达 4.1 亿，移动 GMV 占总 GMV 之比达到 73%。正如阿里巴巴 CEO 张勇所说，电商已经从运营货品走向运营内容，再以内容为纽带触达人群，获得消费者，最后转化为会员。

（2）商家赋能。从 2015 年开始，阿里巴巴将赋能商家定为集团重点方针之一，投入设立商家事业部。相关数据显示，阿里巴巴正在超越交易本身，在零售平台上向商家提供更为广阔的价值。为了推动商家成功，阿里巴巴提供库存和订单管理工具及融资服务，让企业供应链更加灵活。通过发展更强大的无线店铺管理和多媒体内容工具，让商家获得更多消费者，通过沟通工具和 CRM 工具帮商家留住更多会员，即将上线的"千人千面"更能让平台商家拥有过去只有大企业才能享受到的数据洞察。此外还有重要的数据

赋能，对阿里平台来说，数据环境会升级商业环境，例如，2015 年的双十一主会场，阿里巴巴进行了数据个性化的变动，使得整个主会场的跳失率从原来的 50% 降到 10%。阿里巴巴为商家做的不止如此，无线化、全渠道变革和数据变革，都是为商家提供的新的机遇。在宝洁、星巴克等巨头与阿里合作的过程中，阿里巴巴已不再仅被视为一个提高商品流通效率的电商平台，更是一家企业用来塑造品牌和展开运营的助推器，获得用户和留住用户的阵地，帮助它们提高营销投入产出比，并且进一步探索全渠道零售的路径。

（3）云计算业务。阿里巴巴布局了七年的云计算，在 2016 年实现了起飞。根据 IDC 数据，阿里云已经成为中国最大的公有云提供商，向初创企业、大公司和政府机构提供云服务。阿里云目前拥有 230 万客户，其中付费用户超过 50 万，范围涵盖多个领域，从 12306、微博、中科院北京基因组研究所到中石化、比亚迪和 CCTV。这意味着全球至少 200 万创业者在使用阿里巴巴云计算的服务，继亚马逊 AWS 和微软 Azure 之后，阿里云已成为全球第三大云计算服务商。在双十一开场时，阿里云支撑下的峰值订单处理量达到了每秒 14 万笔，展示了这一平台的可靠性和可扩展性。2015 年阿里巴巴集团宣布战略增资阿

里云 60 亿元，大力推动阿里云的全球化。此前，阿里云已在美国、中国香港、新加坡设立数据中心，未来计划在日本、欧洲、中东等地继续扩张。德意志银行预计，2019 年阿里云的年度营收将达到 677 亿元（合约 106 亿美元），这意味着阿里云将成为阿里电商之外的又一大支柱业务。

（4）移动媒体娱乐平台。2015 年，阿里巴巴完成了 UCWeb 媒体化（孵化神马搜索和 UC 头条）、优酷私有化、变革阿里妈妈这三大战役。三大板块的加入帮助曾经缺少移动媒体资产的阿里巴巴，初步形成了一个结合内容生产、多屏分发和内容变现的移动媒体和娱乐平台。UCWeb 在全球拥有超过 4 亿的月度活跃用户，StatCounter 数据显示，这是仅次于谷歌 Chrome 的全

球第二大移动浏览器，神马搜索已经成为中国第二大移动搜索引擎，UC 头条日均曝光量超 60 亿次。新近加入阿里家庭的优酷土豆，在 PC 端拥有 3.44 亿月活跃用户，在移动端拥有 1.67 亿月度活跃用户，2016 年 3 月，用户在优酷土豆 App 的停留时间合计超过了 29 亿个小时。在数字娱乐时代，内容和渠道缺一不可，阿里同步布局娱乐内容生态，2015 年阿里影业完成一轮 121 亿港元的融资，阿里巴巴又组建阿里音乐和阿里体育，在从实物走向虚拟商品的过程中，阿里力争创造或者收购大批优质 IP，搭建一个由大数据驱动、生产运营优质 IP、通过多屏分发触达用户的移动媒体和娱乐平台。

（六）经营和财务绩效

表 2 - 8 - 5　阿里巴巴 **2013 ~ 2015** 年经营与财务业绩比较　　单位：百万元

年份	2015	2014	2013
收入	101143	76204	52504
总资产	364450	255434	111549
净利润	71460	24261	23315
净利润率（%）	70.65	31.84	44.41
总资产报酬率（ROA）（%）	19.61	9.50	20.90
净资产报酬率（ROE）（%）	28.60	16.61	58.67
资本性支出（CAPEX）	10845	7705	4776
CAPEX 占收比（%）	10.72	10.11	9.10
经营活动净现金流	56836	41217	26379
每股经营活动净现金流（元/股）	22.97	16.52	11.85
自由现金流（FCF）	45991	33512	21603
自由现金流占收比（%）	45.47	43.98	41.15
每股盈利（EPS）（元/股）	29.07	10.33	10.61
每股股利（DPS）（元/股）	0	0	0
股利支付率（%）	0	0	0
主营业务收入增长率（%）	32.73	45.14	52.11
总资产增长率（%）	42.68	128.99	74.88

续表

年份	2015	2014	2013
净利润增长率（%）	194.55	4.06	173.27
经营活动现金流增长率（%）	37.89	56.25	82.23
资产负债率（%）	31.43	42.80	64.38
流动比率（%）	257.63	358.21	181.45
总资产周转率（次）	0.28	0.30	0.47
股息	0	0	0
内部融资额	78161	28676	24969
研发支出	13788	10658	5093
研发支出占收比（%）	13.63	13.99	9.70

表 2 - 8 - 6　阿里巴巴 2013～2015 年轻资产特征一览表

序号	项目	2015 年	2014 年	2013 年
1	现金类资产比重（%）	31.75	68.31	59.14
2	应收账款比重（%）	0.79	5.08	4.19
3	存货比重（%）	0	0	0
4	流动资产比重（%）	36.79	55.63	60.81
5	固定资产比重（%）	3.74	3.58	5.00
6	流动负债比重（%）	14.28	15.53	33.51
7	应付账款比重（%）	2.63	2.29	2.24
8	无息负债比重（%）	1.84	1.56	1.84
9	有息负债比重（%）	1.69	1.41	36.82
10	留存收益比重（%）	21.61	9.73	1.06
11	营运资金（百万元）	82031	102437	30449
12	现金股利（百万元）	0	0	0
13	内源融资（百万元）	78161	28676	24969
14	资本性支出（百万元）	10845	7705	4776
15	现金储备（百万元）	115696	174487	65974
16	自由现金流（百万元）	45991	33512	21603

（七）内控与风险管理

1. 经济风险

阿里巴巴业务的成功最终取决于消费支出，因此，其收入和净收入在很大程度上受到中国经济及全球经济条件的影响。全球经济、市场和消费支出水平受到企业无法控制的许多因素的影响，包括消费者对当前和未来经济状况的看法、政治不确定性、就业、通货膨胀或通货紧缩、实际可支配收入、利率、税收和货币汇率等。中国政府近年来采取了一些措施来控制经济增长率，包括通过提高利率并调整商业银行的存款准备金率，以及实施旨在收紧信贷和流动性的其他措施。这些措施促使中国经济放缓。虽然中国政府在 2015 年开始宽松货币政策，但已经出现了中国经济持续放缓迹象。根据中国国家统计局发布的信息显示，2015 年中国的 GDP 增长率为 6.9%，低于 7.4%。任何持续或不断恶化的减速都可能给中国互联网经济及阿里巴巴生态圈带来负面影响。在中国或可能经营的任何其他市场可能对消费者支出产生重大不利影响，从而对阿里巴巴的业务产生不利影响。

2. 政治风险

中国的电子商务仍在发展中，中国政府可能要求市场经营者，如阿里巴巴协助收集关于商人在其平台上进行的交易所产生的收入或利润。相当数量的小企业以及在淘宝市场通过店面经营业务的个体经营者可能尚未完成所需的税务登记。中国税务局可以执行针对小型企业或独资经营者在淘宝市场上的注册要求，因此，这些商家可能需要遵守更严格的税务合规要求和责任甚至因此退出阿里巴巴平台，这可能对阿里巴巴造成影响。税务机关要求阿里巴巴提供有关商家的信息，例如交易记录和银行账户信息，以及协助执行税务规定，包括对阿里巴巴的商家的支付和预扣税义务，在这种情况下，阿里巴巴可能会失去现有的商家，潜在的商人可能不愿意在阿里巴巴平台上开设店面。

3. 利率风险

阿里巴巴受到与债务有关的利率风险。阿里巴巴的信贷融通的利率和无抵押的优先票据本金总额为 3 亿美元（基于 LIBOR 的利差）。因此，

与阿里巴巴的负债相关的利息费用，将受到 LIBOR 波动的潜在影响。如果不进行有效套期，LIBOR 的任何增加都可能影响融资成本。阿里巴巴以人民币计价的银行借款也面临利率风险。虽然阿里巴巴不时使用对冲交易，努力减少风险暴露，但这些对冲可能不是有效的。

4. 结构风险

阿里巴巴合伙企业和相关投票协议限制了股东提名和选举董事的能力。章程允许阿里巴巴合伙人提名或在有限的情况下任命董事会的简单多数。因为之前由阿里巴巴合伙人提名的董事不再是董事会的成员，或因为阿里巴巴合伙公司以前未行使其提名或任命简单多数董事的权利，阿里巴巴合伙将有权根据需要向董事会提名或委任该等额外董事，以确保由董事提名或委任的董事是我们董事会的简单多数，等等。这种治理结构和合同安排限制了股东影响公司事务的能力。此外，授予阿里巴巴合伙企业的提名权将保留在阿里巴巴合伙企业的生命周期，除非公司章程被修改。阿里巴巴合伙公司的提名权将保持到位，尽管公司的控制权或合并变更，但是只要软银和雅虎仍然是主要股东，预计阿里巴巴合伙人提名人将获得在任何会议上投票的多数票选举董事，并将当选为董事。这些规定和协议可能会延迟、阻止或阻止控制权的改变，并可能限制股东获得 ADS 溢价的机会，也可能大幅降低一些投资者愿意为阿里巴巴 ADS 支付的价格。

5. 信用风险

电子商务最为关键的是交易信息与诚信问题，所以诚信风险应该是阿里巴巴事关生存的重大风险。从 2009 年开始，阿里巴巴就频繁面临欺诈的诉讼。

一方面，淘宝店铺提供高需求的消费电子产

品，并以非常具有吸引力的价格、较低的最少购货量和相对不安全的付款方式进行交易，由于购买者相信阿里巴巴有能力审核供应商的真实性，导致购买者产生损失。从制度上看，阿里巴巴的确制定了较为严格的关键管理流程，从源头上防堵欺诈事件的发生。7500 名左右的一线销售人员，他们的认证应该是最直接、最有效、最立体的监督，当地销售分支机构人员的交叉认证也是最有效的手段，可当销售人员互相串通，这个最有效的认证体系就会失灵。此时通过总部其他控制部门对他们提交材料的核实、依托第三方对相关材料进行核实或抽检就变得很重要。

另一方面，业务驱动导致内部腐败。阿里巴巴的盈利模式决定了它是一家业务驱动型公司，从上到下的薪资均与业绩挂钩，尤其是销售主管与销售人员的利益高度一致化，利益驱使，业绩重压，使得他们之间达成利益默契成为可能，而在总部的管理松散和其他人员成功的刺激下，使他们敢于冒险，而高流动性则使他们中的很多人可以免于处罚。

因此面对以上风险，最有效的方式就是在集团内部建立起完备的内控体系：

（1）由公司董事会牵头，构建从董事会、经营层到各部门的三级内部控制体系，重点建立覆盖销售分支机构、销售团队、销售代表的销售体系三级内部管理体系。董事会定期或不定期听取关于公司战略性风险点的内部控制情况报告，及时发现问题与解决问题。

（2）探寻新的商业模式及盈利模式，避免通过培训式和人海式的销售战术来拉供应商入会，而应着眼于为供应商提供更高价值的全程服务，使供应商更为自愿地掏钱，否则即使控制了风险，企业本身的盈利模式风险却无法扭转与控制。

（3）强化销售人员现场监督的优势，在供应商认证环节进行严格把关，按照相容职务分离控制的原则，加强售后服务体系的建设，在提升服务水平的同时，提升现场监控能力，委托公司内部的监察部门和独立第三方进行程序认证和大比例抽检，严肃处理违纪行为，杜绝欺诈之风。

（4）改革公司薪酬与激励政策。为普通员工制定发展通道，加强中长期激励政策的使用，提升销售序列员工的归属感，将主管级以上的重要销售人员的考核转化为年度考核，加大揭发造假行为的奖励，由现在的短期激励向短期激励与中长期激励相结合的方式转变。

（八）前景展望

2015 年是阿里巴巴明确战略、收获颇丰的一年。立足当前，阿里巴巴确立了公司未来十年的三大战略——全球化、农村、大数据和云计算，并全面布局初显成效；顺应移动互联网的发展，实现了 PC 端向移动端的成功转型，同时丰富了移动端的内容并逐渐探索出合适的社交路径；国内国外，线上线下，各行各业，积极扩张，逐步建立起阿里巴巴生态系统圈。根据电子商务的发展趋势以及阿里巴巴的战略布局，我们认为阿里巴巴的未来可能在以下几个方面存在转变：

1. 实现从实物走向服务的扩展

如今，人们之间谈到电商时，已经不只是买件衣服、手机或者买张彩票那么简单。电子商务已经涉及生活的各个方面，涉及广义上消费的各个领域。从实物走向服务，是电商走向新发展的爆破点。在小小的电影票和打车领域，各大互联网巨头都已经打得不可开交，可见整个互联网的渗透速度之快、影响幅度之深。但在实物市场走向服务市场的转变中，互联网的技术和思维还处在非常初级的阶段。如今的移动互联网仍然只被当作一个销售渠道，但在实物向服务的扩张过程中，互联网势必会更深层次地影响到服务的供给和组织的整合。所以，目前横亘在互联网领域的问题是怎样帮助这些实物和服务的提供者更好地利用互联网的特性聚合用户，用互联网的技术和思维进行服务流程的再造。阿里巴巴正在努力解决这一难题，如果能够率先完成，就能够产生一个新的行业，就能在一个新的行业里面找到机会。

2. 实现从城市到农村的全面覆盖

据中国电子商务研究中心（100EC. CN）监测数据显示，2015年，中国农村网购市场规模达3530亿元，同比增长94.3%，预计2016年将达4675亿元，这也算是电商的新蓝海。阿里巴巴农村战略是阿里巴巴未来的三大核心战略之一。阿里巴巴农村战略是构建农村淘宝的天、地、人三网。天网：农村电商离不开政府支持，天网就是政府跟阿里巴巴一起编织的大网；地网：基础建设培育农村电商基因，地网就是基础建设；人网：人才回归是农村电商真正发展的核心，淘宝的重中之重就是人网的建立，这是农村电商真正的机会。从城市到农村的全面覆盖，既是市场的空间拓展，也是阿里巴巴未来的美好愿景。

3. 提升大数据等技术的创新与运用

阿里巴巴已然不是早期的电商企业，而是一个向世界级技术先驱迈进的企业。正如CTO张建锋所说，"阿里已经成为一家大数据公司"，无论是在工程能力上还是在算法能力上，阿里技术都已经达到了一个非常高的水准。阿里巴巴大数据价值不仅体现在数量上，更体现在数据的质量上。真实的购买行为和超高维度的商品特征，再加上超强的数据处理平台，让阿里的大数据能力在双十一这个超级秀场得到充分发挥。在充分保证数据安全的前提下，深度应用了人工智能、机器学习、虚拟现实、云计算、移动互联网等技术，让电商平台能够精确地满足商家和消费者的需求。未来，阿里巴巴将不断优化技术和算法，更精准高效地对商家供给和商品需求进行配对，最终让消费者和商家更满意，也让阿里巴巴企业价值进一步提升。

4. 实现从国内到国际的跨越

海淘的兴旺是阿里巴巴国际化的原点。在全球化这条道路上，所有的电商几乎处于同一条起跑线。阿里巴巴如何在这种趋势下再造一个淘宝或是天猫是国际化道路上的一个重要问题。马云一直渴望成立一家由中国人创办，但是属于全世界、属于这个时代的公司。他认为阿里巴巴不仅仅是一家电子商务公司，更是一个商业生态系统；阿里巴巴不只想做中国的互联网巨头，还希望与世界级的对手竞争。对于亚马逊、eBay、沃尔玛这些起家于美国本土的电商巨头来说，阿里巴巴是其在国际市场上强有力的竞争对手；在谷歌、Facebook这样的广告大户眼里，阿里巴巴不仅会与它们争相投资新兴企业，还有可能切走原属自己的利润蛋糕；PayPal、Google Checkout和Apple Pay也不会对阿里巴巴掉以轻心，因为在中国运作成功的支付宝将来很有可能成为它们的威胁。所以阿里的国际化道路面临国内外的诸多威胁。阿里海外直购的下一站将抵达东南亚市场，商品交易不分国界、地域，天然向资源优势方倾斜的规则还会眷顾阿里巴巴，阿里巴巴平台的快订、伙拼、代理加盟等高效连接卖家与商家的服务依然相得益彰。

附件一：阿里巴巴集团财务报告（2015 年）

1. 合并资产负债表

年份	2015（百万元）	2016（百万元）	2016（百万美元）
资产			
流动资产：			
现金及现金等价物	108193	106818	16566
短期投资	14148	4700	729
限制性现金	2297	1346	209
证券投资	3658	4178	648
预付账款、应收账款和其他资产	13813	17028	2640
流动资产合计	142109	134070	20792
证券投资	14611	29392	4558
预付账款、应收账款和其他资产	4085	6007	932
采用权益法的投资收益	33877	91461	14184
物业和设备净额	9139	13629	2114
土地使用权	3105	2876	446
无形资产	6575	5370	833
商誉	41933	81645	12662
资产合计	255434	364450	56521
负债和所有者权益			
流动负债：			
短期借款	1990	4304	667
应交所得税	2733	2790	433
应计费用、应付账款及其他负债	19834	27334	4240
商家存款	7201	7314	1134
递延收益和预收账款	7914	10297	1597
流动负债合计	39672	52039	8071
递延收益	445	418	65
递延税款	4493	6471	1004
长期借款	1609	1871	290
优先无抵押票据	48994	51596	8002
其他长期负债	2150	2166	335
负债合计	97363	114561	17767
承付款项与或有负债			

续表

年份	2015 （百万元）	2016 （百万元）	2016 （百万美元）
夹层股权	658	350	54
阿里巴巴控股有限股东权益：			
普通股，面值 0.000025 美元；			
授权股份—4000000000，2015.3.31 和 2016.3.31			
已发行股份—2495499036，2015.3.31；2473927859，2016.3.31	1	1	—
资本公积	117142	132206	20504
库存股，以历史成本计价	—	—	—
重组准备金	(1152)	(888)	(138)
应收认购股款	(411)	(172)	(27)
法定盈余公积	2715	3244	503
累计其他综合收益			
累计换算调整数	(1095)	(1050)	(163)
可供出售证券的利率掉期交易的未实现收益	3397	4894	760
留存收益	24842	78752	12213
阿里巴巴控股有限股东权益合计	145439	216987	33652
非控制权益	11974	32552	5048
权益合计	157413	249539	38700
负债、夹层权益、所有者权益合计	255434	364450	56521

注：表中为 2016 年 3 月 31 日数据。

2. 合并损益表

年份	2014 （百万元）	2015 （百万元）	2016 （百万元）	2016 （百万美元）
营业收入：	52504	76204	101143	15686
营业成本	(13369)	(23834)	(34355)	(5328)
产品研发费用	(5093)	(10658)	(13788)	(2138)
销售费用	(4545)	(8513)	(11307)	(1753)
管理费用	(4218)	(7800)	(9205)	(1428)
无形资产摊销	(315)	(2089)	(2931)	(455)
商誉减值准备	(44)	(175)	(455)	(71)
营业利润	24920	23135	29102	4513
利息收入和投资收入净额	1648	9455	52254	8104
利息费用	(2195)	(2750)	(1946)	(301)
其他收入净额	2429	2486	2058	319
税前利润	26802	32326	81468	12635

年份	2014 （百万元）	2015 （百万元）	2016 （百万元）	2016 （百万美元）
所得税费用	(3196)	(6416)	(8449)	(1310)
股权投资分红	(203)	(1590)	(1730)	(269)
净利润	23403	24320	71289	11056
归属于非控股权益的净亏损（收益）	(88)	(59)	171	27
归属于阿里巴巴控股有限所有者的净利润	23315	24261	71460	11083
可转换优先股	(31)	(15)	—	—
可转换优先股股息	(208)	(97)	—	—
普通股所有者净利润	23076	24149	71460	11083
每股收益				
基本每股收益	11	10	29	5
摊薄后每股收益	10	10	28	4
加权平均普通股股数				
基本	2175	2337	2458	
摊薄后	2332	2500	2562	

注：表中为 2016 年 3 月 31 日数据。

3. 合并现金流量表

年份	2014 （百万元）	2015 （百万元）	2016 （百万元）	2016 （百万美元）
经营活动现金流				
经营活动：				
净利润	23403	24320	71289	11056
将净利润调整为经营活动净现金流量：				
重估持有的股权	—	(6535)	(18603)	(2885)
股权投资处置损失（收益）	3	(128)	(3089)	(479)
与证券投资相关的已实现或未实现收益	(90)	(178)	(906)	(141)
其他资产和负债的公允价值变动	(98)	102	84	13
其他子公司处置收益	(387)	(307)	(26913)	(4174)
物业、设备及土地使用权的折旧和摊销	1339	2326	3770	584
无形资产摊销	315	2089	2931	455
股权激励的超额税收抵扣	—	—	(1120)	(174)
股权激励费用	2844	13028	16082	2494
股权结算捐赠费用	1269	—	—	—

续表

年份	2014 （百万元）	2015 （百万元）	2016 （百万元）	2016 （百万美元）
成本法股权投资和投资证券的减值	119	419	1864	289
商誉减值	44	175	455	71
物业设备的处置收益	—	(13)	(11)	(2)
重组储备的摊销	—	166	264	41
股权投资结果的份额	203	1590	1730	269
递延所得税	1466	1659	1226	190
与小额贷款有关的可疑账户备抵	442	650	(9)	(1)
资产和负债变动，扣除收购和出售的影响				
限制性现金和托管应收账款	(1329)	(851)	—	—
预付款项，应收款项和其他资产	(12742)	(13927)	(4012)	(622)
应付所得税	1008	1410	1237	192
预提费用，应付账款和其他负债	5336	11415	8104	1257
商家存款	1628	2490	113	18
递延收入和客户预付款	1606	1317	2350	364
经营活动现金流量净额	26379	41217	56836	8815
投资活动现金流量：				
短期投资净额减少（增加）	(8304)	(1113)	4619	716
限制性现金减少	199	1139	746	116
交易性投资证券净额减少（增加）	(147)	(16)	9	1
可供出售和持有至到期投资的收购	(2972)	(11801)	(15363)	(2382)
可供出售和持有至到期投资的出售	372	939	2177	338
股权投资的收购	(16468)	(23430)	(37625)	(5835)
股权投资的出售	89	99	10021	1554
收购：				
土地使用权和在建工程	(1491)	(2935)	(5407)	(839)
其他财产，设备和无形资产	(3285)	(4770)	(5438)	(843)
企业合并支付的现金，扣除已收购现金	(732)	(10255)	(1495)	(232)
子公司的拆分和处置，扣除现金收入	(46)	(1271)	4890	758
向员工贷款，扣除还款	(212)	(40)	35	5
投资活动现金流量净额	(32997)	(53454)	(42831)	(6643)
筹资活动现金流：				
发行普通股，包括偿还贷款和职工贷款应收利息以行使普通股	1638	61831	693	108
回购普通股	(157)	(270)	(19795)	(3070)
发行（回购）合作伙伴资本投资计划的普通股	442	(123)	—	—
可换股优先股股息支付	(208)	(104)	—	—
赎回可赎回优先股	(5131)	—	—	—

续表

年份	2014 （百万元）	2015 （百万元）	2016 （百万元）	2016 （百万美元）
收购子公司剩余的非控股权益	（9）	—	—	—
合并子公司向非控制性权益支付的股利	—	（61）	（3）	—
非注册资本注入	—	174	56	9
被视为处置对子公司的部分权益，扣除相关费用	—	6	—	—
股份激励的税收优惠	—	—	725	112
与小额贷款有关的担保借款收益	53195	88422	—	—
偿还与小额贷款有关的担保债券	（46029）	（82269）	—	—
流动性银行存款收益	681	25804	28208	4374
流动性银行借款偿还	（423）	（24734）	（26349）	（4086）
非现金银行存款的收益	30153	19602	765	119
偿还非流动性银行借款	（24788）	（49538）	（146）	（23）
无抵押优先票据的收益	—	48757	—	—
筹资活动现金净额	9364	87497	（15846）	（2457）
汇率变动对现金和现金等价物的影响	（97）	（112）	466	72
增加（减少）现金和现金等价物	2649	75148	（1375）	（213）
年初现金及现金等价物	30396	33045	108193	16779
年末现金及现金等价物	33045	108193	106818	16566

注：表中为 2016 年 3 月 31 日数据。

附件二：阿里巴巴集团大事记

1999 年 9 月，马云带领下的 18 位创始人在杭州的公寓中正式成立了阿里巴巴集团，集团的首个网站是英文全球批发贸易市场阿里巴巴。同年阿里巴巴集团推出专注于国内批发贸易的中国交易市场（现称"1688"）。

1999 年 10 月，阿里巴巴集团从数家投资机构融资 500 万美元。

2000 年 1 月，阿里巴巴集团从软银等数家投资机构融资 2000 万美元。

2000 年 9 月，阿里巴巴集团举办首届西湖论剑，会聚互联网界的商业和意见领袖讨论业界重要议题。

2001 年 12 月，阿里巴巴注册用户数超过 100 万。

2002 年 12 月，阿里巴巴集团首次实现全年正现金流入。

2003 年 5 月，购物网站淘宝网于马云公寓创立。

2004 年 2 月，阿里巴巴集团从数家一线投资机构融资 8200 万美元，成为当时中国互联网行业最大规模的私募融资。

2004 年 6 月，阿里巴巴集团首次举办网商大会，期间举行首届十大网商颁奖典礼。

2004 年 7 月，淘宝网发布让买家与卖家进行即时文字、语音及视频沟通的 PC 版通信软件阿里旺旺。

2004 年 12 月，阿里巴巴集团关联公司的第三方网上支付平台支付宝推出。

2005 年 8 月 11 日，阿里巴巴与雅虎宣布双方已签署合作协议，阿里巴巴收购雅虎中国全部资产，同时获雅虎 10 亿美元投资，并享有雅虎品牌及技术在中国的独家使用权；雅虎获阿里巴巴 40% 的经济利益和 35% 的投票权。

2005 年 10 月，阿里巴巴集团接管中国雅虎。

2006 年 7 月，淘宝大学课程推出，向买家和卖家提供电子商务培训及教育。

2006 年 10 月 30 日，阿里巴巴集团对本地化生活社区平台口碑网的战略投资完成。

2007 年 1 月 9 日，阿里巴巴集团在上海宣布旗下公司阿里软件正式成立。

2007 年 11 月，阿里巴巴网络有限公司在香港联交所主板挂牌上市。同月，阿里巴巴集团成立网络广告平台阿里妈妈。

2008 年 4 月，淘宝网推出专注于服务第三方品牌及零售商的淘宝商城。

2008 年 6 月 4 日，阿里巴巴集团把旗下的中国雅虎与口碑网整合成立雅虎口碑公司。

2008 年 9 月 4 日，阿里巴巴集团宣布旗下淘宝网和阿里妈妈合并发展，同时阿里巴巴集团研发院成立。

2009 年 7 月 22 日，阿里巴巴集团宣布旗下阿里软件公司与原先隶属阿里巴巴集团的阿里研究院正式合并，合并后的公司名称仍为阿里软件。

2009 年 8 月 21 日，阿里巴巴集团宣布将口碑网拆出中国雅虎，并将其资产注入淘宝网。

2009 年 9 月 10 日，阿里巴巴集团庆祝创立十周年，同时成立阿里云计算。同月，阿里巴巴宣布收购中国领先的互联网基础服务供应商中国

万网。

2010 年 3 月，阿里巴巴更改其中国交易市场的名称为"1688"。同月，淘宝网推出团购网站聚划算。

2010 年 4 月，阿里巴巴正式推出全球速卖通，让中国出口商直接与全球消费者接触和交易。

2010 年 5 月，阿里巴巴集团宣布会将每年收入的 0.3% 拨作环保基金，以促进全社会关注环境问题并支持保育活动。

2010 年 7 月，阿里巴巴集团推出合伙人制度，以保存其使命、愿景及价值观。

2010 年 8 月，阿里巴巴收购两家服务美国小企业的电子商务解决方案供应商——Vendio 及 Auctiva。同月，手机淘宝客户端推出。

2010 年 11 月，阿里巴巴宣布收购国内的一站式出口服务供应商一达通。

2011 年 6 月 16 日，阿里巴巴集团宣布将淘宝网分拆为三家公司——淘网、淘宝网、淘宝商城。

2011 年 10 月，聚划算从淘宝网分拆，成为独立平台。

2012 年 1 月 11 日，淘宝商城正式更名为"天猫"。同月，阿里巴巴集团成立阿里巴巴公益基金会并向该基金会拨款，以支持不同范畴的公益活动。

2012 年 6 月 20 日，阿里巴巴网络有限公司（代码 1688）在香港联交所退市，市场瞩目的阿里巴巴私有化落幕。

2012 年 7 月 23 日，阿里巴巴集团宣布将调整公司组织架构，从原有的子公司制调整为事业群制，把现有子公司的业务调整为淘宝、一淘、天猫、聚划算、阿里国际业务、阿里小企业业务和阿里云七个事业群。

2012 年 9 月，阿里巴巴集团完成对雅虎初

步的股份回购，并重组与雅虎的关系。

2013 年 1 月 6 日，阿里巴巴集团宣布旗下的阿里云与万网合并为新的阿里云公司，合并后"万网"品牌将继续保留，成为阿里云旗下域名服务品牌。

2013 年 1 月 10 日，阿里巴巴集团宣布现有业务架构和组织将进行相应调整，成立 25 个事业部，由各事业部总裁（总经理）负责。

2013 年 7 月，阿里巴巴集团发布阿里智能 TV 操作系统。

2013 年 8 月，阿里巴巴集团园区迁往杭州市西溪。

2013 年 9 月，阿里巴巴集团正式推出社交网络手机客户端来往。

2014 年 2 月，作为天猫平台延伸方案的天猫国际正式推出，让国际品牌直接向中国消费者销售产品。

2014 年 6 月，阿里巴巴集团完成收购移动浏览器公司 UC 优视并整合双方业务。同月，阿里巴巴集团开始以阿里电信品牌在中国提供移动虚拟网络运营商服务。同月，阿里巴巴集团完成收购电影及电视节目制作商文化中国传播（现称"阿里巴巴影业集团"）约 60% 的股权。

2014 年 7 月，阿里巴巴集团与银泰成立合资企业，在中国发展 O2O 业务。同月，阿里巴巴集团完成对数字地图公司高德的投资。

2014 年 9 月 19 日，阿里巴巴集团于纽约证券交易所正式挂牌上市，股票代码"BABA"。

2014 年 10 月，阿里巴巴集团关联公司蚂蚁金融服务集团（前称"小微金融服务集团"）正式成立。同月，淘宝旅行成为独立平台并更名为"去啊"。

2015 年 1 月 13 日，易传媒集团宣布，阿里巴巴集团将战略投资并控股易传媒。易传媒仍保持独立运营，与阿里巴巴集团旗下营销推广平台

阿里妈妈一起，推动数字营销程序化在中国的发展，并逐步实现大数据营销能力的普及化。

2015 年 2 月 1 日，阿里巴巴集团宣布成立十亿港元的香港青年企业家基金，该基金为非营利性质。

2015 年 2 月 9 日，阿里巴巴集团宣布以 5.9 亿美元战略投资魅族科技，未透露具体持股比例。

2015 年 2 月 10 日，阿里巴巴集团宣布与蚂蚁金服集团完成重组，蚂蚁金服为支付宝的母公司。

2015 年 3 月 11 日，阿里巴巴集团宣布旗下全球批发贸易平台和英国创新借贷机构 ezbob 及 iwoca 达成战略合作，协助英国中小企业在向平台上的中国供应商购买货物时，可更方便获得营运资金。

2015 年 4 月 15 日，阿里巴巴集团宣布和香港上市的阿里健康信息技术有限公司达成最终协议。根据协议，阿里巴巴集团将转让天猫在线医药业务的营运权给阿里健康，以换取阿里健康新发行的股份和可转股债券，阿里健康将成为阿里巴巴集团的子公司。

2015 年 5 月 14 日，阿里巴巴集团宣布，已联手云锋基金对国内主要物流快递企业圆通进行战略投资。

2015 年 6 月 4 日，阿里巴巴集团与上海文广集团（SMG）联合宣布，将共同把 SMG 旗下的第一财经传媒有限公司打造成新型数字化财经媒体与信息服务集团，阿里将投资 12 亿元参股第一财经，开拓数据服务领域。

2015 年 6 月 18 日，日本软银集团、阿里巴巴集团及富士康科技集团共同宣布，阿里巴巴、富士康将向软银旗下软银机器人控股公司（SBRH）分别注资 145 亿日元，在完成注资后，阿里巴巴及富士康将分别持有 SBRH 20% 的股

份，软银则将持有 60% 的股份。

2015 年 6 月 23 日，阿里巴巴集团与蚂蚁金融服务集团联合宣布，双方将合资成立一家本地生活服务平台公司，合资公司名为"口碑"，双方各自注资 30 亿元，共 60 亿元，各占股 50%。

2015 年 7 月 8 日，阿里巴巴宣布逾亿美元战略投资魅力惠，共同打造奢侈品闪购电商平台魅力惠。交易完成后，阿里巴巴将在旗下天猫平台成立一支服务团队，支持魅力惠的快速发展。

2015 年 7 月 15 日，阿里巴巴集团宣布成立阿里音乐集团，高晓松出任董事长，宋柯出任 CEO。

2015 年 7 月 16 日，阿里巴巴集团旗下移动开放平台阿里百川宣布，将提供"10 亿创投 + 10 亿贷款"，用以扶持移动应用创业者。

2015 年 7 月 20 日，阿里巴巴集团与联合利华签署战略合作协议，帮后者将产品销售给更多的中国客户。

2015 年 7 月 29 日，阿里巴巴集团宣布对旗下阿里云战略增资 60 亿元，用于国际业务拓展，云计算、大数据领域基础和技术的研发，以及 DT 生态体系的建设。

2015 年 8 月 10 日，阿里巴巴集团与苏宁云商集团股份有限公司共同宣布达成全面战略合作。根据协议，阿里巴巴集团将投资约 283 亿元参与苏宁云商的非公开发行，占发行后总股本的 19.99%，成为苏宁云商的第二大股东。与此同时，苏宁云商将以 140 亿元认购不超过 2780 万股的阿里巴巴新发行股份。

2015 年 8 月 12 日，阿里巴巴集团与美国百货零售巨头梅西百货共同宣布，双方正式达成长期独家战略合作。梅西百货将入驻天猫国际。

2015 年 9 月 8 日，阿里巴巴集团与全球领先的零售贸易集团麦德龙宣布达成独家战略合作，麦德龙官方旗舰店将入驻天猫国际。作为德国最大的零售贸易集团，麦德龙将和阿里巴巴联手，在商品供应链、跨境电商和大数据方面紧密合作，成为阿里欧洲战略的重要合作伙伴。

2015 年 9 月 10 日，阿里巴巴集团荣膺 2015 年世界零售大会（World Retail Congress）最高奖项"年度最佳零售商"（Retailer of the Year）。

2015 年 9 月 24 日，阿里巴巴集团宣布启动"杭州 + 北京"双中心战略，并将以北京为大本营，高强度推进在中国北方地区的战略执行和业务发展。

2015 年 9 月 24 日，斯坦福商学院校友会宣布，2015 年 ENCORE 奖授予阿里巴巴集团。这是 ENCORE 奖第一次颁给中国公司，阿里巴巴集团是 ENCORE 奖历史上第 38 个获奖的公司，也是全球第一个获奖的非美国本土公司。

2015 年 10 月 13 日，阿里巴巴集团 CEO 张勇宣布，2015 年双十一指挥部将移师北京，在北京设立双十一指挥部。

2015 年 10 月 16 日，阿里巴巴集团宣布，已向优酷土豆公司董事会发出非约束性要约，拟以每 ADS（美国存托凭证）26.60 美元的价格，现金收购除阿里巴巴集团已持有优酷土豆股份外，该公司剩余的全部流通股。

2015 年 11 月 3 日，阿里巴巴集团与河北省人民政府在石家庄签署了"互联网 + 扶贫"合作备忘录。双方商定，将充分发挥阿里巴巴集团在互联网经济领域的立体化产业发展优势和影响力，在"互联网 + 扶贫"领域开展深入合作，实现优势互补、共同发展。

2015 年 11 月 6 日，阿里巴巴集团和优酷土豆集团宣布，双方已经就收购优酷土豆股份签署并购协议，根据这一协议，阿里巴巴集团将收购优酷土豆集团。这项交易将以全现金形式进行。

2015 年 11 月 11 日，阿里巴巴双十一购物狂欢节当天交易量达到 912.17 亿元，比 2014 年双十一成交额提升近60%，而2009年阿里巴巴第一次双十一的销售额仅为5200万元。这次双十一阿里巴巴申请了坚果、牛奶、蜂蜜、汽车、手表、手机等八项吉尼斯世界纪录。

2015年11月12日，阿里巴巴入选MSCI中国指数。

2015年11月27日，中国五矿集团旗下五矿发展股份有限公司与阿里巴巴集团旗下杭州阿里创业投资有限公司（简称阿里投创）联合宣布，双方达成协议共同向五矿发展下属子公司五矿电子商务有限公司（简称五矿电商）进行增资，共同打造钢铁交易B2B平台。

2015年12月1日，阿里巴巴集团在巴黎、慕尼黑同时宣布，分别任命Terry von Bibra为阿里巴巴集团德国办公室总经理、Sébastien Badault为阿里巴巴集团法国办公室总经理，均直接向阿里巴巴集团总裁迈克·埃文斯汇报，任命即时生效。同时，阿里巴巴也将在德国慕尼黑和法国巴黎设立办公室。

2015年12月2日，中国五矿集团旗下五矿发展股份有限公司与阿里巴巴集团旗下杭州阿里创业投资有限公司正式签约。双方将通过组建合资公司的方式，为所有在金属供应链上开展价值创造业务的企业及个人提供服务，打造金属交易生态圈。

2015年12月9日，阿里巴巴和国际足联在日本东京联合宣布阿里巴巴将成为国际足联俱乐部世界杯从2015～2022年的独家冠名赞助商。从2015年世俱杯起，世俱杯将正式被冠名为Alibaba E‑Auto FIFA Club World Cup。

2015年12月11日，阿里巴巴集团宣布与南华早报集团达成协议，收购《南华早报》以及南华早报集团旗下的其他媒体资产。除了报纸旗舰《南华早报》外，此次收购的媒体资产还包括南华早报集团旗下的杂志出版、招聘、户外媒体、活动及会议、教育及数码媒体业务。

2015年12月17日，阿里巴巴集团斥资12.5亿美元，成为饿了么第一大股东。

2015年12月24日，阿里巴巴集团与国家认证认可监督管理委员会信息中心正式签署合作框架协议，双方共同推出"云桥"数据共享机制，阿里巴巴成为首家直接接入国家CCC认证信息数据库的电商平台。

2015年12月29日，阿里巴巴影业集团在香港召开股东特别大会，投票表决淘宝电影和娱乐宝资产注入交易，其中已投票股东支持有关交易的比率超过99%，该项交易获得正式通过。

2016年2月5日，阿里巴巴集团在向美国证券交易委员会（SEC）提交的一份监管文件中披露信息称，其已经购入了美国团购公司Groupon的3297.2万股A类普通股，大致相当于后者在外流通股票总量的5.6%。

2016年2月12日，据韩联社报道，韩国SM公司娱乐发布的消息称，SM公司与阿里巴巴集团签署在华音乐业务和电子商务业务的战略合作协议。阿里巴巴将以第三方配股有偿增资的方式入股SM娱乐，持有SM 4%的股份，投资金额涉及355亿韩元（折合约1.95亿元）。SM将通过阿里巴巴集团和旗下阿里音乐集团在华进行网络音乐销售、营销及商品策划等活动。SM表示公司和阿里巴巴的战略合作将在多个领域产生协同效应。

2016年2月17日，阿里巴巴集团与国家发展改革委签署结合返乡创业试点发展农村电商战略合作协议。未来三年双方将共同支持300余试点县（市、区）结合返乡创业试点发展农村电商。试点采取三年滚动的实施方式，2016～2018年每年支持约100个试点地区促进返乡创业就业。

2016年3月21日下午2点57分，阿里巴巴零售平台 2015 财年交易额突破 3 万亿元。这是阿里巴巴第一次发布实时年交易额。

2016 年 4 月 1 日，阿里巴巴集团 CEO 张勇（花名逍遥子）宣布，张建锋（花名行癫）出任集团首席技术官（CTO）。张建锋除了担任阿里巴巴集团首席技术官之外，同时还将担任集团技术战略执行小组组长，除继续带领原中台事业群团队外，还负责技术保障部。

2016 年 4 月 6 日，阿里巴巴集团 CEO 张勇宣布，合一集团（优酷土豆）正式完成私有化，成为阿里大家庭一员。古永锵仍将担任合一集团主席及首席执行官。

2016 年 4 月 11 日，阿里巴巴集团 CEO 张勇宣布，任命蒋芳（原副 CPO）为阿里巴巴集团首席人才官（CPO）。蒋芳将接过彭蕾的接力棒，全面负责阿里巴巴集团的人才及组织文化发展的策略和执行。彭蕾卸任阿里巴巴集团 CPO 以后，将聚焦于蚂蚁金融服务集团的工作。

2016 年 4 月 13 日，饿了么与阿里巴巴及蚂蚁金服正式达成战略合作协议，获得 12.5 亿美元投资。其中，阿里巴巴投资 9 亿美元，蚂蚁金服投资 3.5 亿美元。

2016 年 4 月 14 日，阿里巴巴集团加入国际反假联盟（IACC），成为该国际组织的首个电商成员。

2016 年 4 月 18 日，阿里巴巴集团与新西兰政府指定机构新西兰贸易发展局（NZTE）签署战略合作协议。

Baidu 百度

　　"百度"这一公司名称来自宋词"众里寻他千百度"（百度公司会议室名为青玉案，即是这首词的词牌）。"熊掌"图标的想法来源于"猎人巡迹熊爪"的刺激，与李博士的"分析搜索技术"非常相似，从而构成百度的搜索概念，也最终成为百度的图标形象。在这之后，由于在搜索引擎中大都有动物形象，如 SOHU 的狐、Google 的狗，而百度也便顺理成章称作了熊，百度熊便成了百度公司的形象物。

李彦宏

百度董事长及首席执行官

李彦宏，48 岁，中国国籍，百度公司创始人、董事长兼首席执行官，全面负责百度公司的战略规划和运营管理。1968 年，李彦宏出生在山西阳泉一个普通的家庭。1987 年，李彦宏以阳泉市第一名的成绩考上了北京大学图书情报专业（即现在的信息管理）。1991 年，李彦宏毕业后前往美国布法罗纽约州立大学继续深造，完成计算机科学硕士学位，先后担任道琼斯公司高级顾问、《华尔街日报》网络版实时金融信息系统设计者，以及国际知名互联网企业——Infoseek公司资深工程师。李彦宏所持有的"超链分析"技术专利，是奠定整个现代搜索引擎发展趋势和方向的基础发明之一。2000 年 1 月，李彦宏创建了百度。经过十多年的发展，百度已经发展成为全球第二大独立搜索引擎和最大的中文搜索引擎。百度的成功，也使中国成为美国、俄罗斯和韩国之外，全球仅有的四个拥有搜索引擎核心技术的国家之一。2005 年，百度在美国纳斯达克成功上市，并成为首家进入纳斯达克成分股的中国公司。百度已经成为中国最具价值的品牌之一。2013 年，李彦宏当选第十二届全国政协委员，兼任第十一届中华全国工商业联合会副主席、第八届北京市科协副主席等职务，并获聘"国家特聘专家"。2014 年 10 月，在"2014 中国富豪榜"中，李彦宏以 147 亿美元身家名列第二。

九 百度公司可持续发展报告（Baidu）

（一）公司简介

百度，全球最大的中文搜索引擎、最大的中文网站。1999 年底，身在美国硅谷的李彦宏看到了中国互联网及中文搜索引擎服务的巨大发展潜力，抱着技术改变世界的梦想，他毅然辞掉硅谷的高薪工作，携搜索引擎专利技术，于 2000 年 1 月 1 日在中关村创建了百度公司。从最初的不足 10 人发展至今，员工超过 17000 人。如今的百度已成为中国最受欢迎、影响力最大的中文网站。百度拥有数千名研发工程师，这是中国乃至全球最为优秀的技术团队之一，这支队伍掌握着世界上最为先进的搜索引擎技术，使百度成为中国掌握世界尖端科学核心技术的中国高科技企业，也使中国成为美国、俄罗斯和韩国之外，全球仅有的四个拥有搜索引擎核心技术的国家之一。

从创立之初，百度便将"让人们最便捷地获取信息，找到所求"作为自己的使命，成立以来，公司秉承"以用户为导向"的理念，不断坚持技术创新，致力于为用户提供"简单可依赖"的互联网搜索产品及服务，其中包括：以网络搜索为主的功能性搜索，以贴吧为主的社区搜索，针对各区域、行业所需的垂直搜索，MP3 搜索，以及门户频道、IM 等，全面覆盖了中文网络世界所有的搜索需求，根据第三方权威数据，百度在中国的搜索份额超过 80%。

如今，百度已经成为中国最具价值的品牌之一，英国《金融时报》将百度列为"中国十大世界级品牌"，成为这个榜单中最年轻的一家公司，也是唯一一家互联网公司，而"亚洲最受尊敬企业"、"全球最具创新力企业"、"中国互联网力量之星"等一系列荣誉称号的获得，也无一不向外界展示着百度成立数年来的成就。多年来，百度董事长兼 CEO 李彦宏，率领百度人所形成的"简单可依赖"的核心文化，深深地植根于百度。这是一个充满朝气、求实坦诚的公司，以搜索改变生活，推动人类的文明与进步，以促进中国经济的发展为己任，正朝着更为远大的目标而迈进。

百度从创立发展至今，其发展阶段可以概括为三部分：

初创期（2000~2005 年）：ntegrity Partners 和 Peninsula Capital Fund 两家 VC 看好中国搜索引擎市场，联手向百度投资，它们以每股 0.25 美元各购买 A 系列可转换优先股 240 万股，总投资额为 120 万美元（双方各 60 万美元）。这笔资金对百度搜索引擎的研发起到了至关重要的作用，面对中文市场强劲的搜索需求，以及中国互联网及中文搜索引擎的巨大发展潜力，百度在 2000 年互联网泡沫时期迎难而上，成为国内首批获利的互联网企业。

成长期（2005~2013 年）：2005 年，百度在美国纳斯达克上市，一举打破首日涨幅最高等多项纪录，并成为首家进入纳斯达克成分股的中国公司。通过数年来的市场表现，百度优异的业绩与值得依赖的回报，使之成为中国企业价值的代表，傲然屹立于全球资本市场。2009 年，百度更是推出全新的框计算技术概念，并基于此理念推出百度开放平台，帮助更多优秀的第三方开发者利用互联网平台自主创新、自主创业，在大幅提升网民互联网使用体验的同时，带动起围绕用户需求进行研发的产业创新热潮，对中国互联网产业的升级和发展产生巨大的拉动效应。

转型期（2013 年至今）：随着国内网民开始从互联网的 PC 端向移动端转型，百度在 2013 年第一季度的财报发布会上宣布进入转型期，即向移动互联网公司的转型。如今，百度的目标又一次锁定 O2O，其自身的平台资源也在朝 O2O 的各个细分领域延伸，最终达到形成"移动搜索＋O2O 场景＋百度钱包"大闭环交易生态的目的。无论是陆续与餐饮、电影、旅游、景区门

票、健身等第三方商户紧密捆绑，抑或是疯狂的补贴大战，都向外界表明了百度要向 O2O 转型的决心。

截至 2015 年 12 月 31 日，百度总资产为 228.25 亿美元，股东权益为 130.01 亿美元，员工数为 41467 人。全年实现主营业务收入 102.47 亿美元，净利润为 50.07 亿美元，每股盈余为 14.74 美元。2015 年 12 月 31 日收盘价为 189.04 美元，市盈率为 12.45，总投资报酬率为 21.94%。

百度的股权结构（截至 2015 年 12 月 31 日）如图 2-9-1 所示：

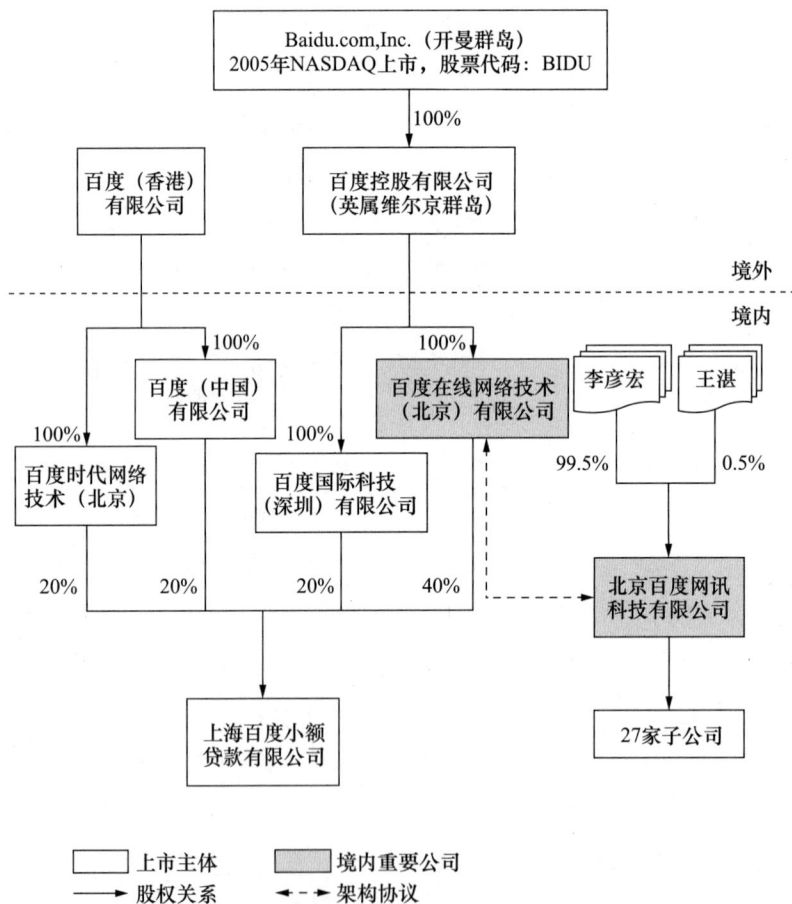

图 2-9-1　百度股权结构

（二）公司战略

面对互联网从 PC 端向移动端转型的浪潮，百度的战略也在 2015 年初开始了从"连接人与信息"到"连接人与服务"的转变。在基础搜索业务增长稳健的前提下，打造由百度糯米、百度外卖、携程去哪儿组成的 O2O 平台，由手机百度、百度地图、百度糯米组成的强入口矩阵，由百度钱包、百信银行、百安保险等组成的金融"第四极"，以无人车、度秘为代表的未来高新技术，已经实质上构成了全新的百度业务。

从整体战略上看，移动化、服务化、全球化是百度目前正在做的三件事情，接下来便从这三个维度详细介绍百度的公司战略。

1. 移动化战略——LBS 与社交连接人与服务

百度的移动化战略中有两大亮点，一个是 LBS 业务，另一个则是贴吧业务。移动服务事业群组主要是在移动互联网时代"连接人与服务"的方向上，构建生态、打穿打透、形成闭环，取得实质性的突破。

以百度地图为核心的 LBS 业务是串联百度 O2O 业务各个模块的重要组成部分。无论是打车、外卖还是团购，几乎所有的 O2O 业务都能够以百度地图的地理位置为基础进行延伸。因此，百度地图逐渐脱离了单一的地图工具的范畴，成为百度重要的流量入口。另外，2013 年启动汽车研发项目的百度，凭借在 LBS、大数据和人工智能领域多年的技术积累，已经拥有国内最先进、可与国外厂商 PK 的无人车技术，在第二届世界互联网大会上更是获得了习近平主席的高度评价。

百度贴吧是百度产品系唯一的社交类产品，其用户行为的 80% 来自移动端，超过 60% 的用户是"90 后"和"00 后"。作为百度移动化转型的先锋，百度贴吧始终保持着对新生代用户的吸引力，通过其承载的百度重要的社交账号体系，为百度不断赢得下一代网民。与此同时，百度贴吧也为百度从"人"的这一端出发实现"连接人与服务"战略奠定了无限可能。每一个贴吧都对应着一群有着清晰标签、属性的人，也有着明确的服务需求，这让百度贴吧极具社会化电商的潜力与优势。贴吧社交平台的属性让它成为整个百度的用户入口，为各项业务提供源源不断的用户流量和服务接口。作为"连接者"，贴吧在用户和服务两端的扩展力都近乎无限。

2. 服务化战略——利用流量入口和技术优势垂直撬动多行业发展

（1）O2O 业务。2015 年，百度围绕 O2O 大举投资并购：200 亿元扶持百度糯米打响 O2O 进攻战、入股 Uber 进军出行市场、主导"去哪儿与携程"合并、战略投资 e 袋洗、低调入股百姓网、投资蜜芽、收购波罗蜜涉足跨境电商等。除了在外卖及团购领域布设好百度外卖和百度糯米外，百度 2014 年底战略入股同样具有技术优势的公司 Uber。半年后，作为百度布局 O2O 的入口级 App 百度地图，开放了由 Uber 支持的叫车功能，正式打响了百度在移动出行领域的攻坚战。百度不仅完善了 O2O 生态布局，并且可以用获得的出行大数据反哺百度地图、人工智能等，提前布局车联网和无人车，Uber 则获取百度的巨大流量。除此之外，百度还与 51 用车、天天用车等达成战略合作，在专车、顺风车等细分领域构建多样化的出行场景。

百度 O2O 生态布局的另一重大举措是在线旅游市场。2015 年 10 月 26 日，百度与携程正式达成换股交易。交易完成后，百度将拥有约 25% 的携程总投票权，成为携程第一大股东，而携程将拥有约 45% 的去哪儿网总投票权，成为去哪儿网最大股东，正式加入百度系。自此，百度奠定了目前 OTA 领域的绝对领导地位。

（2）金融业务。从支付领域的宏观视角来看，支付宝发展的比较早，有先发优势，微信支付则是利用 6 亿微信用户的体量和社交关系迅速成为重要的小额支付工具。表面上看，移动支付目前已经由支付宝和微信支付所垄断，但实际上，整个移动支付领域，线下支付还存在很大的市场空白，移动支付依旧处于蓬勃发展期。在这一阶段，百度钱包希望通过糯米、外卖、携程等 O2O 业务矩阵逐渐侵蚀固有的移动支付市场，塑造自己的核心支付途径。百度钱包虽然发力较晚，但依旧具备增长空间。从最终结果看，百度钱包也确实在糯米、外卖、在线旅游等业务中获得了高速增长，截至 2015 年 9 月底，百度钱包激活账户为 4500 万，同比增长 520%。在继 2015 年 11 月先后与中信银行、安联保险合作成立百信银行、百安保险之后，2015 年 12 月 23 日，百度在证券领域再次联手传统金融机构，和国金证券合作，利用大数据技术掘金二级市场，完成了金融三大板块的全面布局。

总的来说，以往的互联网金融项目都是互联网公司单独发起的，意在颠覆传统金融，百度互联网金融起步有点晚，但走的则是互联网拥抱传统金融机构的路线。此外，百度大数据、用户画像优势和客户流量导入能力，更是百度布局互联网金融的依仗所在。以百度互联网证券业务为例，百度股市通借助百度领先的大数据深度挖掘技术和推荐引擎技术，利用大数据分析股市行情，为股民提供决策支持，在金融领域具备明显的技术优势。

3. 国际化战略——转战新兴市场

百度国际化战略首先选择重点区域进行布局，即那些处于移动互联网爆发前夜的国家市场，百度把有全球通用性且在中国做得很好的产品推向这些市场，并很快进行本地化，帮助价值变现。从全球范围来看，欧美等国用户青睐谷歌搜索，而在俄罗斯第一搜索引擎 Yandex 占据了"半壁江山"，在类似这些国家与市场先发者竞争并非易事。因此当百度决定实施国际化战略时，那些移动互联网用户增长快的新兴市场成为最好的选择。

2014 年 1 月，百度"泰语"搜索和"阿拉伯语"搜索在泰国和埃及正式上线。同年 7 月，百度"葡萄牙语"搜索也在中国和巴西两国领导人的见证下推出，并整合了百度旗下 Hao123、Spark 浏览器、百度杀毒等产品线。截至 2015 年 9 月底，百度国际化产品全球用户总数已突破 7 亿，总体 MAU（月度活跃用户）超 2.3 亿，用户覆盖全球 200 多个国家和地区。

在海外投资方面，百度的投资范围主要涵盖了美国、以色列、日本和巴西。在国内，百度最被大家所熟知的投资案例，是 2014 年底战略投资 Uber；在巴西，百度 2014 年收购了巴西最大的团购公司 Peixe Urbano，并希望借助这家公司整合资源；在日本，百度虽然退出了搜索业务，但并未放弃这块市场，百度投资了中国留学生程涛创的原生广告平台 Popln，该平台能根据读者阅读新闻的停留时间来找到他们的兴趣点，向其推送更符合读者兴趣爱好的原生广告。另外，百度对以色列似乎更是情有独钟。2014 年 10 月，百度、平安、奇虎 360 等公司共同投资了以色列 Viola 集团旗下的风投 Carmel Ventures；紧接着 12 月，百度向以色列视频捕捉技术公司 Pixellot 注资 300 万美元。2015 年 4 月，以色列互动音乐教育平台公司 Tonara 拿到百度和其投资伙伴 Carmel Ventures 共 500 万美元融资；同年 5 月，以色列在线内容推荐公司 Taboola 获百度数百万美元的战略投资。

（三）资本运营

自创立 20 余年以来，百度已经从单一的中文搜索引擎发展到现如今总估值超过 7500 亿元的商业帝国。而在百度如此快速的发展过程中，其对于资本的成功运作起到了不容忽视的作用（见图 2 - 9 - 2）。

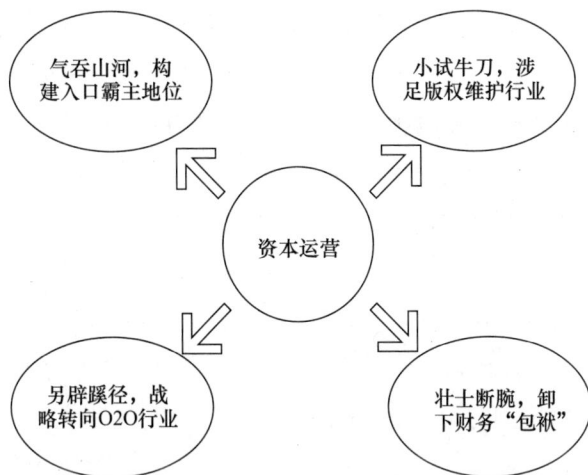

图 2 - 9 - 2 百度资本运营示意图

1. 气吞山河，构建入口霸主地位

从 2013 年收购 91 无线迅速奠定国内 App 分发量第一的位置以来，百度牢牢掌握了重要的移动入口优势。2015 年 7 月，百度入股百姓网，更是完善自身 O2O 生态圈的一个战略举措。目前在本地生活服务领域，腾讯投资了大众点评和58 同城，阿里投资了美团及口碑网，而百度只有百度糯米在支撑，因此百姓网成了百度完善本地生活服务生态圈的最佳选择。百姓网主攻信息，糯米专注于交易，百度的 O2O 战略初现端倪。百度持续将目标聚焦在开发者生态建设上，如今已逐步筑起了竞争对手难以超越的壁垒。

2015 年初，基于入口到生态的战略目标，百度手机助手针对不同层次的开发者进行了针对性很强的扶持。从国内首个手机应用特权节"周六九点档"到挖掘加速小微开发者成长的"金熊掌"奖，百度手机助手不仅颠覆了传统手机应用商店的运营模式，更是把开发者的生态建设落到实处，一步一个脚印地扩大着国内第一大应用商店的领先优势。事实证明，锁定用户最活跃的时间段，通过限时下载 App 赠送用户特权福利的形式，不仅可以帮助合作 CP（配对）以最优的性价比获得用户，同时也能为品牌带来强势曝光。

2. 小试牛刀，涉足版权维护行业

2012 年 4 月，百度与全球领先移动运营商 NTT DOCOMO（DCM）于 2011 年共同成立合资公司百度移信，以"多酷"为业务和产品品牌，共同搭建移动正版化内容及服务平台，通过自建内容及第三方合作的形式，为中国用户提供包括图书、游戏、动画及漫画在内的正版移动内容服务，并帮助版权方从这些内容中获得丰厚的流量

及资金收益。多酷书城为正版网络内容提供了最有影响力及流量的平台，让版权方从百度获取实实在在的收益，从战略层面解决了百度在手机阅读相关方面的版权问题。另外，这一模式创新为移动互联网版权保护提供了全新的思路，对推动移动互联网正版化生态建设、抑制盗版具有示范作用。

2014 年底，百度开始涉足动画和电视剧的版权业务，为拥有热门卡通形象版权的日本、韩国企业介绍希望在中国制造和销售相关商品的中国企业。百度亦建立提供卡通形象等商品化中介服务的网站，网站上发布希望在中国销售版权的海外动画公司和电视台提出的商品和价格等条件，同时招募希望制造和销售模型与玩具等影视周边商品的中国企业，通过互联网"撮合"双方的计划，以促成交易。该网站主要瞄准日韩企业，其机制是免费注册，百度在交易达成时收取手续费。2015 年 4 月，百度动漫版权 IP 交易平台测试版上线，开启中国动漫版权交易大数据时代，通过建设和完善，将逐步把百度动漫平台建设成为中国最权威的动漫版权 IP 交易平台，届时百度动漫将提供一站式的版权展示、推广、设计、销售、投资和维权等综合服务性平台。

3. 另辟蹊径，战略转向 O2O 行业

百度第一次进入 O2O 领域的投资是在 2010年，其与鼎晖千万美元参与齐家网的 C 轮投资，齐家网原是上海团购网，推出了家居团购服务中心。在过去几年中，百度一直尝试扩张 O2O，但效果并不理想，旗下爱乐活也面临三年多次转型的窘境，不得不考虑外部投资收购。于是 2013年，百度将希望投向了当时正在人人公司旗下的糯米网。2013 年 8 月，百度宣布向人人旗下的糯米网战略投资 1.6 亿美元，以获得约 59% 的

股权。5 个月后，百度宣布收购人人所持的全部糯米网股份，将糯米纳入旗下。两个月内，糯米网完成人事更替，正式更名为百度糯米。2015年 6 月，李彦宏更表示将在 3 年内拿出 200 亿元投入百度糯米业务，用于扩展用户，建设商户生态，提升用户体验，正式将百度糯米升级为百度连接本地生活服务的首要平台。

在 O2O 电影票务行业，百度除了从 2015 年起加大对糯米电影的扶持之外，还以百度文学为基础，依托 O2O 迅速向电影行业前行；其子公司爱奇艺更是以爱奇艺影业为依托向电影内容方向挺进。另外，2015 年 6 月，百度入股星美控股，后者是国内排名第二的院线公司，仅次于万达。百度糯米在借此拓展自身的线上销售渠道的同时，也帮助星美构建 CRM（线下院线的布局和线上院线用户系统的对接）系统，利用百度的大数据在未来的经营中作决策，实现精细化经营。

除此之外，2014~2015 年，百度在 O2O 大战略背景下更是进行了一轮相对频繁的投资活动，主要集中在生活类、医疗类、交通类，具体如表 2-9-1 所示。

不难看出，通过这一轮的投资布局，百度俨然已经形成了一个 O2O 商业帝国的版图。

4. 壮士断腕，卸下财务"包袱"

2015 年是百度"甩包袱"的一年。从 7 月开始先后将百度外卖、91 桌面、作业本、百度音乐等业务成功分拆，独立发展，百度称之为"航母计划"。具体说起来其实就是百度主导一个开放投资生态的体现，百度在对外投资的同时，也开放了其自身优质的资产，接受外部的投资，百度作为航母会继续给予支持，同时通过外部的资源，发挥释放业务的潜力。

表 2 - 9 - 1　2014~2015 年百度投资活动明细表

类别	事件
生活类	2014 年 6 月，参与趣活美食送 B 轮数千万美元融资
	2014 年 10 月，收购巴西最大团购网站 Peixe Urbano，未透露金额
	2015 年 4 月，参与客如云 B 轮 6600 万元融资
	2015 年 6 月，参与百姓网 E 轮 2 亿元融资
	2015 年 7 月，参与荣昌 e 袋洗 B 轮 1 亿美元融资
医疗类	2015 年 2 月，参与健康之路医护网 A 轮数千万美元融资
交通类	2014 年 12 月，6 亿美元战略投资 Uber，这一举动被外界看作百度迈向 O2O 进程中最重要的一步
	2015 年 3 月，参与 51 用车 C 轮数千万美元融资
	2015 年 3 月，参与优信拍 C 轮 1.7 亿美元融资
	2015 年 4 月，参与天天用车 C 轮数千万美元融资

（1）分拆去哪儿网。2015 年下半年，百度完成去哪儿与携程的股权置换，最终拥有约 25% 的携程总投票权，更被外界认为是卸下了一个大的财务"包袱"。根据财务报表显示，百度 2015 年第四季度其他收入的净值为 242.94 亿元，远高于 2014 年同期的 9610 万元；第四季度及全年的每股美国存托凭证（ADS）收益分别为 70.92 元、95.15 元，而若不计入百度与携程置换去哪儿股权所带来的净收入，百度第四季度及全年的每 ADS 收益分别降低至 7.61 元、32.49 元。从财务报表中不难看出此次对去哪儿网的资产剥离给百度带来的正面收益。

（2）爱奇艺私有化。除了去哪儿网之外，百度的另一个大包袱——一直烧钱的视频业务爱奇艺也在猴年春节期间，收到李彦宏和爱奇艺首席执行官龚宇提出的私有化要约：以 28 亿美元的整体估值（不含现金和债务），收购百度持有的爱奇艺 80.5% 的全部已发行股份。从财报数据可看出，百度第四季度在运营成本、内容成本上均有小幅上涨，且均有来自爱奇艺的成本增长，一旦爱奇艺私有化完成，一是百度可以将爱奇艺相关的内容成本支出剔除百度财报，让业绩更好看，二是爱奇艺也可以在国内资本市场寻求更多的不仅仅局限于资金方面的支持，而李彦宏身在财团仍能保持对爱奇艺的掌控，未来爱奇艺与百度能继续在多项业务上发挥战略协同效应，可以说是"一石二鸟"。

表 2 - 9 - 2 是对百度自成立以来投资收购业务的总结。

表 2 - 9 - 2　百度投资与收购业务明细表

时间	事件
2004 年 8 月	百度以 1000 万元收购 hao123
2006 年 7 月	百度以 3000 万元收购天空软件
2006 年 7 月	百度收购千千静听
2009 年 9 月	百度收购点讯输入法
2010 年 12 月	百度战略投资齐家网
2011 年 3 月	百度以 5000 万美元投资安居客

续表

时间	事件
2011 年 6 月	百度本次通过代办股份转让系统购买莱富特佰 290 万股股份
2011 年 6 月	百度以 3.06 亿美元投资去哪儿网
2011 年 8 月	百度收购番薯网 40% 的股份
2011 年 12 月	百度及 IDG 联合投资 36 团（后更名为知我网）千万美元
2012 年 11 月	百度收购美国私募公司普罗维登斯资本（Providence Equity Partners）所持有的爱奇艺股份
2013 年 1 月	百度收购亿思创世
2013 年 2 月	百度全资收购点心移动
2013 年 5 月	百度以 3.7 亿美元收购 PPS
2013 年 5 月	百度收购捷通华声
2013 年 7 月	百度以 19 亿美元全资收购网龙控股子公司 91 无线
2013 年 7 月	百度收购 TrustGo
2013 年 8 月	百度以 6000 万美元收购了悠悠村
2013 年 11 月	百度投资百分之百数码科技
2013 年 12 月	百度以 1.9 亿元收购纵横中文网，意欲布局网络文学
2013 年 12 月	百度以 1500 万美元投资 YOKA 时尚网
2014 年 1 月	百度全资收购团购网站糯米
2014 年 4 月	百度以 8000 万美元投资沪江网
2014 年 4 月	百度以 2000 万美元投资猎豹移动
2014 年 5 月	百度以 2000 万美元投资蓝港互动
2014 年 7 月	百度投资万学教育
2014 年 8 月	百度以 3000 万元全资收购传课网
2014 年 9 月	百度以 1060 万美元投资智客网
2014 年 9 月	百度以 1000 万美元投资室内导航技术服务商 IndoorAtlas
2014 年 10 月	百度收购巴西最大团购网站 Peixe Urbano
2014 年 12 月	百度投资 Uber
2014 年 12 月	百度以 300 万美元投资以色列视频捕捉技术公司 Pixellot
2015 年 2 月	百度投资神奇工场
2015 年 3 月	百度以 1.7 亿美元投资二手车电商平台优信
2015 年 4 月	百度与天星资本联合投资客如云 6600 万美元
2015 年 4 月	百度投资 51 用车
2015 年 4 月	百度投资天天用车
2015 年 5 月	百度投资 Taboola
2015 年 6 月	百度追投糯米 200 亿元
2015 年 6 月	百度投资华视互联
2015 年 6 月	百度投资 16wifi
2015 年 6 月	百度投资星美控股 1.5 亿港元
2015 年 6 月	百度全资收购日本 popin
2015 年 7 月	百度投资 e 袋洗 1 亿美元，试水洗涤 O2O 产业
2015 年 7 月	百度投资百姓网
2015 年 7 月	百度追投 Uber 中国

（四）商业模式

商业模式是为了实现客户价值最大化，把企业运行的内外各要素整合起来，形成一个完整的、高效率的、具有竞争优势的运行系统，并通过提供产品和服务使系统达成持续盈利的目标。

如图 2 - 9 - 3 所示，接下来对于百度的商业模式将从价值主张、价值支撑和价值保持这三方面来进行详细介绍。

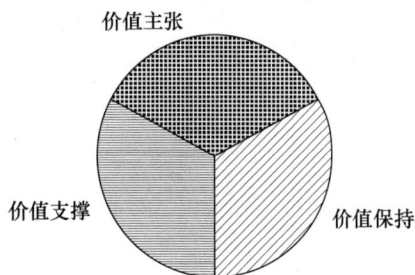

图 2 - 9 - 3 百度商业模式的三方面

1. 价值主张

在商业模式的基本要素中，最一致认同的要素是价值主张，价值主张是核心界面中那部分能够为客户、伙伴或内部员工创造价值并最终为企业带来显著价值的要素形态或要素形态组合，阐述了企业如何创造或挖掘价值。它包括两个层次的内容：先是由具体要素或其组合来指明能够创造价值的部位；然后是由具体要素形态或要素形态组合明确在这些部位发掘价值所采取的方式。

（1）积极地满足客户需求并拓宽目标客户群体。百度针对的目标客户主要是以学生为主的中国网民及一些海外华侨，客户群体较为年轻，总体流量较高。一直以来百度都在不断地挖掘并满足各种不同的需求，例如，以网络搜索为主的功能性搜索，以贴吧为主的社区搜索，针对各区域、行业所需的垂直搜索，MP3 搜索等，几乎全面覆盖了中文网络世界的搜索需求。

此外，百度也一直在积极地拓展自己的目标客户。2007 年 4 月 25 日百度盲道的发布为盲人提供了上网的机会；之后百度根据中老年用户的需要，简化了中老年用户上网搜索信息的程序。为了实现全域覆盖、精准服务、多元呈现的目标，百度正从单一搜索引擎向全域营销平台转型。

（2）充分利用本土化优势，丰富服务内容，增加业务范围。在中文网页和信息搜索方面，百度充分利用了其本土化的优势，与 Google 相比更加实用和易用。百度率先创造了以贴吧、知道、百科、空间为代表的搜索社区，最大程度上满足用户的心理和精神需求。基于庞大的用户动态数据库以及搜索关键词解析，百度能反映用户需求、地域分布及消费趋势，这为企业快速定位目标客户提供了可靠的保障，因此百度成为企业广告渠道的首选。总的来说，在实际应用方面，百度免费提供用户想要的各种信息；在情感方面，百度提供发表个人信息资源和观点的平台（见表 2 - 9 - 3）。

表 2 - 9 - 3 百度的服务产品项目一览表

项目	具体产品
搜索服务	百度软件中心、百度翻译、百度地图、百度学术、百度票务、百度房产、百度外卖、桌面百度等
导航服务	hao123 网址导航、百度网址大全、百度口碑等
社区服务	百度安全论坛、百度文库、百度网盘、百度百科、百度贴吧、百度知道、百度经验、百度钱包、百度阅读、百度旅游、百度相册、百度金融、百度糯米、百度产品论坛等
游戏娱乐服务	91 手游网、百度游戏、百度应用、百度爱玩、百度电视游戏等
移动服务	百度理财、百度传课、百度手机助手、百度手机输入法、百度魔图、百度手机卫士、百度音乐 App 等
站长与开发者服务	站长平台、百度推荐、广告管家、百度指数、百度商业服务市场、百度司南、百度联盟、百度统计、百度语音、百度云观测、百度云推送等
软件工具	百度脑图工具、百度影音、百度浏览器、百度 hi、百度杀毒、百度卫士等
其他服务	百度公益、百度营销研究院、百度认证等

2. 价值支撑

价值支撑是指核心界面中那些为实现价值主张所必须采取的要素形态或形态组合。它是将在哪些环节和如何保证价值得以创造的概要表达。价值支撑是一个公司得以持续发展的根本保证，包括两部分内容：一是有关键活动方式组合来指明能够支撑价值挖掘的部位，二是明确这些部位支撑价值挖掘的方式。

（1）专注于搜索技术的研发。在搜索引擎发展初期，作为百度创始人、董事长兼首席执行官的李彦宏就是全球最早研究者之一，最先创建了 ESP 技术，并将它成功应用于 INFOSEEK/GO. COM 的搜索引擎中。1996 年，他首先解决了如何将基于网页质量的排序与基于相关性排序完美结合的问题，并因此获得了美国专利。GO. COM 的图像搜索引擎是他的另一项极具应用价值的技术创新。这些搜索技术上的领先只是百度创业初期的基础，在其以后的发展过程中，百度一直希望用技术来改变世界，它先后开发"网事通数据库检索"软件、IE 搜索伴侣、"智能起价"系统、"框计算"等一系列的技术，也正是这些技术的支撑百度才得以这么快速的发展。

（2）竞价排名。百度的盈利主要来自比较成熟的竞价排名、为其他网站提供搜索服务、网络广告和融资等，其中竞价排名占了最大的比重。竞价排名的基本特点是按点击付费，推广信息出现在搜索结果中（一般是靠前的位置），如果没有被用户点击，则不收取推广费。它拥有见效快、关键词数量无限制、不分难易程度等优点，可以灵活控制网络推广投入，用少量的投入就可以给企业带来大量潜在客户，有效提升企业销售额和品牌知名度。2006 年，为了改善用户体验，百度宣布全面提出智能排名功能，不再以竞价价格高低作为排名的唯一依据，而是综合考虑关键词质量及竞价价格的影响，以"综合排名指数"作为排名的标准。百度通过智能排名模式的推出，提高了搜索结果的相关性及用户的感受，有效增加用户黏性，赢得了更加长远的发展机会。

（3）积极地和各方合作。最初的百度定位于中小型企业，通过竞价排名，使用少量的投入就可以给他们带来大量潜在客户，有效提升了企业销售额，极大地促进了中国数十万中小企业的生存与发展。随着规模的扩大，百度开始与全球以及以中国 500 强为主的大型企业合作，为它们提供品牌推广；借助着超大流量的平台优势，百度联合很多优质的各类网站，建立了世界上最大的网络联盟。2008 年 1 月 23 日，百度日本搜索服务在日本正式发布，标志着百度全面启动国际化战略。

3. 价值保持

价值保持是指那些防护价值支撑和价值主张免受侵蚀和伤害的要素及其形态组合。价值保持涉及的范围具体包括：①核心界面中价值主张和价值支撑以外的其他重要的相关要素及其形态组合；②平台界面、顶板界面等关联界面中有影响力的相关要素及其形态组合；③客户环境、伙伴环境、平台环境、顶板环境与内部环境之间的关联互动。

百度的优势主要在于本土化强，很好地融合了中国文化、用户体验、交易习惯等，抓住了网民的需求，此外它的基础设施强大，渠道策略比较完善，收入来源多元化程度相对较高。它的劣势主要在于国际化程度很低，收入虽然与以前相比有很大的进步，但是整体而言却比不上Google；与各方的沟通不够通畅，时有"状告"恶意点击、MP3 搜索下载侵权、百度文库侵权等案件出现,不管百度最后是否胜出,这些问题在一定程度上都影响了百度的声誉和品牌价值;公司发展很快,公司的决策层的经验不足,这无疑给百度带来了很大的风险和挑战。

(五) 市场概况

1. 中国搜索引擎市场概况

根据 CNNIC(中国互联网络信息中心)发布的《2015 年中国网民搜索行为调查报告》显示,百度搜索无论是在市场综合占有率、移动端渗透率还是 PC 端渗透率上皆居榜首。

在综合搜索引擎品牌渗透率的排行中,百度搜索以93.1%的用户渗透率位居第一,而 360 搜索/好搜搜索与搜狗搜索(含 SOSO)则以 37.0%和35.8%分列第二与第三(见图 2 - 9 - 4)。

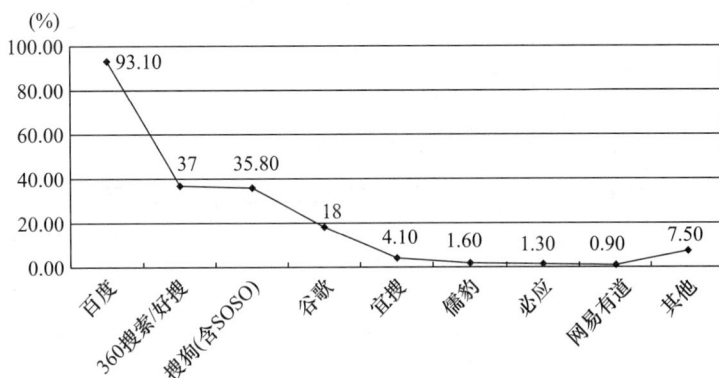

图 2 - 9 - 4 综合搜索引擎品牌渗透率

资料来源:CNNIC 2015 年中国网民搜索行为统计调查。

在 PC 端搜索引擎用户中,百度搜索以92.4%的使用比例领跑品牌市场,超过 360 搜索/好搜搜索的 37.1%与搜狗搜索(含 SOSO)的 32.5%(见图 2 - 9 - 5)。

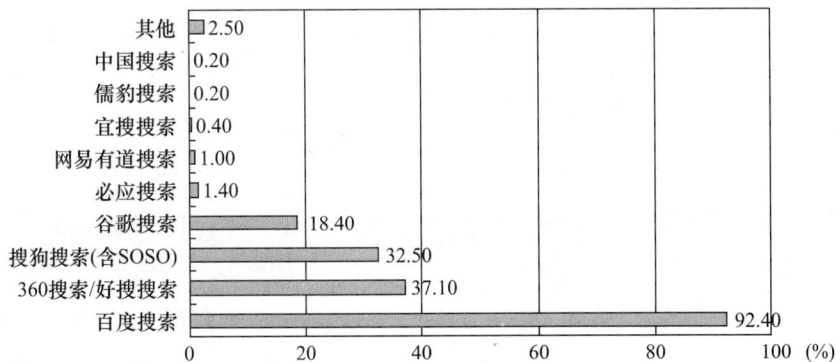

图 2 - 9 - 5 PC 端综合搜索引擎品牌渗透率

资料来源:CNNIC 2015 年中国网民搜索行为统计调查。

此外，在移动端入口分散、用户黏性难以把握的背景下，百度搜索在手机端也表现出了不俗的成绩，以 87.5% 的用户比例位列第一，而搜狗搜索（含 SOSO）与 360 搜索/好搜搜索则分别为 22.7% 与 20.9%（见图 2-9-6）。

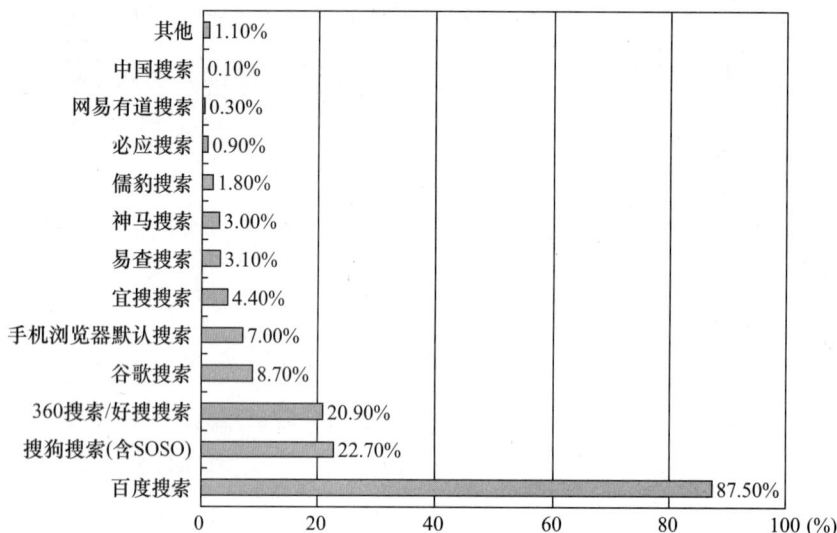

图 2-9-6　手机端综合搜索引擎品牌渗透率

资料来源：CNNIC 2015 年中国网民搜索行为统计调查。

从数据中看出，在资本如此动荡，各个领域都在不断合并抱团的环境下，搜索行业仍然保持着一超多强的格局。"百度一下，你就知道"已不知不觉形成了一道厚重的护城河，百度在国内的搜索市场几乎已经占据了垄断性地位。

2. 总体财务概况

（1）总营收及净利润。如图 2-9-7 所示，百度 2015 年总营收为 663.82 亿元，比 2014 年增长 35.3%。其中网络营销营收为 640.37 亿元，占总营收比达到 96.47%，比 2014 年增长 32.0%。百度 2015 年活跃网络营销客户数量约为 104.9 万，比 2014 年增长 29.0%。百度 2015 年来自每家网络营销客户的平均营收约为 6.05

万元，比 2014 年增长 1.9%。百度 2015 年净利润为 336.64 亿元，比 2014 年增长 155.1%。但这其中很大一部分是来自百度与携程置换去哪儿股权所认列的投资收入。如果去除这一部分，百度 2015 年的运营利润为 116.72 亿元，与 2014 年相比小幅下降，但这可能是百度决心布局 O2O 业务不惜利润率下降的体现。

（2）成本。图 2-9-8 显示，销售、总务和行政支出及研发支出两项共占据了百度 2015 年一半以上的总成本。再同往年数据对比，百度 2015 年销售、总务和行政支出为 170.76 亿元，比 2014 年增长 64.5%，百度将增长的原因归结于交易服务的促销支出增长。研发支出相较 2014 年也增长了 45.8%，而这也体现了百度在技术方面的更高追求。

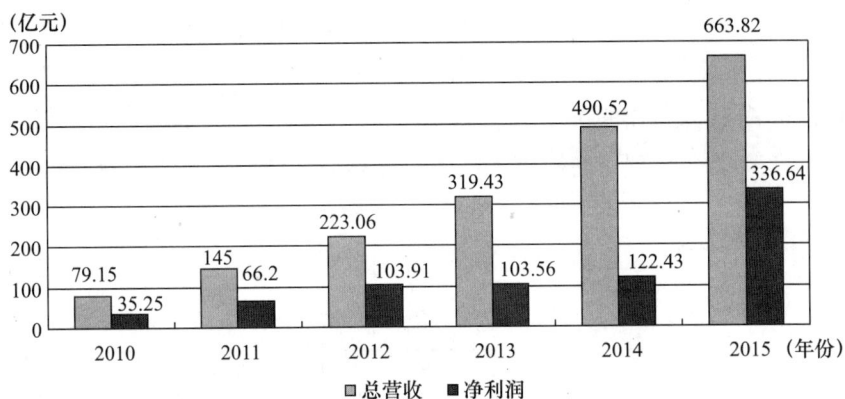

图 2 - 9 - 7　百度 2010~2015 年营业收入与净利润情况

资料来源：百度年报。

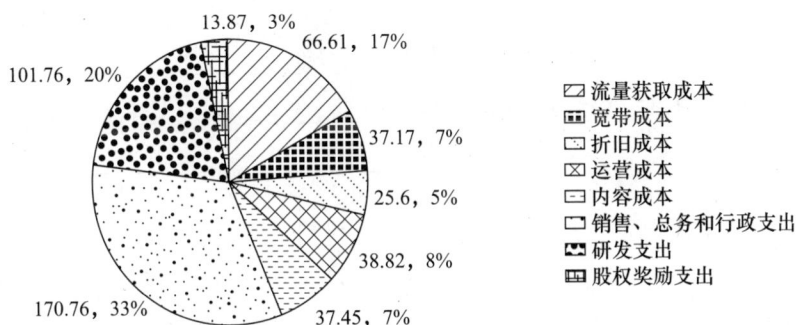

图 2 - 9 - 8　百度 2015 年成本概况

3. 其他业务概况

百度在 O2O 领域已经花费重金，形成了一个以满足移动互联网用户生活需求为核心的服务平台：先是花了 1.6 亿美元占股糯米网 59%，继而全资收购，并声称将在 3 年内对糯米网业务追加投资 200 亿元；百度外卖高速发展成为美团的最大对手；投资 Uber、51 用车、天天用车、客如云、百姓网、e 袋洗等一大批和 O2O 及服务有关的公司。

通过收购和原有的服务，如手机百度、百度地图、百度外卖、百度糯米、爱奇艺、去哪儿、Uber 等内外部伙伴合作，百度同时完成了自己在社交化、金融化也即交易化上的布局。前者不

难理解（只要涉及服务，必定会出现强弱关系的社交），后者则意味着在支付宝和微信支付竞争激烈的市场中，百度通过创造票务、出行、外卖等场景，找到了自己的切入点，让百度钱包成为一款快速增长的第三方移动支付工具。

在整个 2015 年，百度的转型战略初步成功，已经完成了从搜索到内容、服务、支付的交易闭环，成为一个全面覆盖各类服务和场景的入口。

另外，百度也对自己的多元化业务进行更为精细化的管理和梳理，这也让它的发展重点更为突出，避免了分散精力。2015 年，百度提出了"航母计划"，该计划指引入外来投资者，将旗下出血量大暂时没收益的项目独立出去，单独融资上市，既不拖累百度财报，又能得到更大的空

间发展。随后，在 2015 年 10 月，携程与百度达成一项股权置换交易。交易完成后，百度因此成为携程最大股东，携程则实现控股去哪儿的目标。2016 年初，百度董事会收到来自百度 CEO 李彦宏和爱奇艺 CEO 龚宇非约束性提议，在爱奇艺估值 28 亿美元基础上，收购百度持有的爱奇艺 80.5% 已发行股份——爱奇艺私有化也属于该航母计划实施的结果。

（六）经营和财务绩效

表 2 - 9 - 4　百度 2013～2015 年度经营与财务业绩比较　　　单位：百万美元

项目	2015 年	2014 年	2013 年
收入	10247	7905	5276
总资产	22825	16063	11726
净利润	5007	1973	1710
净利润率（%）	48.86	24.96	32.41
总资产报酬率（ROA）（%）	21.94	12.28	14.58
净资产报酬率（ROE）（%）	38.51	22.46	25.46
资本性支出（CAPEX）	803	778	453
CAPEX 占收比（%）	7.83	9.84	8.59
经营活动净现金流	2998	2890	2278
每股经营活动净现金流（美元/股）	8.50	8.19	6.49
自由现金流（FCF）	2195.57	2112.00	1825.00
自由现金流占收比（%）	21.43	26.72	34.59
每股盈利（EPS）（美元/股）	14.73	6.03	4.95
每股股利（DPS）（美元/股）	0	0	0
股利支付率（%）	0	0	0
主营业务收入增长率（%）	29.63	49.83	47.76
总资产增长率（%）	42.10	36.98	59.97
净利润增长率（%）	153.76	15.38	2.52
经营活动现金流增长率（%）	3.75	26.87	18.31
资产负债率（%）	43.04	45.31	42.71
流动比率（%）	299.71	324.81	390.01
总资产周转率（次）	0.45	0.49	0.45
股息	0	0	0
内部融资额	5402	2293	1963
研发支出	1571	1125	678
研发支出占收比（%）	15.33	14.23	12.86

表 2 - 9 - 5 百度轻资产运营特征一览表

序号	项目	2015 年	2014 年	2013 年
1	现金类资产比重（%）	45.94	57.87	54.13
2	应收账款比重（%）	2.66	3.68	3.13
3	存货比重（%）	0	0	0
4	流动资产比重（%）	52.91	66.06	60.62
5	固定资产比重（%）	7.19	8.73	7.57
6	流动负债比重（%）	17.65	20.34	15.54
7	应付账款比重（%）	12.07	13.01	10.37
8	无息负债比重（%）	9.41	9.33	7.24
9	有息负债比重（%）	23.02	23.68	24.27
10	留存收益比重（%）	50.50	47.82	48.64
11	营运资金（百万美元）	8048	7345	5285
12	现金股利（百万美元）	0	0	0
13	内源融资（百万美元）	5402	2293	1963
14	资本性支出（百万美元）	803	778	453
15	现金储备（百万美元）	10486	9295	6348
16	自由现金流（百万美元）	2196	2112	1825

（七）内控与风险管理

百度作为全球第一大中文搜索引擎服务提供商，拥有巨大的客户群，随着公司业务的急剧扩张，企业面临的风险种类也越来越多，百度需要一套较为成熟的与之匹配的内控与风险管理制度。接下来就从百度的内部控制制度和风险种类两方面进行详细介绍。

1. 内部控制制度

（1）不相容职务分离控制。不相容职务分离控制的核心是内部牵制。百度的各业务部门之间相互依赖、互相支持，业务部门和行政部门之间紧密合作，做到资源共享、分工合作、互相牵制。为遵循不相容职务分离的原则，百度将财务机构和审计机构独立分设。

在遵循以上原则的同时，还考虑到各个岗位的权限和相互关系。百度认为内审部门虽然更了解企业的实际情况，但其对法律法规的了解不及

企业的咨询顾问，因此，在上新系统或对业务模式进行变更时，业务部门会就可能给流程控制带来的影响咨询内审部门，内审部门参与流程的设计，给出建议，还定期或不定期地向审计委员会汇报工作，及时提出问题，然后借助内部控制解决问题。

（2）授权审批控制。授权控制的基本原则是依事不依人、不可越权授权、适度授权、监督。百度要求企业内部各级管理人员必须在授权范围内行使职权和承担责任，业务经办人员必须在授权范围内办理业务。

百度是一个充分授权的公司，在管理的各个层面上，均以新人、责任和沟通为正确决策的前提。当出现不同意见时，本着开诚布公的原则处理，即谁的数据充分、事实确凿、逻辑严谨、接近客观，就按谁的意见办。这种沟通方式是开放、直接和有效的，从而为百度带来务实和坦诚的一致行动。

（3）会计系统控制。百度承诺向相关政府

的监管机构和公众披露的财务状况和经营成果信息均为完整的、充分的、准确的、及时的和可以理解的，要求其员工须遵守所有适用的有关财务核算、报告、估算和预算的法律、法规和制度，不允许披露不准确、不完整和不及时的报告。

（4）财产保护控制。百度要求所有员工保守其担任公司职务期间获取的涉及公司业务、技术等方面的属于公司财产的保密信息，不得将其私自透露给第三方，从而保证公司利益不受损害。员工有义务保护委托给他们的公司财产（包括但不限于公司拥有的信息、技术资料、软件、信息系统资源、建筑物、设备、文件以及荣誉证书等）不被丢失、损坏、不当使用、读取及盗窃。即将离开公司的任何员工必须归还全部公司财产，包括文件或含有公司信息的存储材料，不得保留备份。

（5）预算控制。为了编制预算，百度开发并运行了一套内部会计控制和流程系统，如书面政策和方针、上级审查和监控、预算控制和各种其他的检查和结算，以合理确保商业交易得到了正当授权，并且在公司的账簿记录上进行了完全和准确的记录，以此来确保财务信息的完整、公允、充分、准确、及时和可理解，有利于预算编制更加科学合理。

在执行预算的过程中，百度要求各位员工都熟悉并严格遵守内部控制制度和披露机制程序。在提供信息时不得对本公司的内部和外部审计人员有所保留，严格禁止对资金、付款或收款不予记录或进行隐瞒，并且应监管并及时报告导致不准确和不完整财务报告的可能。

百度进行严格的预算考核，对企业内部责任部门预算执行结果进行公正的评价，并将考核结果和执行者薪酬挂钩，实行奖惩制度，即预算激励，确保预算目标的实现。

（6）绩效考评控制。目标管理是百度的考核制度。考察的最终目的是让员工发挥最大潜能。其不要求员工上下班打卡，没有固定作息时间的要求，更不安放监视器，尽管公司允许员工下午四点即可离开，但很少有人在晚上六点前就离开。

此外，百度的升迁制度规定，升任到高一级职位的员工，必须会做低一级职位的工作，而且做得更好。管理者通过被管理者的工作周报、研究报告、例会发言、编写的代码等来判断其在过去的一周是否努力工作。

2. 风险种类

（1）品牌风险。不可否认，百度自身的品牌对公司业务的成功作出了巨大的贡献。因此，保持和加强"百度"品牌对于增加用户、客户和百度联盟成员的数量是至关重要的。尽管百度进行了各种各样的营销和品牌推广活动，但并不能保证这些活动将达到其所期望的品牌推广效果。如果不能保持和进一步促进"百度"品牌，或如果在这方面花费过多的费用，百度的业务和经营业绩可能受到重大影响。此外，任何有关于百度公司本身，其产品和服务、员工、商业行为、搜索结果或网站的负面新闻，无论准确与否，都很可能会损害百度的品牌形象，而百度却很难消除这些负面宣传所带来的影响。

（2）竞争风险。百度在其业务的各个方面面临激烈的竞争，包括为用户提供互联网搜索服务，为客户提供网络营销服务，以及提供交易或互联网视频服务。在中国互联网市场，百度的主要竞争对手有腾讯、阿里巴巴和奇虎360。百度与这些竞争对手在用户流量、质量（相关性）、安全性、搜索结果的用户体验、可用性、客户数量、分销渠道和相关的第三方网站/Web 站点的数量等方面进行交锋。在交易服务方面，百度的主要竞争对手有美团、大众点评和口碑。对于百度旗下的爱奇艺而言，其作为在线视频网站的主要竞争对手有优酷土豆和腾讯视频。

总的来说，百度的一些竞争对手有显著的财务资源、悠远的经营历史，并在吸引和管理客户方面有深厚的经验。通过利用自己的经验和资源，它们以各种方式与百度竞争，包括竞争更多的用户、客户、经销商、商家、内容、战略合作伙伴和第三方网站/Web 站点网络，在研发和收购上投资更多。如果竞争对手提供了类似的或更好的中文搜索体验，交易服务或互联网视频服务，百度的用户流量就会随之下降。

另外，百度还面临着来自其他类型的广告媒体的竞争，如报纸、杂志、广告牌、其他形式的户外媒体、电视、广播和移动应用。国内的大公司一般习惯于分配它们大部分的营销预算在传统的广告媒体，而只有很少的一部分在线上营销。如果这种情况仍然持续甚至百度现有的客户减少他们花在线上营销的金额，百度的经营业绩和增长前景就将面临很大的风险。

（3）产权风险。百度一般是依靠法律和保密协议来维护其自身知识产权。然而目前国内的有关知识产权的法律还不太健全，百度很难杜绝在其技术未付出代价的情况下遭到未经授权的复制或盗用。此外，百度的竞争对手也可能借此提高其提供的产品和服务质量，从而损害百度的业务和竞争地位。面对这样的情况，百度只能通过诉诸法律以维护自身的知识产权，但是这样往往会导致大量的时间成本以及社会对这一诉讼的高关注，进而产生对公司本身的负面效应。

（4）外汇风险。百度的收入和成本大部分是以人民币计价的，而其现金和现金等价物的一部分，以及短期金融资产、长期贷款和应付票据是以美元为单位的，其外汇风险敞口主要涉及那些以美元计价的金融资产和金融负债。因此一旦人民币对美元的汇率出现重大波动就可能对百度

的盈利和财务状况产生重大影响。此外，百度从 2007 年底开始在日本的业务运作，因此百度将在没有使用任何金融衍生工具对冲人民币外汇风险的情况下，承受美元或日元汇率波动给公司带来的影响。

（5）利率风险。百度的利率风险主要涉及多余的现金投资于短期金融工具，如原始期限不到一年的债券，还有就是长期持有期限超过一年的证券。无论是固定利率还是浮动利率的投资工具都有一定的风险。固定利率证券可能由于市场利率上升使其市场价值受到不利的影响，而浮动利率证券可能产生的收入低于其预期。由于利率的不确定性，百度未来的投资收益可能会由于利率的变动而导致预期收益的下降。

（八）前景展望

1. 技术为王，延续 PC 时代的绝对优势

从被华尔街误读，到逐渐被投资者看清其在移动互联网时代建立搜索＋服务交易的商业模式，百度之所以具有长期投资价值，是因为它始终坚持作为一家"技术驱动型"公司出现，这使得它和谷歌一样，核心价值并没有在转型中被所谓的"多元化"分散或者冲淡。

对百度来说，要全面转型移动互联网，技术显得更为重要，尤其是语音输入、图像搜索等技术，在移动互联网时代是百度用来争夺入口的关键。此外，由于中国超过 6 亿的互联网用户正在转为使用智能手机，中国的互联网巨头都在用户服务领域展开激烈竞争。腾讯和阿里巴巴目前都在进行数十亿美元的大手笔投资，收购那些能够帮助提升其竞争力的业务。和前两者相比，百度的核心优势一直在于技术。它在移动领域和人工智能领域进行了大量投入，目的是超越传统的搜索与识别，处理更多维的信息，这里面包括了语

音、图片、视频、地理位置等。

百度的理想是通过人工智能、大数据分析等技术为用户在现有的O2O及任何基于移动互联网的服务平台（包括竞争对手的）之上架构一个更为庞大的搜索和服务平台，变成用户离不开的一个全新的聚集流量的入口和工具——百度就能在移动端设备上延续自己在PC时代搜索和服务的绝对优势。

2. O2O 生态形成完整闭环，释放百度金融的潜能

在百度的金融生态中，百度钱包无疑是不可或缺的一环。2015 年第四季度末，百度钱包有 5300 万激活账户，9 月为 4500 万，并正在继续快速增长。数据显示，百度钱包活跃用户数同比增长了 189%。移动支付对整体互联网金融业务的推动作用自然不言而喻，无论是阿里巴巴、腾讯还是百度，它们的互联网金融之路都通过移动支付切入。

百度钱包开启时间虽短，但一直以来飞速发展。从"宝宝"类产品到大数据股指基金的创新，从基金理财到保险、证券、互联网银行的突进，百度钱包在互联网金融的布局扩展上可以说独树一帜。前不久，百度钱包宣布在泰国上线境外支付业务，境外游用户可在曼谷、普吉、清迈、芭提雅四个城市通过百度钱包扫码完成境外支付，通过跨境消费场景渗透更多海外市场，进一步完善了其全球化生态布局，而这也给百度金融创造了更多的场景。

百度金融业务与百度 O2O 业务已经形成了很大关联，由消费金融、第三方支付等组成的互联网金融是百度完成 O2O 战略闭环的重要环节。百度钱包活跃用户数的增多带动了自家 O2O 业务的显著增长，这也象征着百度金融的潜能正在释放。以百度钱包为核心的百度金融业务将会成为百度最大的看点。金融作为经济的塔尖，潜在的收益不可忽视，百度又有大数据在手，并与银行、保险、证券等机构建立了广泛的合作，在可预见的未来，百度金融将成为百度未来的盈利核心之一。

附件一：百度财务报告（2015 年）

1. 合并资产负债表

单位：百万元（除每股数额外）

年份	2015	2014
资产		
流动资产：		
现金及现金等价物	9959.93	13852.73
限制性现金	96.00	413.01
短期投资	57969.24	42698.83
应收账款	3927.56	3664.45
应收关联方	1940.56	0.05
其他流动资产	4340.68	3407.43
流动资产合计	78233.66	64036.49

年份	2015	2014
非流动资产：		
固定资产净值	10627.13	8705.36
无形资产净值	3334.62	3574.36
商誉	15395.57	17418.90
长期投资净额	37958.59	3544.92
递延所得税资产净额	1008.17	944.08
应收关联方	9.73	—
其他非流动资产	1285.84	893.95
非流动资产合计	69619.65	35081.57
资产合计	147853.31	99118.06
负债和所有者权益		
流动负债：		
短期借款	100	93
应付账款及应计负债	17840.19	12964.89
预收账款	5420.23	4296.44
递延收入	375.67	164.81
递延收益	559.86	518.54
一年内到期的长期借款	974.82	2167.41
应付关联方	785.95	8.39
资本租赁化债务	46.08	57.35
流动负债合计	26102.80	20270.82
非流动负债：		
递延收益	17.41	39.63
长期借款	3239.68	1860
应付票据	30702.12	21556.78
递延所得税负债	3441.29	1143.82
应付关联方	—	0.08
资本租赁化债务	8.44	50.08
其他非流动负债	125.86	144.54
非流动负债合计	37534.79	24794.86
负债合计	63637.59	45065.68
所有者权益：		
可赎回非控制性权益	3947.88	1894.50
A类普通股	0.012	0.012
B类普通股	0.003	0.003
资本附加	6402.35	3650.60
留存收益	74659.36	47701.33
累计其他综合收入（亏损）	(806.06)	(279.52)
归属于母公司股东权益合计	80255.66	51072.42
归属于少数股东权益	12.17	1085.46
所有者权益合计	80267.83	52157.88
负债及股东权益合计	147853.31	99118.06

2. 合并损益表

单位：百万元（除每股数额外）

年份	2015	2014	2013
营业收入：			
网络营销收入	64037.006	48495.215	31802.219
其他	2344.723	5571.03	1417.05
营业收入合计	66381.729	49052.318	31943.924
营业费用：			
营业成本	(27458.030)	(18885.450)	(11471.839)
销售、管理及一般成本	(17076.383)	(10382.142)	(5173.533)
研发费用	(10175.762)	(6980.962)	(4106.832)
营业费用合计	(54570.175)	(36248.554)	(20752.204)
营业利润	11671.554	12803.764	11191.720
其他收入：			
利息收入	2362.632	1992.818	1308.542
利息支出	(1041.394)	(628.571)	(447.084)
外汇收益（亏损）	181.802	75.780	(48.379)
权益法核算下投资收益（亏损）	3.867	(19.943)	22.578
其他	24728.162	260.558	189.330
合计	26235.069	1680.642	1024.987
税前利润	37906.623	14484.406	12216.707
所得税	(5474.377)	(2231.172)	(1828.930)
净利润	32432.246	12253.234	10387.777
归属于少数股东的净利润	1231.927	943.698	162.880
归属于母公司股东的净利润	33664.173	13196.932	10550.657
其他综合收益	(350.337)	(440.623)	(196.856)
综合收益总额	32081.909	11812.611	10584.633
归属于少数股东的综合收益	1055.726	923.545	225.560
归属于母公司股东的综合收益	33137.635	12736.156	10810.193
基本每股收益（元）	95.46	37.49	30.07
稀释每股收益（元）	95.15	37.34	30.02

3. 合并现金流量表

单位：百万元

年份	2015	2014	2013
经营活动产生的现金流量净额：			
净利润	32432.246	12253.234	10387.777
将净利润调整为经营活动净现金流量：			
固定资产和计算机部件的折旧	2886.254	2223.907	1702.140
出售固定资产收益	(24.233)	(24.395)	(16.051)
无形资产摊销及授权著作权	2974.658	1748.387	949.85
递延所得税净额	2260.739	(693.448)	330.636
以股份为基础的补偿	1387.118	962.740	514.727
坏账准备	246.878	77.472	39.137
投资收益	(2709.222)	(1932.046)	(1103.361)
与预先存在关系的步骤获得和结算的净收益	—	(75.229)	—
资产减值	116.978	95.049	24.197
（收入）权益法投资的损失	(3.867)	19.943	(22.578)
出售附属公司之收益	(24435.554)	—	—
其他非现金支出	52.959	32.435	19.186
经营性资产和负债变化：			
限制性现金	(1555.178)	(51.077)	(151.435)
应收账款	(868.564)	(1462.086)	(773.787)
其他资产	(2085.509)	(1628.737)	(1303.334)
应收关联方	(795.977)	370.970	(0.054)
预收账款	1468.595	1313.806	866.620
应付账款及应计负债	7179.338	5028.890	2005.559
递延收入	210.763	(61.790)	122.347
递延收益	19.099	104.391	199.272
应付关联方	664.917	(365.241)	2.123
经营活动现金流量净额	19422.438	17937.175	13792.971
投资活动产生的现金流量净额：			
固定资产收购	(5229.616)	(4827.163)	(2756.629)
计算机部分的获取	(20.634)	(4.302)	(12.194)
出售固定资产所得款项	33.271	20.422	18.476
收购业务的净现金额	(332.679)	(328.891)	(13201.126)
出售附属公司及业务	(3541.228)	—	—
收购无形资产	(2492.855)	(1563.746)	(909.717)
软件成本资本化	(31.351)	—	(2.448)

续表

年份	2015	2014	2013
持有至到期投资	(50207.364)	(55356.781)	(30441.279)
销售期限的持有至到期投资	51961.778	37449.747	29562.045
购买可供出售投资	(1126155.824)	(78033.523)	(53921.661)
销售及可供出售投资期限	110652.993	81931.252	48947.811
购买其他长期投资	(5940.309)	(1777.331)	(350.361)
其他长期投资的销售	23.141	22.362	—
长期投资中的现金分配	8.233	0.18	4.143
投资活动现金流量净额	(31272.444)	(22467.74)	(23062.940)
筹资活动产生的现金流量净额：			
以受限制现金（服务）作为借贷的抵押品	102.4	(102.4)	—
发行附属公司股份所得款项	3527.945	1846.819	1397.283
从少数股东权益收购子公司的股份支付	—	(622.961)	(259.879)
短期贷款所得款项	100	92.432	—
偿还短期贷款	(84.85)	—	(47.2)
长期贷款所得款项	2161.701	1807.646	2144.45
偿还长期贷款	(2173.01)	(347.659)	(2144.45)
通过子公司支付股息的非控制性权益	—	(337.964)	—
应付票据发行所得款项	10406.115	6188.232	6111.2
支付资本租赁义务	(58.837)	(72.817)	(36.629)
支付债务发行成本	(51.624)	(32.216)	(39.4)
回购普通股	(6376.964)	—	—
行使购股权所得款项	225.156	192.848	156.307
筹资活动现金流量净额	7778.032	8611.96	7281.68
汇率变动对现金及现金等价物的影响	179.181	79.567	(200.548)
现金及现金等价物增加（减少）	(3892.793)	4160.928	(2188.835)
期初现金及现金等价物余额	13852.725	9691.797	11880.632
期末现金及现金等价物余额	9959.932	13852.725	9691.797
补充披露：			
应付利息	867.039	592.759	302.055
支付所得税的现金	2763.119	2798.040	1656.513
非现金投融资活动：			
资本租赁化债务	6.081	94.336	45.554
计入应付账款及应计负债之固定资产的收购	1028.171	1131.87	787.154
收购应付账款及应计负债之其他非流动资产	44.215	39.437	40.303
非现金收购投资	24431.447	75.229	—

附件二：百度大事记

1999 年底，身在美国硅谷的李彦宏看到了中国互联网及中文搜索引擎服务的巨大发展潜力，抱着技术改变世界的梦想，他毅然辞掉硅谷的高薪工作，携搜索引擎专利技术，与徐勇一同回国，于 2000 年 1 月 1 日在中关村创建了百度公司。

2000 年 5 月，签署第一个客户硅谷动力，百度产品开始为用户提供服务。

2000 年 6 月，推出独立搜索门户 baidu. com，为未来发展打下坚实基础。

2000 年 8 月，开始为搜狐（sohu. com）提供服务。

2000 年 9 月，正式推出面向企业级用户的网事通信息检索软件，DFJ、IDG 等国际著名风险投资公司为百度投入巨额资金。

2000 年 10 月，开始为新浪（sina. com）提供服务。

2001 年 10 月，为上海热线提供全球中文网页检索系统，中国人民银行金融信息管理中心采用百度"网事通数据库检索"软件开始为商业用户提供高效的营销推广服务。

2002 年 1 月，央视国际全套引入了百度"网事通"信息检索软件。

2002 年 5 月，千龙—百度中文信息检索技术实验室成立。

2002 年 6 月，推出深受网民喜爱的"IE 搜索伴侣"。

2002 年 8 月，与网易展开深度合作，竞价排名全面提升。

2002 年 9 月，神州数码、中石化签约百度企业竞争情报系统；国务院新闻办签约百度新闻监控系统。

2002 年 10 月，百度竞价排名业务全国代理商大会召开；开始为雅虎中文（yahoo. com. cn）提供服务。雅虎同时加入百度竞价排名阵营。

2002 年 11 月，正式推出搜索大富翁游戏，广大网民踊跃参与。百度开始为网易提供服务，百度搜索一统中文门户巨头发布 MP3 搜索。

2002 年 12 月，中国移动签约百度企业竞争情报系统；康佳、联想、可口可乐等国际知名企业成为百度竞价排名客户。

2003 年 6 月，由第三方赛迪集团下属中国电脑教育报举办的"万人公开评测"公布了评测结果。百度超越 Google，成为中国网民首选的搜索引擎，根据流量指标，成为全球最大的中文搜索引擎。

2003 年 7 月，发布图片搜索（image. baidu. com）、新闻搜索（news. baidu. com），巩固了中文第一搜索引擎的行业地位。

2003 年 9 月，开展"9 月营销革命"，在全国近百个城市展开"竞价排名"付费搜索服务的市场推广活动，取得巨大市场反响。

2003 年 12 月，推出"百度贴吧"（tieba. baidu. com），搜索引擎步入社区化时代。

2004 年 5 月，成为全球第四大网站。

2004 年 11 月，中国手机用户达 2.7 亿，推出百度 WAP 搜索，手机上也能使用百度。

2005 年 6 月，推出"百度知道"（zhidao. baidu. com）。

2005 年 8 月，推出"百度传情"服务，为用户提供基于人名搜索的情感信息传递。在纳斯达克上市成功，开创纳市 IPO 首日涨幅纪录。截至上市前夕，百度拥有近 300 名员工。

2005 年 9 月，发布地图搜索（map. baidu. com）。

2006 年 4 月，推出"百度百科"（baike. baidu. com），百度与 IBM 展开全方位合作。

2006 年 6 月，百度竞价排名调整原先统一起始价规则，"智能起价"系统正式上线。被国家人事部授予博士后科研工作站资质，成为中国互联网行业唯一拥有博士后科研工作站的公司。

2006 年 7 月，百度指数升级，个性化关键词监控仪全新登场。百度推出颠覆性广告模式——精准广告，正式发布"百度空间"（hi. baidu. com），并举办首届"百度世界大会"。

2006 年 12 月，首席执行官李彦宏当选美国《商业周刊》2006 年全球"最佳商业领袖"。百度推出新产品"三搜"："搜藏"、"空间搜索"、"博客搜索"。

2007 年 2 月，视频搜索（video. baidu. com）上线；百度开始发布"风云榜·行业报告"；百度首页标题由"全球最大中文搜索引擎——百度"改为"百度一下，你就知道"；李彦宏获得"安永中国 2006"企业家奖。

2007 年 9 月，CNNIC 最新调查显示：百度用户首选率升至 74.5%；百度奥运战略发布，"2008 总动员"（2008. baidu. com）正式上线；百度游戏平台（g. baidu. com）上线；百度启动"2008 校园招聘"。

2008 年 3 月，中国网民数首超美国，成为全球网民人数最多的国家，百度入选 FT《英国金融时报》"中国十大世界级品牌"，是唯一入选的中国互联网企业。

2008 年 8 月，百度联盟推广 CPA 广告平台；百度使用闪存（Flash Memory）技术代替硬盘并大规模商用，属全球首个。

2008 年 10 月，C2C 电子商务平台"有啊"上线，百度加入联合国全球契约，填补中国互联网企业在该领域的空白，近百家电台加盟百度思科签署深度合作协议。

2009 年 11 月，正式迁入新办公和研发大楼"百度大厦"，开启崭新梦想。截至乔迁，百度已拥有 7000 多名员工；百度推出"掌上百度"和"百度手机输入法"；百度荣获"中国互联网力量之星"。

2010 年 1 月，百度组建独立网络视频公司；百度获评 2009 年最具责任感企业奖；百度获评 2009 年北京百佳用人单位；百度获评"2009 年度影响力事件"大奖。

2010 年 1 月，因百度域名解析在美国域名注册商处被非法篡改，导致全球用户不能正常访问百度。

2010 年 1 月，百度首页改版，新增"地图"、"百科"链接。

2010 年 9 月，百度输入法正式上线发布。

2011 年 1 月，百度正式对外发布"2010 百度搜索风云榜"。

2011 年 4 月，百度获得"年度十大慈善企业"称号。

2011 年 4 月，百度旅游正式上线。

2011 年 6 月，百度音乐正式上线。

2012 年 3 月，百度举办开发者大会，正式发布百度云战略。

2012 年 5 月，百度获评全球最具价值百强品牌，居亚洲科技首位。

2012 年 7 月，百度知道七年解决两亿个问题。

2012 年 9 月，"2012 百度世界大会"，百度正式推出个人云服务。

2012 年 10 月，百度成立 LBS 事业部。

2012 年 12 月，百度识图搜索上线，这是世界上第一个基于图像的全网人脸搜索。

2013 年 5 月，百度收购 PPS 视频业务，并将 PPS 视频业务与爱奇艺进行合并，PPS 将作为爱奇艺的子品牌运营。

2013 年 5 月，百度在相继引入国家药监局、中国家电维修协会、中国航空协会、中国银行业协会、北京市卫生局等权威机构的核心数据之后，引入国家代码中心数据，网民可查组织机构"身份证"。

2013 年 8 月，百度公司宣布，其全资子公司百度（香港）有限公司已签署一项最终并购协议，从网龙公司和其他股东处收购 91 无线网络有限公司（简称 91 无线）100% 股权。

2014 年 4 月，百度宣布已经获得基金销售支付牌照，将正式为基金公司和投资者提供基金第三方支付结算服务。百度方面表示，今后百度金融业务可利用现有互联网渠道，涉足互联网基金销售业务，为用户提供更加方便快捷的基金购买服务。

2014 年 8 月，百度诉 360 违反 Robots 协议案于 2013 年由百度向法院提起诉讼。

2014 年 10 月，百度公司与巴西最大团购网站 Peixe Urbano 发表联合声明称，百度已收购了 Peixe 的控股。根据交易条款，百度将允许 Peixe Urbano 现有的管理团队在百度的企业架构内自主运营。

2014 年 12 月，《世界品牌 500 强》排行榜在美国纽约揭晓，百度公司首次上榜。

2014 年 12 月，百度、阿里巴巴集团在全球净数字广告营收市场的份额将超越多数美国同行，直追谷歌与 Facebook。

2014 年 12 月，百度公司宣布与硅谷创业公司 Uber 签订合作协议，并进行战略投资。

2015 年 1 月，百度十五周年，李彦宏发表演讲：始终相信技术的力量。

2015 年 3 月，李彦宏两会建议设立"中国大脑"计划。

2015 年 6 月，百度糯米发布"会员 +"战略，三年追投 200 亿元颠覆产业格局。

2015 年 7 月，百度启动"航母计划"，将对投资者开放优质资产。

2015 年 9 月，让搜索"秘书化"，度秘亮相百度世界大会。

2015 年 9 月，百度成为中国市场 Windows 10 搜索引擎。

2015 年 10 月，百度宣布与携程达成换股协议。

2015 年 11 月，百度中信联合发起百信银行，开创"互联网 + 金融"新模式。

2015 年 11 月，百度联合安联高瓴发起互联网保险公司，布局"互联网 + 金融"。

2015 年 11 月，百度地图领跑行业，以超 70% 的市场份额稳居第一。

2015 年 12 月，乌镇互联网大会：国家领导人点赞百度研发的"无人车"。

2015 年 12 月，携手国金证券，百度拿下互联网金融"三板斧"。

YAHOO!

　　雅虎一词发明于《格列佛游记》的作者 Jonathan Swift。在小说里，它代表一个在外表和行为举止上都非常让人讨厌的家伙——列胡。雅虎的创始人杨致远和雅虎联合创始人 David Filo（大卫·费罗）选择这个名字就是因为他们觉得自己就是雅虎。还有一种说法，David Filo 和杨致远坚持他们选择这个名称的原因是他们喜欢字典里对雅虎的定义："粗鲁，不通世故，粗俗"。2013 年 9 月 5 日，雅虎公司正式发布了公司新 LOGO，新 LOGO 采用流行的扁平化设计，大写字母及感叹号保持不变，字体采用全新设计的无衬线体，并且在字体中加入了棱角效果。雅虎借此希望传达出更加现代、轻量、正式但又不沉重的形象。选择紫色的基调传说是因为以节俭出名的联合创始人大卫·费罗对原先破旧办公室里的薰衣草涂料情有独钟。但最重要的原因是紫色让在雅虎工作非常独特，现在雅虎希望把这种能量分享给员工。

梅纳德·韦伯（Maynard Webb）

雅虎公司董事长

梅纳德·韦伯，62岁，1955年出生，在硅谷工作多年，是资深技术高管、天使投资家和作家。2006~2011年任LiveOps CEO，1999~2006年任eBay的COO。梅纳德·韦伯在2012年加盟雅虎，2013年2月进入董事会。梅纳德·韦伯发表了多篇关于创业和互联网经济工作的文章，并撰写了纽约时报畅销书《重启工作：改变你在创业时代的工作方式》，书中揭示了如何利用技术来改变我们的生活方式，此书于2013年1月出版。

玛丽莎·梅耶尔（Marissa Mayer）

雅虎公司总裁兼首席执行官

玛丽莎·梅耶尔，42 岁，出生于 1975 年 5 月 30 日，毕业于斯坦福大学，1999 年加入谷歌，是谷歌的第一位产品经理和首位女工程师，也是《商业周刊》"创新产业 25 位领军人物"之一。她既是谷歌传统经典首页的守护神，同时也是韩国等亚洲国家地区首页变脸的导演者和大力支持者，她负责领导谷歌搜索产品的管理工作，这些搜索产品包括网络搜索、图片、论坛、新闻、Froogle、谷歌工具栏、谷歌桌面、谷歌实验室及众多其他产品。2012 年 7 月 17 日，梅耶尔莎出任雅虎 CEO。同时，梅耶尔也在沃尔玛、Jawbone 以及旧金山现代艺术博物馆和芭蕾舞团等非营利组织的董事会任职。

十　雅虎可持续发展报告（Yahoo！）

（一）公司简介

雅虎（Yahoo！，NASDAQ：YHOO）是美国著名的互联网门户网站，是全球第一家提供因特网导航服务的网站，也是20世纪末互联网奇迹的创造者之一。其服务包括搜索引擎、电邮、新闻等，业务遍及24个国家和地区，为全球超过5亿的独立用户提供多元化的网络服务。同时雅虎也是一家全球性的因特网通信、商贸及媒体公司。雅虎总部设在美国加州桑尼维尔市，在欧洲、亚太区、拉丁美洲、加拿大及美国均设有办事处。雅虎是最老的"分类目录"搜索数据库，也是最重要的搜索服务网站之一，所收录的网站全部被人工编辑按照类目分类。其数据库中的注册网站无论是在形式上还是内容上质量都非常高。雅虎有英、中、日、韩、法、德、意、西班牙、丹麦等12种语言版本，各版本的内容互不相同。提供目录、网站及全文检索功能，目录分类比较合理，层次深，类目设置好，网站提要严格清楚，网站收录丰富，检索结果精确度较高。2015年雅虎已成为"全球第三大移动广告公司"。2016年7月25日，美国电信巨头Verizon（威瑞森）以48亿美元收购雅虎核心资产。2016年9月22日，美国雅虎公司承认，这家企业与至少5亿用户相关的信息遭人窃取，涉及用户姓名、电子邮箱、电话号码、出生日期和部分登录密码。雅虎发布公告，确认失窃事件发生在2014年下半年，失窃信息取自雅虎网络系统。接下来从发展历程、业务现状、总体规模及经营业绩三个方面全面阐述雅虎公司的基本情况。

1. 发展历程

雅虎公司的发展经历了三个阶段：

第一，快速扩张（1994～2000年）：年轻的雅虎，年轻的互联网。

1994年，还是斯坦福研究生的杨致远（Jerry Yang）和大卫·费罗在宿舍里创建了雅虎，当时叫"Jerry和David的互联网指南"。此时的雅虎是一个简单的网站，除了提供不同分类下的网页索引，雅虎还具备了搜索引擎的雏形。1994年的雅虎，一个搜索引擎，在当时贫乏的互联网世界，雅虎迅速成为最受欢迎的网站之一。1995年，《纽约时报》报道AOL有意收购当时才创建一年多的雅虎，而雅虎已经开始考虑在网页上展示广告来赚钱。雅虎当时的CEO是Tim Koogle，他的管理经验十分丰富，在雅虎之前曾经管理Intermec、为摩托罗拉工作。与他一起管理雅虎的总裁Jeff Mallett又被称为雅虎的"幕后魔术师"。在他们的合作下雅虎于1996年上市，开盘当天股价从33美元涨到43美元。1997年，雅虎的广告收入达到7040万美元，1998年是2亿美元。随着营收上升的还有雅虎的一系列收购。它买下的互联网公司包括当时名气很响的Geocities、Broadcast.com、Four11等。在一系列收购、合资与自身业务扩展中，雅虎已经从一个搜索引擎变成了涵盖电影、音乐、电视的综合门户，提供从邮箱、即时通信、广告到购物等所有你能想象的服务，并在21个国家有12种不同语言的雅虎网站。2000年1月，雅虎的股价达到历史高点475美元（拆股前）。1994～2000年是雅虎快速扩张的第一阶段，一切看起来都很美好，直到互联网泡沫破裂。

第二，广告渠道变迁（2001～2008年）：两个灾难，两个竞争对手。

2001年对于所有互联网公司都是灾难性的一年。互联网泡沫破裂，雅虎公司CEO Koogle因此卸任，由前华纳兄弟的高管Terry Semel接任。2002年雅虎与Google合作，将搜索几乎完全外包。这项合作很快在2004年结束，雅虎随即收购了Inktomi和Overture来开发自己的爬虫搜索技术，但为时已晚。Google迅速成为世界上最受欢迎的搜索服务。在搜索上被Google打败后，雅虎也曾试图追赶下一波社交潮流。2005年雅虎以3500万美元收购了当时最红的照片社区Flickr。2007年雅虎大规模削减Flickr工程师团队，两位Flickr创始人随后离职。2005年雅虎还推出了自己的社交网站雅虎360°，即在Facebook上线一年后。这个社交平台具有与Facebook相似的不少功能，但更为繁杂。由于活跃用户迅速减少，两年后雅虎就放弃了这个社交平台。2007年雅虎请回创始人杨致远担任CEO，他拒绝了微软440亿美元的收购提议，认为雅虎完全可能在互联网广告上高速成长。随后金融危机爆发，杨致远在2008年离职。雅虎衰落的故事是互联网广告渠道变迁的故事。一开始它是聚集信息的渠道，之后的20年内它逐渐被替代，先是Google，然后是Facebook。搜索引擎和社交网络取代了门户，成为两个更受欢迎的载体——人的载体，也是广告的载体。

第三，Web2.0时代的转变（2009～2015年）：身份危机和转型。

自从被Google打败，雅虎再也没能成为互联网某一服务领域的第一名。20年后，雅虎从一个业务单一的网页指南变成一个无所不包的互联网公司，它的身份危机持续已久。2009年，代表雅虎起源的搜索业务被卖给微软，这是输掉互联网首页之争后的无奈之举。流量是互联网公司任何策略的基础，1999年的雅虎可以任性地大规模收购扩张，因为它仍然是互联网世界的明星、人们打开浏览器的首选。2009年的雅虎没有这种待遇。当时的CEO打算把雅虎彻底变成一个媒体公司，通过新闻和广告的传统门户模式赚钱。体育、金融和娱乐板块的新闻页面成为这一时间雅虎的宣传重点。然而，雅虎也没能成为一个冠军新闻网站。2012年7月，玛丽莎·梅耶尔成为雅虎公司新任CEO，这为雅虎带来了前所未有的关注，梅耶尔早期Google员工的履历和清新风格被视为雅虎的希望。然而梅耶尔任职的3年半期间，50多起收购和平平的业绩使投资人逐渐失去耐心。今天的雅虎仍然具有丰富的技术资源储备，对大数据发展至关重要的Hadoop由雅虎推广流行，它的不少员工后来就职于Cloudera和Hortonworks这两家大数据公司。雅虎的工程师团队和文化在今天依然享有盛名。雅虎新闻桌面和移动端每月有超过2亿的读者，用户数仅次于谷歌和雅虎。Tumblr是互联网病毒式营销的最佳传播场所、年轻用户创意的来源，但比不上Facebook、Twitter或者Instagram。

2. 业务现状

雅虎发展自互联网1.0时代，至今已有20多年，其为用户提供上网必备的服务，从用户拨号上网（后来是DSL），到互联网的目录和查询，到电子邮件，再到即时留言和语音服务。同时它还是新闻、视频和其他形式的内容提供商，并且又是几乎所有重要商业活动的提供商，如找工作、在线旅游业和网上购物、网上支付等活动。随着互联网2.0时代和3.0移动互联网时代的到来，告别鼎盛时期的雅虎逐渐关闭其竞争力弱的业务并探索新领域的盈利业务。2013～2015

年雅虎依次关闭了公共聊天室、社交日历、团购、短消息通知、儿童频道、雅虎教育、搜索引擎 Yahoo Directory、视频分享 Qwiki、雅虎地图、视频点播平台 Yahoo Screen 等产品和服务，并通过并购和开发等行为发展社交、移动业务。2015年雅虎提供的主要产品及服务如图 2 - 10 - 1 所示。

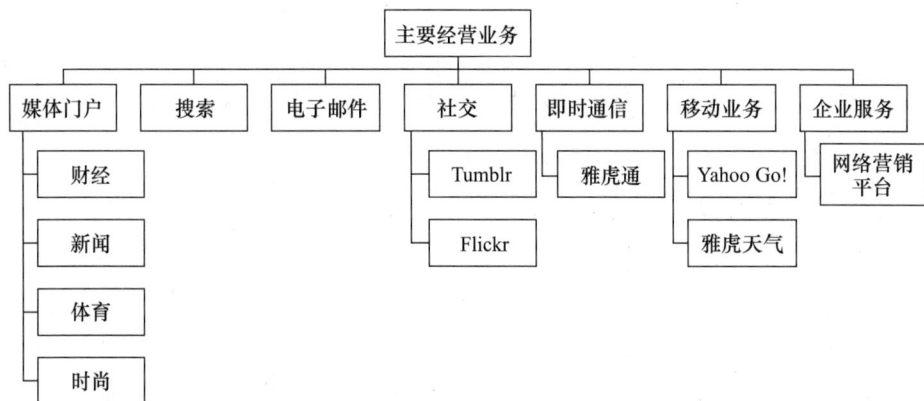

图 2 - 10 - 1 雅虎经营业务

3. 总体规模及经营业绩

1999 年 4 月 12 日，雅虎在纳斯达克上市。截至 2015 年 12 月 31 日，雅虎总资产为 452.04 亿美元，股东权益为 290.79 亿美元，公司员工 10400 人。全年实现主营业务收入 49.68 亿美元，净亏损 43.51 亿美元，每股盈余为 -4.46 美元。2015 年雅虎股价呈不断下滑态势，2015 年 12 月 31 日收盘价为 33.26 美元，市盈率为 -7.37。2011~2015 年，雅虎普通股累计回报率与纳斯达克 100 指数、标准普尔北美科技互联网指数和标准普尔 500 指数之间的比较如图 2 - 10 - 2 所示。

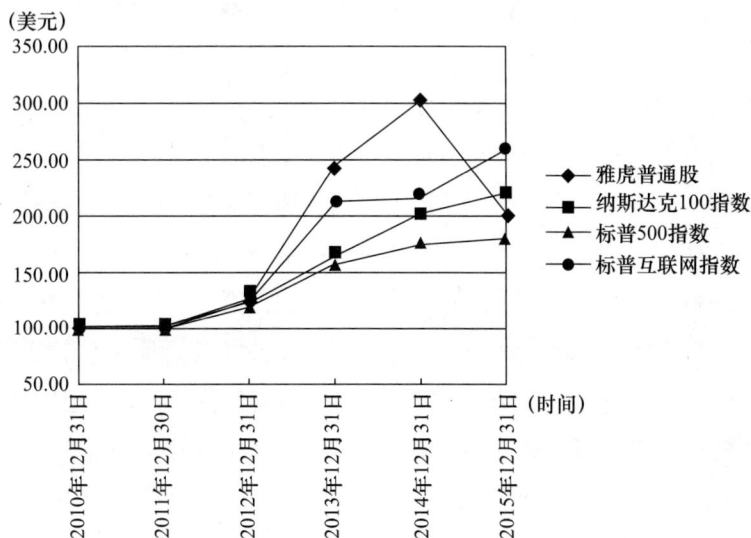

图 2 - 10 - 2 雅虎业绩

（二）公司战略

对于互联网企业，公司战略的制定十分重要。经历了三个互联网时代的雅虎，在全球拥有大量用户，却难以避免从黄金时代的霸主地位到如今的沧桑迟暮，其公司战略有得亦有失，有错失也有追击，可具体概括为以下几点：

1. 公司层战略

（1）多元化战略。雅虎不仅仅满足于搜索引擎和门户网站的角色，还利用自己大量的搜索用户以及大量整合的网络信息资源的优势，不断涉足其他领域，扩大商业版图。雅虎将产品线延伸至视频、电子商务、招聘、即时通信等多个领域（见图2-10-3）。

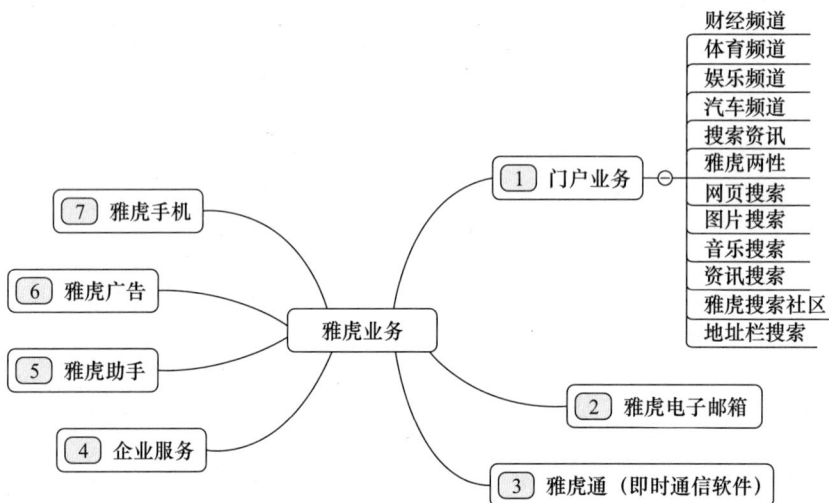

图 2-10-3 雅虎业务类型

（2）专业化与本土化战略。随着网络环境的多元化与其他公司的竞争，雅虎一直不断地推陈出新，希望仍能成为网友们在网络上来来去去的中心站台。在网络上的信息日益多元化与丰富之际，专业化与地域化已是必然趋势。雅虎公司推出了一项称为 GET LOCAL（"本地联线"）的新服务，提供全美3万个以上城市的地域性线上资源导览服务。使用者可直接连上地区站台，或是在雅虎的主站台上以浏览或输入区域号码的方式查询有兴趣城市的资料。GET LOCAL（"本地联线"）将自动创造出一个专属于该地区的首页，其中包括地方新闻、当地体育运动比赛结果、气象资料及其他各种当地信息。

坚持本土化战略也促使了雅虎日本的巨大成功，雅虎日本在日本的搜索引擎和门户网站市场中据业界第一位。其成功很大程度上是雅虎在模式选择上的成功，这种模式可以总结为"在当地找到一个合作伙伴，把最好的资产和最好的技术相结合"，这一模式的最大好处，就是雅虎把决策权交给了了解所在市场且具有足够动力的合作伙伴去打理，因为通常其合作伙伴都是在管理与资源上的佼佼者，又通过占有更多的股份而被最大限度地激励，日本软银集团占有雅虎日本40%的股份，而雅虎只占有雅虎日本34%的股份。从日本雅虎同 eBay 的战争中，可以充分体现这种模式的优势。

（3）合作战略——与谷歌、微软合作搜索业务。2000 年开始，谷歌与雅虎签订协议，在雅虎的网站采用谷歌的搜索技术，搜索出的结果会署上"谷歌提供支持"，同时雅虎帮助谷歌进行搜索技术推广。这使得谷歌为雅虎带来了巨大的点击量，但之后网友直接绕开雅虎，搜索流量直接导入谷歌使得谷歌很快超越了雅虎。2009 年 7 月，雅虎与微软达成搜索业务合作协议，微软为雅虎搜索提供技术支持，雅虎负责搜索业务的广告销售，雅虎可以收到 93% 的收入分成。同样，一年后雅虎的市场份额被微软反超。在和谷歌与微软的协议中，雅虎只看重搜索广告营收的主要分成，把重要的搜索领域的核心市场、技术人才和更加宝贵的用户数据拱手相让。这种战略上的短视行为导致了雅虎的衰落。

（4）出售核心业务资产。2016 年 7 月 25 日，雅虎与美国最大电信运营商 Verizon 达成交易，以 48.3 亿美元出售包括门户、搜索、广告、邮箱等在内的互联网核心资产。这包括雅虎的互联网业务和房地产资产，收购后，Verizon 将其并入旗下的 AOL 互联网业务。但雅虎还保留着一大批专利以及所持有雅虎日本、阿里巴巴的股权，后两者价值接近 400 亿美元。交易完成后，雅虎将改名，并转型为一家注册上市的投资公司，这对雅虎而言将是新的局面。

2. 业务层战略

（1）多平台策略——加速发展移动端。随着移动设备的普及，用户的更多行为在移动端发生。雅虎在保有 PC 端的占有率的同时，也在移动端大有所为。2015 年雅虎已有多款移动端应用，如雅虎天气、雅虎新闻等（见图 2 - 10 - 4）。雅虎认为，用户在移动端的行为主要集中在三个方面：沟通、了解新闻动态和获取信息。围绕这三个方面，雅虎从以下两点出发进行移动端建设：

第一，重塑雅虎体验，激励和娱乐用户。雅虎致力于重新想象，把移动能力注入原有产品上。例如，雅虎收购了启动栏工具 Aviate，利用后者的技术，雅虎推出了统一应用，把天气、财经、体育、电子邮件、新闻及信息等应用整合到了一起。2015 年，雅虎在移动设备上推出一种新的个性化搜索体验，提供丰富的搜索结果的同时，如果用户登录，其电子邮件、联系人和日历中会显示个性化的背景。

第二，从用户角度出发，为日常习惯打造优美的体验。雅虎考虑从用户角度出发去整合不同的体验。对于电子邮件，雅虎发现，用户用手机处理电子邮件主要是为了快速浏览然后分类存放供后续处理。雅虎的另一个有趣发现是，用户往往因为无聊才用手机打开邮件。所以雅虎认为，与其让用户不断地查找信息，不如主动推送信息；与其让用户不断在 App 间切换，不如在启动栏提供所需的核心要素。效果是明显的，统一应用推出后用户在手机端使用邮件的平均时间提升了 1 分钟。

（2）聚焦战略——经营业务收缩与转型。近几年来，雅虎逐渐将经营重点放在优势领域以提高效率，促进收入增长。其聚焦战略具体可分为以下三部分：

第一，强化核心业务，培育发展用户。面向用户，雅虎聚焦于三个全球平台：搜索、电邮和 Tumblr（社交），以及四个门户业务：新闻、体育、财经和生活时尚。过去几年里，雅虎的搜索引擎市场越来越被忽视，市场份额也急速下降，而雅虎在其他业务方面的尝试，其市场表现并不理想，经过多次碰壁，雅虎选择重新回归搜索业务，无疑是一个正确选择。对于广告客户，雅虎专注于两个核心产品：雅虎 Gemini 和 BrightRoll。Gemini 将搜索和原生广告结合在一起，BrightRoll 为视频、展示广告和原生广告提供程序化购买和销售工具。通过集中在这些领域的力量，雅虎正在深化用户和广告商与他们喜欢的产品的互动。

图 2－10－4　雅虎移动端应用

第二，投资发展 Mavens，实现收入的持续增长。雅虎在数字广告发展最快的领域建立发展其业务：移动，视频，原生广告，社交［雅虎称之为 Mavens，Ma 代表 Mobile（移动），Ve 代表 Video（视频），N 代表 Native advertising（原生广告），S 代表 Social（社交）］。雅虎制定以技术为主的"移动战术"，大幅增加从事移动业务的员工，围绕这部分业务进行了多起并购。2015 年，Mavens 的收入超过 16 亿美元，同比增长 45%。这些在近四年才发展起来的业务在雅虎的战略转型中取得了巨大进步。

第三，精简业务组合，压缩成本，提高运营效率。雅虎正在对业务进行调整，关闭那些没有达到既定增长目标的产品和服务，从而专注于搜索和数字内容。雅虎已经削减超过 120 项非战略传统业务，2014 年雅虎宣布关闭搜索引擎 Yahoo! Directory，以及 Yahoo! Education、视频分享 Qwiki 等服务；2015 年 6 月 4 日，雅虎宣布将关闭包括雅虎地图在内的一系列服务；2016 年 1 月关闭 Yahoo Screen 视频点播业务。为了进一步提高盈利能力，雅虎也在持续探索其他资产的增值能力，包括房地产和知识产权。此外，为降低成本，雅虎进行了多次裁员计划并决定关闭位于迪拜、墨西哥、米兰等地的五个办事处。

3. 雅虎战略问题分析

雅虎在互联网行业发展初期的增长阶段凭借搜索、邮箱、门户等业务在市场上占据领先地位，但随着 Web2.0 浪潮的兴起，其经营模式面临考验，却始终未能找到新定位，逐渐被后来者超越。在搜索时代到来前夕，雅虎拒绝了对谷歌前身 BackRub 的收购，最终又成为谷歌的技术推广员，与搜索推广失之交臂；之后拒绝 10 亿美元收购 Facebook，错失社交推广市场。雅虎并没有及时调整姿势拥抱移动互联网，直到梅耶尔上任想引导雅虎转型，但雅虎优秀工程师的悉数离去使得雅虎仍没有造就移动互联网时代的辉煌。雅虎近年难以跟上时代的变化，也暴露企业经营可持续发展的问题，管理团队频繁变更，21 年换了 7 任 CEO，造成雅虎发展策略上的摇摆，导致公司每一个阶段的战略决策都是短期行为，没能制定好长期发展策略。雅虎的战略问题主要有如下几点：其一，雅虎在梅耶尔上任之前都是将自己定位于一家媒体公司，而不是技术公司。但互联网业务主要依靠技术推动，这使得雅虎在市场发生变化时缺乏应付业务转型的技术准备。其二，雅虎涉及了过多的领域，业务大而不精，失掉核心定位。其三，技术存在系统性缺陷，影响广告服务的质量。其四，缺乏对产品的有效整合和管理。其五，雅虎没有具有生命力的公司价值观。雅虎创始人杨致远奉行"等待最好的时机，而不是时时刻刻抢第一"的价值观，而这种缺乏积极进取的公司文化使得雅虎对技术创新的热情不高，在市场环境发生变化时反应迟缓。

（三）资本运营

1. 雅虎的大规模收购

雅虎有着超过 100 起收购经历，尤其是 2012 年梅耶尔担任 CEO 之后，更是收购频频，其收购动因可归结为以下几点：

第一，收购人才，遏制人才流失。一个公司未来如何以及能否持续成功，最根本的保障就在于人才，"以人为本"是企业能否在日益激烈的竞争中保持不败的关键，这一点对于曾经的互联网巨头雅虎而言尤为重要。从雅虎收购 Jybe 等多家创业公司然后再关闭其业务，而让创业公司人员回到雅虎来看，是明显的人才性收购，此举一方面遏制雅虎目前的人才流失情况，另一方面也是营造氛围，从而吸引更多优秀的人才加盟雅虎。

第二，提升士气。能够连续进行收购，可以证明雅虎的资本和实力，并且也能证明公司仍在不断发展和进步，同时增加员工对公司的认可度。

第三，整合技术，提升产品体验。雅虎收购不少公司都是为了给现有的产品带来互补性技术或让其具有媒介平台属性。例如，雅虎 2013 年收购 Admovate，2014 年收购视频广告平台 BrightRoll，就是为了加强和帮助雅虎的广告技术平台，完善雅虎针对移动广告的定向解决方案。此外，为了向用户提供更好的搜索体验，雅虎公司曾动用 26 亿美元收购可与 Google 匹敌的五家国际知名搜索服务商：Inktomi、Overtune（全球最大搜索广告商务提供商）、Fast、AltaVista、Kelkoo（欧洲第一大竞价网站），用一年多时间打造出独特的雅虎搜索技术（YST 技术）。在美国，有 400 余名雅虎资深工程师组成的开发团队在进行 YST 的核心技术开发。

第四，获得数据与用户流量。这点在雅虎收购 Tumblr 上体现得非常明显，Tumblr 是全球最大的轻博客网站，收购之前，Tumblr 在全球已有约 1.17 亿用户，博客数目为 1.084 亿个，帖子数量达 507 亿条。这个平台上的数据对于雅虎而言无疑是笔巨大的财富。这利于打造一个能够基于用户习惯、职业特征等数据分析，提供给用户不一样的个性化的雅虎。个性化的雅虎不仅能呈现用户喜欢和想要的内容，带来用户体验的极大提升，而且还能为广告主投放精确有效的广告。此外，Tumblr 的热门程度，以及各年龄段内容制作者、管理者和用户的参与度给雅虎的网络带来了新的用户群体。Tumblr 和雅虎的结合将使雅虎的用户数增长 50%，每月独立用户访问量超过 10 亿，而网站流量则将提升约 20%。

第五，拓展海外业务。亚洲一直是雅虎的重点市场，其中不得不提的是雅虎在日本和中国的业务。早在 20 世纪，雅虎就入驻了日本和中国的市场，然而日本市场经过长期发展，逐渐成为雅虎的优质业务模块，甚至是核心业务模块。而在中国市场，雅虎却风雨飘摇，命途多舛。雅虎中国的第一任总经理张平和，将雅虎在全球的成功模式复制到中国，给雅虎中国带来了汉化版的邮箱、雅虎通、雅虎相册、雅虎公文包、雅虎聊天室、英汉词典等。这个时期，雅虎中国的战略定位是"门户网站"，然而，美国人对中国市场理解存在很大偏差，门户网站式的雅虎在中国被一个个中国本土企业赶超。雅虎单干不成功后，杨致远就希望通过收购一家本土网站一改雅虎在中国五年来萎靡不振的状态。因此，雅虎收购了3721，并开始对雅虎中国进行大刀阔斧的改革。

第六，战略布局。雅虎的部分收购是为了战略布局，而这也可以称为防御性收购。这主要体现在雅虎收购 Qwiki 上。Twitter 的 Vine 大热之后，Facebook 的照片分享应用 Instagram 也推出了视频分享功能，继文字社交、图片分享之后，短视频分享很有可能成为下一个社交分享爆点。而 Qwiki 是一款 iOS 应用，可以使用用户手机中的照片和视频制作电影，可以给予雅虎在视频社交领域的战略支持。

第七，弥补移动、社交领域的不足。用户获取信息的方式和渠道正在变得更社交化、移动化，错过了 Web2.0 时代社交网络与移动互联网时代的战略机遇，迫使雅虎在移动和社交领域疯狂收购，希望通过收购这些社交和移动领域的公司，把雅虎打造成内容上的谷歌，吸引住用户。2014 年 8 月，雅虎完成了对 Flurry 的收购，Flurry 是一家移动数据分析公司，为开发商、营销人员和用户优化移动体验。雅虎和 Flurry 的结合为用户创造了更个性化、令人振奋的移动端体验，并且可以为寻求受众群体以及跨设备视野的品牌提供更有效的移动广告解决方案。

梅耶尔上任雅虎公司 CEO 之后，主导雅虎进行了一系列收购，花费超过 20 亿美元，共收购了 53 家公司（见表 2-10-1），其中包括轻博客平台、新闻聚合阅读应用、即时通信应用、社交数据分析公司和几家广告公司。通过收购，雅虎取得了被收购的公司商业模式上的价值，还获得了一批移动互联网领域的顶尖级人才，整合了团队的优越性模式和人才。雅虎收购的公司大多从事不同的行业，即公司通过收购把一些必要的"零件"聚到一起，并重点围绕移动业务对公司战略进行重新规划。

表 2-10-1 2012 年 10 月至 2015 年 12 月雅虎收购的公司

时间	被收购公司	业务
2012 年 10 月 26 日	Stamped	产品分享与推荐应用
2012 年 12 月 5 日	OnTheAir	视频聊天应用
2013 年 1 月 23 日	Snip. it	内容整合平台
2013 年 2 月 18 日	Alike	社交应用
2013 年 3 月 21 日	Jybe	个性化社交推荐创业公司
2013 年 3 月 26 日	Summly	移动阅读创业公司
2013 年 5 月 2 日	Astrid	任务管理应用
2013 年 5 月 10 日	MileWise	航班搜索创业公司
2013 年 5 月 10 日	GoPoIIGo	在线投票公司
2013 年 5 月 11 日	Loki Studios	移动游戏初创公司
2013 年 5 月 20 日	Tumblr	美国轻博客服务 11 亿美元
2013 年 5 月	PlayerScale	游戏开发后端服务
2013 年 6 月 13 日	GhostBird	拍照应用

续表

时间	被收购公司	业务
2013 年 6 月	Lexity	电子商务应用 3500 万美元
2013 年 6 月 13 日	Rondee	电话会议解决方案提供商
2013 年 7 月 2 日	Bignoggins	体育游戏应用开发商
2013 年 7 月 3 日	Qwiki	移动视频分享应用 5000 万美元
2013 年 7 月 9 日	Xobni	电子邮件地址簿应用 4000 万美元
2013 年 7 月 18 日	Admovate	移动广告公司
2013 年 7 月 18 日	智拓通达	社交平台大数据分析公司
2013 年 8 月	RockMelt	分享社交内容的网络浏览器，还可以整合新闻
2013 年 8 月	IQ Engines	图像识别技术支持，并入雅虎 Flicker
2013 年 10 月	LookFlow	图像识别技术支持，并入雅虎 Flicker
2013 年 10 月	Bread	社交广告与短链接服务
2013 年 10 月	Hitpost	移动运动应用开发商
2013 年 10 月	Tocata Mobile	移动商务服务
2013 年 12 月	Ptch	视频应用
2013 年 12 月	EvntLive	在线音乐会直播平台
2013 年 12 月	Quik. io	跨平台视频流媒体服务
2013 年 12 月	SkyPhrase	自然语言处理技术支持
2014 年 1 月	Sparq	移动营销服务
2014 年 1 月	Cloud Party	虚拟游戏页游开发
2014 年 1 月	Incredible Labs	创业公司个人助理服务
2014 年 1 月	Tomfoolery	应用开发商
2014 年 1 月	Aviate	安卓桌面应用
2014 年 2 月	Distill	招聘服务
2014 年 2 月	Wander	内容创作应用
2014 年 3 月	Vizify	社交媒体数据可视化
2014 年 5 月	Blink	聊天 App，"阅后即焚"社交应用
2014 年 6 月	Photoful 和 PhotoDrive	图片存储与分享
2014 年 7 月	RayV	在线流媒体视频服务
2014 年 7 月	Flurry	移动分析服务
2014 年 7 月	Leaf SR	信息安全咨询服务
2014 年 8 月	ClarityRay	研究屏蔽技术，虚假广告识别服务
2014 年 8 月	Zofari	本地信息推荐应用
2014 年 9 月	Luminate	图片广告服务
2014 年 9 月	Bookpad	云编辑服务
2014 年 10 月	MessageMe	聊天应用
2014 年 11 月	Cooloris	移动端图片应用开发商
2014 年 11 月	BrightRoll	视频广告平台
2014 年 12 月	Media Group One	网络视频与广告销售平台
2015 年 9 月	Polyvore	社交商务网站 1.61 亿美元

2. 剥离非战略资产，释放现金流

雅虎的资产主要分为两类：一类是作为核心资产的搜索引擎；另一类是非战略资产，如专利等。2014 年以来，雅虎通过多次非战略资产的剥离释放现金流。2014 年，雅虎出售了 55 项专利给谷歌，包括搜索、位置、音乐、社交等各种内容，还有仓库储存管理等，还分别出售了26项和10项专利给 Energetic Power Investment 和 Jollify Management。2015年，雅虎将10项专利出售给 Snapchat，包括即时通信和屏幕共享。9项专利出售给 LinkdIn，包括社交媒体；6项专利卖给了 Visa；同时，在2015年以前，雅虎就有6项专利卖给了 Match.com；5项卖给了 Pandora。剥离非核心资产可以为雅虎节约成本，且由此盘活的现金可用以支持雅虎的下一步战略计划。

（四）商业模式

雅虎首创了互联网行业商业模式——信息免费而通过广告盈利，雅虎目前的商业模式仍以流量变现为主，通过互联网资产和附属网站的搜索广告和展示广告产生收入。利用雅虎的数据，内容和搜索技术等将广告客户与其目标受众联系起来。此外，雅虎收入还来自提供一系列基础服务、特许权使用费、专利许可以及基于消费者和商业收费的服务。

雅虎的盈利模式是以广告收入和收费业务为收入来源，以广大雅虎用户和广告商为主要的客户源，以在线广告和多种增值服务、收费业务为利润增长点，以提供高质量的免费服务和小众化收费业务为利润屏障。

1. 搜索盈利模式

搜索引擎服务商长期盈利的过程可以概述为：搜索引擎服务商在搜索技术上巨额研发投入和 TAC（Traffie Acquisition Cost，流量获得成本）大量支出是为了通过先进的搜索技术和服务使用户有更好的搜索体验从而获得更多的流量，流量资源会吸引大量广告客户在搜索引擎服务商上投放广告，从而使搜索服务商获得大量利润，进而

继续投入改善用户体验。这样的过程不断重复成为良性搜索引擎服务商盈利循环。一个优秀的搜索盈利模式需要处理好研发和 TAC 支出、流量、广告收入三者的关系，从而形成良性的盈利循环。雅虎成熟的搜索盈利模式本质上就是关键词广告，这种广告很好地解决了用户需求与广告客户供给的相关性问题，达到了精确投放的效果。

搜索收入来自于用户在搜索结果页上对广告客户网站链接的点击次数。雅虎与微软及谷歌达成协议，由两家公司为雅虎提供搜索技术服务，将搜索收入与两家公司进行分成。同时，雅虎公司还会得到雅虎日本公司搜索收入的分成。

2. 展示广告盈利模式

展示广告收入通过展示图形、文字和视频广告产生。雅虎通过根据广告客户的指定标准（如特定展示位置的固定时段内的展示次数）投放品牌广告获取收入。通过展示广告的展示次数或点击次数来确认雅虎的展示广告收入。雅虎在其媒体门户、电子邮箱、Tumblr 等多个平台投放展示广告，广告形式包括横幅广告、数字视频广告、富媒体广告、赞助广告等。

3. 增值服务业务盈利模式

（1）虚拟社区。互联网经过了15年的发展，社区化正成为 Web2.0 时代互联网的重要发展趋势。具有社区化特性的网站，如 Myspace、YouTube、Blogger 等已经占据了全球互联网非常显著的地位，博客（Blog）、群组（Group）、贴吧等新形式的虚拟社区不断涌现。在虚拟社区中，人们突破了空间、时间的限制，降低了交流成本，可以在社区中互动交流共同感兴趣的主题，或者主动表达自己的感受和思想，充分体现个性化自我，并可以在虚拟社区中实现自我价值。正是由于具备这种知识分享或社区贡献评价

体系等功能，使虚拟社区对社区居民具有某种黏性，这种黏性随着社区信息积累和社区居民"居住"时间变长而不断加强。

（2）即时通信（IM）。即时通信软件已经从单纯的娱乐休闲工具变成生活工作的工具。由于好友、同事、生意伙伴的聚集效应导致即时通信软件具有黏性，这与虚拟社区具有类似的效果，而且即时通信软件使用的普遍性使得即时通信软件也成为进入搜索框的重要路径。

（3）电子邮箱服务。雅虎邮箱是雅虎公司推出的一项电子邮件服务工具。雅虎是全球最早从事电子邮件服务的互联网企业之一。雅虎邮箱自1996年开始，在全球范围内为用户提供电子邮箱服务。雅虎CEO玛丽莎·梅耶尔（Marissa Mayer）于2012年12月11日在博客中宣布了全新改版的雅虎邮件服务。雅虎邮件服务的改造重点是更迅速地访问邮件、减少干扰和更容易使用的界面。

（五）市场概况

1. 美国互联网广告市场整体情况

从IAB（美国互动广告局）最新发布的《互联网广告收入报告》来看，2015年美国互联网广告收入高达596亿美元，同比2014年的495亿美元增加了101亿美元，增幅20.4%。从1994年世界上出现第一个网络广告，到逐渐发展为一个行业，20多年来，互联网广告一直保持两位数的增长。其中，三个关键趋势——移动、社交和程序化，将继续推动互联网广告的快速发展。

（1）移动广告发展迅猛。移动是互联网广告增长最主要的驱动因素。2015年美国的移动广告总计为207亿美元，占整个互联网广告收入的35%，同比2014年的125亿美元增长66%，移动广告收入的53%来自展示广告，43%来自搜索广告。2015年非移动展示广告收入总计为139亿美元，其中，横幅广告收入为77亿美元（占总收入比重的13%），数字视频广告收入为42亿美元（占比7%），富媒体广告收入为13亿美元（占比2%），赞助广告（Sponsorship）收入为6.49亿美元（占比1%）。从在总收入的占比看，2015年非移动展示广告从2014年的27%下降为23%。2015年美国广告收入占比情况如图2-10-5所示。此外，展示和搜索广告显著趋势也是转向移动设备。2015年，搜索广告和展示广告（不包括移动广告）占比分别为34%和23%，较2014年的39%和27%均有所下降，下降主要原因为转向移动端。

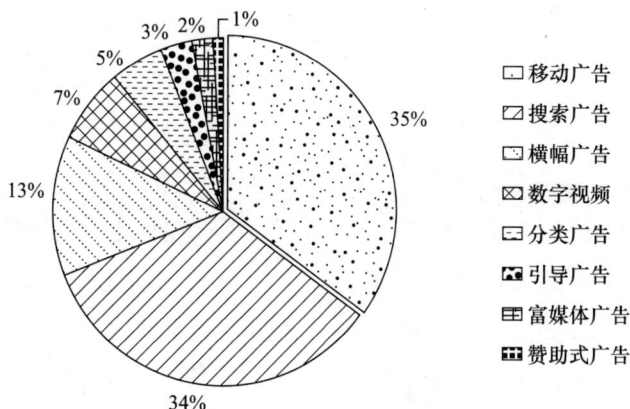

图2-10-5　2015年美国市场不同广告形式占比

（2）社交媒体广告增速明显。2015年社交广告（包括所有在社交网络、社交游戏网站和App等社交平台上投放的广告，涵盖各类设备，包括PC、笔记本电脑、智能手机和平板电脑）收入总计为109亿美元，占整个互联网广告收入的比重为18%。2012~2015年，社交广告保持稳定增长，复合年均增长率为55%（见图2-10-6）。

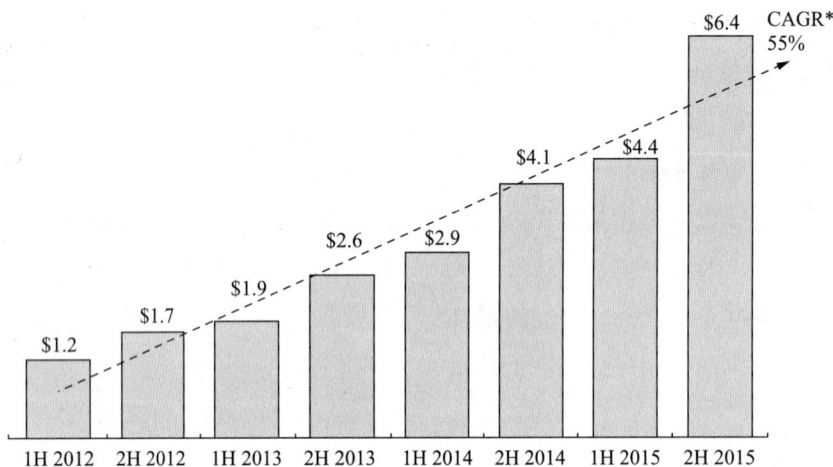

图 2-10-6　2012~2015年社交媒体广告收入（单位：百万美元）

2. 雅虎整体概况

雅虎在全球拥有超过10亿用户，仅次于谷歌、Facebook、YouTube和百度，拥有59个不同的地方网站，多数以当地语言提供服务。雅虎旗下的网站提供新闻、娱乐消息以及当地股价等信息，在印尼、菲律宾、墨西哥等快速增长的市场，Yahoo.com是最受欢迎的网站之一。此外，2016年初的一项统计调查显示，雅虎是美国和日本市场上最受欢迎的新闻来源。在美国市场，雅虎的用户为2.04亿，仅次于谷歌和Facebook，排名第三（美国网站访问人数排名如图2-10-7所示）。但雅虎并没能将庞大的用户量转化为自身的利润，盈利能力连年下降。2015财年，雅虎合计实现收入49.68亿美元，较2014年略有上升，净亏损43.51亿美元，其中包括商誉减值44.61亿美元，与削减成本措施相关的重组费用1.04亿美元，原始开发以及购买内容相关的资产减值费用4400万美元，无形资产减值1500万美元，销售专利获得收入1100万美元。雅虎的业务主要包括Mavens业务（移动、视频、原生广告、社交）、移动业务、搜索业务和展示广告，其具体发展情况如下。

（1）Mavens业务（移动、视频、原生广告、社交）。雅虎目前主要战略之一是投资和发展Mavens业务。其收入主要来自移动业务、视频广告和视频广告包、原生广告以及Tumblr和Polyvore的广告和收费。2015年Mavens的收入16.6亿美元，相比2014年的11.48亿美元增长了45%。Mavens收入的增长主要与移动广告有关，其次是原生广告和视频广告。

（2）移动业务。随着用户向移动设备的转移，雅虎继续专注于移动业务和移动广告形式，更新了多个雅虎互联网产品的移动版体验，包括体育频道、电邮、搜索和社交。截至2015年底，雅虎每月有超过6亿移动用户（包括Tumblr用

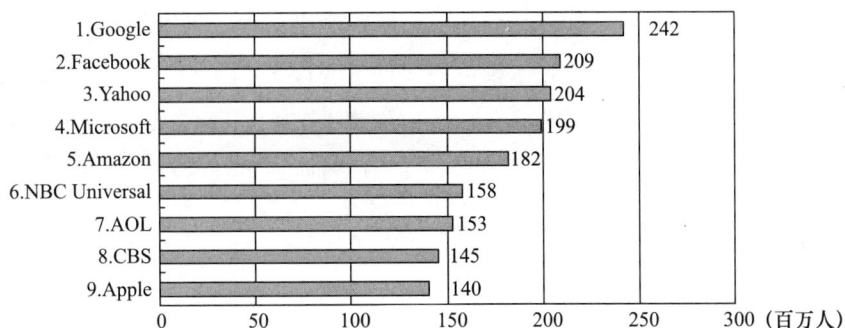

图 2 – 10 – 7　2016 年上半年美国网站的用户访问人数

资料来源：comScore，长江证券研究所。

户）。移动业务收入主要由搜索广告和展示广告产生，截至 2015 年底，雅虎的移动收入为 10.48 亿美元，相比 2014 年的 7.68 亿美元增长了 36%。移动收入的增长主要归功于原生广告带来的展示广告收入的增长和雅虎 Gemini 平台上移动搜索广告带来的搜索收入的增长。雅虎的移动广告业务收入虽有所增长，但相比于谷歌的 147 亿美元、Facebook 的 66.4 亿美元，雅虎的移动广告业务市场份额处于下降趋势。

（3）搜索业务。2015 年雅虎的搜索收入为 20.84 亿美元，相比 2014 年增长了 2.91 亿美元，增长率为 16%，占总收入的 42%，该比重连续两年上升。搜索收入的增长主要来自美洲地区，尤其是桌面设备的搜索量较高，移动设备的搜索广告收入也有所增加。2015 年第三季度雅虎为了增加门户网站的流量，在流量获取方面大约花费了 2.23 亿美元，与 2014 年同比增加了三倍。除此之外，雅虎搜索与 Mozilla 的火狐浏览器合作以保证雅虎是其默认的搜索引擎，此举为雅虎带来了搜索市场份额的提升，但仍不足以超越微软。2015 年随着微软推出 Windows10 操作系统，它的 Bing 搜索引擎已经攀升至市场第二的位置。同年 12 月，雅虎占美国桌面搜索的市场份额为 12.4%，排名第三，谷歌和微软市场份额分别为 63.8% 和 21.1%。

（4）展示广告。2015 年雅虎的展示收入为 16.93 亿美元，与 2014 年相比增长 11%，占总收入的 42%。展示广告收入的增长主要是由于美洲、EMEA（欧洲、中东和非洲）和亚太地区雅虎子公司的展示收入分别增加了 1.45 亿美元、4100 万美元和 3300 万美元，以及雅虎公司在美洲地区展示收入增加了 9400 万美元。但这在一定程度上被雅虎在亚太地区和 EMEA 地区的现实收入下降所抵消。

3. 市场竞争情况

互联网行业通过破坏性技术快速演变和创新。雅虎面对着来自各种企业的竞争威胁，在全球市场上与对手抢夺市场份额、优秀人才和创新点等。雅虎存在的竞争威胁包括：搜索引擎和信息服务，对手如谷歌搜索和微软公司的 Bing；Facebook 和推特等公司提供的邮件、图片共享、博客、微博和其他社交通信服务，社交领域正吸引越来越多的用户，用户在线时间和广告收入均遥遥领先于雅虎；数字、广播、印刷媒体公司，目前传统媒体向线上转换，与雅虎争夺用户、用户时间及广告收入。其他提供互联网产品及服务的公司也在不断蚕食雅虎的市场份额。

作为门户时代的霸主，雅虎同样拥有庞大的用户群体，却逐渐失去了广告业务上的竞争优势。曾经的广告主正逐渐向社交网站和移动应用转移，谷歌和 Facebook 两个巨头不断蚕食雅虎的网络广告收入和网页搜索流量。与 Facebook 和 Google 数字广告收入持续增长的形势不同，雅虎的数字广告收入涨幅较小，2016 年上半年，雅虎数字广告收入以 3% 的市场份额全美排名第四（见图 2 - 10 - 8）。雅虎在全球搜索广告市场份额由 2014 年的 2.5% 降至 2.1%，全球网络展示广告收入市场份额为 2.4%。

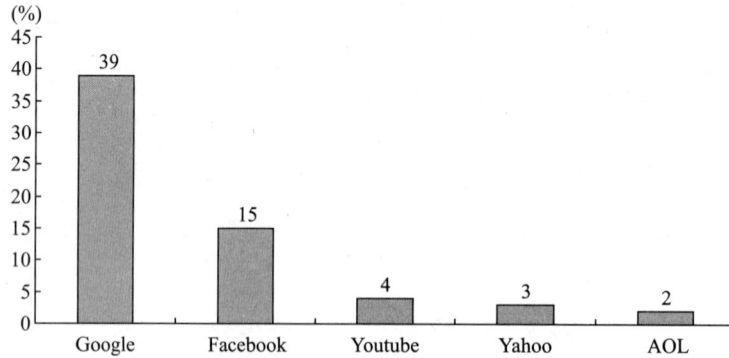

图 2 - 10 - 8　2016 年美国数字广告营收份额

资料来源：comScore，长江证券研究所。

（六）经营和财务绩效

表 2 - 10 - 2　雅虎 2013～2015 年度经营与财务业绩比较　　　　单位：百万美元

年份	2015	2014	2013
收入	4968	4618	4680
总资产	45204	61960	16805
净利润	- 4351	7532	1377
净利润率（%）	- 87.58	163.10	29.42
总资产报酬率（ROA）（%）	- 9.63	12.16	8.19
净资产报酬率（ROE）（%）	- 14.96	19.42	10.49
资本性支出（CAPEX）	543	372	338
CAPEX 占收比（%）	10.93	8.06	7.22
经营活动净现金流	- 2383	897	1195
每股经营活动净现金流（美元/股）	- 2.49	0.95	1.18
自由现金流（FCF）	- 2926	525	857
自由现金流占收比（%）	- 58.90	11.36	18.32
每股盈利（EPS）（美元/股）	- 4.64	7.61	1.30
每股股利（DPS）（美元/股）	0	0	0

续表

年份	2015	2014	2013
股利支付率（%）	0	0	0
主营业务收入增长率（%）	7.58	−1.33	−6.15
总资产增长率（%）	−27.04	268.70	−1.74
净利润增长率（%）	−157.77	446.99	−65.15
经营活动现金流增长率（%）	−363.18	−24.98	524.52
资产负债率（%）	35.67	37.40	21.86
流动比率（%）	587.71	214.18	374.98
总资产周转率（次）	0.11	0.07	0.28
股息	0	0	0
内部融资额	−3741	8139	2006
研发支出	1178	1156	958
研发支出占收比（%）	23.71	25.03	20.47

表 2 − 10 − 3　雅虎轻资产特征一览表

序号	项目	2015 年	2014 年	2013 年
1	现金类资产比重（%）	12.96	12.90	20.28
2	应收账款比重（%）	2.32	1.67	5.83
3	存货比重（%）	0	0	0
4	流动资产比重（%）	16.61	15.65	29.91
5	固定资产比重（%）	3.42	2.40	8.86
6	流动负债比重（%）	2.83	7.31	7.98
7	应付账款比重（%）	0.46	0.38	0.82
8	无息负债比重（%）	−1.86	−1.28	−5.01
9	有息负债比重（%）	2.73	1.89	6.61
10	留存收益比重（%）	10.11	14.42	25.39
11	营运资金（百万美元）	6230	5171	3686
12	现金股利（百万美元）	0	0	0
13	内源融资（百万美元）	−3741	8139	2006
14	资本性支出（百万美元）	543	372	338
15	现金储备（百万美元）	6833	10226	4997
16	自由现金流（百万美元）	−2926	525	857

（七）内控与风险管理

雅虎公司面临金融市场的风险，包括货币汇率和利率变化以及投资的市场价值变动等带来的风险，雅虎按照公司的投资策略，使用金融衍生工具来减轻某些风险。

1. 利率风险

雅虎公司面对的利率变动风险影响着公司与对冲策略相关的成本，主要与雅虎的现金和有价证券组合有关。公司将超额的资金投资于市场基金、定期存款以及美国和外国政府及其代理机构发行的债券等方面。2013 年 12 月，公司发行了 14.38 亿美元的票据，并将票据按面值扣除未摊销折扣的方式计入合并资产负债表，票据的公允价值随公司股价的波动而变动。固定利率和浮动利率投资工具也会引起一定的利率风险。固定利率的公允价值可能由于利率的上升而受到不利影响，而浮动利率证券则可能由于利率的下降导致收益低于预期，或者由于因利率、信用变化被迫抛售证券而造成亏损。截至 2015 年 12 月 31 日和 2014 年 12 月 31 日，假设利率上升 100 个基点，这将会导致公司可供出售债券的公允价值分别下跌 2800 万美元和 3100 万美元。

2. 汇率风险

雅虎公司外汇风险管理计划的目标是识别重大外汇风险，并确定方法来管理这些风险，以尽量减少潜在的汇率波动对公司报告的综合现金流和经营业绩的影响。雅虎的金融衍生工具交易对象都是大型金融机构。

雅虎采用多种货币进行交易，拥有国际收入以及采用外币计价的费用，这使公司受到外国汇率波动的影响。截至 2015 年末、2014 年末和 2013 年末，公司有未实现和已实现外汇交易损失分别为 2200 万美元、1500 万美元和 600 万美元，这些损失来自雅虎公司以及子公司的资产负债表套期保值的影响和资产负债表中对外币计价资产和负债的重新计量。

3. 折算风险

当外国子公司的财务报表和雅虎的股权投资以美元的合并时，雅虎公司也受到外汇波动的影响。如果外币兑换率有变化，则外国子公司的财务报表折算成美元的收益或亏损也会变化，这是累积其他综合收益的一个组成部分，也是股东权益的一部分。雅虎公司对所有外汇衍生工具进行风险价值的敏感性分析，以此来评估汇率波动的潜在影响。VaR 模型采用蒙特卡罗模拟法，来产生随机价格路径用于模拟正常的市场运行情况。VaR 是当外汇衍生工具由于利率的不利变动而产生的可能的最大预期损失值。VaR 模型是一个风险管理的工具，并不能代表实际或预测的结果。基于模型的结果，使用 99% 的置信区间，公司估计在 2014 年末和 2013 年末，对冲组合分别有 2200 万美元和 1200 万美元的最大单日损失净额。2014 年末和 2013 年末，现金流对冲投资组合和最大单日损失额分别为 300 万美元和不到 100 万美元。2014 年末、2013 年末和 2012 年末资产负债表对冲投资组合最大单日损失分别为 200 万美元、200 万美元和 300 万美元。由于预测的时间、数额等实际情况的局限性，未来衍生工具实际的收益和亏损可能与敏感性分析预计的结果有很大不同。此外，VaR 敏感性分析不能反映市场转变的复杂反应。

4. 投资风险

雅虎面临着投资风险，这些风险可能会导致投资的市场价值的变动。公司在公共和私人公司均有可供出售债券和股票投资。截至阿里巴巴集团 IPO，雅虎不再对阿里巴巴集团的投资使用权益法计价，并且不再在合并资产负债表中记录雅虎在阿里巴巴集团所占份额的财务成果。现在雅虎公司将所持有的阿里巴巴的股份作为合并资产负债表中的一项可供出售权益证券，并且调整每季度报告期内公允价值投资的变化，并将公允价值变化记录在"其他综合收益（亏损）"

中。从股权投资到可供出售权益证券的分类变化增大了投资组合的股票价值风险。阿里巴巴集团股权投资的公允价值将随时间而变化，并受到各种各样的市场风险，包括公司业绩、宏观经济、监管、行业和股票市场总体的系统风险。

公司目前投资策略的目标是保护资本、满足流动性需求并提供合理的回报率。在此政策下，公司的大部分资金由外部管理者管理。公司通过限制违约风险、市场风险、再投资风险来保护和维持投资基金。为了达到这一目标，公司将现金和现金等价物、短期和长期投资组合投资于一系列固定收益证券。截至 2015 年底，雅虎投资的未实现净亏损为 5 亿美元。

通过对公司的可供出售证券组合的敏感性分析来评估股票价格波动的潜在影响。将股价下跌 10%、20% 和 30% 对投资组合产生的不利影响作为基准。截至 2015 年 12 月 31 日，可供出售证券组合的公允价值大约为 310 亿美元，股价下跌 10%、20%、30% 时，将分别会导致可供出售权益组合总价值下降 40 亿美元、80 亿美元和 120 亿美元。公司对 Hortonworks 认证股权的公允价值运用布莱克—斯科尔斯模型进行了单独的敏感性分析。保持其他投入不变的情况下，基于股价潜在的短期变化可能导致股权的不利影响进而产生合并损益表上的亏损，假定股票下跌 10%、20%、30% 的情形。截至 2015 年 12 月 31 日，Hortonworks 的认股权证的公允价值约为 7900 万美元。在股票价格下跌 10%、20%、30% 时，将分别会使持有的 Hortonworks 股权价值下降 800 万美元、1600 万美元和 2400 万美元。

（八）前景展望

雅虎，这家曾经最大的互联网公司，经历了长时间的业绩下滑与低迷，但雅虎品牌仍有着广泛的影响力。未来，雅虎公司仍将致力于提高行业竞争力以及收入增长速度，为股东、广告商和超过 10 亿的雅虎用户带来更高价值。具体发展方向有以下五个方面：

1. 简化业务，改进执行力

2016 年雅虎核心实力的更小产品线应为股东、广告主和用户创造更专注、更具执行力以及更清晰的价值。自 2012 年以来，雅虎一直在对不同产品领域和市场进行投资，推动创新和支撑成长。如今，雅虎将集中资源对已被证明为成长领域的市场进行投资。雅虎在 2015 年第四季度关闭了在线视频平台 Yahoo Screen。进入 2016 年，雅虎将把一些数字杂志合并到其的四大核心垂直平台之一，其他的则将会关闭。雅虎还将会停止一些没有达到增长预期的老业务，包括智能电视和游戏等。更专注于雅虎实力的简化产品线，能够让雅虎更快地改进产品，提升利润率。为了清理产品线，雅虎已开始探索剥离非战略价值资产，如负责货币化的非战略型专利，出售有价值的地产以及其他非核心、非战略型资产。到 2016 年底，雅虎预计这些努力将为其带来 10 亿 ~30 亿美元的现金。

2. 推动发展 Mavens 业务，实现收入可持续增长

雅虎已在移动、视频、本地和社交领域构建 10 亿美元之上的业务，将继续在移动、视频、原生广告、社交业务方面有所侧重。广告主在 Mavens 的投入预计将大幅增长。预计到 2018 年，移动产业广告支出将几近实现翻番，程序化技术已被证明是最优操作、定价和控制的广告解决方案。为回应这些趋势，雅虎的全球销售团队已开始向表现性能和程序化广告产品转移，而且在 2015 年第四季度已经看到了效果。这一战略

再加上过去两年专注于 Mavens 的广告格式，以及对 Gemini 和 BrightRoll 平台的投资，预计雅虎能够借助这些趋势获得可持续的增长。

3. 培育用户参与度，提高用户黏性

雅虎已成为超过 10 亿月活跃用户的数字信息挖掘索引。2016 年，雅虎将优先考虑培育这一庞大用户基础的参与度。简化雅虎产品线，着重强调区分其竞争力的产品，推动用户、营收和市场机遇。这种专注度将会增加雅虎的创新和产品改良的步伐，为其带来更深刻的整合体验，以及页面流量、用户登录、日平均访问用户等关键数据的快速增长。

对于消费者产品，雅虎有三大全球平台：搜索、电子邮件和 Tumblr，并将在美国、加拿大、英国、德国、中国香港和中国台湾等成长市场组建四个垂直平台——新闻、体育、财经和生活方式。移动搜索是雅虎最大的机遇，未来雅虎会把绝大多数的资源转向该领域，对该领域进行更多的投资。雅虎将把移动搜索定位为移动设备的重新定义搜索，它将推动雅虎长期的可持续增长和差异化；雅虎邮件（Yahoo Mail）是雅虎通信产品的平台。为继续增加日平均访问用户和用户的参与度，雅虎将投资改进雅虎邮件的速度和稳定性，以及增加新功能，让用户能够通过雅虎邮件在平台内更轻松地分享、搜索和连接。作为雅虎整个产品线的必不可少的传动器，专注于对雅虎邮件的投资将加速整个雅虎的成长；雅虎也会投资于 Tumblr 平台和新闻、体育、财经和生活方式等雅虎的优势数字内容，增加其用户的参与度，特别是用户在移动设备上的参与度。公司将对吸引消费者和内容创作者的功能和体验进行投资，鼓励他们更多的参与，让他们在雅虎网络中停留的时间变得更长。对于广告主，雅虎将由两个核心产品来定义：Gemini 和 BrightRoll。Gemini 包括搜索和本地广告，BrightRoll 则包括面向视频、显示和本地广告的程序购买和销售工具。

4. 减少运营费用，有效匹配资源

雅虎将以有效运营、推动提升盈利为目标。作为雅虎制定的战略成长计划的一部分，雅虎已执行了一系列额外的成本削减努力。2012 年以来，雅虎在管理员工数量方面取得了长足进步。削减员工数量并不是一件易事，但却是让公司在未来取得发展的必要举措。为实现这一目标，2016 年雅虎裁员 15%，并关闭位于迪拜、墨西哥城、布宜诺斯艾利斯、马德里和米兰的五个办事处。2016 年底，雅虎有 9000 名员工，以及少于 1000 名合同工。这意味着雅虎的员工数量将较 2012 年减少 42%，在短期内能够让其每年的运营支出节省 4 亿美元。

5. 出售核心资产，变身投资公司

出售核心互联网业务及房地产资产。若是拍卖成功，雅虎的互联网业务将同美国在线一起被整合进 Verizon，从此终结过去 20 年雅虎作为独立互联网运营公司的身份。Verizon 通过收购雅虎，将继续发力数字媒体和广告业务，其数字广告业务规模或将翻番，或成为继谷歌和 Facebook 之后的第三大数字广告收入大户。而雅虎的剩余资产可能成为一家上市的投资公司，除可转债、现金与非核心专利之外，雅虎持有阿里巴巴 15% 的股份，雅虎日本 35.5% 的股份，后两者价值合计达 400 亿美元。

附件一：雅虎财务报告（2015年）

1. 合并资产负债表

单位：千美元

年份	2013	2014	2015
资产			
流动资产：			
现金和现金等价物	2077590	2667916	1631911
短期有价证券	1330304	5327412	4225112
应收账款净值（扣除津贴）	979559	1032704	1047504
预付费用及其他流动资产（包括受限制现金）	638404	671075	602792
总流动资产：	5025857	9699107	7507319
长期有价证券	1589500	2230892	975961
固定资产净值	1488518	1487684	1547323
商誉	4679648	5163654	808114
无形资产净值	417808	470842	347269
其他长期资产和投资	177281	550798	342390
对阿里巴巴的投资	—	39867789	31172361
股权投资	3426347	2489578	2503229
总资产：	16804959	61960344	45203966
负债和权益			
流动负债：			
应付账款	138031	238018	208691
与出售阿里巴巴集团 ADS 相关的应付税费	—	3282293	—
其他应计费用和流动负债	907782	671307	934658
递延收入	294499	336963	134031
总流动负债：	1340312	4528581	1277380
可转换债券	1110585	1170423	1233485
长期递延收入	258904	20774	27801
其他长期负债	116605	143095	118689
与投资阿里巴巴集团有关的递延所得税负债	—	16154906	12611867
递延和其他所得税负债	847956	1156973	855324
总负债：	3674362	23174752	16124546
承付款项与或有负债			
雅虎公司股东权益：			
优先股	—	—	—
普通股	1015	945	959

续表

年份	2013	2014	2015
资本公积	8688304	8496683	8807273
库存股成本价	− 200228	− 712455	− 911533
留存收益	4267429	8937036	4570807
累计其他综合收益	318389	22019628	16576031
雅虎公司股东权益总额	13074909	38741837	29043537
非控制性权益	55688	43755	35883
总权益	13130597	38785592	29079420
负债权益总计	16804959	61960344	45203966

2. 合并损益表

单位：千美元

年份	2013	2014	2015
主营业务收入	4680380	4618133	4968301
经营支出：			
主营业务成本——流量获取费用	254442	217531	877514
主营业务成本——其他	1094938	1080783	1200234
营销费用	1130820	1234268	1080718
研发费用	1008487	1207146	1177923
管理费用	569555	574743	687804
无形资产摊销	44841	66750	79042
专利销售支出	− 79950	− 97894	− 11100
资产减值费用	—	—	44381
商誉减值费用	63555	88414	4460837
无形资产减值准备	—	—	15423
重组净支出	3766	103450	104019
总经营支出	4090454	4475191	9716795
经营收入	589926	142942	− 4748494
其他净收入	43357	10369439	− 75782
税前收入和权益收益	633283	10512381	− 4824276
预估所得税	− 153392	− 4038102	89598
权益投资收益除税净额	896675	1057863	383571
净利润	1376566	7532142	− 4351107

续表

年份	2013	2014	2015
归属于非控制性权益的净收入	－ 10285	－ 10411	－ 7975
雅虎公司净利润	1366281	7521731	－ 4359082
雅虎公司普通股股东每股基本收益	1.3	7.61	－ 4.64
雅虎公司普通股股东每股摊薄收益	1.26	7.45	－ 4.64
基本普通股股数	1052705	987819	939141
加权普通股股数	1070811	1004108	939141
股权激励费用（按功能）			
主营业务成本——其他	15545	33560	32010
营销费用	101852	154372	141418
研发费用	83396	139056	190454
管理费用	77427	93186	93271
重组费用净值	—	—	2705
综合收益			
净利润	1376566	7532142	－ 4351107
可供出售证券			
可供出售证券的未实现收益（损失）	6776	22072073	－ 5166595
分类调整可供出售证券的包括净利润的已实现（收益）损失	－ 796	－ 2218	174
未实现收益（损失）的变动除税净额	5980	22069855	－ 5166421
外币换算调整			
外国 CTA 利润（亏损）除税净额	－ 577711	－ 363013	－ 279135
对冲 CTA 利润（亏损）除税净投资额	317459	130904	3333
对包括 CTA 在内的已实现收入的分类调整除税净额	—	－ 50301	—
外国 CTA 利润（亏损）的变动除税净额	－ 260252	－ 282410	－ 275802
现金流对冲			
现金流对冲中未实现利润（亏损）除税净额	3492	5704	－ 5795
对现金流对冲的已实现收入的分类调整除税净额	－ 2080	－ 5259	4421
现金流对冲的利润（亏损）除税变动净额	1412	445	－ 1374
其他综合收益	－ 252860	21787890	－ 5443597
综合收益	1123706	29320032	－ 9794704
减：非控制权益的综合收益	－ 10285	－ 10411	－ 7975
雅虎公司综合收益	1113421	29309621	－ 9802679

3. 合并现金流量表

单位：千美元

年份	2013	2014	2015
经营活动现金流			
净利润	1376566	7532142	−4351107
将净利润调整为经营活动净现金流			
折旧	532485	475031	472894
无形资产摊销	96518	131537	136719
可转换票据贴现	4846	59838	63061
以股权支付的补偿支出	278220	420174	459858
非现金资产减值准备	—	—	44381
商誉减值费用	63555	88414	4460837
无形资产减值准备	—	——	15423
非现金重组费用（撤销）	547	−3394	3150
有价证券的非现金增加	36985	30848	47218
外汇损益	−10852	15978	4376
资产及其他销售收益	−3736	−11383	−2878
销售阿里巴巴 ADS 收益	—	−10319437	—
销售专利收益	−79950	−97894	−11100
销售 Hortonworks 权证	—	−98062	19199
股权收益	−896675	−1057863	−383571
阿里巴巴集团优先股股息收益	−35726	—	—
股权激励产生（减少）的税费	49061	145711	41729
从股权激励中得到的溢税收益	−64407	−149582	58282
递延所得税	−84302	465873	−42341
从股权投资取得的股息	135058	83685	142045
经营性资产和负债（扣除收购和资产剥离的影响）变更			
应收账款	26199	29278	−39065
预付费用和其他	27401	−78601	21842
应付账款	−7764	14165	−59965
应计费用及其他负债	−98853	132839	109776
销售阿里巴巴集团 ADS 应付所得税	—	3282293	−3282293
递延收入	−149929	−194920	−195328
经营活动净现金流	1195247	896700	−2383422
投资活动现金流			
收购资产设备	−342971	−413019	−554163
销售资产设备所得	4840	17404	11176
有价证券购买	−3223190	−7890092	−5206245

续表

年份	2013	2014	2015
有价证券销售收益	2871834	2269659	822997
有价证券到期收益	748915	945696	6691645
销售阿里巴巴集团 ADS 净收益，除去承销折扣，佣金和费用	—	9404974	—
赎回阿里巴巴优先股收益	800000	—	—
净现金收购	−1247544	−859036	−175693
专利销售收入	79950	86300	29100
无形资产购买	−2500	−2658	−4811
衍生对冲合约的结算收益	312266	254496	147179
衍生工具对冲合约的结算支付	−22708	−5454	−8817
私募股权投资支出	−4226	−74399	—
其他投资活动净额	1932	4630	−256
投资活动净现金流	−23221	3761969	1752112
筹资活动现金流			
发行股票收益	353267	308029	59130
普通股回购	−3344396	−4163227	−203771
发行可转换债券的收益	1412344	—	—
票据对冲支出	−205706		
发行认股权证	124775	—	—
从股票补偿中得到的溢税收益	64407	149582	58282
与限制性股票单位的股份结算相关的税金扣款	−139815	−280879	−257731
分配给非控制性权益	—	−22344	−15847
信贷融资所得款项	150000	—	—
偿还信贷融资借款	−150000	—	—
其他筹资活动净值	−8760	−13627	−17321
用于融资活动的现金净额	−1743884	−4022466	−377258
汇率变动对现金及现金等价物的影响	−18330	−45877	−23619
现金和现金等价物的变化净额	−590188	590326	−1032187
年初现金和现金等价物	2667778	2077590	2664098
年末现金和现金等价物	2077590	2667916	1631911
非现金活动			
非现金收购财产和设备的变化	37318	−27533	−12392

附录二：雅虎大事记

1997 年 1 月，《今日美国》为全国信息网的网民筛选"内容最丰富、最具娱乐价值、画面最吸引人且最容易使用的网络站台"，结果发现"雅虎（Yahoo!）"连续数周在内容最优良、实用性最高、最容易使用等项目上夺魁。

1999 年 9 月，中国雅虎网站开通。

2003 年 11 月，雅虎中国出资 1.2 亿美元全资收购提供中文上网服务领导公司 3721 公司（该公司占据中文上网服务市场 90% 以上市场份额）。

2004 年 7 月，雅虎中国率先推出 1G 电子邮箱，开创中国电子邮箱 G 时代。

2004 年 11 月，雅虎与 3721 发布搜索竞价产品线，雅虎中国成为中国最大、最综合的搜索营销服务提供商。

2005 年 8 月，阿里巴巴和雅虎全球达成战略合作，全资收购雅虎中国，并更名为阿里巴巴雅虎。

2005 年 11 月，阿里巴巴宣布未来阿里巴巴雅虎的业务重点全面转向搜索领域。

2006 年 1 月 4 日，阿里巴巴雅虎宣布，启动“2006 雅虎搜索创意盛典”，投资 3000 万元，盛邀陈凯歌、冯小刚、张纪中三大国内著名导演围绕“雅虎搜索”的主题，各自创作一支时长不短于 2 分钟的视频广告短片。

2006 年 1 月 16 日，阿里巴巴雅虎推出其知识搜索产品——“知识堂”公测版。

2006 年 5 月 9 日，阿里巴巴雅虎推出 3.5G 大容量邮箱，同时用户还可获得 20M 超大附件服务。

2006 年 5 月 18 日，阿里巴巴雅虎推出全球首个专门针对世界杯的垂直搜索项目雅虎世界杯搜索，据悉这是搜索技术首次引入体育领域。

2006 年 7 月 13 日，雅虎和微软开始在包括中国市场的全球局部范围内，进行双方即时通信工具之间互联互通的公开测试。双方将共同打造全球最大的个人用户即时通信社区，其用户数超过 3.5 亿。

2006 年 8 月 15 日，雅虎搜索新产品正式推出，新产品包括两方面：雅虎首页围绕社区化搜索进行调整；雅虎专业的搜索引擎独立域名正式启用，满足个人化搜索的需求。

2006 年 9 月 19 日，阿里巴巴雅虎宣布在雅虎搜索启动为期一个月的搜索质量大检——雅虎“搜虫”行动，旨在借助全国 1.23 亿互联网用户的智慧进一步提升搜索质量。

2006 年 9 月 28 日，阿里巴巴雅虎举办“2006 雅虎搜索创意盛典三导广告片首映礼”，三位国内著名导演——陈凯歌、冯小刚、张纪中拍摄的三支“雅虎搜索广告片”举行了全球首映。

2006 年 11 月 28 日，原阿里巴巴集团参谋部资深副总裁曾鸣正式出任雅虎中国总裁，同时兼任阿里巴巴集团执行副总裁。

2007 年 5 月 15 日，雅虎中国宣布正式更名为中国雅虎。同时，中国雅虎全新的业务体系也调整完毕，形成了“三驾马车”式的事业部制架构。

2007 年 6 月 5 日，在中国雅虎推出全球首个实现了“一页到位”全新体验的搜索平台 OmniSearch，开始向着智能化的搜索领域前进。

2007 年 9 月 7 日，中国雅虎正式推出了有史以来第一款“终生邮箱”。这个邮箱容量无限，采用 @ 的全新域名，并于 10 日凌晨向全体网民开放 ID 的抢注。

2008 年，由中国雅虎与口碑网整合而成的雅虎口碑公司，推出“强强融合”后的首个专题——2008 北京奥运会生活服务。据了解，精心打造的奥运会生活服务平台，将在奥运期间为全国人民提供全程的生活服务资讯与互动，解决人们由于异地观赛及旅游遇到的生活难题。

2012 年 5 月 21 日，阿里巴巴集团将以 63 亿美元和不超过 8 亿美元的新增阿里巴巴集团优先股，回购雅虎手中所持有阿里巴巴集团股份的一半。

2012 年 5 月 24 日，雅虎发布了自己的浏览器：Yahoo! Axis。

2012 年 12 月 31 日，雅虎耗费成本 9400 万美元完成撤离韩国市场，这是新任首席执行官梅耶尔今年 7 月上任之后，雅虎第一次退出某个国家的市场。

2013 年 4 月 18 日，中国雅虎邮箱启动整体迁移，并于 2013 年 8 月 19 日停止服务。7 月 20 日玛丽莎·梅耶尔出任雅虎 CEO。

2013 年 5 月 12 日，雅虎当地时间周五在 Twitter 上正式宣布自己在过去一周时间内已经收购了包括 Astrid、GoPollGo、MileWise 和 Loki Studios 在内的初创公司。通过这一系列交易，雅虎新增了 22 名移动行业企业家。

2013 年 8 月 20 日，中国雅虎邮箱已于 2013 年 8 月 20 日停止服务。

2013 年 8 月 31 日，中国雅虎宣布停止，于 2013 年 9 月 1 日零时起，不再提供资讯及社区服务。原有团队将专注于阿里巴巴集团公益事业的传播。

2013 年 9 月 5 日，雅虎正式发布了公司新 LOGO，雅虎沿用了近 20 年的 LOGO 也即将"退役"。新 LOGO 中大写字母保持不变，保留了感叹号，但从整体来看，字体更为纤细。

2014 年 3 月 6 日，据 GeekWire 网站报道，雅虎宣布收购社交信息可视化技术创业公司 Vizify。Vizify 能将用户在社交网络上分享的信息转化成可视化格式。

2014 年 3 月，雅虎宣布，将不再支持使用 Facebook 和谷歌账号登录其多种服务。

2014 年 9 月 28 日，雅虎宣布将关闭搜索引擎 Yahoo Directory，以及 Yahoo Education、视频分享 Qwiki 等服务。

2014 年 10 月 2 日，凌晨消息，据雅虎向美国证券交易委员会（SEC）提交的监管文件显示，该公司通过在阿里巴巴集团的 IPO（首次公开招股）交易中出售持股获得了 94 亿美元左右的收入。

2014 年 11 月 11 日，雅虎宣布该公司将以 6.4 亿美元的价格收购视频广告平台 Brightroll。雅虎称，该公司将把自己的收费桌面和移动视频广告位与 Brightroll 的平台结合在一起，从而提高旗下各个平台的广告价值。

2015 年 2 月 19 日，雅虎 CEO 玛丽莎·梅耶尔（Marissa Mayer）在旧金山举行的雅虎移动开发者大会上宣布，该公司在 2014 年的移动营收突破 12 亿美元，移动端月用户访问量约为 5.75 亿，雅虎已成为"全球第三大移动广告公司"。

2015 年 6 月 4 日，雅虎宣布将关闭包括雅虎地图在内的一系列服务。雅虎正在对业务进行调整，从而专注于搜索和数字内容。

2015 年 9 月 2 日，雅虎以 1.61 亿美元完成对 Polyvore 的收购。Polyvore 让全球用户在时尚、美容和家居装饰中发现和购买他们最喜欢的产品。

2016 年 7 月 15 日，Verizon 公司官方确认以 48 亿美元收购雅虎。

網易 NETEASE
www·163·com

　　网易的 LOGO 使用了三种颜色：红（网易）、黑（NETEASE 和 www.163.com）、白（底色）。网易两字用了篆书，体现了古典意味，暗示着网易在中文网络的元老地位。关于"网易（NETEASE）"的由来，丁磊的解释是在网易成立之初的 1997 年前后，中文网站还很少，服务费用也很昂贵，对绝大多数中国人来说，上网都是件可望不可及的事。而网易的目标就是要改变这种情况，让中国人上网变得容易起来，要实现这个雄心勃勃的目标，自然需要有一个好的公司名，丁磊很快就想好了"kaihu 网易（NETEASE）"这个看似简单却意味深长的名字。1996 年中国电信 IP 骨干网更名为 China Net，节点逐步覆盖全国所有省会，由于窄带拨号接入的入网领示号为 163，因此被称为 163 网络。为了能使域名更快地被网民记住，丁磊选择了 www.163.com 作为网站的域名。

丁磊

网易董事长及首席执行官

丁磊：45 岁，中国国籍，网易公司创始人，现担任网易公司董事局主席兼首席执行官。1971 年 10 月，丁磊出生于中国浙江省宁波市的一个高级知识分子家庭，从小喜欢无线电。1993 年，丁磊从电子科技大学（原成都电讯工程学院）正式毕业，获工学学士学位。之后，丁磊回到家乡，在宁波市电信局工作。1995 年，由于丁磊感觉工作辛苦，从电信局辞职，遭到家人强烈反对，但丁磊去意已定，一心想出去闯一闯。在经历多次失败之后，1997 年 5 月，丁磊创办网易公司，占有 50% 以上的股份，成为真正的老板。丁磊与张朝阳、王志东并称为网络三剑客。2000 年 6 月，网易在纳斯达克正式挂牌上市。2009 年，宣布网易养猪计划。2015 年 2 月 11 日，入选"2014 中国互联网年度人物"。2015 年 10 月 26 日，以 75 亿美元的财富位列《2015 年福布斯中国富豪榜》第十。2016 年 2 月 24 日，丁磊以财富 630 亿元新进《2016 胡润全球富豪榜》大陆前十名，位列第十，全球第 121 位，比 2015 年上升 30 位；10 月 13 日，《2016 年胡润百富榜》发布，丁磊以 1000 亿元财富，位列第六；10 月 18 日，《2016 胡润 IT 富豪榜》发布，丁磊以 960 亿元排名第三；10 月 27 日，《2016 福布斯中国富豪榜》公布，丁磊以 152 亿美元财富，排名第五位。

十一　网易公司可持续发展报告（NetEase）

（一）公司简介

网易（NASDAQ：NTES）是中国领先的互联网技术公司，2000 年 6 月 30 日，在美国纳斯达克证券交易所挂牌上市。网易在开发互联网应用、服务及其他技术方面，始终保持国内业界的领先地位。同时网易对中国互联网的发展具有强烈的使命感，利用最先进的互联网技术，加强人与人之间信息的交流和共享，实现"网聚人的力量"。1997 年 6 月创立以来，凭借先进的技术和优质的服务，网易深受广大网民欢迎，曾两次被中国互联网络信息中心（CNNIC）评选为中国十佳网站之首。并在中国互联网行业内率先推出了包括中文全文检索、全中文大容量免费邮件系统、无限容量免费网络相册、免费电子贺卡站、网上虚拟社区、网上拍卖平台、24 小时客户服务中心在内的产品或服务，还通过自主研发推出了一款率先取得白金地位的国产网络游戏。

网易作为国内少数几家拥有自主开发和运营能力的游戏运营商，旗下多款网络游戏多次获得"玩家最喜爱网络游戏奖"和"最佳原创国产网络游戏奖"等行业评选奖项，深受玩家和行业人士好评。网易在门户网站业务方面始终保持市场领先地位，不但拥有最为快速、全面、准确的资讯平台，同时秉持"有态度"的新闻专业主义原则和理想，凭借独特的视角和观点赢得用户口碑。2011 年初，网易门户推出基于移动终端平台的媒体资讯产品——网易新闻客户端，目前该产品已拥有过亿月活跃用户，受众知名度、行业口碑遥遥领先同类软件，下载量长期保持

AppStore新闻软件排名第一。作为中国率先开展无线业务的门户网站之一，网易一直在跟踪无线互联网的最新发展，与运营商、设备提供商建立了紧密的合作关系。网易是首批提供 WAP 服务的内容提供商之一，也是较早加入提供短信息及彩信服务的网站之一。网易作为中国网站的领先者，始终致力于电子商务及 IT 产业的持续发展，同时也在努力促进中国人民的数字化生活。为了这个目标，网易把亿万的网民聚集在一起，实现资讯的共享，为用户提供更好的服务，为他们创造更愉悦的在线体验。

网易的发展历程可以概括为三个阶段。

第一阶段（1997～2001 年）：利用免费积累用户群体——网易邮箱、网易搜索。当丁磊看到国外提供免费 E-mail 服务的企业经营发展非常快速时，便决心在国内推出全中文的免费电子信箱服务。网易邮箱由于是国内第一家，没有任何竞争对手，很快便吸引了大量的国内用户，而且由于连接国内网络的速度略快于国外，在功能相差不大的情况下，用户纷纷放弃国外的免费信箱系统改投网易门下。于是，网易公司顺利地获得了第一批用户。接着，网易公司又先后推出了第一个全中文的搜索引擎。这些服务给网易带来越来越多的用户，网易作为一家网络企业的知名度越来越高。

第二阶段（2001～2011 年）：凭借自主研发，创建公司核心业务——网易游戏。网易于2001 年成立在线游戏事业部，2012 年游戏业务收入达 73 亿元，占公司业务收入的近九成，网络游戏是公司的主导产品，也是公司实现可持续

发展的动力，其在自主研发网络游戏领域一直处于领先地位，目前是中国自主研发第一公司。近年来，网易公司在网络游戏的开发和运营方面，都取得了成功，在中国游戏市场始终保持领先的地位，是中国网络游戏行业的佼佼者。

第三阶段（2011 ~ 2015 年）：聚焦移动终端，开发媒体资讯产品——网易新闻客户端。网易在门户网站业务方面始终保持市场领先地位，不但拥有最为快速、全面、准确的资讯平台，同时秉持"有态度"的新闻专业主义原则和理想，凭借独特的视角和观点赢得用户口碑。随着移动互联网的发展，2011 年初网易门户推出基于移动终端平台的媒体资讯产品——网易新闻客户端，目前该产品已拥有过亿月活跃用户，受众知名度、行业口碑遥遥领先同类软件，下载量长期保持 AppStore 新闻软件排名第一。

截至 2015 年 12 月 31 日，网易总资产为63.54 亿美元，股东权益为 45.26 亿美元，员工人数为 12919 人。全年实现主营业务收入 35.2亿美元，净利润为 10.55 亿美元，每股盈余为7.91 美元。2015 年 12 月 31 日收盘价为 181.24美元，市盈率为 22.91，总投资报酬率为 16.6%。

网易公司的前十大股东的控股数及所占百分比如表 2 - 11 - 1 所示。

表 2 - 11 - 1　网易十大股东的持股情况（截至 2015 年 12 月 31 日）

名称	持股数量（万）	持股比例（%）
Cornerstone Capital Management Holdings LLC	887.88	6.70
Orbis Investment Management Ltd.	546.91	4.12
Lazard Asset Management LLC	411.51	3.10
Invesco Asset Management Ltd.	382.07	2.88
Amundi Asset Management SA（Investment Management）	324.94	2.45
Black Rock Fund Advisors	300.98	2.27
Comgest S. A.	279.14	2.11
Vontobel Asset Management, Inc.	231.53	1.75
Renaissance Technologies LLC	199.31	1.50
William Blair Investment Management LLC	174.03	1.31

资料来源：同花顺财经网。

（二）公司战略

网易目前采用的总体战略是中心多样化，围绕其核心业务，将其竞争优势运用于多个有关的业务，同时还能分散其风险，从综合能力上增强企业的优势和机会。而从业务层上具体来看，网易的发家业务是门户，致富业务是游戏，而其他的教育、音乐、有道、智能硬件等业务只能是拱卫。除了这两大核心业务之外，近年来立足于杭州所孵化的以云计算为代表的新业务则更带着些许"业务转移"的性质，因此接下来从门户、游戏和云计算这三大业务（见图 2 - 11 - 1）来介绍网易的公司战略。

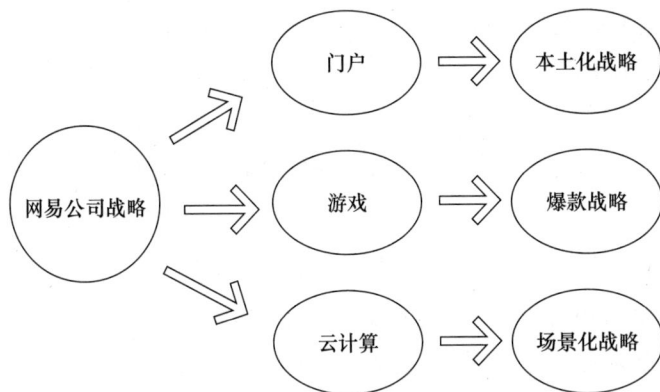

图 2 - 11 - 1　网易公司战略示意图

1. 网易门户的本地化战略

网易作为国内中文互联网服务的集大成者，在门户网站中保持着单一页面访问量第一的地位，全站注册用户 14.8 亿，活跃用户 6.7 亿，邮箱市场占有率长期保持在 70% 以上。网易房产依托网易强势平台资源和庞大的受众基础，是唯一一家将门户网站最好资源以最高性价比优先服务于地产行业的网络媒体。依托大网易的优势，立足于网易房产的专业平台，网易开启本地化战略，发力本地化布局，立志开拓全国市场。

2015 年新年伊始，网易六箭齐发，苏州、南通、贵阳、遵义、兰州、太原六大城市门户站联手上线（本地新闻客户端同步上线），这是网易在全面布局本地化战略上的一大步。此次联手上线的六大城市门户站立足本地，各具特色，将给当地网民带来全新体验。网易兰州站发扬西北人固有的淳朴豪迈风格，坚持最清澈真实的媒体态度，实时报道兰州本地最新鲜的时事、财经、科技、汽车等信息；网易太原站以网易为平台，线上推广太原本地汽车、美食、数码等各类生活消费资讯，结合线下落地活动，全方位打造一个着眼龙城太原的综合生活类门户网站；而作为网易"三网合一"布局的首个站点，网易苏州站将面向大苏州地区，通过网易地方站、网易房产以及网易新闻客户端三大平台的整合，打造完整的线上衣食住行玩乐和线下产品体验的生活资讯服务平台，极大地便捷苏州市民的生活。总的来说，不同于以往的以新闻为主的地方性资讯网站，网易的本地化战略提出以房产为基础，全面布局新闻、财经、家居、汽车和旅游等 11 大领域。结合本地产品，依托各地不同特色，盘活旅游、农产品、区域中小客户以及政府资源，构建线上衣食住行玩乐完整生活体验链，网易城市门户站将成为用户在本地生活中必不可少的小助手。截至 2015 年初，网易已在全国范围内成立 20 个城市门户站和 72 个房产地方站，全面构建起全行业本地化生活资讯服务电商平台。

2. 网易游戏的爆款战略

网易游戏的爆款战略是指通过长线对时间和资金的投入，形成服务（产品）质量的竞争壁垒，它不是特指对待某一款产品，而是产品的执行策略。如果把产品（服务）比作一滴墨水，把市场比作一杯白水。那爆款战略便是提倡在墨水滴入杯中后，加大外力投入，搅拌杯中水，使得整杯水被染色。具体在网易游戏上则更加注重在"墨水浓度"上下功夫，网易游戏更享受用一滴更浓的墨水慢慢地将水染色。2016年9月，网易游戏推出的手游《阴阳师》大火，推出之后长时间霸占 App Store 畅销排行榜，《阴阳师》以一种口碑传播的爆发式态势蔓延，也一定程度上验证了网易"前发力"的爆款战略。

近几年，网易一直被外界视为"动作慢"。生态闭环这方面，网易不及阿里密不透风的行动；在烧钱补贴上，网易不及百度在 O2O 上的巨大投入，不及滴滴、美团大肆使用价格战；在资本运作上，网易很少有注资或并购行为。然而这正是网易实施爆款战略的一种表现，慢是一场豪赌，网易承担风险把战线时间轴拉长，在产品研发前期给予了更大、更持久的投入。网易希望产品在市场上爆发出的势能，不是被推动，而是产品本身服务承载势能所展现出的强大攻势。在当下嘈杂的互联网环境中，网易游戏却能做到一路高歌，既能够让《梦幻西游》、《大话西游》、《倩女幽魂》这样的老牌 IP 久盛不衰，又能打造出《阴阳师》这样的新爆品，这些与网易在爆款打造上的非凡能力是分不开的。

3. 网易云计算的场景化战略

随着"互联网＋"的逐步深入，作为互联网行业"水电煤"的基础服务——云计算的需求不断得到拓宽。根据 IDC 预测显示，2015~2018年，全球云计算服务市场平均每年将增长26%，而中国将以接近45%的年复合增长率增长。云计算已经成为互联网领域增长最快速的一支力量，并被寄予"新一轮技术革命引领者"的厚望。2016年9月20日，网易公司在上海举行发布会，首度推出"网易云"，并将其云计算战略定位于"场景化云服务"，致力通过技术方案＋知识体系输出，解决"互联网＋"时代企业的研发、运营等实际需求，与以往偏向于存储计算的云计算厂商展开差异化竞争。

网易云计算的场景化战略是指打破过去云计算 IaaS（基础设施即服务）、PaaS（平台即服务）、SaaS（软件即服务）的传统划分方式，从基础服务、产品研发、业务运营三个层面出发，解决具体场景下的业务需求，如研发层面里的前端、移动端、后端、系统运维、QA 等，运营层面的客服、市场、用户运营、大数据分析等。目前网易公司 90% 以上的互联网业务已经运行在网易云上面。而在此之前，网易云已经经过四个发展阶段：

（1）1997~2006年：网易推出中国最大的中文邮箱，分布式存储、网络、安全等技术的开发和积淀走在全国前列。

（2）2006~2011年，网易杭州研究院成立，构建了完整的互联网技术体系，实现了技术支撑的公有化，开始为网易互联网产品提供公共基础技术平台，承担网易互联网产品的运维保障。

（3）2012~2015年，网易研发了私有云，实现集团互联网产品研发、业务运营和组织管理的全面云化，如网易考拉海购、网易云音乐、网易云课堂以及不少游戏产品。

（4）2015年至今，网易进入公有云市场，并不断扩大网易公有云产品线和业务，推出即时通信云服务"网易云信"、云客服产品"网易七鱼"、容器云平台"网易蜂巢"、网易视频云、反垃圾云服务"易盾"等，通过场景化云服务凝结网易的技术经验。

网易认为目前市场对云计算的理解仍然侧重于基础技术，绝大多数云计算供应商提供的是企业所熟知的主机、数据库、缓存、云存储等服务。但其实云计算包含的内容很丰富，除了服务端架构服务，还需要测试、Bug 分析、各类专有 SDK、数据分析工具、推广平台、反馈与客服平台等垂直领域的服务。这些需求正在逐渐被释放出来。网易希望把成立至今的技术积累和全面云化的经验对外输出，为所有想做"互联网＋"业务的企业提供实施全面云化的技术能力和服务。

（三）资本运营

1. 网易的上市融资

2000 年 6 月 30 日，网易在美国纳斯达克股票交易所正式挂牌上市，成为继中华网和新浪网之后，第三家在美国上市的中国网络概念股。开盘价为 15.3 美元，收盘时，跌破发行价，跌至 12.125 美元，跌幅 21.77％，成交量 4772800 股。网易的上市显然有些生不逢时，当时正是纳斯达克指数走下坡路的时候。纳斯达克综合指数从 2000 年 3 月 5000 点的峰顶一路跌到年末的 2300 余点，损失过半。因此，在上市一年之后也就是在 2001 年 6 月，网易亦难逃大势向下之承重，面临停牌的危险。当时网易未能按时向纳斯达克市场提交年度报告，按纳斯达克市场规定，如果没有提出申请延期，在纳斯达克的上市企业应该在每个财政年度结束的 6 个月内递交报告，否则上市公司的股票就要停牌。网易公司曾在 2001 年 5 月宣称，由于统计数据存在错误，可能误报了大约 300 万美元的合同订单，公司已就此事展开了调查，但调查结果却迟迟未能出台。2001 年 7 月 19 日，网易公司收到纳斯达克市场关于将在 2001 年 7 月 27 日开市时对其美国存托股交易予以停牌的通知。网易立即做出反应，就"未能呈报年度报表而可能被停牌"一事，向美国纳斯达克股票交易委员会递交了开展听证程序的申请，纳斯达克也确认收到该项申请。根据后来网易公司最终的调查结果，2000 年网易的财政年度净收入为 370 万美元，而不是原来报出的 790 万美元。也就是说，网易原来公布的财务报告对其业绩多报了 1 倍多。年度的净亏损从 1730 万美元上升为 2040 万美元，折合每股净亏损从 0.69 美元增加到 0.82 美元。

2002 年 1 月 1 日，美国纳斯达克股票交易市场管理委员会发布消息，纳斯达克计划于 2002 年 1 月 2 日上午 10 点恢复网易公司的股票交易。美国股市一开盘，成功复牌的网易股票在 20 分钟内就上涨至 0.85 美元，每股大涨 30.93％，并以每股 0.95 美元的价格收盘，较停牌前价格股价涨幅达 46.33％。而在其停牌前，也就是 2001 年 8 月 31 日收盘的股价为 0.64 美元。到 2003 年，随着无线业务的大幅增长，网易利润迅速飙升，股价也开启了第一轮上升攻势，从 1 美元左右一路拉升至 15 美元以上。

2. 网易的股票回购

网易股票经历过两次回购：

第一轮回购。2006 年 5 月网易回购 5000 万美元的股票，用流动资金完成计划。手握 38 亿元现金和存款的网易，终于在资本市场有所动作。根据这次回购计划，网易可以在纳斯达克市场的公开交易中回购最高为总数 5000 万美元等值的已发行美国存托凭证。这次股票回购计划，主要是利用公司的财务和营运实力来增加股东的价值，是对公司流动资金的有效运用。

第二轮回购。2011 年 12 月网易再次回购 5000 万美元的股票。网易董事会宣布在不超过 3 个月的期限内对公司最多 5000 万美元的流通的美国存托股进行回购。在经过批准的程序条款下，网易将对其在纳斯达克全球精选市场公开发行的流通美国存托凭证进行回购。回购的时机和数量将受到美国证监会 10b－1 条款的约束，上述回购还将在符合美国证监会 10b－1 条款下实施，网易将使用有效的运营资本实施本次回购。

3. 网易的投资概况

（1）建立研发基地。2006 年网易投资近

3800万美元建立杭州新研发基地，网易希望在3～5年的时间里建立起一流、专业的研发队伍。2011年，网易研发中心正式启用，正如丁磊当初期望的那样，网易的研发队伍对网易的发展提供了强有力的支持。网易在技术研发上的投入超过任何一家综合性门户网站，获得了领先于同行的技术优势。研发能力成为其最重要的核心竞争力之一。

（2）成立风险投资公司。在2012年第二季度财报中，网易营收20亿元，同比增长11%，净利润8.75亿元，同比增长13%。其中在线游戏收入17亿元，同比增长6.25%，环比下降5.55%。这是网易在线游戏收入首次下滑，且收入依然占总收入的85%。事实上在网易历年收入中游戏收入占比一直居高不下，鲜少低于90%，收入主要依赖在线游戏。在国内几大互联网公司中，同样是产品多元结构和多业务线并行，网易格局似乎捉襟见肘，既缺乏游戏、邮箱之外的其他拳头性产品，在微博、视频、电商等新领域的投入也没有什么起色。另外，网易在中国各大互联网公司中以拥有现金最多而投资最少著称，截至2011年12月31日，网易的现金及等价物总值近20亿美元（约120亿元）。所以在此背景下，网易决定成立风险投资公司"网易资本"，资金总规模大约为20亿元，基金主要投资中早期的互联网企业。以更好利用充裕的账上资金来布局投资业务，期望通过加大投资力度来获得更好的收益。

2014年，网易资本投资国内最大的海外移动广告平台Mobvista，其原因在于能借用其资源形成更好的业务互补和品牌知名度。对于网易而言，这笔投资也有助于推动其海外战略的快步前行。目前，Mobvista已拥有一个覆盖全球的移动广告平台，聚合了来自236个国家和地区的移动应用及网页的广告位，日展示次数超过40亿，

国内外大中型广告主超过300家，覆盖用户超过10亿，并正在通过快速积累的用户数据而不断提升移动端程序化投放的精准度和商业转化价值。东南亚是Mobvista海外流量的强势地区，在专注广告业务的同时，网易也观察到这个拥有6亿人口的区域正在迅速被智能手机所渗透，如几年前的中国。网易的注资对于Mobvista的发展和自身国外市场的打开都有积极的意义和深远的影响。

（四）商业模式

商业模式是为了实现客户价值最大化，把企业运行的内外各要素整合起来，形成一个完整的、高效率的、具有竞争优势的运行系统，并通过提供产品和服务使系统达成持续盈利的目标。如图2-11-2所示，接下来对于网易的商业模式将从价值主张、价值创造、价值传递和价值实现这四个方面来进行详细介绍。

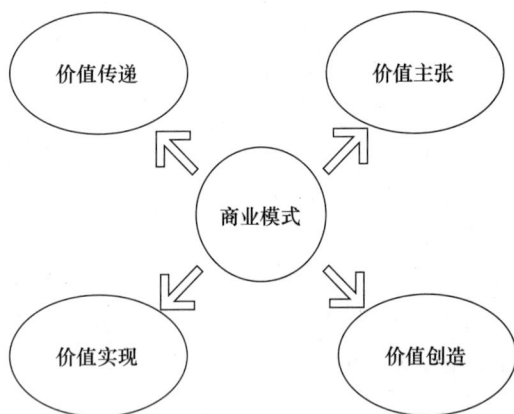

图2-11-2　网易的商业模式示意图

1. 价值主张——网易的战略定位与客户细分

网易对中国互联网的发展具有强烈的使命感，其战略定位在利用最先进的互联网技术，加强人与人之间信息的交流和共享，实现"网聚

人的力量"。根据上述战略定位，网易将其社区的目标用户定位在广大的青年人，网易85%的注册用户年龄为18～35岁，有着极强的尝试欲望，是消费的中坚力量。网易社区就要成为青年人的网上家园。

2. 价值创造——网易的关键业务

网易的核心竞争力是其领先的技术优势和研发能力，以技术为主线，在强化它一直以来的核心产品——网易邮箱的同时，又推出了另一个核心产品——网易游戏，随后又凭借技术优势进军技术门槛很高的搜索引擎市场，推出有道搜索，同时在门户网站领域也依然保有一席之地。

（1）形成以技术为驱动力的主营业务：网易游戏。网络游戏产业技术的发展，对网络游戏企业的发展具有最直接和最关键性的作用。众所周知，技术是促进企业发展的动力，谁能够掌握前沿的科学技术，谁就能够掌握市场竞争的主动权。目前我国网络游戏产业技术虽然取得了较大的进步，但与美国、韩国、日本等网络游戏生产大国和出口大国相比较，还存在很大差距。网易公司自创建以来，实现了企业的跨越式发展，其中最重要的是将产品研发作为企业发展关键。

网易公司具有实力比较雄厚的研发团队，以中国古代四大名著《西游记》为背景所研发的网络游戏《梦幻西游》和《大话西游》，其竞争优势明显增强，其中回合制游戏《梦幻西游》创下了同时在线人数的国内网络游戏纪录，对回合制游戏形成了长期的垄断地位，为企业的发展奠定了基础。网易公司的《梦幻西游》作为公司的扛鼎之作，倾注了网易公司的全部心血和技术力量，用户反映比较好，也取得了预期的经济效益。

（2）建立以免费为主的体验模式：网易邮箱。网易对邮箱的专注在其发展过程中从未有过改变，这使得其邮箱产品有很强的竞争力。网易是从其成立第二年开始做免费邮箱的，几年下来很多竞争对手跟着学做免费邮箱。这个产品对公司的压力不算小，网易每年要花费近6000万元的设备购置费，带宽费每年更要好几千万元，但网易从来就没有放弃过。公司不断收集用户的意见，改进自己的产品。尽管竞争激烈、产品的同质化很严重，但网易的用户增长还是比竞争对手要好得多。网易靠深厚的技术让用户获得最佳体验，用户对网易邮箱的人机交互和筛选垃圾邮件功能方面的口碑极好。网易邮箱的优势，使得其逐渐成为了国内最大的电子邮件服务提供商，其邮箱一直以专业、专注的形象示人，深得中国网民的喜爱。而对于网易自身，邮箱产品更是为其门户的发展带来了重要影响。

网易邮箱为网易门户提供了大量的潜在用户。作为国内电子邮箱业务最早的开发者和运营商，网易的老大地位已无人能撼。丁磊以邮箱为武器，成为网易笼络网民的平台。网易一直认为电子邮箱是增强网民黏性的有效工具，谁的电子信箱覆盖的网民数量大，意味着谁就能拥有巨大的用户群。网易的免费邮、VIP邮、企业邮等构成的体系完备的邮箱系统为网易门户提供了不同层次的用户群体。尤其如网易的企业邮箱用户，相比于其他产品的用户而言较为高端，其中包含相当比例的主流人群。这不仅有利于提升网易门户的流量，更有利于提升其综合影响力。

（3）打造有态度的门户网站：网易门户。虽然网易早在其成立的第二年便已推出了网易门户网站，其也曾在一段时间内发展很好，一度成为流量最大的门户网站。但随着网易转型网络游戏之后，网易的重心便较少停留在门户网站上面。不过即便如此，凭借着网易邮箱、网易游戏以及网易门户自身的特色和优势，网易门户依然是目前国内最具实力的综合性门户网站之一。目前，网易公司的网站已有超过 2.32 亿名登记用户。曾两次被中国互联网络信息中心（CNNIC）评选为中国十佳网站之首。

3. 价值传递——网易的营销策略

2014 年，网易首次提出全新营销品牌理念——"态度营销"。希望率先用自身的积累与改变，在移动互联网的基础之上，让网易的态度营销化。网易将与广大的合作伙伴共享网易"有态度"的品牌资产、网易态度原创内容资源，把广告主的传统营销策略"翻译"为互联网语言，并借助领先的互联网大数据洞察，更精准地到达广告主需要进行深入沟通的"有态度"网易用户，为广告主获取网易用户对合作品牌的深度认同、持续的喜欢且转化为对广告主旗下产品的认同与消费。

（1）定位态度目标。网易坐拥 14 亿通行证注册用户以及 5 亿活跃用户，这些海量的活跃用户分布在网易的 PC 端和移动端的内容和产品之中。海量的用户行为轨迹为网易深度洞察用户喜好和沟通方式，继而进行用户态度 DNA 的判定积累了大数据基础。在数据洞察和分析的基础上，网易还将分析用户对于态度的心理诉求，例如，用户更喜欢对什么样的新闻事件产生评论，用户更喜欢对什么样的有观点、有态度的邮件产生交互，等等。对于这一切的数据统计分析和用户心理洞察，网易都将形成系统的用户态度报告面向广告主发放，以作为下一步"态度营销"工作的数据基础。

（2）选择态度代言。在有效数据洞察的基础上，网易"态度营销"利用的品牌资源将贯穿网易全站（PC 和移动端）之中，包括"态度代言人"和"态度阵地"。前者通过响应网易"有态度"的名人库为品牌态度在网络上的传播代言，他可能不是品牌的代言人，但可以为品牌网络态度代言，例如，迈锐宝致时代前行者中，网易选取的李晨、邱启明等，就可以很好彰显时代前行者——迈锐宝的品牌态度；而后者则以态度为灵魂，有效串联了网易各类独家内容与产品资源。一方面涵盖网易已有的具有鲜明特性的活动与栏目，如每日轻松一刻等，也拥有特别打造的态度人物校园行、2014 网易态度盛典等更加具有"态度"标签的活动。从 KOL 到广泛的媒体资源，令网易的独有资产全面支持到客户的品牌态度营销中。

（3）实现态度共振。营销活动对于广告主而言，最终还是需要实际的营销回报，态度营销评估体系在传统的精准营销评估之上将加入更多对品牌态度价值提升的有力评估。网易将与第三方合作，用更多的维度去评估和获取用户对品牌态度多方面的反馈与感受，并以此来校准品牌态度的方向与利用资源。

4. 价值实现——网易的盈利模式

网易的盈利来源由在线游戏、在线广告和电子邮箱三部分组成，并且收入结构非常稳定。网易针对网站庞大的年轻注册用户群体这一特点，不断提供免费服务，按用户的需求增加有附加值的业务。首先，网易超过 70% 的收入来自其网络游戏。2015 年全年度财报中显示，网易总收入为 35.2 亿美元，而在线游戏收入为 26.73 亿美元。其次，网易通过虚拟社区获得了大量用户，聚集了人气，期望成为人数众多，覆盖面广，具有更多目标群体的广告媒体，因此，其广告费也是较为重要的收入来源。此外，网易商贸频道提供了网上交易、分类信息发布等多项服务，可以获得一部分收入。最后，网易在免费邮箱实现的全面开放无限容量升级等服务获得了众多受众的好评，从而为它的收费邮箱带来了良好的声誉和使用量，其收费邮箱所带来的收入也很好地补充了网易的盈利来源。

（五）市场概况

如图 2 – 11 – 3 所示，2010～2015 年网易的收入与净利润额均处于大步增长的状态。而 2015 年更是网易各项业务全速发展的一年，全年总收入为 228.02 亿元，较 2014 财年增长 94.7%，总收入和增长率均创近几年新高。此外，2015 年总运营费用为 61.32 亿元（9.47 亿美元），2014 年为 36.86 亿元，同比增长 66.3%。运营费用的增加是由于推广网易在线游戏，在线广告业务和其他移动端产品的市场营销费用增加，研发投入的增加以及员工人数和平均薪资的提高。

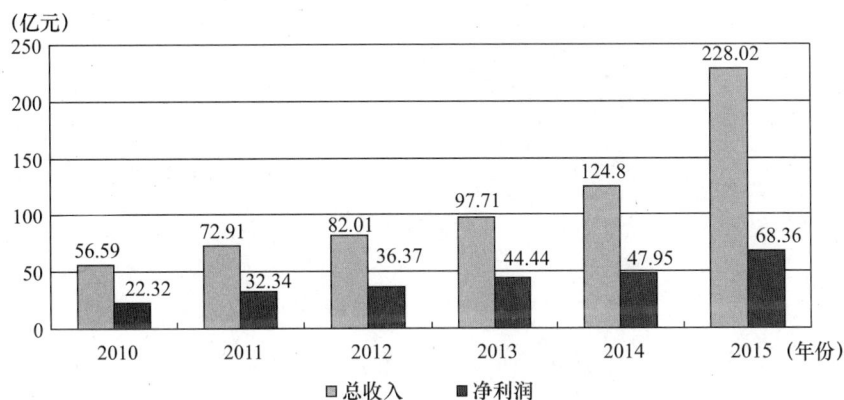

图 2 – 11 – 3　2010～2015 年网易公司总收入及净利润增长情况

1. 网易网络在线游戏

网易目前已经形成"端游 + 手游 + 代理"的三驾马车模式，合力拉动公司游戏业务营收增长。从 2015 年财报中不难看出，在线游戏仍是网易最赚钱的业务，全年净收入达到 173.14 亿元，占比超 70%。目前，网易已经上线了 80 余款不同风格的手游产品，其中《梦幻西游》手游和新发布的《大话西游》手游，在苹果中国应用商店畅销榜单中长期位列前两名。端游和代理方面，也同样为新老玩家提供了振奋人心的游戏体验，自制端游《天谕》、代理自暴雪娱乐的《炉石传说：魔兽英雄传》和《暗黑破坏神Ⅲ：夺魂之镰》等游戏在 2015 年表现不俗。三大游戏板块助力在线游戏服务毛利润增长至 134.04 亿元。2016 年端游和手游仍将是网易游戏的发力重点，《战意》、《新大话西游 2》、《天下 3》、《大唐无双零》、《镇魔曲》、《武魂 2》等端游和《掠夺者》、《梦幻西游无双版》、《新倩女幽魂》等手游也陆续面市。

除了游戏大作的面市外，游戏 IP 是网易的重要素材。下一阶段，网易将围绕 IP 有选择地投资电影、电视剧，丰富周边和文化衍生内容，从而对游戏消费者形成积极正向的作用。

2. 网络广告收入

2015 年网易公司广告服务收入为 17.89 亿元，同比增长 33.05%。网易广告的收入同比持续增长的过程中与移动端应用商业化进展有直接关系。有更多广告主对移动端的品牌推广感兴趣，因为手机的便捷性，且用户在使用手机时对广告品牌的感知能力不断加强，基于此，网易在移动端进行大力布局，增加移动端广告展现形式，使用户体验感加强，同时也给广告主带来更丰富的选择，加快自身移动端营销力度。网易通过这种持续布局和优化产品线，吸引用户关注的同时壮大用户规模，从而一定程度上带动了广告客户的投放需求，尤其是在移动端的商业化布局，网易新闻客户端采取创新的厂商合作模式，整合优质资源解决多渠道引流、流量变现、多面培养用户习惯等问题，多渠道、多维度地提升了网易新闻客户端的认知度和市场占有率。在品牌和产品的双重驱动下，网易新闻客户端的用户数量和销售业绩都呈现了迅猛的增长势头。

3. 网易云音乐

网易云音乐于 2013 年 4 月问世，不同于以往的互联网音乐产品，网易云音乐首先推出的是手机移动客户端（包括 IOS 版和安卓版），这也正符合移动互联网和智能手机的发展趋势，满足

用户随时随地通过手机收听音乐的需求。同年 5 月网易云音乐网页版上线，9 月端公测版面世。比达咨询（BigData – Research）最新发布的《2015 年上半年中国手机音乐 App 市场研究报告》显示，2015 年上半年，网易云音乐人均日均打开 3.8 次排名第一，酷我音乐人均日均打开 3.4 次排名第二，QQ 音乐人均日均打开 3.1 次排名第三，百度音乐位居第四，其后排名依次为多米音乐、咪咕音乐、虾米音乐、唱吧、酷狗音乐、音悦台、天天动听（见图 2 – 11 – 4）。2015 年 7 月初，网易云音乐用户数突破 2 亿。网易通过网易云音乐品牌的塑造，带动网易公司整体的知名度提升，并从网易云音乐本身高品质的特点出发，强化网易公司的高品质、有态度特性。同时，通过用户在各个终端使用网易云音乐，带动网易公司整体流量及其他产品访问量的提升。

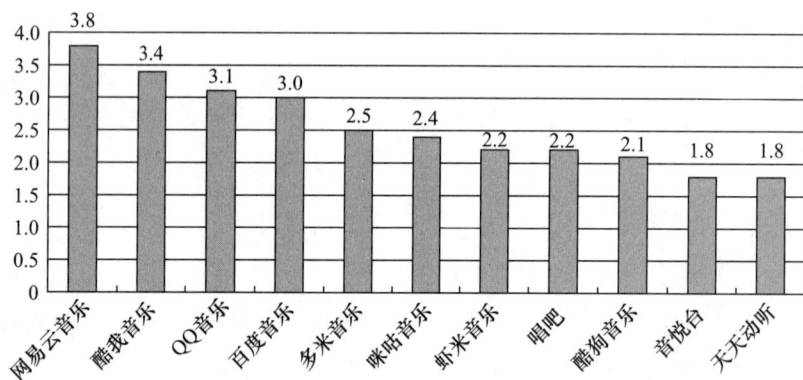

图 2 – 11 – 4　2015 年上半年手机音乐 App 人均日均次数

资料来源：比达咨询（BigData – Research）数据中心。

艾媒咨询最新发布的《2015~2016 年中国手机音乐客户端市场研究报告》深度分析了 2015 年以来中国手机音乐客户端的发展趋势、产业链发布以及各大手机音乐 App 的发展情况。

截至 2015 年底，中国手机音乐客户端用户规模达 4.4 亿。其中酷狗音乐、QQ 音乐、酷我音乐累积下载排名前三，网易云音乐仅排名第四。此外，每一年中仅苹果移动应用商店供中国大陆地

区的音乐类产品就达数万个，竞争激烈的市场环境为网易云音乐的发展带来了巨大的挑战。

4. 网易新闻客户端

目前网易新闻客户端用户的保有量大概为3亿，活跃度和感知度在国内排名第一。新闻客户端的月活跃度将近1亿。根据艾媒咨询发布的《2015～2016中国手机新闻客户端市场研究报告》，在活跃用户分布上，网易新闻客户端与腾讯新闻客户端、今日头条列第一梯队。但是在客户端满意度上，网易则独占鳌头。数据显示，网易以9.2的高分排名满意度第一。搜狐新闻得益于近期的一系列原创内容排名第二，今日头条、腾讯紧随其后（见图2-11-5）。网易突出有态度的新闻和互动性，造就了极致的产品，获得了良好口碑。

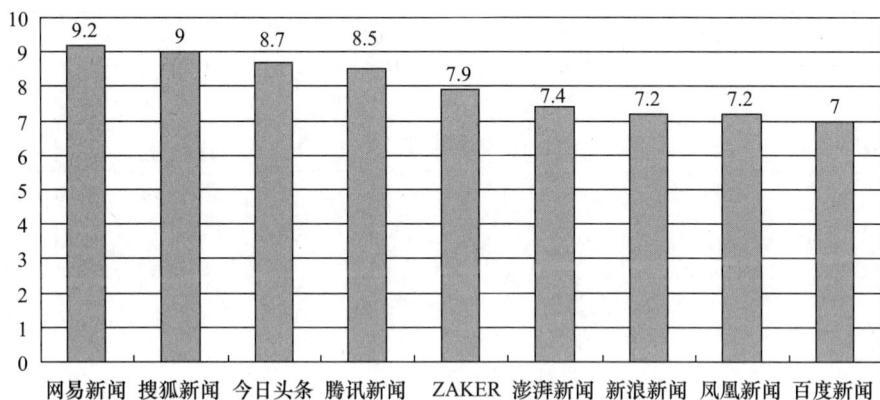

图2-11-5　2015年手机新闻客户端满意度调查

资料来源：艾媒咨询。

2015年是手机新闻客户端爆发年，一大批原创手机新闻客户端竞相推出，直接在移动互联网上进行"厮杀"。4月"并读新闻"上线，8月"天天快报"上线，9月"无界新闻"和"九派新闻"上线，10月"封面新闻"上线，11月"上游新闻"、"交汇点新闻"和"猛犸新闻"上线，新闻客户端市场动静不断，并且不乏大手笔、大投入。手机新闻客户端市场群雄争霸，网易新闻也将面临更激烈的竞争与挑战。

5. 网易邮箱、电商及其他业务

2015年度网易邮箱、电商及其他业务的收入为36.99亿元，同比增长235.96%。网易邮箱作为公司核心战略产品，一直保持着稳定高速的发展。截至2015年12月31日，网易邮箱总有效用户数达到8.4亿，同比2014年净增加了1亿，增长率为13.51%。网易邮箱凭借稳定增长的市场占有率，连续17年领跑中国电子邮箱行业。在电商方面，不同于阿里和京东，网易直接推出了自己的海购平台考拉海购，并且从模式上采用了"自营直采"，与中外运签订战略协议来建立独家物流体系。同时，与其他跨境电商公司不同的是，网易考拉海购打造了"自营+微利生态圈+保姆式服务"模式。2015年度，网易考拉海购增长迅猛，创下半年增长20倍的销售纪录。电商业务具有广阔的成长空间，接下来，网易将继续支持以网易考拉海购为首的电商业务发展壮大。未来3到5年，网易考拉海购有望在市场上达到 500 亿元到 1000 亿元的规模。

（六）经营和财务绩效

表 2－11－2　网易 2013～2015 年度经营与财务业绩比较　　　单位：百万元

年份	2015	2014	2013
收入	22802	12480	9771
总资产	41157	30354	24546
净利润	6836	4795	4445
净利润率（%）	29.98	38.43	45.49
总资产报酬率（ROA）（%）	16.61	15.80	18.11
净资产报酬率（ROE）（%）	23.32	20.41	22.04
资本性支出（CAPEX）	866.31	537.38	218.94
CAPEX 占收比（%）	3.80	4.31	2.24
经营活动净现金流	8076	5873	5235
每股经营活动净现金流（元/股）	61.48	44.98	40.31
自由现金流（FCF）	7210	5335	5016
自由现金流占收比（%）	31.62	42.75	51.35
每股盈利（EPS）（元/股）	51.27	36.43	34.21
每股股利（DPS）（元/股）	0	0	0
股利支付率（%）	0	0	0
主营业务收入增长率（%）	82.71	27.72	16.61
总资产增长率（%）	35.59	23.66	27.33
净利润增长率（%）	42.56	7.88	23.94
经营活动现金流增长率（%）	37.53	12.17	23.95
资产负债率（%）	28.75	22.61	17.84
流动比率（%）	294.91	410.46	538.54
总资产周转率（次）	0.55	0.41	0.40
股息	0	0	0
内部融资额	7018	4968	4603
研发支出	2158	1323	921
研发支出占收比（%）	9.47	10.60	9.43

表 2 – 11 – 3　网易轻资产运营特征一览表

序号	项目	2015 年	2014 年	2013 年
1	现金类资产比重（%）	26.93	13.44	9.61
2	应收账款比重（%）	6.35	2.88	1.64
3	存货比重（%）	0	0	0
4	流动资产比重（%）	83.60	91.36	92.87
5	固定资产比重（%）	5.08	4.22	3.55
6	流动负债比重（%）	28.35	22.26	17.25
7	应付账款比重（%）	1.70	1.35	0.89
8	无息负债比重（%）	- 4.65	- 1.52	- 0.75
9	有息负债比重（%）	5.73	7.10	4.56
10	留存收益比重（%）	64.19	69.92	75.40
11	营运资金（百万元）	22742	20976	18564
12	现金股利（百万元）	0	0	0
13	内源融资（百万元）	7019	4969	4603
14	资本性支出（百万元）	866	537	219
15	现金储备（百万元）	11085	4080	2359
16	自由现金流（百万元）	7211	5336	5017

（七）内控与风险管理

作为中国规模最大、最具综合性的门户网站之一，网易以领先的技术、优质的产品和高水准的服务为中国互联网用户带来极佳的在线体验，满足用户网上生活的多方面需求。但是，网易同时也正面临着众多风险，包括以下几个方面：

1. 收入风险

网易目前还是以游戏产品为主，玩家忠诚的是游戏品牌，而不是网易的品牌，母品牌和子品牌尚未产生足够的关联，一旦推出后游戏玩家不喜欢，或有别的运营商推出新的游戏，市场份额便会很快被瓜分。网易总营业收入占据三大门户网站的首位，其中非广告收入比重占总比重的85%，而在非广告收入中，网游市场占据了80%之多。对此有很多人提出质疑，认为网易的这种战略是非常危险的，一旦网游市场发生变动，或者网易在网游市场丧失了领先地位，将会使网易面临着收入危机。

2. 竞争风险

网游市场的竞争已是非常激烈，当某一产业存在一个明显的主导者，市场占有率至少比第二位对手高50%并有能力制定行业价格标准时，市场竞争就会趋缓；反之，竞争者之间的直接竞争就会达到白热化程度。据2014年网络运营商市场份额显示，网游市场排名前几位的运营商，其市场份额相差都不大，腾讯、盛大、网易、巨人分别以微弱差距占市场份额的据前四位。在势均力敌、没有突出的核心竞争力的情况下，激烈的竞争会对网易的利润造成极大的压力。随着网易业务发展的多元化，竞争力创新的压力将涉及更广泛的产品和服务，包括经典核心业务之外的产品和服务。为此有必要对网易的竞争力和发展的内外部环境进行分析，制定具有可操作性的企业竞争发展战略，实现网易公司网络游戏业务的健康发展。

3. 投资风险

谷歌已经投资并打算继续投资类似网易云计算等的新的产品、服务和技术。这种努力可能有重大的风险和不确定性，包括管理分散、投资收入不足以抵消承担这些新投资的负债和费用、投资回报的资本不足等。策略和产品的失败可能会导致影响谷歌的声誉、财务状况和操作的结果。同时，投资也可能导致操作困难、股权稀释等一系列不利于公司管理的影响。

4. 设备兼容风险

许多人通过移动设备访问互联网而非台式电脑，包括移动手机、智能手机、上网本和平板电脑（掌上电脑、视频游戏机和电视机顶设备），这些设备的使用频率大幅增加。与其他设备相关联的功能和用户体验使得通过这种设备使用网易产品和服务更加困难（或者仅仅是不同的），为这些设备开发的产品和服务的版本可能不会对用户产生吸引力。每个制造商或分销商可以建立独特技术标准的设备，网易的产品和服务可能与这些设备不兼容。如果网易的兼容替代设备的产品和技术发展缓慢，网易将无法在一个动态的、实时的环境中捕捉到发展机会。

5. 人才流失风险

网易相比其他几位门户大佬，其高管流失较严重，流失的高管大多选择创业，所以网易素有"创业黄埔"的美誉。网易系创业者在业界赫赫有名，不仅是因为有了陌陌之唐岩、YY 之李学凌这样的大佬，更是以数量和内容出身为最大特色，与四大门户中的搜狐、新浪、腾讯的出走创业者形成鲜明的对比。从目前情况来看，薪酬和激励机制是促使高管们离职的一个重要原因。从 2004 年开始，网易对门户事业部的高管，很少有期权奖励。因为目前网易的收入更多来源于游戏板块，门户所占营收非常有限，对于现阶段的网易过于鸡肋。这也是网易要分拆门户部进行独立上市的原因之一。所以创建合理的激励机制以及薪酬机制对网易来说迫在眉睫。高管离职的另一个重要原因是网易的内容产品化较早，对培养创业者的产品感有正向帮助。从离职后的走向来看，高管们普遍倾向于自主创业。这和网易自身内容产品化有分不开的关系。离任后的高管们，大部分选择继续在互联网行业打拼，部分选择了新兴的移动互联网。

（八）前景展望

1997 年成立的网易，如今已经走过了 20 年的发展历程，与阿里、腾讯、百度以及京东并称为中国五大互联网企业。未来，网易会继续以精品手游和现象级代理游戏为支柱，随着网易考拉购电商业务的不断成熟，加上网易新闻客户端、云音乐等移动端产品商业化进程的不断优化，使网易真正实现以在线游戏为托底，多元化布局的盈利模式。

1. 加强在线网络游戏产业文化建设，提高企业软实力

互联网行业是个变化频繁的行业，唯一不变的就是变化本身。在这种变化中，网络游戏行业的企业环境也是不断变化的，行业内的竞争领域也是不断在变化的，用户的需求也是不断变化中的。在一个变化的环境下，企业的文化也必须根据环境的变化而不断发展。如何提前预测这种变化趋势，在将来的企业发展和竞争中保持优势是非常重要的。但是所有的变化并不是所有东西从头再来，更多的是原有特性的不断深化和突破。

从目前行业发展的趋势来看，网易网络游戏的文化建设趋势有下两个方面的展望。

第一，创新的持续性是核心。由于行业环境和行业性质的关系，创新必将是网易网络游戏在中国网游行业中保持竞争力的核心。这种趋势大方向不会发生变化，但由于整个行业逐步成熟，战略性的创新将会越来越难，战术性的创新将会越来越频繁。

第二，加强对优秀文化的整合。随着中国网络游戏产业的规模和影响越来越大，管理的逐渐成熟。中国网游企业和世界其他国家的优秀企业的接触会越来越多。同时对其人员和文化的了解也会越来越深入，和优秀文化的交流和整合也必然会更加主动和频繁。网易应加强与其他优秀的网游文化的学习和交流。中国网络游戏产业的前景随着国家经济的发展和互联网用户的发展一定会愈加蓬勃，中国网络游戏行业的企业文化建设也会青出于蓝而胜于蓝。

2. 突出主营业务优势，增强公司竞争力

网易的主营业务的专业化程度不是很高，主营业务没有成为企业现金流的基本源泉，专业化的主营产品还没有完全占领国内市场，而且在国际市场上也尚未占有一席之地。由于网易公司成立初主营业务并不明晰，没有依托传统的制造业和服务业，使得现在进行的多元化经营又与传统的制造业和服务业企业产生竞争。因此，企业产业定位和目标市场细分不明朗，难以集中力量把主营业务做精做大。把非主营业务剥离出去，提高企业的专业化程度，提升企业的核心发展潜力，有利于提高"网易"的品牌地位。在此基础上，围绕主营业务再进一步向上、下游领域延伸，努力拓展产品链，扩大产品系列和产品品种，在高度细分的市场上占有绝对优势的市场份额，这样才能保持高成长的核心发展潜力。

3. 明确产品及品牌定位，实现品牌效应

产品及品牌定位是实现企业竞争战略的保障。所谓产品及品牌定位，就是要树立企业和游戏产品的信誉，树立企业和游戏产品在游戏玩家心目中的地位，通过网络媒体、在游戏产品和各种网页中植入广告、直接向游戏玩家发送广告宣传单等多种方式、多种渠道地开展品牌宣传和品牌营销，加大客户拓展和营销力度，提升服务水平和服务质量，树立企业的品牌形象，推动企业的全面发展。目前网易公司缺少对产品及品牌的定位，没有针对不同客户群体的不同游戏产品。目前，随着网络的普及和网民数量的不断增加，中老年网络用户是网易公司不可忽视的一个重要客户群体，开发适合于中老年群体消费特点的角色扮演类游戏，对于促进网易的发展具有重要的意义。同时，网易公司具有自主知识产权的游戏产品缺乏品牌定位。品牌是企业的象征，是企业的无形资产，网易公司缺乏有效的品牌定位，是制约企业发展的一大瓶颈。

4. 发挥内部资源优势，建立成本优势

成本管理是企业管理的最重要内容，是企业营销的基础和前提条件，成本的高低对于企业的获利能力具有直接的影响作用。所谓成本优势，就是通过采取积极的措施，有效降低企业的生产经营和管理成本，努力发现和挖掘企业全部资源优势，尤其是要强调企业的生产经营规模、产业规模，实现产品生产的规范化和标准化，在行业内保持生产、经营和管理成本的领先地位，从而以整个行业的平均成本或低于平均成本的最低价格为产品或服务进行定价。

网络游戏成本的构成，主要是研发成本和管理成本，网易公司制定成本领先战略，要充分挖掘公司内部资源优势、人才优势和管理优势，最

大限度地降低企业的各项成本，以成本优势占领客户市场。网易公司在制定和实施成本领先战略时，要充分考虑客户的要求和购买欲望，突出游戏产品的特色，与同类产品形成比较明显的差异。增加游戏产品品种和质量，努力挖掘内部资源和潜力，降低研发成本、游戏制作成本和营销成本。按照以往的新产品研发经验，对新产品的研发实行行政领导负责制和目标责任制，从时间和质量两个方面对新产品的研发进行管理，同时对新产品研发实行激励机制，强化新产品发行过程的成本控制。通过降低成本，可以有效降低游戏收费，拓展客户群体，以低成本占领客户市场，赢得消费者的信赖和支持。

网易公司在制定成本领先战略时，必须注重游戏产品的质量和服务质量，如果公司一味地追求低成本，产品就会缺乏特色，失去行业的竞争力。网易公司如何在实施成本优势的同时，保持游戏产品的个性化特色和差异性，进而提升公司的竞争能力，是网易公司所必须认真思考的问题，也是网易公司制定竞争性发展战略所必须关注的重点问题。在现代企业管理中，成本领先战略是企业管理者所追逐的目标，成本优势能够为企业的经营管理带来诸多效益和有益之处，但网易公司在实施成本优势的过程中，必须从企业实际出发，通过采取多种途径和措施，建立公司的成本优势。

5. 吸收外部优秀资源，实现强强联合

尽管门户网站与专业性网站相比较，服务内容更为综合性，但同时也缺乏专业化和个性化。因此，在网站提供综合性业务的同时，服务的专业化、个性化更为重要，而这正是专业性垂直网站的优势所在，正好弥补了门户网站的缺陷。因此网易在自身投入门户资源有限的情况下，可以考虑与其他专业性网站合作，吸收专业性网站的优势资源，以垂直网站为基础，内容的组合以满足广泛的客户定位和特定的客户需求为目标，打造优势频道与全频道覆盖的组合形式，以吸引更多的用户。

附件一：网易财务报告（2015 年）

1. 合并资产负债表

单位：百万元（除每股数额外）

年份	2014	2015
资产		
流动资产：		
现金和现金等价物	2021	6071
定期存款	18496	14593
限制性现金	2628	2192
应收账款净额	873	2614
存货净额	28	817
预付款及其他流动资产	1423	2695

续表

年份	2014	2015
短期投资	2058	5013
递延税项资产	202	410
流动资产总额	27732	34408
非流动资产:		
物业、设备和软件净额	1281	2092
土地使用权	77	238
递延税项资产	21	24
定期存款	673	1110
限制性现金	—	1200
长期投资	377	1764
其他长期资产	191	318
非流动资产总额	2622	6748
资产总额	30354	41157
负债和所有者权益		
流动负债:		
应付账款	410	700
工资和福利款项	534	920
应付股利	—	—
应付税款	334	736
短期贷款	2049	2272
递延收入	1967	4651
应计负债和其他应付款项	1357	2218
递延税项负债	101	166
流动负债总额	6756	11667
长期应付款项:		
递延所得税负债	—	81
其他长期应付款项	106	85
负债总额	6862	11833
非控制性权益	133	—
股东权益:		
普通股	2	2
资本公积	1226	1779
盈余公积	937	1010
其他综合收益	—	27
留存收益	21223	26419
网易公司股东权益	23390	29240
非控制性权益	(32)	83
股东权益总额	23358	29324
资产总额	30354	41157

2. 合并损益表

单位：百万元（除每股数额外）

年份	2013	2014	2015
净收入：			
在线游戏服务	7864	9266	17314
广告服务	987	1344	1789
电子邮件、电子商务及其他收入	344	1101	3699
收入合计	9196	11712	22802
营业成本	(2478)	(3261)	(9399)
毛利润	6718	8451	13403
营业费用：			
销售和营销费用	(1093)	(1894)	(2958)
管理费用	(349)	(467)	(1014)
研发费用	(921)	(1323)	(2158)
营业费用总额	(2365)	(3686)	(6131)
营业利润	4352	4765	7272
其他收入（费用）：			
投资净收益	37	27	62
利息收入	506	601	596
外汇损失	(15)	(17)	133
其他净收入	95	82	45
税前收入	4975	5458	8110
所得税	(530)	(662)	(1273)
净收入	4445	4795	6836
补充：非控制性权益的净收入（亏损）	(1)	(39)	(101)
归属于网易公司股东的净收益	4443	4756	6735
净收入	4445	4795	6836
可供出售证券的未变现收益，扣除税项	—	—	28
综合收益合计	4445	4795	6864
归属于少数股东的综合收益	(1)	(39)	(101)
归属于网易的综合收益	4444	4756	6763
基本每股收益	1.37	1.46	2.05
基本每美国存托股份净收益	34.21	36.43	51.27
摊薄每股收益	1.36	1.45	2.04
摊薄每美国存托股份净收益	34.12	36.29	50.94
普通股加权平均数	3247	3264	3284
存托股加权平均数	129	130	131
摊薄普通股加权平均数	3256	3277	3305
摊薄存托股加权平均数	130	131	132

3. 合并现金流量表

单位：百万元（除每股数额外）

年份	2013	2014	2015
经营活动现金流量：			
净收入	4445	4795	6836
折旧与摊销	158	174	182
投资减值	—	24	12
分担费用	306	349	684
坏账准备（反转）	(2)	3	4
财产、设备和软件处置的收益（亏损）	(0.509)	1	5
未实现的汇兑收益（亏损）	12	18	(116)
递延所得税	142	(117)	(147)
联营公司净资产的收益（亏损）	5	48	76
短期投资公允价值变动	12	(64)	(140)
经营性资产和负债的变动：			
应收账款	(131)	(474)	(1744)
存货	1	(8)	(789)
预付款及其他流动资产	(23)	(284)	(1249)
应付账款	70	190	243
工资和福利款项	87	157	386
应付税款	(315)	259	401
递延收入	321	486	2683
应计负债及其他应付款项	145	310	746
经营活动提供的净现金	5235	5873	8076
投资活动的现金流：			
购置物业、设备及软件	(218)	(537)	(866)
出售财产、设备和软件	4	1	1
购买其他无形资产	(0.9)	(14)	(0.347)
购买土地使用权	—	(66)	(163)
少于三个月的短期投资净变化	(480)	247	(231)
购买短期投资	(400)	(2358)	(5687)
从短期投资到期收益	1040	1017	3103
向联营公司的投资	(200)	(20)	(187)
收购其他长期投资	(30)	(155)	(1178)
转移至限制性现金	(1566)	(492)	(763)
到期定期存款的放置	(21807)	(21955)	(19017)
定期存款收益	18231	19905	22582
其他资产净变动	(25)	(92)	(127)

续表

年份	2013	2014	2015
用于投资活动的净现金	(5453)	(4520)	(2536)
筹资活动的现金流:			
短期银行贷款收益	1005	2046	5828
支付短期银行贷款	—	(975)	(5741)
员工行使股票期权收益	2	2	—
支付给股东的股息	(815)	(1983)	(1467)
非控制性权益股东出资	—	130	(134)
从非控股权益股东注资	0.91	0.12	15
股份回购	(106)	—	(132)
融资活动提供的净现金	86	(778)	(1632)
汇率变动对外币持有现金的影响	(1)	(11)	142
现金及现金等价物的净增加（减少）	(132)	563	4050
年初现金及现金等价物	1590	1458	2021
年末现金及现金等价物	1458	2021	6071
现金流量信息的补充披露:			
缴纳所得税的现金，扣除税金	687	551	1124
非现金投资和筹资活动的补充表:			
固定资产购买的应付账款	10	80	216

附件二：网易大事记

1997 年 6 月，网易公司成立，公司正式推出全中文搜索引擎服务。

1998 年 1 月，开通国内首家免费电子邮件服务，并且推出免费域名系统。

1999 年 1 月，网易网站被《电脑报》评选为"中国知名度最高的网站"之首。

1999 年 7 月，国内首次推出在线拍卖服务。

2000 年 3 月，网易推出的 wap. 163. com 网站可支持多种手机上网。

2000 年 6 月，网易首次公开发行股票，在美国纳斯达克股票市场挂牌交易。

2000 年 8 月，网易网站成为国内第一家上星的门户站点，标志网易进入宽带服务领域。

2000 年 8 月，网易公司推出突破传统表现手法的全新电视广告"网易——网聚人的力量"，呼吁更多人参与互联网发展。

2001 年 1 月，网易与中国移动合作推出手机短信息发送服务网站 sms. 163. com。

2001 年 3 月，www. 163. com 单日页面浏览量突破 1 亿。

2001 年 8 月，网易获得电子公告许可。

2001 年 12 月，网易推出自主开发的大型网络角色扮演游戏《大话西游 Online Ⅱ》。

2002 年 8 月，网易股票首次公开发行以来，公司第一次实现正盈利。

2002年8月，推出自主开发的大型网络角色扮演游戏《大话西游Online Ⅱ》。

2002年9月，推出新一代杀病毒、反垃圾、大容量的收费邮箱服务vip.163.com。

2002年11月，推出免费即时通信工具——网易泡泡（POPO）。

2003年1月，网易股票成为2002年在美国纳斯达克市场表现第一的股票。

2003年3月，当选亚洲权威杂志Finance Asia十家最有效为股东带来收益的公司之一。

2003年9月，网易推出超大50兆免费邮箱www.126.com。

2003年11月，网易推出自主研发的大型网络游戏《梦幻西游Online》。

2004年1月，网易《大话西游Online Ⅱ》获2003年度最佳国产网络游戏大奖。

2004年7月，网易与Google签订战略合作，成为国内唯一采用国际领先搜索技术的门户网站。

2004年9月，《梦幻西游Online》被评为"亚太数字娱乐峰会唯一重点推荐网络游戏"奖，"第二届中国网络游戏年会年度网络游戏'金手指'—'最佳创新'"奖，"China Joy杯最受玩家欢迎的十大网络游戏"奖。

2004年12月，网易推出代理韩国Q版3D网络游戏《飞飞》。

2005年2月，网易推出财富邮www.188.com，邮箱服务更加人性化。

2005年4月，网易联手金融界打造人性化财经证券资讯平台。

2005年4月，网易与中国移动合作，推出动感地带伴你梦幻西游。

2005年4月，网易的两款MMORPG游戏同时在线人数超越百万，率先占据国内网络游戏运营商中的第一个白金位置。

2005年5月，网易免费邮箱推出邮件角标大力提倡网络环保新理念。

2005年7月，网易推出门户网站首个家电频道。

2005年8月，网易全程参与北京—深圳国家环境保护模范城市万里行。

2005年10月，网易携手戴尔共谱数字娱乐新篇，倾力打造数字家庭时代的梦幻平台组合。

2005年10月，第三届China Joy金翎奖颁发，网易游戏六次捧杯，《梦幻西游Online》、《大话西游Online Ⅱ》和已经开始公测的3D游戏《大唐》三款游戏均获得"最佳原创网络游戏"奖。

2005年11月，网易被2005年中国客户关怀标杆企业评审团授予互联网行业"2005年度中国客户关怀标杆企业"称号。

2005年11月，网易公司宣布任命丁磊担任首席执行官。

2005年12月，网易公司在2005年度中国游戏行业年会上荣获八项大奖。

2006年4月，网易投资近3800万美元建立杭州新研发基地。

2006年6月，网易作为中国最大的免费电子邮件提供商，积极倡导反垃圾邮件活动。

2006年10月，第四届中国网络广告大赛，网易一举囊括八项大奖。

2006年11月，网易汽车频道成功推出"2006年度汽车总评榜"。

2007年1月，网易在2007年年度中国游戏产业年会中荣获"十大最受欢迎的网络游戏"等八项大奖。

2007年2月，网易娱乐频道携手百事举办"百事祝福传千里齐心共创新纪录"活动引爆网络原创祝福时尚新潮流，收到网友上传的祝福近千万条。

2007 年 4 月，网易获"校园先锋品牌"和"最佳市场研究团队"等殊荣。

2007 年 4 月，网易汽车频道重磅出击 2007 年上海国际车展打造人、车、自然完美和谐盛宴。

2007 年 7 月，网易旗下默认搜索引擎 so.163.com 的内核全面更换为网易自主研发的"有道搜索"技术。

2007 年 7 月，网易女人频道"网易女人说女人——女性网民性别观念与内容偏好"调查报告发布会在京召开。

2007 年 7 月，网易在 2007 年民营上市公司 100 强评选中获得"最佳盈利能力"十强之冠，并首次入围"2007 中国民营上市企业 100 强"综合榜。

2007 年 7 月，网易在艾瑞 2007 年新营销年会上获得"2007 年度最佳网络广告媒体奖"。

2007 年 9 月，网易《大话西游 3》正式运营。

2007 年 9 月，网易在第五届中国网络广告大赛上获得四项大奖。

2007 年 10 月，网易 yeah.net 邮箱全新推出。

2007 年 10 月，网易在京召开"2008 网易再聚人的力量"奥运战略发布会。

2007 年 12 月，网易新闻频道承办国务院新闻办网络局网络作品大赛颁奖典礼。

2007 年 12 月，网易有道搜索正式版上线。

2008 年 1 月，网易奥运频道全国高校 2008 官方站正式启动。

2008 年 1 月，网易财经频道主办中国基金十年高峰论坛暨 2007 十大"金钻"基金公司颁奖典礼在京举行。

2008 年 3 月，网易在中科三方主办的"我的互联网"品牌认知度调查中荣获"最佳支持媒体"及"网民最常使用的免费邮箱"两大奖项。

2008 年 4 月，在"第三届中国数字英雄会"上，CEO 丁磊先生荣获"第三届中国数字英雄榜杰出人物"、网易荣获"2007～2008 年度最佳企业公民"等四项大奖。

2008 年 5 月，网易累计捐款 1200 万元，用于灾区重建工作，同时发起"抗震救灾，共铸爱心丰碑"紧急赈灾系列活动。

2008 年 5 月，网易与中国心理学会在京签署合作备忘录，共同发起"蓝十字"心灵救助站行动。

2008 年 6 月，网易客服中心荣获"中国最佳客户服务奖"、"中国最佳售后服务"两项大奖。

2008 年 6 月，网易携手新浪、腾讯与央视国际签约奥运视频授权。

2008 年 8 月，网易获得暴雪娱乐旗下星际争霸Ⅱ、魔兽争霸Ⅲ和战网的独家运营权。

2008 年 11 月，网易汽车频道全新姿态出击第 6 届（广州）国际汽车展。

2008 年 11 月，网易在东方企业家高峰论坛暨全球华人企业领袖峰会中荣获"30 年杰出贡献企业奖"。

2008 年 11 月，网易女人频道与联合国妇女发展基金及中国反家暴网络联合召开反家暴爱心天使颁奖暨新闻发布会。

2009 年 1 月，网易有道搜索推出全新购物搜索平台——有道购物搜索测试版。

2009 年 3 月，网易推出企业邮进军企业邮箱市场。

2012 年 4 月，网易以邮箱业务作为用户入口，重返电子商务领域。

2012 年 9 月，发布了 2012 年"100 家增长最快的公司"排行榜，网易排名第三。

2013 年 7 月，胡润民营品牌榜，网易以 24 亿元品牌价值，排名第 51。

2013 年 12 月，网易对外宣布，将正式推出理财平台"网易理财"，一款基于货币基金的活期理财"添金计划"也将于 12 月 25 日对外销售。

2015 年 2 月，网易 2014 年会在国家会议中心正式举行。

2015 年 3 月，国家互联网信息办公室批准网易等 11 家网站经整改后，通过 2014 年互联网新闻信息服务单位年检。

搜_狐
SOHU.com

　　搜狐的 LOGO 由中英文名称组成，字体选择较古典，搜狐网站随各个页面的色调不同而放置不同色彩（白色、黄色）的 LOGO，但 LOGO 的基本内容不变。搜狐品牌源于互联网，搜——概括了中国互联网的最早起源，狐——则充满了灵性与活力，狐狸象征着机敏、灵活和聪慧，而这些特质也符合搜索引擎服务的特点，因此搜狐品牌诞生。搜狐的理念："出门靠地图，上网找搜狐"，搜狐由此打开了中国网民通往互联网世界的神奇大门。

张朝阳（Charles Zhang）

搜狐公司董事局主席兼首席执行官

张朝阳，53 岁，1964 年出生于中国陕西省西安市。1986 年毕业于清华大学物理系，同年考取李政道奖学金赴美留学；1993 年底在美国麻省理工学院（MIT）获得博士学位，并继续在 MIT 从事博士后研究；1994 年任 MIT 亚太地区（中国）联络负责人；1995 年底回国任美国 ISI 公司驻中国首席代表；1996 年在 MIT 媒体实验室主任尼葛洛庞帝教授和 MIT 斯隆商学院爱德华·罗伯特教授的风险投资支持下创建了爱特信公司，成为中国第一家以风险投资资金建立的互联网公司；1998 年 2 月 25 日，爱特信正式推出"搜狐"产品，并更名为搜狐公司。在张朝阳先生的领导下搜狐历经四次融资，于 2000 年 7 月 12 日，在美国纳斯达克成功挂牌上市（NAS-DAQ：SOHU）。搜狐公司目前已经成为中国最领先的新媒体、电子商务、通信及移动增值服务公司，是中文世界最强劲的互联网品牌，对互联网在中国的传播及商业实践做出了杰出的贡献。张朝阳先生现任搜狐公司董事局主席兼首席执行官，同时任搜狐畅游公司董事局主席。2004 年，张朝阳荣获"年度杰出经理人奖"，国际管理学界最高奖项首次花落中国。2015 年 2 月 11 日，荣获"2014 中国互联网年度人物"。

十二 搜狐公司可持续发展报告（SOHU）

（一）公司简介

搜狐公司是中国领先的新媒体、网络游戏、搜索及无线互联网服务公司，拥有搜狐公司（NASDAQ：SOHU）和畅游公司（NASDAQ：CYOU）两家美国纳斯达克上市公司。搜狐总部位于北京。1995年搜狐创始人张朝阳从美国麻省理工学院毕业回到中国，1996年8月利用风险投资创建了爱特信信息技术有限公司，1998年正式推出搜狐网，中国首家大型分类查询搜索引擎横空出世，搜狐品牌由此诞生。2000年搜狐在美国纳斯达克证券市场上市。公司建立了中国最全面的互联网资产组合之一和自有搜索引擎，包括最大的门户和中国领先的互联网媒体网站搜狐网；互动搜索引擎搜狗；在线游戏开发和运营商畅游和领先的视频网站搜狐视频等。公司的企业客户服务包括在其网络矩阵上投放的在线广告以及在其自主研发的搜索引擎上投放的竞价搜索和搜索主页广告服务。公司还提供新闻客户端和手机搜狐网等基于手机和移动平台的新闻、资讯服务。公司的在线游戏子公司畅游有限公司（NASDAQ：CYOU）运营多款在线游戏，如中国最受欢迎的大型多人在线游戏（"MMO"）之一的《天龙八部》以及两款流行的网页游戏《神曲》和《弹弹堂》。搜狐是2008年北京奥林匹克运动会唯一的互联网赞助商，也是奥林匹克运动会历史上第一个互联网内容的赞助商。时至今日，搜狐一直以满足用户互联网需求和体验为己任，成长为中国互联网的领航者。搜狐影响了中国80%的网民，成为他们的主流资讯媒体、生活、娱乐和沟通互动的平台。

凭借强大的竞争实力，搜狐已经发展成为拥有四大业务平台的超级互联网品牌，包括：媒体（搜狐网、搜狐新闻客户端、手机搜狐、搜狐微门户、搜狐焦点、搜狐汽车）、视频（搜狐视频、搜狐视频客户端、搜狐娱乐）、搜索（搜狗搜索、搜狗输入法、搜狗高速浏览器、搜狗地图、搜狗号码通）、游戏（畅游、17173、第七大道）。

搜狐公司的发展经历了四个阶段：

第一，惊人崛起（1996～1999年）：首家门户网站，初具雏形。搜狐是中国第一个门户网站，最早以搜索引擎起家。1996年，张朝阳获得MIT媒体实验室主任葛洛庞帝先生和美国风险投资专家爱德华·罗伯特先生17万美元的风险投资基金，成立了ITC爱特信电子技术公司（北京）有限公司，建立了中国第一个商业网站。1998年2月，推出中国人自己的搜索引擎——搜狐，同年4月获得来自英特尔公司、道琼斯、晨兴公司和IDG的第二笔风险投资，为搜狐公司"灵动"传奇的发展奠定了基础。1999年3月，搜狐在分类搜索的基础上，发展成为综合性网络门户，推出丰富的特色频道，提供多种网络服务。1999年7月，推出全文检索的中文搜索引擎，加强了搜狐在中国互联网门户领域的统治地位，其被称为"中国第一门户"也就顺理成章了。1999年9月，随着电子商务大潮的到来，搜狐开始进军电子商务，先后与国内最大的电子商务网站8848.net结成电子商务联盟、与诺基亚联手共推移动互联网服务，并开始介入互联网络娱乐产业。就这样，搜狐以惊人的速度成为中国互联网界的一杆大旗。

第二，开疆辟土（1999~2003 年）：进军国际市场，遭遇瓶颈。2000 年起，搜狐公司陆续开通北京、上海、广州、成都、杭州、西安、南京、济南、武汉、长沙、大连、重庆、昆明、深圳、天津、哈尔滨、太原、秦皇岛 18 个地方版，并收购国内最大的年轻人社区网站 ChinaRen.com，正式推出了无线互联网定制收费服务——搜狐手机短信（SMS）。在完成互联网基础建设后，搜狐公司开始进军国际市场。2000 年 7 月，搜狐公司在美国纳斯达克挂牌上市，成为继中华网、新浪、网易之后在纳斯达克上市的中国网络企业。然而，物极必反，2000 年 11 月底，纳斯达克跌破 2600 点大关，之后一整年，整个中国互联网陷入前所未有的寒冬，股民们对 IT 的回报期待大大降低，风险资金对早期以雅虎为代表的门户模式失去兴趣。2001 年 3 月 8日，搜狐股价第一次跌破 1 美元。在国际市场开拓的搜狐，遭遇了发展瓶颈期。

第三，技术驱动（2004~2008 年）：开拓多元业务，缔造传奇。在经历"网络泡沫"破裂后，搜狐公司开始进入理性耕作时代，如研发多元化业务、打造商业品牌形象和运营新商业模式等。互联网的技术创新是其长盛不衰的秘诀。2004 年，搜狐公司提出了以技术驱动、产品导向和创新来应对激烈市场竞争的战略，搜狐在门户战略中注入技术基金，打造搜狐畅游和搜狗输入法。在一系列营销措施的驱动下，搜狐公司的

总营业收入于 2008 年获得了飞跃式的发展。2008 年第二季度财报显示，搜狐公司总收入达 1.02 亿美元，成为首个"亿元门户"，与百度、盛大、腾讯、分众四家一起，成为单季收入超亿元的国内互联网巨头。

第四，多足鼎立（2009 年至今）：打造新增长点，再造搜狐。搜狐公司在经历 2008 年金融危机之后，开始寻求公司发展的新增长点。在继续发展全线业务、推进多元化经营的同时，提出以搜狐视频、搜狗搜索、畅游游戏、微博Web2.0 为主的多足鼎立的发展重点，各业务板块在各自领域成为领先者并彼此产生协同效应，以多足鼎立的局面，打造公司新的利润增长点，实现搜狐的价值再造。最初，搜狐实行的是"在线游戏 + 资讯广告"的双轮驱动盈利模式，随着 2009 年 4 月，搜狐公司最大的盈利点——搜狐畅游在美国纳斯达克的上市，搜狐一方面继续培养以资讯为主体的门户战略，深度挖掘内容，搭建对用户具有黏度的"矩阵平台"；另一方面，开始着力培育搜索业务和视频业务。2012年，搜狐公司凭借旗下门户、遨游、搜狗、无线等业务的均衡发展获得了快速增长。

截至 2015 年 12 月 31 日，搜狐总资产为 30.42 亿美元，股东权益为 17.31 亿美元，股数约为 3865.3 万股（股权结构如表 2-12-1 所示），员工人数为 10600 人。全年实现营业收入 19.37 亿美元，净利润为 1.09 亿美元，每股盈余为 -1.28 美元。2015 年 12 月 31 日搜狐收盘价为 57.19 美元，市盈率为 -44.68。

表 2-12-1　搜狐股权结构

主要持有者	持有份额（/股）	持股比例（%）
张朝阳	7804861	20.14
所有董事、代理人和管理层持股（7 位）	8294887	21.37
Photon Group Limited	7028254	18.17

续表

主要持有者	持有份额（/股）	持股比例（%）
Orbis Investment Management Ltd.	6579899	17.03
Delaware Management Business Trust	3135197	8.11
Coronation Asset Management（Pty）Ltd.	2943886	7.73
OMGB Coronation Glbl Em Mkts（USD）	1242928	3.26

注：Photon Group Limited 为张朝阳的投资主体。

（二）公司战略

1. 多元化战略——四大业务协同发展

搜狐将媒体、视频、搜索和游戏列为重点发展的四大业务，四类业务协同发展，各平台之间互相引流，通过矩阵类的整合使搜狐集团作为一个整体方阵前进。

（1）搜狐媒体平台是中国领先的在线新闻和信息提供方，门户的品牌广告是搜狐主力营收途径之一。其通过搜狐网、手机搜狐网、搜狐新闻客户端为用户提供丰富全面的内容，内容来源主要有：汇总其他媒体组织的内容、与独立内容贡献者合作、内部编辑团队制作。

搜狐媒体平台拥有新闻、财经、体育、文化等主要频道，具有充分的权威性和媒体影响力。搜狐新闻受众广泛，内容可靠，成功在用户心中树立了"上搜狐知天下"的观念；搜狐财经定位中产阶级，为中产阶层提供资产保值增值服务，满足他们对资讯的渴求和个人财富增长的愿望，为高端网友提供表达和交流的平台；搜狐体育集赛事报道、产品服务、社区互动于一体，拥有百人的编辑报道团队，是报道经验最丰富、国内最有影响力的体育媒体之一。此外，搜狐还为汽车、金融、房地产等不同产业消费者提供资讯服务。搜狐汽车是国内外具有广泛影响力的主流汽车媒体平台和互动服务机构；搜狐金融事业部

拥有专业分析和解释能力的跨界财经新媒体团队，是深入金融界的整合营销传播平台及金融营销解决方案提供商；搜狐焦点是中国房产行业的专业权威平台，为购房人提供专业、经济和权威的信息服务。

（2）搜狐视频是领先的在线视频内容和服务提供平台。搜狐视频成立于2006年，是中国最受用户喜爱的网络视频平台之一。用户可免费观看搜狐视频中绝大多数广泛、全面的视频内容，包括国内和海外的流行电视剧、综艺节目、电影、自制节目、新闻、纪录片、动画、娱乐内容和网上直播等。搜狐同时提供选择性付费视频，包括电影和教育视频内容。

在多年的成长过程中，凭借丰富的视频内容、媒体影响力和领先的技术优势，搜狐视频已成为中国最具影响力和公信度的媒体平台。作为中国第一家推出"正版＋高清"的网络视频服务商，搜狐视频是最早引进海外正版版权的视频网站，上线百部美剧，是国内最大的海外影视库；搜狐视频具备强大的原创自制能力，年产超2000小时原创视频节目内容，"搜狐视频出品"是中国互联网知名的强势原创品牌；搜狐视频秉承"源于网络，先于流行"的内容理念，在各个领域进行全媒体创新。作为行业领跑者，搜狐视频致力于扩大多屏全时影响力，打通移动、PC、电视等多个屏幕，实现了全方位内容的无缝对接，多屏联动下的创新成为其产品最大亮

点，为行业翘楚。与此同时，搜狐视频进军上游产业，与传统媒体合作，打造娱乐产业链布局。

（3）搜狐的子公司搜狗是中国领先的搜索、客户端和移动互联网产品及服务提供商。搜狗提供的产品和服务有搜狗搜索、搜狗输入法、搜狗浏览器和搜狗网络目录。搜狗以"让网民表达和获取信息更简单"为使命，公司在拥有深厚技术底蕴的同时，不断追求产品创新。目前，新搜狗旗下包括输入法、浏览器在内的多款产品均在业内占有关键市场份额。2015 年搜狗延续了良好的增长势头，移动搜索流量增速持续超越行业水平。

（4）搜狐子公司畅游是中国领先的在线游戏开发和运营商，担当着搜狐集团现金"牛"角色，为搜狐最重要的收入来源。畅游有三个主要业务，包括在线游戏、平台渠道业务和其他业务。畅游的旗舰游戏是《天龙八部》，截至 2015 年 12 月 31 日，天龙八部收入为 3.156 亿美元，约占畅游在线游戏收入的 50%、畅游总收入的 41%、畅游集团总收入的 16%，畅游努力在智能手机上复制 PC 游戏上的卓越用户体验，特别是针对旗舰游戏《天龙八部》的庞大用户群打造全新移动版本；平台渠道业务主要包括 17173 网站、海豚浏览器和 RC 语音的运营，17173.com 网站是中国领先的游戏信息门户网站之一、向游戏玩家提供关于在线游戏的新闻、电子论坛、在线视频和其他信息服务。海豚浏览器是移动设备上相关活动的网络入口，用户主要位于欧洲、俄罗斯和日本。RaidCall 提供在线音乐和娱乐服务，用户主要位于中国台湾。2015 年畅游的战略规划更加务实，减少打造游戏平台方面的开支，回归做游戏的本质。

2. 高品质差异化战略

差异化战略在搜狐的媒体业务、视频业务以及搜狗搜索业务分别有不同的体现。

（1）搜狐媒体平台个性化、服务互联网化发展。搜狐媒体业务方面，搜狐新闻客户端陆续更新迭代新版本，为用户推荐海量、精准的个性内容，包括本地用户关心的本地新闻和生活资讯，提供"有品质的新闻 + 可信赖的资讯"。艾媒咨询数据显示，2015 年在新闻推送的用户好感度方面，搜狐新闻占据第一。产品创新上，搜狐新闻客户端是最早推出"个性化"阅读功能的门户新闻客户端，之后又推出智能混合推荐及"下拉一下"的个性操作方式，搜狐新闻客户端 5.5 版本中，用户可以个性化开机画面，通过"我的"进行社交分享，体验更加智能的股市播报系统，增加了用户黏性。与此同时，搜狐新闻还进行了大规模的市场营销活动，在全国 40 多个主流城市楼宇 LED、公交地铁站全面铺开广告。

随着"互联网 +"的潮流袭来，人们生活的方方面面都受到了很大影响，搜狐新媒体平台搜狐焦点结合"互联网 +"推出 O2O 家装服务，焦点装修将成熟的互联网思维模式带入装修领域，推进行业整合。同时，搜狐集团进军互联网金融后，将互联网金融与搜狐旗下产品融合，第一是垂直领域，第二是 O2O 领域，第三是开放平台。例如，在贷款方面和焦点网有一个很完备的房产方面的闭环；做汽车的时候可以跟搜狐汽车进行合作；如果要服务中小型企业的话，可以跟搜狗一些广告客户进行探索；开放的平台不只是针对搜狐，搜狐还欢迎其他互联网公司，欢迎金融公司来合作。目前，搜易贷平台联合搜狐焦点推出的"焦点首付贷"即将上线。同时，搜易贷也在积极筹备更多的创新性互联网金融产品推向市场。

（2）搜狐视频提供差异化内容组合，打造独特的平台体验。力求最强覆盖、最精独家，开启超级自制与定制。搜狐视频集结优势在美剧、美综、动漫、海外综艺等各个平台，在国产剧、综艺等领域对顶级精品进行精准独家占有，在内容方面最大比例多元化进行热门覆盖。2014年，搜狐视频完成对56网的收购，在搜狐视频最擅长的娱乐版权内容之外，补充更丰富的内容生产力，打造长视频、自媒体、专业自制视频等综合平台，实现了长短视频结合、版权视频和用户产生视频结合、影视娱乐视频和新闻体育视频结合的全视频库。2015年，搜狐视频领先行业，独家开启定制时代，在搜狐视频平台打造高品质精品剧，开创定制周播剧场，达到200集规模。

在产品平台方面，打造同屏共振体验平台。搜狐视频自2015年开始将发挥全产品、全屏幕、全平台、全环境、全时段的用户覆盖。在移动端高速增长的趋势下，搜狐视频将通过全产品技术，加速进行全屏幕布局，在客厅＋卧室＋办公室＋户外移动等全场景环境下，高速深度提升对用户进行全时段覆盖的平台能力。同时，搜狐视频将发挥搜狐矩阵的优势，进行更为创新的互动营销。在同屏共振之下，搜狐视频不仅将实现大投资和大资源、大数据，更是通过这些资源为用户打造独特的平台体验，虚实结合，实现多元化差异性，寻找动态存在的用户"价值概念团"，让视频行业在新体验平台的基础上进行产业升级。

（3）搜狗提供多场景创新服务，探索人工智能研究。移动互联网时代，搜索服务需要结合用户场景提供更多差异化和个性化的创新服务，才能真正满足用户日益增长的需求。搜狗的竞争对手百度以强大的品牌号召力和数据能力为基础，加速跑马圈地；搜狗则依托腾讯、搜狐的大力支持，坚持贯彻"差异化"战略并取得了重大的突破，获得了良好口碑和积极的市场反馈。一方面，搜狗搜索全面入驻腾讯QQ、Qzone、腾讯网、手机QQ浏览器及网址导航，以及搜狐新闻客户端等亿级用户规模产品进行深度结合，广泛覆盖用户使用场景，提供了一个立体的"连接"入口网络，打造一种"无所不在"的搜索体验；另一方面，通过深度合作和产品融合创新，充分发掘用户需求，全面提升用户的移动搜索体验。例如，2014年6月，搜狗独家上线了"微信公众号搜索"，用户通过搜狗搜索就能快速查询数百万个微信公众号，浏览全部微信公众号文章，并能非常便捷地关注感兴趣的公众号，极大提升了获取信息的效率。微信公众平台搜索作为搜狗搜索独家优势资源，也为搜狗移动搜索提供了强有力的差异化竞争力。2015年10月，搜狗又与知识分享平台知乎达成合作，推出新的搜索功能，允许知乎将其专业内容推送至搜狗，以便用户可以立即访问到其内容。

此外，搜狗在技术研发的投入一直大手笔，2015年搜狗年收入近40亿元，其中有22%被用于研发，搜狗将在人工智能领域加大投入和探索商业应用，引领搜狗成为中国人工智能领域的创新者和领先公司。

3. 多维互动营销，打造搜狐独特品牌形象

搜狐善于组织各类线上线下活动进行多维度营销，打造搜狐高品质、潮流的良好形象，深化搜狐品牌在用户心中的认知度。具体方式有：借助门户、媒体、视频端进行宣传；积极调动明星、榜样力量进行宣传代言；多次发起"搜狐新闻聚焦跑步风尚活动"等活动，引发积极的社会效应；连续多年举办互联网前瞻性盛会——搜狐World大会、经济金融高峰论坛、财经年会等会议、典礼；借奥运、世界杯等赛事制造热点，全面引爆关注。

（三）资本运营

1. 搜狐早期融资之路——引入风险投资与搜狐上市

（1）携手风险投资，借互联网浪潮快速成长。搜狐公司是国内第一家引进风险资金的公司，也是国内引进风险资金最成功的公司之一。从创立的第一天起，搜狐就和风险资金建立起难以割舍的联系，风险资金很好地支持了搜狐的成长。

搜狐公司创始人张朝阳曾经在美国生活、学习了多年，他对风险资金有比较深的了解。张朝阳很好地利用了风险资金这个现代武器，从而顺利完成公司的启动。首先，张朝阳自费 1 万美元在美国成立爱特信公司用于投资自己的商业计划。1996 年，张朝阳说服爱德华·罗伯特·尼葛洛庞帝向爱特信公司投放种子资金 22.5 万美元，第一轮融资完成。1998 年 4 月，爱特信电子技术公司获得第二笔风险投资，投资者包括英特尔公司、道琼斯、香港恒隆集团、IGD 国际数据集团和美国哈里森公司，共吸纳资金 215 万美元。第三轮融资是 1999 年互联网高潮时期，原来的投资者追加投入，搜狐再次融得 600 多万美元。得到三轮风险投资之后，搜狐又迅速从 PC 盈科和联想及日本的公司融得 3000 万美元，但释放的股份只有 8%，公司规模迅速扩大。张朝阳成功吸纳风险资金不仅解决了公司的运营费用问题，还给公司带来诸多好处。无论是和尼葛洛庞帝的握手，还是得到英特尔等巨头的支持，都使搜狐知名度大大提高。其次，搜狐将融资尺度把握得比较好，使得股权结构非常稳定。显然，搜狐的融资绝不是单纯地拉几个赞助提升搜狐身价，而是具有战略眼光、一石多鸟的大手笔。

（2）搜狐上市，成功树立品牌形象。2000年，搜狐抓住公司快速发展、资本市场热潮的时机在纳斯达克上市，成功融资 6000 万美元，从一个国内知名企业发展成为一个国际品牌。从筹集风险投资到上市，搜狐在成长路径中，以较低的费用有效地树立起搜狐的品牌形象，使得搜狐成为中国互联网的一个概念领路者和新概念的领导者，比竞争对手节省了 90% 的资金。

2. 搜狐的反收购——毒丸计划

毒丸计划最早起源于股东认股权证计划，当上市公司面临收购威胁时，其董事会启动"股东权利计划"，通过股本结构重组，降低收购方的持股比例或表决权比例，或增加收购成本以降低公司对收购人的吸引力，达到反收购的效果。

2001 年 4~5 月，香港青鸟科技有限公司斥巨资收购英特尔、电讯盈科和高盛等机构投资者手中 671 万股搜狐股票，持股比例达 18.9%，一跃成为搜狐第三大股东，仅次于第一大股东张朝阳和第二大股东香港晨星科技。此时，搜狐的价格在 1 美元以下，而公司手中的现金是相当于每股 1.62 美元。搜狐公司在与北大青鸟的会谈中发现，北大青鸟把对搜狐的投资仅仅看作一宗简单的投机活动，而没有兴趣运营搜狐。双方在经过了几轮磋商之后，没能就青鸟与搜狐的"资源整合"达成一致。

2001 年 7 月 28 日，为防止恶意收购者通过公开市场或私下交易等各种方式收购搜狐股票，以及在尚未向搜狐所有股东提出公证条款的情况下获得搜狐控股权，搜狐公司董事会采纳了一项股东权益计划即"毒丸计划"以防止强制性的收购。搜狐计划设计如下：搜狐公司授权 2001 年 7 月 23 日搜狐股票收盘时登记在册的所有股东，有权按每一普通股买入一个单位的搜狐优先股。搜狐董事会还授权发放在登记日期之后至兑现日期之前按每一普通股而出售的优先股购买权，上述购买权最晚到 2011 年 7 月 25 日到期。毒丸权证的执行价格被定为股票市价的 2 倍。如果按计划执行，则搜狐股东可以在上述期限内用每股 100 美元的价格购买一个单位的搜狐优先股，在并购后，每一优先股可以兑换成收购公司（吸收合并情形）或合并后新公司（新设合并情形）两倍于行权价格的股票（即市场价值为 200 美元的新公司的普通股）。假如敌意收购者收购的搜狐股权超过 20% 时，那么 10 天以后，购买优先股的股权证将邮寄给除恶意收购者之外的所有其他股东。

按搜狐当时发行在外的总股本 3476.5 万股计算，如果有人恶意收购，假设搜狐公司确定的预定收购量为 20% 时就启动上述计划，若除恶意收购者外的所有股东均行使这一权利，则购买优先股需要资金 27.812 亿美元（3476.5 万 × 80% × 100），此优先股可以兑换（购买）新成立公司两倍于该金额的股票，即价值高达 55.624 亿美元的新公司普通股票。而搜狐公司在 2001 年 8 月 3 日的收盘价为 1.40 美元，其市值只有 4867.1 万美元。一旦出现恶意收购造成搜狐启动该计划，原股东若先行使优先股的兑换权，然后再转让新公司的股票，可获利 27.812 亿美元，是当时市值的 57 倍。同时，权证持有人行权后将严重稀释恶意收购者持有的股权比例，使收购者失去在新公司中的控股地位，如果恶意收购者此时仍想继续收购股权以确保控股地位，将不得不增加很高成本。

最后，由于搜狐公司董事会还拥有根据不同情况下的股权计划修改权，北大青鸟切实考虑了其资金实力和利益得失，最终还是放弃了对搜狐公司的并购。

3. 分拆游戏、搜索业务，打造新平台

（1）分拆游戏业务，畅游上市增加融资渠道。2009 年 3 月 18 日，搜狐向美国证监会提交了其控股子公司畅游上市的公开招股书，这是中国互联网行业在 2009 年的第一个 IPO，搜狐成为国内首个同时拥有门户业务和网游业务在美国上市的互联网企业。招股书显示，搜狐是畅游公司的控股大股东，拥有畅游 70.7% 的股份，并拥有 81.5% 的表决权。畅游上市地点选定为纳斯达克，将发售 750 万单位美国存托股票。按照发行价中间价计算，畅游上市的募集资金总额约为 1.046 亿美元。招股书同时还公布了畅游的管理团队，搜狐公司董事局主席兼首席执行官张朝阳担任畅游董事会主席，搜狐公司副总裁王滔担任畅游董事兼首席执行官。

畅游上市后，搜狐继续以媒体业务为重心，畅游作为搜狐的控股子公司，在上市后将专注于大型多人在线角色扮演游戏业务，并将为搜狐的媒体业务提供更多资金和资源支持，进一步增强搜狐媒体业务的综合竞争力。畅游上市对于激励现有员工和引进人才都有莫大帮助，这将会产生强大的增长动力和有严格的问责制，从而给游戏业务发展提供更大的空间。

（2）分拆搜狗，激发竞争活力。搜狐 2010 年 8 月 9 日下午召开新闻发布会紧急宣布，将对旗下搜狗业务进行战略重组，搜狗被分拆成独立公司，其中搜狐以 68% 的股份保留大股东地位，搜狐董事局主席兼首席执行官张朝阳个人获得 16% 的优先股，同时引入阿里巴巴集团和云锋基金（由马云和虞锋创办的风险投资基金）作为战略投资方，并获得 16% 的股份。据悉，68% 的搜狗股份中还包括搜狗团队和搜狐集团管理层激励计划。

此前搜狗作为搜狐旗下一个部门，与百度竞争时会受到很大限制，将搜狗进行分拆，可以使搜狐更加专注于发展媒体业务，而独立发展的搜狗将更具效率和活力，此前成功分拆上市的游戏

业务畅游就是很好的先例。搜狗独立发展，搜狗团队将享有股权激励计划，这使得搜狗的业绩与团队有直接的关联，有助于搜狗的快速成长，同时引入阿里巴巴作为战略投资者，将使得搜狗搜索、搜狗浏览器能够与阿里巴巴集团及淘宝展开深度合作，有助于搜狗与电子商务相结合。

4. 收购 56 网，提高视频业务竞争力

2014 年 10 月，搜狐将人人旗下 56 网并入搜狐视频，成为搜狐视频分享业务的组成部分，接下来一段时间里，双方管理团队开始一起工作，整合资源。56 网成立于 2005 年，自成立至今一直坚持视频分享的定位。56 网自创办以来曾先后获得海纳亚洲、红杉资本、迪士尼旗下思伟创投的投资。2011 年 10 月，人人以 8000 万美元全资收购 56 网，但被人人收购之后，56 网在发展上并没有取得明显突破。56 网曾经出品过一系列的微电影，在内容制作上颇有积累，其微电影制作能力与搜狐视频会形成很好的补充，搜狐视频可以在自媒体领域提供更多优质的内容，这也是搜狐所关注的。经过视频网站版权购买的狂欢后，搜狐视频更多希望在自制内容的生成上发力。

5. 畅游的并购与资产剥离——平台化战略始末

（1）大举并购，推进平台化布局。2011 年，畅游首次对外宣布其平台化战略，2013 年进一步提出希望实现"游戏赚钱养平台，平台占渠道推游戏"模式，开始由游戏公司向平台化公司转型。平台化战略启动之后，畅游便调用大量资金高速推进，进行了多次并购活动。

并购游戏产品和渠道：2011 年 1 月，畅游收购上海晶茂文化传播有限公司及其关联公司（"晶茂"）剩余 50% 的股权，全资拥有晶茂，

该公司主要致力于电影广告业务。2011 年 4 月，畅游正式宣布收购深圳第七大道科技有限公司及其关联公司（"第七大道"）68.258% 的股权。此次并购不仅提升了畅游在中国网游行业的领先地位，而且丰富了公司游戏产品类型，进一步推动了公司产品多样化进程；在单机游戏领域，畅游也有所布局，2013 年代理了国产游戏最有影响的品牌之一轩辕剑的新作《轩辕剑6》，同时推出正版单机游戏市场打酱油平台，并于 2013 年末收购了以单机游戏、小游戏下载为主的逗游网。2014 年 7 月 16 日，畅游又以 9100 万美元收购海豚浏览器开发商百纳信息 51% 股权，海豚浏览器在海外拥有 1 亿以上的用户，对于畅游而言也可以作为海外渠道推广的一个渠道。

并购游戏媒体：2011 年 11 月，畅游并购领先游戏资讯门户 17173.com。17173 是国内公认的游戏资讯权威媒体，为玩家提供多种终端和众多类型的游戏信息。畅游并购 17173 公司，可以通过对其服务和工具的进一步开发，将 17173 发展成为玩家提供一站式游戏服务的领先平台。

打通语音市场：对 RC 语音的收购，象征着畅游平台步伐的更进一层。在 2013 年 11 月 21 日，畅游对外宣布以 5000 万美元的总现金对价收购昆仑万维旗下的海外 RC 公司全面摊薄后的 62.5% 的股权。RC 在海外市场拥有 2000 万注册用户，在畅游和昆仑的联手推广下，4 个月后，RC 注册用户突破 3000 万，日活跃用户达到 300 万。畅游管理层本希望利用 RC 的语音系统技术与畅游现有的游戏业务结合，提高玩家的游玩体验，完善其平台业务布局，但经过一年的验证后发现，RC 语音系统技术并不适合嵌入畅游的游戏。所以，2014 年，畅游进行减值以反映 RC 业务的公允价值。

（2）资产剥离，专注核心游戏业务。与其他实施平台化战略的公司不同，畅游在平台化过

程中投资及收购的公司，产品关联性不高，用户规模虽大但过于分散，没有在市场上构成统治地位的产品，也不能形成矩阵相互导量和变现。与此同时，在一系列收购与平台业务开展的情况下畅游的整体规模也在不断扩张，带来了更多的开发与市场费用（见图2-12-1）。平台化的推进使得畅游2014年前三个季度利润急转直下（见图2-12-2），压力之下，2014年底，畅游宣布放弃平台化战略。

（百万美元）

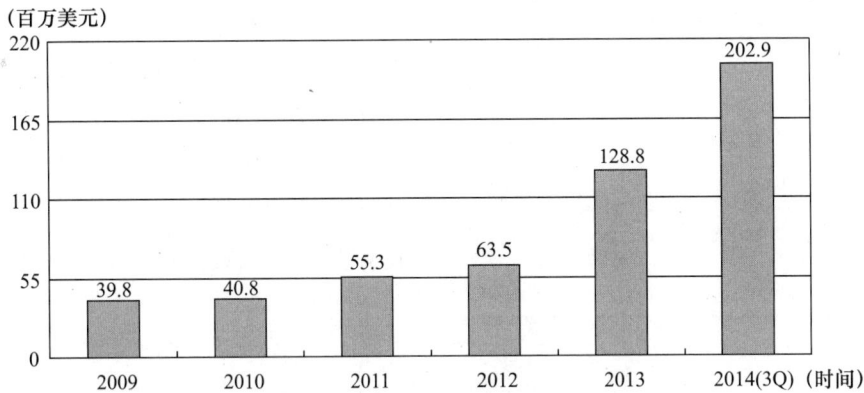

图2-12-1　畅游平台化战略之前及平台化期间市场费用增长趋势

（百万美元）

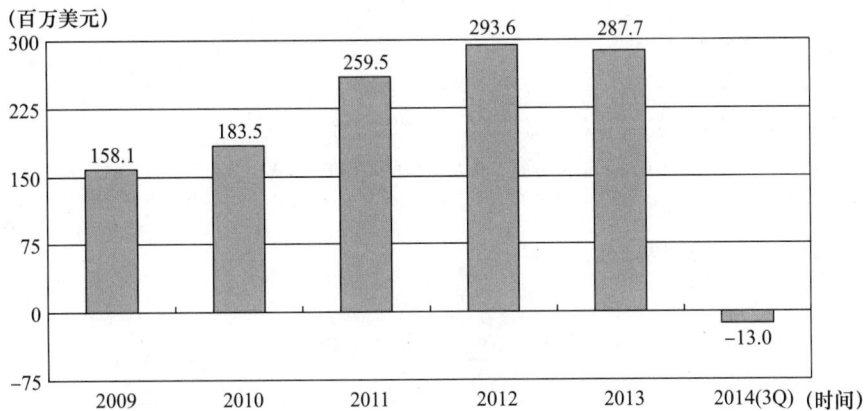

图2-12-2　畅游平台化战略之前及平台化期间净利润趋势

畅游缩减了第三方应用商店、游戏浏览器、游戏直播、秀场直播、RaidCall语音、网页游戏平台等业务，并进行了裁员以简化操作和提高效率。推翻平台计划后，畅游逐渐回到原有模式，开始出售一系列资产，将资本与资源集中在重点产品上。

2015年8月，畅游向一家中国公司转让了深圳第七大道科技有限公司的全部股权，以及向一家英属维尔京群岛注册公司转让了Changyou My Sdn. Bhd和Changyou.com（UK）Company Limited全部股权，后两者分别是在马来西亚和英国从事在线游戏业务的公司。这两笔协议的交易金额共约2.05亿美元；2015年9月，畅游出售所有逗游网股权。进行一系列平台化费用的缩减及资产

剥离之后，2015 年畅游利润有所回暖。如表2－
12－2 所示。

表 2－12－2　畅游 2014 年与 2015 年收入、
费用及利润对比　单位：亿美元

分类	2015 年	2014 年	同比
净利润	1.91	亏损 0.21	扭亏
总收入	7.62	7.55	增长 0.8%
管理费用	0.8	—	下降 25%
销售及市场推广费用	0.92	—	下降 62%
产品开发费用	1.71	—	下降 12%
营业费用总额	3.84	—	下降 36%

6. 引入腾讯战略投资，合作拓展应用场景

2013 年 9 月，搜狗引入腾讯战略投资以打
造搜索新格局。如表 2－12－3 所示，在本次战
略合作中，腾讯向搜狗注资 4.48 亿美元（约合
27.4 亿元），并将旗下的腾讯搜搜业务和其他相
关资产并入搜狗，交易完成后腾讯随即获得搜狗
完全摊薄后 36.5% 的股份，之后腾讯持股比例
又在近期内增加至 40% 左右，但腾讯持有的近
一半搜狗股权并无投票权，搜狗仍在搜狐集团下
独立发展。搜索领域，百度一家独大，而 360 成
长势头猛烈，依托腾讯平台，搜狗将变成百度下
一个巨大的威胁。

表 2－12－3　搜狐资本运作明细一览表

时间	事件
2002 年 4 月	搜狐公司与国联证券斥资 5000 万联合成立合资公司
2005 年 2 月	搜狐公司完成股票回购计划，共回购总流通股 6%
2005 年 4 月	搜狐宣布收购中国领先的在线地图服务公司 GO2Map
2007 年 7 月	央视国际与搜狐结成战略合作伙伴关系，两大强势媒体全面接轨
2009 年 4 月	搜狐畅游在纳斯达克成功上市，成为纳市"2009 中国第一 IPO"，搜狐"双子星"提振世界经济信心，搜狐业绩令世界华人骄傲
2010 年 12 月	搜狐与联合利华达成战略合作协议
2010 年 8 月	搜狐对搜狗进行战略重组，引进阿里巴巴作为战略投资
2011 年 11 月	畅游并购领先游戏资讯门户 17173.com，并推进平台战略
2011 年 11 月	搜狐视频与 MSN 中国达成战略合作伙伴关系
2011 年	畅游收购第七大道 68% 的股份。收购交易对价分两部分，一部分为 6826 万美元固定现金，另一部分为最高不超过 3276 万美元浮动额外现金
2012 年 7 月	搜狐以 2580 万美元回购此前阿里巴巴所持有的全部搜狗 10.88% 的股份
2013 年	畅游收购第七大道剩余 28.074% 股权
2013 年 9 月	搜狗引入腾讯 4.48 亿美元战略投资，打造搜索新格局
2013 年 11 月	搜狐畅游宣布以 5000 万美元的总现金收购昆仑万维旗下海外 RC 语音 62.5% 的股权，RaidCall 是类似 YY 的游戏语音聊天软件，在中国台湾等市场拥有 2000 万以上的用户，除游戏外也提供音乐、K 歌等服务
2013 年 11 月	搜狐收购游戏资源门户逗游网
2014 年 3 月	搜狗根据 2013 年 9 月的认沽期权协议，以 4730 万美元从中国网回购搜狗 1440 万股 A 类优先股
2014 年 6 月	搜狗以 4160 万美元自非控股股东手中回购约 420 万股 A 类普通股

时间	事件
2014 年 7 月	畅游以 9100 万美元收购海豚浏览器开发商百纳信息 51% 的股权，海豚浏览器在海外拥有 1 亿以上的用户，对于畅游而言也可以作为海外推广的一个渠道
2014 年 8 月 7 日	搜狐集团正式宣布，已经与韩国娱乐传媒公司 Keyeast 签署战略合作及投资协议，成为第二大股东
2014 年 10 月	搜狐收购人人旗下 56 网
2013 年至 2015 年 7 月	畅游共以约 3500 万美元回购 1364846 股 ADS，进行股份回购
2015 年 8 月	畅游向一家中国公司转让了深圳第七大道科技有限公司的全部股权
2015 年 9 月	畅游出售所有逗游网股权
2015 年 9 月	搜狗以 1200 万美元投资知乎，约占其股本的 3%
2015 年 9 月	搜狗分别以 7880 万元及 2100 万元自搜狐搜索和 Photon 公司回购 240 万股及 640 万股 A 类优先股，之后，搜狐集团持有搜狗 36% 的股权

（四）商业模式

搜狐的商业模式可以概括为"广告 + 无线增值服务 + 网络游戏"，通过精准互动广告、游戏、无线增值、搜索、视频等内容盈利。

1. 业务模式

搜狐的业务主要有四类，如表 2 - 12 - 4 所示，业务模式如图 2 - 12 - 3 所示。

表 2 - 12 - 4　搜狐业务平台

业务分类	业务平台
媒体	搜狐网；搜狐新闻客户端；手机搜狐网；搜狐微门户；搜狐焦点；搜狐汽车
视频	搜狐视频；搜狐视频客户端；搜狐娱乐
搜索	搜狗搜索；搜狗输入法；搜狗高速浏览器；搜狗地图；搜狗号码通
游戏	畅游；17173

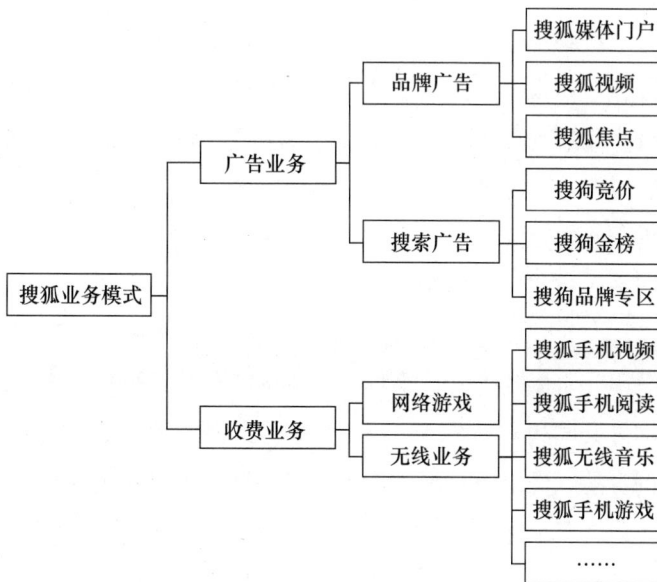

图 2 - 12 - 3　搜狐业务模式

（1）广告业务。品牌广告：作为中国主流的网络媒体，搜狐在品牌广告上拥有强大的竞争优势。资源平台、媒体矩阵、垂直频道、创新媒体形态、移动业务，搜狐是最丰富的主流网络媒体之一，并且拥有整合各种媒体形态和产品的能力。搜狐一直在网络产品和营销手段的创新上不断突破，同时提供广告主和用户多元化的广告创意；以整体解决方案来提高营销服务的附加值，给广告主带来高效的价值。

在线品牌广告包括在搜狐网站上的横幅广告、文字链广告、按钮广告、视频广告、多类型的富媒体广告，以及网站上特定的赞助广告等多种形式。既针对各类广告形式提供按日收费服务，以及合同期内的固定付费服务；也提供CPM等效果付费方式。同时，搜狐为长期合作的广告主提供了多种广告优惠选择。

搜索广告；搜狗搜索商业产品分为三部分，分别为搜狗竞价、搜狗金榜与搜狗品牌专区。

搜狗竞价产品是按效果付费的网络推广方式，通过关键词上下文分析技术，免费让企业推广信息出现在搜狗、搜狐搜索及矩阵平台上，当用户在查找产品信息或相关服务时，企业只需为用户的每次有效点击付费。搜狗用户群体对商业性广告有着很高的关注度，也使得搜狗搜索的商业价值非常高。搜狗竞价产品展现位置将会出现在搜狗搜索、搜狐搜索、搜狐各频道页面、搜狐、搜狗邮箱，以及搜狗合作媒体上。

搜狗金榜产品分为图文固排与文字固排。依托了搜狐的品牌支持，覆盖95%以上的中国互联网人群。图文固排服务由一个图片位，文字标题、描述说明以及链接网址共同构成。

搜狗品牌专区是在网页搜索结果页最上方为知名品牌量身打造的，由多文字、超链接、双图片共同组成，兼顾企业推广需求和网民搜索体验的网络推广方式。搜狗品牌专区是企业品牌的迷

你官网，可用于企业将企业动态、产品信息、促销活动等丰富资讯以大于屏幕60%的图文并茂的形式展现给目标网民，彰显品牌实力；同时便于网民更为直观生动地获取品牌资讯，排除干扰信息，感受最佳视觉效果。

（2）收费业务。网络游戏：搜狐旗下畅游公司拥有领先的自主研发技术平台和顶尖运营团队。公司自主研发了《天龙八部》等大型多人在线角色扮演游戏，受到了玩家的热烈欢迎。畅游拥有领先的技术平台，包括先进的2.5D及Unreal、BigWorld3D图形引擎、统一的游戏开发平台、有效的反作弊和反黑客技术，自主研发的跨网络技术和先进的数据保护技术等。通过产品开发团队和游戏运营团队紧密合作，将玩家的反馈及时地融入游戏升级和资料片中。同时，畅游从与搜狐的密切关系中获得了独特的竞争优势，搜狐为畅游提供包括战略指导、发布前游戏评估、营销与运营等方面支持，并使畅游能与搜狐门户网站的2.5亿注册用户建立联系。

无线业务：①搜狐手机视频。搜狐手机视频是基于移动网络，通过手机终端，向用户提供影视、娱乐、原创、新闻、体育等各类视频内容的点播、下载服务。同时，搜狐充分挖掘与中国移动、中国电信、中国联通等运营商的合作机会，逐步接入各大电信运营商的视频基地业务，深入CP内容服务、渠道合作以及搜狐矩阵与电信运营商间的战略合作关系。②搜狐手机阅读。搜狐手机阅读与多家优质图书资源内容提供商合作，并利用搜狐矩阵自有的图书资源，保证了图书来源的广泛性，图书质量的优质性和图书类型的丰富性，基本满足了手机阅读市场强烈的内容需求和读者阅读多样化的需求。搜狐手机阅读现已经拥有上千万的读者用户，形成了良好的口碑效应，培养了手机读者付费阅读的习惯，在业界已经具有较大的影响力。同时，搜狐手机阅读与各

大移动运营商阅读基地和移动设备供应商深度合作，拥有成熟完善的推广和销售渠道，拓宽了盈利渠道。③搜狐原创频道。搜狐原创频道是最早的门户网站原创频道之一，也是中国作家协会确定的中国网络文学原创基地，具有较大的影响力。搜狐原创主营业务包括电子版权的签约和销售、出版代理、影视改编权代理以及其他衍生版权的代理等。搜狐原创除将利用自身优势对作品的电子版权进行销售外，还将为出版社输送优质稿源，同时为电视台和影视公司提供影视剧本。④搜狐听书频道。搜狐听书频道是搜狐旗下又一基于互联网的新产品。2009年正式上线运营，整合搜狐大平台各种优势资源，为用户提供有声音频服务。这是门户网站中唯一可以提供拥有正规版权的有声读物服务并正规化运作的有声读物网站，并逐步搭建规模化研究有声读物的平台。同时与中国三大电信运营商、知名手机终端厂商等均有合作，为有声读物提供多平台多载体体验。目前互联网听书频道的内容为在线付费收听及下载，用户需登录搜狐通行证，进行付费操作。同时提供免费试听体验。⑤搜狐无线音乐。搜狐无线音乐前身是搜狐无线彩铃部，2009年正式更名为无线音乐部。搜狐无线音乐在业界拥有较高知名度，业务排名领先，自创办以来已经创造超过3亿的市场份额，使用用户超过3000万，举办过大、中型无线音乐明星歌友会百余场。公司拥有丰富的在线歌曲库、大量国内知名艺人音乐版权和先进的铃声制作技术。⑥搜狐无线运营中心。搜狐无线运营中心包括了短信、彩信、WAP和IVR几个业务类型，主要有按条点播和包月定制这两种订购模式，满足了用户的全方位需要。同时，搜狐无线运营中心与各地运营商及众多知名手机厂商保持着紧密的合作，是各地运营商和手机厂商值得信赖的合作伙伴，进一步确立了搜狐无线业务市场的领先地位。⑦搜狐

手机游戏。搜狐无线游戏依托搜狐公司优势营销策略，整合行业内手机游戏厂商游戏产品，为广大用户提供最优质的游戏业务服务，在产业链内具有不可替代的价值。在运营商的合作中，搜狐发挥搜狐成熟网络平台的资源优势，整合产品链中的国际顶级游戏厂商、知名影视动漫等优质游戏产品，通过终端厂商、互联网以及无线互联网等多维营销渠道，为电信运营商提供优秀的产品和营销支持，创造更多由游戏内容到产品价值的转换机会。对于用户，搜狐提供更多的精品游戏内容，涵盖点播、包月、试玩转激活等多种灵活的付费方式，让用户享受到最优质的游戏产品服务。搜狐未来将进一步整合运营商、终端厂商以及互联网、无线互联网的相关资源，在展开传统业务推广的同时探索新的业务合作模式，为行业及用户提供更加优质稳定的服务。

2. 盈利模式

（1）盈利增长点：搜狐网盈利主要来自广告和网络游戏，搜索业务对收入的贡献正在逐渐扩大。其网络游戏主要利润来源于搜狐旗下子公司畅游游戏；在网络广告方面，搜狐的广告收入主要来源于搜狗输入法和搜狗浏览器。目前，搜狐自主开发的搜狐视频又成为搜狐网的又一业务增长点。

（2）盈利对象：搜狐的客户主要选择在25~35岁的游戏玩家和视频爱好者。搜狐在游戏业务及搜狐视频上的投入较多，如创建国内知名游戏讨论社区等，意在打造年轻人休闲娱乐的平台。

（3）盈利措施：搜狐聚焦于畅游游戏、搜狐视频和搜狗搜索。畅游游戏以其业内先进的游戏制造运营水平，以及对于武侠题材游戏的把握，吸引青年玩家中的武侠爱好者。搜狗搜索与腾讯、知乎合作，进行业务全场景拓深；搜狐视

频斥资获取优质内容的同时，更是推出其原创专属视频类节目，自研剧在 2015 年取得了良好的成绩，另外视频用户的付费习惯培养已经反馈给平台，验证了公司策略的初步成功。

（4）盈利保障：搜狐主攻游戏市场和视频市场。在游戏方面，搜狐早在 2005 年和 2007 年分别获得金庸武侠小说《天龙八部》、《鹿鼎记》的网络改编权，又在 2013 年 7 月获得金庸 10 部武侠小说的手机游戏独家改编权，使得武侠风这一特色贯穿搜狐的游戏之中；在视频网站的发展方面，搜狐在网罗优质视频资源的同时，不断发展自制能力，2015 年 PGC 流量翻倍；搜狗输入法从品牌知名度、产品功能丰富性、用户体验、商业模式四个维度考量均占有行业优势，以近七成的市场份额处于市场领先地位。

（5）风险：搜狐涉及互联网的宽度较大，产品的可复制性较强。因此所面对的竞争者较多，但搜狐面对的主要风险是用户群体的不确定性，及用户对于搜狐的忠实度较低。近年，搜狐不断推出新产品来吸引新客户，但都并不能长久，且老客户的忠诚度较低。一旦其他竞争对手推出相同可替代产品，难以维持其用户群的稳定性。

（五）市场概况

1. 市场总体情况

（1）2016 年中国移动资讯用户规模预计将达 5.94 亿人。移动互联网大潮助推资讯成为大众刚需，移动资讯市场持续发力，用户规模将持续增长，但随着移动互联网渗透率水平提高，市场趋于成熟，用户增长率呈现下降趋势。

当前，作为获取新闻资讯的首要渠道，新闻客户端市场竞争非常激烈，今日头条和一点资讯等新兴力量发展强势，网易、腾讯等老对手也在不断完善其产品，目前今日头条与腾讯新闻处于新闻客户端第一梯队，搜狐与新浪、网易等众多对手处于第二梯队（手机新闻客户端行业现时格局如图 2-12-4 所示）。

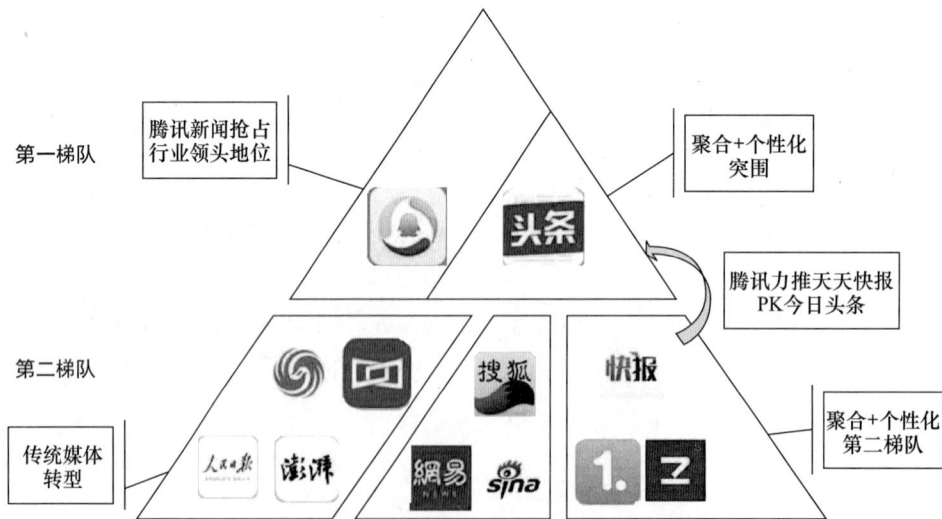

图 2-12-4　手机新闻客户端行业现时格局

资料来源：艾媒咨询集团。

从 2015 年手机新闻客户端活跃用户占比可以看出，凭借腾讯在社交产品积累的庞大用户优势，腾讯新闻在活跃用户占比中排名第一，占比 38.2%；网易新闻客户端以及今日头条以较小的差距分列第二、三位，搜狐新闻以 28.9% 的占比排名第四（2015 年中国手机新闻客户端活跃用户分布如图 2-12-5 所示）。

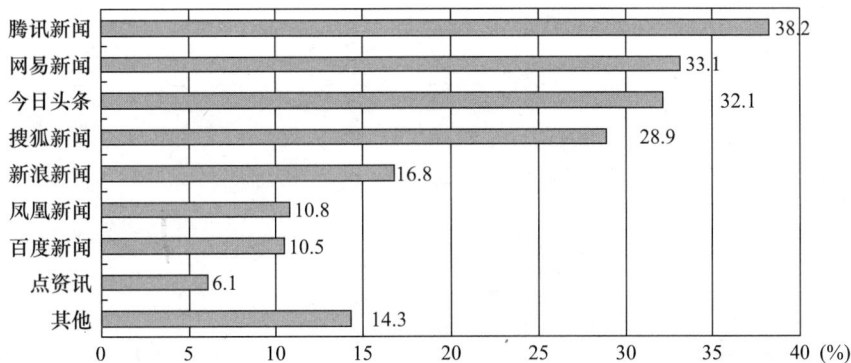

图 2-12-5　2015 年中国手机新闻客户端活跃用户分布

资料来源：艾媒咨询集团。

各大厂商均在加大营销力度，2016 年 3~5 月，搜狐新闻进行了两轮广告的大规模投放，邀请王凯、鹿晗、赵丽颖、大鹏、李易峰、于莎莎多位明星共同代言。此外，搜狐和支付宝合作红包营销，采用"红包帮拆"玩法进行推广。竞争对手网易、今日头条、天天快报等也采取了相应的广告或红包策略。

（2）视频行业竞争也十分激烈，各大视频平台均斥资进行资源的抢夺，推高行业各公司的购买成本。主要的视频平台中，优酷土豆、爱奇艺、腾讯视频、搜狐视频为市场中主要的竞争力量。搜狐视频在 PC 网页活跃用户规模排名第三，在移动端活跃用户规模排名第四；在平台方便易用方面受用户认可程度高；在 24 岁以下用户、本科以上学历用户、学生用户中分布特征显著；版权内容、自制内容均有较好的用户口碑。

优酷土豆在 PC 网页网络视频平台中活跃用户规模排名首位，移动端用户规模排名第二；在用户满意度方面，平台影响力、视频上传下载的方便程度受到更多用户好评；在用户分布方面，24 岁以下年轻用户、学生用户、高学历用户、高线级城市用户分布特征显著；版权内容播放方面《琅琊榜》、《伪装者》、《云中歌》、《非诚勿扰》、《极限挑战》等内容成为观众首选播放平台；自制内容方面《万万没想到》、《毛骗》、《暴走漫画》等有亮眼表现。

爱奇艺在 PC 网页网络视频平台活跃用户规模排名第二，移动端活跃用户规模排名首位；在用户满意度方面，平台响应速度满意度较高；在用户分布方面，35 岁以下用户、学生用户分布特征显著；版权内容播放方面成为《花千骨》、《克拉恋人》、《奔跑吧兄弟》、《爸爸回来了》等内容观众首选播放平台；在自制内容方面，《盗墓笔记》收获口碑的同时开启付费观看新模式。

腾讯视频在 PC 网页网络视频平台活跃用户规模排名第五，在移动端活跃用户规模排名第三；在平台影响力方面用户认可度较高；36 岁以上用户、初中学历以下用户分布特征显著；版权内容方面成为用户主要选择平台，自制内容也受到用户肯定。

（3）在搜索领域，搜狗的搜索业务发展形势良好，截至 2015 年 12 月底，搜索引擎用户中，百度搜索渗透率为 93.1%，360 搜索渗透率 37.0%，搜狗搜索渗透率为 35.8%（综合搜索引擎品牌渗透率如图 2-12-6 所示）。手机搜索引擎用户中，使用百度搜索的比例为 87.5%，搜狗搜索（含腾讯搜搜）为 22.7%，360 搜索渗透率为 20.9%。

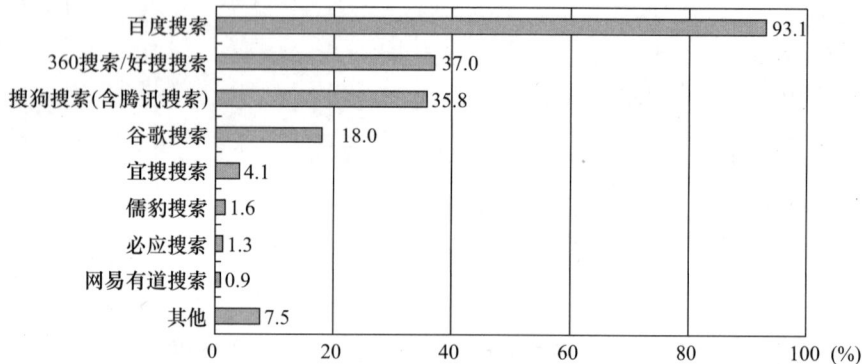

图 2-12-6 综合搜索引擎品牌渗透率

资料来源：CNNIC 中国网民搜索行为调查。

搜狗输入法最大的竞争对手百度输入法正在将差距逐渐缩小，但搜狗输入法仍占有优势地位。移动领域，作为手机输入法市场领导者的搜狗输入法与百度输入法在不同的用户群体中表现的吸引力有很大的差异：在"70 后"和"80 后"用户群体中，搜狗输入法的市场份额略高于百度输入法，而在"90 后"和"00 后"用户群体中，百度输入法市场份额（分别为 30.1% 和 33.7%）高于搜狗输入法（分别为 29.1 和 26.4%），而且用户越年轻，百度输入法的吸引力越大，这表明百度输入法越来越多地受到年轻用户的青睐。

（4）游戏业务方面，中国游戏市场已进入成熟期，市场上升逐渐稳定。由于 PC 游戏对画面、音效、游戏性、故事情节要求较高，研发门槛较高，更新速度较慢，同时受到移动游戏的挤压，中国 PC 游戏市场规模 2015 年第三季度起呈缩减态势，移动游戏开始成为游戏行业的增长主力（中国网络游戏市场规模结构如图 2-12-7 所示）。

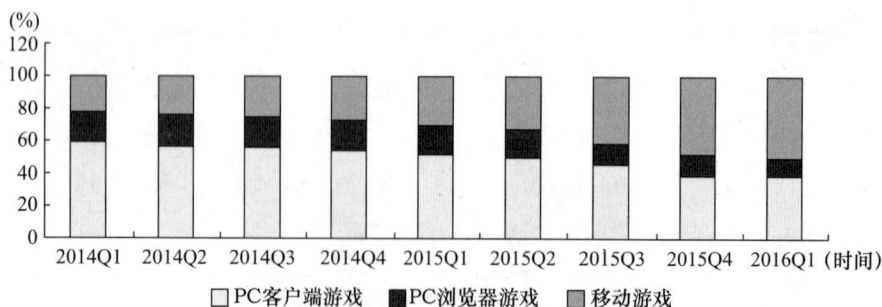

图 2-12-7 2014~2016 年第一季度中国网络游戏市场规模结构

资料来源：艾瑞咨询、海通证券研究所。

2015 年，游戏产品总量开始减少，中国游戏市场竞争激烈程度有所降低。第一，市场竞争格局趋于稳定，大型企业对市场的掌控能力增强，客户端游戏市场趋于稳定，网页游戏则由掌控流量的少数几家发行商掌控，腾讯、网易等企业移动游戏品质普遍提高，市场门槛明显提升，中小企业依附大型企业生存或者被迫转型。第二，产业集中度高，大部分流量依然是被巨头企业所占据，排名前十的移动游戏收入占移动游戏市场总收入的 40% 以上。

相比于竞争对手网易和腾讯在手游端的风生水起，畅游在新游戏研发及运营方面表现并不乐观，游戏业务持续下滑，畅游需要拿出更多有特色的手游产品才能够和腾讯、网易等公司继续竞争。

2. 业务经营情况

2015 年，搜狐实现总收入 19.37 亿美元，相比 2014 年的 16.73 亿美元增长 15.8%；净利润 1.09 亿美元，经营净现金流 5.06 亿美元。在中国市场经济低迷和激烈的竞争环境中，搜狐将资源集中在核心业务上，扎实推进四大主要业务——媒体门户、视频、搜索和游戏的发展。

（1）搜狐媒体门户进入改革重振阶段，重点提高移动新闻产品渗透率。搜狐董事长兼首席执行官张朝阳先生年初宣告搜狐将于 2015 年进行门户改革，提高服务水平及变现能力，同时宣布前南方都市报掌门人陈朝华加盟搜狐，打响了搜狐门户改革的第一枪。搜狐目前有两个最受欢迎的移动产品市场——搜狐新闻客户端和 m.sohu.com。截至 2015 年底，这两种产品每天总体访问量超过 5000 万。2015 年，搜狐努力完善其设计和提供丰富的内容来提高市场渗透率。针对搜狐新闻客户端，搜狐重新设计了关键信息流使得客户得以获取最新的新闻和更加个性化的内容，同时在本地内容上加大投资，搜狐新闻聚合中国 365 个城市的本地信息，为客户提供第一手有趣的新闻，加之搜狐进行的一些营销活动，搜狐新闻客户端日常活跃用户增长了约 50%。

盈利方面，经济发展放缓使传统广告商缩减了广告预算，但是快速发展的中小企业客户帮助抵消了对广告收入的影响。搜狐开发了新的广告形式和工具帮助其客户更好地达到他们的目标受众。2015 年，搜狐媒体门户的收入为 1.98 亿美元，与 2014 年基本持平。

对比搜狐与网易门户广告收入可以看出，近两年来，除去视频广告收入的增长，搜狐媒体门户广告可比收入增长形势远不如网易明朗（见表 2-12-5）。

表 2-12-5 搜狐与网易门户广告收入对比　　　单位：亿美元

时间	网易广告收入	同比增速%	搜狐广告收入	同比增速%	视频	同比增速%	搜狐可比收入	同比增速%
2013 年	1.81	29.29	4.29	47.93	1.09	>100	3.20	35.88
2014 年	2.50	38.12	4.82	12.35	1.76	61.47	3.07	-406
2015 年	2.76	10.40	5.20	7.88	2.13	21.02	3.07	0.00
2016 年前 9 个月	2.25	25.95	3.50	-19.86	0.98	40.96	2.52	-6.93

（2）搜狐视频减轻内容费用，开拓自研和 PGC 内容，力保一线地位。多年来，搜狐在视频业务上大举投资，搜狐视频无疑是目前最受欢迎的网络应用之一，视频行业竞争激烈，视频内

容的价格也一路攀升，手握重金的 BAT 在视频业务开始大量投资，相比爱奇艺、腾讯视频、优酷土豆，搜狐视频在资金和战略储备上明显不足，搜狐视频通过精品化的购买策略、大力发展 PGC 来保持平台的热度。

第一，搜狐继续努力发展用户群，以较低的代价保持在内容方面的竞争力。尽管在内容采购方面的支出少于爱奇艺等竞争对手，但充分利用其优秀的内容选择能力，搜狐视频仍获得了一批优质电视剧的播放权。在 2015 电视剧前五名中，搜狐播放了四部，包括《花千骨》、《武媚娘传奇》、《琅琊榜》。

第二，搜狐视频看好自制剧和专业生成内容（PGC）的发展前途，在这两类内容上加大了投资。搜狐视频 2015 年推出了一系列受欢迎的自制剧。据第三方统计，在前十名点击量最大的网络剧中，由搜狐视频制作的有四部，其中《屌丝男士》、《无心法师》、《他来了，请闭眼》这三部更是点击量破亿。依托屌丝男士赢得的大量粉丝，搜狐投资的电影《煎饼侠》成为 2015 年最佳表现的电影，获得 1.6 亿美元票房，为搜狐带来 2900 万美元的净营收和 2300 万美元净利润。PGC 方面，搜狐视频与创作者密切合作，帮助他们扩大受众基础。第四季度，搜狐视频修改了搜狐视频 App 的接口，使用户访问更容易。2015 年，搜狐的 PGC 内容的访问量翻倍，与搜狐视频实现了更好的融合。

此外，搜狐视频继续探索优质内容付费模式。2015 年，付费订阅模式在中国逐渐被观众接受，越来越多用户愿意为无广告服务和独家优质内容付费。2015 年下半年，搜狐视频逐渐在一些节目上尝试收费，第四季度的一系列独播剧为搜狐视频带来了成千上万名新用户，但付费用户占比仍很小，目前存在很大的增长潜力。2015 年，搜狐视频带来的广告收入为 2.13 亿美元，

较 2014 年增长 21%。

（3）搜狗移动搜索流量令人鼓舞，变现方面存在巨大潜能。作为搜狐的搜索子公司，搜狗继续保持强劲的发展势头。搜狗 2015 年收入 5.92 亿美元，同比增长 53.4%，净利润超过 1 亿美元，接近 2014 年的 3 倍。产品方面，2015 年，搜狗在核心搜索服务上不断提高要求，为平台增加了多种独家优质内容。搜狗与腾讯紧密合作，获得微信和 QQ 群的独有内容后，又战略投资中国最大的知识分享平台知乎，为知乎提供搜索服务。因此，2015 年搜狗的总搜索流量增加了 34%，其中移动搜索流量增长超过 1 倍，移动端流量占比由年初的 37% 跃升至年底的 57%。此外，搜狗在语音识别技术方面也有了显著进步，作为语音输入 App 第一名，搜狗手机键盘每天处理超过一亿个语音输入。

（4）游戏新业务发展不佳，畅游收入连续两年下滑。在线游戏业务方面，畅游 2015 年实现了 6.37 亿美元的收入，同比下滑 2.3%。游戏收入下降主要是由于老游戏，如《天龙八部 3D》和《天龙八部》收入下滑，在新游戏开发和运营上表现不佳，以及第七大道的交易在 2015 年第三季度完成交割带来网页游戏收入的减少。作为搜狐集团最大收入来源的畅游，依靠曾经成功的《天龙八部》，它保住了端游市场第三的位置。但是目前，端游市场逐步让步于手游市场。《天龙八部 3D》是搜狐在 2014 年第四季度推出的一款新的手机游戏，曾经带来了当季业绩的同比和环比增长。不过，其很快迎来了生命周期的衰减。目前除了《天龙八部 3D》以外，刚刚取消平台战略的畅游还在对手游的进一步探索中。畅游于 2015 年进行了裁员、减少平台化产品的市场费用等调整，以简化操作和提高效率，实现了利润的反弹。

2015 年是畅游进行重新定位的一年，对业

务和研发进行了合理化调整。畅游对一些非核心业务进行剥离，包括其网页游戏子公司第七大道。经过 9 年的运营，天龙八部积累了近 3 亿用户，而游戏的真正价值取决于庞大的用户基础，因此，即将上线的经典版天龙手游仍是畅游值得期待的手机游戏。畅游的产品路线图中，2016

年畅游将实行"大 IP、好游戏、大发行"战略，意味着畅游只会带来市场顶级水平的游戏，测试标准将会更严格，提供更好的市场资源以保证它们的成功。

（六）经营和财务绩效

表 2 - 12 - 6　搜狐 2013 ~ 2015 年度经营与财务业绩比较　　　　单位：百万美元

年份	2015	2014	2013
收入	1937	1673	1400
总资产	3042	2867	2999
净利润	109	- 171	167
净利润率（%）	5. 63	- 10. 22	11. 93
总资产报酬率（ROA）（%）	3. 58	- 5. 96	5. 57
净资产报酬率（ROE）（%）	6. 30	- 10. 12	9. 09
资本性支出（CAPEX）	243	210	212
CAPEX 占收比（%）	12. 54	12. 55	15. 14
经营活动净现金流	506	152	404
每股经营活动净现金流（美元/股）	12. 98	4. 01	10. 36
自由现金流（FCF）	263	- 58	192
自由现金流占收比（%）	13. 58	- 3. 45	13. 71
每股盈利（EPS）（美元/股）	- 1. 28	- 4. 33	- 0. 4
每股股利（DPS）（美元/股）	0	0	0
股利支付率（%）	0	0	0
主营业务收入增长率（%）	15. 78	19. 48	31. 21
总资产增长率（%）	6. 11	- 4. 39	43. 99
净利润增长率（%）	163. 74	- 202. 40	- 5. 65
经营活动现金流增长率（%）	232. 89	- 62. 38	0. 33
资产负债率（%）	43. 11	41. 09	38. 75
流动比率（%）	164. 44	213. 68	184. 09
总资产周转率（次）	0. 64	0. 58	0. 47
股息	0	0	0
内部融资额	346	37	298
研发支出	398	409	276
研发支出占收比（%）	20. 55	24. 46	19. 72

表 2-12-7　搜狐 2013~2015 年度轻资产特征一览表

序号	项目	2015 年	2014 年	2013 年
1	现金类资产比重（%）	48.71	38.09	43.02
2	应收账款比重（%）	8.99	8.04	5.15
3	存货比重（%）	0	0	0
4	流动资产比重（%）	68.36	59.20	68.41
5	固定资产比重（%）	16.72	18.86	18.82
6	流动负债比重（%）	41.57	27.70	37.16
7	应付账款比重（%）	4.24	4.46	4.20
8	无息负债比重（%）	-4.75	-3.58	-0.95
9	有息负债比重（%）	11.32	12.91	13.68
10	留存收益比重（%）	17.63	20.44	25.09
11	营运资金（百万美元）	815	903	937
12	现金股利（百万美元）	0	0	0
13	内源融资（百万美元）	346	37	298
14	资本性支出（百万美元）	243	210	212
15	现金储备（百万美元）	1482	1092	1290
16	自由现金流（百万美元）	263	-58	192

（七）内控与风险管理

搜狐业务主要在中国进行，搜狐集团须承担与中国有关的政治、经济和法律风险。除了这些风险，搜狐集团也可能有以下风险。

1. 经营风险

截至 2015 年、2014 年和 2013 年 12 月 31 日，没有单项占总收入 10% 以上来自顾客的收入的。截至 2015 年 12 月 31 日，搜狐集团总收入的 16% 和搜狐集团在线游戏收入的 50% 来自 2007 年 5 月推出的一款 PC 游戏天龙八部。

可能使搜狐集团面临集中风险的金融工具主要包括现金和现金等价物，限制性定期存款和短期投资。搜狐的现金及现金等价物主要以人民币和美元计价。限制性定期存款和短期投资以人民币计值。由于美元与人民币汇率波动，搜狐可能

会受到经济损失及对盈利及权益的负面影响。此外，中国政府对人民币的自由兑换实行管制，在某些情况下，在完成外汇的取出汇出中国的行政程序时可能会遇到困难。

2. 信用风险

截至 2015 年 12 月 31 日，约有 59% 的搜狐集团现金及现金等价物存放于中国 16 家金融机构中。剩余的现金和现金等价物主要为中国香港和美国的金融机构所持有。截至 2014 年 12 月 31 日，约有 46% 的搜狐集团现金及现金等价物为中国 15 家金融机构所持有，剩余现金及现金等价物主要为中国香港和美国的金融机构所持有。持有搜狐集团的现金和银行存款的中国金融机构，是中国最大和最受推崇的金融机构，也是国际公认的评级机构评选出的高评级国际金融机构。管理者选择这些机构，是因为它们的声誉和

稳定的记录，以及它们已知的大量现金储备。管理层定期审查这些机构的声誉，业绩记录和留存报告。

持有搜狐集团现金和银行存款的金融机构要有相似的健康标准。作为管理信用风险的另一种手段，搜狐集团在多个不同的金融机构存放其现金和银行存款。截至 2015 年 12 月 31 日，搜狐集团未在任何一家机构持有超过其现金总额28% 的资产。

对于与应收账款相关的信用风险，搜狐集团对其客户进行持续的信用评估，并在必要时持有潜在信用损失准备金。历史上，这种损失一直在管理层的期望之内。

3. 市场风险

（1）外汇汇率风险。搜狐报告货币是美元，但大部分收入、成本及资产负债是以人民币计值，所以搜狐的营业收入和经营业绩会受到美元和人民币之间汇率波动的影响，须承担汇率波动风险。如果人民币贬值，搜狐财务报表中的人民币收入和资产的价值将下降。此外，搜狐有来自海外银行的以美元计价的未偿还贷款，如果人民币贬值，搜狐将必须使用更多人民币进行还款。搜狐目前没有进行套期保值交易以降低外汇风险。

（2）利率风险。搜狐投资项目的基本目标是保护投资基金免受过度风险，同时保持经营和投资需求现金的流动性。在这种投资政策下，搜狐将超额现金投资于高质量的证券，这些证券有固定的到期时间和信用风险。搜狐涉及的利率风险主要来自活期存款的利息收入以及畅游支付给境外银行的贷款利息。搜狐目前没有使用衍生金融工具来降低利率风险。

（3）通胀风险。中国国家统计局数据显示，2015 年消费者价格指数增长 1.4%，2014 年增长 2.0%。未来通货膨胀率有可能上升，这会给搜狐带来重大不利影响。

（八）前景展望

作为互联网行业的先行者，搜狐的影响力在近些年逐渐淡化，搜狐目前正在向着以工程师和产品型为主的公司文化转变，重点培养资讯和娱乐产品。除了在公司文化层面大局转型之外，搜狐在资本层面也会进行改进，以获得更多资源参与竞争。

1. 聚焦资讯、娱乐领域，向产品型转变

搜狐将在咨询和娱乐领域发力，同时兼具这两大要素的搜狐视频，是搜狐诸多产品线的关键节点。影像作为互联网表达的重要方面，是搜狐的核心业务，搜狐将依靠创新来保持其竞争力，提供丰富的内容选择和独家原创节目，在订阅和直播方面进行商业模式的探索；随着移动直播的兴起，张朝阳亲自"披挂上阵"，在搜狐旗下的千帆直播平台上，每天早上 9 点，张朝阳都要直播"英语新闻"，甚至包括为网民同声传译美国的大选辩论。千帆直播现在已小有名气，不同于大多数直播平台的秀场模式，搜狐看中价值直播在教育领域的机会，在未来会努力将其打造成价值传播模式。

除了主要聚焦于娱乐的搜狐视频之外，搜狐在资讯产品上也准备"大打出手"。对于资讯来讲，搜狐的旗帜产品就是新闻客户端。过去两年多，搜狐新闻客户端已经迭代了七次，形成了目前的编辑流、推荐流、频道设置、搜索场景以及最新推出的社交产品——狐友。张朝阳表示，"搜狐新闻客户端已经完成精装修，现在要大力推广。2016 年已经连续进行了两次大规模推广，现在第三轮的推广将要启动，已经把资金弹药准备好了"。尽管今日头条、一点资讯的新闻

客户端目前势头较猛，但门户新闻客户端的后劲仍不可轻视，一旦能够实现内部诸多资源的有效整合，重现 PC 时代的辉煌也并非没有可能。

2. 加速资本运作，整合市场资源

搜狐 CEO 张朝阳曾多次公开表示，"搜狐股价被严重低估，以致多年来在资源整合方面难以施展。搜狐在资本运作方面过去比较保守，未来会加大资本运作的力度，以使其能够像合作、竞争对手一样，用更多的资源参与竞争"。

3. 搜狗搜索社交化发展，投资人工智能技术

搜狗将继续专注于提升核心产品质量，注重用户体验。同时加强前沿技术研究，特别是人工智能，或称 AL 技术。搜狗正在扩大内部研究团队，同时寻找外部合作机会，搜狗与清华大学成立了联合研究所，在未来几年，搜狗将会把这项研究成果应用于搜狗下一代产品上，争取在人工智能空间立足。

4. 游戏业务重定位

畅游在社区与活动系统的设计上影响了很多的游戏，每年也依然可以为畅游贡献高额的收入与利润。除此，畅游有着多部金庸作品的 IP 授权。与市场上大部分游戏公司相比，畅游仍有着无可比拟的优势，但畅游也面临着严重的问题。一方面，客户端网游市场疲软，自有网页游戏生命周期面临考验，移动游戏大潮汹涌而至都为畅游带来考验；另一方面常有收入来源单一，较为依赖《天龙八部》。畅游过去几年向平台化发展，平台化投入巨大，但迟迟不见效果，目前页游平台、手游发行等新业务还没有完全成长起来。目前搜狐已经放弃打造游戏平台的策略，转而专注于游戏本身。畅游的战略方向是"大 IP、好游戏、大发行"，不论代理还是自研，首先要确保游戏玩法相对丰富、生命周期较长；对于代理游戏和自研游戏，上线标准相同，畅游更注重游戏质量而非数量，将资本资源集中在重点产品上。

附件一：搜狐财务报告 （2015 年）

1. 合并资产负债表

单位：千美元

年份	2013	2014	2015
资产			
流动资产			
现金和现金等价物	1287288	876340	1245205
限时定期存款	393087	282186	227285
短期投资	2827	191577	174515
债务证券投资	82009	0	—
应收账款净额	154342	230401	273617
预付款和其他流动资产	132002	116704	158890
流动资产合计	2051555	1697208	2079512

续表

年份	2013	2014	2015
固定资产净值	564442	540778	508692
商誉	208795	303426	154219
长期净投资	0	24067	62093
无形净资产	107108	110691	55415
限时定期存款	40961	144562	136694
预付非流动资产	9527	8933	6254
其他资产	16327	37344	39315
总资产	2998715	2867009	3042194
负债			
流动负债			
应付账款	125896	127758	129025
应计负债	227018	239231	309657
预付款和递延收入	113328	127740	135385
应计工资和福利	90901	108741	99631
应交税费	48324	33380	67480
递延税款贷项	18813	22356	24884
短期银行贷款	410331	25500	344500
其他短期贷款	79798	105644	154017
或有对价	0	3935	0
总流动负债	1114409	794285	1264579
长期应付账款	6252	5143	4600
长期银行贷款	0	344500	0
长期应交税费	24835	24829	24732
递延税款贷项	12337	7417	17531
或有对价	4162	1929	0
总长期负债	47586	383818	46863
总负债	1161995	1178103	1311442
承付款项与或有负债	—	—	—
夹层资本权益			
股东权益			
搜狐公司股东权益			
普通股	44	44	45
资本公积	601633	650148	798357
库存股	(143858)	(143858)	(143858)
累计其他综合收益	116304	109402	50151
留存收益	752582	585925	536327
搜狐公司股东权益总额	1326705	1201661	1241022
非控制性权益	510015	487245	489730
总股东权益	1836720	1688906	1730752
总负债和股东权益	2998715	2867009	3042194

2. 合并损益表

单位：千美元

年份	2013	2014	2015
营业收入			
在线广告			
品牌广告	428526	541158	577114
搜索及和搜索相关	198915	357839	539521
在线广告总收入	627441	898997	1116635
在线游戏	669168	652008	636846
其他	103665	122072	183610
营业收入总额	1400274	1673077	1937091
营业成本			
在线广告			
品牌广告	221659	307708	383187
搜索和网络目录	109139	163918	238944
在线广告总收入	330798	471626	622131
在线游戏	93307	142549	156315
其他	55945	71459	80618
营业成本总额	480050	685634	859064
毛利润	920224	987443	1078027
营业费用			
产品研发费用	276120	409285	398143
市场营销费用	351653	526514	383931
总务及管理费用	108970	204325	173160
由于企业收购的商誉减值和无形资产减值	0	52282	40324
总营业费用	736743	1192406	995558
营业利润/（损失）	183481	(204963)	82469
其他收入	12721	9959	74526
净利息收入	27829	30977	23459
汇率差额	(6660)	(1142)	5337
税前利润	217371	(165169)	185791
所得税费	50422	6050	76936
净利润/（亏损）	166949	(171219)	108855
减：归属于夹层分类的非控股股东的净收入	17780	0	0
非控股股东所占收入	82044	(32309)	146542
分给搜狗 A 轮非控股优先股股东的股息或红利	82423	27747	11911
搜狐公司净收益	(15298)	(166657)	(49598)
净利润	166949	(171219)	108855

续表

年份	2013	2014	2015
其他综合收益	47125	(8390)	(87655)
综合收入	214074	(179609)	21200
减：归属于夹层分类的非控制性权益股东应占综合收入	17780	0	0
非控制性权益股东所占综合收入	92407	(33797)	118138
分给搜狗A轮非控股优先股股东的股息或红利	82423	27747	11911
搜狐公司的综合收益	21464	(173559)	(108849)
搜狐公司每股基本净收益	(0.40)	(4.33)	(1.28)
搜狐公司基本普通股股数	38255	38468	38598
搜狐公司每股摊薄净收益	(0.47)	(4.43)	(1.32)
搜狐公司加权普通股股数	38502	38468	38598

3. 合并现金流量表

单位：千美元

年份	2013	2014	2015
经营活动现金流			
净利润	166949	(171219)	108855
将净利润调整为经营活动净现金流量：			
无形资产摊销及购买视频内容的预付费用	75741	130044	159945
折旧	54948	78417	77421
以股权支付的补偿支出	10429	57264	53443
商誉减值及作为企业收购的部分无形资产减值	0	52282	40324
其他资产减值	3624	1687	17837
债券投资和股权投资的投资收益	(5564)	(1370)	7509
呆坏账准备	(120)	(4)	2175
非控股股东的贡献	4218	0	0
中国网看跌期权公允价值的变化	(2160)	(2304)	0
出售第七大道及某些畅游子公司收到的现金	0	0	(55139)
出售权益投资收到的现金	0	0	(11942)
短期投资公允价值的变化	(2452)	(1611)	(1331)
其他	1164	(38)	968
资产、负债和收购净额得的变化			
应收账款	(49432)	(74428)	(61917)
预付款和其他资产	(51172)	30577	101
应付账款	38333	(11144)	2208
预付和递延收入	12562	14353	11782
应付税费	17171	(16256)	29573
递延税费	3796	(20629)	6020
应计负债和其他短期负债	125898	86662	118221
经营活动产生的现金流量净额	403933	152283	506053

年份	2013	2014	2015
投资活动现金流：			
购买固定资产	(113842)	(90896)	(101076)
购买无形资产和其他资产	(98006)	(119290)	(142212)
长期投资	0	(26135)	(39547)
付给第三方款项	0	0	(20033)
贷款给关联方	0	0	(13086)
出售子公司收到的收益，扣除现金处置	0	0	184354
与限期存款相关的现金收入（支出）	(177701)	5763	40372
出售股权投资收入	0	0	15938
短期投资净收益（购买支出）	54398	(186508)	5511
收购活动净现金流出	(33685)	(106369)	0
对第七大道非控股权益的认购	(76010)	0	0
债券到期收益	0	82009	0
与投资活动有关的其他现金收益	3217	2952	12
投资活动产生的现金流量净额	(441629)	(438474)	(69767)
融资活动净现金流			
向关联方借款	0	0	12900
发行普通股	1915	611	2124
子公司行使股权激励	1794	425	7
偿还离岸银行贷款	0	(410194)	(25500)
从非控制股东回购搜狗 A 轮优先股	0	(47285)	(21015)
畅游美国存托股票回购（"美国存托股份"）	(17240)	(3577)	(14506)
发行搜狗 B 轮优先股和 B 级普通股	476948	0	0
从非控制股东回购搜狗 A 级普通股	0	(24679)	0
搜狗分配给除搜狐之外 A 轮优先股股东的股利	(139700)	0	0
离岸银行贷款收入	167000	370000	0
或有对价的支付	(19736)	(2813)	0
子公司早期行使股权奖励所得款项	5278	0	0
发行搜狗 B 轮优先股和 B 级普通股支付的交易费用	(5918)	0	0
与融资活动有关的其他现金流量	0	(5298)	2874
融资活动产生的现金流量净额	470341	(122810)	(43116)
汇率变动对现金及现金等价物的影响	21108	(1947)	(24305)
现金及现金等价物净增加（减少）	453753	(410948)	368865
年初现金及现金等价物	833535	1287288	876340
年末现金及现金等价物	1287288	876340	1245205
补充现金流披露：			
缴纳所得税的现金	(50188)	(5262)	(43988)
支付利息费用	(8812)	(6283)	(7235)
易货交易	380	1651	1808
非现金投资活动的补充计划：			
收购和权益投资应付报酬	29555	5000	5722

附件二：搜狐大事记

1996 年 8 月，ITC 爱特信电子技术公司（北京）有限公司正式注册。

1996 年 11 月，爱特信公司获得第一笔风险投资，投资者包括麻省理工学院教授尼葛洛庞帝、爱德华·罗伯特。

1997 年 2 月，爱特信公司正式推出 ITC 中国工商网络。

1998 年 2 月，推出中国人自己的搜索引擎——搜狐。

1998 年 4 月，搜狐公司获得第二笔风险投资，投资者包括英特尔公司、道琼斯、晨兴公司、IDG 等。

1998 年 9 月，搜狐公司上海分公司成立。

1999 年 3 月，在分类搜索的基础上，搜狐发展成为综合性网络门户，推出丰富的特色频道，提供多种网络服务。

1999 年 6 月，搜狐公司广州分公司成立。

2000 年 7 月，搜狐公司在美国纳斯达克挂牌上市（NASDAQ：SOHU）。

2000 年 9 月，搜狐公司宣布收购国内最大的年轻人社区网站 ChinaRen.com。

2000 年 10 月，搜狐公司被美国《福布斯》杂志评为全球最佳 300 名上市小公司之一。

2000 年 12 月，搜狐公司正式推出无线互联网定制收费服务——搜狐手机短信（SMS）。

2001 年 9 月，搜狐公司连续九次（2000 年 12 月至 2001 年 8 月）蝉联 iamasia 网络资产综合排名第一。

2001 年 11 月，搜狐公司面向个人消费用户正式推出网上购物平台：搜狐商城。

2002 年 2 月，搜狐四周年庆典，SOHU.net（搜狐企业在线）正式推出。

2002 年 3 月，新生代市场监测机构最新发布的"中国市场与媒体研究（CMMS2002）"中，搜狐公司在全国 30 个主要城市网民中覆盖率位居第一。

2002 年 4 月，搜狐公司与国联证券斥资 5000 万联合成立合资公司。

2003 年 1 月，搜狐公司独家承建的 NBA 中国官方网站 NBA.com/china。

2003 年 2 月，搜狐公司正式宣布进军网络游戏领域，一款名为《骑士 Online》的国内新型 3D 网络游戏于同日发布。

2004 年 8 月，搜狐推出第三代互动式搜索引擎——搜狗。

2004 年 8 月，张朝阳荣获国际管理学会"年度杰出经理人奖"，这是国际管理学界最高奖项首次花落中国。

2004 年 9 月，搜狐与 NBA 官方网站续约并独家承办中国网球公开赛、WTA 及 F1 官方网站。

2005 年 2 月，搜狐公司完成股票回购计划，共回购总流通股 6%。

2005 年 4 月，搜狐宣布收购中国领先的在线地图服务公司 GO2Map。

2006 年 2 月，搜狐公司董事局主席兼首席执行官张朝阳先生受邀敲响纳斯达克开市钟，当日华尔街成"搜狐日"。

2006 年 8 月，搜狐与阿迪达斯结为战略合作伙伴。

2006 年 8 月，搜狐正式成为第 15 届亚运会中国体育代表团独家互联网内容服务合作伙伴。

2006 年 9 月，搜狐成为 NBA.com/China 官方合作伙伴。

2007 年 1 月，搜狐签约成为中国之队独家互联网及无线业务合作伙伴。

2007 年 2 月，搜狐联手央视全球首次网络视频同步直播春晚，搜狐正式成为中国篮球之队/CBA 联赛独家互联网合作伙伴。

2007 年 3 月，搜狐联手清华大学建立联合实验室，以搜索技术发展人工智能。

2007 年 7 月，央视国际与搜狐结成战略合作伙伴关系，两大强势媒体全面接轨。

2008 年 8 月，"搜狐奥运赛事信息系统（http://info.2008.sohu.com/）正式上线。这是中文互联网首次将"数据"整合为相关主题产品，纳入奥运报道体系。奥运第一周，搜狐创造了 5 分钟访问量 300 万以及 1 小时访问量突破亿等中文网站乃至全球互联网的多项纪录。

北京 2008 年奥运会圆满落下帷幕，艾瑞市场咨询、CNNIC 中国互联网络信息中心、CTR 央视市场研究、万瑞数据、DCCI 互联网数据中心、易观国际研究机构、清华大学媒介调查实验室、ChinaRank 八家研究公司的针对奥运期间的不同研究方法的数据依次证明：看奥运，网民首选搜狐。搜狐在奥运报道全过程获得了全面胜利。

2009 年 1 月，搜狐控股子公司畅游在纳斯达克全球精选市场正式挂牌上市，成为"2009 年中国第一 IPO"。

2009 年 4 月，搜狐畅游在纳斯达克成功上市，成为纳市"2009 年中国第一 IPO"，搜狐"双子星"提振世界经济信心，搜狐业绩令世界华人骄傲。

2009 年 6 月，搜狐 3G 频道正式上线，开创网动时代的 IT 营销之道。

2009 年 11 月，搜狗全球首推云输入，创新概念引领新方向。

2010 年 8 月，据全球知名互联网流量监测分析机构 comScore 数据统计表明，搜狐视频作为门户网站第一家，连续两月在国内视频网站视频播放量（VV）统计中位居第三。搜狐对搜狗进行战略重组，并引进阿里巴巴作为战略投资。

2010 年 11 月，由搜狐焦点网投资组建的搜狐二手房集团正式成立，线上平台搜狐二手房网也同期发布。

2011 年 2 月，搜狗地图推出 73 城市三维城市地图，搜狐原创频道新版上线。

2011 年 3 月，搜狗正式推出搜狗高速浏览器 3.0 预览版。在高速双核的上网体验基础之上，搜狗高速浏览器 3.0 预览版首创"网页更新提醒"服务，继续引领国产浏览器创新升级。

2011 年 4 月，"微直播"上海国际车展，搜狐微博彰显"大影响"。搜狐 2011 年第一季度业绩全线飘红，总收入创历史纪录，达到 1.744 亿美元，门户、游戏持续强劲增长势头，视频、搜索业绩狂飙成新动力。

2011 年 6 月，搜狐、PPTV 成为中国国家男篮及 CBA 官方合作伙伴。搜狗地图向第三方网站开放 API 接口，加速逐鹿互联网地图市场。"2011 搜狐 AdVoice 营销领袖峰会"在京召开，全球营销专家畅谈三大趋势推动互联网营销变局，搜狐推出［门户］+营销平台引领广告行业平台升级。

2011 年 8 月，搜狐第二季度总收入达 1.987 亿美元，创历史新高。游戏、视频、搜索等业务增长迅猛。

2011 年 11 月，畅游并购领先游戏资讯门户 17173.com，并推进平台战略。搜狐统一用户名字，一个名字畅行六大产品。搜狐微博推出视频拍客，便捷自制 GIF 动画与快速录制视频。搜狐视频与 MSN 中国达成战略合作伙伴关系。

2011 年 12 月，搜狐视频《大视野》3 亿点击创纪录反向输出电视台。搜狐视频创意广告平台上线，率先进入视频广告 2.0。

2012 年 2 月，搜狐建武汉研发中心，战略布局云计算和移动互联网。搜狗启动"三箭齐发"发展战略，从"输入法、浏览器、搜索"三大互联网基础服务扩展至"互联网基础服务、探索引擎以及移动互联网"三大业务领域。

2013年4月，搜狐借伦敦奥运发力自制综艺，跨界体育自制节目将整合营销推向制高点。搜狗创新产品号码通正式推出。

2013年5月，搜狐布局业内首款"资讯+阅读"客户端：新闻V3.0提前引爆智能手机读图时代。

2013年6月，搜狐视频苹果客户端新版上线，增加直播互动功能。

2013年8月，伦敦奥运引爆无线互联网大战搜狐新闻客户端成大赢家。搜狗实现营收3000万美元，较2011年同期增长123%。连续8个财政季度，搜狗保持了24%的复合增长率，是中国前十大互联网广告服务提供商中增长最快的。搜狗输入法目前已有超过3亿的用户量，所有搜狗产品的用户量已经接近4亿。第二届搜狐视频电视剧盛典开幕。

2013年8月，浙江卫视入驻搜狐新闻客户端，借力当时的《中国好声音》拓展"全媒体"合作。搜狐新闻客户端商业化路径凸显，入驻媒体《参考消息》广告收入300万元。

2013年9月，搜狐新闻客户端刊物订阅量破亿。手机搜狐新版上线三个月，日访问增300%破两千万。

2013年下半年，畅游推出了面向海外的平台化产品Mobogenie，这是一款类似百度手机助手的第三方应用商店。根据畅游2014年5月在印度市场发布的PR稿件，Mobogenie全球用户达2.7亿，而在6个月之后官网显示全球用户数达到了4.4亿。

2013年下半年，畅游旗下17173游戏网先后推出游戏浏览器、网游宝贝、最强攻略系列、

游戏头条等应用，游戏直播、秀场直播等直播平台。其中17173游戏浏览器面向网页游戏玩家提供游戏加速、小号多开、辅助工具、礼包等服务，游戏应用面向手游玩家提供礼包、攻略、专区等媒体产品服务。

2013年11月20日，搜狐畅游宣布以5000万美元的总现金收购昆仑万维旗下海外RC语音62.5%的股权，RaidCall是类似YY的游戏语音聊天软件，在中国台湾等市场拥有2000万以上的用户，除游戏外也提供音乐、K歌等服务。畅游同时发布首款跨平台免费3D开源游戏引擎Genesis-3D。

2014年1月，搜狐再次正式成为CBA联赛/中国国家男子篮球队官方合作伙伴，续签中国男篮、CBA三年权益。

2014年1月6日，第二届"搜狐时尚盛典"在上海举行，好莱坞话题女王林赛·罗韩（Lindsay Lohan）、吴秀波、林志颖、吴奇隆、朗朗、Angelababy、小宋佳、张亮、赵文卓、熊黛林、姚贝娜、韩丹彤、李静，韩国明星赵寅成、日本超模长谷川润和美国歌手Redfoo等国内外明星、时尚达人出席盛典，盛典发布了2013年"搜狐时尚权力榜"。

2014年1月13日，搜狐新闻客户端4.0版正式发布，成为首个推出"个性化"阅读功能的门户新闻客户端。

2014年3月，搜狐新闻客户端成立"吃货自媒体联盟"，CCTV-9纪录频道携《舌尖上的中国2》的独家入驻搜狐新闻客户端。

2014年4月，2014"新经济新金融"高峰论坛·北京场成功举办，论坛以传统金融历史为参考，以时下互联网金融产业发展机遇做展望。

2014年7月16日，畅游以9100万美元收购海豚浏览器开发商百纳信息51%的股权，海豚浏览器在海外拥有1亿以上的用户，对于畅游而

言也可以作为海外渠道推广的一个渠道。

2014 年 5 月 7 日，搜狐宣布与 CNTV 达成合作，获得 2014 年巴西世界杯所有场次比赛的视频点播以及相关视频权益，将免费为亿万互联网用户提供高品质的赛事视频和各类自制节目，同时，搜狐 2014 年巴西世界杯网站（2014. sohu. com）正式上线。

2014 年 7 月 23 日，因上线"微信公众平台搜索"而备受关注的搜狗公司举办了媒体发布会。搜狗搜索作为国内独家将数百万微信公众号资源数据接入的搜索引擎，将更多高质量的文章"开放"到整个中文互联网世界当中，极大丰富了用户获取优质内容的渠道和方式。

2014 年 7 月 24 日，搜狐新闻客户端政务平台启动仪式在北京举行，来自国务院办公厅、最高检、最高法、公安部、中央政法委、国资委等 30 多家政府单位领导出席，共同宣告政务移动传播"两微一端"（微博、微信、搜狐新闻客户端）时代的到来。

2014 年 8 月 7 日，搜狐集团正式宣布，已经与韩国娱乐传媒公司 KEYEAST 签署战略合作及投资协议，成为第二大股东。

2014 年 8 月 14 日，整合了页游网、第七大道、17173 页游平台、8641、wan900 的玩游戏（http：//Wan. com）网页游戏平台上线。

2014 年 9 月，搜狐集团旗下互联网金融平台——搜易贷正式上线。搜易贷打出"The Best 最放心的互联网信贷平台"口号，正式开启进军互联网金融领域的强势步伐。

2014 年 9 月，搜狐焦点发力在线房产金融"焦点首付贷"瞄准购房首付。

2014 年 9 月，搜狐在"想象·2014 技术峰会"上，全面展示了"云战略"下的机房建设、云平台、云存储、云安全、大数据等方面最新技术及应用成果。这也意味着，依靠坚实的互联网基础建设，搜狐"云战略"已全面落地。搜狐焦点发力在线房产金融"焦点首付贷"瞄准购房首付。

2014 年 11 月 18 日，搜狐新闻客户端 5.0 版正式改版上线，主打的智能混合推荐以及"下拉一下"轻松玩转个性新闻的操作模式，开启了个性阅读时代。

2014 年 11 月 29 日，"2014 搜狐财经变革力峰会"在北京召开。此次峰会以"寻路中国，告别狂飙突进的时代"为主题，集中探讨"新常态"下经济、法治等各方面问题。著名经济学家厉以宁、吴敬琏、中国社会科学院副院长李扬、十一届全国政协常委胡德平等知名专家、学者现场进行了演讲、讨论。

2014 年 12 月 2 日，以"数字生活时代，重塑用户价值"为主题的"2015 搜狐 WORLD 大会"在北京召开。搜狐重塑"用户价值"进行移动互联网生态营销，其广告路径变革、媒体变革、大数据精准营销思路引发行业高度关注。

2015 年月 2 日，搜狐新闻客户端 5.1 上线：发力"有品质的新闻 + 可信赖的资讯"。

2015 年月 2 日，搜狐独家发起"男神伴你回家路"系列活动，"国民男神"李易峰、郑恺、何润东、佟大为、李治廷、张翰、萧敬腾、大鹏、杜淳、杨玏等男神轮流坐镇，语音互动，疏解赶路游子的焦虑，畅聊过年的开心。

2015 年 4 月，搜狐新闻客户端推出三星定制版 App 谋求产业链共赢。

2015 年 5 月 13 日，"搜狐新闻聚焦跑步风尚"活动拉开帷幕，搜狐集团董事局主席兼 CEO 张朝阳领衔，包括马布里、张宁江、李光洁、周韦彤、刘畅、孙佳奇、李炜、黄奕、大鹏、田家达、徐洁儿、金飞豹、潘石屹、郎永淳、阿贵（黄春贵）、孙英杰等体育、娱乐明星以及企业、媒体行业名人，齐聚国家奥林匹克森林公园开跑。

2015 年 5 月 29 日，搜狐在上海举行了"我的新闻、我的上海"启动仪式，搜狐新闻客户端"上海频道"也全面改版上线。

2015 年 9 月，搜狐新闻客户端上线"星座频道"，"女巫"闹闹任主编，贾乃亮、唐立淇等齐捧场。

2015 年 10 月，"搜狐新闻聚焦跑步风尚"第三季长白山开跑，张朝阳、于嘉、王勇峰、黄征等登顶天池之巅。

2015 年 11 月 27 日，互联网营销界的前瞻性盛会"2016 搜狐 WORLD"大会在京举行，吸引了近千名行业嘉宾、媒体、广告客户以及代理商们参与并引发现场热议。

2015 年 12 月 5 日，2015 搜狐财经年会在北京开幕。本次峰会以"新风口新引擎"为主题，在中国经济步入深度调整阶段的背景下，探讨宏观经济、人口发展、资本走势等各方面问题，为经济增长探寻新的引擎。

第三部分　评估篇

评估一、2016年中国互联网企业100强报告

评估二、2013~2015年中国互联网企业关键绩效指标

评估一、2016 年中国互联网企业 100 强报告①

中国互联网协会
工业和信息化部信息中心
2016 年 7 月

---

① 资料来源：中国互联网协会，工业和信息化部信息中心，2016 年 7 月。

前　言

　　2015 年以来，国务院陆续出台关于"互联网＋"、"大众创业、万众创新"的指导意见，互联网作为新一轮科技革命和产业变革的驱动力量，已成为落实创新驱动发展战略的重要支撑和推动网络强国建设的关键力量。以互联网经济为代表的"新经济"，如毛细血管般渗透到国家社会生活的各个领域，并以前所未有的深度和广度深刻改变着中国产业发展格局，并推动着国家治理体系和治理能力的现代化。伴随着互联网产业的繁荣兴盛，一批优秀的互联网企业发展壮大，成为了促进互联网经济发展、社会信息化水平提升的重要力量。

　　对互联网企业发展状况进行科学、客观、有效的分析评价，是深入认识、理解互联网产业发展规律的基础性工作，对于公众了解互联网行业、政府开展互联网行业管理、建设网络强国具有积极的作用和重要的意义。2013 年以来，中国互联网协会、工业和信息化部信息中心（以下简称"工信部信息中心"）联合开展了中国互联网企业 100 强。（以下简称"互联网百强企业"）的评价工作，得到了各级政府、行业专家、社会各界的广泛关注和认可。2016 年两单位继续联合开展年互联网百强企业评价工作，基于互联网企业 2015 年度发展数据，对我国互联网行业领军企业的发展状况做出了综合评价，最终形成 2016 年互联网百强企业排行榜。评价基础数据来源以企业自行申报数据为主，并使用公开数据、第三方数据进行验证。评价方法采用覆盖企业规模、技术创新、社会影响和社会责任等方面的复合指标评价体系，确保了评价工作的权威性和客观性。

　　在此特别感谢积极参与此项工作的各互联网企业、对评价工作给予指导的领导和专家以及为本次报告提供帮助的社会各界朋友。本次评价参考了艾瑞咨询集团、易观国际公司、万得资讯（Wind）等专业机构的数据，在此一并感谢。

　　由于互联网行业与传统行业融合程度不断加深，新业态、新模式层出不穷，互联网行业的边界日益模糊，本榜单采取的评价方法、指标仍存在进一步优化的空间。敬请业界和广大网民多提宝贵意见和建议，我们将不断地完善、改进方法，力争使评价结果更加科学、客观、准确。

　　本报告由工业和信息化部信息中心于佳宁博士主要编写，张明钟、高杰、范秋辞、石玲玲等参与编写。

数据摘要

> 规模和贡献：互联网百强企业 2015 年互联网业务收入总规模达到 7560.9 亿元，增速 42.7%，带动信息消费增长 8.1%。

> 营收集中度：互联网百强企业前五名互联网业务收入总和达到 4610 亿元，占百强互联网业务收入的 61%，前 10 位的企业包揽了 79% 互联网业务的收入。

> 排名变化：45 家企业为新入榜企业，30 家企业排名比上年度上升，有成立不足 5 年的初创企业进入 2016 年互联网企业百强榜单。

> 营业利润：互联网百强企业营业利润总额为 1135.9 亿元，平均营业利润率为 6.2%。其中，74 家盈利企业的利润总额为 1333.4 亿元，平均营业利润率达到了 17.4%。

> 覆盖领域：综合门户类企业 11 家、垂直门户 12 家、电子商务 34 家、网络视频 7 家、网络游戏 15 家、网络营销 8 家、大数据服务 1 家、IDC 和 CDN 2 家、互联网接入 2 家，其他类别 8 家。电子商务领域企业数量比 2015 年新增了 14 家。

> 地域分布：分布于北京、上海、浙江、江苏、广东、福建、山东、河南、湖北、湖南、黑龙江、重庆、四川和云南 14 个省市，较上年度增加了四个省市。分布于东部的企业 88 家，仍是百强企业主力军。

目　录

一 评价方法

（一）评价对象

2016 年中国互联网企业 100 强的评价对象是持有工业和信息化部颁发的增值电信业务经营许可证，经营互联网信息服务业务（ICP）、互联网接入服务业务（ISP）、互联网数据中心业务（IDC）及在线数据处理与交易处理业务等业务中的一种或多种业务，主要收入来源地或运营总部位于中国大陆，同时营业收入主要通过互联网实现的企业。对于存在集团公司与集团公司的全资子公司或控股子公司（含附属公司）的，需以集团总公司的名义统一参评。

（二）数据来源和数据处理

本次评价的数据基础是企业 2015 年度数据。本次评价以企业自主申报数据为基础，并使用上市公司财务报告、拟上市公司招股说明书、企业审计报告、所得税纳税申报表、第三方研究报告、第三方数据平台监测数据等多种渠道的数据进行审核验证和补充。

2016 年 3 月，中国互联网协会和工业和信息化部信息中心联合发布《关于申报 2016 年中国互联网企业 100 强的通知》，组织企业自行申报年度发展数据，得到互联网企业广泛响应。2016 年 4~5 月，完成了企业申报数据的收集和审核，作为本次评价主要数据依据。对汇总得到的数百家企业数据进行了细致的核查，重点核查四方面情况以保障数据的客观性和准确性，主要包括企业经营许可证情况核查、企业主营业务类型和收入比重核查、企业数据真实性和准确性核查及企业诚信和合法合规性核查等。对于无法获取完整数据的企业，为了确保评价的严谨性，本年度不计算此类企业的排名。

（三）评价指标及方法

本项研究采用综合分析方法，设置企业规模、社会影响、发展潜力和社会责任四个维度，选取代表企业规模、盈利、创新、成长性、影响力及社会责任等 6 大维度的 8 类指标，综合行业发展特点和专家意见对指标设置了权重，加权平均计算生成综合得分作为企业的最终得分，对候选的数百家企业进行排序，取前100 名的企业作为 2016 年中国互联网企业 100 强。

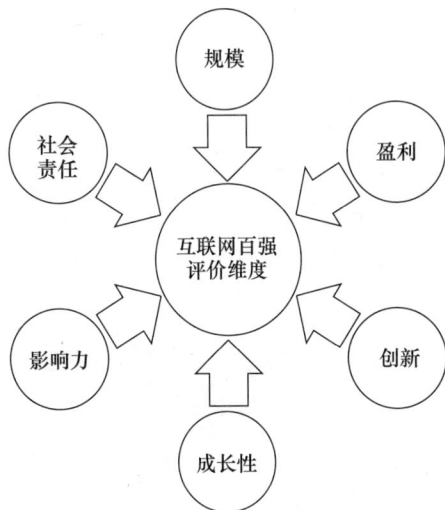

图 1 2016 年中国互联网企业 100 强评价维度

二 2016 年中国互联网企业 100 强总体评述

（一）规模实力进一步壮大，有力拉动信息消费

2016 年互联网百强企业整体实力强劲。互联网百强企业 2015 年的互联网业务收入总规模达到 7560.9 亿元①，同比增长 42.7%，12 家企业互联网业务收入超过 100 亿元。收入集中度仍然较高，前五名互联网业务收入总和达到 4610 亿元，占百强企业互联网业务收入的 61%，前 10 位的企业包揽了 79% 互联网业务收入，大企业的竞争优势明显。同时，百强企业中有近 3/4 的企业互联网业务收入处于 1.5 亿~20 亿元，收入分化明显。

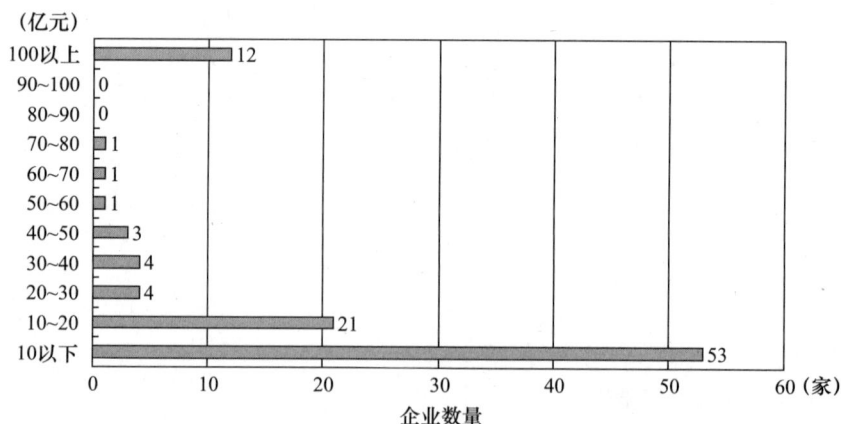

图 2　互联网百强企业 2015 年互联网业务收入分布情况

互联网百强企业保持了良好的成长性，有力拉动我国信息消费。在"大众创业、万众创新"和"宽带网络提速降费"等政策的引领和支持下，互联网产业发展环境进一步优化，互联网百强企业的互联网业务收入总体增速达到了 42.7%，带动信息消费增长 8.1%，比上年度提升 0.4 个百分点，对信息消费的拉动作用显著。互联网百强企业中，有 73% 的企业增速超过 20%，有 26 家企业实现了 100% 以上的超高速增长，但也有 14 家企业出现了负增长。

2016 年百强企业中，45 家为新入榜企业，30 家排名比上年度上升，互联网业务收入总额比 2015 年百强企业的 5734.5 亿元增加了 31.8%。

互联网百强企业的国际竞争力不断增强，2015 年全球互联网企业市值前 30 强中，中国互

---

① 本报告中使用的货币单位均为人民币。

联网百强企业占据 10 席；全球互联网企业营收前十强中，百强企业营收平均增速是美国企业的 2.5 倍。

（二）覆盖互联网各业务领域，电子商务发展迅猛

互联网百强企业全面覆盖互联网主要业务领域，其中综合门户类企业 11 家、垂直门户 12 家、电子商务 34 家、网络视频 7 家、网络游戏

15 家、网络营销 8 家、大数据服务 1 家、IDC 和 CDN 2 家、互联网接入 2 家，其他类别 8 家。从收入结构上看，综合电商为收入最高的类别，该类企业的收入占总体比重为 50.2%，综合门户位居第二，收入占比为 27.3%，两类合计达到了 77.5%，之后分别是 B2B 电商（5.9%）、垂直门户（4.1%）、在线旅游（4.1%）、网络游戏（2.2%）、网络视频（2.2%），其余 7 类收入之和占比仅为 4.1%。

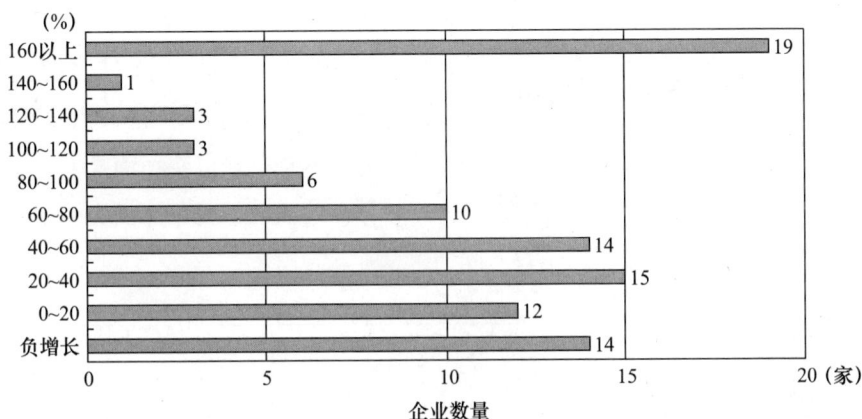

图 3　互联网百强企业 2015 年营收增长率分布情况

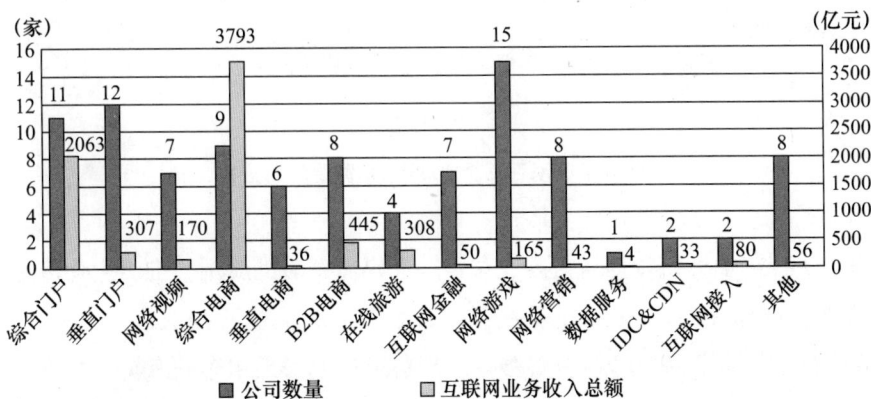

图 4　不同业务领域的公司数量和 2015 年互联网业务收入总额

电子商务发展突飞猛进，为"互联网＋"的 11 大重点领域之一，在中央和地方政策的合力推动下，该领域企业数量从 2015 年的 20 家增加到 2016 年的 34 家，总收入达到 4641.9 亿元，

占百强全部互联网收入比重达到61%。行业电子商务异军突起，各类专业市场加快向线上转型，传统商贸流通企业与电子商务企业资源整合。河南中钢网电子商务有限公司开创了"集采分销"的平台交易模式，成为国内首家"免保证金、免手续费、零风险、零成本"的钢铁在线交易平台。上海钢富电子商务有限公司（找钢网）用信息化技术，解决钢厂、行业中小买家的痛点，为钢铁行业提供包括仓库、简加工、物流、金融、出口、技术及大数据等服务和解决方案。

（三）总体盈利水平良好，业务创新活力迸发

互联网百强企业2015年营业利润总额为1135.9亿元，74家盈利企业的利润总额为1333.4亿元，其中利润超过100亿元的企业3家，另有7家利润超过10亿元。这10家企业的营业利润之和达到1210.8亿元，占互联网百强企业中盈利企业全部营业利润的91%。2015年仍有26家企业利润为负，这些企业为了较快扩展市场份额、发展新兴业务，投资规模较大。

互联网百强企业平均营业利润率为6.2%，74家盈利企业的平均营业利润率达到了17.4%。从营业利润率分布情况看，有29家的企业营业利润率高于20%，具有较强的盈利能力，其中有7家企业的营业利润率超过了40%。这些企业大多不是行业巨头，而是专注于某一领域，是细分领域的"隐形冠军"。

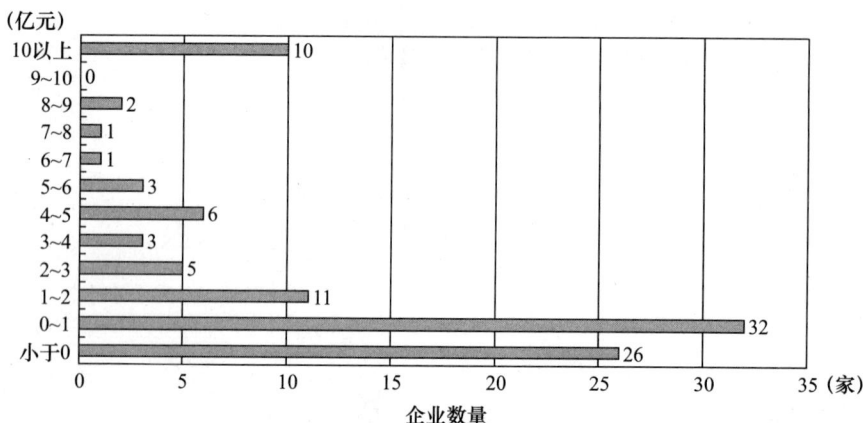

图 5 互联网百强企业 2015 年营业利润分布

互联网百强企业持续加大研发创新力度，技术研发投入维持在较高水平，2015年互联网百强企业平均研发支出占营收比率为9%。百强企业积极研发新产品、开发新技术、探索新业态、开拓新模式，引领全行业乃至全社会的创新浪潮。新华网股份有限公司采用新技术探索"互联网+"在媒体行业的具体应用，组建国内首支新闻无人机队，探索传感器、人工智能等技术在媒体领域的应用，推出生物传感智能机器人产品。北京小桔科技有限公司（滴滴出行公司）已形成涵盖出租车、专车、快车、顺风车、代驾以及城市公交等城市出行信息的综合服务模式。

（四）初创企业首次入榜，"双创"政策效果显现

2015年以来，党中央、国务院发布了十余

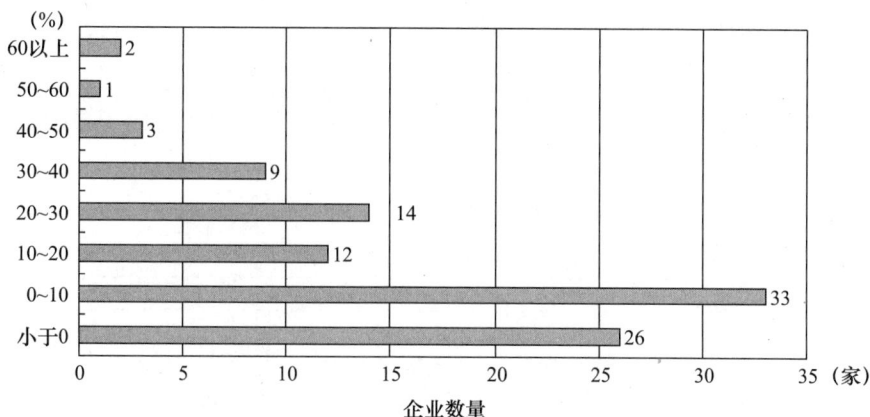

图6 互联网百强企业营业利润率分布

项推进"大众创业、万众创新"相关政策，目前政策效果已初步显现，多家初创企业进入榜单。福建利嘉电子商务有限公司成立不足三年，依托集团资源建设成为基于大企业的独立创业创新平台，所属的"你他购"商城经营跨境电子商务业务，涵盖 B2B、B2C 的全渠道销售。有米科技股份有限公司仅用了五年的时间，从一个大学生创客团队成长为业内知名的移动互联网营销服务企业，首次进入百强榜即名列第 69 位。

（五）中西部省市互联网产业发展取得新突破

各地互联网行业快速发展，特色鲜明，领军企业纷纷涌现，呈现"百花齐放"的格局。2016 年互联网百强企业分布于 14 个省市，较上年度增加了山东、湖北、重庆、云南 4 个省市。从区域分布看，北京、上海、浙江、江苏、广东、福建、山东 7 个东部省市共有 88 家互联网百强企业，互联网业务收入总额达到 7436.6 亿元，占全国百强互联网业务收入比重的98.36%，保持明显优势。河南、湖北、湖南、黑龙江、重庆、四川和云南 7 个中西部省市的 7 家企业名列百强，比上年度增加了 4 家，互联网

业务收入总额为 124.3 亿元，占比 1.64%，取得新突破。总体上看，随着各地对于互联网产业的重视程度空前提升，扶持力度不断加大，配套政策加速落地，中西部地区的互联网产业也开始呈现出欣欣向荣的方兴未艾之势。

（六）品牌培育卓有成效，社会贡献持续提升

互联网百强企业拥有较知名的品牌数量超过200 个，微信、有道、唯品会、大众点评、小米、乐视、房天下等品牌被国内外消费者喜爱，品牌效应明显。"猎豹清理大师"、"猎豹安全卫士"等移动工具品牌在全球范围内广受消费者欢迎，截至 2015 年 12 月 31 日，相关产品在全球范围内已经下载安装到 23.41 亿台移动设备上。"咪咕阅读"受到广大消费者的喜爱，2015年月均访问用户达到 1.6 亿。

互联网百强企业在自身不断发展壮大的同时，也肩负起了更大的社会责任，通过开展系列创新业务，将企业自身的商业价值与社会效益相结合，做出更大的社会贡献。例如，京东金融的农村信贷业务"京农贷"，基于合作伙伴、电商平台等沉淀的大数据信息，了解农民的信用水

平，并给予相应的授信额度，解决农户在农资采　　难问题。
购、农业生产以及农产品加工销售等环节的融资

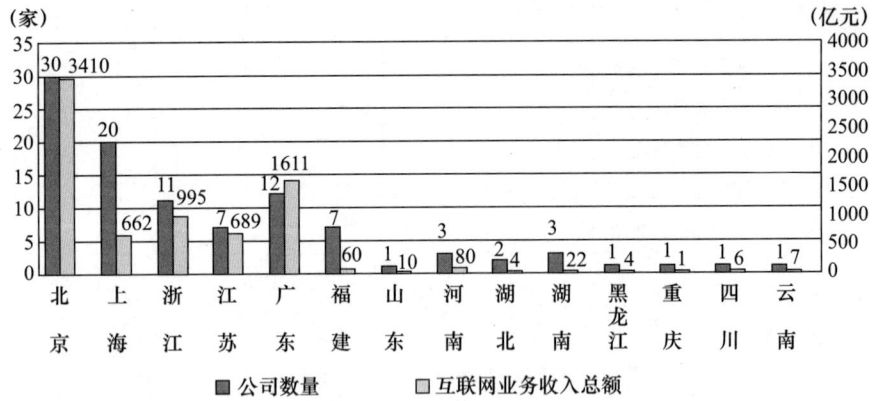

图7　互联网百强企业总部所在省市分布

三 2016 年中国互联网企业 100 强排行榜

排名	公司名称	主要品牌
1	阿里巴巴集团	阿里巴巴、淘宝、天猫
2	腾讯公司	腾讯、QQ、微信
3	百度公司	百度
4	京东集团	京东
5	奇虎 360 科技有限公司	360 安全卫士
6	搜狐公司	搜狐、搜狗、畅游
7	网易公司	网易、有道
8	携程计算机技术（上海）有限公司	携程旅行网、途风旅行网
9	广州唯品会信息科技有限公司	唯品会，乐蜂网
10	苏宁云商集团股份有限公司	苏宁易购、苏宁红孩子、PPTV
11	北京新美大科技有限公司	美团、大众点评
12	网宿科技股份有限公司	网宿 CDN、网宿科技云分发平台
13	小米科技有限责任公司	小米、MIUI、多看
14	新浪公司	新浪网、新浪微博
15	乐视网信息技术（北京）股份有限公司	乐视网、乐视 TV、乐视商城
16	北京搜房科技发展有限公司	房天下
17	北京五八信息技术有限公司	58 同城
18	三七互娱（上海）科技有限公司	37 游戏
19	东方财富信息股份有限公司	东方财富网、天天基金网
20	新华网股份有限公司	新华网
21	鹏博士电信传媒集团股份有限公司	长城宽带、宽带通
22	四三九九网络股份有限公司	4399 小游戏
23	易车公司	易车网、易车二手车、易湃
24	上海二三四五网络科技有限公司	2345 网址导航
25	北京车之家信息技术有限公司	汽车之家
26	广州多益网络股份有限公司	多益游戏、战盟
27	福建网龙计算机网络信息技术有限公司	网龙、熊猫看书
28	深圳市迅雷网络技术有限公司	迅雷、迅雷游戏
29	乐居控股有限责任公司	乐居、房牛加
30	途牛公司	途牛网
31	同程网络科技股份有限公司	同程旅游
32	上海景域文化传播股份有限公司	驴妈妈旅游网
33	恒诚科技发展（北京）有限公司	宜人贷

续表

排名	公司名称	主要品牌
34	人人贷商务顾问（北京）有限公司	人人贷
35	人民网股份有限公司	人民网、人民视讯、环球网
36	联动优势科技有限公司	U付、U信、U惠
37	竞技世界（北京）网络技术有限公司	JJ比赛平台、JJ斗地主
38	第一视频集团有限公司	第一视频、第一游戏网
39	游族网络股份有限公司	游族网络
40	上海钢银电子商务股份有限公司	钢银
41	焦点科技股份有限公司	中国制造网、新一站保险网
42	福建新中冠信息科技集团有限公司	喜购宝
43	杭州边锋网络技术有限公司	边锋网络棋牌游戏世界
44	广州创思信息技术有限公司	9377游戏
45	杭州卷瓜网络有限公司	蘑菇街
46	北京天盈九州网络技术有限公司	凤凰新媒体、凤凰网
47	福建利嘉电子商务有限公司	你他购
48	北京暴风科技股份有限公司	暴风影音、暴风游戏
49	杭州顺网科技股份有限公司	顺网娱乐在线
50	北京小桔科技有限公司	滴滴出行
51	北京寺库商贸有限公司	寺库网、寺库金融
52	上海钢富电子商务有限公司	找钢网
53	深圳市梦网科技发展有限公司	梦网科技
54	上海陆家嘴国际金融资产交易市场股份有限公司	陆金所
55	湖南快乐阳光互动娱乐传媒有限公司	芒果TV网、湖南IPTV
56	云游控股有限公司	91wan、菲音游戏
57	贵阳朗玛信息技术股份有限公司	39健康网、贵健康
58	山东开创集团股份有限公司	开创云
59	上海拍拍贷金融信息服务有限公司	拍拍贷
60	北京六间房科技有限公司	六间房
61	北京猎豹移动科技有限公司	猎豹清理大师、猎豹浏览器
62	河南锐之旗信息技术有限公司	锐之旗、企汇网
63	四川省艾普网络股份有限公司	艾普宽带、艾普网络
64	咪咕数字传媒有限公司	咪咕阅读、灵犀、手机报
65	河南中钢网电子商务有限公司	中钢网
66	浙江齐聚科技有限公司	呱呱社区
67	上海东方网股份有限公司	东方网
68	上海格瓦商务信息咨询有限公司	格瓦拉
69	有米科技股份有限公司	有米广告、ADXMI、米汇
70	深圳市珍爱网信息技术有限公司	珍爱网
71	上海帝联信息科技股份有限公司	EasyCDN

续表

排名	公司名称	主要品牌
72	佳缘国际有限公司	世纪佳缘网、爱真心网
73	广州摩拉网络科技有限公司	梦芭莎、若缇诗
74	武汉奇米网络科技有限公司	卷皮
75	趣游（厦门）科技有限公司	哥们网、牛A网页游戏
76	银联商务有限公司	天天富
77	二六三网络通信股份有限公司	263 云通信、263 企业邮箱
78	苏州蜗牛数字科技股份有限公司	蜗牛游戏
79	江苏三六五网络股份有限公司	365 淘房
80	广州百田信息科技有限公司	奥比岛、奥拉星
81	郑州悉知信息技术有限公司	世界工厂网
82	九机网（原云南三九手机网）	九机网
83	北京空中信使信息技术有限公司	空中网
84	湖南竞网智赢网络技术有限公司	智营销
85	杭州泰一指尚科技有限公司	泰一舆情
86	黑龙江龙采科技集团有限责任公司	龙采 MX
87	金华比奇网络技术有限公司	5173（中国网络游戏服务网）
88	中铁物资集团钢之家电子商务有限公司	中国大宗物资网
89	浙江省公众信息产业有限公司	翼游中国
90	上海巨人网络科技有限公司	巨人游戏
91	大汉电子商务有限公司	大大买钢
92	迅付信息科技有限公司	环迅支付
93	好享购物股份有限公司	好享购物
94	绿网天下（福建）网络科技股份有限公司	绿网天下
95	上海车团网络信息技术有限公司	车团网
96	重庆秒银科技有限公司	秒赚
97	浙江国技互联信息技术有限公司	国技互联
98	福建中金在线网络股份有限公司	中金在线
99	天翼阅读文化传播有限公司	天翼阅读、氧气听书
100	湖北盛天网络技术股份有限公司	易乐游、58 游戏

附：中国互联网协会、工业和信息化部信息中心简介

中国互联网协会成立于 2001 年 5 月 25 日，由国内从事互联网行业的网络运营商、服务提供商、设备制造商、系统集成商以及科研、教育机构等 70 多家互联网从业者共同发起成立，是由中国互联网行业及与互联网相关的企事业单位自愿结成的行业性的全国性的非营利性社会组织。中国互联网协会现任理事长为原中国工程院副院长邬贺铨院士，互联网著名企业领军人物丁磊、马云、马化腾、李彦宏、张朝阳、周鸿祎均为中国互联网协会副理事长，现有包括腾讯、阿里巴巴、网易、新浪、搜狐、百度等知名互联网企业在内的会员单位 400 多个。主要任务：①团结互联网行业相关企业、事业单位和社会团体，向政府主管部门反映会员和业界的愿望及合理要求，向会员宣传国家相关政策、法律、法规。②制订并实施互联网行业规范和自律公约，协调会员之间的关系，促进会员之间的沟通与协作，充分发挥行业自律作用，维护国家信息安全，维护行业整体利益和用户利益，促进行业服务质量的提高。③开展我国互联网行业发展状况的调查与研究工作，促进互联网的发展和普及应用，向政府有关部门提出行业发展的政策建议。④组织开展有益于互联网发展的研讨、论坛等活动，促进互联网行业内的交流与合作，发挥互联网对我国社会、经济、文化发展的积极作用。⑤积极开展国际交流与合作，组织国内互联网相关企事业单位参与国际互联网有关组织的活动，在国际互联网事务中发挥积极作用。

工业和信息化部信息中心（简称工信部信息中心）是工业和信息化部直属事业单位，是工业和信息化部行业运行监测主要支撑单位，是工业和信息通信业领域行业研究和行业管理的重要支撑力量，长期承担工业和通信业行业运行监测预测分析，参与行业运行监测和经济发展重大问题分析，近年来在宽带网络提速降费实施效果评估、互联网评价指标体系研究以及我国互联网行业对国民经济贡献分析等方面开展了大量工作，取得了一定的成果。

工业和信息化部信息中心作为专业权威的第三方机构，每年针对互联网行业和企业独立开展评价工作，准确地反映互联网领军企业的行业和区域布局，为各级政府更有效地开展行业管理、推进网络强国建设提供了参考依据。同时行业树立标杆，便于企业与上榜企业对标，更好地了解自身在所处行业中的地位。也可使广大人民群众年度性、动态化了解领军企业的排名情况，积极促进宣传我国互联网行业和企业发展成绩。

评估二、2013 ~ 2015 年中国互联网企业关键绩效指标

表 1　亚马逊 2013 ~ 2015 年关键绩效指标一览表　　　　　　　单位：百万元

年份	2015	2014	2013
投资经营效果：			
主营业务收入	694854	544518	453926
总资产	424967	333516	244845
员工人数（个）	230800	154100	117300
净利润	3870	− 1475	1671
净利润率（%）	0.56	− 0.27	0.37
总资产报酬率（ROA）（%）	0.91	− 0.44	0.68
净资产报酬率（ROE）（%）	4.45	− 2.24	2.81
资本性支出（CAPEX）	29871	29983	20729
CAPEX 占收比（%）	4.30	5.51	4.57
研发支出	81430	56754	40026
研发支出占收比（%）	11.72	10.42	8.82
每股盈利（EPS）（元/股）	8.31	− 3.18	3.67
融资管理效率：			
资产负债率（%）	79.55	80.29	75.73
流动比率（%）	107.60	111.53	107.16
股息	0	0	0
内部融资额	44656	27566	21504
股利支付率（%）	0	0	0
成本费用管理：			
营业成本占收比（%）	66.96	70.52	72.77
销售费用占收比（%）	4.91	4.87	4.21
管理费用占收比（%）	1.63	1.74	1.52
总资产周转率（次）	1.64	1.63	1.85
营运资金占收比（%）	2.41	3.64	2.21

续表

年份	2015	2014	2013
现金管理：			
经营活动净现金流	77404	41866	33381
每股经营活动净现金流（元/股）	164.39	90.15	72.68
自由现金流（FCF）	47533	11883	12651
自由现金流占收比（%）	6.84	2.18	2.79
成长管理：			
可持续增长率（%）	24.61	10.21	18.97
主营业务收入增长率（%）	20.25	19.52	21.87
总资产增长率（%）	20.07	35.72	23.36
净利润增长率（%）	-347.30	-187.96	-802.56
经营活动现金流增长率（%）	74.22	24.97	30.98%

表 2　谷歌 2013 ~ 2015 年关键绩效指标一览表　　　　　　　　单位：百万元

年份	2015	2014	2013
投资经营效果：			
主营业务收入	486626	403860	338494
总资产	954972	802403	676268
员工人数（个）	61814	53600	47756
净利润	106087	88383	78772
净利润率（%）	21.80	21.88	23.27
总资产报酬率（ROA）（%）	11.11	11.01	11.65
净资产报酬率（ROE）（%）	13.59	13.82	14.80
资本性支出（CAPEX）	64341	67058	44861
CAPEX 占收比（%）	13.22	16.60	13.25
研发支出	79702	60162	43514
研发支出占收比（%）	16.38	14.90	12.86
每股盈利（EPS）（元/股）	149.97	130.76	117.49
融资管理效率：			
资产负债率（%）	18.44	20.31	21.29
流动比率（%）	466.67	480.12	458.17
股息	0	0	0
内部融资额	138942	118849	102788
股利支付率（%）	0	0	0
成本费用管理：			
营业成本占收比（%）	37.56	38.93	39.61
销售费用占收比（%）	12.06	12.32	11.80
管理费用占收比（%）	8.18	8.87	7.98
总资产周转率（次）	0.51	0.50	0.50

续表

年份	2015	2014	2013
营运资金占收比（%）	94.42	96.79	102.63
现金管理：			
经营活动净现金流	168878	136919	113762
每股经营活动净现金流（元/股）	246.60	202.53	170.91
自由现金流（FCF）	104536	69861	68901
自由现金流占收比（%）	21.48	17.30	20.36
成长管理：			
可持续增长率（%）	15.15	19.69	21.74
主营业务收入增长率（%）	13.62	18.88	10.65
总资产增长率（%）	12.22	18.22	18.25
净利润增长率（%）	13.18	11.80	20.33
经营活动现金流增长率（%）	16.30	19.92	12.28

表3 京东2013~2015年关键绩效指标一览表 单位：百万元

年份	2015	2014	2013
投资经营效果：			
主营业务收入	181287	115002	69340
总资产	85166	66493	26010
员工人数（个）	105963	68109	38325
净利润	−9388	−4996	−50
净利润率（%）	−5.18	−4.34	−0.07
总资产报酬率（ROA）（%）	−11.02	−7.51	−0.19
净资产报酬率（ROE）（%）	−30.60	−13.32	−2.42
资本性支出（百万元）	5300	2902	1292
CAPEX占收比（%）	2.92	2.52	1.86
研发支出	3454	1836	964
研发支出占收比（%）	1.91	1.60	1.39
每股盈利（EPS）（元/股）	−6.86	−10.71	−2.93
融资管理效率：			
资产负债率（%）	63.98	43.61	64.48
流动比率（%）	119.25	172.24	134.05
股息	0	0	0
内部融资额	−6769	−3345	243
股利支付率（%）	0	0	0
成本费用管理：			
营业成本占收比（%）	86.61	88.37	90.13
销售费用占收比（%）	4.27	3.49	2.29

续表

年份	2015	2014	2013
管理费用占收比（%）	1.59	4.57	1.10
总资产周转率（次）	2.13	1.73	2.67
营运资金占收比（%）	5.21	18.21	8.23
现金管理：			
经营活动净现金流	−1812	1015	3570
每股经营活动净现金流（元/股）	**−0.65**	**0.37**	**2.08**
自由现金流（FCF）	−7112	−1887	2278
自由现金流占收比（%）	−3.92	−1.64	3.29
成长管理：			
可持续增长率（%）	−18.19	1714.13	24.14
主营业务收入增长率（%）	57.64	65.85	67.56
总资产增长率（%）	28.08	155.64	45.42
净利润增长率（%）	−87.91	−9892.00	97.11
经营活动现金流增长率（%）	−278.52	−71.57	154.27

表4　eBay 2013~2015 年关键绩效指标一览表　　　　单位：百万元

年份	2015	2014	2013
投资经营效果：			
主营业务收入	55793	109542	97837
总资产	115489	276163	252948
员工人数（个）	11600	36500	33500
净利润	11201	281	17413
净利润率（%）	20.08	0.26	17.80
总资产报酬率（ROA）（%）	9.70	0.10	6.88
净资产报酬率（ROE）（%）	26.23	0.23	12.08
资本性支出（CAPEX）	**883**	**2417**	**2286**
CAPEX 占收比（%）	**1.58**	**2.21**	**2.34**
研发支出	**5994**	**12238**	**10779**
研发支出占收比（%）	**10.74**	**11.17**	**11.02**
每股盈利（EPS）（元/股）	9.29	0.24	13.41
融资管理效率：			
资产负债率（%）	63.03	55.89	43.00
流动比率（%）	349.27	151.34	184.22
股息	0	0	0
内部融资额	15663	9399	25948
股利支付率（%）	0	0	0

续表

年份	2015	2014	2013
成本费用管理：			
营业成本占收比（%）	20.61	32.02	31.38
销售费用占收比（%）	26.39	20.04	19.07
管理费用占收比（%）	13.06	10.29	10.61
总资产周转率（次）	0.48	0.40	0.39
营运资金占收比（%）	65.65	50.27	66.33
现金管理：			
经营活动净现金流	26189	34738	30454
每股经营活动净现金流（元/股）	**22.12**	**28.38**	**23.53**
自由现金流（FCF）	**25306**	**32321**	**28168**
自由现金流占收比（%）	**45.36**	**29.51**	**28.79**
成长管理：			
可持续增长率（%）	**-66.96**	-15.82	13.33
主营业务收入增长率（%）	**-52.01**	11.56	14.03
总资产增长率（%）	**-60.59**	8.78	11.91
净利润增长率（%）	**3650.00**	-98.39	9.47
经营活动现金流增长率（%）	**-28.96**	13.65	30.15

表5 苏宁云商 2013~2015 年关键绩效指标一览表　　单位：百万元

年份	2015	2014	2013
投资经营效果：			
主营业务收入	135548	108925	105292
总资产	88076	82194	83044
员工人数（个）	12773	13391	12450
净利润	758	824	104
净利润率（%）	0.57	0.76	0.10
总资产报酬率（ROA）（%）	0.86	1.00	0.13
净资产报酬率（ROE）（%）	2.37	2.79	0.36
资本性支出（CAPEX）	2728	3951	1434
CAPEX 占收比（%）	2.01	3.63	1.36
研发支出	1007	73	166
研发支出占收比（%）	0.75	0.07	0.16
每股盈利（EPS）（元/股）	0.12	0.12	0.05
融资管理效率：			
资产负债率（%）	63.75	64.06	65.10
流动比率（%）	124.00	120.00	123.00
股息	443	369	0
内部融资额	2753	2063	1606

续表

年份	2015	2014	2013
股利支付率（%）	50.00	41.65	0
成本费用管理：			
营业成本占收比（%）	85.56	84.72	84.79
销售费用占收比（%）	12.28	12.95	12.10
管理费用占收比（%）	3.21	3.13	2.70
总资产周转率（次）	1.54	1.33	1.28
营运资金占收比（%）	8.13	7.83	9.58
现金管理：			
经营活动净现金流	1733	-1381	2238
每股经营活动净现金流（元/股）	0.23	-0.19	0.30
自由现金流（FCF）	-995	-5332	804
自由现金流占收比（%）	-0.73	-4.90	0.76
成长管理：			
可持续增长率（%）	8.08	2.97	-1.49
主营业务收入增长率（%）	24.44	3.45	7.05
总资产增长率（%）	7.16	-1.02	9.04
净利润增长率（%）	-8.01	692.31	-95.85
经营活动现金流增长率（%）	-225.49	-161.71	-57.77%

表6 腾讯2013~2015年关键绩效指标一览表　　　　　　　单位：百万元

年份	2015	2014	2013
投资经营效果：			
主营业务收入	102863	78932	60437
总资产	306818	171166	107235
员工人数（个）	30641	27690	27492
净利润	29108	23888	15563
净利润率（%）	28.30	30.26	25.75
总资产报酬率（ROA）（%）	9.49	13.96	14.51
净资产报酬率（ROE）（%）	23.84	29.09	26.62
资本性支出（百万元）	7709	4718	5799
CAPEX占收比（%）	7.49	5.98	9.60
研发支出	9039	7581	5095
研发支出占收比（%）	8.79	9.60	8.43
每股盈利（EPS）（元/股）	3.10	2.58	1.69
融资管理效率：			
资产负债率（%）	60.20	52.02	45.48
流动比率（%）	124.90	150.54	161.38

续表

年份	2015	2014	2013
股息	2640	1761	1468
内部融资额	33097	26924	17685
股利支付率（%）	**9.06**	**7.29**	**46.57**
成本费用管理：			
营业成本占收比（%）	40.47	39.11	45.96
销售费用占收比（%）	**7.77**	**9.88**	**9.42**
管理费用占收比（%）	**16.36**	**17.93**	**16.53**
总资产周转率（次）	0.34	0.46	0.56
营运资金占收比（%）	30.11	32.04	33.79
现金管理：			
经营活动净现金流	45431	32711	24374
每股经营活动净现金流（元/股）	4.83	3.49	13.09
自由现金流（FCF）	37722	27993	18575
自由现金流占收比（%）	36.67	35.46	30.73
成长管理：			
可持续增长率（%）	48.68	40.47	38.71
主营业务收入增长率（%）	30.32	30.60	37.69
总资产增长率（%）	79.25	59.62	42.49
净利润增长率（%）	21.85	53.49	22.24
经营活动现金流增长率（%）	38.89	34.20	25.05

表7　Facebook 2013~2015 年关键绩效指标一览表　　　　单位：百万元

年份	2015	2014	2013
投资经营效果：			
主营业务收入	116417.26	76279.45	47994.80
总资产	320829.30	245885.90	109104.03
员工人数（个）	12691	9199	6337
净利润	23948.40	17989.86	9145.35
净利润率（%）	20.57	23.58	19.05
总资产报酬率（ROA）（%）	7.46	7.32	8.38
净资产报酬率（ROE）（%）	8.34	8.14	9.70
资本性支出（百万元）	16363.87	11197.77	8291.78
CAPEX 占收比（%）	14.06	14.68	17.28
研发支出	31273.18	16313.25	8627.11
研发支出占收比（%）	26.86	21.39	17.98
每股盈利（EPS）（元/股）	8.51	6.85	3.78

续表

年份	2015	2014	2013
融资管理效率：			
资产负债率（%）	10.50	10.17	13.55
流动比率（%）	**1124.78**	**959.97**	**1188.18**
股息	0	0	0
内部融资额	36578.45	26061.40	15710.38
股利支付率（%）	0	0	0
成本费用管理：			
营业成本占收比（%）	15.99	17.27	23.08
销售费用占收比（%）	15.20	13.48	12.67
管理费用占收比（%）	7.22	7.81	9.92
总资产周转率（次）	0.36	0.31	0.44
营运资金占收比（%）	110.03	98.24	152.06
现金管理：			
经营活动净现金流	55838.47	33391.38	25741.11
每股经营活动净现金流（元/股）	**6.11**	**3.65**	**2.82**
自由现金流（FCF）	39474.59	22193.61	17449.33
自由现金流占收比（%）	33.91	29.10	36.36
成长管理：			
可持续增长率（%）	22.50	133.33	31.60
主营业务收入增长率（%）	43.82	58.36	54.69
总资产增长率（%）	22.95	124.55	18.49
净利润增长率（%）	25.44	96.00	2730.19
经营活动现金流增长率（%）	57.58	29.25	161.91

表8 阿里巴巴 2013~2015 年关键绩效指标一览表　　　　单位：百万元

年份	2015	2014	2013
投资经营效果：			
主营业务收入	101143	76204	52504
总资产	364450	255434	111549
员工人数（个）	**36446**	**34985**	**22072**
净利润	**36446**	**34985**	**22072**
净利润率（%）	**71460**	**24261**	**23315**
总资产报酬率（ROA）（%）	**70.65**	**31.84**	**44.41**
净资产报酬率（ROE）（%）	**19.61**	**16.61**	**58.67**
资本性支出（CAPEX）	10845	7705	4776
CAPEX 占收比（%）	10.72	10.11	9.10
研发支出	13788	10658	5093
研发支出占收比（%）	13.63	13.99	9.70

续表

年份	2015	2014	2013
每股盈利（EPS）（元/股）	29.07	10.33	10.61
融资管理效率：			
资产负债率（%）	**31.43**	**42.80**	**64.38**
流动比率（%）	257.63	358.21	181.45
股息	0	0	0
内部融资额	**78161**	**28676**	**24969**
股利支付率（%）	0	0	0
成本费用管理：			
营业成本占收比（%）	33.97	31.28	25.46
销售费用占收比（%）	11.18	11.17	8.66
管理费用占收比（%）	9.10	10.24	8.03
总资产周转率（次）	0.28	0.30	0.47
营运资金占收比（%）	81.10	134.42	57.99
现金管理：			
经营活动净现金流	56836	41217	26379
每股经营活动净现金流（元/股）	**22.97**	**16.52**	**11.85**
自由现金流（FCF）	45991	33512	21603
自由现金流占收比（%）	45.47	43.98	41.15
成长管理：			
可持续增长率（%）	58.09	287.26	269.53
主营业务收入增长率（%）	32.73	45.14	52.11
总资产增长率（%）	42.68	128.99	74.88
净利润增长率（%）	**194.55**	**4.06**	**173.27**
经营活动现金流增长率（%）	37.89	56.25	82.23

表9　百度2013~2015年关键绩效指标一览表　　　　单位：百万元

年份	2015	2014	2013
投资经营效果：			
主营业务收入	66381	49052	31943
总资产	147853	99661	70985
员工人数（个）	41467	46391	31676
净利润	32490	12243	10356
净利润率（%）	48.86	24.96	32.41
总资产报酬率（ROA）（%）	21.94	12.28	14.58
净资产报酬率（ROE）（%）	38.51	22.46	25.46
资本性支出（CAPEX）	5209	4760	2771
CAPEX占收比（%）	7.83	9.84	8.59

续表

年份	2015	2014	2013
研发支出	10194	6883	4148
研发支出占收比（％）	15.33	14.23	12.86
每股盈利（EPS）（元/股）	95.59	36.90	30.18
融资管理效率：			
资产负债率（％）	43.04	45.31	42.71
流动比率（％）	299.71	324.81	390.01
股息	0	0	0
内部融资额	35054	14033	11970
股利支付率（％）	0	0	0
成本费用管理：			
营业成本占收比（％）	41.37	38.50	35.92
销售费用占收比（％）	21.85	16.92	12.56
管理费用占收比（％）	3.88	4.25	3.63
总资产周转率（次）	0.45	0.49	0.45
营运资金占收比（％）	78.54	92.91	100.18
现金管理：			
经营活动净现金流	19457	17683	13939
每股经营活动净现金流（元/股）	55.15	50.13	39.57
自由现金流（FCF）	14248	12923	11167
自由现金流占收比（％）	21.43	26.72	34.59
成长管理：			
可持续增长率（％）	47.99	30.77	53.78
主营业务收入增长率（％）	29.63	49.83	47.76
总资产增长率（％）	42.10	36.98	59.97
净利润增长率（％）	153.76	15.38	2.52
经营活动现金流增长率（％）	3.75	26.87	18.31

表 10　雅虎 2013~2015 年关键绩效指标一览表　　　　　单位：百万元

年份	2015	2014	2013
投资经营效果：			
主营业务收入	32262	28258	28536
总资产	293536	379135	102458
员工人数（个）	10400	12500	12200
净利润	−28254	46088	8395
净利润率（％）	−87.58	163.10	29.42
总资产报酬率（ROA）（％）	−9.63	12.16	8.19
净资产报酬率（ROE）（％）	−14.96	19.42	10.49

续表

年份	2015	2014	2013
资本性支出（CAPEX）	3526	2276	2061
CAPEX 占收比（%）	10.93	8.06	7.22
研发支出	7649	7074	5841
研发支出占收比（%）	23.71	25.03	20.47
每股盈利（EPS）（元/股）	−30.13	46.57	7.93
融资管理效率：			
资产负债率（%）	35.67	37.40	21.86
流动比率（%）	587.71	214.18	374.98
股息	0	0	0
内部融资额	−24295	49800	12230
股利支付率（%）	0	0	0
成本费用管理：			
营业成本占收比（%）	41.82	28.11	28.83
销售费用占收比（%）	21.75	26.73	24.16
管理费用占收比（%）	13.84	12.45	12.17
总资产周转率（次）	0.11	0.07	0.28
营运资金占收比（%）	125.39	111.96	78.74
现金管理：			
经营活动净现金流	−15477	5487	7287
每股经营活动净现金流（元/股）	−16.14	5.81	7.18
自由现金流（FCF）	−19003	3211	5227
自由现金流占收比（%）	−58.90	11.36	18.32
成长管理：			
可持续增长率（%）	−25.03	195.38	−9.82
主营业务收入增长率（%）	7.58	−1.33	−6.15
总资产增长率（%）	−27.04	268.70	−1.74
净利润增长率（%）	−157.77	446.99	−65.15
经营活动现金流增长率（%）	−365.80	−24.98	524.52

表 11 网易 2013～2015 年关键绩效指标一览表 单位：百万元

年份	2015	2014	2013
投资经营效果：			
主营业务收入	22802	12480	9771
总资产	41157	30354	24546
员工人数（个）	12919	10004	7688
净利润	6836	4795	4445
净利润率（%）	29.98	38.43	45.49

续表

年份	2015	2014	2013
总资产报酬率（ROA）（%）	16.61	15.80	18.11
净资产报酬率（ROE）（%）	23.32	0.20	22.04
资本性支出（CAPEX）	866.31	537.38	218.94
CAPEX 占收比（%）	3.80	4.31	2.24
研发支出	2158	1323	921
研发支出占收比（%）	9.47	10.60	9.43
每股盈利（EPS）（元/股）	51.27	36.43	34.21
融资管理效率：			
资产负债率（%）	28.75	22.61	17.84
流动比率（%）	294.91	410.46	538.54
股息	0	0	0
内部融资额	7018	4969	4603
股利支付率（%）	0	0	0
成本费用管理：			
营业成本占收比（%）	41.22	26.13	25.37
销售费用占收比（%）	12.97	15.18	11.19
管理费用占收比（%）	4.45	3.75	3.58
总资产周转率（次）	0.55	0.41	0.40
营运资金占收比（%）	99.73	168.08	189.99
现金管理：			
经营活动净现金流	8076	5873	5235
每股经营活动净现金（元/股）	61.48	44.98	40.31
自由现金流（FCF）	7210	5336	5017
自由现金流占收比（%）	31.62	42.75	51.35
成长管理：			
可持续增长率（%）	24.82	15.81	29.27
主营业务收入增长率（%）	82.71	27.72	16.61
总资产增长率（%）	35.59	23.66	27.33
净利润增长率（%）	42.56	7.88	23.94
经营活动现金流增长率（%）	37.53	12.17	23.95

表 12　搜狐 2013~2015 年关键绩效指标一览表　　　　　单位：百万元

年份	2015	2014	2013
投资经营效果：			
主营业务收入	12579	10238	8537
总资产	19754	17543	18285
员工人数（个）	10600	13657	13000

续表

年份	2015	2014	2013
净利润	708	-1046	1018
净利润率（%）	5.63	-10.22	11.93
总资产报酬率（ROA）（%）	3.58	-5.96	5.57
净资产报酬率（ROE）（%）	6.30	-10.12	9.09
资本性支出（CAPEX）	1578	1285	1293
CAPEX占收比（%）	12.54	12.55	15.14
研发支出	2585	2504	1683
研发支出占收比（%）	20.55	24.46	19.72
每股盈利（EPS）（元/股）	-8.31	-26.50	-2.44
融资管理效率：			
资产负债率（%）	43.11	41.09	38.75
流动比率（%）	164.44	213.68	184.09
股息	0	0	0
内部融资额	2249	229	1815
股利支付率（%）	0	0	0
成本费用管理：			
营业成本占收比（%）	44.34	41.00	34.28
销售费用占收比（%）	19.82	31.47	25.11
管理费用占收比（%）	8.94	12.21	7.78
总资产周转率（次）	0.64	0.58	0.47
营运资金占收比（%）	42.07	53.97	66.93
现金管理：			
经营活动净现金流	3286	932	2463
每股经营活动净现金流（元/股）	84.26	24.52	63.15
自由现金流（FCF）	1708	-353	1170
自由现金流占收比（%）	13.58	-3.45	13.71
成长管理：			
可持续增长率（%）	2.48	-8.05	39.65
主营业务收入增长率（%）	15.78	19.48	31.21
总资产增长率（%）	6.11	-4.39	43.99
净利润增长率（%）	163.74	-202.40	-5.65
经营活动现金流增长率（%）	232.32	-62.30	0.33

后　记

　　《全球互联网企业发展报告2015~2016：资本市场、资本运营与互联网企业价值创造》的编写始自2015年底，顺利完成和出版并得到了中国社会科学院、工业和信息化部、北京邮电大学、百度、腾讯和阿里巴巴等机构的积极支持。中国社会科学院工经所原所长金碚担任专家委员会主任，对报告的编写进行指导，并为本书撰写了序言；来自学术界的知名专家和部分企业的领导组成的专家委员会，对报告的编写思路和框架设计提出了宝贵建议，并给予了大力支持和帮助，在此一并表示诚挚的感谢。

　　专家委员会和编写委员会的各位成员为报告的策划和编写付出了辛勤的努力，中国社会科学院的杨世伟和刘戒骄、北京邮电大学的何瑛共同负责设计了报告的整体框架、研究思路与方法、篇章结构和具体内容，并审阅全部稿件。本书的主要内容包括以下三个部分：

　　第一部分（专题篇）包括一份总报告和六份分报告，由胡月、袁筱月、吕高宇、范晓阁、陈洋、胡志强、马富海、于文蕾、戴逸驰等负责执笔，基础数据的计算由胡月、袁筱月、于文蕾、戴逸驰、宋康宁、杨琳等负责完成，杨世伟、刘戒骄、何瑛等负责数据的最后审校。

　　第二部分（报告篇）包括12家互联网公司的可持续发展报告。由胡月、于文蕾、戴逸驰、宋康宁、杨琳等研究生执笔，周慧琴、刘新颖、赵育梅等负责审校。

　　第三部分（评估篇）呈现中国互联网公司的关键绩效指标概览以及中国互联网企业100强报告。由胡月、于文蕾、戴逸驰、宋康宁、杨琳等研究生负责计算和整理，周慧琴、刘新颖、赵育梅等负责审校。

　　经济管理出版社的张艳和陈力主任为本书的顺利出版做了大量的工作，付出了辛勤的劳动。报告的撰写还参考了许多国内外研究文献和研究报告，在此一并表示感谢！

　　《全球互联网企业发展报告2015~2016：资本市场、资本运营与互联网企业价值创造》由于受到时间、成本、经验、资料来源等方面的限制，本书难免有偏颇或疏漏之处，报告中使用了大量的英文资料，欠妥之处敬请读者批评与指正。报告团队将与互联网各界携手前进，共同努力，精益求精，为全球互联网企业管理创新的研究和信息资源交流奉献更加优秀的著述。

编写委员会

2016 年 12 月